Das Gesetz zur Einführung virtueller Hauptversammlungen von Aktiengesellschaften

Zwischen Verstetigung und Reform

Von

Adrian Felix Koch

Duncker & Humblot · Berlin

Die Rechtswissenschaftliche Fakultät der Albert-Ludwigs-Universität Freiburg
hat diese Arbeit im Jahr 2025 als Dissertation angenommen.

Bibliografische Information der Deutschen Nationalbibliothek

Die Deutsche Nationalbibliothek verzeichnet diese Publikation in
der Deutschen Nationalbibliografie; detaillierte bibliografische Daten
sind im Internet über http://dnb.d-nb.de abrufbar.

Satz: textforma(r)t, Daniela Weiland, Göttingen
Druck: Beltz Grafische Betriebe GmbH, Bad Langensalza

ISSN 1614-7626
ISBN 978-3-428-19812-2 (Print)
ISBN 978-3-428-59812-0 (E-Book)

Gedruckt auf alterungsbeständigem (säurefreiem) Papier
entsprechend ISO 9706 ♾

Verlagsanschrift: Duncker & Humblot GmbH, Carl-Heinrich-Becker-Weg 9,
12165 Berlin, Germany | E-Mail: info@duncker-humblot.de
Internet: https://www.duncker-humblot.de

Meinen Eltern

Vorwort

Die vorliegende Arbeit wurde von der Rechtswissenschaftlichen Fakultät der Albert-Ludwigs-Universität Freiburg im Sommersemester 2025 als Dissertation angenommen. Gesetzgebung, Literatur und Rechtsprechung konnten bis April 2025 berücksichtigt werden.

Mein besonderer Dank gilt meinem Doktorvater Herrn Professor Dr. Jan Lieder, LL. M. (Harvard) für die Betreuung der Arbeit und die Förderung meiner wissenschaftlichen Entwicklung seit der frühen Aufnahme als studentische Hilfskraft. Die vertrauensvolle Zusammenarbeit am Institut für Wirtschaftsrecht, Arbeits- und Sozialrecht, Abteilung I: Wirtschaftsrecht behalte ich als äußerst lehrreich und bereichernde Zeit in Erinnerung.

Herrn Professor Dr. Hanno Merkt, LL. M. (Univ. of Chicago) danke ich für die Erstellung des Zweitgutachtens. Ihm und den übrigen Herausgebern, Professor Dr. Holger Fleischer, LL. M. (Univ. of Michigan) und Professor Dr. Jens Koch, gilt mein Dank ferner für die Aufnahme in ihre Schriftenreihe.

Meinen ehemaligen Kolleginnen und Kollegen am Institut danke ich für die bereichernde Zusammenarbeit. Ebenso danke ich meinen Freunden für den beständigen Rückhalt während der Erstellung dieser Arbeit.

Schließlich gilt mein größter Dank meinen Eltern für ihre stetige und uneingeschränkte Unterstützung nicht nur bei Erstellung dieser Arbeit, sondern über meinen gesamten Lebensweg hinweg. Ihnen ist diese Arbeit gewidmet.

Berlin, im Dezember 2025 *Adrian Felix Koch*

Inhaltsübersicht

Inhaltsverzeichnis

Kapitel 1

Einleitung 29

Kapitel 2

Die Hauptversammlung 33

Kapitel 3

Genese der virtuellen Hauptversammlung 66

Kapitel 4

Gesetz zur Einführung virtueller Hauptversammlungen 82

Abkürzungsverzeichnis

A.	Anregung
a. A.	andere Ansicht
a. E.	am Ende
a. F.	alte Fassung
aba	Arbeitsgemeinschaft für betriebliche Altersversorgung e. V.
ABl. EG	Amtsblatt der Europäischen Gemeinschaften
ABl. EU	Amtsblatt der Europäischen Union
Abs.	Absatz
AfD	Alternative für Deutschland
AG	Aktiengesellschaft
AG	Die Aktiengesellschaft
AktG	Aktiengesetz
Anh.	Anhang
ARRL	Aktionärsrechterichtlinie
Art.	Artikel
ARUG	Gesetz zur Umsetzung der Aktionärsrechterichtlinie
ARUG II	Gesetz zur Umsetzung der zweiten Aktionärsrechterichtlinie
Aufl.	Auflage
BAnz AT	Bundesanzeiger Amtlicher Teil
BauSparkG	Bausparkassengesetz
BB	Betriebs Berater
BDI	Bund der Deutschen Industrie e. V.
BDR	Bund Deutscher Rechtspfleger e. V.
Begr.	Begründer/Begründung
BeurkG	Beurkundungsgesetz
BGB	Bürgerliches Gesetzbuch
BGBl.	Bundesgesetzblatt
BGH	Bundesgerichtshof
BKR	Zeitschrift für Bank- und Kapitalmarktrecht
BNotK	Bundesnotarkammer
BNotO	Bundesnotarordnung
BR	Bundesrat
BRAK	Bundesrechtsanwaltskammer
BR-Drucks.	Bundesratsdrucksache
BR-Prot.	Plenarprotokoll des deutschen Bundesrates
BSI	Bundesamt für Sicherheit in der Informationstechnik
BT-Drucks.	Bundestagsdrucksache
BT-Prot.	Plenarprotokoll des deutschen Bundestages
BUJ	Bundesverband der Unternehmensjuristen e. V.
BVerfG	Bundesverfassungsgericht
bwf	Bundesverband der Wertpapierfirmen e. V.

bzw.	beziehungsweise
CDU	Christlich Demokratische Union Deutschlands
COVFAG	Gesetz zur Abmilderung der Folgen der COVID-19-Pandemie im Zivil-, Insolvenz- und Strafverfahrensrecht
COVRSPÄndG	Gesetz zur weiteren Verkürzung des Restschuldbefreiungsverfahrens und zur Anpassung pandemiebedingter Vorschriften im Gesellschafts-, Genossenschafts-, Vereins- und Stiftungsrecht sowie im Miet- und Pachtrecht
CR	Computer und Recht
CRIC	Corporate Responsibility Interface Center e. V.
CSU	Christlich-Soziale Union in Bayern
d. h.	das heißt
DAI	Deutsches Aktieninstitut e. V.
DAV	Deutscher Anwaltverein e. V.
DAX	Deutscher Aktienindex
DB	Der Betrieb
DCGK	Deutscher Corporate Governance Kodex
DGB	Deutscher Gewerkschaftsbund
DIHK	Deutsche Industrie- und Handelskammer
DiREG	Gesetz zur Ergänzung der Regelungen zur Umsetzung der Digitalisierungsrichtlinie und zur Änderung weiterer Vorschriften
DIRK	Deutscher Investor Relations Verband e. V.
DNotV	Deutscher Notarverein e. V.
DNotZ	Deutsche Notar-Zeitschrift
DStR	Deutsches Steuerrecht
DSW	Deutsche Schutzvereinigung für Wertpapierbesitz e. V.
DVFA	Deutsche Vereinigung für Finanzanalyse und Asset Management e. V.
DZWIR	Deutsche Zeitschrift für Wirtschafts- und Insolvenzrecht
E	Entwurf
e. V.	eingetragener Verein
EGAktG	Einführungsgesetz zum Aktiengesetz
etc.	et cetera
EU	Europäische Union
EWiR	Entscheidungen zum Wirtschaftsrecht
f.	folgend
FAZ	Frankfurter Allgemeine Zeitung
FDP	Freie Demokratische Partei
ff.	folgende
Fn.	Fußnote
FormAnpG	Gesetz zur Anpassung der Formvorschriften des Privatrechts und anderer Vorschriften an den modernen Rechtsgeschäftsverkehr
FraktionsE	Fraktionsentwurf
FS	Festschrift
GDV	Gesamtverband der Deutschen Versicherungswirtschaft e. V.
GDW	Bundesverband deutscher Wohnungs- und Immobilienunternehmen e. V.
GesRuaCOVBekG	Gesetz über Maßnahmen im Gesellschafts-, Genossenschafts-, Vereins-, Stiftungs- und Wohnungseigentumsrecht zur Bekämpfung der Auswirkungen der COVID-19-Pandemie

GG	Grundgesetz
GMBHG	Gesetz betreffend die Gesellschaften mit beschränkter Haftung
GMBHR	GmbH-Rundschau
HGB	Handelsgesetzbuch
Hrsg.	Herausgeber
i.S.d.	im Sinne des
i.S.v.	im Sinne von/vom
i.V.m.	in Verbindung mit
IRZ	Zeitschrift für Internationale Rechnungslegung
JuS	Juristische Schulung
K&R	Kommunikation und Recht
KGaA	Kommanditgesellschaft auf Aktien
KoR	Zeitschrift für internationale und kapitalmarktorientiert Rechnungslegung
KWG	Kreditwesengesetz
LG	Landgericht
lit.	littera; deutsch: Buchstabe
LMK	Leitsätze mit Kommentierung
m.w.N.	mit weiteren Nachweisen
MittBayNot	Mitteilungen des Bayerischen Notarvereins, der Notarkasse und der Landesnotarkammer Bayern
MMR	Zeitschrift für IT-Recht und Recht der Digitalisierung
n.F.	neue Fassung
NaStraG	Namensaktiengesetz
NJW	Neue Juristische Wochenschrift
notar	Monatsschrift für die gesamte notarielle Praxis
NotBZ	Zeitschrift für die notarielle Beratungs- und Beurkundungspraxis
npoR	Zeitschrift für das Recht der Non Profit Organisationen
Nr.	Nummer
NZG	Neue Zeitschrift für Gesellschaftsrecht
NZI	Neue Zeitschrift für Insolvenz- und Sanierungsrecht
o.ä.	oder ähnliches
o.V.	ohne Verfasser
OLG	Oberlandesgericht
RDi	Recht Digital
RefE	Referentenentwurf
RegE	Regierungsentwurf
RGBl.	Reichsgesetzblatt
RIW	Recht der internationalen Wirtschaft
Rn.	Randnummer
RNotZ	Rheinische Notar-Zeitschrift
S.	Seite
s.	siehe
SdK	Schutzgemeinschaft der Kapitalanleger e. V.
SE	Societas Europaea; deutsch: europäische Aktiengesellschaft
SfC	Shareholders for Change
SH	Schleswig Holstein
sog.	sogenannte/sogenannter

SPD	Sozialdemokratische Partei Deutschlands
TransPuG	Transparenz- und Publizitätsgesetz
UAbs.	Unterabsatz
UmwG	Umwandlungsgesetz
v.	vom
VAG	Versicherungsaufsichtsgesetz
VCI	Verband der Chemischen Industrie e. V.
VerwArch	Verwaltungsarchiv
vgl.	vergleiche
VGR	Wissenschaftliche Vereinigung für Unternehmens- und Gesellschaftsrecht e. V./Gesellschaftsrechtliche Vereinigung
VO	Verordnung
VzfK	Verbraucherzentrale für Kapitalanleger e. V.
WiWo	WirtschaftsWoche
WPg	Die Wirtschaftsprüfung
WpHG	Wertpapierhandelsgesetz
ZBB	Zeitschrift für Bankrecht und Bankwirtschaft
ZCG	Zeitschrift für Corporate Governance
ZfPW	Zeitschrift für die gesamte Privatrechtswissenschaft
ZGR	Zeitschrift für Unternehmens- und Gesellschaftsrecht
ZHR	Zeitschrift für das gesamte Handelsrecht und Wirtschaftsrecht
ZIP	Zeitschrift für Wirtschaftsrecht
ZNotP	Zeitschrift für die Notarpraxis

Kapitel 1

Einleitung

Die virtuelle Hauptversammlung hat einen langen Weg hinter sich gebracht. Schon seit den Anfängen des Internetzeitalters wird ihre Implementierung und Gestaltungsmöglichkeiten diskutiert.[1] Doch während die Einführung virtueller Versammlungen bei anderen Gesellschaftsformen ohne Gesetzesänderungen möglich war und allmählich aus der Praxis der Gesellschaften erwuchs, verhinderte das Prinzip der Satzungsstrenge nach § 23 Abs. 5 AktG im stark formalisierten Aktiengesetz eine solche organische Entwicklung. Eine Gesetzesreform war notwendig, doch dafür fehlte es lange am gesetzgeberischen Willen. Über 20 Jahre ging der Gesetzgeber nur kleine Schritte in Richtung Digitalisierung, bis die COVID-19-Pandemie einschlug und ihn zu einem Sprung in die Digitalisierung zwang.

Zur Pandemiebekämpfung wurden präzedenzlose, umfassende Schutzmaßnahmen erlassen. Für eine gewisse Zeit untersagten diese eine physische Zusammenkunft größerer Personenkreise. Größere Hauptversammlungen in Präsenz der Aktionäre und anderer Personen konnten folglich nicht mehr abgehalten werden. Als Alternative blieb dem Gesetzgeber nur die Ermöglichung virtueller Hauptversammlungen, um die Aktiengesellschaften weiterhin funktionsfähig zu halten und größeren Schaden an der deutschen Wirtschaft zu verhindern. Der Bundesgesetzgeber wurde dementsprechend tätig und reagierte mit dem GesRuaCOVBekG vom 27. 3. 2020.[2] Dieses ermöglichte vorübergehend virtuelle Hauptversammlungen und löste damit das dringlichste gesellschaftsrechtliche Anliegen der deutschen Aktiengesellschaften, KGaAs, SEs und VVaGs zu dieser Zeit.

Das GesRuaCOVBekG war als Notfallgesetzgebung aber nie dazu bestimmt, langfristig implementiert zu werden und war schon immer mit einem Ablaufdatum versehen. Da sich die virtuelle Hauptversammlung aber trotz aller widrigen Umstände als verhältnismäßig problemlos und effizient bewährt hat, war es ein Anliegen aller Beteiligter – insbesondere der Gesellschaften selbst – das virtuelle Format langfristig zu bewahren. Grundlegende Bedenken gegen die virtuelle Versammlung konnten nach diesen Erfahrungen nicht mehr überzeugen.

---

[1] Vgl. nur *Claussen*, AG 2001, 161; *Habersack*, ZHR 2001, 172; *Hasselbach/Schumacher*, ZGR 2000, 258; *Kim*, Hauptversammlung im virtuellen Raum; *Zetzsche*, Die virtuelle Hauptversammlung.

[2] BGBl. I 2020, S. 569. Ausführlicher dazu Kapitel 3 C.

Mit dem Gesetz zur Einführung virtueller Hauptversammlungen[3] hat der Gesetzgeber die virtuelle Hauptversammlung nun von einer bloßen Notregelung in ein dauerhaftes und neues Konzept überführt. Diese virtuelle Hauptversammlung ist gekommen, um zu bleiben[4] und bringt in das Konzept der Hauptversammlung gänzlich neue Impulse mit ein. Das Gesetz umfasst aber auch Reformansätze, die über die bloße Übertragung der Präsenzversammlung in das virtuelle Format hinausgehen und das Vorfeld der Versammlung ausbauen.

A. Begriffsverständnis

Bevor das Thema der virtuellen Hauptversammlung angegangen werden kann, ist vorab der Begriff der *virtuellen Hauptversammlung* selbst zu erläutern. Nach der Legaldefinition von § 118a Abs. 1 Satz 1 AktG ist eine virtuelle Hauptversammlung eine Hauptversammlung, die ohne physische Präsenz der Aktionäre am Versammlungsort abgehalten wird. Der Versammlungsort wird damit aber nicht abgeschafft. Bestimmte Personen müssen weiterhin am Versammlungsort anwesend sein. Der Begriff ist abzugrenzen von anderen Gestaltungsvarianten, die mal mehr, mal weniger digitalisiert sind.

Besteht gar kein Versammlungsort und ist im Rahmen einer Hauptversammlung die physische Präsenz keiner Person an einem bestimmten Ort notwendig, kann dies als *Cyber-Hauptversammlung* bezeichnet werden.[5] Eine *Präsenzversammlung* liegt dagegen vor, wenn die Aktionäre (einen Teil) ihre versammlungsgebundenen Aktionärsrechte nur in physischer Anwesenheit am Versammlungsort ausüben können.[6] Die Digitalisierung anderer Aspekte der Versammlung (etwa die Stimmabgabe, die Teilnahme der Aufsichtsratsmitglieder etc.) lässt diese Kategorisierung unberührt. Eine *hybride Hauptversammlung* liegt dagegen nur vor, wenn die Aktionäre ihre versammlungsgebundenen Rechte sowohl physisch am Versammlungsort als auch im Wege elektronischer Kommunikation ausüben können.[7]

---

[3] Voller Titel: Gesetz zur Einführung virtueller Hauptversammlungen von Aktiengesellschaften und Änderung genossenschafts- sowie insolvenz- und restrukturierungsrechtlicher Vorschriften, BGBl. I 2022, S. 1166. Ausführlicher zur Zitierung und der Genese des Gesetzes in Kapitel 3. Im Folgenden werden die Gesetzgebungsmaterialen des Gesetzes mit „Virtuelle Hauptversammlung" zitiert.

[4] So nach *Mutter*, AG 2022, R57.

[5] *Dubovitskaya*, NZG 2020, 647, 648, 653; *Wunderlich*, Digitalisierung der Hauptversammlung, S. 26; schon nach dem NaStraG eine solche andenkend *Noack*, Unternehmensrecht und Internet, S. 13 ff.

[6] Vgl. § 43b Abs. 1 Nr. 1 GenG. Soweit im Folgenden die virtuelle Hauptversammlung mit der Präsenzversammlung verglichen wird, ist in der Regel die Abgrenzung zum Geschehen am Versammlungsort von Interesse. Da die hybride Versammlung diesen nicht abschafft, können dementsprechend die meisten Vergleiche mit der Präsenzversammlung auch auf die hybride Versammlung übertragen werden.

[7] Etwa FraktionsE, Virtuelle Hauptversammlung, BT-Drucks. 20/1738, S. 13; *Cyglakow*, Die virtuelle Hauptversammlung, S. 32; *Noack*, WM 2009, 2289; vgl. § 43b Abs. 1 Nr. 3 GenG.

Historisch wurden diese Begriffe indes nicht immer einheitlich verwendet. Im Folgenden dienen sie deshalb nur als Abgrenzung der unterschiedlichen Konzepte.[8] Das Aktienrecht definiert aktuell nur den Begriff der virtuellen Hauptversammlung legal. Die Begriffe der Präsenzversammlung und der hybriden Hauptversammlung wurden zwar in der Begründung des Gesetzes zur Einführung virtueller Hauptversammlungen genutzt, aber nicht in das Gesetz aufgenommen. Der Begriff der *hybriden Versammlung* hat nun aber etwa in § 32 Abs. 2 BGB für die Mitgliederversammlung des Vereins und in § 43b Abs. 1 GenG für die Generalversammlung der Genossenschaft neben dem Begriff der *Präsenzversammlung* Einzug in andere Gesetze gehalten.

B. Gegenstand der Untersuchung

Gegenstand der Untersuchung ist das Gesetz zur Einführung virtueller Hauptversammlungen. Dieses wird mit Blick auf die Einführung virtueller Hauptversammlungen von Aktiengesellschaften umfassend untersucht. Diese Neuerungen umfassen aber nicht nur die Einführung der virtuellen Hauptversammlung, wie es der Titel des Gesetzes suggeriert. Das Gesetz enthält ferner neue Regelungen für den Ausbau des Vorfelds der Versammlung, die die Hauptversammlung selbst entlasten sollen. Entsprechend werden auch diese ausführlich beleuchtet. Eigene Überlegungen de lege ferenda bauen auf den Reformansätzen im Gesetz zur Einführung virtueller Hauptversammlungen auf und setzten diese fort. Darüber hinausgehende Reformvorschläge können im Rahmen dieser Arbeit nicht behandelt werden.

Die zuvor herrschende Rechtslage (inklusive der pandemischen Übergangsregelungen) wird im Folgenden nur so weit erörtert, wie diese für das Verständnis der Lex lata relevant ist. Wie sich die Änderung der Vorschriften über die Hauptversammlung der Aktiengesellschaft auf die Versammlungen anderer Gesellschaften auswirkt, wird in dieser Arbeit nicht umfassend beleuchtet. Ferner müssen die übrigen Änderungen des Gesetzes am Genossenschaftsrecht (Art. 6 des Gesetzes)[9] und aller anderen Gesetze (Art. 7–13 des Gesetzes) außer Acht gelassen werden.[10] Die Vollversammlung als besondere Form der Hauptversammlung wird auch nicht gesondert behandelt.[11]

---

[8] Vgl. zu den unterschiedlichen Verwendungen der Begriffe etwa *Cyglakow*, Die virtuelle Hauptversammlung, S. 32 f.

[9] Schlaglichtartig zum Genossenschaftsrecht etwa *Holthaus/Zabel*, NZG 2022, 1378; *Schulteis*, GWR 2022, 327.

[10] Dementsprechend werden auch alle anderen inzidentellen Änderungen in Art. 7–10 des Gesetzes nicht behandelt.

[11] Zur virtuellen Vollversammlung *Kerlen*, BB 2023, 2438.

C. Gang der Untersuchung

Das folgende zweite Kapitel beginnt mit der Hauptversammlung als solche und erörtert das Konzept der Hauptversammlung in seiner historisch gewachsenen Grundform. Die dadurch gewonnenen Erkenntnisse über die Funktionen und Defizite der Präsenzversammlung sowie der Potenziale der virtuellen Hauptversammlung dienen der weiteren Untersuchung als Grundlage. Das dritte Kapitel behandelt die Genese der virtuellen Hauptversammlung im deutschen Aktienrecht. Es liefert damit einen Hintergrund zum vorliegenden Untersuchungsgegenstand, der das vorläufige Ende dieser Entwicklung darstellt. Das vierte Kapitel widmet sich dem Gesetz zur Einführung virtueller Hauptversammlungen und bildet den Kern dieser Schrift. Es beleuchtet den eigentlichen Regelungsgehalt des Gesetzes. Auf den Ergebnissen des vierten Kapitels aufbauend, behandelt das fünfte Kapitel mögliche Änderungen des Gesetzes zur Einführung virtueller Hauptversammlungen. Hierbei stehen die an dieser Stelle gefassten eigenen Ideen im Mittelpunkt. Kapitel 6 und 7 schließen mit einer Gesamtbetrachtung und der Zusammenfassung des wesentlichen Ertrags in Thesenform ab.

Kapitel 2

Die Hauptversammlung

Dieses Kapitel ist der Hauptversammlung als solcher gewidmet. Es beginnt mit einer Skizzierung ihrer Stellung in der Gesellschaft (A.), an die sich eine Aufbereitung der Probleme des angestammten Konzepts anschließt (B.). Der nächste Abschnitt stellt den Problemen der Hauptversammlung die Potenziale des virtuellen Formats gegenüber (C.), um sodann das Kapitel mit einem Zwischenergebnis (D.) zu beenden. Ziel der Ausführungen ist es, den Neuerungen des Gesetzes zur Einführung virtueller Hauptversammlungen in Kontext zu setzen und damit späteren Untersuchungen und Stellungnahmen eine Grundlage zu geben.

A. Stellung in der Gesellschaft

Um die Stellung der Hauptversammlung in der Gesellschaft zu ergründen, müssen unterschiedliche Aspekte beleuchtet werden. Hierfür werden zunächst die beiden Hauptversammlungsbegriffe des Aktienrechts erläutert (I.). Anschließend werden die Funktionen der Hauptversammlung dargestellt (II.) und mit den Zuständigkeiten der Hauptversammlung (III.) und dem Verhältnis zu Vorstand und Aufsichtsrat (IV.) abgeglichen. Der Abschnitt wird mit einem Zwischenergebnis abgeschlossen (V.).

I. Der dualistische Hauptversammlungsbegriff

Das Aktiengesetz liefert keine Definition für den Begriff der Hauptversammlung, verwendet ihn aber in zwei verschiedenen Weisen.[1] Dementsprechend besteht ein *dualistischer Hauptversammlungsbegriff*.[2]

---

[1] *Drinhausen*, in: Hölters/Weber, AktG, § 118 Rn. 4–6; *Liebscher*, in: Henssler/Strohn, AktG, § 118 Rn. 2; *Spindler*, in: K. Schmidt/Lutter, AktG, § 118 Rn. 6.

[2] *Herrler*, in: Grigoleit, AktG, § 118 Rn. 2; *Koch*, AktG, § 118 Rn. 6; *Kubis*, in: MünchKommAktG, § 118 Rn. 1.

1. Die Hauptversammlung als Organ

Zunächst bildet die Hauptversammlung neben dem Vorstand und dem Aufsichtsrat eines der drei notwendigen Organe der Gesellschaft.[3] Da die Aktiengesellschaft als juristische Person nach § 1 Abs. 1 Satz 1 AktG ihren Willen nicht selbst bilden oder verwirklichen kann,[4] ist sie dafür auf Organe wie die Hauptversammlung angewiesen. Ferner ist die Hauptversammlung das Organ, in dem die Aktionäre ihre Eigentumsrechte ausüben. Als notwendiges Organ der Aktiengesellschaft ist sie nach § 23 Abs. 5 AktG satzungsfest.[5] Sie entsteht als funktionelles Gebilde mit der Aktiengesellschaft.[6]

2. Die Hauptversammlung als Zusammenkunft der Aktionäre

Daneben umfasst der Begriff der Hauptversammlung die tatsächliche Zusammenkunft der Aktionäre zwecks Ausübung ihrer Mitgliedschaftsrechte.[7] Dieses Verständnis der Hauptversammlung als Zusammenkunft ist mithin organisationsrechtlich geprägt.[8]

Beide Begriffe sind eng miteinander verwoben. Die Hauptversammlung im organisationsrechtlichen Sinne, d. h. das Zusammentreffen der Aktionäre sowie ihre gemeinsame Willensbildung, ist notwendig, damit die Hauptversammlung als Organ der Gesellschaft deren Willen bilden kann.

II. Funktionen der Hauptversammlung

Ausgehend von diesem Begriffsverständnis lassen sich drei grundlegende Funktionen der Hauptversammlung identifizieren.

---

[3] *Beuthien*, FS Zöllner I, S. 87, 98; *Drinhausen*, in: Hölters/Weber, AktG, § 118 Rn. 4–6; *v. d. Linden*, in: Marsch-Barner/Schäfer, Rn. 34.1.

[4] Vgl. *Mülbert*, in: GroßkommAktG, Vor § 118 Rn. 18; *Tröger*, in: KölnKommAktG, § 118 Rn. 4.

[5] *Liebscher*, in: Henssler/Strohn, AktG, § 118 Rn. 2; *Tröger*, in: KölnKommAktG, § 118 Rn. 4 f.

[6] *Kubis*, in: MünchKommAktG, § 118 Rn. 8; *Spindler*, in: K. Schmidt/Lutter, AktG, § 118 Rn. 10.

[7] *Koch*, AktG, § 118 Rn. 6; *Kubis*, in: MünchKommAktG, § 118 Rn. 1; *Spindler*, in: K. Schmidt/Lutter, AktG, § 118 Rn. 6; *Tröger*, in: KölnKommAktG, § 118 Rn. 58.

[8] *Kubis*, in: MünchKommAktG, § 118 Rn. 1; *Spindler*, in: K. Schmidt/Lutter, AktG, § 118 Rn. 6.

1. Willensbildungsfunktion

Als erste und zentrale Funktion der Hauptversammlung übernimmt sie die interne Willensbildung der Gesellschaft. Diese ist durch das Aktiengesetz geregelt und erfolgt formalisiert durch Beschlüsse.

a) Die Hauptversammlung als Mitgliederorgan

Die Aktionäre verhandeln die gesellschaftsinterne Willensbildung der Gesellschaft. Dieser Prozess wird durch die Hauptversammlung mediatisiert. Die Hauptversammlung stellt dabei das Mitgliederorgan der Gesellschaft[9] und Sitz der „Aktionärsdemokratie“[10] dar. Durch sie üben die Aktionäre primär ihren Einfluss auf die Gesellschaft aus.[11] Die Aktionäre sind nach § 118 Abs. 1 Satz 1 AktG sowohl Teilnehmer der Hauptversammlung als Zusammenkunft als auch die geborenen Mitglieder der Hauptversammlung als Organ[12]. In der Beschlussfassung in der Hauptversammlung offenbart sich ein wesentlicher Unterschied zur Gesellschafterversammlung der GmbH. Denn in der GmbH ist die Gesamtheit der Gesellschafter und nicht die Gesellschafterversammlung ein Organ der Gesellschaft.[13] Die Hauptversammlung der Aktiengesellschaft ist dagegen selbst ein eigenständiges und beschließendes Organ.[14] Die Aktionäre wirken nur *durch* sie. Die Willensbildung in der Hauptversammlung wird der Gesellschaft organschaftlich zugerechnet.[15]

---

9 *Liebscher*, in: Henssler/Strohn, AktG, § 118 Rn. 2; *Mülbert*, in: GroßkommAktG, Vor § 118 Rn. 9; *Spindler*, in: K. Schmidt/Lutter, AktG, § 118 Rn. 6; *Tröger*, in: KölnKommAktG, Vor § 118 Rn. 9.

10 BVerfG v. 20.9.1999 – 1 BvR 636/95, AG 2000, 74, 75; *Mülbert*, in: GroßkommAktG, Vor § 118 Rn. 11; *K. Schmidt*, Gesellschaftsrecht, S. 837. Den Begriff der Aktionärsdemokratie (zu Recht) kritisierend *Redeke*, AG 2022, 98, 9; ebenso selbst die *Bundesregierung*, Antwort auf Kleine Anfrage, BT-Drucks. 20/8385, S. 3.

11 Vgl. *Bungert*, in: MünchHdbGesR IV, § 35 Rn. 1; *Mülbert*, in: GroßkommAktG, Vor § 118 Rn. 8; *Spindler*, in: K. Schmidt/Lutter, AktG, § 118 Rn. 2.

12 *Koch*, AktG, § 118 Rn. 3; *Mülbert*, in: GroßkommAktG, Vor § 118 Rn. 9; *Tröger*, in: KölnKommAktG, § 118 Rn. 12.

13 BGH v. 8.1.2019 – II ZR 364/18, BGHZ, 220, 354, 369, AG 2019, 422, 427 („sind in der GmbH die Gesellschafter das zentrale Entscheidungsorgan“); *Römermann*, in: Michalski/Heidinger/Leible/Schmidt, GmbHG, § 45 Rn. 12; *K. Schmidt/Bochmann*, in: Scholz, GmbHG, § 45 Rn. 5 m. w. N.; a. A., welche wie der AG die Gesellschafterversammlung als Willensbildungsorgan betrachtet: *Hüffer*, FS 100 Jahre GmbHG, S. 521 ff.; *Liebscher*, in: MünchKommGmbHG, § 45 Rn. 80 f. m. w. N.

14 *Herrler*, in: Grigoleit, AktG, § 118 Rn. 1; *Koch*, AktG, § 118 Rn. 6; *Mülbert*, in: GroßkommAktG, Vor § 118 Rn. 19.

15 *Drinhausen*, in: Hölters/Weber, AktG, § 118 Rn. 5; *Liebscher*, in: Henssler/Strohn, AktG, § 118 Rn. 2; *Reger*, in: Bürgers/Lieder, AktG, § 118 Rn. 1.

Die Willensbildung in der Hauptversammlung als Organ ist folglich von der Zusammenkunft und der Mitwirkung der Aktionäre abhängig.[16] Die strenge Unterscheidung der beiden untrennbar zusammenhängenden Konzepte wird damit in der Gesetzesanwendung praktisch irrelevant.[17] Sie hilft aber bei der Charakterisierung der beiden Aspekte des Begriffs im Aktiengesetz und unterstützt eine differenzierende Betrachtung zwischen der Zusammenkunft und dem gesellschaftsrechtlichen Organ. Des Weiteren kann sie als Grundlage für die Analyse der unterschiedlichen Funktionen der Hauptversammlung dienen.

b) Konzentration der Aktionärsrechte in der Hauptversammlung, § 118 Abs. 1 Satz 1 AktG

aa) Konzentration der Aktionärsrechte

Nach § 118 Abs. 1 Satz 1 AktG üben die Aktionäre ihre Rechte in den Angelegenheiten der Gesellschaft in der Hauptversammlung aus, soweit das Gesetz nichts anderes bestimmt. Ausnahmen von dieser Konzentration der Aktionärsrechte ergeben sich entweder aus einer ausdrücklichen Anordnung des Gesetzes oder aus der Natur des Rechts.[18]

Vermögensrechte sind aufgrund ihrer Natur nie versammlungsgebunden. Mitverwaltungsrechte dagegen sind meist versammlungsgebunden.[19] In § 118 Abs. 1 Satz 2, Abs. 2, 4 AktG lässt das Gesetz die Ausübung der Aktionärsrechte in Abwesenheit vom Versammlungsort unter Vorbehalt einer entsprechenden Satzungsregel ausdrücklich zu. Abseits dessen sind insbesondere die Ausübung von Informations- und Kontrollrechten[20] und Rechten, die Minderheiteninteressen dienen,[21] außerhalb der Hauptversammlung zugelassen.[22]

---

[16] *Mülbert*, in: GroßkommAktG, Vor § 118 Rn. 11; *Spindler*, in: K. Schmidt/Lutter, AktG, § 118 Rn. 6; *Tröger*, in: KölnKommAktG, § 118 Rn. 58.

[17] *Hoffmann*, in: BeckOGKAktG, § 118 Rn. 2; *Koch*, AktG, § 118 Rn. 6.

[18] *Liebscher*, in: Henssler/Strohn, AktG, § 118 Rn. 5.

[19] *Reger*, in: Bürgers/Lieder, AktG, § 118 Rn. 5; *Spindler*, in: K. Schmidt/Lutter, AktG, § 118 Rn. 15.

[20] Etwa das Einsichtnahmerecht in das Teilnehmerverzeichnis nach § 129 Abs. 4 AktG und die Unterlagen, die der Hauptversammlung vorgelegt werden müssen, nach § 175 Abs. 2 Satz 1 AktG, das Anfechtungsrecht nach § 245 AktG und das Recht zur Erhebung einer Nichtigkeitsklage nach § 249 Abs. 1 AktG.

[21] Etwa das Recht zur Einberufung der Hauptversammlung nach § 122 Abs. 1 AktG, das Recht auf Sonderprüfung nach § 142 Abs. 2, 4 AktG und das Recht auf Bestellung eines anderen Abschlussprüfers nach § 318 Abs. 3 HGB.

[22] Vgl. *Spindler*, in: K. Schmidt/Lutter, AktG, § 118 Rn. 18.

bb) Zweck

Die Konzentration der Ausübung der Aktionärsrechte in der Hauptversammlung hat die Funktion, „den Einfluss der Aktionäre durch Anordnung einer förmlichen Mediatisierung in geordnete Bahnen [zu] lenken."[23] Innerhalb der Gesellschaft wird die Willensbildung damit der Hauptversammlung als Organ und nicht der Mehrheit der Gesellschafter wie in anderen Gesellschaftsformen überantwortet. Diese besondere Gestaltung lässt sich durch das Leitbild der Aktiengesellschaft mit vielen anonymen und wechselnden Aktionären erklären.[24]

c) Förmlichkeiten der Beschlussfassung

Die Hauptversammlung nimmt die interne Willensbildung der Gesellschaft durch Beschlüsse vor.[25] Die Förmlichkeiten der Beschlussfassung ergeben sich vornehmlich aus § 130 AktG. Nach § 130 Abs. 2 Satz 1 AktG müssen Beschlüsse im Wege einer Abstimmung gefasst und die Beschlussergebnisse vom Versammlungsvorsitzenden ausdrücklich festgestellt werden.[26] Die Feststellung des Vorsitzenden und deren notarielle Beurkundung nach § 130 Abs. 1 AktG oder privatschriftliche Protokollierung konstituieren den Beschluss.[27]

Die Förmlichkeiten der Beschlussfassung hat wie die Konzentration der Aktionärsrechte in der Hauptversammlung eine Mediatisierungsfunktion. Damit die Konzentration der Aktionärsrechte in der Hauptversammlung gewinnbringend ist, muss die Mitwirkung der Aktionäre dort in geordnete Bahnen gelenkt werden.

d) Voraussetzungen für die Willensbildung im Organ

Die Willensbildung durch die Hauptversammlung als Organ erfolgt durch die Hauptversammlung als Zusammenkunft und die dort gefassten Beschlüsse der Aktionäre. Damit die Aktionäre aber in einer angemessenen Weise von ihren Mitgliedschaftsrechten Gebrauch machen können, sind beschlussvorbereitende Tätigkeiten notwendig.[28] Insbesondere muss die Hauptversammlung den Aktionären die Gelegenheit bieten, sich hinreichend zu informieren und miteinander in den

---

[23] *Kubis*, in: MünchKommAktG, § 118 Rn. 33; ebenso: *Drinhausen*, in: Hölters/Weber, AktG, § 118 Rn. 2; *Spindler*, in: K. Schmidt/Lutter, AktG, § 118 Rn. 2.

[24] *Butzke*, Hauptversammlung, A. Rn. 5.

[25] *Drinhausen*, in: Hölters/Weber, AktG, § 118 Rn. 5; *Herrler*, in: Grigoleit, AktG, § 118 Rn. 2; *Thölke*, in: MAHAktR, § 25 Rn. 2.

[26] *Mülbert*, in: GroßkommAktG, Vor § 118 Rn. 31.

[27] *Mülbert*, in: GroßkommAktG, Vor § 118 Rn. 31.

[28] Vgl. *Mülbert*, in: GroßkommAktG, Vor § 118 Rn. 49.

Diskurs zu treten.[29] Nur dann können die Aktionäre ihren eigenen Willen bilden und untereinander einen Konsens formulieren, der für die Gesellschaft gelten soll. Aktionärsrechte, wie Informations- und Rederechte, dienen dabei der individuellen und kollektive Willensbildung unter den Aktionären in der Hauptversammlung. Die Aktionärsrechte fungieren als Transmissionsriemen, um den Willen der einzelnen Aktionäre über die Hauptversammlung in die Gesellschaft zu tragen.[30]

e) Zwischenergebnis

Die Hauptversammlung dient als internes Willensbildungsorgan der Gesellschaft und mediatisiert die Mitwirkung der Aktionäre an der Gesellschaft. Die Ausübung der Mitverwaltungsrechte durch die Aktionäre wird hierfür auf die Hauptversammlung konzentriert und dort in geordnete Bahnen gelenkt. Die interne Willensbildung findet durch einen förmlichen Beschluss statt. Um eine Willensbildung unter den Aktionären zu ermöglichen, muss ihnen hinreichend Gelegenheit geboten werden, sich zu informieren und untereinander auszutauschen. Die Gestaltung der Hauptversammlung als Zusammenkunft wird maßgeblich durch die Willensbildungsfunktion der Hauptversammlung als Organ bestimmt.

2. Vertretungsfunktion

In Ausnahmefällen kann die Hauptversammlung als Vertretungsorgan der Gesellschaft fungieren. Die Vertretung obliegt nach § 78 Abs. 1 AktG allein dem Vorstand und nur ausnahmsweise nach § 112 AktG gegenüber den Vorstandsmitgliedern dem Aufsichtsrat. Selbst wenn die Gesellschaft ohne Vorstand oder Aufsichtsrat verbleibt, kann die Hauptversammlung kein „Notvertreter" der Gesellschaft werden.[31]

Von diesem Grundsatz sind aber zwei Ausnahmen anerkannt.[32] Zum einen umfasst die Ausschlusswirkung von §§ 78 Abs. 1, 112 Satz 1 AktG keine verbandsinternen Maßnahmen. Für solche steht der Hauptversammlung eine organschaftliche Vertretungsmacht zu. Diese umfasst insbesondere die Bestellung und Abberufung von Vorstandsmitgliedern, die Entlastung des Vorstands und die Bestellung eines besonderen Vertreters nach § 147 Abs. 2 AktG. Zum anderen geht aus dem gesetzlichen Regelungszusammenhang von § 142 Abs. 1 AktG hervor, dass die

---

[29] *Mülbert*, in: GroßkommAktG, Vor § 118 Rn. 49; *Noack*, 50 Jahre AktG, S. 163, 178; *Schmidbauer/Kürten*, NZG 2021, 1150, 1157; *Tröger*, in: KölnKommAktG, § 118 Rn. 14, § 119 Rn. 21 der dieses Modell nur noch als Vorstellung des Gesetzgerbers für beachtlich erklärt.

[30] *Teichmann/Wicke*, ZGR 2021, 173, 175.

[31] *Mülbert*, in: GroßkommAktG, Vor § 118 Rn. 21; *Kubis*, in: MünchKommAktG, § 119 Rn. 19; *Spindler*, in: K. Schmidt/Lutter, AktG, § 118 Rn. 13.

[32] Hierzu und im Folgenden *Mülbert*, in: GroßkommAktG, Vor § 118 Rn. 22f.; *Reger*, in: Bürgers/Lieder, AktG, § 119 Rn. 12; *Spindler*, in: K. Schmidt/Lutter, AktG, § 118 Rn. 13.

Hauptversammlung die Gesellschaft bei der Beauftragung des Sonderprüfers vertreten kann.[33] Die genannten Ausnahmen sind damit in der Praxis relevant, prägen aber nicht die Funktion der Hauptversammlung als Ganzes.

3. Kommunikationsfunktion

Die beiden vorherig ausgeführten klassischen Funktionen der Hauptversammlung beziehen sich primär auf die Hauptversammlung als Organ und decken damit die Funktionen der Hauptversammlung als Organ ab. Darüber hinaus kann die Hauptversammlung als Zusammenkunft eine wesentliche Kommunikationsfunktion für die Gesellschaft und die Aktionäre beinhalten.

a) Kommunikationsinteressen der Aktionäre

Die Hauptversammlung bietet den Aktionären sowohl Informationen über die Gesellschaft als auch eine Möglichkeit, mit den anderen Aktionären in Kontakt zu treten.[34] Hierfür stehen ihnen eine Vielzahl an Informationsrechten zu. Für eine Koordination untereinander bieten sich das Zusammenkommen selbst sowie die übrigen Aktionärsrechte in der Versammlung an.

Darüber hinaus tragen einige Aktionäre aber auch ihre persönlichen oder politischen Ziele mit in die Hauptversammlung.[35] Daraus folgen Redebeiträge, Fragen oder Anträge, die sich weniger auf die konkreten Belange der Gesellschaft, sondern vielmehr auf allgemeinpolitische Themen oder persönliche Rivalitäten ausgerichtet sind. Auf diese wird noch im Folgenden eingegangen.[36]

b) Kommunikationsinteressen der Gesellschaft

Die Gesellschaften haben auch ein Interesse daran, die Hauptversammlung als Marketing-Instrument zu nutzen.[37] Dies gilt insbesondere für Publikumsgesellschaften.[38]

---

[33] *Krebs*, in: Hölters/Weber, AktG, § 142 Rn. 28.

[34] Insofern benennen Noack/Zetzsche die drei Funktionen der Hauptversammlung auch als Information der Aktionäre, Kommunikation unter ihnen und Entscheidung per Beschluss. *Noack/Zetzsche*, AG 2020, 721, 725.

[35] *Grüner*, NZG 2000, 770, 771; *Trouet*, NJW 1986, 1302.

[36] S. Kapitel 2 B. II., III. 3.

[37] *Bungert*, in: MünchHdbGesR IV, § 35 Rn. 3; *Güttler/Brüggemann*, Zetzsche, Die virtuelle Hauptversammlung, S. 231, 236 ff.; *Noack*, Zetzsche, Die virtuelle Hauptversammlung, S. 13, 16; *Pielke*, Virtuelle Hauptversammlung, S. 60; *Wunderlich*, Digitalisierung der Hauptversammlung, S. 30.

[38] *v. d. Linden*, in: Marsch-Barner/Schäfer, Rn. 34.16; *Reichert*, in: BeckHdbAG, § 5 Rn. 3.

III. Zuständigkeiten der Hauptversammlung

Die Zuständigkeit der Hauptversammlung hängt mit ihren Funktionen zusammen. Vornehmlich ist die Hauptversammlung ein internes Willensbildungsorgan und ihre Kompetenzen dementsprechend primär auf diese Tätigkeit beschränkt.

Durch § 119 AktG werden die Zuständigkeiten der Hauptversammlung prominent geregelt. Obwohl § 119 Abs. 1 AktG keine abschließende Aufzählung der Kompetenzen enthält („namentlich"), stellt dieser eine negative Kompetenzabgrenzung dar.[39] Absatz 1 beschränkt die Hauptversammlungskompetenz auf die im Gesetz und in der Satzung ausdrücklich bestimmten Fälle und Absatz 2 auf die vom Vorstand vorgelegten Fragen. Eine subsidiäre Zuständigkeit der Hauptversammlung ist damit ausgeschlossen.[40] Die gesetzliche Kompetenzordnung innerhalb der Gesellschaft ist nach § 23 Abs. 5 Satz 1 AktG zwingend.[41] In Fragen der Geschäftsführung hat die Hauptversammlung, vorbehaltlich der Vorstand verlangt danach, nach § 119 Abs. 2 AktG keine Zuständigkeit.

Die Rechtsprechung hat der Hauptversammlung in *Holzmüller*[42] und *Gelatine*[43] in Ausnahmefällen eine ungeschriebene Kompetenz zugesprochen. Nach diesen Entscheidungen ist der Vorstand verpflichtet, die Zustimmung der Hauptversammlung einzuholen, wenn er eine erhebliche Strukturänderung vornehmen will, die so schwerwiegend in die Rechte oder Interessen der Aktionäre eingreift, dass sie die Kernkompetenz der Hauptversammlung über die Verfassung der Aktiengesellschaft zu bestimmen, berührt.[44]

IV. Verhältnis zu Vorstand und Aufsichtsrat

Mit diesen Zuständigkeiten bewegt sich die Hauptversammlung als Mitgliederorgan innerhalb der aktienrechtlichen Organtrias zwischen dem Vorstand und dem Aufsichtsrat. Einige bezeichnen sie als oberstes Organ der Gesellschaft.[45] Das Aktiengesetz räumt der Hauptversammlung aber kein Weisungsrecht gegenüber

---

[39] *Mülbert*, in: GroßkommAktG, § 119 Rn. 22; *Reger*, in: Bürgers/Lieder, AktG, § 119 Rn. 3; *Spindler*, in: K. Schmidt/Lutter, AktG, § 119 Rn. 1, 7.

[40] *Kubis*, in: MünchKommAktG, § 119 Rn. 9.

[41] Begründung zum RegE AktG 1965 bei Kropff, S. 165; *Bungert*, in: MünchHdbGesR IV, § 35 Rn. 65; *Herrler*, in: Grigoleit, AktG, § 119 Rn. 1, 7; *Reichert*, in: BeckHdbAG, § 5 Rn. 7.

[42] BGH v. 25. 2. 1982 – II ZR 174/80, BGHZ 83, 122 ff., NJW 1982, 1703 ff.

[43] BGH v. 26. 4. 2004 – II ZR 155/02, BGHZ 159, 30 ff., NJW 2004, 1860 ff.

[44] BGH v. 26. 4. 2004 – II ZR 155/02, BGHZ 159, 30, 44 f., NJW 2004, 1860, 1864.

[45] *Messer*, FS Kellermann, S. 299; vgl. *Krenek/Pluta*, in: Heidel, AktG, § 118 Rn. 3. Ausführlich dazu *v. Rechenberg*, Die Hauptversammlung als oberstes Organ m. w. N.

dem Vorstand oder gar eine Kompetenz-Kompetenz[46] ein.[47] Es kennt damit gerade keine von Grund auf hierarchische Ordnung,[48] die bei der Definition des Verhältnisses unter den Organen genutzt werden könnte.[49]

In der Organtrias steht es grundsätzlich dem Vorstand zu, die Beschlüsse der Hauptversammlung umzusetzen (vergleiche § 83 Abs. 2 AktG) und nach außen aufzutreten.[50] Die Hauptversammlung bleibt grundsätzlich nach außen handlungsunfähig und für die interne Willensbildung zuständig.

Der Aufsichtsrat übernimmt seit der Entmachtung der Hauptversammlung durch das Aktiengesetz von 1937[51] nach § 111 Abs. 1 AktG die Kontrolle des Vorstands.[52] Zu der Geschäftsführung ist er nach § 111 Abs. 4 Satz 1 AktG nicht berechtigt. Gemäß § 84 Abs. 1 Satz 1, Abs. 4 Satz 1 AktG ist er aber für die Bestellung und Abberufung der Vorstandsmitglieder zuständig. Hierzu vertritt er nach § 112 AktG die Gesellschaft gegenüber den Vorstandsmitgliedern.

Die Hauptversammlung kann durch den Vorstand nach § 121 Abs. 2 Satz 1 AktG oder den Aufsichtsrat nach § 111 Abs. 3 Satz 1 AktG einberufen werden.

V. Zwischenergebnis

Unter dem Begriff der Hauptversammlung ist sowohl das Organ der Gesellschaft als auch die Zusammenkunft der Aktionäre zu verstehen. Über die Hauptversammlung können die Aktionäre ihre Eigentumsrechte an der Gesellschaft ausüben und auf diese Einfluss nehmen. Die Hauptversammlung fungiert mithin als Transmissionsriemen zwischen den Aktionären und der Gesellschaft. Der Aus-

---

[46] S. nochmals Kapitel 2 A. III.

[47] Die Hauptversammlung entscheidet jedoch nach § 101 Abs. 1 Satz 2 AktG über die Bestellung und nach § 103 Abs. 1 Satz 1 AktG über Abberufung der Aufsichtsratsmitglieder, nach § 84 Abs. 4 Satz 2 Var. 3 über die Abberufung von Vorstandsmitgliedern und nach § 120 Abs. 1 Satz 1 AktG über die Entlastung der Mitglieder von Vorstand und Aufsichtsrat. Nach § 23 Abs. 3 Nr. 2 AktG bestimmt sie den Unternehmensgegenstand und Unternehmenszweck. Mithin ist sie zumindest faktisch wie kein anderes Organ dazu fähig die Tätigkeit der anderen Organe verbindlich zu bestimmen. *Mülbert*, in: GroßkommAktG, Vor § 118 Rn. 43; *v. Rechenberg*, Die Hauptversammlung als oberstes Organ, S. 163 f.; *Reichert*, in: BeckHdbAG, § 5 Rn. 2.

[48] BVerfG v. 20.9.1999 – 1 BvR 636/95, AG 2000, 74; *Lutter*, FS Quack, S. 301, 312 f. m. w. N. und historischem Hintergrund; *W. Müller*, FS Semler, S. 195, 198; *v. Rechenberg*, Die Hauptversammlung als oberstes Organ, S. 165; *Tröger*, in: KölnKommAktG, § 118 Rn. 11 m. w. N.

[49] *Bungert*, in: MünchHdbGesR IV, § 35 Rn. 7; *Lutter*, FS Quack, S. 312 ff.; *Mülbert*, in: GroßkommAktG, Vor § 118 Rn. 43; *Thölke*, in: MAHAktR, § 25 Rn. 1.

[50] *Hoffmann*, in: BeckOGKAktG, § 118 Rn. 7.

[51] Gesetz über Aktiengesellschaften und Kommanditgesellschaften auf Aktien (Aktiengesetz), RGBl. 1937 I, S. 107.

[52] Zum Ganzen ausführlich *Lieder*, Aufsichtsrat, S. 342 ff.

tausch unter den Aktionären findet in der Hauptversammlung als Zusammenkunft statt. Insbesondere Publikumsgesellschaften oder einzelne Aktionäre nutzen die Hauptversammlung ferner als öffentlichkeitswirksame Plattform.

B. Defizite der Hauptversammlung nach dem Status quo ante

Die Präsenzhauptversammlung steht schon lange in Kritik und es bestehen vereinzelt sogar Forderungen, sie als Zusammenkunft aller Aktionäre abzuschaffen.[53] Ihren Kritikern nach leidet sie an einer Vielzahl an Problemen, die schlussendlich die ganze Hauptversammlung in ihrer Existenz betreffen.[54]

Die Präsenzhauptversammlung ist nach wie vor die Grundform der Hauptversammlung.[55] Demgegenüber ist die virtuelle Hauptversammlung nur eine optionale Variante. Dementsprechend muss die virtuelle Hauptversammlung vor dem Hintergrund der Präsenzhauptversammlung betrachtet werden. Als Ausgangspunkt dafür dient hier der Status quo ante der Präsenzhauptversammlung vor der Coronamaßnahmengesetzgebung.[56] Auf dieser Grundlage kann das neue Gesetz im Folgenden an den Defiziten der Präsenzhauptversammlung gemessen und untersucht werden, ob es für diese neue Antworten findet.

I. Geringe Präsenzquoten

Die geringen Präsenzquoten der meisten Präsenzversammlungen sind das meistdiskutierte Problem der Hauptversammlungen und stellen das Konzept als Zusammenkunft der Aktionäre infrage. Hierbei sind zwei Arten von Präsenz zu unterscheiden. Einerseits die Präsenz der einzelnen Aktionäre, andererseits die Kapital- bzw. Stimmpräsenz, d.h. die Anwesenheit von Aktionären oder ihren Vertretern, gemessen an ihrem kumulierten Aktien- und damit Stimmenanteil. Für die Beschlussfassung entscheidend ist die Kapitalpräsenz und nicht die Präsenz aller Aktionäre. Denn das Aktienrecht knüpft bei Mehrheiten nicht an die Anzahl der Aktionäre, sondern nur an das vertretene Kapital bzw. die vertretenen Stimmen an.

---

[53] *Bachmann*, FS Roth, S. 37, 51; *Mutter*, AG 2022, R57, R58; *Roth*, Das Treuhandmodell des Investmentrechts, S. 206.

[54] Vgl. zur Vielfalt und Vielzahl der aktuellen Herausforderungen der Hauptversammlung *Kneissl*, ZIP 2024, 2854.

[55] S. hierzu und dem Folgenden, Kapitel 4 B. I. 1.

[56] Vgl. für eine ähnlich strukturierte Aufarbeitung der Schwächen der Hauptversammlung *Kubis*, in: MünchKommAktG, 5. Aufl., § 118 Rn. 25 ff.

Die vom Gesetzgeber angestrebte Zielstruktur der Hauptversammlung als Vollversammlung[57] wurde nie erreicht und ist historisch gesehen unwahrscheinlich. Dies lässt sich empirisch untermauern.

Im Folgenden werden zunächst die Nachteile geringer Präsenzquoten dargelegt (1.). Sodann werden die tatsächlichen Präsenzquoten aufbereitet (2.), diese Ergebnisse eingeordnet (3.) und die Gründe dafür untersucht (4.).

1. Nachteile

Es ist unstreitig, dass geringe Hauptversammlungspräsenzen nachteilig sind und höhere Quoten angestrebt werden sollten. Niedrige Präsenzquoten können die Legitimität von Beschlüssen infrage stellen (a)), aktivistische Investoren auf den Plan rufen (b)) und den Zweck der Hauptversammlung untergraben (c)).

a) Legitimität von Beschlüssen

Oftmals wird vorgebracht, dass Hauptversammlungsbeschlüssen Legitimität fehlt, wenn diese nur von einem geringen Anteil der Stimmen getragen werden.[58]

Mit Legitimität ist dabei nicht die Verbindlichkeit der Beschlüsse gemeint. Geringe Präsenzquoten sind für diese unerheblich, da § 133 Abs. 1 AktG nur eine Mehrheit unter den abgegebenen Stimmen erfordert. Gemeint wird damit vielmehr die (fehlende) Anerkennungswürdigkeit des Beschlusses als Produkt einer echten Aktionärsdemokratie im Sinne des gesetzlichen Leitbildes. Wie jede demokratische bzw. mehrheitlich getroffene Entscheidung verliert ein Hauptversammlungsbeschluss an Legitimität, wenn die Teilnahmequote an der Entscheidung gering ist.[59]

Besonders stark wird die Legitimität der Hauptversammlungsbeschlüsse dann infrage gestellt, wenn die dort erreichten Mehrheiten nicht den Mehrheiten unter der Gesamtheit der Aktionäre entsprechen.[60] Sind wenige Stimmen in der Versammlung vertreten, ist es für Minderheitenaktionäre einfacher, sich in der Versammlung durchzusetzen und diese zu „kapern“. Diese wird mithin anfälliger für solche Übernahmen der Beschlussfassung.

---

[57] *Kubis*, in: MünchKommAktG, 5. Aufl., § 118 Rn. 25.

[58] So etwa: *Kubis*, in: MünchKommAktG, § 118 Rn. 24; *Noack*, Zetzsche, Die virtuelle Hauptversammlung, S. 13, 14; *Tröger*, in: KölnKommAktG, § 118 Rn. 7.

[59] So findet sich die Diskussion über Legitimität von Wahlen und anderen Entscheidungen auch im politischen Kontext bei politischen und demokratischen Wahlen mit geringer Wahlbeteiligung wieder.

[60] *Koch*, AktG, § 118 Rn. 5; *Noack*, Zetzsche, Die virtuelle Hauptversammlung, S. 13 f.; *Wunderlich*, Digitalisierung der Hauptversammlung, S. 33 f.

b) *Aktivistische Aktionäre*

Besonders aktivistische Aktionäre und Investoren wollen durch eine Minderheitsposition Einfluss auf das Unternehmen nehmen und Beschlüsse in der Hauptversammlung bestimmen. Sie zeichnen sich dadurch aus, dass sie auf die Unternehmen, in die sie investieren, durch Wahrnehmung ihrer Aktionärsrechte und auf anderen informellen Wegen gezielt Einfluss nehmen, um bestimmte für sie förderliche Zwecke zu erreichen.[61] Dies kann durchaus im Interesse der anderen Aktionäre und der Gesellschaft als Ganzes sein, muss es aber nicht.[62]

Divergierende Interessen ergeben sich dabei oftmals durch unterschiedliche Anlagehorizonte. Aktivistische Investoren sind typischerweise eher kurzfristig an einem Unternehmen interessiert. Das allgemeine Unternehmensinteresse und das der übrigen Aktionäre kann demgegenüber oftmals langfristig ausgerichtet sein.[63] Von einem langfristig gedachten Unternehmensinteresse kann die Gewinnausschüttung an Aktionäre (sog. Sonder- oder Superdividende) abweichen, die in der Vergangenheit immer wieder von aktivistischen Aktionären angestrebt wurde.[64] Natürlich kann eine Gewinnausschüttung den Grundsätzen effektiver Kapitalallokation und den Interessen der Gesamtheit der Aktionäre entsprechen. Davon weicht sie aber dann ab, wenn die Gesellschaft dadurch um ihre strategischen Reserven gebracht wird und keine Mittel mehr für zukunftsträchtige Investitionen zur Verfügung stehen.[65]

Ferner können sich bei aktivistischen Aktionären durch die Verfolgung von Zielen außerhalb der Gesellschaft konfligierende Interessen ergeben. Besonders erwähnenswert ist in diesem Kontext das wachsende Segment an aktivistischen Aktionären, die sich für *ESG* (*environmental social governance*) Belange einset-

---

[61] *Bunz*, NZG 2014, 1049, 1050; *Kuthe/Beck*, AG 2019, 898, 899. Allgemein zum Phänomen des Aktionärsaktivismus *Gröntgen*, Operativer Shareholder Activism; *Kleinmanns*, IRZ 2016, 341; *Kocher*, DB 2016, 2887; *Schäfer/Wucherer*, AG 2023, 483. Sie unterscheiden sich dabei durch ihre Anlagezeit und -strategie. Während *aktivistische Aktionäre* typischerweise Langzeitaktionäre sind und ihre Aktionärsrechte und andere Aktivitäten zur Steigerung des Wertes ihrer bestehenden Anlage oder zur Verfolgung anderer Zwecke ausüben, investieren *aktivistische Investoren* (kurzfristig) in ein Unternehmen, nachdem sie mit bestimmten Informationen zu einer Investitionsentscheidung über das betreffende Unternehmen getroffen haben. Diese Definition ist umstritten und bisweilen wird die Gruppe der aktivistischen Investoren auch mit Leerverkäufen in Verbindung gebracht. Vgl. *Graßl/Nikoleyczik*, AG 2017, 49; *Langenbucher/Hau/Wentz*, ZBB 2019, 307, 308; *Link*, ZGR 2021, 904, 906 Fn. 2. Der Einfachheit halber wird im Folgenden, wie in vielen anderen Beiträgen, nur von aktivistischen Aktionären gesprochen.

[62] *Engert*, ZIP 2006, 2105, 2105 f.; *Schockenhoff/Culmann*, ZIP 2015, 297.

[63] *Link*, ZGR 2021, 904, 912; *Plagemann/Rahlmeyer*, NZG 2015, 895; *Schneider*, AG 2006, 577, 578 f.

[64] *Bunz*, NZG 2014, 1049, 1050; *Graßl/Nikoleyczik*, AG 2017, 49, 50; *Heuser*, Der Konzern 2012, 308, 309; *Link*, ZGR 2021, 904, 906 f.; *Schockenhoff/Culmann*, AG 2016, 517. Grundlegend zur Zulässigkeit solcher Superdividenden: *Habersack*, FS K. Schmidt, S. 523 ff.

[65] Vgl. etwa *Wunderlich*, Digitalisierung der Hauptversammlung, S. 35.

zen und damit auch Belange des Allgemeinwohls (zumindest mit-)fördern.[66] Diese Anliegen können den Interessen der Mehrheit unter den Aktionären widersprechen. Des Weiteren können Aktionäre auch aufgrund ihrer Beteiligung an anderen Unternehmen durch gesellschaftsfremde Interessen geleitet werden.[67]

Zusammenfassend lässt sich feststellen, dass gerade aktivistische Aktionäre von geringen Hauptversammlungspräsenzen profitieren und deshalb unverhältnismäßigen Einfluss ausüben können. Nur aufgrund der geringen Präsenzquoten können sie Minderheitenpositionen in Hauptversammlungsmehrheiten verwandeln, die dem Interesse der übrigen Aktionäre und der Gesellschaft entgegenlaufen. Dies untergräbt die Funktionsfähigkeit und Geeignetheit des Mediums Hauptversammlung als Mittel, um den echten Willen unter den Aktionären zu ermitteln.

Darüber hinaus werden aktivistische Aktionäre zurecht als Fremdkörper im deutschen Aktienrecht bezeichnet.[68] Insbesondere Versuche, Einfluss auf die Geschäftsleitung zu nehmen, werden als konträr zum Leitbild des Aktienrechts und der Kompetenzordnung der Aktiengesellschaft kritisiert.[69] Die niedrigen Präsenzquoten sind zwar nicht unmittelbar für dieses Phänomen verantwortlich, rufen die aktivistischen Aktionäre aber erst auf den Plan.

---

[66] Zum neuen Phänomen des am Allgemeinwohl orientiertem aktivistischen Investor: *Brellochs*, ZHR 2021, 319, 363; *Döding*, AG 2021, R249 ff.; *Jasper*, AG 2022, 145 ff. Zu NGOs als aktivistische Investoren: *Langenbucher*, ZHR 2021, 414, 418 f. Zu den aktuellen Trends auf Basis der globalen Daten von 2023 *Lazard's Capital Markets Advisory Group*, Annual Review of Shareholder Activism 2023, abrufbar unter: https://www.lazard.com/research-insights/annual-review-of-shareholder-activism-2023/; zu Deutschland *Rieckers*, DB 2024, 444, 448 f. Es formt sich dazu aber auch eine Gegenbewegung, die sich den gleichen Mitteln bedient. Vgl. hierzu etwa *Böhringer/Döding*, AG 2022, R304.

[67] Ein Beispiel für die divergierenden Interessen von aktivistischen Investoren und der Zielgesellschaft ist das Investment des The Children's Investment Fund (TCI) in die Deutsche Börse 2004/2005. Die Deutsche Börse wollte die London Stock Exchange übernehmen, doch aktivistische Investoren um den TCI sprachen sich gegen ein Übernahmeangebot aus, da der Angebotspreis zu hoch sei. Wäre dies der Fall, stimmten die Interessen der aktivistischen Investoren mit denen der Gesellschaft überein. Der TCI und andere spekulierten aber auch auf fallende Kurse der London Stock Exchange, nachdem das Übernahmeangebots des größten Interessenten, der Deutschen Börse, ausbleiben würde. Dementsprechend verkauften sie Aktien der London Stock Exchange leer. Während die Deutsche Börse schon ein wirtschaftliches Interesse an einer Übernahme gehabt hätte, bei welcher der Mehrwert des Zusammenschlusses die Übernahmeprämie übersteigt, hatten die aktivistischen Investoren erst dann ein finanzielles Interesse daran, wenn der Mehrwert des Zusammenschlusses die Übernahmeprämie und die möglichen Gewinne aus den Leerverkäufen übersteigt. Zum Ganzen: *Engert*, ZIP 2006, 2105, 2107 f.

[68] *Wilsing*, ZGR 2012, 291, 301 m. w. N.

[69] *Heuser*, Der Konzern 2012, 308, 309 f.; *Wilsing*, ZGR 2012, 291, 298 ff.; vgl. zu den Grenzen einer direkten Einflussnahme *Graßl/Nikoleyczik*, AG 2017, 49, 54.

c) *Zweckfortfall*

Die verminderte Legitimität der Beschlüsse und die Möglichkeit von Minderheitenaktionären, die Versammlungsmehrheit entgegen der Aktionärsmehrheit zu bestimmen, werfen Zweifel hinsichtlich der Funktionsfähigkeit der Hauptversammlung als Transmissionsriemen für den allgemeinen Aktionärswillen in die Gesellschaft auf. Sie verliert durch die geringen Präsenzquoten ihre Funktion als Ort der Aktionärsdemokratie.[70] Ganz beraubt wird sie dieses Charakters aber nicht, da die Aktionäre nach wie vor daran teilnehmen können und die Nichtteilnahme auch eine Übereinstimmung mit der Mehrheit in der Versammlung darstellen kann.

2. Rechtstatsachen

Die Hauptversammlungspräsenz der DAX-Gesellschaften erreichte mit 69,9 % von auf der Hauptversammlung angemeldeten bzw. vertretenen stimmberechtigten Aktien einen Höchststand im Jahr 2020.[71] Die Marke von 70 % wurde mithin noch nicht erreicht.

Von 1998 ab sanken die Hauptversammlungspräsenzen.[72] Während sie 1998 noch auf 60,95 % stand,[73] fielen sie bis 2005 auf einen vorläufigen Tiefpunkt von 44,98 %.[74] Danach erholte sie sich (2007 stand sie bei 56,12 %) und hielt sich bis

---

[70] *Koch*, AktG, § 118 Rn. 5; *Noack*, Zetzsche, Die virtuelle Hauptversammlung, S. 13 f.; *Wunderlich*, Digitalisierung der Hauptversammlung, S. 34.

[71] *Marsch-Barner/v. d. Linden*, in: Marsch-Barner/Schäfer, 5. Aufl., Rn. 33.8. Die nachfolgenden Zahlen beziehen sich alle auf die DAX 30-Gesellschaften. Um Einheitlichkeit zu schaffen, werden im Folgenden (auch für das Diagramm) die nachfolgenden Daten zwischen den Jahren 2000 und 2015 aus den Erhebungen der *SdK* und die Daten von 2015–2021 auf denen von *Barkow Consulting* gezogen. Vgl. *Barkow Consulting*, COVID-19 treibt HV-Präsenz auf Rekordniveau, abrufbar unter: https://www.barkowconsulting.com/neuer-rekord-bei-hv-praesenz-2020-im-dax-30/; *SdK*, SdK-Präsenzstatistik DAX 2015, abrufbar unter: https://sdk.org/assets/Statistiken/HV-Praesenzen/praesenz-dax15.pdf; *SdK*, SdK-Präsenzstatistik DAX 2011, abrufbar unter: https://sdk.org/assets/Statistiken/HV-Praesenzen/praesenz-dax11.pdf. Die Daten der einzelnen Erhebungen divergieren aufgrund der unterschiedlichen Erhebungsmethoden etwas. Andere Datenpunkte von anderen Autoren werden nur als Referenz in den Fußnoten angebracht. Vgl. ferner für eine Übersicht eigener Zahlen der Jahre 1998–2020 bei *SJS-HV-Consult*, HV-Präsenzen 2020, S. 2, abrufbar unter: https://www.vipsight.eu/images/HV_2020_15_12_VIP.pdf. Die Daten der anderen DAX-Indizes ähneln denen des DAX30.

[72] *Marsch-Barner/v. d. Linden*, in: Marsch-Barner/Schäfer, 5. Aufl., Rn. 33.7; *Baums*, ZHR 2007, 599, 600.

[73] *Barkow*, Covid-19 treibt HV-Präsenz auf Rekordniveau, abrufbar unter: http://www.barkowconsulting.com/neuer-rekord-bei-hv-praesenz-2020-im-dax-30/; *Baums*, ZHR 2007, 599, 600.

[74] *Barkow*, Covid-19 treibt HV-Präsenz auf Rekordniveau, abrufbar unter: http://www.barkowconsulting.com/neuer-rekord-bei-hv-praesenz-2020-im-dax-30/ meldete 45,9 %; *Baums*, ZHR 2007, 599, 600 vermeldete 45,87 %.

2012, in dem sie 59,03 % betrug.[75] 2013 brach die Präsenz dagegen wieder ein und fiel auf 49,86 %.[76] Von da ab stieg die Präsenz kontinuierlich bis zu ihrem Höhepunkt im Jahr 2020 und dem Beginn der durch die COVID-19-Pandemie verursachten Einschränkungen.

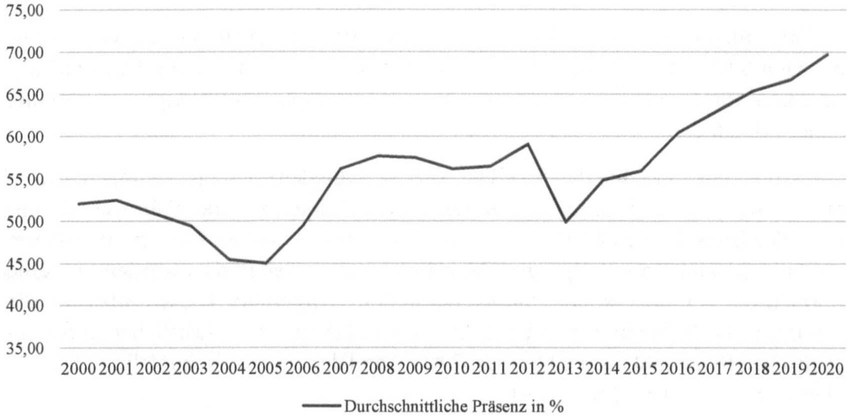

Hauptversammlungspräsenz in den DAX30-Gesellschaften

3. Einordnung der Ergebnisse

Die historischen Präsenzquoten spiegeln die Entwicklungen des Rechts und der Digitalisierung. Sie offenbaren aber auch eine grundlegende Distanz zum gesetzgeberischen Ideal der Vollversammlung.

Vorab festzuhalten ist aber, dass nicht alle Gesellschaften gleichermaßen von dem Präsenzproblem betroffen sind. Gesellschaften mit dominierenden Großaktionären und vinkulierten Namensaktien haben anekdotischer Evidenz nach deutlich höhere Präsenzquoten als Publikumsgesellschaften mit Inhaberaktien.[77] Dies ist maßgeblich auf die rationale Apathie der Kleinanleger zurückzuführen, die noch im Folgenden erörtert wird.

[75] *Barkow*, Covid-19 treibt HV-Präsenz auf Rekordniveau, abrufbar unter: http://www.barkowconsulting.com/neuer-rekord-bei-hv-praesenz-2020-im-dax-30/ meldete 59,5 %.

[76] *Barkow*, Covid-19 treibt HV-Präsenz auf Rekordniveau, abrufbar unter: http://www.barkowconsulting.com/neuer-rekord-bei-hv-praesenz-2020-im-dax-30/ meldete 50,8 %.

[77] Vgl. etwa *Schneider/Burgard*, FS Beusch, S. 783, 786, die eine „kleine Umfrage" anstrengten.

a) Steigen der Präsenzen ab 2005

Der signifikante Anstieg der durchschnittlichen Hauptversammlungspräsenzen ab dem Tiefpunkt im Jahr 2005 wird zum Teil auf zwei Gesetzesreformen zurückgeführt.[78]

Zum einen schaffte das UMAG[79] 2005 das umständliche Hinterlegungserfordernis nach § 123 Abs. 2 AktG a. F. ab und führte ein Record Date ein. Für ausländische Investoren wurde eine Teilnahme bzw. Vertretung auf der Hauptversammlung damit erleichtert.[80]

Zum anderen brachte das ARUG[81] 2009 verschiedene neue Regelungen, die zu einer Erhöhung der Hauptversammlungspräsenz führten.[82] Das Vollmachtstimmrecht der Banken nach § 135 AktG wurde vereinfacht, sodass Banken in größerer Zahl die Stimmrechtsmacht ihrer Depotkunden ausübten und es wurden moderne Formen der Teilhabe an der Hauptversammlung eingeführt. Diese umfassten die elektronische Teilnahme nach § 118 Abs. 1 Satz 2 AktG, die schriftlichen und elektronischen Briefwahl nach § 118 Abs. 2 AktG und der elektronische Vollmachtnachweis nach § 134 Abs. 3 Satz 4 AktG.

b) Einbruch der Präsenzen im Jahr 2013

Der Einbruch der Präsenzen im Jahr 2013 lässt sich dagegen mit einem Urteil des OLG Köln[83] in Verbindung bringen. Das OLG entschied, dass Legitimationsaktionäre (bzw. Registeraktionäre) neben den Eigentümern der betreffenden Aktien zusätzliche Mitteilungspflichten hätten, wenn die Legitimationsaktionäre nach außen unbeschränkt zur Stimmrechtsausübung berechtigt sind. Es wird angenommen, dass dies insbesondere ausländische Investoren erheblich verunsicherte und einen Einfluss auf ihre Hauptversammlungspräsenz hatte.[84] Die darauffolgende Erholung der Präsenzen wird entsprechend auf die gesetzliche Klarstellung[85] zurückgeführt.[86] Daraus lässt sich beispielhaft die besondere Bedeutung ausländischer Investoren lesen.

---

[78] *Marsch-Barner/v. d. Linden*, in: Marsch-Barner/Schäfer, 5. Aufl., Rn. 33.7.

[79] Hierzu ausführlicher Kapitel 3 A. III.

[80] *Seibert*, NZG 2007, 841.

[81] Gesetz zur Umsetzung der Aktionärsrechterichtlinie, BGBl. I 2009, S. 2479. Hierzu ausführlicher Kapitel 3 B.

[82] Vgl. hierzu und im Folgenden *Marsch-Barner/v. d. Linden*, in: Marsch-Barner/Schäfer, 5. Aufl., Rn. 33.7; Kapitel 3 B.

[83] OLG Köln v. 6.6.2012 – 18 U 240/11, NZG, 2012, 946 ff.

[84] *Cahn*, AG 2013, 459, 460 auch mit weiteren Zahlen zur Hauptversammlungspräsenz; *Götze*, BKR 2013, 265, 266; *Harnos/Piroth*, ZIP 2015, 456, 457; *o. V.*, Börsen-Zeitung v. 8.5.2013, S. 5; *Piroth*, AG 2015, 10; *Wettich*, AG 2014, 534, 536 f.

[85] Diese erfolgte durch das Kleinanlegerschutzgesetz, BGBl. I 2015, S. 1114.

[86] *Marsch-Barner/v. d. Linden*, in: Marsch-Barner/Schäfer, 5. Aufl., Rn. 33.7.

4. Gründe der niedrigen Hauptversammlungspräsenz

Trotz der offensichtlichen Nachteile einer geringen Kapitalpräsenz auf der Hauptversammlung finden die Gesellschaften dafür offenkundig keine effektive Abhilfe. Hierfür gibt es systemische Gründe, die über die oben erwähnten temporären Phänomene hinausgehen. Sie unterscheiden sich nach der Art der Aktionäre.[87]

Für Kleinaktionäre lohnt sich eine Teilnahme an der Hauptversammlung schlichtweg nicht. Die Kosten und der Aufwand einer Teilnahme sind im Verhältnis zu ihrer geringen Kapitalbeteiligung unverhältnismäßig hoch. Ihren Anteilen kommt nur ein marginales Stimmgewicht zu. Wenn Fahrt- und Unterbringungskosten schon einen zweistelligen Prozentanteil des Aktienwerts darstellen, kann dies nicht durch eine erwartete Wertsteigerung durch die Hauptversammlungsteilnahme ausgeglichen werden. Dies gilt umso mehr, je kleiner der Aktienanteil des Aktionärs ist. Aus Sicht des einzelnen Aktionärs ist ein solches Verhalten nur folgerichtig und ist schon lange unter dem Schlagwort der *rationalen Apathie* bekannt.[88]

Bei Aktionären mit größeren Anteilen verhält es sich dagegen anders. Für diese lohnt sich zwar teilweise eine Vorbereitung und Entscheidungsfindung zu den Tagesordnungspunkten der Versammlung, nicht aber eine Teilnahme. Dementsprechend greifen größere oder interessierte Aktionäre auf weisungsgebundene Stimmrechtsvertreter oder die Briefwahl zur Ausübung ihres Stimmrechts zurück und entziehen sich so dem Hauptversammlungsgeschehen.[89]

II. Missbrauchspotenzial

Ein weiteres Problem, mit dem sich deutsche Aktiengesellschaften konfrontiert sehen, sind Aktionäre, die die Hauptversammlung für ihre eigenen Zwecke missbrauchen.[90]

Divergierende Interessen und unterschiedliche Einschätzungen zu den Belangen der Gesellschaft unter den Aktionären sind natürliche Konfliktpunkte innerhalb demokratisch organisierter Organe und unvermeidbar. Das eigennützige Ausüben von Mitgliedschaftsrechten ist dabei grundsätzlich zulässig. Einige problematische Aktionäre machen aber von ihren gesetzlichen Rechten Gebrauch, um die Beschlusswirksamkeit der gefassten Hauptversammlungsbeschlüsse infrage zu stellen und danach mit der Verwaltung der Gesellschaft zu einem für sie vorteilhaften Vergleich

---

[87] Zu beiden Gründen noch ausführlicher in Kapitel 2 B. III. 1., 2.

[88] *Adams*, AG 1994, 148, 152; *Blank/Zetzsche*, K&R 2000, 486, 487; *Roth*, ZIP 2003, 369, 376.

[89] *Teichmann/Wicke*, DB 2022, 720. S. zum Gebrauch weisungsgebundener Stimmrechtsvertreter sogleich Kapitel 2 B. III. 2. b).

[90] In weiterer Tiefe und m. w. N. zum Folgenden: *Bayer/Hoffmann*, AG 2021, R147, R148 f.; *Bayer/Hoffmann*, ZIP 2013, 1193; *Schatz*, Der Missbrauch der Anfechtungsbefugnis.

zu kommen. Typischerweise geht es ihnen bei der Ausübung ihrer Rechte gerade nicht um die Durchsetzung eines bestimmten Beschlusses oder Ziel innerhalb der Gesellschaft, sondern nur um den Vergleich. Sie handeln damit unabhängig von den Gesellschaftsinteressen und ausschließlich zu ihrem eigenen Vorteil. Die sogenannten *Berufskläger* sind ein kleiner Kreis von namentlich bekannten Störenfrieden.[91]

Seit der Einführung des Freigabeverfahrens nach § 246a AktG durch das UMAG 2004 sowie seiner weiteren Anpassung durch das ARUG 2009 sind die Aktivitäten von Berufsklägern aber deutlich zurückgegangen.[92] Über dieses Verfahren kann die Rechtsbeständigkeit der Beschlüsse sichergestellt werden und den Berufsklägern ihr Drohpotenzial genommen werden. Trotzdem bleibt das Anfechtungspotenzial der Beschlüsse weiterhin eine Besorgnis vieler Vorstände und Aufsichtsräte. Die Gestaltung von Hauptversammlungen folgt aus diesem Grund oft dem Gebot einer möglichst maximalen Minimierung von Anfechtungsrisiken.

Die Angst vor der Anfechtung von Beschlüssen behindert ferner eine freie und spontane Interaktion zwischen der Gesellschaft und ihren Aktionären. Um Anfechtungsklagen zu verhindern, formuliert der Vorstand seine Antwort auf Aktionärsfragen selten frei und verliest oft nur vom Backoffice vorbereitete Texte.[93] Dies lässt die Hauptversammlung insgesamt erlahmen, verhindert eine echte Diskussion mit dem Vorstand und erzeugt blutleere Veranstaltungen.

III. Geringe Qualität der internen Willensbildung

Ein anderes oft kritisiertes Problem ist die Qualität der Willensbildung unter den Aktionären in der Hauptversammlung. Da diese im Einzelnen von vielen Faktoren abhängt und von Versammlung zu Versammlung schwankt, werden im Folgenden nur allgemeine Trends und Beobachtungen aufgearbeitet.

1. Rationale Apathie der Kleinanleger

Selbst wenn Kleinaktionäre ihre rationale Apathie überwunden haben und an der Hauptversammlung teilnehmen, unterliegen sie dieser oft dennoch in Bezug auf eine aktive Partizipation an der Versammlung.[94] Für sie lohnt es sich nicht, sich intensiv auf die Hauptversammlung vorzubereiten, aktiv an ihr teilzunehmen und in ihr alle ihre Aktionärsrechte zum Wohle der Gesellschaft sowie im Eigeninteresse geltend zu machen. Etwaige Vorteile, die sie dadurch erfahren, stehen

---

[91] S. nur die namentliche Listung *Bayer/Hoffmann*, ZIP 2013, 1193, 1195, 1201.

[92] Mit empirischer Auswertung *Bayer/Hoffmann*, ZIP 2013, 1193, 1200 f.; *Lieder*, NZG 2018, 1321, 1325. Weitere Maßnahmen aufzählend, diese aber alle nicht als effektiv wahrnehmend *Kubis*, in: MünchKommAktG, 5. Aufl., § 118 Rn. 28 m. w. N.

[93] So etwa auch *Teichmann/Wicke*, ZGR 2021, 173, 177.

[94] S. hierzu Kapitel 2 B. I. 4.

für sie in keinem Verhältnis zum eigenen Aufwand und Kosten. Sie sind deshalb vergleichsweise schlecht vorbereitet und qualifiziert. Humoristisch wird oft die Bewirtung auf der Hauptversammlung als eigentliche Motivation für die Teilnahme der Kleinaktionäre bezeichnet.[95]

2. Vorverlagerung der Informations- und Entscheidungsfindung

Die Hauptversammlung ist heute in vielen Teilen nicht mehr die primäre Gelegenheit für die Informations- und Entscheidungsfindung der Aktionäre.[96] Insbesondere Großaktionäre informieren sich weitestgehend im Vorfeld der Versammlung und treffen in diesem ihre Entscheidungen.[97] Wenn sich Aktionäre kontinuierlich und in großer Tiefe außerhalb der Hauptversammlung über das Unternehmen informieren können, besteht für diese kein Grund für eine aktive Partizipation an der Hauptversammlung.[98] Aktionäre können sich über frei zugängliche Informationen an den Kapitalmärkten durch Quartalsberichte und Ad-hoc-Publizität informieren. Entscheidende Investorengruppen nehmen von sogenannten Investorengesprächen, d. h. mitunter privaten Gesprächen mit den Vorständen der betreffenden Gesellschaften, welche ausführliche Informationen liefern können, Gebrauch.[99] Dieser Trend ist bei nicht börsennotierten Gesellschaften weniger ausgeprägt, da diese weniger Informationspflichten unterliegen und die Hauptversammlung dementsprechend mehr ihre Informationsfunktion behält.

a) Abflauen der Diskussion auf der Hauptversammlung

Die Hauptversammlung wandelt sich als Konsequenz dessen von einer Plattform für die Information der Aktionäre und Willensbildung unter ihnen zu einem bloßen Beschlussorgan.[100] Diese Entwicklung widerspricht der originären Konzeption des Gesetzgebers.[101] Dies spiegelt sich etwa darin wider, dass Investorengespräche nie vom Gesetzgeber kodifiziert wurden.

---

[95] Statt aller *Bayer/Hoffmann*, AG 2016, R151.

[96] So bezeichnet es Bachmann als Binsenweisheit, „dass maßgebliche Investoren für Informationen nicht auf die Teilnahme an der Hauptversammlung angewiesen sind." *Bachmann*, FS Roth, S. 37, 47. Vgl. ferner *Hellgardt/Hoger*, ZGR 2011, 38, 66 ff., die einen Wandel von einem „Willensbildungsorgan" zu einem „Willensfeststellungsorgan" attestieren.

[97] *Bachmann*, FS Roth, S. 37, 51; *Mutter*, AG 2022, R57, R58; *Tröger*, in: KölnKommAktG, § 118 Rn. 28.

[98] *Bachmann*, FS Roth, S. 37, 47 m. w. N.; *Schmidbauer/Kürten*, NZG 2021, 1150, 1157; *Teichmann/Wicke*, DB 2022, 720.

[99] Ausführlicher *Guntermann*, ZIP 2024, 1749, 1755; *Noack*, Zetzsche, Die virtuelle Hauptversammlung, S. 13, 14; *Schmidbauer/Kürten*, NZG 2021, 1150, 1157; *Than*, FS Peltzer, S. 577, 596.

[100] So auch *Schmidbauer/Kürten*, NZG 2021, 1150, 1157.

[101] Zur Konzeption des Gesetzgebers bereits unter Kapitel 2 B. I.

b) *Stimmrechtsvertreter*

Hinzu kommt, dass sich viele Aktionäre eines Vertreters bedienen und die Entscheidungsfindung mithin zumindest aufseiten der Aktionäre bereits im Vorfeld getroffen wurde. Hierbei sind zwei Arten von Vertretung möglich:

aa) Weisungsgebundene Vertreter

Ein Teil der Vertreter ist eng an die von den Aktionären getroffenen Vorgaben gebunden. Insbesondere größere Anleger, die sich bereits vor der Hauptversammlung zu den meisten Abstimmungspunkten positioniert haben, geben ihren Vertretern zu jedem Tagesordnungspunkt Weisungen.[102]

Zwar gelten die betreffenden Aktionäre damit als anwesend, doch verhalten sie sich äußerst passiv. Hinsichtlich der bereits auf der Tagesordnung angekündigten Beschlussgegenstände haben die Vertreter keine eigene Entscheidungsbefugnis und nehmen oft keine weiteren versammlungsgebundenen Aktionärsrechte (insbesondere Informationsrechte) war.[103] Werden neue Anträge gestellt, haben sie häufig keine eigene Entscheidungsmacht. Die Aktionäre haben sie in einem solchen Fall angewiesen mit der Verwaltung (welche neue Vorträge in der Regel ablehnen wird) oder gegen jeden neuen Antrag zu stimmen. Wurde ihnen keine Weisung gegeben, müssen sie sich grundsätzlich enthalten, was es Minderheitsaktionären möglich macht, ihre Entscheidungen gegen den Willen der Mehrheit unter den Aktionären durchzusetzen.[104]

bb) Vertreter mit umfassender Vertretungsmacht

Selbst Vertreter mit umfassender Vertretungsmacht können die Anwesenheit der Aktionäre aber nicht vollständig ersetzen. Zwar können diese Vertreter auf neue Anträge reagieren und unter Umständen auch andere Aktionärsrechte für die Aktionäre wahrnehmen. Viele Vertreter mit umfassender Vertretungsmacht sind aber Intermediäre, welche das Depotstimmrecht der Aktionäre nach § 135 AktG ausüben. Dies ermöglicht es den Aktionären zwar, ihr Stimmrecht mit geringstem Zeit- und Ressourcenaufwand auszuüben. Das Depotstimmrecht wird den Intermediären von den Aktionären, aber oftmals ohne weitergehende Recherche und Beachtung der individuellen Hauptversammlung ausgesprochen. Es stellt sich

---

[102] *Teichmann/Wicke*, DB 2022, 720.

[103] Die empirischen Auswertungen von Schreyögg/Unglaube von 2013 ergaben etwa, dass Finanzinvestoren und andere institutionelle Investoren gemeinsam nur 7 % der Wortbeiträge erbrachten. *Schreyögg/Unglaube*, AG 2013, 97, 104. An diesen Verhältnissen dürfte sich bislang wenig geändert haben. So auch *Teichmann/Wicke*, DB 2022, 720 Fn. 5.

[104] *VGR*, AG 2021, 380, 381.

mithin als privatautonomer, aber dennoch unterkomplexer Ausdruck des Aktionärswillens dar.

3. Missbrauch und Störungen

Aktionäre und außenstehende Dritte, die die Hauptversammlung für ihre ideologischen oder selbstdarstellerischen Zwecke nutzen wollen, sind ein weiteres Problem von Hauptversammlungen.[105] Die Vertretung ideologischer Punkte und ein gewisses Maß an Selbstdarstellung gehören zum freien Diskurs, der in der Hauptversammlung erwünscht ist.[106] Der Missbrauch von Aktionärsrechten, um Inhalte dazustellen, die keinen Bezug zu dem Tagesordnungspunkt oder der Gesellschaft haben, ist davon aber nicht umfasst. Erst recht sind in diesem Kontext Störungen des ordnungsgemäßen Gangs der Versammlung zu verhindern, auch wenn diese einem politischen Zweck nachgehen. Insbesondere symbolische Angriffe auf Funktionsträger und Unterbrechungen der Verhandlung mit Reden und Transparenten müssen verhindert werden.[107]

4. Allgemeine Probleme der Kollektivwillensbildung

Zuletzt unterliegen Hauptversammlungen auch den grundlegenden Problemen der Kollektivwillensbildung unter vielen Aktionären. Eine echte, auf Erkenntnisgewinn ausgerichtete Diskussion lässt sich unter hunderten oder gar tausenden anwesenden Aktionären, die alle unterschiedliche Informationsgrade und Meinungen aufweisen, schlechthin nicht abhalten.[108] Hält man nach A.7 DCGK (Deutscher Corporate Governance Kodex) ein Zeitlimit von vier bis sechs Stunden für die Hauptversammlung ein, können nur einige Fragen in der Hauptversammlung beantwortet und nur einige Redebeiträge von Aktionären zugelassen werden. Alles andere würde den Rahmen der Veranstaltung vollständig sprengen.

Eine echte Diskussionskultur, die allen Aktionären eine Partizipation ermöglicht, ist mithin innerhalb einer zeitlich und organisatorisch handhabbaren Hauptversammlung bei börsennotierten Gesellschaften unmöglich.

---

[105] S. bereits *Grüner*, NZG 2000, 770, 771; *Trouet*, NJW 1986, 1302.

[106] Zum Gebrauch der virtuellen Hauptversammlung für Nachhaltigkeitskritik, *Schirmer*, ZHR 2024, 60.

[107] Man denke hier insbesondere an die Porsche AG Hauptversammlung 2023, auf der zunächst ein Tortenwurf in Richtung von Wolfgang Porsche erging und dann durch eine Aktivistin mit nacktem Oberkörper und einem Plakat mit einer Protestbotschaft unterbrochen wurde. *O. V.*, Zeit Online v. 10. 5. 2023, abrufbar unter: https://www.zeit.de/gesellschaft/zeitgeschehen/2023-05/vw-hauptversammlung-aktivisten-china.

[108] So auch *Teichmann/Wicke*, ZGR 2021, 173, 177, die auch zurecht darauf hinweisen, dass die detaillierten gesetzlichen Regelungen und die Anfechtungsrisiken dazu weiter beitragen.

5. Zwischenergebnis

Damit die Hauptversammlung den Willen der Gesellschaft bilden kann, wird in der Hauptversammlung der Wille der Aktionäre ermittelt. Die Qualität dieses Transmissionsprozesses ist allerdings beklagenswert gering. Schon konzeptuell ist ein echter Austausch zwischen Publikumsgesellschaften und ihren einzelnen Aktionären in der Hauptversammlung nicht möglich. Darüber hinaus wirken weder die Kleinaktionäre noch die institutionellen Anleger aktiv an der Hauptversammlung mit. Während die Kleinaktionäre rational apathisch agieren, verhalten sich die institutionellen Anleger in der Versammlung passiv, weil sie ihre Informations- und Entscheidungsprozesse oftmals bereits im Vorfeld der Versammlung abgeschlossen haben. Dazu kommt, dass der Versammlungsleiter und der Vorstand die Hauptversammlung aufgrund von Anfechtungsrisiken sehr formalistisch handhaben. Das Verhalten aller Beteiligten bewirkt zusammengenommen, dass der echte Diskurs zwischen und die dynamische Willensbildung unter den Aktionären in vielen Hauptversammlung merklich leidet.

IV. Kosten

Die Kosten der Veranstaltung einer Hauptversammlung sind unter Umständen hoch. Das formalisierte Aktienrecht verlangt von der Gesellschaft äußerste Sorgfalt bei der Organisation der Hauptversammlung und oftmals rechtliche Beratung. Bei der Präsenzversammlung fallen auch die Kosten der tatsächlichen Zusammenkunft an. Dies beinhaltet die Kosten für die Sicherheits- und Personenkontrollen, die Veranstaltungstechnik, die Anreise und Arbeitszeit aller Funktionsträger und die Organisation eines Versammlungslokals. Bei den Publikums- und DAX-Gesellschaften müssen oftmals gar Messehallen angemietet werden.[109] Die Aktionäre tragen Kosten für ihre Anreise, Verpflegung und etwaige Unterkunft am Versammlungsort. Die Gesetzesmaterialien geben als durchschnittliche Kosten der Anreise 200 € an.[110]

Wie hoch sich die Kosten für die Gesellschaften sowie die Aktionäre belaufen, hängt sehr von der Aktionärsstruktur der Gesellschaft ab. Handelt es sich etwa um eine personalistisch ausgestaltete Gesellschaft, kann die Hauptversammlung nur wenig Aufwand und eine geringe finanzielle Belastung darstellen. Nach dem Status quo ante konnten sich die Publikumsgesellschaften aber nicht vor hohen Kosten drücken. Die Anteile von Publikumsgesellschaften befinden sich nämlich in Streubesitz, sodass sie verhältnismäßig viele Aktionäre und damit auch Teilnehmer an der Hauptversammlung haben. Dies ist besonders dann misslich, wenn sich dadurch

---

[109] Die Siemens AG mietet etwa sowohl die große als auch die kleine Olympiahalle in München an.

[110] FraktionsE, Virtuelle Hauptversammlung, BT-Drucks. 20/1738, S. 19.

ein fehlendes Verhältnis zwischen den auf die Gesellschaft zukommenden Kosten pro Aktionär (teilweise bis zu 500 €)[111] und dem niedrigen (teils darunter liegenden) Beteiligungswert der Aktionäre ergibt. Die vielen Kleinaktionäre können dabei teilweise signifikante Kosten erzeugen, ohne die Kapitalpräsenz merklich zu steigern.

Einordnend sei erwähnt, dass die Kosten der Hauptversammlung in der Regel aber gut von den Gesellschaften geschultert werden können. Gerade bei den großen Publikumsgesellschaften, die sich mit besonders hohen Kosten konfrontiert sehen, stellen sich diese im Verhältnis zu den Bilanzsummen als tragbar dar. Selbst wenn die Kosten die Präsenzversammlung damit nicht grundlegend infrage stellen, sind sie ein Nachteil des Präsenzformats.

V. Zwischenergebnis

Die Hauptversammlung als Zusammenkunft in Präsenz leidet an einigen Problemen und wird ihren gesetzgeberischen Idealen nicht gerecht. Sie generiert den Gesellschaften nicht nur hohe Kosten und wird gelegentlich von Störern als Forum für gesellschaftsfremde Zwecke missbraucht. Ihre geringen Präsenzquoten stellen die Legitimation ihrer Beschlüsse infrage und lassen sie dafür anfällig werden, dass Minderheitenaktionäre die Beschlussfassung übernehmen und Beschlüsse herbeiführen, die nicht dem Willen der Mehrheit unter den Aktionären entsprechen. Darüber hinaus leistet die Präsenzhauptversammlung keine effektive Willensbildung unter den Aktionären. Während Kleinaktionäre einer rationalen Apathie unterliegen und sich wenig an der Hauptversammlung beteiligen, haben sich Großaktionäre in der Regel schon vor der Hauptversammlung informiert und ihre Entscheidungen schon im Vorfeld der Versammlung getroffen. Damit verliert die Hauptversammlung ihre Bedeutung als Ort des Austausches mit der Gesellschaft und der anderen Aktionäre und fungiert vornehmlich nur noch als Beschlussorgan. Anders ist es bei börsennotierten Gesellschaften aber auch nicht möglich. Ein echter Austausch unter tausenden Aktionären und der Gesellschaft ist in einer nur bis zu sechs Stunden langen Veranstaltung schlichtweg nicht verwirklichbar.

Nicht ohne Grund wurde dementsprechend bezweifelt, ob es weiterhin einer (Präsenz-)Hauptversammlung bedarf.[112] Eine ausführliche Antwort kann an dieser Stelle nicht erfolgen. Es ist allerdings auf die bereits erfolgten Ausführungen zu den Zwecken der Hauptversammlung zu verweisen,[113] die eine Zusammenkunft zur Kommunikation unter den Aktionären und mit der Gesellschaft erfordern. Ferner ist auf die Diskussionen in der Literatur zu verweisen.[114]

---

[111] *Noack*, Zetzsche, Die virtuelle Hauptversammlung, S. 13, 17.

[112] So etwa *Bachmann*, FS Roth, S. 37, 39; *Mutter*, AG 2022, R57, R58; *Roth*, Das Treuhandmodell des Investmentrechts, S. 206.

[113] Kapitel 2 A. II.

[114] S. hierzu etwa *Bachmann*, FS Roth, S. 37, 39 ff. m. w. N.

C. Potenziale der virtuellen Hauptversammlung

Die virtuelle Hauptversammlung ist gegenüber der Präsenzversammlung eine andere Art der Zusammenkunft und enthält damit das Potenzial, einige Mängel der Präsenzversammlung zu vermeiden. Allen Defiziten der Präsenzversammlung kann die virtuelle Hauptversammlung aber natürlich nicht entgehen. Als Abwandlung von der Präsenzhauptversammlung kann sie einige strukturelle Defizite zwar abmildern, aber nicht endgültig abschütteln. Beispielhaft kann kein Veranstaltungsformat die divergierenden Interessen von Aktionären harmonisieren.

Die virtuelle Hauptversammlung eröffnet ein weites Feld neuer Gestaltungsspielräume, die auch zur Beseitigung bzw. Abmilderung der Defizite der Präsenzhauptversammlung nach dem Status quo ante ausgeschöpft werden können. Diese Potenziale werden im Folgenden abstrakt diskutiert, um einen abstrakten Rahmen des Möglichen aufzuzeigen, der sich später mit den tatsächlichen Regelungen des Gesetzes abgleichen lässt.

I. Präsenzsteigerung durch niederschwelligere Partizipation

Die virtuelle Hauptversammlung bzw. die Virtualisierung der Hauptversammlung wurde schon seit jeher mit einer Hoffnung auf eine Steigerung der Präsenzquote verfochten.[115]

1. Aspirationen

Der Gedanke dahinter ist eingängig. Einer der Hauptgründe für eine niedrige Hauptversammlungspräsenz liegt in der rationalen Apathie von Kleinaktionären. Gestaltet man die Teilnahme niederschwelliger, kann es sich aus der Sicht der Aktionäre wieder lohnen, an der Hauptversammlung teilzunehmen, wenn der nötige eigene Einsatz abgesenkt wird.[116] Die Reise- und Übernachtungskosten sowie der damit verbundene Zeitaufwand fallen bei einer digitalen Hauptversammlung weg. Die dazu nötigen Mittel, d. h. ein Computer oder Mobilgerät mit Internetanschluss, gehören heutzutage zur gebräuchlichen Ausstattung eines jeden Aktionärs und fallen damit nicht als gesonderter Kostenposten an.[117]

---

[115] S. etwa schon *Noack*, BB 1998, 2535, 2536; *Spindler/Hüther*, RIW 2000, 329.

[116] FraktionsE, Virtuelle Hauptversammlung, BT-Drucks. 20/1738, S. 19; *Noack*, BB 1998, 2535, 2536; so auch ausdrücklich Minister Buschmann im Interview bei *o. V.*, Kurvenlage 2022 I, S. 12, 14.

[117] So auch der FraktionsE, Virtuelle Hauptversammlung, BT-Drucks. 20/1738, S. 19; vgl. ferner Kapitel 2 C. III.

Gleiches gilt für ausländische Investoren, die für die Ausübung ihres Stimmrechts durch digitale Partizipationsmöglichkeiten weder zur Hauptversammlung anreisen noch einen Vertreter bestellen müssen.[118] Mit teils mehrheitlich internationalen Beteiligungen an den deutschen DAX-Unternehmen[119] ist dies kein Randthema.

2. Rechtstatsächliche Untersuchung

Ob die Erfahrungen in der Praxis unter dem GesRuaCOVBekG diese Hoffnung bestätigen, ist umstritten.

Die Präsenzquoten auf den Hauptversammlungen der DAX30-Gesellschaften erreichten unmittelbar vor dem Ausbruch der COVID-19-Pandemie im Jahr 2019 mit 66,7 % der anwesenden Stimmen einen vorläufigen Höhepunkt.[120] Dieser wurde im Jahr 2020, d.h. nach der Einführung der virtuellen Hauptversammlung durch das GesRuaCOVBekG, nochmals mit einem historischen Ergebnis von 69,9 % übertrumpft.[121] Ab dann sank die Hauptversammlungspräsenz aber leicht auf 68,8 % in 2021[122] und scheint in den folgenden Jahren unabhängig vom Versammlungsformat weiterhin leicht zu sinken.[123]

Für das Jahr 2023 berichtet die *DSW* von 66,89 % in der virtuellen Versammlung der DAX-Indexfamilie im Vergleich zu 64,82 % in Präsenzversammlungen.[124] Für

---

[118] FraktionsE, Virtuelle Hauptversammlung, BT-Drucks. 20/1738, S. 14, 18; *Redeke*, AG 2022, 98, 102.

[119] *Ernst & Young*, Wem gehört der Dax?, S. 5 ff., abrufbar unter: https://www.ey.com/de_de/news/2023/07/ey-wem-gehoert-der-dax-2023.

[120] S. nochmals Kapitel 2 B. I. 2.

[121] *Barkow*, Covid-19 treibt HV-Präsenz auf Rekordniveau, abrufbar unter: http://www.barkowconsulting.com/neuer-rekord-bei-hv-praesenz-2020-im-dax-30/. *SJS-HV-Consult*, HV-Präsenzen 2020, S. 2, abrufbar unter: https://www.vipsight.eu/images/HV_2020_15_12_VIP.pdf gibt als andere Hoch dagegen 67,37 % an und wird damit auch in der Gesetzesbegründung zitiert. *Redenius-Hövermann/Bannier*, ZIP 2020, 1885, 1891, stellen demgegenüber nur eine Steigerung um 0,2 % auf 64,9 % bei den DAX30-Gesellschaften fest und eine geringe Absenkung im MDAX von 72,1 % auf 68,3 %. Vgl. mit weiteren Zahlen, *Downar/Bartkowiak*, DB 2021, 349, 354 f.; *Martin/Labas/Freutel*, DIRK-IR-Guide Band XV, S. 12.

[122] *Barkow*, HV-Präsenz im DAX30, abrufbar unter: https://www.barkowconsulting.com/hv-praesenz-im-dax-30/. *Wadewitz*, Börsen-Zeitung v. 2. 2. 2022, S. 11 gibt unter Verweis auf *SJS-HV-Consult* 66,69 % an.

[123] *DSW*, HV-Report 2024, S. 13, abrufbar unter: https://www.dsw-info.de/fileadmin/Redaktion/Dokumente/PDF/Publikationen/Erfahrungen_mit_der_virtuellen_Hauptversammlung_2024.pdf. Die Präsenzquote entwickelte sich danach wie folgt: 2021: 67,84 %, 2022: 67,05 %, 2023: 66,28 %, 65,92 %.

[124] *DSW*, 2024: HV-Report 2023, S. 12, abrufbar unter: https://www.dsw-info.de/fileadmin/Redaktion/Dokumente/PDF/Publikationen/HV_Report_2023_-_Erfahrungen_mit_der_virtuellen_Hauptversammlung.pdf. S. S. 10 Fn. 4 zum genauen Untersuchungsgegenstand ihrer Studie.

das Jahr 2024 ergibt sich für die virtuellen Hauptversammlungen ein Wert von 65,03 % und für die Präsenzversammlungen ein Wert von 65,03 %.[125]

3. Bewertung des Präsenzpotenzials

Mit dem Sinken der Zahlen ab 2021 ist der präsenzerhöhende Effekt der virtuellen Hauptversammlung in der Praxis noch nicht bewiesen und infrage gestellt.[126] Einige gehen sogar davon aus, dass die Hauptversammlungspräsenzen weiter sinken werden.[127] Sie führen die kurzfristige Erhöhung der Präsenzen einerseits auf die veränderte Zusammensetzung des DAX zurück.[128] Andererseits befürchten sie, dass die „blutleere Atmosphäre" virtueller Hauptversammlungen Kleinaktionäre abschreckt.[129]

Die Gesetzesbegründung verweist dagegen auf das Jahr 2020 und argumentiert damit für höhere Präsenzquoten in virtuellen Hauptversammlungen.[130] In der Literatur wird teils ebenso argumentiert.[131] Die steigenden Präsenzquoten wurden lange als unvermeidlich betrachtet.[132] Betrachtete man etwa die Entwicklung der Hauptversammlungspräsenz von 2020 im Vergleich zum Vorjahr, stellt sich etwa heraus, dass doch die meisten DAX30-Gesellschaften eine erhöhte Hauptversammlungspräsenz aufwiesen.[133] Ob virtuelle Hauptversammlungen höhere Hauptversammlungspräsenzen erzeugen, kann aber nur in Zukunft verlässlich festgesellt werden. Belastbare Aussagen dazu können erst dann getroffen werden, wenn sich

---

[125] *DSW*, HV-Report 2024, S. 13, abrufbar unter: https://www.dsw-info.de/fileadmin/Redaktion/Dokumente/PDF/Publikationen/Erfahrungen_mit_der_virtuellen_Hauptversammlung_2024.pdf. Die *DSW* versuchte auch die Anzahl an „Teilnehmern" zu ermitteln. Eindeutige Ergebnisse ließen sich hierfür aber weder im Jahr 2023 noch im Jahr 2024 finden. *Ebenda*, S. 19 ff. S. S. 10 Fn. 4 zum genauen Untersuchungsgegenstand ihrer Studie.

[126] *Cyglakow*, Die virtuelle Hauptversammlung, S. 156; *Teichmann/Krapp*, DB 2020, 2169, 2177 f.; vgl. *Seibt/Danwerth*, AG 2022, 177, 178.

[127] *Teichmann/Wicke*, DB 2022, 720, 721; kritisch auch *Sturm/Imsameh*, NZG 2022, 1327, 1328.

[128] *Barkow*, Covid-19 treibt HV-Präsenz auf Rekordniveau, abrufbar unter: http://www.barkowconsulting.com/neuer-rekord-bei-hv-praesenz-2020-im-dax-30/; *Teichmann/Wicke*, DB 2022, 720, 721; *Teichmann/Krapp*, DB 2020, 2169, 2177. Aus dem DAX ausgeschieden sind ThyssenKrupp, Lufthansa und Wirecard. Eingestiegen sind dagegen MTU, Deutsche Wohnen und Delivery Hero.

[129] *Barkow*, HV-Präsenzen im DAX30, abrufbar unter: https://www.barkowconsulting.com/hv-praesenz-im-dax-30/; *Teichmann/Wicke*, DB 2022, 720, 721.

[130] FraktionsE, Virtuelle Hauptversammlung, BT-Drucks. 20/1738, S. 14, 20.

[131] *Drinhausen/Keinath*, BB 2022, 452; *Teyssen/Würzberg*, Kurvenlage 2020 I, 12, 13.

[132] *Heckschen/Hilser*, ZIP 2022, 461, 462 m. w. N.

[133] *Barkow*, Covid-19 treibt HV-Präsenz auf Rekordniveau, Abs. 4, abrufbar unter: http://www.barkowconsulting.com/neuer-rekord-bei-hv-praesenz-2020-im-dax-30/; *SJS-HV-Consult*, HV-Präsenzen 2020, S. 3, abrufbar unter: https://www.vipsight.eu/images/HV_2020_15_12_VIP.pdf.

die virtuelle Hauptversammlung sowie ihre Gestaltung in der Praxis hinlänglich etabliert und die Aktionäre mit ihr Erfahrungen gesammelt haben.[134]

Zu erwarten ist jedoch, dass die virtuelle Hauptversammlung bei großen Gesellschaften nicht zu wesentlich steigenden Präsenzen führen wird.[135] Die bisherigen Entwicklungen können einen solchen Befund stützen und bewegen sich bislang in keine eindeutige Richtung.[136] Weder kann die virtuelle Hauptversammlung das Problem der rationalen Apathie vollständig beheben noch sind die geringen Kapitalanteile von Kleinaktionären allein ausschlaggebend. Ferner werden die meisten Großaktionäre nicht vollständig von ihrer Entscheidungspraxis abweichen, weil diese nicht direkt mit dem Format der Versammlung verbunden ist. Absehbar ist aber, dass etwas weniger Stimmrechtsvertreter beauftragt werden, weil den Aktionären kein Reiseaufwand mehr anfällt. Damit ist nur eine leichte Steigerung der Präsenzen zu erwarten. Dennoch gibt es auch Berichte aus der Praxis, die in eine andere Richtung weisen und die hiesige Prognose unter den Vorbehalt weiterer Entwicklung stellen.[137] Zuletzt ist festzuhalten, dass Hauptversammlungen zu empfindlichen Themen eher als Präsenzversammlungen abgehalten werden und Präsenzversammlung im Zuge dessen etwas höhere Präsenzen aufweisen werden.[138]

II. Höhere Qualität der kollektiven Willensbildung durch Entzerrung

Die virtuelle Hauptversammlung ist in besonderem Maß dazu geeignet, den Verlauf der Veranstaltung zu entzerren. Dies beruht darauf, dass die virtuelle Hauptversammlung technische Infrastruktur für die elektronische Kommunikation zwischen der Gesellschaft und den Aktionären sowie unter den Aktionären selbst verlangt. Ist diese erst einmal aufgesetzt, kann sie ohne großen Mehraufwand auch im Vorfeld der Versammlung eingesetzt werden.

---

[134] Ebenso: *Cyglakow*, Die virtuelle Hauptversammlung, S. 156; *Teichmann/Krapp*, DB 2020, 2169, 2177 f.; vgl. FraktionsE, Virtuelle Hauptversammlung, BT-Drucks. 20/1738, S. 20 („lässt sich nicht mit Sicherheit voraussagen"). Teichmann/Krapp weisen zurecht darauf hin, dass der Anstieg an Präsenzen im Jahr 2020 mit der schon nach dem Status quo ante möglichen Gebrauch der elektronischen Stimmabgabe oder Teilnahme abgeglichen werden müsse. *Teichmann/Krapp*, DB 2020, 2169, 2177 f. Vgl. *Martin/Labas/Freutel*, DIRK-IR-Guide 2020, Band XV, S. 12 zu Ausreißern in einzelnen Gesellschaften, die die Durchschnitte einzelner Jahre maßgeblich beeinflussen können.

[135] Wie hier und im Folgenden *Martin/Labas/Freutel*, DIRK-IR-Guide 2020, Band XV, S. 12.

[136] So auch *Rieckers*, DB 2025, 374, 375.

[137] *Johannsen-Roth/Kießling/Raapke*, DB 2023 Beilage 3, 15, 16, berichten etwa, dass im Jahr 2023 erstmals auch größere ausländische Vermögensverwalter zu Debatten in den Hauptversammlungen beigetragen haben.

[138] Außerordentliche Hauptversammlungen werden bereits jetzt eher als Präsenzversammlungen abgehalten, Kapitel 4 B. I. 9. a). Vgl. *Rieckers*, DB 2025, 374, 375, der zurecht auf die Bedeutung der Inhalt der Tagesordnung, der Aktionärsstruktur und weiteren nicht formatabhängigen Umständen hinweist.

Die faktische Vorverlagerung von Willensbildungs- und Entscheidungsprozessen der Großaktionäre in das Vorfeld der Versammlung und die Defizite der Hauptversammlung drängen sie in die Rolle eines Beschlussorgans und eröffnen die Frage nach einer (neuen) Charakterisierung des Vorfelds der Versammlung. Wenn das Vorfeld in der Praxis das neue Hauptfeld[139] der Hauptversammlung geworden ist, entsprach dies aber nicht dem Leitbild des Gesetzgebers. Die Gesetzgebung sollte dieser gelebten Realität aber Rechnung tragen.

Ein Ansatz ist es, diesen Trend anzunehmen und das bestehende Regelungsregime den neuen Realitäten anzupassen. Dies kann nicht allein bedeuten, dass bloß Investorengespräche kodifiziert werden und die Hauptversammlung als Zusammenkunft verschlankt wird. Vielmehr muss dann auf die bestehenden Defizite eingegangen werden und das Vorfeld der Hauptversammlung neu konzeptioniert werden. In der Praxis haben nämlich insbesondere große und institutionelle Investoren schon vor der Hauptversammlung ihre Informationen zusammengetragen und eine Entscheidung getroffen. Kleinere Aktionäre dagegen unternehmen typischerweise keine weitergehenden Maßnahmen zur Entscheidungsfindung vor der Hauptversammlung.[140] Sie sind mehr auf die Hauptversammlung angewiesen und nehmen an dieser auch zur Entscheidungsfindung teil. Eine Verschlankung der Hauptversammlung würde dieses Ungleichgewicht nur noch verstärken und die Informationslage kleinerer Aktionäre disproportional einschränken.

Die virtuelle Hauptversammlung, insbesondere in der Form des ersten Referentenentwurfs, verfolgte diesen Ansatz. Mit diesem Ansatz verknüpften viele die Hoffnung einer besseren Informationsgrundlage für die Aktionäre und einer effektiveren Willensbildung unter den ihnen.[141] Die Ermöglichung von Informationsangeboten sowie Frage- und Auskunftsrechten vor der Hauptversammlung lässt den Aktionären mehr Zeit, sich mit den Informationen zu beschäftigen und Stellung zu beziehen. Dies kann die Qualität ihrer Fragen, Anträge und Redebeitrag steigern. Auf der Präsenzhauptversammlung nach dem Status quo ante werden den Aktionären dagegen in sehr kurzer Zeit viele Informationen gegeben und eine Diskussion direkt im Anschluss abgehalten. Großaktionäre, die sich zuvor schon über Investorengespräche informiert haben, sind auf die Informationen und die Diskussionsmöglichkeiten auf der Hauptversammlung hingegen weniger angewiesen. Sie werden auch durch eine virtuelle Hauptversammlung nicht aktiver an der Hauptversammlung teilnehmen. Hierzu wäre eine erhebliche Einschränkung der vorherigen Informationsmöglichkeiten vonnöten. Eine Einschränkung der Informationsoffenlegungspflichten gegenüber der Öffentlichkeit oder ein effektives Verbot von Investorengesprächen ist aber in niemandes Interesse.

---

139 *Seibt/Danwerth*, AG 2021, 369, 370, die diese Entwicklung aber zum Verfassungszeitpunkt vor allem durch das GesRuaCOVBekG vollendet sahen.

140 Vergleiche nochmals zur rationalen Apathie der Kleinanleger, Kapitel 2 B. III. 1.

141 *Redeke*, AG 2022, 98, 102f. S. hierzu und im Folgenden zur Genese der Lex lata Kapitel 3 D.

Die Aspirationen hinsichtlich einer verbesserten Aktionärspartizipation beziehen sich demnach vornehmlich auf kleinere Aktionäre. Die Vorzüge eines erhöhten Engagements der Aktionäre entsprechen denen einer hohen Anwesenheitsquote. Das Vorfeld der Versammlung kann diese aber nur dann entlasten, wenn die Aktionärsrechte in der Versammlung entsprechend den ausgebauten Aktionärsrechten im Vorfeld eingeschränkt werden.

Während dieser Ansatz von einigen Stimmen aus der Praxis großen Zuspruch erfuhr, hat sich diese Konzeption nicht vollständig durchgesetzt. Zu groß war die Kritik an der Einschränkung der Aktionärsrechte auf der Hauptversammlung selbst.

Ein entgegengesetzter Ansatz wäre gewesen, die faktische Vorverlagerung der Hauptversammlung zu stoppen und die Hauptversammlung selbst wieder zu revitalisieren. Dafür könnten etwa neue Regelungen für Investorengespräche und Proxy Voting geschaffen werden. Damit könnte versucht werden, den Informationsaustausch der Großaktionäre und institutionellen Akteure wieder mehr in die Hauptversammlung zu lenken und damit auch die Informationsbasis der Kleinaktionäre zu stärken.

Das Gesetz zur Einführung virtueller Hauptversammlungen geht keinen dieser zwei Weg entschlossen. Zwar baut es einerseits das Vorfeld der Versammlung aus und lässt eine Vorverlagerung des Auskunftsrechts sowie eine Antragsstellung und Stimmabgabe im Vorfeld der Versammlung zu. Das Ziel der Entzerrung hat es aber zugunsten einer vollständigen Gewährleistung der Aktionärsrechte aufgegeben. Eine Revitalisierung des Formats soll primär durch die niederschwelligere Partizipation im Wege der elektronischen Kommunikation anstelle der Anreise an das Versammlungslokal erfolgen.[142]

III. Kosteneinsparung und Umweltschutz

Ein Punkt, der in Ausführungen zur virtuellen Hauptversammlung regelmäßig als gegeben betrachtet wird, sind die damit verbundenen Effizienzgewinne und Kosteneinsparungen.[143] Findet die Hauptversammlung virtuell statt, müssen nur ein kleiner Kreis an Personen körperlich an einem Ort anwesend sein. Die oben beschriebenen Kosten der Präsenzversammlung der Gesellschaft und Aktionäre[144] für die physische Zusammenkunft fallen weitestgehend weg.

---

[142] Zur Abwendung vom Regelungsziel der Entzerrung, Kapitel 3 D. II.

[143] Etwa *Heckschen/Hilser*, ZIP 2022, 670, 681; *Otte-Gräbener/Wettich*, WPg 2022, 1364, 1368; *Redeke*, AG 2022, 98, 100; *Sturm/Imsameh*, NZG 2022, 1327, 1332.

[144] Einziger Nachteil der Unabhängigkeit von einem physischen Versammlungsort scheint hierbei der Wegfall des Korrektivs der Raumverfügbarkeit. Können die Gesellschaften den Termin der Hauptversammlung frei wählen, kann es zu einer Häufung vieler großer Versammlungen auf einen Tag kommen. Kleinaktionären wird dann die Teilnahme an mehr als einer Versammlung unmöglich. *Liebscher*, Großkampftag 17. Mai, goingpublic.de, 23. 2. 2023, abrufbar unter: https://www.goingpublic.de/standpunkt-neu/hauptversammlung-17-mai/. *Aktionärsforum*,

Nicht zu vernachlässigen sind indes die spezifischen Kosten der Abhaltung einer virtuellen Hauptversammlung für die Gesellschaft. Die Gesellschaft muss die elektronische Kommunikation und Infrastruktur für die virtuelle Versammlung und ihr Vorfeld sicherstellen. Die meisten großen Gesellschaften werden dafür einen Hauptversammlungsdienstleisters nutzen.[145] Die Kosten dafür können zwar hoch sein und die Gesellschaften belasten, sie sind in den allermeisten Fällen aber deutlich geringer als die einer Präsenzversammlung.[146] Ferner ist davon auszugehen, dass die Kosten mit einer weiteren Etablierung der virtuellen Versammlung sinken werden.[147] Die Registerkosten für die Satzungsänderungen, die für eine virtuelle Hauptversammlung nötig sind, sind für die allermeisten Gesellschaften vernachlässigbar.

Heute ist nicht mehr davon auszugehen, dass Aktionäre für die Sicherstellung der elektronischen Kommunikation mit der Gesellschaft, etwa über einen Computer mit Kamera, ein Smartphone und eine Internetverbindung, besonderen Aufwand oder Kosten aufbringen müssen.[148] Die meisten Aktionäre verfügen heutzutage unabhängig von der Hauptversammlungsteilnahme über eine Internetverbindung und ein Endgerät, das der Videokommunikation fähig ist.[149] Muss ein Aktionär für die Partizipation an einer virtuellen Hauptversammlung besondere Aufwendungen tätigen, werden diese in der Regel nicht höher sein als die Aufwendungen für eine physische Teilnahme an einer Hauptversammlung in einer anderen Stadt in Deutschland.[150]

Wie hoch die gesamten Einsparungen im Zuge der Einführung eines Modells der virtuellen Hauptversammlung anfallen, ist nicht genau festzustellen. Es sind aber im Ganzen eindeutige Einsparungen und keine erheblichen Mehrbelastungen für alle Beteiligten zu erwarten. Der Gesetzgeber geht davon aus, dass aufseiten der Aktionäre durch Einführung des virtuellen Formats insgesamt 53 Millionen

---

Pressemitteilung v. 31. 7. 2023, abrufbar unter: https://www.symposium-kapitalmarktrecht.de/assets/downloads/Aktionaersforum_Untersuchung_HV-Saison_2023.pdf mit einer empirischen Untersuchung der 100 größten deutschen börsennotierten Unternehmen in der Hauptversammlungssaison 2023. Laut Guntermann, veranstalteten gar 35 börsennotierte Gesellschaften ihre Hauptversammlung am 15. 5. 2023. *Guntermann*, ZIP 2024, 1749, 1756.

[145] Kapitel 2 B. IV.

[146] FraktionsE, Virtuelle Hauptversammlung, BT-Drucks. 20/1738, S. 20; vgl. *Spitzer/Kovarova-Simecek*, KoR 2023, 279, 282 f. mit Umfragen zur Einschätzung der Kosten. Mit anekdotischer Evidenz hinsichtlich der virtuellen Hauptversammlung der Bayer AG, *Downar/Bartkowiak*, DB 2021, 349, 354. Für einzelne kleine Gesellschaften, kann auch eine Präsenzversammlung billiger sein. Vgl. wohl skeptischer *Rieckers*, DB 2023, 373.

[147] So etwa auch *Beyer/Plagemann*, Studie Hauptversammlung 2024, S. 14, abrufbar unter: https://www.taylorwessing.com/-/media/taylor-wessing/files/germany/2024/11/hv-studie-2024.pdf.

[148] FraktionsE, Virtuelle Hauptversammlung, BT-Drucks. 20/1738, S. 19; *Kruchen/Werner*, DZWIR 2023, 175.

[149] So auch FraktionsE, Virtuelle Hauptversammlung, BT-Drucks. 20/1738, S. 19 („für andere Zwecke der Teilnahme am täglichen Leben").

[150] Vgl. *Kruchen/Werner*, DZWIR 2023, 175.

und aufseiten der Gesellschaften 49 Millionen € eingespart werden können.[151] Die Münchener Rück berichtet davon, dass sie die virtuelle Hauptversammlung weniger als die Hälfte kostet.[152]

Mit den unterlassenen Anreisen aller Beteiligten und den Aufwand rund um das Versammlungslokal spart die virtuelle Abhaltung der Versammlung nicht nur Kosten, sondern auch CO_2-Emissionen. Damit erzielt das virtuelle Format einen Beitrag zum Klimaschutz.[153]

IV. Zwischenergebnis

Die virtuelle Hauptversammlung hat das Potenzial, die Partizipationsschwelle der Aktionäre durch die nicht ortsgebundene Teilnahmemöglichkeit merklich zu senken und damit die rationale Apathie der Kleinaktionäre zu überwinden. Durch eine bloß virtuelle Veranstaltung entfallen für die Aktionäre Reisekosten und ein Teil des für die Teilnahme nötigen Zeitaufwands. Durch die virtuelle Abhaltung ist es ferner einfacher möglich, die Hauptversammlung zu entzerren und den Aktionären so effektiver Informationen zu vermitteln und einem breiteren Anteil von ihnen eine Partizipation im Vorfeld der Versammlung zu gewähren.

Nicht nur die Aktionäre können aber von einer virtuellen Hauptversammlung profitieren. Die veranstaltenden Gesellschaften sparen unter Umständen signifikante Kosten ein. Ferner profitiert die Umwelt bzw. das Klima durch den Wegfall einer physischen Zusammenkunft und der damit verbundene Verbrauch von Ressourcen und Ausstoß von CO_2.

V. Exkurs: Verfassungs- und Unionsrechtskonformität

Lange wurde die Verfassungs- und Unionsrechtskonformität der virtuellen Hauptversammlung diskutiert. Heute sind diese allgemein herrschende Meinung.

Die Frage nach der Verfassungsmäßigkeit der virtuellen Hauptversammlung ist durch das Gesetz zur Einführung virtueller Hauptversammlungen positiv beantwortet worden. Entsprechend wird sie hier nur in groben Zügen dargestellt.

Nach ständiger Rechtsprechung des Bundesverfassungsgerichts ist nicht nur das Aktieneigentum, sondern auch dessen gesellschaftsrechtliche Ausgestaltung

---

[151] FraktionsE, Virtuelle Hauptversammlung, BT-Drucks. 20/1738, S. 20.

[152] *o. V.*, FAZ.NET v. 29. 4. 2020, abrufbar unter: https://www.faz.net/aktuell/wirtschaft/unternehmen-online-hauptversammlung-kostet-weniger-als-die-haelfte-16747185.html.

[153] Ausführlich FraktionsE, Virtuelle Hauptversammlung, BT-Drucks. 20/1738, S. 19; *Heckschen*, NotBZ 2022, 281, 282; *Lochner/Keller*, ZIP 2022, 1997, 2006; *Redeke*, AG 2022, 98, 103.

vom Schutzbereich des Eigentumsrechts der Aktionäre nach Art. 14 GG umfasst.[154] Daraus ergibt sich aber noch keine verfassungsrechtliche Vorgabe der Form der Rechtsausübung.[155] Selbst das Teilnahmerecht der Präsenzversammlung gewährt die Anwesenheit am Versammlungsort nach richtigem Verständnis nur um die Ausübung der mitgliedschaftlichen versammlungsgebundenen Rechte sicher zu stellen.[156] Wenn bei einer virtuellen Hauptversammlung allerdings eine gleichwertige Ausübung der Aktionärsrechte im Wege elektronischer Kommunikation möglich ist, stellt ein Recht auf physische Teilnahme an der Hauptversammlung keine notwendige Bedingung für die Ausübung der versammlungsgebundenen Aktionärsrechte dar.[157] Das grundrechtlich geschützte Eigentumsrecht verlangt damit kein Präsenzrecht und steht dem virtuellen Format nicht grundsätzlich entgegen.[158] Die Einführung der virtuellen Versammlung ist folglich kein Eingriff in das Eigentumsrecht der Aktionäre, sondern dessen Ausgestaltung, wenn die Aktionärsrechte dort gleichwertig zu denen in der Präsenzversammlung gewährt werden.[159] Hilfreich für die hier vertretene Position ist erneut das Verständnis der Hauptversammlung als Prozess.[160]

Die Zulässigkeit der virtuellen Hauptversammlung nach der für das Unionsrecht maßgeblichen Aktionärsrechterichtlinie (ARRL)[161] ist unzweifelhaft. Die ARRL räumt den Aktionären nämlich kein Präsenzrecht ein, sodass die virtuelle Hauptversammlung eine zulässige Ausgestaltung der mindestharmonisierenden Regelung darstellt.[162]

D. Zwischenergebnis

Das kritische Hauptziel der Hauptversammlung ist es, unter den Aktionären eine effektive Willensbildung zu ermöglichen, sodass diese über die Hauptversammlung ihre Eigentumsrechte in der Gesellschaft effektiv ausüben.

---

[154] BVerfG v. 11.7.2012 – 1 BvR 3142/07, BVerfGE 132, 99, AG 2012, 557, 559; BVerfG v. 27.4.1999 – 1 BvR 1613/94, BVerfGE 100, 289, AG 1999, 566, 567 m. w. N.

[155] Zu diesem Gedanken auch *Redenius-Hövermann/Bannier*, ZIP 2020, 1885, 1895; a. A. *Beck*, RNotZ 2014, 160, 165; *Sturm/Imsameh*, NZG 2022, 1327, 1328.

[156] *Lieder*, FS Vetter, S. 419, 434; *Mülbert*, in: GroßkommAktG, § 118 Rn. 66; *Walter*, Die virtuelle Haupt- und Gesellschafterversammlung, S. 142; *Wunderlich*, Digitalisierung der Hauptversammlung, S. 177 f.; vgl. *Drygala*, in: Lutter, UmwG, § 13 Rn. 10.

[157] *Lieder*, FS Vetter, S. 419, 434; *Walter*, Die virtuelle Haupt- und Gesellschafterversammlung, S. 143; *Wunderlich*, Digitalisierung der Hauptversammlung, S. 177 f.

[158] *Lieder*, FS Vetter, S. 419, 434; *Walter*, Die virtuelle Haupt- und Gesellschafterversammlung, S. 143; *Wunderlich*, Digitalisierung der Hauptversammlung, S. 177 f.

[159] Im Ergebnis wie hier *Walter*, Die virtuelle Haupt- und Gesellschafterversammlung, S. 143 ff.

[160] So erläuternd *Noack*, Zetzsche, Die virtuelle Hauptversammlung, S. 13, 17.

[161] Richtlinie 2007/36/EG, ABl. EU, L 184/17.

[162] Wie hier *Wunderlich*, Digitalisierung der Hauptversammlung, S. 177.

Die Präsenzhauptversammlung nach dem Status quo ante hatte viele Defizite. Die virtuelle Hauptversammlung kann darauf nur beschränkt eine Antwort liefern. Einige systemische Mängel lassen sich nicht über den Wechsel des Versammlungsformats oder der Verschiebung von Aktionärsrechten in das Vorfeld der Versammlung verschieben. Solche systemischen Mängel sind insbesondere die rationale Apathie der Kleinanleger, die sich nur bedingt verhindern lässt, und das grundsätzliche Desinteresse der Großanleger an der Kommunikationsfunktion der Hauptversammlung.

Inwieweit sich die möglichen Potenziale der virtuellen Hauptversammlung realisieren lassen, hängt von ihrer konkreten Gestaltung ab. Damit diese als nächstes in aller Ausführlichkeit untersucht werden kann, muss vorangehend der geschichtliche Hintergrund der neuen Regelung aufgearbeitet werden.

Kapitel 3

Genese der virtuellen Hauptversammlung

Die virtuelle Hauptversammlung ist kein vollständig neues Konzept, welches erst unter den Zwängen der COVID-19-Pandemie geistig geboren werden musste.[1] Sie steht vielmehr auf dem Fundament einer stetigen Entwicklung hin zur Digitalisierung, die zuvor schon fast alle Aspekte der Hauptversammlung berührte.[2] Im Gesetz zur Einführung virtueller Hauptversammlungen hat diese Entwicklung heute ihren vorläufigen Höhepunkt erreicht.

Die Entwicklung zur einen oder anderen Form einer virtuellen Hauptversammlung erscheint im Nachhinein als unumgänglich. Seit den ersten kommerziell und dann privat nutzbaren Computern erweist sich die Digitalisierung als ständig expansiver und transformativer Prozess, welcher im logischen Endpunkt alle Aspekte des wirtschaftlichen und privaten Lebens mindestens berühren wird. Während diese Fortentwicklung in der Wirtschaft durch das Ziel von Kosteneinsparungen und die Innovationskraft der neuen technischen Möglichkeiten unablässig vorangetrieben wird, bleiben die Gesetze davon zunächst unberührt. Insbesondere im streng formalisierten Aktienrecht besteht ohne das Eingreifen des Gesetzgebers nur wenig Raum für die Gesellschaften, um von den neuen Technologien Gebrauch zu machen und die Hauptversammlung nach dem Status quo ante selbstständig zu digitalisieren und fortzuentwickeln.[3]

---

[1] Grundlegende Bearbeitungen aus vorpandemischen Zeiten finden sich etwa bei *Claussen*, AG 2001, 161; *Habersack*, ZHR 2001, 172; *Hasselbach/Schumacher*, ZGR 2000, 258; *Heller/Sadeghi/Dretzki/Ruhe*, CR 2002, 592; *Kim*, Hauptversammlung im virtuellen Raum; *Noack*, BB 1998, 2533; *Pielke*, Virtuelle Hauptversammlung; *Riegger*, ZHR 2001, 204, 216 ff.; *Schmitz*, Der Einfluss neuer Technologien auf die Aktionärsmitverwaltung, S. 122 ff.; *Zetzsche*, Die virtuelle Hauptversammlung. Zusammenfassend *Noack*, ZGR 1998, 592; *Spindler*, ZGR 2018, 17 ff.

[2] Der Titel von *Wunderlich*, „Die Digitalisierung der Hauptversammlung“ ist entsprechend angelegt.

[3] Bei der Gesellschafterversammlung der GmbH hat die Gesellschaft etwa aufgrund der fehlenden Regelungsdichte deutlich mehr Gestaltungsmöglichkeiten. Eine virtuelle Hauptversammlung ist hier schon lange anerkannt. Vgl. jeweils m. w. N. *Beck*, GmbHR 2021, 901; *Schindler/Schaffner*, Virtuelle Beschlussfassung in Kapitalgesellschaften und Vereinen, Rn. 448–605; *Schwarz*, MMR 2003, 23 ff.; *Walter*, Die virtuelle Haupt- und Gesellschafterversammlung, S. 235 ff.; *Zwissler*, GmbHR 2000, 28 ff. Weitergehend ist seit dem 1. 8. 2022 nach § 48 Abs. 1 Satz 2 GmbHG, welcher durch das DiREG neu eingefügt wurde, eine virtuelle Beschlussfassung ohne eine entsprechende ausdrücke Satzungsregelung gestattet. Hierzu *Heckschen/Knaier*, NZG 2022, 885, 890 ff.

Schon vor der Pandemie wurden einige Digitalisierungsmaßnahmen im Regelungsregime der Hauptversammlung vorgenommen, um die Potenziale der Digitalisierung zu realisieren und die rechtlichen Anforderungen der Praxis des Wirtschaftsverkehrs anzugleichen. Da diese neben der Gestaltungsoption der virtuellen Hauptversammlung de lege lata weiterhin gelten und Teil der Genese des Gesetzes zur Einführung virtueller Hauptversammlungen darstellen, werden die wichtigsten Maßnahmen im Folgenden chronologisch aufgearbeitet (A. und B.). Sodann widmet sich die Arbeit der Coronamaßnahmengesetzgebung als unmittelbar vorangegangenes Regelungsregime (C.). Als letzten Schritt der Genese der Lex lata wird die Historie des Gesetzes zur Einführung virtueller Hauptversammlung behandelt (D.).

A. Digitalisierungsschritte Anfang des Jahrtausends

Anfang der 2000er-Jahre nahm die Digitalisierung immens an Fahrt auf.[4] Immer mehr Haushalte bekamen einen Internetzugang und soziale Netzwerke und andere digitale Kommunikationsplattformen wurden beständiger Teil des Lebens vieler Bürger. Der Wirtschaftsverkehr wurde ebenso von dieser Entwicklung erfasst. Der Gesetzgeber reagierte darauf Anfang der 2000er-Jahre mit drei Gesetzen, die die Digitalisierung der Hauptversammlung vorantrieben.

I. Namensaktiengesetz (NaStraG)

Das Namensaktiengesetz (NaStraG) trat am 25.1.2001 in Kraft.[5] Es stellte die erste Öffnung des Aktienrechts für moderne Kommunikationstechniken dar[6] und war damit zugleich der erste Schritt zur virtuellen Hauptversammlung für Namens- *und* Inhaberaktien[7].

Das NaStraG digitalisierte die Hauptversammlung im Wesentlichen durch den Abbau von Formvorschriften. Seit dem NaStraG sind Mitteilungen bei einer öffentlichen Einberufung einer Hauptversammlung nach § 125 Abs. 1 Satz 1 AktG a.F. nicht mehr „zu übersenden", sondern nur „zu machen". Damit sind Mitteilungen ausweislich der Gesetzesbegründung im Wege elektronischer Übertragungs-

[4] Exemplarisch sei hier etwa der ambitionierte Gesetzesvorschlag zur Öffnung der Hauptversammlung der Aktiengesellschaft für neue Medien durch die *BNotK* genannt. *BNotK*, ZNotP 2001, 269. Diskutiert von *Fleischhauer*, ZIP 2001, 1133; *Hartmann*, ZNotP 2001, 250.

[5] Voller Name: Gesetz zur Namensaktie und zur Erleichterung der Stimmrechtsausübung, BGBl. I 2001, S. 123. Ausweislich Art. 7 NaStraG trat Art. 1 Nr. 3 NaStraG einzeln schon mit Wirkung vom 1.1.2000 in Kraft.

[6] *Goedecke/Heuser*, BB 2001, 369.

[7] *Hüther*, MMR 2000, 521, 526; *Zetzsche*, ZIP 2001, 682, 682 ff.

formen möglich.[8] Ebenso stellte das NaStraG den Satzungen in § 25 Satz 2 AktG a. F. frei, zusätzlich elektronische Informationsmedien für die Bekanntmachungen der Gesellschaften zu bestimmen. Mithin wurde etwa die Einberufung der Hauptversammlung nach § 121 Abs. 3 Satz 1 AktG a. F. in elektronischen Informationsmedien möglich. Des Weiteren wurde das Schriftformerfordernis für die Erteilung von Stimmrechtsvollmachten in § 134 Abs. 3 Satz 2 AktG a. F. der Disposition der Gesellschaftssatzungen gestellt. Schließlich wurde das Schriftformerfordernis des Teilnehmerverzeichnisses aufgehoben und die Möglichkeit eröffnet, dieses als elektronische Datei zu führen.[9]

II. Transparenz- und Publizitätsgesetz (TransPuG)

Das Transparenz- und Publizitätsgesetz (TransPuG)[10] trat am 26. 6. 2002 in Kraft[11] und hatte zum Ziel, das Aktien- und Bilanzrecht an moderne internationale Standards anzupassen und neue Kommunikationsmedien im Gesellschaftsrecht zuzulassen.[12]

Die Neuerungen setzten abermals im Vorfeld der Hauptversammlung an. Mit § 25 Satz 1 AktG a. F. verlangte das TransPuG, dass die Bekanntmachungen der Gesellschaft, wie etwa die Einberufung der Hauptversammlung, in einen *elektronischen* Bundesanzeiger eingerückt werden. Einen *elektronischen* Bundesanzeiger gab es zuvor noch nicht und musste folglich aufgrund des Gesetzes eingeführt werden.[13] Diese Digitalisierung aller Hauptversammlungsdaten ermöglichte es erstmals, eine digitale Informationskette vom online geführten Depot des Aktionärs bis zum Bundesanzeiger ohne Medienumbruch aufzubauen.[14]

Das TransPuG hat aber auch die Hauptversammlung als Veranstaltung im erheblichen Maße digitalisiert. Auf Grundlage einer Satzung- oder Geschäftsord-

---

[8] RegE, NaStraG, BT-Drucks. 14/4051, S. 12. *Mimberg*, ZGR 2003, 21, 33; *Rieckers*, in: BeckOGKAktG, § 125 Rn. 43 m. w. N. Auch die Form der privaten Einberufung bei Gesellschaften mit namentlich bekannten Aktionären nach § 121 Abs. 4 Satz 1 AktG a. F. wurde wenig später durch das Gesetz zur Anpassung der Formvorschriften des Privatrechts und anderer Vorschriften an den modernen Rechtsgeschäftsverkehr (FormAnpG) mit Wirkung zum 1. 8. 2001 der Satzungsdisposition unterstellt. BGBl. I 2001, S. 1542. Heute findet sich die Regel in Satz 2.

[9] *Kubis*, in: MünchKommAktG, § 129 Rn. 23; *Wicke*, in: BeckOGKAktG, § 129 Rn. 22 m. w. N. Nach der Neufassung des § 129 Abs. 1 AktG a. F. durch Art. 1 Nr. 11 lit. d) NaStraG muss das Verzeichnis nun nicht mehr nach Satz 2 a. F. unterzeichnet werden und ist den Aktionären nach Satz 1 n. F. nun nur noch „zugänglich zu machen".

[10] Voller Name: Gesetz zur weiteren Reform des Aktien- und Bilanzrechts, zu Transparenz und Publizität, BGBl. I 2002, S. 2681.

[11] Vgl. Artikel 5 TransPuG. Danach traten einige Regelungen des Gesetzes aber auch erst am 1. 1. 2003 in Kraft.

[12] RegE, TransPuG, BT-Drucks. 14/8769, S. 1.

[13] *Noack*, DB 2002, 620.

[14] *Noack*, DB 2002, 620.

nungsregelung konnten daraufhin nach § 118 Abs. 3 AktG a. F. (heute Absatz 4) die Hauptversammlung in Bild und Ton übertragen werden.[15] Dadurch wurde insbesondere für ausländische Investoren der Weg frei, die Hauptversammlung ohne Anreise zum Versammlungsort live mitzuverfolgen.[16] Der neu eingeführte § 118 Abs. 2 Satz 2 AktG a. F. ging über die bloße Übertragung sogar noch hinaus und ermöglichte Aufsichtsratsmitgliedern mit einer entsprechenden Satzungsregelung die Teilnahme im Wege der Bild- und Tonübertragung. Das TransPuG enthielt damit erste Schritte in Richtung einer elektronischen Teilnahme.

III. Gesetz zur Unternehmensintegrität und Modernisierung des Anfechtungsrechts (UMAG)

Das am 1. 11. 2005 in Kraft getretene Gesetz zur Unternehmensintegrität und Modernisierung des Anfechtungsrechts (UMAG)[17] brachte im Wesentlichen die Einführung eines Aktionärsforums im elektronischen Bundesanzeiger im Vorfeld der Hauptversammlung und ein neues, digital gestütztes Auskunftsverweigerungsrecht des Vorstands.

Das Aktionärsforum ermöglicht über den elektronischen Bundesanzeiger eine neue Kommunikationsform zwischen den Aktionären. Der hierfür neu eingefügte § 127a AktG wurde seitdem nur redaktionell geändert. Die zuvor schon bestehende Möglichkeit, das Teilnehmerverzeichnis der letzten Versammlung nach § 129 Abs. 4 Satz 2 AktG einzusehen, ermöglichte nur einen unvollständigen Überblick über die Aktionärsstruktur und damit keinen effektiven Weg, mit den anderen Aktionären in Kontakt zu treten.[18] Das neue, digitale Aktionärsforum bietet dafür Abhilfe. Es ermöglicht insbesondere Aktionäre zu kontaktieren, die nicht nach § 33 WpHG *wesentlich beteiligt* und damit allgemein bekannt sind.[19] Mit der Nutzung neuer Informationstechnologien sollte „ein sinnvolles Korrelat zum zunehmend breiten

---

[15] Noch bis zur Fassung vom 7. 2. 2017 empfahl 2. 3. 3 DCGK für börsennotierte Gesellschaften, dass die Hauptversammlung durch moderne Medien (zum Beispiel Internet) zu verfolgen sein sollte.

[16] Der konkrete Zweck der Regelung war aber klarzustellen, dass Aktionäre der Aufzeichnung ihres Beitrages nicht aufgrund ihres Persönlichkeitsrechts oder dem Datenschutz widersprechen konnten. RegE, TransPuG, BT-Drucks. 14/8769, S. 19 f.; *Heckelmann*, Hauptversammlung und Internet, S. 183 f.; ausführlich *Mülbert*, in: GroßkommAktG, § 118 Rn. 122 ff. m. w. N.; weitergehend *Spindler*, in: K. Schmidt/Lutter, AktG, § 118 Rn. 64 m. w. N. Zur Frage des Persönlichkeitsrechts und des Datenschutzes bei der virtuellen Hauptversammlung s. Kapitel 4 C. I. 5. b) cc) (2) (b), 7.

[17] BGBl. I 2005, S. 2681. Nach Art. 5 UMAG traten eine Vielzahl an Vorschriften schon etwas früher in Kraft.

[18] RegE, UMAG, BT-Drucks. 15/5092, S. 15; *Butzke*, in: GroßkommAktG, § 127a Rn. 5; *Spindler*, NZG 2005, 825, 827 f. m. w. N.

[19] RegE, UMAG, BT-Drucks. 15/5092, S. 15; *Gantenberg*, DB 2005, 207, 210; *Noack*, Gesellschaftsrecht in der Diskussion 2004, S. 37, 48 f.; *Rieckers*, in: BeckOGKAktG, § 127a Rn. 1 m. w. N.

Streubesitz und einer fortschreitenden Internationalisierung der Aktionärsstruktur" geschaffen werden.[20] Die praktische Bedeutung des Aktionärsforums blieb bislang aber äußerst gering.[21]

Des Weiteren führte das UMAG ein neues Auskunftsverweigerungsrecht des Vorstands nach § 131 Abs. 3 Satz 1 Nr. 7 AktG ein. Nach diesem darf der Vorstand Fragen von Aktionären verweigern, soweit die Auskunft auf der Internetseite der Gesellschaft mindestens sieben Tage vor Beginn und in der Hauptversammlung durchgängig zugänglich war. Mit dieser neuen Regelung wollte der Gesetzgeber die Hauptversammlung durch Kommunikation im Vorfeld unterstützen. Ausweislich der Gesetzesmaterialien wollte er die Versammlung durch das Vorwegnehmen von typischen Standardfragen (*frequently asked questions*) und dem Vortrag von bereits verfügbaren Materialien entlasten und dadurch wertvolle Zeit für inhaltliche Diskussionen gewinnen.[22]

B. Gesetz zur Umsetzung der Aktionärsrechterichtlinie (ARUG)

Nachdem der Bundesgesetzgeber in der ersten Hälfte der 2000er-Jahre erste Maßnahmen zur Digitalisierung des Gesellschaftsrechts ergriffen hatte, übernahm die EU in der zweiten Hälfte die Initiative. Für die Aktiengesellschaft und ihre Hauptversammlung wurden Regelungen in der Kapitalgesellschaftsrichtlinie[23] und der ARRL getroffen. Der deutsche Gesetzgeber setzte diese im Gesetz zur Umsetzung der Aktionärsrechterichtlinie (ARUG)[24] gemeinsam um. Das am 1. 9. 2009 in Kraft getretene Gesetz[25] brachte dem Aktienrecht weitreichende Änderungen.

I. Vorfeld der Versammlung

Im Vorfeld der Hauptversammlung führte das ARUG mit dem neuen § 124a AktG ein, dass börsennotierte Gesellschaften bestimmte Informationen bzw. Materialien vor der Hauptversammlung auf ihrer Internetseite veröffentlichen muss-

---

20 RegE, UMAG, BT-Drucks. 15/5092, S. 15.

21 *Decher*, in: GroßkommAktG, § 131 Rn. 190.1; *Hoffmann-Becking*, in: MünchHdbGesR IV, § 38 Rn. 54. Dies ist daran festzumachen, dass die Beantwortung von Fragen im Vorfeld der Versammlung für die Gesellschaft freiwillig und aus ihrer Sicht wenig vorteilhaft und bloß risikobehaftet ist. Ausführlich zu den Gründen der fehlenden Praxisrelevanz jeweils m. w. N. *Bayer/Kabella*, AG 2007, R79 ff.; *Bungert*, Gesellschaftsrecht in der Diskussion 2004, S. 59, 77 ff.; *Herrler*, in: Grigoleit, AktG, § 131 Rn. 50.

22 RegE, UMAG, BT-Drucks. 15/5092, S. 17.

23 Richtlinie 2006/68/EG, ABl. EU, L 264/32.

24 BGBl. I 2009, S. 2479.

25 Art. 16 ARUG. Danach traten Art. 5, 8, 12 ARUG erst etwas später in Kraft.

ten. Die Vorabveröffentlichung einiger Punkte war schon zuvor Standard.[26] Die Pflicht dazu sowie deren Umfang waren aber neu und bauten die Internetseite der Gesellschaften zum zentralen Informationsmedium der Aktionäre aus.[27] Das zusätzliche Maß an Digitalisierung entzerrte die Hauptversammlung erneut und verlagerte einen Teil der Informationsfunktion der Versammlung in ihr Vorfeld.

II. Abhaltung der Hauptversammlung

In der Hauptversammlung traf das ARUG die wesentlichsten Regelungen in Richtung einer virtuellen Versammlung.

1. Elektronische Teilnahme der Aktionäre (hybride Hauptversammlung)

Zunächst führte das ARUG mit § 118 Abs. 1 Satz 2 AktG die Möglichkeit einer elektronischen Teilnahme der Aktionäre und ihrer Vertreter an der Hauptversammlung ein. Die elektronische Teilnahme ist danach eine zusätzliche Gestaltungsoption, auf die Aktionäre keinen gesetzlichen Anspruch haben.[28] Sie muss den Aktionären durch die Satzung direkt oder durch den Vorstand, der durch die Satzung dazu ermächtigt werden kann, eröffnet werden. Nach § 118 Abs. 1 Satz 2 AktG kann die Satzung oder der Vorstand dabei nicht nur über das „Ob“ der virtuellen Teilnahme bestimmen, sondern auch die Ausübung nur einzelner versammlungsgebundener[29] Rechte ganz oder teilweise im Wege der elektronischen Kommunikation zulassen. Systemisch wurde damit das physische Präsenzprinzip aufgegeben, da auch elektronisch zugeschaltete Aktionäre als erschienen i. S. v. § 129 Abs. 1 Satz 2 AktG verstanden werden.[30] In Kombination mit der Bild- und Tonübertragung der Versammlung ist damit faktisch bereits die Abhaltung einer virtuellen Hauptversammlung möglich, wenn der Vorstand die Ausübung aller Aktionärsrechte im Wege der elektronischen Kommunikation zulässt.[31] Im Unterschied zur

---

[26] Dies basierte auf der Empfehlung Ziffer 2.3.1 Satz 3 DCGK a.F. vom 6.6.2008. RegE ARUG, BT-Drucks. 16/11642, S. 30; *Horn*, ZIP 2008, 1558, 1560; *v. Nussbaum*, GWR 2009, 215, 218.

[27] RegE, ARUG, BT-Drucks. 16/11642, S. 30; *Paschos/Goslar*, AG 2008, 605, 608.

[28] Hierzu und im Folgenden: *Noack*, NZG 2008, 441, 443 f.; *v. Nussbaum*, GWR 2009, 215.

[29] *Noack*, NZG 2008, 441, 444.

[30] (Zumindest wenn sie auch ein Stimmrecht eingeräumt bekommen) *v. Holten/Bauerfeind*, AG 2015, 489, 490 m. w. N.; *Noack*, WM 2009, 2289, 2292; *Wicke*, FS Kanzleiter, S. 415, 419. RegE, ARUG, BT-Drucks. 16/11642, S. 27 stellt ausdrücklich klar, dass auch die elektronisch teilnehmenden Aktionäre als „erschienen“ i. S. v. § 245 Nr. 1 AktG a. F. gelten. Entsprechendes muss auch für § 129 Abs. 1 Satz 2 AktG gelten, vgl. *Bosse*, NZG 2009, 807, 809; *Mülbert*, in: GroßkommAktG, § 118 Rn. 100 m. w. N.

[31] RegE, ARUG, BT-Drucks. 16/11642, S. 26; *Noack*, WM 2009, 2289, 2293; *v. Nussbaum*, GWR 2009, 215; *Paschos/Goslar*, AG 2008, 605, 611.

heutigen virtuellen Hauptversammlung kann aber nach § 118 Abs. 1 Satz 2 AktG die Anwesenheit von Aktionären am Versammlungsort nicht ausgeschlossen werden. Die elektronische Teilnahme kann in der hybriden Hauptversammlung nur additiv zur Teilnahme am Versammlungsort ermöglicht werden.

Die hybride Hauptversammlung, in der die Aktionäre die Wahlmöglichkeit zwischen den Formen der Teilnahme haben, scheint mithin die Vorzüge beider Formate zu vereinen. In der Versammlungspraxis ermöglichen allerdings – nachvollziehbar – nur äußerst wenige Gesellschaften eine elektronische Teilnahme neben der Präsenzteilnahme.[32] Die Kehrseite zur Wahlmöglichkeit der Aktionäre ist nämlich die Steigerung des Veranstaltungsaufwands und der Anfechtungsrisiken.[33] Zunächst kostet die Bereitstellung zweier Teilnahmemöglichkeiten die Gesellschaft mehr, da die hybride Versammlung deutlich aufwendiger ist als die virtuelle Hauptversammlung oder die Präsenzversammlung.[34] Entscheidender ist oftmals aber die Steigerung des Anfechtungsrisikos.[35] Die zentrale Aufgabe der Hauptversammlung ist es, bestandskräftige Beschlüsse zu produzieren. Vor diesem Hintergrund stellt die zusätzliche Möglichkeit der Teilnahme im Wege elektronischer Kommunikation ein zusätzliches – vermeidbares – Anfechtungsrisiko dar, dessen Vorteile nicht im Verhältnis dazu stehen. Insbesondere das Risiko technischer Störungen der elektronischen Kommunikation waren und sind für viele Gesellschaften ohne eine entsprechende Entlastung an anderer Stelle zu viel.[36]

2. Elektronische Briefwahl

Des Weiteren führte das ARUG mit dem neu gefassten § 118 Abs. 2 AktG die Möglichkeit einer Briefwahl ein. Diese erfordert, wie die elektronische Teilnahme, eine Satzungsgrundlage und steht den Aktionären ohne diese ebenfalls nicht zu.[37]

---

[32] Ausführlich mit einigen Zahlen *v. Holten/Bauernfeind*, AG 2018, 729, 731. Im Übrigen *Butzke*, AG 2022, 795; *Danwerth*, AG 2020, 776, 784 m. w. N.; *Koch*, AktG, § 118 Rn. 10.

[33] *Arnold/Carl/Götze*, AG 2011, 349, 360; *Koch*, Stellungnahme FraktionsE, S. 1 f., abrufbar unter: https://www.bundestag.de/resource/blob/899812/ce6d1b15d2ac496bbdca4f93ce0570b8/Stellungnahme-Koch.pdf; *Koch/Redeke*, Reformbedarf im Aktienrecht 2024, S. 212, 226 ff., die auch die Regelungskomplexität betonen.

[34] FraktionsE, Virtuelle Hauptversammlung, BT-Drucks. 20/1738, S. 16; *Redenius-Hövermann/Bannier*, ZIP 2020, 1885, 1895. Die entstehenden Mehrkosten als „überschaubar" einschätzend, *Sturm/Imsameh*, NZG 2022, 1327, 1328.

[35] *Austmann*, in: MünchHdbGesR IV, 5. Aufl., § 40 Rn. 26; *v. Holten/Bauernfeind*, AG 2018, 729, 731; *Rotsch/Jakob*, ZHR 2024, 611, 618.

[36] Entsprechende Vorschläge der gesetzlichen Einführung einer hybriden Hauptversammlung, bei der nur einige, größere, Aktionäre in Person am Versammlungsort (und der Diskussion) teilnehmen sollte, haben aus eben diesen Gründen keinen Fuß fassen können. Solch eine hybride Hauptversammlung vorschlagend, *Teichmann/Wicke*, notar 2021, 221, 226 f.; vgl. *Heckschen/Wicke*, NZG 2022, 433. Zu solchen Reformvorschlägen nochmals, Kapitel 5 B. II. Wie hier sowie m. w. N. *Noack*, FS Heidel, S. 307, 319.

[37] Vgl. *Reger*, in: Bürgers/Lieder, AktG, § 118 Rn. 13.

Die Briefwahl kann entgegen ihrem Namen im Wege elektronischer Kommunikation abgegeben werden.[38] Ein Aktionär, der sein Stimmrecht abseits des Versammlungsorts nur im Wege der Briefwahl ausübt, gilt in der Präsenzversammlung oder der hybriden Versammlung nicht als erschienen oder vertreten im Sinne von § 129 Abs. 1 Satz 2 AktG.[39] Dies ist ein Unterschied zu Aktionären, die ihr Stimmrecht im Wege der elektronischen Teilnahme ausüben.

III. Weiterer Abbau von Formvorschriften

Nicht zuletzt brachte das ARUG – wie die zuvor dargestellten Gesetzte – eine erneute Öffnung der Formvorschriften für elektronische Kommunikation.

Zunächst ermöglichte das ARUG den Gesellschaften durch die neu eingefügten § 125 Abs. 2 Satz 2 AktG a. F. und § 128 Abs. 1 Satz 2 AktG a. F.[40] die Einberufungsmitteilungen und deren Übermittlung durch die Depotbanken und Aktionärsvereinigungen (jeweils nach deren jeweiligem Satz 1) mit einer Satzungsregel allein auf die elektronische Form zu beschränken.

Des Weiteren wurde das abdingbare Schriftformerfordernis der Stimmrechtsvollmacht (§ 134 Abs. 3 Satz 2 AktG a. F.) durch das ebenso der Satzungsautonomie unterliegende Textformerfordernis (§ 134 Abs. 3 Satz 3 AktG a. F.) ersetzt.[41]

Schließlich eröffnete das ARUG den Gesellschaften die Möglichkeit, die Übersendung von Unterlagen und deren Auslage auf der Hauptversammlung zu vermeiden. Dafür wurde die zuvor schon geltende Regelung in § 175 Abs. 2 Satz 4 AktG als inhaltlich entsprechender Satz an die betreffenden Regelungen angefügt.[42] Seitdem können sich Gesellschaften von der physischen Auslage und Versendung der jeweiligen Unterlagen befreien, wenn sie die Unterlagen zuvor auf ihrer Internetseite zugänglich und in der Hauptversammlung elektronisch verfügbar machen. In der Hauptversammlung ist ein solches etwa über die Bereitstellung von Monitoren möglich.[43] Zweck dieser Maßnahme war, den Bürokratieaufwand der Gesellschaften zu verringern und die Informationen ortsfremden bzw. ausländischen Investoren einfacher zugänglich zu machen.[44]

---

[38] *Drinhausen*, in: Hölters/Weber, AktG, § 118 Rn. 18; *Seibert/Florstedt*, ZIP 2008, 2145, 2146; *Spindler*, in: K. Schmidt/Lutter, AktG, § 118 Rn. 57.

[39] RegE, ARUG, BT-Drucks. 16/11642, S. 27; *Austmann*, in: MünchHdbGesR IV, § 40 Rn. 31; *Drinhausen/Keinath*, BB 2009, 64, 67; *Krenek/Pluta*, in: Heidel, AktG, § 118 Rn. 58.

[40] Das Gesetz zur Umsetzung der zweiten Aktionärsrechterichtlinie (ARUG II) fügte später §§ 67a ff. AktG ein und den neu gefassten § 125 AktG, sodass § 128 AktG a. F. obsolet und gestrichen wurde.

[41] Die Änderungen wurden durch Art. 1 Nr. 22 lit. a) ARUG eingeführt.

[42] Die einzelnen Änderungen aufzählend: *A. Arnold*, Der Konzern 2009, 88, 90; *Drinhausen/Keinath*, BB 2008, 1238, 1241 f. Vgl. ferner zur Begründung RegE, ARUG, BT-Drucks. 16/11642, S. 24 mit Verweis auf die Einführung von § 175 Abs. 2 Satz 4 AktG.

[43] RegE, ARUG, BT-Drucks. 16/11642, S. 25.

[44] RegE, ARUG, BT-Drucks. 16/11642, S. 24.

IV. Zusammenfassung: Status quo ante vor der Coronamaßnahmengesetzgebung

Die Hauptversammlung der Aktiengesellschaft konnte schon vor der nur vorübergehenden Coronamaßnahmengesetzgebung in einigen – essenziellen – Teilen digitalisiert stattfinden. Viele der gesetzlichen Maßnahmen zur Digitalisierung beruhten aber auf Freiwilligkeit und wurden der Disposition der Gesellschaften unterstellt. Der Grad der Digitalisierung der Hauptversammlung konnte sich mithin erheblich zwischen den Gesellschaften unterscheiden.

In seinem Kern ermöglichte der Status quo ante schon die Bild- und Tonübertragung der Hauptversammlung und eine der Teilnahme an der Präsenzversammlung gleichwertige elektronische Teilnahme von Aufsichtsratsmitgliedern und Aktionären. Die elektronisch teilnehmenden Aktionäre konnten bei entsprechender Gestaltung der Versammlung im vollen Umfang von ihren Aktionärsrechten Gebrauch machen. Ebenso konnte die Kommunikation im Vorfeld der Hauptversammlung und die Dokumentation der Versammlung digitalisiert werden, da viele Formvorschriften abgeschafft wurden.

Es ergibt sich mithin ein Gesamtbild, in dem Hauptversammlungen weitestgehend digital veranstaltet werden konnten, eine rein virtuelle Hauptversammlung aber noch nicht möglich war. Aus Sicht eines elektronisch teilnehmenden Aktionärs ließ sich die Hauptversammlung sogar nach dem Status quo ante wie eine virtuelle gestalten. Der größte Unterschied zur virtuellen Hauptversammlung bestand aber in dem nicht ausschließbaren Recht der Aktionäre, persönlich am Versammlungsort teilzunehmen. Ebenso überlies der Status quo ante dem Vorstand viel Freiraum, nur Teile der Versammlung zu digitalisieren.

C. Coronamaßnahmengesetzgebung

Während die zuvor dargestellten Gesetze die Hauptversammlung immer weiter digitalisierten, machte das GesRuaCOVBekG[45] mit einem Schlag die rein virtuelle Hauptversammlung ohne physische Präsenz der Aktionäre oder ihrer Vertreter am Versammlungsort möglich.[46] Das Gesetz war aber nie als Reform des Aktien- und

[45] Vollständig: Gesetz über Maßnahmen im Gesellschafts-, Genossenschafts-, Vereins-, Stiftungs- und Wohnungseigentumsrecht zur Bekämpfung der Auswirkungen der COVID-19-Pandemie. Dieses wurde als Artikel 2 des Gesetzes zur Abmilderung der Folgen der COVID-19-Pandemie im Zivil-, Insolvenz- und Strafverfahrensrecht (COVFAG) eingeführt. BGBl. I 2020, S. 569. Das GesRuaCOVBekG wird in dieser Arbeit immer in seiner zuletzt geltenden Form vom 28. 2. 2021 als nächstem Ausgangspunkt für die Lex lata zitiert. Ist die erste Version gemeint, wird dies kenntlich gemacht.

[46] Nach § 1 Abs. 8 GesRuaCOVBekG galten die genannten Regelungen auch für die Hauptversammlung der KGaA und SE.

Gesellschaftsrechts konzipiert.[47] Es war befristet und sollte den vorübergehenden pandemischen Umstand, nach dem Personenzusammenkünfte und damit Hauptversammlungen nicht mehr möglich waren, nur überbrücken.[48]

Der folgende Abschnitt widmet sich den wesentlichen Maßnahmen, die in Reaktion auf die COVID-19-Pandemie in Hinblick auf die Hauptversammlung ergriffen wurden.[49]

I. GesRuaCOVBekG

Die Bekämpfung der COVID-19-Pandemie verlangte vom Gesetzgeber ab Ende 2020 drastische Vorkehrungen. Personenzusammenkünfte wurden etwa durch das Infektionsschutzgesetz lange weitgehend eingeschränkt und im größeren Kreis ganz unmöglich. Somit waren die Präsenzhauptversammlungen von größeren, aber zeitweise auch jeglichen Aktiengesellschaften unmöglich. Damit deutsche Unternehmen weiterhin handlungs- und funktionsfähig bleiben konnten, wurde das GesRuaCOVBekG erlassen.[50] Dieses widmete sich in seinem ersten Paragrafen Gesellschaften, die Hauptversammlungen austragen und ermöglichte ihnen, diese erstmals vollständig virtuell abzuhalten.[51]

§ 1 Abs. 1 GesRuaCOVBekG unterstellte zunächst wichtige bereits bestehende Möglichkeiten, Hauptversammlungen zu digitalisieren, direkt der Disposition der Vorstände. Vorgaben der Satzung oder Geschäftsordnung mussten dafür nicht mehr getroffen werden. Die Vorstände der Gesellschaften konnten damit schnell reagieren und die elektronische Teilnahme von Aktionären (§ 118 Abs. 1 Satz 2 AktG), die Briefwahl (§ 118 Abs. 2 AktG), die elektronische Teilnahme von Vorstandsmitgliedern (§ 118 Abs. 3 Satz 2 AktG) und die Bild- und Tonübertragung der Hauptversammlung (§ 118 Abs. 4 AktG) zulassen.

Die Zulässigkeit der virtuellen Hauptversammlung ergab sich aus § 1 Abs. 2 Satz 1 GesRuaCOVBekG. Dieser stellte die Abhaltung der virtuellen Hauptversammlung ohne die physische Präsenz der Aktionäre am Versammlungsort unter vier Voraussetzungen. Zunächst musste die gesamte Versammlung in Bild und Ton übertragen werden. Ferner musste den Aktionären die Stimmabgabe im Wege der

---

[47] Vgl. FraktionsE, COVFAG, BT-Drucks. 19/18110, S. 1, 17, 19.

[48] Vgl. erneut FraktionsE, COVFAG, BT-Drucks. 19/18110, S. 1, 17, 19.

[49] Ausführliche Behandlungen des GesRuaCOVBekG finden sich bereits in zahlreichen Publikationen. Etwa *Atta*, WM 2020, 1047; *Fröhling/Issmer*, WM 2020, 669; *Krenek*, in: Hirte/Heidel, GesCoronaG, §§ 1 ff.; *Lieder*, ZIP 2021, 161; *Mayer/Jenne/Miller*, BB 2020, 1282; *Noack/Zetzsche*, AG 2020, 265.

[50] Andere europäische Länder erließen ähnliche Maßnahmengesetze. Vgl. *Lieder*, ZIP 2020, 837, 838 mit einer Auflistung hierzu.

[51] Grundlegend zur virtuellen Hauptversammlung unter dem GesRuaCOVBekG statt aller *Wunderlich*, Digitalisierung der Hauptversammlung, S. 60 ff.

Briefwahl oder elektronischen Teilnahme und das Fragerecht[52] im Wege der elektronischen Kommunikation eingeräumt werden. Zuletzt musste Aktionären, die in der Versammlung abgestimmt haben, ein Widerspruch zu Beschlüssen ermöglicht werden, obwohl sie nicht nach § 245 Nr. 1 AktG *in der Hauptversammlung erschienen* sind.

Als Kontrolle der oben genannten Vorstandskompetenzen war nach § 1 Abs. 6 GesRuaCOVBekG zusätzlich die Zustimmung des Aufsichtsrats für diese Entscheidungen erforderlich.

Des Weiteren schränkte § 1 Abs. 7 GesRuaCOVBekG das Anfechtungsrecht erheblich ein und schloss die Anfechtung von Rechtsverstößen aufgrund von der Gesellschaft verursachten technischen Störungen grundsätzlich aus. Nur von der Gesellschaft vorsätzlich verursachte technische Störungen konnten noch einen Anfechtungsgrund begründen. Die Einschränkungen der Anfechtbarkeit sollten den Gesellschaften eine möglichst rechtssichere Abhaltung der virtuellen Hauptversammlung unter den ungewissen Umständen der vorübergehenden Krisengesetzgebung ermöglicht werden.[53] Von den Gesellschaften konnte beim plötzlich notwendigen Einsatz neuer Technologien kein fehlerfreier Betrieb abverlangt werden.

Die Reaktionen auf das Gesetz *als Krisenbewältigungsinstrument* waren weithin positiv,[54] sodass es bis zu seinem Auslaufen nur geringfügig abgeändert wurde.[55] Das GesRuaCOVBekG war aber nur unter den Umständen der Pandemie gerechtfertigt, da es mit der weiten Gestaltungsfreiheit des Vorstands und der Einschränkung des Anfechtungsrechts tiefe Eingriffe in die Aktionärsrechte vornahm. Folglich wurde nie angedacht, das Gesetz ohne eine sorgfältige Reform zu verstetigen.[56]

II. Verlängerung

Zunächst sah § 7 Abs. 2 GesRuaCOVBekG nur eine Anwendung der pandemischen Übergangsregelungen für Hauptversammlungen im Jahr 2020 vor. Aufgrund der weiter andauernden Pandemie machte das Bundesministerium für Justiz und Verbraucherschutz aber von seiner Verlängerungsermächtigung

---

[52] Ursprünglich handelte es sich um eine bloße Fragemöglichkeit. S. hierzu Kapitel 4 B. V. 1. b).

[53] FraktionsE, COVFAG, BT-Drucks. 19/18110, S. 27 f.

[54] FraktionsE, Virtuelle Hauptversammlung, BT-Drucks. 20/1738, S. 1, 13 f.; *Lieder*, ZIP 2020, 837, 851; *Seibt/Danwerth*, NZG 2020, 1241, 1250; *Teichmann/Wicke*, DB 2022, 720, 726; kritisch *Teichmann/Wicke*, ZGR 2021, 173, 184 f.

[55] Die Änderungen im hier entscheidenden § 1 GesRuaCOVBekG erfolgten durch Art. 11 Gesetz zur weiteren Verkürzung des Restschuldbefreiungsverfahrens und zur Anpassung pandemiebedingter Vorschriften im Gesellschafts-, Vereins- und Stiftungsrecht sowie im Miet- und Pachtrecht (COVRSPÄndG), BGBl. I 2020, S. 3328. Art. 11 COVRSPÄndG trat nach Artikel 14 Abs. 3 am 28. 2. 2021 in Kraft.

[56] *Wicke*, DStR 2020, 885, 889.

nach § 8 GesRuaCOVBekG Gebrauch und verlängerte die Maßnahmen nach § 1 GesRuaCOVBekG per Verordnung bis zum 31. 12. 2021.[57]

Zuletzt wurden die Maßnahmen abermals per Gesetz bis zum 31. 8. 2022 verlängert, bis eine Verstetigung der virtuellen Hauptversammlung in Gesetzesform erreicht werden konnte.[58]

D. Verstetigung der virtuellen Hauptversammlung

Das am 27. 7. 2022 in Kraft getretene[59] Gesetz zur Einführung virtueller Hauptversammlungen von Aktiengesellschaften und Änderungen weiterer Vorschriften[60] greift die Entwicklungslinien seit den 2000er-Jahren auf und führt die virtuelle Hauptversammlung dauerhaft ein.[61]

Ausweislich des ersten Regierungsentwurfes hielt die 2021 neu gewählte Regierung, die in der COVID-19-Pandemie gewonnen Erfahrungen mit der virtuellen Hauptversammlung für insgesamt positiv und wollte sie in angepasster Form verstetigen.[62] Die Regierungsparteien (*SPD, Bündnis 90/DIE GRÜNEN* und *FDP*) einigten sich schon in ihrem Koalitionsvertrag Ende 2021 auf eine Verstetigung der virtuellen Hauptversammlung unter uneingeschränkter Wahrung der Aktionärsrechte.[63]

---

[57] Verordnung zur Verlängerung von Maßnahmen im Gesellschafts-, Genossenschafts-, Vereins- und Stiftungsrecht zur Bekämpfung der Auswirkungen der COVID-19-Pandemie (GesRGenRCOVMVV), BGBl. I 2020, S. 2258. Dazu *Simons/Hauser*, *NZG* 2020, 1406, 1406 f. Die Verlängerung erfolgte auf das maßgebliche Drängen der Unternehmen. Das *DAI* verfasst etwa einen offenen Brief, der von 60 Vorständen börsennotierter Gesellschaften unterzeichnet wurde. *DAI*, Schreiben an Lambrecht v. 1. 9. 2020, abrufbar unter: https://www.dai.de/fileadmin/user_upload/200914_Schreiben_an_Frau_BM_Lambrecht.pdf. Entsprechende Anpassungen des § 7 GesRuaCOVBekG für die Geltung bis zum Jahr 2021 erfolgten durch Art. 11 Nr. 3 lit. a) und b) COVRSPÄndG.

[58] Art. 15 Nr. 1 Gesetz zur Errichtung eines Sondervermögens „Aufbauhilfe 2021" und zur vorübergehenden Aussetzung der Insolvenzantragspflicht wegen Starkregenfällen und Hochwassern im Juli 2021 sowie zur Änderung weiterer Gesetze (Aufbauhilfegesetz 2021 – AufbhG 2021). BGBl. I 2021, S. 4147, 4153.

[59] Art. 14 Abs. 3 Gesetz zur Einführung virtueller Hauptversammlungen. Entsprechende Änderungen an Gesetzen neben dem AktG traten nach Art. 14 Abs. 1, 2 des Gesetzes zur Einführung virtueller Hauptversammlungen dagegen teilweise erst später in Kraft.

[60] BGBl. I 2022, S. 1166.

[61] Zum Verlauf des Gesetzgebungsverfahrens *Butzke*, AG 2022, 795, 796 ff.; *Dörrbecker*, FS Strenger, S. 161 ff. mit einem Bericht aus dem Bundesministerium der Justiz; *Tröger*, in: KölnKommAktG, § 118a Rn. 1.

[62] RegE, Virtuelle Hauptversammlung, BT-Drucks. 20/2246, S. 9, 13 f., abrufbar unter: https://www.bmj.de/SharedDocs/Downloads/DE/Gesetzgebung/RegE/RegE_virtuelle_Hauptversammlung.pdf?__blob=publicationFile&v=3; gleichlautend FraktionsE, Virtuelle Hauptversammlung, BT-Drucks. 20/1738, S. 1, 13 f.

[63] *SPD/Bündnis 90/Die Grünen/FDP*, Koalitionsvertrag, S. 98, abrufbar unter: https://www.spd.de/fileadmin/Dokumente/Koalitionsvertrag/Koalitionsvertrag_2021-2025.pdf.

I. Referentenentwurf

Der frühzeitig nach dem Regierungsantritt folgende Referentenentwurf des Bundesministeriums der Justiz[64] präsentierte ein Konzept, das die Hauptversammlung als solche entzerrte. Insbesondere das Frage- und Rederecht der Aktionäre sollte in der Hauptversammlung zugunsten einer weiter ausgebauten Kommunikation im Vorfeld beschränkt werden.[65] Der so geformte Entwurf fand ein breites Echo in der Fachliteratur,[66] bei den Vertretern von Gesellschaften,[67] Aktionärsvereinigungen[68] und sonstigen Stimmen aus dem Wirtschaftsleben[69]. Ganze 36 Stellungnahmen erreichten das Justizministerium zum Referentenentwurf.[70] Während die Literatur[71] und Unternehmensvertreter[72] dem Referentenentwurf in weiten Teilen gewogen war, kritisierten insbesondere die Aktionärsvereinigungen die Maßnahmen zur Straffung der Hauptversammlung vehement.[73]

---

[64] RefE, Virtuelle Hauptversammlung, abrufbar unter: https://www.bmj.de/SharedDocs/Downloads/DE/Gesetzgebung/RefE/RefE_virtuelle_Hauptversammlung.pdf?__blob=publicationFile&v=3.

[65] So ausdrücklich RefE, Virtuelle Hauptversammlung, S. 1, 15, abrufbar unter: https://www.bmj.de/SharedDocs/Downloads/DE/Gesetzgebung/RefE/RefE_virtuelle_Hauptversammlung.pdf?__blob=publicationFile&v=3.

[66] Vgl. etwa *Bungert/Rieckers*, DB 2022, 581; *Drinhausen/Keinath*, BB 2022, 451; *Guntermann*, ZIP 2022, 781; *Klein*, NZG 2022, 483; *Seibert/Florstedt*, ZIP 2008, 2145; *Seibt/Danwerth*, AG 2022, 177.

[67] Vgl. etwa nur die Stellungnahmen von *BDI*, *BUJ*, *BVI*, *bwf*, *DAI*, *GDV*, *GdW*, *Siemens*, *VCI*, zum Referentenentwurf, alle abrufbar unter: https://www.bmj.de/SharedDocs/Gesetzgebungsverfahren/DE/2022_Einfuehrung_virtueller_Hauptversammlungen_Aktiengesellschaften.html.

[68] Vgl. etwa nur die Stellungnahmen von *aba*, *DIRK*, *DSW*, *DVFA*, *DWS*, *Initiative Minderheitsaktionär*, *Investment Aktiengesellschaft für langfristige Investoren TGV*, *SDK*, *VzFK*, alle abrufbar unter: https://www.bmj.de/SharedDocs/Gesetzgebungsverfahren/DE/2022_Einfuehrung_virtueller_Hauptversammlungen_Aktiengesellschaften.html.

[69] Vgl. etwa nur die Stellungnahmen von *BNotK*, *Bitkom*, *Computershare*, *BRAK*, *BDR*, *DGB*, *DNotV*, *GSC*, *Höreth*, alle abrufbar unter: https://www.bmj.de/SharedDocs/Gesetzgebungsverfahren/DE/2022_Einfuehrung_virtueller_Hauptversammlungen_Aktien gesellschaften.html.

[70] Alle abrufbar unter: https://www.bmj.de/SharedDocs/Gesetzgebungsverfahren/DE/2022_Einfuehrung_virtueller_Hauptversammlungen_Aktiengesellschaften.html.

[71] *Bungert/Rieckers*, DB 2022, 581, 590; *Drinhausen/Keinath*, BB 2022, 451, 460; *Dürr/Kuthe/Sickinger*, ZIP 2022, 363, 367; *Guntermann*, ZIP 2022, 781, 789; *Klein*, NZG 2022, 483, 490; *Seibt/Danwerth*, AG 2022, 177, 190; zurückhaltender *Teichmann/Wicke*, DB 2022, 720, 726.

[72] Vgl. etwa *BDI*, Stellungnahme RefE, S. 1; *DIRK*, Stellungnahme RefE, S. 1; *GDV*, Stellungnahme RefE, S. 1; *VCI*, Stellungnahme RefE, S. 1, alle abrufbar unter: https://www.bmj.de/SharedDocs/Gesetzgebungsverfahren/DE/2022_Einfuehrung_virtueller_Hauptversammlungen_Aktiengesellschaften.html.

[73] Vgl. etwa im Gesetzgebungsverfahren *DSW*, Stellungnahme RefE, S. 3, *DWS*, Stellungnahme RefE, S. 7; *SdK*, Stellungnahme RefE, S. 3, alle abrufbar unter: https://www.bmj.de/SharedDocs/Gesetzgebungsverfahren/DE/2022_Einfuehrung_virtueller_Hauptversammlungen_Aktiengesellschaften.html. Vgl. ferner Tüngler von der *DSW* in *Anger/Fröndhoff*, Handelsblatt v. 9. 2. 2022, S. 10. Zu den verschiedenen Interessen der unterschiedlichen Beteiligten *Junker/Pfeffer*, FS Strenger, S. 241, 242 ff.; *v. d. Linden*, in: Marsch-Barner/Schäfer, Rn. 34.13 ff.

II. Regierungs- und Fraktionsentwurf

Die Regierung passte ihre Gesetzesbestrebungen entsprechend der Kritik der Aktionärsvereinigungen an und veröffentlichte am 27. 4. 2022 einen Gesetzesentwurf auf der Internetseite des Bundesministeriums der Justiz.[74] Der daraus resultierende Entwurf konzentrierte sich weniger auf eine Reform des Konzepts der Hauptversammlung, sondern versuchte vornehmlich eine Transposition der Präsenzversammlung in den virtuellen Raum.[75] Partiell wurde damit auch das Ziel aufgegeben, die Hauptversammlung zu entzerren und die Ausübung der Aktionärsrechte in das Vorfeld der Versammlung zu verlagern.[76]

Dieser Entwurf veranlasste ebenfalls breite Reaktionen. Aufgrund der beschriebenen Änderungen vertauschten sich nun die Positionen.[77] Befürworter des Entwurfes fanden sich danach vornehmlich im Lager der Aktionärsrechtevertreter[78] und seine Kritiker unter den Unternehmensvertretern[79] sowie teilweise in der Literatur[80].[81]

---

[74] RegE, Virtuelle Hauptversammlung, abrufbar unter: https://www.bmj.de/SharedDocs/Downloads/DE/Gesetzgebung/RegE/RegE_virtuelle_Hauptversammlung.pdf?__blob=publicationFile&v=3.

[75] So ausdrücklich der Entwurf selbst: Es „wird angestrebt, die virtuelle Hauptversammlung so zu organisieren, dass die Rechtewahrnehmung durch die Aktionäre weitgehend gleich ausgestaltet wird wie bei der Präsenzversammlung." FraktionsE, Virtuelle Hauptversammlung, BT-Drucks. 20/1738, S. 2. Nochmals auf Seite 15: „Abgesehen von einzelnen Besonderheiten der elektronischen Kommunikation ist sicherzustellen, dass alle Elemente der Präsenzversammlung in einer möglichst unveränderten Form in einer virtuellen Hauptversammlung abgebildet werden können". Beide Sätze waren im Referentenentwurf so nicht vorzufinden. Ebenso einschätzend wie hier *Butzke*, AG 2022, 795, 796; *Gehling*, AG 2022, 800, 802 f.; *Mayer/Jenne/Miller*, BB 2022, 1155, 1155 f.; vgl. *Tröger*, in: KölnKommAktG, § 118a Rn. 1, der von einer Leitbildfunktion der Präsenzhauptversammlung bei der Ausgestaltung der virtuellen Hauptversammlung spricht.

[76] Die entsprechenden Ziele wurden alle aus der Gesetzesbegründung gestrichen.

[77] Ebenso *Harnos*, Beschlussfassung im virtuellen Raum, S. 59, 62 f.; *Heckschen*, NotBZ 2022, 281, 282 f.

[78] S. etwa *DSW*, Stellungnahme RegE, S. 1, 4, abrufbar unter: https://www.bundestag.de/resource/blob/899444/5f528ccf2a2b8c7158b6f984f7ac2321/Stellungnahme-Tuengler_DSW-data.pdf.

[79] S. etwa *BDI/Bitkom/BUJ/DAI/DIRK/VCI/GDV*, Stellungnahme FraktionsE, abrufbar unter: https://www.dirk.org//wp-content/uploads/2022/05/220510-Verbaendeposition-virtuelle-HV.pdf; *Bortenlänger/Favoccia*, Eine Hauptversammlung ist keine Zoom-Konferenz, 1. 6. 2022, abrufbar unter: https://www.capital.de/wirtschaft-politik/eine-hauptversammlung-ist-keine-zoom-konferenz-31911116.html; *Klein*, NZG 2022, 729; *VCI*, Stellungnahme FraktionsE, S. 1 f., abrufbar unter: https://www.bundestag.de/resource/blob/899778/552d670998ac0c10f73c26da150c525d/Stellungnahme-Brouwer_VCI.pdf.

[80] Etwa *Goslar*, DB 2022, 1183 f.; *Groß/Scholz*, BB 2022, I; *Mayer/Jenne/Miller*, BB 2022, 1155 („Rolle Rückwärts"); *Mutter/Werner*, AG 2922, 1155 („kühle Dusche"); *Seibt/Danwerth*, Börsen-Zeitung v. 30. 4. 2022, S. 13.

[81] Pointiert zu den unterschiedlichen Interessengruppen und ihrer Haltung zur virtuellen Hauptversammlung, *Martin/Labas/Freutel*, DIRK-IR-Guide, Band XV, S. 8, abrufbar unter: https://www.dirk.org/wp-content/uploads/2020/11/DIRK-IR-Guide-Virtuelle-HV_Notloesung-oder-Zukunftsmodell_web.pdf.

III. Parlamentarisches Verfahren

Der Entwurf der Bundesregierung wurde sodann im gleichen Wortlaut von den Regierungsparteien als Fraktionsentwurf ihrer drei Parteien (*SPD, Bündnis 90/Die Grünen* und *FDP*) am 10.5.2022 in den Bundestag eingebracht.[82]

Dies geschah vermutlich entsprechend der Praxis, damit die Weiterleitung an den Bundesrat nach Art. 76 Abs. 2 Satz 1 GG zu vermeiden.[83] Diese These wird durch das herannahende Auslaufen der Regelungen des GesRuaCOVBekG am 31.8.2022 gestützt. Weder sollte ab diesem Zeitpunkt die Option der virtuellen Hauptversammlung ersatzlos wegfallen, noch konnte die pandemische Übergangsgesetzgebung unter den nun weitestgehend normalisierten Umständen aufrechterhalten werden.[84] Das neue Gesetz sollte deshalb noch vor der Sommerpause des Bundestags und des Bundesrats in Kraft treten. Am besten sollte es zudem so früh wie möglich in Kraft treten, um den Unternehmen, ihren Aktionären und alle anderen Beteiligten eine gewisse Planungssicherheit zu gewähren.

Weitere Beratungen fanden durch den Rechtsausschuss statt. Dessen öffentliche Anhörung legte die Unterschiede der verschiedenen Positionen zum Gesetz nochmals deutlich offen.[85] Entsprechend der Diskussion des Fraktionsentwurfes befürworteten die Sachverständigen der Aktionärsvereinigungen den Entwurf, während die Vertreter der börsennotierten Unternehmen und Wissenschaft diesem teilweise kritisch gegenüberstanden.[86] Die Beschlussempfehlung des Rechtsausschusses sah weniger eine strukturelle Änderung des Gesetzes vor, sondern beschränkte sich auf Änderungen einzelner kritisierter Regelungen.

Der Bundestag nahm am 7.7.2022 den Fraktionsentwurf in der Ausschussfassung an.[87] Der Bundesrat erhob keine Einwendungen.[88]

---

[82] FraktionsE, Virtuelle Hauptversammlung, BT-Drucks. 20/1738.

[83] Zur allgemeinen Praxis der Vorlage *aus der Mitte des Bundestags*, d.h. durch Mitglieder des Bundestags oder Fraktionen, jeweils m.w.N. *Bryde*, in: v. Münch/Kunig, GG, Art. 76 Rn. 31; *Dietlein*, in: BeckOKGG, Art. 76 Rn. 29ff.; *Mann*, in: Sachs, GG, Art. 76 Rn. 24ff.; *Voßkuhle/Kaufhold*, JuS 2022, 312, 312f.

[84] Vgl. zum Ganzen *Butzke*, AG 2022, 795, 796.

[85] Die Aufzeichnung der öffentlichen Anhörung sowie ein Wortprotokoll des Rechtsausschusses sind abrufbar unter: https://www.bundestag.de/dokumente/textarchiv/2022/kw25-pa-rechtsausschuss-hauptversammlung-895824.

[86] So auch einschätzend *Heckschen*, NotBZ 2022, 281, 283.

[87] BT-Prot. 20/47, S. 5019 (C). Da schlussendlich der Fraktionsentwurf durch den Bundestag gebilligt wurde wird dieser im Folgenden zitiert, wenn die Gesetzesbegründung referenziert wird. Der vorher kurzfristig eingebrachte Änderungsantrag der AfD Fraktion (BT-Drucks. 20/2663), wurde abgelehnt. BT-Prot. 20/47, S. 5019 (C).

[88] Stellungnahme RegE Virtuelle Hauptversammlung, BR-Drucks. 185/22 (Beschluss). Dem Bundesrat wurde die Möglichkeit einer Stellungnahme durch eine, dem Fraktionsentwurf gleichlautende, Vorlage der Bundesregierung am 15.6.2022 gegeben. RegE, Virtuelle Hauptversammlung, BT-Drucks. 20/2246. Zu dieser Praxis der „Paralleleinbringung" und ihrer Vorteile *Busse*, VerwArch 1996, 445, 447; *Risse*, in: Huber/Voßkuhle, GG, Art. 76 Rn. 32.

E. Zwischenergebnis

Während die Digitalisierung im Kontext des Wirtschaftslebens ein Prozess ist, der sich weitgehend frei entfalten kann, ist sie im Rahmen der Hauptversammlung vielfach vom gesetzlichen Regelungsrahmen abhängig und muss aktiv vom Gesetzgeber ermöglicht werden.

Das Gesellschaftsrecht rund um die Hauptversammlung digitalisierte sich schon seit den 2000er-Jahren, um mit der Digitalisierung in anderen Lebensbereichen Schritt zu halten. Insbesondere das ARUG ermöglichte 2009 erstmals eine elektronische Teilnahme an der Versammlung und die Ausübung der Aktionärsrechte im Wege elektronischer Kommunikation. Die elektronische Teilnahme konnte aber nur zusätzlich zu den gewohnten Formen der Präsenzversammlung gewährt werden. Aufgrund des deshalb erhöhten Aufwands und Anfechtungsrisikos machten nur wenige Gesellschaften davon Gebrauch. Parallel dazu wurde in der Literatur schon lange die vollständig virtuelle Hauptversammlung und auch andere Formen von Digitalisierung diskutiert.

Die pandemiebedingte Digitalisierung der Präsenzhauptversammlung durch das GesRuaCOVBekG brachte den nötigen Impuls für den Sprung in die echte virtuelle Hauptversammlung. Als Notfallgesetzgebung ermöglichte das GesRuaCOVBekG die virtuelle Hauptversammlung aber nur unter Einschränkung der Aktionärsrechte und war deshalb nur unter den Umständen der Pandemie gerechtfertigt. Es konnte folglich nicht ohne eine grundlegende Reform verstetigt werden.

Das Format der virtuellen Hauptversammlung fand erst durch das Gesetz zur Einführung virtueller Hauptversammlungen beständigen Eingang in das Aktiengesetz.

Kapitel 4

Gesetz zur Einführung virtueller Hauptversammlungen

Auf Grundlage der allgemeinen Betrachtung der Hauptversammlung sowie der Untersuchung der Genese der virtuellen Hauptversammlung de lege lata verstellt nun nichts mehr den Blick auf den eigentlichen Inhalt des Gesetzes zur Einführung virtueller Hauptversammlungen von Aktiengesellschaften.

Die Arbeit untersucht die neuen Regelungen zur virtuellen Hauptversammlung entsprechend dem Verlauf der Versammlung. Sie beginnt mit einer Erörterung der Regelungssystematik und -methode des neuen Gesetzes (A.). Sodann widmet sich die Arbeit den Bestimmungen zum Vorfeld der Hauptversammlung (B.), der Abhaltung der Hauptversammlung selbst (C.) und abschließend dem Beschlussmängelrecht als entscheidendem Themenkomplex im Nachgang der Hauptversammlung (D.).

A. Regelungssystematik und -methode

I. Konzeption als Artikelgesetz

Das Gesetz zur Einführung virtueller Hauptversammlungen ist ein Artikelgesetz und ändert neben dem Aktiengesetz andere Gesetze. Die Einführung der virtuellen Hauptversammlung bildet dabei den Kern des Gesetzes. Seinem vollständigen Namen entsprechend beinhaltet es ferner Änderungen des Genossenschaftsgesetzes, der Insolvenzordnung sowie des Unternehmensstabilisierungs- und -restrukturierungsgesetz. Die Änderungen des letztgenannten Gesetzes haben keinen inhaltlichen Bezug zu den des Aktiengesetzes. Das Gesetz führ im Genossenschaftsgesetz aber auch die Möglichkeit einer virtuellen (und hybriden) Generalversammlung ein. Des Weiteren werden Folgeänderungen dieser drei Kernregelungen in anderen Gesetzen vorgenommen.[1] Die übrigen, damit unzusammenhängenden kleineren Änderungen anderer Gesetze werden hier nicht behandelt.

---

[1] Diese betreffen bspw. § 44 Abs. 4 und 5 KWG und §§ 191 Satz 1, 306, 359 VAG.

II. Aufbau und Struktur der Regelungen zur virtuellen Hauptversammlung

Das Gesetz zur Einführung virtueller Hauptversammlung führt durch den neu eingefügten § 118a AktG die Möglichkeit einer virtuellen Hauptversammlung ein. Dieser ist entsprechend seiner Überschrift „Virtuelle Hauptversammlung“ die zentrale Norm der Neuregelung.

§ 118a Abs. 1 Satz 1 AktG enthält die Legaldefinition der virtuellen Hauptversammlung und legt fest, wie über den Modus der Hauptversammlung entschieden werden kann. Er findet auf die Hauptversammlung aller Aktiengesellschaften Anwendung und differenziert nicht Börsennotierung[2] oder Größe der Gesellschaften. § 118a Abs. 3–5 AktG befristet die für die virtuelle Hauptversammlung notwendigen Satzungsgrundlage.

Im darauffolgenden § 118a Abs. 1 Satz 2 AktG wird die Zulässigkeit der virtuellen Hauptversammlung vom Vorliegen acht grundlegender „Voraussetzungen“ abhängig gemacht, die die Aktionärsrechte gewährleisten sollen.[3] Die Verwendung des Begriffs „Voraussetzungen“ ist nicht vollständig geglückt. Zunächst ist der Begriff irreführend, da die virtuelle Hauptversammlung ihren Charakter als virtuelle Hauptversammlung nicht dadurch verliert, dass diese „Voraussetzungen“ nicht erfüllt sind. Lediglich ihre Beschlüsse werden dadurch nach § 243 Abs. 1 AktG anfechtbar.[4] Darüber hinaus sind die „Voraussetzungen“, wie es der Begriff und die enumerative Form nahelegen, nicht abschließend und nehmen nicht alle Aktionärsrechte in Bezug, die in einer virtuellen Versammlung im Wege der elektronischen Kommunikation gewährt werden müssen.[5]

§ 118a Abs. 6 AktG regelt schließlich Fragen zur Zugänglichmachung von Unterlagen in der Hauptversammlung. Die restlichen Regelungen zur virtuellen Hauptversammlung werden im Aktiengesetz vornehmlich modifizierend zu den allgemeinen Bestimmungen der Hauptversammlung als neuer Satz oder Absatz angefügt.

---

[2] Vgl. FraktionsE, Virtuelle Hauptversammlung, BT-Drucks. 20/1738, S. 23.

[3] FraktionsE, Virtuelle Hauptversammlung, BT-Drucks. 20/1738, S. 23.

[4] FraktionsE, Virtuelle Hauptversammlung, BT-Drucks. 20/1738, S. 23 a. E.

[5] Des Weiteren ist nicht konsequent welche Aktionärsrechte § 118a Abs. 1 Satz 2 AktG in Bezug nimmt. Geht man davon aus, dass alle Aktionärsrechte auch im Vorfeld der virtuellen Hauptversammlung in § 118a Abs. 1 Satz 2 AktG in Bezug genommen werden sollten, wäre auch § 126 Abs. 4 AktG darin aufzunehmen. Gleiches gilt für das Verlangen auf eine umfassende Feststellung der Beschlussfassung nach § 130 Abs. 2 Satz 3 AktG, auf das § 118a Abs. 1 Satz 2 AktG analog angewendet werden muss, *Reger*, in: Bürgers/Lieder, AktG § 118a Rn. 17. Geht man dagegen aus, dass der Gesetzgeber nur die „Voraussetzungen“ der virtuellen Hauptversammlung, d. h. diejenigen die für eine Gleichwertigkeit zur Präsenzversammlung notwendig sind, aufnehmen wollte, wäre § 118a Abs. 1 Satz 2 Nr. 6 AktG zu streichen gewesen. Passender ist letzteres. Es ist anzunehmen, dass das Stellungnahmerecht nur noch dort aufgelistet ist, weil es noch nach dem Regelungskonzept des Referentenentwurfes notwendig war, um die Beschränkungen des Rederechts in der Versammlung auszugleichen. Die Unstimmigkeit ist demnach wahrscheinlich ein Redaktionsfehler.

Sie knüpfen wesentlich an die Voraussetzungen in Absatz 1 Satz 2 an. Allein für das „Stellungnahme- und Rederecht bei virtuellen Hauptversammlungen" wurde ein gleichnamiger § 130a AktG neu eingeführt.

Über die Verweise in § 278 Abs. 3 AktG und Art. 53 SE-VO[6] gelten die Vorschriften über die Hauptversammlung der Aktiengesellschaft für die KGaA und die SE. Folglich gelten für diese nun auch die Vorschriften der virtuellen Hauptversammlung. Gemäß § 191 Satz 1 VAG finden §§ 118a, 130a AktG und die übrigen Vorschriften der virtuellen Hauptversammlung ferner auf die oberste Vertretung des Versicherungsvereins auf Gegenseitigkeit Anwendung. Die Anwendung der Vorschriften der virtuellen Hauptversammlung von Aktiengesellschaften in anderen Rechtsformen werden in dieser Arbeit nicht weiter behandelt.

B. Das Vorfeld der virtuellen Hauptversammlung

Das Vorfeld der Hauptversammlung hat in der Vergangenheit immer mehr an Bedeutung für die Hauptversammlung gewonnen. Eingefangen und zugespitzt wurde diese Entwicklung von Noack und Zetzsche in der nun oft referenzierten Erklärung, dass das Vorfeld der Hauptversammlung zum neuen Hauptfeld werde.[7] Einen großen Schritt in diese Richtung ging der Referentenentwurf zum Gesetz zur Einführung virtueller Hauptversammlungen.[8] Wie weit dieses aber dem Trend folgt und wie es das Vorfeld abweichend vom Status quo ante der Präsenzhauptversammlung regelt, ist Gegenstand des folgenden Abschnitts.

Der Aufbau der Bearbeitung orientiert sich in diesem Abschnitt erneut am Verlauf der Hauptversammlung. Begonnen wird die Untersuchung mit der Entscheidung für die Abhaltung einer virtuellen Hauptversammlung (I.). Darauf werden die Einberufung der virtuellen Versammlung (II.) und sodann die Aktionärsrechte, die im Vorfeld der Versammlung ausgeübt werden können (III.–V.), behandelt. Zuletzt wird die Zugänglichmachung des Vorstandsberichts behandelt (VI.), bevor ein abschließendes Zwischenergebnis gefasst wird (VII.).

---

[6] Verordnung (EG) Nr. 2157/2001 des Rates vom 8. Oktober 2001 über das Statut der Europäischen Gesellschaft (SE), ABl. EG, L 294/1.

[7] *Noack/Zetzsche*, AG 2020, 721, 726. Aufgenommen etwa von *Bitkom*, Stellungnahme RefE, S. 1, abrufbar unter: https://www.bmj.de/SharedDocs/Downloads/DE/Gesetzgebung/Stellungnahmen/2022/0311_Stellungnahme_bitkom_virtuelle_Hauptversammlung.pdf?__blob=publicationFile&v=3; *Jungmann/Windau*, NZI 2021, 849, 857; *Poelzig*, Stellungnahme FraktionsE, S. 9, abrufbar unter: https://www.bundestag.de/resource/blob/899960/36d57711a1cc101e5486546d81a60239/Stellungnahme-Poelzig-data.pdf; *Schmidbauer/Kürten*, NZG 2021, 1150, 1157. Besonders Seibt/Danwerth haben die Formulierung programmatisch in den Vordergrund gerückt. *Seibt/Danwerth*, AG 2021, 369; AG 2022, 177. Für die beiden Autoren stellt der Satz aber nicht nur eine Erkenntnis der vergangenen Entwicklung, sondern zugleich auch eine rechtspolitische Forderung zur Anpassung an diese Realität dar, *Seibt/Danwerth*, AG 2021, 369 f., 379.

[8] Hierzu schon zuvor unter Kapitel 3 D. I.

I. Entscheidung für die virtuelle Hauptversammlung

Die virtuelle Hauptversammlung verlangt eine aktive Entscheidung für das virtuelle Format.

Zunächst wird hierzu das Regelungskonzept des Gesetzes für diese grundlegende Weichenstellung erläutert (1.). Sodann wird das Erfordernis der Satzungsgrundlage (2.) und die Reichweite dieser (3.) untersucht. Anschließend werden im Einzelnen die Möglichkeit einer Regelung durch die Satzung (4.) und einer Ermächtigung des Vorstands (5.) sowie zur Befristung dieser beiden Optionen (6.) beleuchtet. Zuletzt werden die Übergangsregelung von § 26n Abs. 1 EGAktG (7.), Überlegungen de lege ferenda (8.) und der Anteil an virtuellen Hauptversammlungen in der Praxis (9.) erläutert. Abgeschlossen wird mit einem kurzen Zwischenergebnis (10.).

1. Regelungskonzept

Nach § 118a Abs. 1 Satz 1 AktG *kann* die Versammlung ohne physische Präsenz der Aktionäre oder ihrer Bevollmächtigten am Ort der Hauptversammlung abgehalten werden. Hierfür ist eine entsprechende Bestimmung der Satzung oder des Vorstands auf Grundlage einer Ermächtigung der Satzung notwendig. Ist dies nicht gegeben, muss die Versammlung unter der physischen Präsenz der Aktionäre und ihrer Bevollmächtigten am Versammlungsort stattfinden. Die Präsenzversammlung stellt damit die abdingbare Grundform der Hauptversammlung dar.[9] Die virtuelle Hauptversammlung ist alternativ nach einem Opt-in-Modell verfügbar.[10]

Dass sich der Gesetzgeber für ein Opt-in-Modell entschieden hat, lässt sich mit dem Gedanken der Pfadabhängigkeit begründen.[11] Eines der Modelle musste für die bereits bestehenden Gesellschaften als Standard festgelegt werden. Um den Übergang in das neue Format aber nicht zu abrupt zu gestalten, sondern im Interesse der Rechtssicherheit und Ordnung durch die Gesellschaften selbstbestimmt und sukzessiv zu ermöglichen, wurde das bekannte Präsenzformat als fortbestehender Standard gewählt.[12]

Mit dem Erfordernis einer Satzungsgrundlage geht für die Abhaltung der virtuellen Hauptversammlung und den dort gefassten Beschlüssen mitunter erhebliche

[9] FraktionsE, Virtuelle Hauptversammlung, BT-Drucks. 20/1738, S. 23; *Pospiech/Schiller*, NJW-Spezial 2022, 527; *Walch/Häuslmeier*, DNotZ 2023, 106, 109.

[10] FraktionsE, Virtuelle Hauptversammlung, BT-Drucks. 20/1738, S. 23; *Koch*, AktG, § 118a Rn. 7; *Mayer/Jenne/Miller*, BB 2022, 2946; *Pospiech/Schiller*, NJW-Spezial 2022, 527; *Schilha*, Der Aufsichtsrat 2023, 2.

[11] Dieses Regelungskonzept schon vor dem ersten Gesetzesentwurf vorschlagend und mit dem Gedanken der Pfandabhängigkeit begründend, *Lieder*, ZIP 2021, 161, 169.

[12] Vgl. *Lieder*, ZIP 2021, 161, 169.

Rechtsunsicherheit einher, wenn die betreffende Satzungsgrundlage angefochten wird. Die Öffnung des Freigabeverfahrens nach § 246a Abs. 1 Satz 1 AktG für Satzungsänderungen nach § 118a Abs. 1 Satz 1 AktG trägt dem Rechnung.[13]

2. Erfordernis einer Satzungsgrundlage

§ 118a Abs. 1 Satz 1 AktG unterstellt die Entscheidung, ob die Hauptversammlung virtuell abgehalten werden soll, der Satzung. Die Beschlüsse einer virtuellen Versammlung, die ohne die dafür notwendige Satzungsgrundlage abgehalten wird, sind nach § 243 Abs. 1 AktG als Verstoß gegen § 118a Abs. 1 Satz 1 AktG anfechtbar.[14]

Grundsätzlich ist der Vorstand nach der internen Kompetenzverteilung der Gesellschaft für die Ausgestaltung der Hauptversammlung in ihrem Vorfeld zuständig. § 118a Abs. 1 Satz 1 AktG ist davon eine Ausnahme.[15] Dies ruft die Frage nach dem Zweck dieser Ausnahme hervor. Obwohl das Erfordernis einer Satzungsgrundlage grundsätzlich nachvollziehbar ist, ist einigen grundlegenden Argumenten der Gesetzesbegründung und der Literatur nicht zu folgen.

a) Gesetzesbegründung

Die Gesetzesbegründung rechtfertigt das Satzungserfordernis nach § 118a Abs. 1 Satz 1 AktG systematisch und rechtspolitisch.

Systematisch argumentiert sie, dass schon die Ermöglichung der virtuellen Teilnahme an einer Präsenzversammlung nach § 118 Abs. 1 Satz 2 AktG und die Einführung der Briefwahl in die Versammlung nach § 118 Abs. 2 AktG eine Satzungsgrundlage erfordern. Wenn schon diese vergleichsweise kleinen Abweichungen von der Präsenzversammlung eine Satzungsgrundlage verlangen, müsse dies erst recht für die viel weitergehende Entscheidung über die virtuelle Abhaltung der Hauptversammlung gelten.[16]

Rechtspolitisch macht die Gesetzesbegründung zwei Argumente fruchtbar. Zum einen führt sie an, dass die Satzungsgrundlage über das Handelsregister Transparenz im Rechtsverkehr gewährleistet. Zum anderen bringt sie grundlegend vor, dass die Entscheidung den Aktionären überlassen werde müsse, da es die Aktionäre selbst seien, die in der ersten Linie von dieser Entscheidung betroffen seien.

[13] Kritisch *Kubis*, in: MünchKommAktG, § 118a Rn. 23.

[14] Die Beschlüsse sind nicht nach § 241 Nr. 3 AktG mit dem Wesen der Aktiengesellschaft unvereinbar und damit nichtig. *Kubis*, in: MünchKommAktG, § 118a Rn. 88 m. w. N.

[15] Vgl. *Seibt/Danwerth*, AG 2022, 177, 180; vgl. ferner Kapitel 4 B. II. 4.

[16] Hierzu und im Folgenden FraktionsE, Virtuelle Hauptversammlung, BT-Drucks. 20/1738, S. 22 f.

Die Aktionäre sollen weiterhin die wesentlichen Grundentscheidungen der Gesellschaft selbst treffen. Dies gelte insbesondere für Entscheidungen, die die Art der Beteiligung im Rahmen der Hauptversammlung so grundlegend ändern, wie die Entscheidung über die Abhaltung einer virtuellen Hauptversammlung.

b) Andere Meinungen

Die Literatur greift diese Begründung vielfach auf.[17] Einige Literaturstimmen verstehen die Befristung weitergehend als Anerkenntnis dessen, dass das virtuelle Format einen Eingriff in die Aktionärsrechte darstelle.[18] Sie verstehen die virtuelle Hauptversammlung als für die Ausübung von Aktionärsrechten minderwertig und als besondere Belastung für die Aktionäre. Alternativ wurde nach dem Vorbild von § 1 Abs. 2 Satz 1, Abs. 6 Satz 1 GesRuaCOVBekG etwa ein Beschluss des Vorstands (mit Zustimmung des Aufsichtsrats) gefordert.[19]

c) Exkurs: Gleichwertigkeit der virtuellen Hauptversammlung

Die Ansicht, dass eine Satzungsgrundlage oder eine Zustimmung des Aufsichtsrats für die Abhaltung der virtuellen Hauptversammlung notwendig sei, weil sie einen Eingriff in die Aktionärsrechte darstelle, legt eine wesentliche Grundansicht zur virtuellen Hauptversammlung offen. Die grundlegende Frage nach der Gleichwertigkeit der Aktionärsrechte in der virtuellen Hauptversammlung berührt verschiedene Problemkreise. Diese sind etwa die Frage nach dem Zweck der Befristung der Satzungsgrundlage durch § 118a Abs. 3–5 AktG, dem nunmehr verworfenen § 118a Abs. 1 Satz 2 AktG-FraktionsE oder diskutierten Minderheitenrechte auf die Abhaltung einer Präsenzversammlung. Richtig ist, dass die virtuelle Hauptversammlung nach ihrem Regelungskonzept de lege lata mit der Präsenzversammlung gleichwertig ist und ein entsprechendes Niveau an Aktionärsrechten gewährt. Als allgemeine und grundlegende Frage zum Wesenskern der virtuellen Hauptversammlung wird diese im folgenden Exkurs – gesondert vom Satzungserfordernis – umfassend erörtert. Wenn hierbei von „Gleichwertigkeit" gesprochen wird, ist damit die gleichwertige Gewährleistung der Aktionärsrechte in der virtuellen Hauptversammlung im Vergleich zur Präsenzversammlung gemeint.

Zunächst wird hierfür auf die Stimmen in der Literatur eingegangen, die eine Minderwertigkeit des virtuellen Versammlungsformats und der darin gebotenen

---

[17] Etwa *Paschos*, in: BeckOGKAktG, § 118a Rn. 25; *Reger/Gaßner*, RDi 2022, 396, 398.

[18] *Sturm/Imsameh*, NZG 2022, 1327, 1328; ähnlich *Schirmer*, AG 2023, 19, 21 f.; auch als Eingriff bezeichnend *Heckschen*, NotBZ 2022, 281, 283.

[19] *Seibt/Danwerth*, AG 2022, 177, 180; *Seibt/Danwerth*, NZG 2020, 1241, 1249; *Tröger*, in: KölnKommAktG, § 118a Rn. 10; erwägend, *DGB*, Stellungnahme RefE, S. 7, abrufbar unter: https://www.bmj.de/SharedDocs/Downloads/DE/Gesetzgebung/Stellungnahmen/2022/0307_Stellungnahme_DGB_virtuelle_Hauptversammlung.pdf?__blob=publicationFile&v=3.

Aktionärsrechte vertreten (aa)). Sodann wird die Auffassung des Gesetzgebers untersucht (bb)), um schließlich mit einer Würdigung der erarbeiteten Materialien zu einer Stellungnahme zu kommen (cc)).

aa) Literaturauffassungen

Vertreter in der Literatur, die von einer minderwertigen Gewährung von Aktionärsrechten in der virtuellen Hauptversammlung ausgehen, bringen im Wesentlichen drei Argumente vor.[20]

Zunächst führen sie an, dass die Teilnahme an einer virtuellen Hauptversammlung für einige Aktionäre eine übermäßige Belastung sei.[21] Den Aktionären könne es nicht abverlangt werden, das ihrerseits Nötige zu tun, um sich elektronisch einzuschalten (notwendig sind eine Internetverbindung, ein Computer, Tablet, Smartphone o.ä. mit Bildschirm und Tonausgabe und eine Kamera für eigene Wortbeiträge). Insbesondere älteren Menschen sei die elektronische Zuschaltung nicht zuzumuten und die Bedienung der Geräte oftmals unmöglich.

Des Weiteren wird argumentiert, dass die Virtualität der Hauptversammlung nach dem heutigen Stand der Technik zwangsweise eine Verkürzung der Aktionärsrechte darstellt.[22] In einer Bild- und Tonübertragung, die der Standard nach heutigen Verhältnissen ist, sei etwa die Körpersprache der Beteiligten, Nuancen in der Kommunikation und das allgemeine Stimmungsbild unter den Aktionären schlechter wahrzunehmen. Das Teilnahme-, Rede-, Antrags- und Auskunftsrecht und andere partizipative Rechte können folglich im virtuellen Format nicht die Qualität der Präsenzversammlung erreichen.

Schließlich wurde die Ausgestaltung der Aktionärsrechte selbst durch den Referentenentwurf als minderwertig kritisiert.[23] Zur Lex lata ist – soweit ersichtlich – solche Kritik jedoch nicht mehr zu vernehmen.

---

[20] Soweit ferner der angeblich gefährdete Persönlichkeitsschutz angeführt wird, ist auf spätere Stellungnahme zum Daten- und Persönlichkeitsschutz verwiesen, Kapitel 4 C. I. 5. b) cc) (2) (b), 7.

[21] Hierzu *Beck*, RNotZ 2014, 160, 165; *Dubovitskaya*, NZG 2020, 647, 649; *Heckschen/Hilser*, ZIP 2022, 670, 671; vgl. *Spindler*, ZGR 2018, 17, 24 f.

[22] *Heckschen/Hilser*, ZIP 2022, 670, 674 f.; *Höreth*, Stellungnahme RefE, S. 6 f., abrufbar unter: https://www.bmj.de/SharedDocs/Downloads/DE/Gesetzgebung/Stellungnahmen/2022/0310_Stellungnahme_RA_Hoereth_virtuelle_Hauptversammlung.pdf?__blob=publicationFile&v=3; *Schirmer*, AG 2023, 19, 21; *Teichmann/Wicke*, DB 2022, 720, 723; *Wicke*, DStR 2022, 498, 499 f.

[23] Zum Referentenentwurf: *Heckschen/Hilser*, ZIP 2022, 670, 671; *Höreth*, Stellungnahme RefE, S. 6 f., abrufbar unter: https://www.bmj.de/SharedDocs/Downloads/DE/Gesetzgebung/Stellungnahmen/2022/0310_Stellungnahme_RA_Hoereth_virtuelle_Hauptversammlung.pdf?__blob=publicationFile&v=3; *Sturm/Imsameh*, NZG 2022, 1327, 1328 ff. Selbst Sturm/Imsameh nehmen zur Lex lata nur noch einen Eingriff in die Aktionärsrechte aufgrund der Form der Rechtsausübung an.

Die obig skizzierte Auffassung sieht die virtuelle Hauptversammlung mithin aus Sicht der Aktionärsrechte als minderwertig an und versteht sie als Beschränkung der Aktionärsrechte.

bb) Gesetzesmaterialien und -konzeption

Die Untersuchung der Gesetzesmaterialien und -konzeption ergibt ein gemischtes Ergebnis zur Einschätzung des Gesetzgebers über die Gleichwertigkeit der virtuellen Hauptversammlung.

(1) Anhaltspunkte für eine Minderwertigkeit

Die Kritik der Literatur findet Anhaltspunkte in der Gesetzesbegründung des Gesetzes zur Einführung virtueller Hauptversammlungen und dem Gesetz selbst.

Konkret führen sie folgende Passage der Gesetzesbegründung an:

> „Damit sind elektronisch zugeschaltete Aktionäre physisch anwesenden Aktionären zwar nicht völlig gleichgestellt, ihre Stellung ist der eines Präsenzteilnehmers jedoch deutlich angenähert."[24]

Der zitierte Satz liest sich zugunsten der Minderwertigkeit der Ausgestaltung der Aktionärsrechte in der virtuellen Hauptversammlung.

In diese Richtung kann ferner die Befristung der für die virtuelle Hauptversammlung nötigen Satzungsgrundlage durch § 118a Abs. 3–5 AktG gelesen werden.[25] Nach der Gesetzesbegründung ist eine Legitimation alle fünf Jahre nötig, da sich über die Zeit die Zusammensetzung der Aktionäre und damit ihr Wille, die Hauptversammlung virtuell abzuhalten, ändern könne.[26] Dies gilt aber ebenso für die Präsenzversammlung, für die es keine regelmäßig erneuerten Satzungsbeschlüsse bedarf.

(2) Anhaltspunkte für eine Gleichwertigkeit

Die Gesetzgebungsmaterialien enthalten andererseits auch konkrete Anhaltspunkte dafür, dass der Gesetzgeber mit der virtuellen Hauptversammlung ein gleichwertiges Niveau an Aktionärsrechten angestrebt hat.

---

[24] FraktionsE, Virtuelle Hauptversammlung, BT-Drucks. 20/1738, S. 27. Angeführt von *Schirmer*, AG 2023, 19, 21; *Sturm/Imsameh*, NZG 2022, 1327, 1328 Fn. 21, die aber noch den gleichlautenden Regierungsentwurf zitieren.

[25] *Schirmer*, AG 2023, 19, 21.

[26] FraktionsE, Virtuelle Hauptversammlung, BT-Drucks. 20/1738, S. 27.

Dies beginnt damit, dass die Gesetzesbegründung zu § 118a Abs. 1 Satz 1 AktG klarstellt, dass der Beschluss über die Abhaltung einer virtuellen Hauptversammlung keiner besonderen sachlichen Begründung bedarf.[27] Die Entscheidung, in welchem Format die Versammlung abgehalten wird, betreffe das „*Wie und Wann*" der Rechtsausübung. Dass der *Umfang* der Rechtsausübung ebenfalls betroffen wäre, wird nicht erwähnt. Weiter führt die Gesetzesbegründung allgemein zu § 118a AktG aus:

> „Die virtuelle Hauptversammlung stellt […] eine vollwertige Versammlungsform und im Verhältnis zur Präsenzversammlung keine ‚Versammlung zweiter Klasse' dar. Dies wird durch die ausdrücklichen Vorgaben und Ausgestaltungen hinsichtlich der Aktionärsrechte gewährleistet. Damit kann in der virtuellen Hauptversammlung grundsätzlich über alle Gegenstände Beschluss gefasst werden, die auch Gegenstand der Präsenzversammlung sein können […]."

Grundlegend bezieht sich die Gesetzesbegründung auf den Koalitionsvertrag von *SPD/Bündnis 90/Die Grünen/FDP* und verschreibt sich der Ermöglichung der virtuellen Hauptversammlung „unter uneingeschränkter Wahrung der Aktionärsrechte".[28]

Ferner spiegelt das parlamentarische Verfahren nach Vorlage des Gesetzesentwurfs eine Gleichwertigkeit der beiden Versammlungsformate wider. Der Rechtsausschuss des Bundestags strich § 118a Abs. 1 Satz 2 AktG-FraktionsE des Fraktionsentwurfs. Nach diesem konnte die Satzung vorsehen, dass bestimmte Gegenstände nicht von der virtuellen Hauptversammlung behandelt werden dürfen.[29] Der Rechtsausschuss empfahl die Streichung des entsprechenden Satzes mit folgender Begründung:

> „Durch die Streichung der Möglichkeit, in der Satzung die in einer virtuellen Hauptversammlung zu behandelnden Gegenstände zu beschränken, wird die Gleichwertigkeit des virtuellen Formats mit der Präsenzversammlung hervorgehoben. Die in und vor der Versammlung auszuübenden Aktionärsrechte werden in diesem Gesetz in Anlehnung an die Präsenzversammlung ausgestaltet. Vor diesem Hintergrund ist die Regelung nicht erforderlich."[30]

Der Rechtsausschuss geht damit ebenfalls von einer gleichwertigen Gewährleistung der Aktionärsrechte aus. Nur so kann erklärt werden, warum die Regelung aus seiner Sicht obsolet wurde. Dass die Aktionärsrechte „in Anlehnung an die Präsenzversammlung" gestaltet wurden, bezieht sich folglich allein auf ihre Form.

---

[27] Hierzu und im Folgenden FraktionsE, Virtuelle Hauptversammlung, BT-Drucks. 20/1738, S. 23.

[28] FraktionsE, Virtuelle Hauptversammlung, BT-Drucks. 20/1738, S. 14.

[29] FraktionsE, Virtuelle Hauptversammlung, BT-Drucks. 20/1738, S. 5 f., 23.

[30] Beschlussempfehlung Rechtsausschuss, Virtuelle Hauptversammlung, BT-Drucks. 20/2653, S. 31.

(3) Zwischenergebnis

Die Gesetzesmaterialien ergeben in ihrer Gesamtschau ein widersprüchliches Bild zur Gleichwertigkeit der Aktionärsrechte in der virtuellen Hauptversammlung. Eine eindeutige Regelungs*konzeption* des Gesetzgebers geht daraus nicht hervor. Tendenziell scheint der Gesetzgeber aber eine „vollwertige" Hauptversammlung angestrebt zu haben, die keine Einschränkung der Aktionärsrechte darstellt. Das Regelungsziel ist ausdrücklich die Vollwertigkeit der virtuellen Versammlung.

cc) Stellungnahme

Nachdem das Gesetz selbst keine eindeutige Richtschnur für seine Auslegung und Verständnis zur Hand reicht, muss an dieser Stelle eine eigene Position erarbeitet werden. Entsprechend der teils eindeutigen Formulierungen der Gesetzesbegründung und der Genese des Gesetzes ist von einer Gleichwertigkeit der virtuellen Hauptversammlung auszugehen.

(1) Weitgehende systematische Gleichstellung

Hierfür spricht zunächst die Systematik des Gesetzes. Dieses behandelt die virtuelle Hauptversammlung abseits von § 118a Abs. 1 und Abs. 3–5 AktG wie die Präsenzversammlung. Zwar braucht die Abhaltung der virtuellen Hauptversammlung eine Satzungsgrundlage, die regelmäßig erneuert werden muss. Die virtuelle Hauptversammlung nimmt im Aktiengesetz sonst aber in jeder Hinsicht die gleiche Funktion und Stellung wie die Präsenzversammlung ein. Die virtuelle Hauptversammlung ist entsprechend der Gesetzesbegründung eine vollwertige Hauptversammlung ohne jede Kompetenzeinschränkung.[31] Sie kann die Gesellschaft nach außen hin vertreten[32] und steht unter keinen weiteren Beschränkungen oder Voraussetzungen.

Die entsprechende Behandlung der virtuellen Versammlung spricht für eine Gleichwertigkeit der in der virtuellen Hauptversammlung gewährleisteten Aktionärsrechte. Wären die Aktionärsrechte in der virtuellen Hauptversammlung eingeschränkt, wären auch die Kompetenzen oder die Umstände, unter denen eine virtuelle Hauptversammlung abgehalten werden könnte, weiter einzuschränken. Die Hauptversammlung ist der zentrale Ort der Aktionäre, um ihre mitgliedschaftlichen Eigentumsrechte auszuüben. Einschränkungen der Aktionärsrechte in der Hauptversammlung und damit der Eigentumsrechte der Aktionäre bedürfen einer

[31] FraktionsE, Virtuelle Hauptversammlung, BT-Drucks. 20/1738, S. 22, 27.
[32] S. zur Vertretungsmacht der Hauptversammlung, Kapitel 2 A. II. 2.

Rechtfertigung. Für die virtuelle Hauptversammlung sieht das Gesetz aber abseits der alle fünf Jahre zu erneuernden Satzungsgrundlage keine Beschränkungen oder Voraussetzungen vor. Diese werden offenkundig für nicht notwendig erachtet.

Vor diesem Hintergrund stellt sich die einzig besondere Voraussetzung der virtuellen Hauptversammlung als Ausnahme zur Regel dar. Während sich die Satzungsgrundlage aber in einer sorgfältigen Betrachtung ohne eine Ungleichwertigkeit der Versammlungsformate begründen lässt,[33] ist ihre Befristung nach § 118a Abs. 3–5 AktG ein unbegründeter Fremdkörper und de lege ferenda zu streichen (hierzu sogleich).

(2) Historische Entwicklung der Gesetzgebung

Für eine Gleichwertigkeit spricht in einer historischen Auslegung des Weiteren die Entwicklung des Gesetzgebungsverfahrens.

Die Gesetzesbegründung und die Befristung der für die virtuelle Hauptversammlung erforderlichen Satzungsgrundlage nach § 118a Abs. 3–5 AktG sind mit Blick auf den Referentenentwurf erklärbar. Dieser sah innerhalb des Gesetzgebungsprozesses unbestreitbar die weitestgehenden Einschränkungen von Aktionärsrechten in der virtuellen Hauptversammlung vor. Der Regierungs- bzw. Fraktionsentwurf weiteten die Aktionärsrechte wieder deutlich aus und gestalteten die virtuelle Hauptversammlung und die Aktionärsrechte in dieser entsprechend der Präsenzversammlung.[34] Vor allem weitete er das Rederecht in der Versammlung aus und ließ Fragen zu aktuellen Angelegenheiten im Falle einer Vorverlagerung des Auskunftsrechts in das Vorfeld der Versammlung zu. Spätestens der Regierungs- bzw. Fraktionsentwurf sah ein gleichwertiges Niveau der Aktionärsrechte in der virtuellen Hauptversammlung vor.[35]

Mit Blick auf diese Entwicklung lässt sich die dissonante Gesetzesbegründung erklären. Die Aussage, dass elektronisch zugeschaltete Aktionäre den physisch Anwesenden nicht völlig gleichgestellt sind, war schon unter dem Referentenentwurf unstimmig. Doch war sie dort noch mit konkreten Nachteilen der Aktionäre begründbar. Nach der hier vertretenen Auffassung fielen diese strukturellen Defizite aber mit der Vorlage der nachfolgenden Entwürfe weg. Der oben zitierte Satz zu § 129 Abs. 1 Satz 3 AktG ist mithin nur noch als Überbleibsel des Referentenwurfs zu lesen. Seine fehlende Streichung ist vermutlich ein Redaktionsversehen.[36]

---

[33] Hierzu sogleich nach Abschluss des Exkurses.

[34] S. hierzu schon Kapitel 3 D. II.

[35] Zur gleichwertigen Gewährleistung der Aktionärsrechte in der virtuellen Hauptversammlung de lege lata s. sogleich Kapitel 4 B. I. 2. c) cc) (3) (a).

[36] *Kubis*, in: MünchKommAktG, § 118a Rn. 20 sieht das Satzungserfordernis in diese Richtung als „Geburtsfehler“ der virtuellen Hauptversammlung an.

Die Befristung der Satzungsgrundlage nach § 118a Abs. 3–5 AktG ist vor diesem Hintergrund ebenfalls als eine aus dem Referentenentwurf weitergetragene Regelung zu verstehen. Eine regelmäßig zu erneuernde Legitimation der Beschränkungen war damals noch vertretbar, heute hingegen nicht mehr. Die fehlende Streichung der Regelung im Fraktionsentwurf ist eher ein Zeichen regulatorischer Unentschlossenheit und misslungener Regelungskonzeption als eine aktive gestalterische Entscheidung.[37]

In ähnliche Richtung deutet das parlamentarische Verfahren. In diesem machten die Rechtsausschüsse des Bundestags und des Bundesrats Vorstöße zugunsten einer Gleichwertigkeit.

Der Beschlussempfehlung des Rechtsausschusses des Bundesrats zum Regierungsentwurf sah richtig und ganz der hier dargelegten Begründung eine Streichung von § 118a Abs. 3–5 AktG vor und verwies auf die Vollwertigkeit der virtuellen Hauptversammlung.[38] Dem Schutz der Aktionäre könne hinreichend durch Bestimmungen zur technischen Ausgestaltung der virtuellen Hauptversammlung und qualitativen Angleichung ihrer Rechte Rechnung getragen werden.[39] Die Empfehlung, die Befristung abzuschaffen, impliziert, dass der zugrunde liegende Gesetzesentwurf diesen Anforderungen schon gerecht wurde. Die Ablehnung der Beschlussempfehlung ohne Erklärung durch den Bundesrat[40] ist unverständlich und inkonsequent.

Demgegenüber konnte sich der Rechtsausschuss des Bundestags gegen § 118a Abs. 1 Satz 2 AktG-FraktionsE durchsetzen.[41] Der Rechtsausschuss unterstreicht in seiner Beschlussempfehlung die Gleichwertigkeit der Versammlungsformate und erklärt den Ausschluss von Beschlussgegenständen in der virtuellen Hauptversammlung ausdrücklich aufgrund der Ausgestaltung der Aktionärsrechte für obsolet.

Die Vorstöße der beiden Rechtsausschüsse weisen im parlamentarischen Verfahren eine einheitliche Entwicklungslinie auf. Diese geht in Richtung einer gleichwertigen Behandlung der virtuellen Hauptversammlung im Aktiengesetz und zeigt mithin auch in Richtung der gleichwertigen Gewährleistung der Aktionärsrechte. Dass sich die Beschlussempfehlung des Rechtsausschusses des Bundesrats nicht durchsetzte, kann vor dem Hintergrund der ausdrücklichen Stellungnahme des

---

[37] Vgl. etwa *Hirte*, Protokoll Rechtsausschuss, S. 9, 25, abrufbar unter: https://www.bundestag.de/resource/blob/908366/d0a1303ceb1e8dd64160319bf8fcbdc4/Wortprotokoll-data.pdf.

[38] Beschlussempfehlung Rechtsausschuss BR, Virtuelle Hauptversammlung, BR-Drucks. 185/1/22, S. 1 f. Vgl. zum Regierungsentwurf im parlamentarischen Verfahren, Kapitel 3 D. II.

[39] Beschlussempfehlung Rechtsausschuss BR, Virtuelle Hauptversammlung, BR-Drucks. 185/1/22, S. 1.

[40] BR-Prot. Nr. 1022, S. 229.

[41] Zur Empfehlung des Rechtsausschusses mit direkter Zitierung s. Kapitel 4 B. I. 3. b).

Rechtsausschusses des Bundestags kein überzeugendes Gegenargument in die andere Richtung sein. Abseits des abgelehnten Änderungsvorschlages der AfD-Fraktion gab es keinen einzigen gegenläufigen Vorstoß im formalen parlamentarischen Verfahren.[42]

(3) Aktionärsrechte in der virtuellen Hauptversammlung

Zuletzt muss ein Blick auf die tatsächliche Gewährleistung der Aktionärsrechte in der virtuellen Hauptversammlung geworfen werden.

(a) Inhaltliche Gleichwertigkeit der gesetzlichen Ausgestaltung

Die virtuelle Hauptversammlung bietet zwar eine andere Art und Weise der Wahrnehmung von Aktionärsrechten, diese bleibt *inhaltlich* aber nicht hinter der in der Präsenzversammlung zurück. In der virtuellen Hauptversammlung können Aktionäre etwa ebenfalls Fragen stellen, von ihrem Rederecht Gebrauch machen oder Widersprüche gegen Beschlüsse einlegen.

Ein Beispiel hierfür ist die teilweise Vorverlagerung des Auskunftsrechts, die in der virtuellen Hauptversammlung nach § 131 Abs. 1a Satz 1 AktG möglich ist. Macht die Gesellschaft von dieser Option Gebrauch, kann sie das Auskunftsrecht in der Hauptversammlung *in* der Hauptversammlung einschränken. Den Aktionären verbleibt dann aber das Recht, Fragen zu Sachverhalten und Antworten des Vorstands zu stellen, zu denen sie im Vorfeld noch keine Gelegenheit hatten. Das Auskunftsrecht in der virtuellen Hauptversammlung bietet den Aktionären mithin eine gleichwertige Möglichkeit, Fragen zu stellen, diese aber in einer anderen Form.

Die inhaltliche Gleichwertigkeit der Aktionärsrechte in der virtuellen Hauptversammlung kann abschließend nur im späteren Verlauf der Arbeit festgestellt werden. Sie ist aber positiv zu beantworten.[43] In der Literatur wird – soweit ersichtlich – keine Minderwertigkeit konkreter Rechte vertreten.

(b) Gleichwertigkeit der Modalitäten der Rechtsausübung

Kritisiert werden vielmehr die Modalitäten der Rechtsausübung in der virtuellen Hauptversammlung, d. h. das virtuelle Format als solches. Dabei wird die Verwendung elektronischer Kommunikation mit der analogen am Versammlungsort

---

[42] Änderungsantrag AFD, Virtuelle Hauptversammlung, BT-Drucks. 20/2663. Dieser wurde durch die übrigen Fraktionen abgelehnt. BT-Prot. 20/47, S. 5019 (C).

[43] S. für eine Gesamtschau, Kapitel 4 C. II. 6.

verglichen.[44] Es muss zugestanden werden, dass die Bild- und Tonübertragung nicht alle Nuancen der menschlichen (und mündlichen) Kommunikation einfangen kann. Dies ist aber sowohl vor dem Hintergrund der Hauptversammlungspraxis als auch rechtlich einzuordnen.

In der Praxis großer (börsennotierter) Gesellschaften ist eine Wahrnehmung der Redner und anderen Teilnehmer oft nur aus größerer Entfernung möglich. Aus dieser sind Körpersprache und Mimik nicht viel besser als bei einer Porträtaufnahme in der Bildübertragung erkennbar. In manchen Hauptversammlungen werden die Sprecher auf großen Bildschirm nochmals angezeigt, weil die Aktionäre sie von ihren weit entfernten Sitzplätzen in den großen Hallen nicht richtig wahrnehmen können. In einem solchen Fall besteht kein Vorteil der Präsenzversammlung. Sitzen die Redner hinter einem Pult oder an einem Tisch, ergibt sich für die Zuschauer in der Regel ebenfalls keine Gelegenheit, die Körpersprache des Sprechers besser wahrzunehmen als innerhalb des Zuschnitts einer elektronisch übertragenen Porträtaufnahme. Ferner kann bei vielen Präsenzversammlungen keine besondere „Lebendigkeit" verloren gehen. Dort findet oftmals ebenfalls kein freier Diskurs statt. Es wird eine Redeliste geführt und diese durch Aufruf zum Sprechen auf dem Podium und hinter einem Pult abgearbeitet wird.

Zumindest bei großen Hauptversammlungen ist das virtuelle Format damit nicht nachteilig für die Wahrnehmbarkeit von Redebeiträgen. Die Aktionäre können die Redebeiträge dort unter Umständen sogar besser verfolgen als in der Präsenzversammlung. Bei kleineren Gesellschaften kann es dagegen anders sein und tatsächlich vorkommen, dass die Aktionäre weniger Nuancen mitbekommen als bei der Präsenzversammlung. Die anerkannte Praxis der großen Präsenzversammlungen zeigt aber, dass dies kein Standard ist, der dem vorpandemischen Aktienrecht unbekannt war oder besonderer rechtspolitischen Rechtfertigung bedarf.

Zusätzlich konnte schon zum Status quo ante nach § 118 Abs. 1 Satz 2 AktG den Aktionären eine elektronische Teilnahme ermöglicht werden. Damit war es schon vor der Einführung der virtuellen Hauptversammlung möglich, dass Aktionäre die Redebeiträge ihrer Mitaktionäre nur im Wege der Bild- und Tonübertragen mitbekommen. Die Eingriffsqualität solcher Satzungen wurde – soweit ersichtlich – aber von niemandem proklamiert.

Die Ausübung der Aktionärsrechte wird in der virtuellen Versammlung auch abseits der Wahrnehmung der einzelnen Redner gleichwertig gewährt. Einige vermissen in der virtuellen Versammlung die Möglichkeit, Absprachen untereinander

[44] So etwa *Heckschen*, Beschlussfassung im virtuellen Raum, S. 29, 42 f., der aber auch wieder den Vergleich zu den Hauptversammlungen des GesRuaCOVBekG zieht, die unter der sehr viel restriktiveren Notfallgesetzgebung abgehalten wurden und damit als Vergleichsobjekt nur beschränkt nützlich sind. Auf die fehlende Gesprächsatmosphäre verweisend etwa *Beck*, RNotZ 2014, 160, 164.

zu treffen.[45] Dagegen ist aber einzuwenden, dass dies selbst in der Praxis der (großen) Präsenzversammlungen nicht immer effektiv möglich ist. In einer virtuellen Versammlung ist die Absprache unter Aktionären oftmals sogar besser möglich, da man über einen privaten Chat oder sogar Videotelefonie miteinander kommunizieren kann, ohne die Versammlung zu stören. Über einen Gruppenchat können ferner mehrere Aktionäre auf einmal erreicht werden, die sonst in einer Messehalle nicht alle kontaktiert werden könnten.

Schließlich aber handelt sich bei den beiden oben genannten Aspekten um bloße Reflexe der Abhaltung in Präsenz, nicht um anerkannte Aktionärsrechte oder eine Ausprägung des Teilnahmerechts.[46] Das Aktiengesetz gewährleistet die Ausübung der partizipatorischen Eigentumsrechte *in* der Hauptversammlung. Gewährleistet wird dies in der Versammlung durch den Ablauf der Verhandlung und in der virtuellen Hauptversammlung auch durch verschiedene Partizipationsmöglichkeiten im Versammlungsvorfeld. Die gesetzliche Ausgestaltung der Eigentumsrechte umfasst folglich keine Vorgänge *neben* der (formalen) Verhandlung. Die Argumentation mit Aktionärsrechten für die Bewahrung bloßer Rechtsreflexe läuft mithin ins Leere. Der Wegfall kann im Einzelfall dennoch bedauerlich sein. Im Sinne einer aktionärsfreundlichen Ausgestaltung der Versammlung kann versucht werden, die Vorteile der Präsenzversammlung zu wahren.

Erst recht muss dies für den teilweise bemängelten Wegfall einer Gesprächsatmosphäre und der Wahrnehmungen der Reaktionen im Publikum[47] gelten.

(c) Keine Unzumutbarkeit der elektronischen Zuschaltung

Für die Minderheit an Aktionären, die partout nicht an einer virtuellen Versammlung teilnehmen will oder für die diese besonders schwer ist – etwa besonders technikferne Aktionäre –, stellt das virtuelle Format eine erhebliche Belastung dar. Wenn sie ihre Aktionärsrechte in der virtuellen Hauptversammlung nicht mehr ausüben können, betrifft dies ihre Eigentumsrechte.

Dieser Umstand erfordert Kontext. Jede Gestaltung der Hauptversammlung beeinträchtigt einige Aktionäre in einem solchen Maß, dass sie effektiv um eine Ausübung ihrer Aktionärsrechte in der Hauptversammlung gebracht werden. Bestes Beispiel hierfür ist die Wahl des Versammlungstermins. Ist die Aktionärszahl groß genug, ist kein Versammlungstermin zu finden, an dem alle Aktionäre teilnehmen

---

[45] *Heckschen/Hilser*, ZIP 2022, 670, 675 m. w. N.

[46] Vgl. Kapitel 4 C. II. 1.; *Höreth*, Stellungnahme RefE, S. 6 f., abrufbar unter: https://www.bmj.de/SharedDocs/Downloads/DE/Gesetzgebung/Stellungnahmen/2022/0310_Stellungnahme_RA_Hoereth_virtuelle_Hauptversammlung.pdf?__blob=publicationFile&v=3.

[47] *Beck*, RNotZ 2014, 160, 161; *Heckschen/Hilser*, ZIP 2022, 670, 674; *Riegger*, ZHR 2001, 204, 217; *Seibt/Danwerth*, NZG 2020, 1241, 1245.

können. Die Gleichwertigkeit der Hauptversammlung ist folglich mit Blick auf die Aktionärsgesamtheit – nicht mit Blick auf die Individuen – zu bestimmen.

Bei den Aktionären, für die eine Partizipation an der virtuellen Hauptversammlung nicht infrage kommt, handelt es sich nicht um eine größere Gruppe. Dies lässt sich insbesondere an der oft angeführten Gruppe älterer Aktionäre aufzeigen. Eine Studie von 2020–2021 ergab, dass nur noch 36 % der über 70-Jährigen nicht das Internet nutzten.[48] In Anbetracht der sonstigen Einschränkungen, die man in einem solchen Alter erfährt, ist dies eine äußerst geringe Quote. Es ist nicht anzunehmen, dass deutlich mehr Aktionäre über 70 dazu in der Lage sind, selbstständig an den Versammlungsort anzureisen und aktiv an einer mehrstündigen Präsenzversammlung teilzunehmen. Die Anfahrt und Teilnahme an der Präsenzhauptversammlung sind für die meisten alten Aktionäre eine mindestens ebenso große Belastung. Dies deckt sich mit positiven Rückmeldungen älterer Aktionäre, die die virtuelle Zuschaltung zur Hauptversammlung sogar als deutlich angenehmer und barrierefreier empfinden.[49]

Allgemein ist das virtuelle Format in Anbetracht des heute allseits verbreiteten Umgangs mit virtuellen Formaten keine besondere Zumutung.[50] Schon die Gesetzesbegründung geht davon aus, „dass der weit überwiegende Teil aller Aktionäre für andere Zwecke der Teilnahme am täglichen Leben bereits über eine entsprechende technische Ausstattung verfügt."[51] Diese Überzeugung teilt ersichtlich der europäische Gesetzgeber mit der Verabschiedung der Durchführungsverordnung (EU) 2018/1212[52] und der nationale Gesetzgeber, der sie in § 125 Abs. 5 AktG implementierte.[53] Aufgrund dieser müssen den Aktionären wesentliche Informationen in der Einladung nur über einen Hyperlink zur Internetseite der Gesellschaft zugänglich gemacht werden. Ebenso mutete der Gesetzgeber den Aktionären schon 2005 mit der Einführung von § 131 Abs. 3 Satz 1 Nr. 7 AktG selbst bei einer Präsenzversammlung zu, die Internetseite der Gesellschaft einzusehen. In der Gesetzesbegründung führte er aus, „dass heutzutage jedermann sich im Bedarfsfall Zugang

---

[48] *Initiative D21*, Digitalindex 2021/2022, S. 17, abrufbar unter: https://initiatived21.de/app/uploads/2022/02/d21-digital-index-2021_2022.pdf#page=15. Befragungszeitraum war August 2020 bis Juli 2021.

[49] *Kovarova-Simecek/Klinz/Loidl*, CARF Luzern 2021, S. 317; zur Mobilisierung von Kleinaktionären *Redenius-Hövermann/Bannier*, ZIP 2020, 1885, 1893.

[50] FraktionsE, Virtuelle Hauptversammlung, BT-Drucks. 20/1738, S. 14; *Dubovitskaya*, NZG 2020, 647, 650; *Lieder*, FS Vetter, S. 419, 434; *Noack/Zetzsche*, AG 2020, 721, 726; *Redeke*, AG 2022, 98, 100; *Redenius-Hövermann/Bannier*, ZIP 2020, 1885, 1895; *Wunderlich*, Digitalisierung der Hauptversammlung, S. 178 ff. m. w. N.

[51] FraktionsE, Virtuelle Hauptversammlung, BT-Drucks. 20/1738, S. 19.

[52] Durchführungsverordnung (EU) 2020/1006 der Kommission vom 9. Juli 2020 zur Aussetzung der Einreichung von Anträgen auf Beihilfe für die private Lagerhaltung von frischem oder gekühltem Fleisch von mindestens acht Monate alten Rindern gemäß der Durchführungsverordnung (EU) 2020/596, ABl. EU, L 223/1, S. 1 f.

[53] Hierzu *Redeke*, AG 2022, 98, 100.

zum Internet verschaffen kann".[54] Die Verwendung des Internets durch die Aktionäre wurde mithin schon vom vorpandemischen Aktienrecht erwartet. Alternativen oder ein Ausgleich wurde hierfür nicht zur Verfügung gestellt.

Unter diesen Umständen ist es den betreffenden Aktionären zumutbar, auf die Hilfe Dritter zurückzugreifen oder sogar die notwendigen technischen Fähigkeiten selbst zu erlernen.[55] Bestimmte Kosten bzw. Hindernisse der Ausübung von Aktionärsrechten sind nie vollständig zu vermeiden und hinzunehmen.[56] Statt der Anreise und Teilnahme in personam müssen die Aktionäre nun die elektronische Zuschaltung auf sich nehmen.[57] Eine solche Gestaltung des Zugangs zur Hauptversammlung ist mithin keine Beschränkung des Eigentumsrechts.

(4) Gesamtbetrachtung

Die virtuelle Hauptversammlung gewährt eine gleichwertige Ausübung der Aktionärsrechte im Vergleich zur Präsenzversammlung.[58]

Das Gesetz zur Einführung virtueller Hauptversammlungen sowie dessen Materialien enthalten unklare, teils konfligierende Anhaltspunkte hinsichtlich der Gleichwertigkeit der virtuellen Hauptversammlung. Die Anhaltspunkte für eine Gleichwertigkeit überwiegen aber klar. Historisch sind die Unstimmigkeiten damit zu erklären, dass der Referentenentwurf die Aktionärsrechte noch weiter einschränkte und eine solche Gleichwertigkeit nicht gewährleistete. Die Teile des Gesetzes und der Gesetzesbegründung, die auf eine Ungleichwertigkeit hinweisen, sind folglich als „Überbleibsel" des Regelungskonzepts des Referentenentwurfs zu verstehen.

---

[54] RegE, UMAG, BT-Drucks. 15/5092, S. 17.

[55] *Dubovitskaya*, NZG 2020, 647, 650; *Lieder*, FS Vetter, S. 419, 434; *Redenius-Hövermann/Bannier*, ZIP 2020, 1885, 1895; vgl. *Wunderlich*, Digitalisierung der Hauptversammlung, S. 179.

[56] Ähnlich wie hier und ausführlich *Redenius-Hövermann/Bannier*, ZIP 2020, 1885, 1895.

[57] Zum Vergleich beider *Cyglakow*, Die virtuelle Hauptversammlung, S. 260 f.; *Noack/Zetzsche*, AG 2020, 721, 726; *Redeke*, AG 2022, 98, 100; *Redenius-Hövermann/Bannier*, ZIP 2020, 1885, 1895.

[58] So wird es auch in der Praxis wahrgenommen, vgl. anekdotisch *Schüller*, HV Magazin 2023, Heft 4, 8, 10. Die *DSW* berichtet dagegen, dass selbst 2024 noch 24 % der Aktionäre die Ausgestaltung der Aktionärsrechte in der virtuellen Hauptversammlung nicht als gleichwertig zur Präsenzversammlung wahrgenommen haben. Selbst nach der Erhebung der *DSW* befindet sich dieses Sentiment im klaren Rückgang, da es noch 2023 35 % waren. Interessant ist dabei, dass insbesondere die Aktionäre der DAX-Gesellschaften die Ausgestaltung der Aktionärsrechte als minderwertig wahrgenommen haben und diese Werte bei kleinen Gesellschaften besser waren. *DSW*, HV-Report 2024, S. 37 ff., abrufbar unter: https://www.dsw-info.de/fileadmin/Redaktion/Dokumente/PDF/Publikationen/Erfahrungen_mit_der_virtuellen_Hauptversammlung_2024.pdf.

Die Aktionärsrechte in der virtuellen Hauptversammlung sowie die Modalitäten ihrer Ausübung im Wege elektronischer Kommunikation sind der Präsenzversammlung grundlegend gleichwertig. Die andere Gestaltung der Aktionärsrechte beeinträchtigt ihr Niveau nicht. Die Nachteile, die sich für einzelne ergeben, können zu keinem anderen Ergebnis führen. Der Wegfall von persönlicher informeller Kommunikation am Rande der Hauptversammlung, einer besonderen Gesprächsatmosphäre und Wahrnehmung der Stimmung im Publikum ist aktienrechtlich nicht geschützt und steht einer friktionsärmeren Hauptversammlung gegenüber.

Aufgrund der gleichwertigen Gewährleistung von Aktionärsrechten und einer weitgehend gleichwertigen gesetzlichen Behandlung der Versammlungsformate ist rechtspolitisch eine vollständige Gleichstellung der virtuellen Hauptversammlung im Regelungsgefüge des Aktienrechts zu fordern. Eingefordert wird damit nicht mehr als die rechtspolitische Zielsetzung des Gesetzgebers selbst.[59] Nur so können die einzelnen Regelungen konsistent begründet werden.

d) Stellungnahme

Das Erfordernis einer Satzungsgrundlage für Abhaltung einer virtuellen Hauptversammlung kann ungeachtet ihrer Gleichwertigkeit für sinnvoll erachtet werden. Der Gesetzesbegründung zu § 118a Abs. 1 Satz 1 AktG ist insoweit zu folgen.

Zunächst überzeugt das systematische Argument des Gesetzgebers. Wenn die Nutzung der Regelungsoptionen von § 118 Abs. 1 Satz 2, Abs. 2 AktG eine Satzungsgrundlage erfordert, ist dies erst recht für die viel weitergehende virtuelle Hauptversammlung zu fordern.[60]

Ferner überzeugt das praktische Argument der Gesetzesbegründung. Die durch die Satzung erzeugte Transparenz für den Rechtsverkehr beseitigt etwaige Unsicherheiten über die Abhaltung im virtuellen Format auch bei anderen Beteiligten.

Während die beiden vorangehenden Argumente zutreffen, überzeugt letztlich die rechtspolitische Argumentation. Zunächst greift die Abhaltung einer virtuellen Hauptversammlung zwar nicht in die Aktionärsrechte ein, gestaltet ihre Ausübung aber deutlich um. Der Wechsel des Formats betrifft allen voran die Aktionäre. Sie müssen demnach über das Format der Hauptversammlung entscheiden. Des Wei-

[59] „Der Ablauf der Hauptversammlung und die Rechtewahrnehmung der Aktionäre sollen sich in diesem Format […] möglichst nah an den Prozessen der Hauptversammlung anlehnen.", FraktionsE, Virtuelle Hauptversammlung, BT-Drucks. 20/1738, S. 2; „Abgesehen von einzelnen Besonderheiten der elektronischen Kommunikation ist sicherzustellen, dass alle Elemente der Präsenzversammlung in einer möglichst unveränderten Form in einer virtuellen Versammlung abgebildet werden können.", FraktionsE, Virtuelle Hauptversammlung, BT-Drucks. 20/1738, S. 14.

[60] So auch *Koch*, AktG, § 118a Rn. 7; *Paschos*, in: BeckOGKAktG, § 118a Rn. 25.

teren ermöglichte das GesRuaCOVBekG nur eine sehr eingeschränkte Ausübung der Aktionärsrechte. Viele Aktionäre stehen der virtuellen Hauptversammlung noch skeptisch gegenüber. Mit dem Erfordernis einer Satzungsgrundlage wird diesen Bedenken adäquat begegnet. Es stellt sicher, dass die Abhaltung der Versammlung im virtuellen Format als besonders sensible Entscheidung über die Aktionärsrechte tatsächlich dem Willen der Aktionäre entspricht.[61] Langfristig dient dies der Akzeptanz der virtuellen Hauptversammlung.

Dass dies eine Ausnahme von der grundsätzlich geltenden Kompetenzverteilung zwischen Vorstand und Hauptversammlung darstellt, ist angesichts der genannten Gesichtspunkte hinzunehmen.

Trotzdem steht das Satzungserfordernis in einem Spannungsverhältnis mit dem Verständnis zweier gleichwertiger Versammlungsformate – warum besteht ein Satzungserfordernis, wenn die virtuelle Hauptversammlung gleichwertig ist?[62] Dies ist aber mit Hinblick auf die oben genannten Argumente ebenfalls hinzunehmen. Das Satzungserfordernis kann ohne einen Rückgriff auf die Minderwertigkeit der virtuellen Hauptversammlung rechtspolitisch begründet werden.

Nichtsdestoweniger könnten die angeführten rechtspolitischen Argumente an Gewicht verlieren, wenn die Verwendung elektronischer Kommunikation noch weiter in alle Bevölkerungsschichten und Lebenssituationen vordringt. Die Sinnhaftigkeit der Satzungsgrundlage kann erneut infrage gestellt werden, wenn das virtuelle Format in der Breite anerkannt ist bzw. die virtuelle Hauptversammlung technisch noch näher an der Präsenzversammlung ausgestaltet werden kann. Bis dahin ist das Satzungserfordernis de lege lata nicht zu beanstanden.

3. Reichweite der Satzungsvorgabe

Nach der Gesetzesbegründung kann die Satzung nach § 118a Abs. 1 Satz 1 AktG nur das „Ob", nicht aber dem „Wie", d. h. der tatsächlichen Ausgestaltung der virtuellen Hauptversammlung, regeln.[63] Entscheidungen über das „Wie" obliegen der Verwaltung.[64] Beschränkungen der virtuellen Hauptversammlung durch die Satzung sind damit ebenfalls unzulässig.

---

[61] So auch *Guntermann*, ZIP 2022, 781, 783; *Koch*, AktG, § 118a Rn. 7; vgl. *Mayer/Jenne/Miller*, BB 2022, 1155, 1157.
[62] *Tröger*, in: KölnKommAktG, § 118a Rn. 10.
[63] FraktionsE, Virtuelle Hauptversammlung, BT-Drucks. 20/1738, S. 23, vgl. auch S. 33.
[64] FraktionsE, Virtuelle Hauptversammlung, BT-Drucks. 20/1738, S. 23.

a) Keine Ausgestaltung durch die Satzung

Man könnte in Erwägung ziehen, dass in der Entscheidung über das „Ob“ der virtuellen Hauptversammlung nach § 118a Abs. 1 Satz 1 AktG auch das „Wie“ als „Minus“ der grundlegenden Weichenstellung enthalten sein muss. Dies wurde noch zum GesRuaCOVBekG als bloßes Maßnahmengesetz diskutiert.[65] Die klare Positionierung der Gesetzesbegründung gegen eine solche Position überzeugt aber.[66]

Zunächst kann dies durch eine historische Betrachtung belegt werden. Danach ist die Streichung, der noch im Fraktionsentwurf vorgesehenen Möglichkeit, bestimmte Gegenstände von der Behandlung in der virtuellen Versammlung auszuschließen (§ 118a Abs. 1 Satz 2 AktG-FraktionsE), als eindeutige Absage des Gesetzgebers an die Kompetenz der Satzung zur Ausgestaltung der virtuellen Hauptversammlung zu verstehen.[67]

Des Weiteren ist systematisch die Regelung der hybriden Hauptversammlung nach § 118 Abs. 1 Satz 2 AktG anzuführen. § 118 Abs. 1 Satz 2 AktG ermöglicht der Satzung nämlich ausdrücklich zu bestimmen, welche Aktionärsrechte in welchem Umfang virtuell gewährt werden. Da § 118a Abs. 1 Satz 1 AktG eine solche Regelungssystematik aber nicht vorsieht und ausdrücklich nur von der Entscheidung über die Abhaltung der virtuellen Versammlung spricht, kann in einem Umkehrschluss gefolgert werden, dass § 118a Abs. 1 Satz 1 AktG nur die Entscheidung über das „Ob“ der Satzung unterstellt, nicht aber des „Wie“.[68]

Zuletzt kann dies ebenfalls ein Binnenrechtsvergleich stützen. Das Gesetz zur Einführung virtueller Hauptversammlungen führte durch Artikel 6 auch für die Generalversammlung der Genossenschaft das virtuelle und hybride Format ein. Dort unterstellt es im neu eingefügten § 43b Abs. 3 Satz 2 GenG ausdrücklich verschiedene Mitgliedschaftsrechte der Ausgestaltung der Satzung. Der Vergleich der Gesetze offenbart bei einer ansonsten ähnlichen Regelungsstruktur eine ausdrücklich anders gefasste Norm. Entsprechend sind diese unterschiedlich auszulegen.

Der Wortlaut von § 118a Abs. 1 Satz 1 AktG ist daher nicht dergestalt auslegefähig.[69]

Die Satzung kann mithin nach § 23 Abs. 5 AktG keine Vorstandskompetenzen an sich ziehen, die gesetzlich begründet sind und nur dort Abweichungen vorneh-

---

[65] Dafür etwa *Simons/Hauser*, NZG 2020, 488, 489.

[66] *Bungert/Rieckers/Becker*, DB 2022, 2074, 2075; *Höreth/Linnerz*, AG 2022, R225, R226; *Mayer/Jenne/Miller*, BB 2022, 2946, 2946; *Reger/Gaßner*, RDi 2022, 396, 398; *Schilha/Gaßner*, ZIP 2022, 2357, 2358 f.; a. A. zum RefE mit der Begründung, dass die Satzung auch bei der hybriden Hauptversammlung Ausgestaltungen vornehmen kann *Seibt/Danwerth*, AG 2022, 177, 180.

[67] *Hoppe*, NZG 2023, 587, 589; *Redeke*, AG 2023, 118, 119; anders noch zum Referentenentwurf *Seibt/Danwerth*, AG 2022, 177, 180.

[68] So auch *Schilha/Gaßner*, ZIP 2022, 2357, 2359.

[69] *Mayer/Jenne/Miller*, BB 2022, 2946, 2946.

men, wo sie ausdrücklich erlaubt sind.[70] Namentlich § 131 Abs. 1a Satz 1 AktG begründet eine gesetzliche Vorstandskompetenz, die die Satzung ihm nicht entziehen kann.[71] Abseits dessen erlaubt das Gesetz keine Beschränkungen der virtuellen Versammlung durch die Satzung, die nicht auch in der Präsenzversammlung möglich sind.[72] Ausgeschlossen sind ferner Satzungsbestimmungen, die eine Präsenz von Großaktionären ermöglichen.[73]

b) Keine Beschränkungen der virtuellen Hauptversammlung

Beschränkungen der virtuellen Hauptversammlung selbst sieht das Gesetz nicht vor und sind als Abweichung von der gesetzlichen Regelung nach § 23 Abs. 5 AktG ausgeschlossen. Satzungsvorgaben, die die Behandlung bestimmter Gegenstände in der virtuellen Hauptversammlung ausschließen, wie sie § 118a Abs. 1 Satz 2 AktG-FraktionsE in der Version des Fraktionsentwurfs noch für ausdrücklich zugelassen hat, sind nicht möglich.[74] Ausgeschlossen ist damit die Anknüpfung der Abhaltung einer virtuellen Hauptversammlung an bestimmte Ereignisse, wie bestimmte Geschäftszahlen, die sich als Ausschluss der Behandlung eines Gegenstandes in einer bestimmten Versammlungsform lesen lassen.

Der Ausschluss jeglicher Einschränkungen der virtuellen Hauptversammlung steht in einer gewissen Spannung mit der Voraussetzung einer Satzungsgrundlage. Nimmt man, wie hier vertreten, gerade keine Minderwertigkeit der virtuellen Versammlung an, ließe sich argumentieren, dass sich die Satzungsautonomie noch weiter durch eine freie Beschränkung der virtuellen Hauptversammlung umsetzen lässt.[75] Die Satzungen könnten die Einführung der virtuellen Hauptversammlung noch selbstbestimmter ausgestalten.

---

[70] *Paschos*, in: BeckOGKAktG, § 118a Rn. 32 m. w. N. Grundlegend zu § 23 Abs. 5 AktG *Röhricht/Schall*, in: GroßkommAktG, § 23 Rn. 242 ff.

[71] *Bungert/Rieckers/Becker*, DB 2022, 2074, 2075; *Mayer/Jenne/Miller*, BB 2022, 2946, 2946; ausführlich *Schilha/Gaßner*, ZIP 2022, 2357, 2359.

[72] Eine Beschränkung von Aktionärsrechten durch die Satzung sieht das Gesetz nur für die Ausübung des Auskunftsrechts über die Anwendung von § 131 Abs. 2 Satz 2 AktG in § 130a Abs. 5 Satz 4, § 131 Abs. 1d Satz 2 und Abs. 1e Satz 2 AktG vor.

[73] So auch *Koch*, AktG, § 118a Rn. 14.

[74] Für die Ausschlussmöglichkeit: *Drinhausen/Keinath*, BB 2022, 451, 453; *Heckschen*, NotBZ 2022, 281, 283; *Koch*, Stellungnahme FraktionsE, S. 5. Dagegen: *BDI*, Stellungnahme FraktionsE, S. 6, abrufbar unter: https://www.bundestag.de/resource/blob/899784/1aa6fe1e8b48fad4903628091aceb064/Stellungnahme-Semrau_BdI.pdf; *Handelsrechtsausschuss DAV*, NZG 2022, 797, 799; *Mayer/Jenne/Miller*, BB 2022, 2946, 2948; *Roßkopf*, Stellungnahme FraktionsE, S. 5, abrufbar unter: https://www.bundestag.de/resource/blob/899782/1204858008a2d375e1e7b50db6735a36/Stellungnahme-Rosskopf.pdf.

[75] Vgl. *Kubis*, in: MünchKommAktG, § 118a Rn. 30; zu diesem Gedanken allgemein *Tröger*, in: KölnKommAktG, § 118a Rn. 9, die ferner auch eine Parallele zu § 118 Abs. 1 Satz 2 AktG zieht.

Diese rechtspolitischen Überlegungen schlagen aber nicht durch. Erstens ist zu bedenken, dass das Gesetz als dauerhafte Reform angelegt ist und nicht langfristig in einem Stadium der „Einführung" verhaftet sein soll.

Zweitens ist die Begründung des Rechtsausschusses überzeugend und eine Streichung der Einschränkungsmöglichkeiten nur konsequent.[76] Rechtspolitisch ist den genannten Zielen mit dem Erfordernis einer Satzungsgrundlage genügend Rechnung getragen worden. Die *einseitige* Beschränkung der virtuellen Hauptversammlung wäre ein Zeichen gesetzgeberischer Unentschlossenheit. Es kann nicht einerseits die Gleichwertigkeit der beiden Versammlungsformen postuliert und andererseits den Aktionären ein Instrument gegen allein die virtuelle Hauptversammlung abgesichert werden.[77]

Drittens wären die Folgen einer solchen Beschränkung der virtuellen Hauptversammlung auf bestimmte Beschlussgegenstände äußerst problematisch. Der Fraktionsentwurf enthält keine weiteren Ausführungen zur Anwendung dieser Regelung. Den Aktionären muss es aber freistehen, zu allen Gegenständen eine Ergänzung der Tagesordnung nach § 122 Abs. 2 AktG zu verlangen – die vorherige Wahl des Versammlungsformats kann sie hierin nicht einschränken.[78] Gesellschaften bzw. die satzungsgebende Mehrheit sollen die Behandlung unliebsamer Gegen-

---

[76] *BDI*, Stellungnahme FraktionsE, S. 6, abrufbar unter: https://www.bundestag.de/resource/blob/899784/1aa6fe1e8b48fad4903628091aceb064/Stellungnahme-Semrau_BdI-data.pdf; *Mayer/Jenne/Miller*, BB 2022, 2946, 2946; *Roßkopf*, Stellungnahme FraktionsE, S. 5, abrufbar unter: https://www.bundestag.de/resource/blob/899782/1204858008a2d375e1e7b50db6735a36/Stellungnahme-Rosskopf-data.pdf; vgl. *Tröger*, in: KölnKommAktG, § 118a Rn. 9.

[77] Vgl. *Hirte*, Protokoll Rechtsausschuss, S. 9, abrufbar unter: https://www.bundestag.de/resource/blob/908366/d0a1303ceb1e8dd64160319bf8fcbdc4/Wortprotokoll-data.pdf; *Hirte*, FS Strenger, S. 195, 199 f.; s. auch nochmals Kapitel 4 B. I. 2. c). Der Ansicht Hirtes, dass über den Ausschluss von Beschlussgegenständen Mehrheiten gestaltet werden können, *Hirte*, Protokoll Rechtsausschuss, S. 26, abrufbar unter: https://www.bundestag.de/resource/blob/908366/d0a1303ceb1e8dd64160319bf8fcbdc4/Wortprotokoll-data.pdf, scheint dagegen eher fernliegend. Die Planbarkeit der Versammlungsmehrheiten im Voraus und zielgenaue Umsetzung durch solche Satzungsregelungen ist schwer realisierbar, vgl. auch *Tröger*, in: KölnKommAktG, § 118a Rn. 9. Auch die weitere Befürchtung *Hirtes*, dass Investoren auf dem Kapitalmarkt durch den Ausschluss besonderer Gegenstände mit besonderen Unsicherheiten konfrontiert werden würden, da sie aufgrund der unterschiedlichen Präsenzquoten in den Versammlungsformaten nicht wüssten, wie viele Anteile für die Erreichung der relevanten Versammlungsmehrheiten oder -minderheiten nötig seien, kann nicht geteilt werden. Denn wenn man dies tatsächlich zum Maßstab erheben würde, wäre auch eine Vorstandsermächtigung nicht möglich. So durchschlagend können die Interessen des Kapitalmarkts vor den allgemeinen Unvorhersehbarkeiten und den Interessen der übrigen Aktionäre an einer flexiblen Handhabung aber nicht gewertet werden. S. *Finanzwende*, Stellungnahme FraktionsE, S. 5, abrufbar unter: https://www.bundestag.de/resource/blob/899780/dec9695269a1bc748d27f2791a850b97/Stellungnahme-Hirte_Finanzwende-data.pdf.

[78] Beschlussempfehlung Rechtsausschuss, Virtuelle Hauptversammlung, BT-Drucks. 20/2653, S. 31; zuvor schon *Roßkopf*, Stellungnahme FraktionsE, S. 5; skeptisch ebenso *Tröger*, in: KölnKommAktG, § 118a Rn. 9.

stände nicht durch die Wahl der virtuellen Versammlung umgehen können.[79] Dies ist zwingend durch das Unionsrecht vorgegeben. Art. 6 ARRL lässt keine inhaltlichen Beschränkungen des Rechts auf Ergänzung der Tagesordnung zu. § 118a Abs. 1 Satz 2 AktG-FraktionsE dahingehend zu interpretieren, dass er das Recht auf Ergänzungsanträge inhaltlich einschränkt, wäre folglich unionsrechtswidrig.[80]

Übrig bleibt mithin nur noch eine Auslegung der Norm dahingehend, dass sie die Gesellschaften in einem solchen Fall zur Abhaltung einer Präsenzversammlung verpflichtete. Nach § 122 Abs. 2 Satz 2 AktG müssen solche Anträge 24 Tage, bei börsennotierten Gesellschaften 30 Tage, vor der Hauptversammlung zugehen. Die Planung und Einberufung einer neuen Präsenzhauptversammlung innerhalb dieser Frist wäre insbesondere für Publikumsgesellschaften eine erhebliche Herausforderung.[81] Große Messehallen und andere Veranstaltungsorte müssen oftmals weit im Voraus gebucht werden und ein solches Großereignis erfordert einen erheblichen Vorlauf. Eine Planung „auf Vorrat" kommt dabei nicht in Betracht. Dies würde jegliche Effizienzgewinne der virtuellen Versammlung vernichten. Allein die praktische Handhabung verhindert bei großen Gesellschaften oftmals den „Rückfall" in die Präsenzversammlung. Diese müssten dann konsequent abgesagt und neu einberufen werden. Daraus ergeben sich zahlreiche Folgeprobleme, die alle nicht gewollt sein können.[82]

Beschränkungen der Beschlussgegenstände der virtuellen Hauptversammlung sind mithin nicht möglich.

4. Satzungsbestimmung, § 118a Abs. 1 Satz 1 Alt. 1 AktG

Nach § 118a Abs. 1 Satz 1 Alt. 1 AktG kann die Satzung selbst bestimmen, dass die Hauptversammlung virtuell abgehalten wird. Dies ist die erste Gestaltungsalternative.

Da die Abhaltung einer virtuellen Hauptversammlung nicht die Aktionärsrechte beschränkt und einer Präsenzversammlung gleichwertig ist, braucht es keiner be-

---

[79] *Handelsrechtsausschuss DAV*, NZG 2022, 797, 799. Skeptisch in Hinblick auf das reale Risiko solchen Verhaltens *Tröger*, in: KölnKommAktG, § 118a Rn. 9.

[80] *Roßkopf*, Stellungnahme FraktionsE, S. 5, abrufbar unter: https://www.bundestag.de/resource/blob/899782/1204858008a2d375e1e7b50db6735a36/Stellungnahme-Rosskopf-data.pdf.

[81] *Handelsrechtsausschuss DAV*, NZG 2022, 797, 799; *Roßkopf*, Stellungnahme FraktionsE, S. 5, abrufbar unter: https://www.bundestag.de/resource/blob/899782/1204858008a2d375e1e7b50db6735a36/Stellungnahme-Rosskopf-data.pdf.

[82] Selbst wenn etwa eine Präsenzversammlung statt der virtuellen abgehalten werden könnte, ist unklar, wie diese einberufen werden sollte. In nicht börsennotierten Gesellschaften ist die Frist für Minderheitsverlangen kürzer als die für die Einberufung der Hauptversammlung. Der Fraktionsentwurf hielt keine Regelungen hierfür vor.

sonderen sachlichen Rechtfertigung für die Satzungsbestimmung.[83] Die grundlegende Abwägung der Aktionärsinteressen hat der Gesetzgeber bereits getroffen.[84]

5. Vorstandsermächtigung, § 118a Abs. 1 Satz 1 Alt. 2 AktG

Nach § 118a Abs. 1 Satz 1 Alt. 2 AktG kann die Satzung aber alternativ den Vorstand ermächtigen zu entscheiden, ob die Hauptversammlung virtuell abgehalten wird.[85] Aufgrund der Satzungsstrenge nach § 23 Abs. 5 AktG kann die Satzung niemand anderem ermächtigen.

Die Satzung kann den Vorstand dabei nicht mit weiteren Befugnissen ausstatten, als ihr selbst zustehen. § 118a Abs. 1 Satz 1 AktG vermittelt mithin auch dem Vorstand nur eine Entscheidungsbefugnis über das „Ob" der Versammlung. Die konkrete Ausgestaltung der Hauptversammlung steht ihm nur als Einberufungsorgan zu (dazu sogleich).

a) Zweck der Ermächtigung des Vorstands

Die Vorstandsermächtigung ermöglicht den Gesellschaften Flexibilität in der Entscheidung über die Versammlungsform.[86] Der Vorstand kann diese individuell bei der Einberufung bestimmen. Die Satzung dagegen kann immer nur durch die jeweils letzte Hauptversammlung angepasst werden. Entsprechend ist eine Ermächtigung des Vorstands nach § 118a Abs. 1 Satz 1 AktG zu empfehlen.[87] Nur durch eine Ermächtigung des Vorstands kann auf die ersten Praxiserfahrungen, unvorhergesehenen Umstände sowie die individuellen Umstände zum Zeitpunkt der Einberufung reagiert werden.[88] Die Ermächtigung des Vorstands durch die Satzung braucht keine besondere sachliche Rechtfertigung.[89]

---

[83] FraktionsE, Virtuelle Hauptversammlung, BT-Drucks. 20/1738, S. 23.

[84] Weitergehend *Tröger*, in: KölnKommAktG, § 118a Rn. 15.

[85] Noch im Gesetzgebungsverfahren zum Referentenentwurf fundamental gegen eine solche Möglichkeit *SdK*, Stellungnahme RefE, S. 11, abrufbar unter: https://www.bmj.de/SharedDocs/Downloads/DE/Gesetzgebung/Stellungnahmen/2022/0316_Stellungnahme_SDK_virtuelle_Hauptversammlung.pdf?__blob=publicationFile&v=3.

[86] FraktionsE, Virtuelle Hauptversammlung, BT-Drucks. 20/1738, S. 23. Entsprechend besteht von Seiten der Satzung keine Pflicht, dass der Vorstand von ihr Gebrauch machen muss, *Höreth/Linnerz*, AG 2022, R225, R226; *Koch*, AktG, § 118a Rn. 15 m. w. N.; *Paschos*, in: BeckOGKAktG, § 118a Rn. 28.

[87] *Bungert/Rieckers/Becker*, DB 2022, 2074, 2075; *Schilha/Gaßner*, ZIP 2022, 2357, 2358; ausführlich *Tröger*, in: KölnKommAktG, § 118a Rn. 13.

[88] *Paschos*, in: BeckOGKAktG, § 118a Rn. 28.

[89] FraktionsE, Virtuelle Hauptversammlung, BT-Drucks. 20/1738, S. 23; *Bungert/Rieckers/Becker*, DB 2022, 2074, 2075; *Paschos*, in: BeckOGKAktG, § 118a Rn. Rn. 28. Jeweils mit Formulierungsbeispiel für einen entsprechenden Beschlussvorschlag *Mayer/Jenne/Miller*, BB 2022, 2946, 2949; *Schilha/Gaßner*, ZIP 2022, 2357, 2360; *Tröger*, in: KölnKommAktG, § 118a Rn. 15; noch zum Referentenentwurf *Seibt/Danwerth*, AG 2022, 177, 181.

b) Rechtstatsächliche Auswertung

Die Ermächtigung des Vorstands hat sich gegenüber der Satzungsbestimmung in der Praxis bewährt und durchgesetzt. Unter den Gesellschaften der DAX-Indexfamilie haben alle eine Satzungsregelung nach § 118a Abs. 1 Satz 1 AktG in der Hauptversammlungssaison 2023 geschaffen.[90] Keine DAX-Gesellschaft bestimmte mithin die virtuelle Abhaltung ihrer Hauptversammlungen in ihrer Satzung. Bei den schon länger bestehenden § 118 Abs. 1 Satz 2 und Abs. 2 AktG wurde ebenfalls meist der Vorstand ermächtigt.[91] Ähnliches lässt sich mithin hinsichtlich § 118a Abs. 1 Satz 1 AktG (auch abseits des DAX) erwarten.[92]

c) Mehrheitserfordernis

Die Entscheidung über die Abhaltung einer virtuellen Hauptversammlung ist eine Entscheidung über eine Modalität der Versammlung. Entsprechend muss der Vorstand die Entscheidung nach § 77 Abs. 1 Satz 1 AktG einstimmig treffen, wenn nicht das Gesetz oder die Geschäftsordnung etwas anderes vorsieht.[93] Nur die Entscheidung über die Einberufung selbst verlangt nach § 121 Abs. 2 Satz 1 AktG eine einfache Mehrheit, da nicht ein einzelnes Vorstandsmitglied die Einberufung verhindern können soll.[94] Stimmt aber ein Vorstandsmitglied gegen eine virtuelle Abhaltung der Versammlung, kann immer noch eine Präsenzversammlung einberufen werden.[95] Dies berührt die Gleichwertigkeit der beiden Versammlungsformen nicht, da dies nur eine konsequente Normanwendung und Rückgriff auf den gesetzlichen Grundfall ist.

---

[90] *Danwerth*, ZIP 2023, 2329, 2332.

[91] *Schilha/Gaßner*, ZIP 2022, 2357, 2358; *Seibt/Danwerth*, AG 2022, 177, 180 m. w. N.; mit einer eigenen Auswertung *Fleischer/Maas*, AG 2020, 761, 771.

[92] Vgl. *Binder*, BB 2023, 195, 201 m. w. N.; *Schilha/Gaßner*, ZIP 2022, 2357, 2358.

[93] *Koch*, AktG, § 118a Rn. 10; *Kubis*, in: MünchKommAktG, § 118a Rn. 31; *Mayer/Jenne/Miller*, BB 2022, 2946, 2949; wohl a. A. *Kersting*, in: KölnKommAktG, § 131 Rn. 626.

[94] Begründung zum RegE AktG 1965 bei Kropff, S. 169; *Lieder*, ZIP 2020, 837, 839; *Mayer/Jenne/Miller*, BB 2022, 2946, 2949.

[95] *Mayer/Jenne/Miller*, BB 2022, 2946, 2949. Mayer/Jenne/Miller fordern, dass bei Unmöglichkeit der Präsenzversammlung auch eine virtuelle Hauptversammlung möglich sein soll. Dies kann aber nicht überzeugen. Die Grundentscheidungen des Gesetzgebers sind zu akzeptieren und im Notfall muss dieser tätig werden.

d) Ermessen des Vorstands

Der Vorstand muss die Entscheidung mit pflichtgemäßem Ermessen treffen.[96]

Zwar ist die Hauptversammlung nicht mehr maßgeblich von pandemischen Unwägbarkeiten geprägt, die Entscheidung ist in Hinblick auf ihre Auswirkungen in der Zukunft aber weiterhin komplex. Als zukunftsbezogene Maßnahme mit einem Prognoseelement hat der Vorstand weitestgehend freies Ermessen in seiner Entscheidung.[97] Der maßgebliche Zeitpunkt für das Ermessen liegt mit Rücksicht auf die notwendige Vorbereitungszeit vor der Einberufung.[98]

Da sich die Abhaltung einer virtuellen Hauptversammlung nicht, wie noch unter dem GesRuaCOVBekG, als Eingriff in die Aktionärsrechte gestaltet und der Präsenzversammlung gleichwertig ist, ist eine Ermessensfehlerhaftigkeit seiner Entscheidung nur sehr selten zu erwarten.[99] Die Gesetzesbegründung betont dies mit einem Verweis darauf, dass es für die Satzungsgrundlage keiner besonderen sachlichen Rechtfertigung der Entscheidung bedarf.[100]

Der Vorstand hat bei der Entscheidung unter anderem die Kosten, die zu erwartende Partizipation der Beteiligten (vor allem die Anzahl der zugeschalteten Aktionäre, ihrer Stellungnahmen, Fragen und Redebeiträge), und die Anfechtungsrisiken beider Versammlungsformate unter Berücksichtigung der Umstände im Einzelfall abzuwägen.[101] Steht ein wesentlicher Teil der Aktionäre dem virtuellen Format kritisch gegenüber und wirkt sich dies auf ihre Partizipation aus, ist dies etwa in die Entscheidung mit einzustellen.[102] Der Vorstand darf an dieser Stelle nicht erzieherisch tätig werden. Ferner sind Belange des Gesundheitsschutzes zu beachten, da diese sich auf die Aktionärspartizipation auswirken können.[103] Der Vorstand hat dabei – soweit verfügbar – auf (vorpandemische) Erfahrungswerte zurückzugreifen. Nachhaltigkeitsgesichtspunkte sind ebenfalls in die Entscheidung einzustellen.[104]

---

[96] *Koch*, AktG, § 118a Rn. 13; *Paschos*, in: BeckOGKAktG, § 118a Rn. 28; *Schilha/Gaßner*, ZIP 2022, 2357, 2358.

[97] Vgl. *Bungert/Rieckers/Becker*, DB 2022, 2074, 2075; *Koch*, AktG, § 118a Rn. 13; *Mayer/Jenne/Miller*, BB 2022, 2946, 2949.

[98] *Koch*, AktG, § 118a Rn. 14.

[99] So auch *Bungert/Rieckers/Becker*, DB 2022, 2074, 2075; *Mayer/Jenne/Miller*, BB 2022, 2946, 2949; kritischer *Kubis*, in: MünchKommAktG, § 118a Rn. 22, 32. Trifft der Vorstand doch eine fehlerhafte Entscheidung, richtet sich seine Haftung nach den allgemeinen Grundsätzen der Vorstandshaftung und § 93 AktG. *Koch*, AktG, § 118a Rn. 13; zum GesRuaCOVBekG: *Bungert/Strothotte*, DB 2021, 830, 831; *Lieder*, ZIP 2021, 161, 162ff.

[100] *Koch*, AktG, § 118a Rn. 14.

[101] *Paschos*, in: BeckOGKAktG, § 118a Rn. 39; *Tröger*, in: KölnKommAktG, § 118a Rn. 5.

[102] *Tröger*, in: KölnKommAktG, § 118a Rn. 57.

[103] *Bungert/Rieckers/Becker*, DB 2022, 2074, 2075; *Tröger*, in: KölnKommAktG, § 118a Rn. 57.

[104] *Bungert/Rieckers/Becker*, DB 2022, 2074, 2075; zurecht darauf hinweisend, dass die primären Funktionen der Hauptversammlung Vorrang genießen: *Tröger*, in: KölnKommAktG, § 118a Rn. 57.

e) Mitwirkung des Aufsichtsrats

Da die virtuelle Hauptversammlung schon nach § 118a Abs. 1 Satz 1 AktG eine Satzungsgrundlage erfordert, ist keine Mitwirkung des Aufsichtsrats mehr nötig.[105] Nach § 111 Abs. 4 Satz 2 AktG kann der Vorstand eine Entscheidung für eine bestimmte Versammlungsform aber von seiner Zustimmung abhängig machen.[106]

6. Befristung der Satzungsregelung, § 118a Abs. 3–5 AktG

Die Satzungsbestimmung und die Ermächtigung des Vorstands können nach § 118a Abs. 3–5 AktG höchstens für fünf Jahren getroffen werden.[107]

a) Befristung, § 118a Abs. 3–5 AktG

Die sehr formalistisch geregelte[108] zeitliche Beschränkung der Satzungsbestimmungen erstreckt sich über drei Absätze. Jegliche Satzungsgrundlage für die virtuelle Hauptversammlung ist damit effektiv auf fünf Jahre befristet.[109]

§ 118a Abs. 3 und 4 AktG legen fest, dass Satzungsbestimmungen und -ermächtigungen des Vorstands nach § 118a Abs. 1 Satz 1 AktG befristet sein müssen und die Abhaltung virtueller Versammlungen nur bis zu fünf Jahren nach Eintragung

---

[105] FraktionsE, Virtuelle Hauptversammlung, BT-Drucks. 20/1738, S. 23; ebenso argumentierend *Lieder*, ZIP 2021, 161, 169; *Walch/Häuslmeier*, DNotZ 2023, 106, 105 f. Nach § 1 Abs. 6 Satz 1 GesRuaCOVBekG war noch eine Zustimmung des Aufsichtsrats notwendig. Nach diesem Vorbild dagegen zum Wohle der Gesellschaft eine solche Mitwirkung fordernd, *DGB*, Stellungnahme RefE, S. 7, abrufbar unter: https://www.bmj.de/SharedDocs/Downloads/DE/Gesetzgebung/Stellungnahmen/2022/0307_Stellungnahme_DGB_virtuelle_Hauptversammlung.pdf?__blob=publicationFile&v=3; *Teichmann/Wicke*, DB 2022, 720, 722.

[106] So auch *Kubis*, in: MünchKommAktG, § 118a Rn. 28; *Mayer/Jenne/Miller*, BB 2022, 2946, 2949; *Paschos*, in: BeckOGKAktG, § 118a Rn. 29; *Schilha/Gaßner*, ZIP 2022, 2357, 2358; gegen solche Vorhaben *Höreth/Linnerz*, AG 2022, R225, R226.

[107] Jeweils mit Formulierungsbeispiel für einen entsprechenden Beschlussvorschlag *Mayer/Jenne/Miller*, BB 2022, 2946, 2949; *Schilha/Gaßner*, ZIP 2022, 2357, 2360; noch zum Referentenentwurf *Seibt/Danwerth*, AG 2022, 177, 181.

[108] Eine Straffung der Regelungen der Befristung im Gesetz fordernd *Mayer/Jenne/Miller*, BB 2022, 1155, 1157 m. w. N.; *Seibt/Danwerth*, AG 2022, 177, 181.

[109] Einige halten aber auch die fünf Jahre für zu lang und plädieren für noch regelmäßigere, z. B. jährliche Abstimmung. Stellungnahmen zum Fraktionsentwurf: *BVI*, Stellungnahme RegE, S. 4; *DSW*, Stellungnahme RegE, S. 8, beide abrufbar unter: https://www.bundestag.de/dokumente/textarchiv/2022/kw25-pa-rechtsausschuss-hauptversammlung-895824. Stellungnahmen zum Referentenentwurf: *CRIC*, Stellungnahme RefE, S. 11; *DGB*, Stellungnahme RefE, S. 7; *DVFA*, Stellungnahme RefE, S. 12; *SdK*, Stellungnahme RefE, S. 12, alle abrufbar unter: https://www.bmj.de/SharedDocs/Gesetzgebungsverfahren/DE/2022_Einfuehrung_virtueller_Hauptversammlungen_Aktiengesellschaften.html.

der Gesellschaft ermöglichen. Absatz 3 und 4 betreffen damit nur Gründungssatzungen. Erst Absatz 5 regelt den wohl praxisrelevantesten Fall der *nachträglichen Satzungsänderungen*.[110] Nach diesem kann eine Satzungsbestimmung oder eine Vorstandsermächtigung nach § 118a Abs. 1 Satz 1 AktG jeweils nur für höchstens fünf Jahre angelegt werden.

Die Berechnung der Frist richtet sich nach den allgemeinen Regeln von §§ 187 f. BGB.[111] Der Wortlaut der jeweiligen Regelungen in Absatz 3 bis 5 stellt klar, dass die Hauptversammlung innerhalb der Frist *abgehalten* werden muss.[112]

Wie die Gesellschaft die Befristung in der Satzungsregelung vornimmt, obliegt ihr. Es kann an die Angabe eines konkreten Datums oder an die maßgebliche Berechnungsgrundlage (z. B. „von der Eintragung an für fünf Jahre") angeknüpft werden.[113] Die erste Option ist zu empfehlen, da damit das Fristende direkt und transparent aus der Satzung hervorgeht.[114]

Nach § 118a Abs. 1 Satz 1 und Abs. 5 AktG ist für die Verlängerung der Satzungsbestimmung erneut eine eingetragene Satzungsänderung notwendig.[115] Diese kann in einer virtuellen Hauptversammlung als vollwertiger Versammlungsform beschlossen werden.[116]

Ist die nach Befristung der Satzungsgrundlage abgelaufen, muss die Hauptversammlung nach § 118a Abs. 1 Satz 1 AktG als Präsenzversammlung abgehalten werden. Die Abhaltung einer virtuellen Hauptversammlung ist dann ein Verstoß gegen § 118a Abs. 1 Satz 1 AktG und die dort gefassten Beschlüsse nach § 243 Abs. 1 i. V. m. § 118a Abs. 1 Satz 1 AktG anfechtbar.

---

[110] So auch *Reger/Gaßner*, RDi 2022, 396, 398.

[111] *Guntermann*, ZIP 2022, 781, 783; *Mayer/Jenne/Miller*, BB 2022, 1155, 1157.

[112] Die bloße Einberufung innerhalb der Frist genügt demnach nicht. Diese Klarstellung wurde erst durch den Rechtsausschuss eingefügt. Vgl. Beschlussempfehlung Rechtsausschuss, Virtuelle Hauptversammlung, BT-Drucks. 20/2653, S. 31; ebenso *Paschos*, in: BeckOGKAktG, § 118a Rn. 36.

[113] Ausführlich zu den unterschiedlichen Optionen und mit der genannten Formulierung *Paschos*, in: BeckOGKAktG, § 118a Rn. 36. In der Hauptversammlungssaison 2023 führten 60 % der DAX-Gesellschaften, die eine zweijährige Ermächtigung des Vorstands vorsahen, einen dynamischen Verweis ein. *Danwerth*, ZIP 2023, 2329, 2332.

[114] Vgl. *Bungert/Rieckers/Becker*, DB 2022, 2074, 2075; *Danwerth*, ZIP 2023, 2329, 2332 m. w. N.; *Kubis*, in: MünchKommAktG, § 118a Rn. 82.

[115] *Heckschen*, NotBZ 2022, 281, 283; *Kubis*, in: MünchKommAktG, § 118a Rn. 84; *Mayer/Jenne/Miller*, BB 2022, 2946, 2948; *Schilha/Gaßner*, ZIP 2022, 2357, 2360; *Tröger*, in: KölnKommAktG, § 118a Rn. 29.

[116] FraktionsE, Virtuelle Hauptversammlung, BT-Drucks. 20/1738, S. 27; *Paschos*, in: BeckOGKAktG, § 118a Rn. 37; kritisch hierzu etwa *Schirmer*, AG 2023, 19.

b) Zweck der Befristung

Eine zeitlich unbeschränkte Bestimmung, die Hauptversammlung virtuell abzuhalten, wollte der Gesetzgeber nicht zulassen.[117] Nach der Gesetzesbegründung soll die mindestens alle fünf Jahre neu zu beschließende Satzungsgrundlage der Abhaltung der *virtuellen* Hauptversammlung in regelmäßigen Abständen neue Legitimation geben und die Hauptversammlung stärken.[118]

Einige Literaturstimmen verstehen die Befristung als Anerkenntnis, dass die virtuelle Durchführung einen Eingriff in die Aktionärsrechte darstelle.[119] Dies kann nicht überzeugen. Vielmehr ist § 118a Abs. 3–5 AktG nach obigen Ausführungen als Überbleibsel des noch in die Aktionärsrechte eingreifenden Regelungskonzepts des Referentenentwurfs zu verstehen.[120] Warum diese nicht vollständig aufgehoben worden sind, ist nicht gänzlich nachvollziehbar. Der Gesetzgeber wird seinen eigenen rechtspolitischen Zielen nicht gerecht. Er stellt die virtuelle Hauptversammlung damit nicht der Präsenzversammlung gleich und behandelt sie wie eine „Hauptversammlung zweiter Klasse". Zu lesen sind diese Befristungen mithin als Ausdruck von regulatorischer Unsicherheit[121] und als Zugeständnis an ihre Kritiker. Die unbefristete Ermöglichung der virtuellen Hauptversammlung widerspräche einigen skeptischen Stimmen aus der Literatur[122] und den Aktionärsvereinigungen[123]. Bestand tatsächlich Unsicherheit aufseiten des Gesetzgebers, wäre dieser besser durch eine spätere Evaluation des Gesetzes Rechnung getragen worden.[124]

---

[117] FraktionsE, Virtuelle Hauptversammlung, BT-Drucks. 20/1738, S. 27.

[118] FraktionsE, Virtuelle Hauptversammlung, BT-Drucks. 20/1738, S. 27; allgemein zustimmend *BNotK*, Stellungnahme RefE, S. 11; *DNotV*, Stellungnahme RefE, S. 4, beide abrufbar unter: https://www.bmj.de/SharedDocs/Gesetzgebungsverfahren/DE/2022_Einfuehrung_virtueller_Hauptversammlungen_Aktiengesellschaften.html; *Heckschen/Hilser*, ZIP 2022, 670, 671.

[119] *Sturm/Imsameh*, NZG 2022, 1327, 1328.

[120] S. hierzu und im Folgenden schon Kapitel 4 B. I. 6. c).

[121] So auch *Finanzwende*, Stellungnahme FraktionsE, S. 22, abrufbar unter: https://www.bundestag.de/resource/blob/899780/dec9695269a1bc748d27f2791a850b97/Stellungnahme-Hirte_Finanzwende-data.pdf; *Höreth*, Stellungnahme RefE, S. 7, abrufbar unter: https://www.bmj.de/SharedDocs/Downloads/DE/Gesetzgebung/Stellungnahmen/2022/0310_Stellungnahme_RA_Hoereth_virtuelle_Hauptversammlung.pdf?__blob=publicationFile&v=3; *Poelzig*, Protokoll Rechtsausschuss, S. 22, abrufbar unter: https://www.bundestag.de/resource/blob/908366/d0a1303ceb1e8dd64160319bf8fcbdc4/Wortprotokoll-data.pdf; *Tröger*, in: KölnKommAktG, § 118a Rn. 9.

[122] Etwa *Drinhausen/Keinath*, BB 2022, 451, 452; *Heckschen/Hilser*, ZIP 2022, 670, 671; nach Abschluss des Gesetzgebungsverfahrens *Lochner/Keller*, ZIP 2022, 1997, 1997 Fn. 18.

[123] *Spyra-Sachse*, Protokoll Rechtsausschuss, S. 14, abrufbar unter: https://www.bundestag.de/resource/blob/908366/d0a1303ceb1e8dd64160319bf8fcbdc4/Wortprotokoll-data.pdf; s. im Übrigen die obigen Stimmen, die gar eine Verkürzung der Frist fordern.

[124] So auch, aber ebenso eine Befristung der *gesetzlichen* Regelungen vorschlagend: *Finanzwende*, Stellungnahme FraktionsE, S. 6, abrufbar unter: https://www.bundestag.de/resource/blob/899780/dec9695269a1bc748d27f2791a850b97/Stellungnahme-Hirte_Finanzwende-data.pdf; nach dem Vorbild des KapMuG (Kapitalanleger-Musterverfahrensgesetz) *Poelzig*, Protokoll Rechtsausschuss, S. 22, abrufbar unter: https://www.bundestag.de/resource/blob/908366/d0a1303ceb1e8dd64160319bf8fcbdc4/Wortprotokoll-data.pdf.

c) Kritik und Regelungsvorschlag zur zeitlichen Beschränkung

Die zeitliche Beschränkung der Satzungsregelungen nach § 118a Abs. 1 Satz 1 AktG wurde vielfach kritisiert,[125] besonders von Aktionärsvereinigung aber auch begrüßt.[126] Die Kritik lässt sich unter vier Punkte fassen.

Erstens bringt die erforderliche Satzungsänderung den Gesellschaften alle fünf Jahre einen zusätzlichen Aufwand und Kosten.[127] Die Kosten der Satzungsänderung alle fünf Jahre stellen für größere Gesellschaften wohl keine merkliche Belastung dar, für kleine Gesellschaften können diese Kosten aber durchaus fühlbar sein.

Zweitens wurde angemerkt, dass die zeitliche Befristung zu weniger Rechtssicherheit führt.[128] Gerade in kleinen und mittleren Gesellschaften kann der Zeitpunkt der letzten Bestimmungen zum Modus der Hauptversammlungen in Vergessenheit geraten. Dem Risiko der Anfechtbarkeit der Beschlüsse aufgrund der Satzungsregelung kann zwar durch des Freigabeverfahrens nach § 246a Abs. 1 Satz 1 AktG begegnet werden – gleichwohl wird es dadurch nicht ausgeräumt. Die Gesetzesmaterialien gehen auf dieses Risiko nicht ein.

Ob abgelaufene Satzungsbestimmungen oder Ermächtigungen in der Praxis tatsächlich in einem relevanten Maß unerkannt bleiben, ist unklar. Eine belastbare Einschätzung hierzu kann erst in Zukunft anhand einer rechtstatsächlichen Auswertung erfolgen. Zum heutigen Zeitpunkt scheint das Risiko bei gewissenhaft handelnden Beteiligten aber gering. Befristete Regelungen sind deutschen Aktiensatzungen nicht fremd[129] und bedürfen keiner komplexen juristischer Würdigung. Sie sind einfach auszulegen und die daraus entstehende Rechtsunsicherheit kann an dieser Stelle keine alleinig durchschlagende Wirkung erzielen.

---

[125] S. hierzu in den folgenden Nachweisen sowie exemplarisch *BDI*, Stellungnahme RefE, S. 1 f.; *Minderheitsaktionäre*, Stellungnahme RefE, S. 3, beide abrufbar unter: https://www.bmj.de/SharedDocs/Gesetzgebungsverfahren/DE/2022_Einfuehrung_virtueller_Hauptversammlungen_Aktiengesellschaften.html; *Seibt/Danwerth*, DB 2022, 1434, 1436 m. w. N.

[126] Vgl. nur die Forderungen nach kürzeren Befristungen, Kapitel 4 B. I. 6. a).

[127] Beschlussempfehlung Rechtsausschuss BR, Virtuelle Hauptversammlung, BR-Drucks. 185/1/22, S. 1 f.; *bwf*, Stellungnahme RefE, S. 1 f.; *DAI*, Stellungnahme RefE, S. 6; *GDV*, Stellungnahme RefE, S. 11, alle abrufbar unter: https://www.bmj.de/SharedDocs/Gesetzgebungs verfahren/DE/2022_Einfuehrung_virtueller_Hauptversammlungen_Aktiengesellschaften.html; *Poelzig*, Stellungnahme FraktionsE, S. 4, abrufbar unter: https://www.bundestag.de/resource/blob/899782/1204858008a2d375e1e7b50db6735a36/Stellungnahme-Rosskopf-data.pdf.

[128] Dazu und im Folgenden *BDR*, Stellungnahme RefE, S. 1 f., abrufbar unter: https://www.bmj.de/SharedDocs/Downloads/DE/Gesetzgebung/Stellungnahmen/2022/0318_Stellungnahme_BDR_virtuelle_Hauptversammlung.pdf?__blob=publicationFile&v=3; *Klein*, NZG 2022, 483, 483 f.

[129] Vergleichbare Befristungen enthält das Aktiengesetz zur Erhöhung des genehmigten Kapitals in § 202 Abs. 1, Abs. 2 Satz 1 AktG und bei der Ausgabe von Wandelschuldverschreibungen in § 221 Abs. 2 Satz 1 AktG. Diesen Vergleich ebenso ziehend *Paschos*, in: BeckOGKAktG, § 118a Rn. 35.

Drittens ist eine Befristung von Satzungsregelungen für die Hauptversammlung systemfremd, da auch § 118 Abs. 1 Satz 2, Abs. 2 AktG und andere Festlegungen der Organisationsverfassung im Aktienrecht keine solche vorsehen.[130]

Viertens wird an der zwingenden Befristung fundamental kritisiert, dass diese die grundlegende Gleich- und Vollwertigkeit des virtuellen Formats gegenüber der Präsenzversammlung infrage stellt.[131] Während die Präsenzhauptversammlung den Grundfall darstellt und es eines Opt-ins in die virtuelle Hauptversammlung bedarf, stellt dies nicht zwangsweise eine Ungleichwertigkeit der beiden Formate dar.[132] Dass die Legitimation der virtuellen Versammlung regelmäßig erneuert werden muss, suggeriert aber eine Minderwertigkeit des Formats. In der Gesetzesbegründung heißt es, dass es eine erneute Legitimation alle fünf Jahre benötige, da sich über den Zeitraum die Struktur des Aktionariats ändern könne und die Aktionäre die Hauptversammlung nicht mehr in virtueller Form abhalten wollten.[133] Dies gilt aber ebenso für die Präsenzversammlung, für die es keine regelmäßig erneuerten Satzungsbeschlüsse bedarf.

Auf Grundlage dieser vier Kritikpunkte sollte die zeitliche Beschränkung der in der Satzung festgehaltenen Entscheidung, die Hauptversammlungen virtuell abzuhalten, in § 118a Abs. 3–5 AktG ersatzlos gestrichen werden.[134]

Entscheidend spricht hierfür, dass die virtuelle Hauptversammlung der Präsenzversammlung auch in einem weiteren Sinne gleichgestellt werden soll. Die virtuelle Hauptversammlung bietet ein der Präsenzversammlung gleichwertiges Versamm-

---

[130] *BUJ*, Stellungnahme RefE, S. 1 f., abrufbar unter: https://www.bmj.de/SharedDocs/Downloads/DE/Gesetzgebung/Stellungnahmen/2022/0311_Stellungnahme_BUJ_virtuelle_Hauptversammlung.pdf?__blob=publicationFile&v=3; ausführlich mit weiteren Beispielen *Klein*, NZG 2022, 483, 483 f.

[131] Im Gesetzgebungsverfahren: Beschlussempfehlung Rechtsausschuss BR, Virtuelle Hauptversammlung, BR-Drucks. 185/1/22, S. 1 f.; Stellungnahmen zum Referentenentwurf *BDR*, Stellungnahme RefE, S. 1 f.; *BUJ*, Stellungnahme RefE, S. 1 f.; *DAI*, Stellungnahme RefE, S. 6; *DAV*, Stellungnahme RefE, S. 5; *GDV*, Stellungnahme RefE, S. 10 f.; *VCI*, Stellungnahme RefE, S. 4, alle abrufbar unter: https://www.bmj.de/SharedDocs/Gesetzgebungsverfahren/DE/2022_Einfuehrung_virtueller_Hauptversammlungen_Aktiengesellschaften.html; Stellungnahmen im Rechtsausschuss: *Finanzwende*, Stellungnahme FraktionsE, S. 6; *Koch*, Stellungnahme FraktionsE, S. 5; beide abrufbar unter: https://www.bundestag.de/dokumente/textarchiv/2022/kw25-pa-rechtsausschuss-hauptversammlung-895824; *Poelzig*, Protokoll Rechtsausschuss, S. 22, abrufbar unter: https://www.bundestag.de/resource/blob/908366/d0a1303ceb1e8dd64160319bf8fcbdc4/Wortprotokoll-data.pdf. In der Literatur: *Bungert/Rieckers*, DB 2022, 581, 582; *Seibt/Danwerth*, DB 2022, 1434, 1436 m. w. N.

[132] S. hierzu nochmals Kapitel 4 B. I. 1., 2. c). Die Gesetzesbegründung sprich sogar im direkten Kontext der neu eingefügten § 118a Abs. 3–5 AktG von einer „vollwertigen Hauptversammlung ohne jede Kompetenzeinschränkung". FraktionsE, Virtuelle Hauptversammlung, BT-Drucks. 20/1738, S. 27.

[133] FraktionsE, Virtuelle Hauptversammlung, BT-Drucks. 20/1738, S. 27.

[134] Infolgedessen kann der heutige Absatz 6 als neuer Absatz 3 vorgerückt werden.

lungsformat und ein gleichwertiges Niveau von Aktionärsrechten.[135] In Abwesenheit eines Eingriffs in die Aktionärsrechte bedarf es für diese keine fortwährend zu aktualisierende Legitimation. Es handelt sich um eine bloße Ausgestaltung der Art und Weise, wie die Aktionäre von ihren Aktionärsrechten Gebrauch machen können. Der Gesetzgeber hat sich daher mit Rücksicht auf die Privatautonomie der Gesellschaften regulatorisch frei nach dem Motto *in dubio pro libertate* zurückzuhalten. Ganz in diesem Sinne steht dem nicht entgegen, wenn Gesellschaften in der Praxis noch kürzere zeitliche Befristungen der Satzungsgrundlage wählen.

Sollten sich im politischen Kontext weiter Vorbehalte gegen die virtuelle Hauptversammlung halten, sollte eine Evaluation des ganzen Konzepts in der Praxis angestrebt werden. Diese könnte fünf Jahre nach dem Inkrafttreten stattfinden.

d) Gebrauch in der Praxis

In der Praxis bedienen sich die Aktionäre vielfach der Befristungsmöglichkeit und setzen überwiegend kürzere Fristen. In der Hauptversammlungssaison 2023 haben lediglich 27% der Gesellschaften der DAX-Indexfamilie die Frist von fünf Jahren voll ausgeschöpft.[136] Die mit 66% überwiegende Mehrheit ermächtigte den Vorstand lediglich für zwei Jahre.[137] Dies deckt sich mit übereinstimmenden Einschätzungen aus der Praxis.[138] Damit soll für die Gesellschaften hinreichende Rechtssicherheit geschaffen werden, ohne die Aktionärsinteressen zu vernachlässigen.

Hier ist ein umgekehrter Zusammenhang zwischen der Größe der Gesellschaft und der Länge der Ermächtigung zu vermuten. So ergibt sich für die Hauptversammlungssaison 2023, dass im DAX40 nur vier Gesellschaften (14%) ihren Vorstand für fünf Jahre ermächtigten, während es im SDAX die Hälfte aller Gesellschaften waren.[139] Sicher lässt sich dies zum jetzigen Zeitpunkt noch nicht belegen, da die Ergebnisse aus dem MDAX die These bislang noch nicht widerspiegeln. Eine endgültige Bewertung steht damit noch aus. Begründen ließe sich ein solcher Zusammenhang jedoch durch den geringeren Einfluss von institutionellen Investoren und Stimmrechtsberatern in kleineren Gesellschaften. Diese forderten zuvor vielfach eine Beschränkung der Ermächtigung auf zwei Jahre.[140]

---

[135] S. zur Gleichwertigkeit der virtuellen Hauptversammlung, Kapitel 4 B. I. 2. c).
[136] *Danwerth*, ZIP 2023, 2329, 2332.
[137] *Danwerth*, ZIP 2023, 2329, 2332.
[138] *Schmidt*, GoingPublic Special Corporate Finance Recht 2023, 52, 53.
[139] Auswertung auf Grundlage der Datenerhebung von *Danwerth*, ZIP 2023, 2329.
[140] *Merkner/Schulenburg/Elixmann*, AG 2023, 643, 645.

7. Übergangsregelung, § 26n Abs. 1 EGAktG

Nur noch von historischem Interesse ist heute schließlich die Übergangsregelung § 26n Abs. 1 EGAktG. Mit dieser verhinderte der Gesetzgeber, dass die Gesellschaften mit Auslaufen des GesRuaCOVBekG erneut in die Präsenzversammlung gezwungen wurden.[141]

Da die Abhaltung einer virtuellen Hauptversammlung unter dem GesRuaCOV BekG keine Satzungsgrundlage erforderte, fehlte es vielen Gesellschaften mit dem Auslaufen des GesRuaCOVBekG an solchen. Ohne eine Satzungsgrundlage wären die Gesellschaften unter der neu eingetretenen Lex lata nach § 118a Abs. 1 Satz 1 AktG auf die Abhaltung von Präsenzversammlungen zurückgeworfen. Um dies zu verhindern, sah § 26n Abs. 1 EGAktG eine Übergangsregelung vor. Nach dieser konnte der Vorstand ein Jahr nach dem Auslaufen des GesRuaCOVBekG virtuelle Hauptversammlungen weiterhin allein mit Zustimmung des Aufsichtsrats einberufen.[142] Eine Satzungsregelung war hierfür nicht vonnöten.

Die Übergangsregelung erfuhr erhebliche Kritik.[143] Das Gros der Kritiker sah keine für eine solche Übergangsregelung notwendige Eilbedürftigkeit.[144] Die Aktionäre sollten demnach direkt selbst über das Format ihrer Hauptversammlung entscheiden.[145] Die Argumentation gegen die Übergangsregelung beruhte damit darauf, dass die physische Versammlungsform als die „eigentliche", höherwertige angesehen wurde[146] und ein solcher Beschluss nicht in der „beschränkten" virtuel-

[141] FraktionsE, Virtuelle Hauptversammlung, BT-Drucks. 20/1738, S. 38.

[142] Vgl. FraktionsE, Virtuelle Hauptversammlung, BT-Drucks. 20/1738, S. 38; zur Interessenlage der Gesellschaften *Bungert/Rieckers*, DB 2022, 581, 582.

[143] Stellungnahmen im Rechtsausschuss dafür *Koch*, Stellungnahme FraktionsE, S. 4; *Poelzig*, Stellungnahme FraktionsE, S. 4 f.; dagegen *BVI*, Stellungnahme RegE, S. 3; *DSW*, Stellungnahme RegE, S. 7, alle abrufbar unter: https://www.bundestag.de/dokumente/textarchiv/2022/kw25-pa-rechtsausschuss-hauptversammlung-895824. In der Literatur dafür *Seibt/Danwerth*, AG 2022, 177, 180; dagegen *Schirmer*, AG 2023, 19, 20 f. *Hirte*, FS Strenger, S. 195, 206 nahm mit dem Regierungsentwurf seine Kritik aufgrund der Gleichwertigkeit der Versammlungen zurück.

[144] *BVI*, Stellungnahme RegE, S. 3; *DSW*, Stellungnahme RegE, S. 7, beide abrufbar unter: https://www.bundestag.de/dokumente/textarchiv/2022/kw27-de-virtuelle-hauptversammlung-902468; *SdK*, Stellungnahme RefE, S. 27 f., abrufbar unter: https://www.bmj.de/SharedDocs/Downloads/DE/Gesetzgebung/Stellungnahmen/2022/0316_Stellungnahme_SDK_virtuelle_Hauptversammlung.pdf?__blob=publicationFile&v=3.

[145] *DSW*, Stellungnahme RegE, S. 7, abrufbar unter: https://www.bundestag.de/resource/blob/899444/5f528ccf2a2b8c7158b6f984f7ac2321/Stellungnahme-Tuengler_DSW-data.pdf; *SdK*, Stellungnahme RefE, S. 27, abrufbar unter: https://www.bmj.de/SharedDocs/Gesetzgebungsverfahren/DE/2022_Einfuehrung_virtueller_Hauptversammlungen_Aktiengesellschaften.html.

[146] Die so ausdrücklich machen *Finanzwende*, Stellungnahme FraktionsE, S. 11, abrufbar unter: https://www.bundestag.de/resource/blob/899780/dec9695269a1bc748d27f2791a850b97/Stellungnahme-Hirte_Finanzwende-data.pdf.

len Hauptversammlung gefasst werden solle.[147] Dies kann nach obiger Feststellung der Gleichwertigkeit der Versammlungsformate nicht überzeugen,[148] zeigt aber, wie hartnäckig sich die Auffassung einer Minderwertigkeit der virtuellen Hauptversammlung hält.

Bis zum Auslaufen der Übergangsregelung am 31. 8. 2023 erfreute sich die Übergangsregelung großer Beliebtheit.[149]

8. Überlegungen de lege ferenda: Minderheitenrechte

Die Einführung der virtuellen Hauptversammlung brachte keine besonderen Minderheitenrechte mit sich. Dieser Entscheidung des Gesetzgebers ist zu begrüßen. Mit Blick auf die Bedeutung der Entscheidung eine virtuelle Hauptversammlung abzuhalten, wird hier trotzdem auf die rechtspolitischen Vorschläge zur Einführung von Minderheitenrechten eingegangen.

a) Minderheitenrecht auf Abhaltung einer Präsenzhauptversammlung

Ein gesetzliches Minderheitenrecht auf Abhaltung einer Präsenzhauptversammlung wurde sowohl im Gesetzgebungsverfahren[150] als auch außerhalb[151] gefordert. Diejenigen, die ein solches Recht forderten, schlugen in der Regel eine

---

[147] In diesem Sinne dem inhaltlich folgend insbesondere: *BVI*, Stellungnahme RegE, S. 3, abrufbar unter: https://www.bundestag.de/resource/blob/899440/8bf5fcef613ce4ddd1f359cd150041ed/Stellungnahme-Spyra-Sachse_BVI-data.pdf; *SdK*, Stellungnahme RefE, S. 27 f., abrufbar unter: https://www.bmj.de/SharedDocs/Downloads/DE/Gesetzgebung/Stellungnahmen/2022/0316_Stellungnahme_SDK_virtuelle_Hauptversammlung.pdf?__blob=publicationFile&v=3.

[148] S. Kapitel 4 B. I. 1. c).

[149] Zur empirischen Auswertung des Gebrauchs unter den Gesellschaften der DAX-Indexfamilie *Danwerth*, ZIP 2023, 2329, 2331. Ausführlicher auch unter Kapitel 4 B. I. 5. b).

[150] Stellungnahmen zum Fraktionsentwurf *DSW*, Stellungnahme RegE, S. 8; *Poelzig*, Stellungnahme FraktionsE, S. 9; beide abrufbar unter: https://www.bundestag.de/dokumente/textarchiv/2022/kw27-de-virtuelle-hauptversammlung-902468. Stellungnahmen zum Referentenentwurf *BNotK*, Stellungnahme RefE, S. 5; *DGB*, Stellungnahme RefE, S. 7; *DNotV*, Stellungnahme RefE, S. 4; *GSC*, Stellungnahme RefE, S. 1; *HW Capital*, Stellungnahme RefE, S. 1; *Initiative Minderheitsaktionäre*, S. 3 f., alle abrufbar unter: https://www.bmj.de/SharedDocs/Gesetzgebungsverfahren/DE/2022_Einfuehrung_virtueller_Hauptversammlungen_Aktiengesellschaften.html.

[151] *Beneke/Heidel/Lochner*, AG 2024, 528, 535 f.; *Heckschen*, NotBZ 2022, 281, 283, 285; *Heckschen/Wicke*, NZG 2022, 433; *Sturm/Imsameh*, NZG 2022, 1327, 1329; *Teichmann/Wicke*, DB 2022, 720, 723 m. w. N.; nur, wenn individuelle Rechtspositionen eines Aktionärs betroffen sind *Wicke*, DStR 2022, 498, 505; erwägend *Walch/Häuslmeier*, DNotZ 2023, 106, 124. Vor dem Gesetzgebungsverfahren: *Herzog/Gebhard*, GWR 2021, 445, 446; *Teichmann* ZfPW 2019, 247, 263 f.; für nicht börsennotierte Gesellschaften *Lieder*, ZIP 2021, 161, 169; nahe-

Schwelle von fünf Prozent der Aktionärsstimmen oder einen anteiligen Betrag von 500.000 € als erforderliches Quorum vor. Beide Schwellenwerte sind gegriffene Größen, die sich aber am Einberufungsrecht der Minderheit nach § 122 AktG orientieren.[152]

Ein gesetzliches Minderheitenrecht auf Abhaltung der Hauptversammlung in Präsenz wurde mit einer ähnlichen Argumentation wie die Beschränkung der Satzungsbestimmungen auf bestimmte Fälle in § 118 Abs. 1 Satz 2 AktG-FraktionsE begründet. Im Kern schlagen die Befürworter ein solches Minderheitenrecht vor, da sie die Präsenzversammlung für besondere Abstimmungsfragen für besser geeignet sehen als die virtuelle Versammlung.[153]

Des Weiteren würde die Möglichkeit eines solchen Minderheitsverlangens den Druck auf die Gesellschaften und den Gesetzgeber erhöhen, die virtuelle Versammlung so attraktiv zu gestalten, dass diese der Präsenzversammlung in nichts nachstehe und es zu keinem entsprechenden Minderheitsverlangen komme.[154] Schließlich könne sich mit dem Modus der Versammlung die Zusammensetzung der jeweils teilnehmenden Aktionäre und die davon abhängigen Mehrheiten ändern. Dies könne dann zum Problem werden, wenn der Vorstand der größte Aktionär ist.[155]

Zuletzt wurde angeführt, dass es ohne ein Minderheitenrecht nur über ein mehrstufiges Verfahren möglich ist, von der Satzungsregelung ab- und zur Präsenzhaupt-

---

stehend *ICLEG*, Report on digitalisation in company law, 2016, S. 32, abrufbar unter: https://commission.europa.eu/system/files/2020-03/icleg-report-on-digitalisation-24-march-2016_en_1.pdf; für einen Minderheitenschutz im Konzern *VGR*, AG 2021, 380, 387; ausdrücklich dagegen *Redenius-Hövermann/Bannier*, ZIP 2020, 1885, 1895.

[152] *Lieder*, ZIP 2020, 837, 840; *Poelzig*, Stellungnahme FraktionsE, S. 9, abrufbar unter: https://www.bundestag.de/resource/blob/899960/36d57711a1cc101e5486546d81a60239/Stellungnahme-Poelzig-data.pdf; *Teichmann/Wicke*, ZGR 2021, 173, 186. Sowie die Stellungnahmen zum RefE: *BNotK*, Stellungnahme RefE, S. 5; *DGB*, Stellungnahme RefE, S. 7; *DNotV*, Stellungnahme RefE, S. 4; *GSC*, Stellungnahme RefE, S. 1; *HW Capital*, Stellungnahme RefE, S. 1; *VzfK*, Stellungnahme RefE, S. 3, alle abrufbar unter: https://www.bmj.de/SharedDocs/Gesetzgebungsverfahren/DE/2022_Einfuehrung_virtueller_Hauptversammlungen_Aktiengesellschaften.html.

[153] Die Präsenzversammlung ermögliche etwa unmittelbaren persönlichen Kontakt unter Einsatz von Mimik und Gestik und eine höhere Vertraulichkeit. Ausführlich *Teichmann/Wicke*, DB 2022, 720, 723; *Noack/Zetzsche*, AG 2020, 721, 728 Rn. 59; aufgreifend *Poelzig*, Stellungnahme FraktionsE, S. 9, abrufbar unter: https://www.bundestag.de/resource/blob/899960/36d57711a1cc101e5486546d81a60239/Stellungnahme-Poelzig.pdf; *Wicke*, DStR 2022, 498, 505.

[154] *Finanzwende*, Stellungnahme FraktionsE, S. 11, abrufbar unter: https://www.bundestag.de/resource/blob/899780/dec9695269a1bc748d27f2791a850b97/Stellungnahme-Hirte_Finanzwende-data.pdf.

[155] *HW Capital*, Stellungnahme RefE, abrufbar unter: https://www.bmj.de/SharedDocs/Downloads/DE/Gesetzgebung/Stellungnahmen/2022/0303_Stellungnahme_HW_Capital_virtuelle_Hauptversammlung.pdf?__blob=publicationFile&v=3.

versammlung zurückzukehren.[156] Versteht man die Präsenzhauptversammlung als die Grundform, muss eine Rückkehr zu diesem Modus einfacher möglich sein.[157]

Im Rechtsausschuss wurde ein solches Minderheitenrecht von dem Vertreter der AfD-Fraktion aufgegriffen und in einem eigenen Änderungsantrag vorgebracht.[158] Der Antrag wurde von den anderen Fraktionen im Bundestag abgelehnt.[159] Aus den Materialien geht nur eine Reaktion der FDP-Fraktion hervor. Diese begründete ihre Ablehnung damit, dass die Minderheitenrechte durch das Aktiengesetz in hinreichender Weise geschützt seien und eine Hauptversammlung nach § 122 Abs. 1 Satz 1 AktG nur ein Quorum von fünf Prozent des Grundkapitals verlangt.[160]

Dieser Argumentation ist sich anzuschließen. Während ein Minderheitenschutz nicht zum Nulltarif zu haben ist,[161] führte ein solches Minderheitenrecht zu übermäßigen Kosten für einen sehr beschränkten Ertrag. Ein Minderheitenrecht auf eine Präsenzteilnahme führt aller Voraussicht nach zu einer Vielzahl an hybriden Hauptversammlungen und damit wiederum höhere Kosten und Problemen bezüglich der Gleichbehandlung der persönlich und virtuell teilnehmenden Aktionäre[162]. Des Weiteren greift ein Minderheitenrecht auch in die Prinzipien der Aktionärsdemokratie und der Privatautonomie der übrigen Aktionäre ein. Diese werden nämlich eingeschränkt, wenn ein Minderheitsaktionär, der nur fünf Prozent des Grundkapitals oder einen anteiligen Betrag von 500.000 € halten muss, die Entscheidung einer satzungsändernden Mehrheit umgehen und der Gesamtheit der Aktionäre die höheren Kosten für eine hybride Versammlung oder eine Präsenzversammlung auflasten kann.

Der Ertrag eines solchen Minderheitenrechts ist seit dem Fraktionsentwurf gleichfalls bloß marginal. Die virtuelle Hauptversammlung bietet den Aktionären

---

[156] Vgl. hierzu: *BNotK*, Stellungnahme RefE, S. 5; *DNotV*, Stellungnahme RefE, S. 4, beide abrufbar unter: https://www.bmj.de/SharedDocs/Gesetzgebungsverfahren/DE/2022_Einfuehrung_virtueller_Hauptversammlungen_Aktiengesellschaften.html. Zunächst muss satzungsgemäß eine virtuelle Hauptversammlung abgehalten werden, auf dieser dann die Satzung entsprechend geändert werden und diese im Handelsregister eingetragen worden sein. Erst dann kann wieder eine virtuelle Hauptversammlung abgehalten werden.

[157] Noch unter dem Eindruck des Referentenentwurfs *BNotK*, Stellungnahme RefE, S. 5; *DNotV*, Stellungnahme RefE, S. 4, beide abrufbar unter: https://www.bmj.de/SharedDocs/Gesetzgebungsverfahren/DE/2022_Einfuehrung_virtueller_Hauptversammlungen_Aktiengesell schaften.html; vgl. *Sturm/Imsameh*, NZG 2022, 1327, 1329; *Teichmann*, ZfPW 2019, 247, 263.

[158] Beschlussempfehlung Rechtsausschuss, Virtuelle Hauptversammlung, BT-Drucks. 20/2653, S. 28–30. Änderungsantrag AFD, Virtuelle Hauptversammlung, BT-Drucks. 20/2663, der gleichlautend zum Änderungsantrag im Rechtsausschuss ist.

[159] BT-Prot. 20/47, S. 5019 (C).

[160] Beschlussempfehlung Rechtsausschuss, Virtuelle Hauptversammlung, BT-Drucks. 20/2653, S. 33, wobei die Fraktion im Bericht in einem offensichtlichen Fehler mit einem erforderlichen Quorum von 10 % zitiert wird.

[161] So der Gegeneinwand *Lieder*, ZIP 2021, 161, 170.

[162] So auch *Redenius-Hövermann/Bannier*, ZIP 2020, 1885, 1895. Zu den Nachteilen des hybriden Modells bereits Kapitel 3 B. II. 1. Vgl. ferner FraktionsE, Virtuelle Hauptversammlung, BT-Drucks. 20/1738, S. 16.

eine gleichwertige Ausübung ihrer Aktionärsrechte und stellt auch im Übrigen eine gleichwertige Versammlung dar.[163] Zwar belastet der Wechsel in das digitale Format einige Aktionäre besonders, doch sind dies allgemein zumutbare Bedingungen. Die postulierten Vorteile einer Präsenzversammlung sind ferner oftmals nur Reflexe des Präsenzformats, nicht aber geschützter Teil der Aktionärsrechte. Ein Minderheitenrecht auf die Präsenzhauptversammlung würde die Gleichwertigkeit der virtuellen Hauptversammlung unterminieren und die Präsenzversammlung als die „eigentlich wertvollere Versammlung" für die Aktionäre als Auffangoption vorhalten. Ein gesetzliches Minderheitenrecht auf Abhaltung der virtuellen Hauptversammlung ist mithin abzulehnen.[164]

b) Austrittsrecht gegen Barabfindung

Vor Beginn des Gesetzgebungsverfahrens wurde in der Literatur ein Austrittsrecht gegen Barabfindung bei Abhaltung einer virtuellen Hauptversammlung als weiteres Minderheitenrecht vorgeschlagen.[165] Die Gesetzgebungsmaterialien enthalten keine Erwägungen hierzu.

Für eine gewisse Minderheit an Aktionären, die partout nicht an einer virtuellen Versammlung teilnehmen wollen oder für die diese unzumutbar ist – man denke an besonders alte oder technikferne Aktionäre –, kann das virtuelle Format eine besondere Belastung darstellen. Da die virtuelle Versammlung aber auch einige Vorteile mit sich bringt[166] und von der satzungsbestimmenden Mehrheit der Aktionäre getragen werden muss, können diese Minderheiteninteressen die virtuelle Hauptversammlung nicht verhindern. Bei nicht börsengelisteten Gesellschaften[167] könnte ein Austrittsrecht gegen Abfindung daher einen Kompromiss darstellen und den Aktionären den Ausstieg ermöglichen.[168]

---

[163] S. zur folgenden Argumentation nochmals Kapitel 4 B. I. 2. c).

[164] Ebenso mit der Gleichwertigkeit der Versammlungsformen argumentierend *Tröger*, in: KölnKommAktG, § 118a Rn. 10.

[165] Kürzlich erst durch die Arbeitsgruppe der *VGR* erneut diskutiert, aber zugunsten eines Vorschlags, nach dem die Satzung Minderheitenrechte vorsehen können soll, abgelehnt, *Poelzig*, Reformbedarf im Aktienrecht 2024, S. 308–311 f. Im Übrigen: *Beck*, RNotZ 2014, 160, 165; *Lieder*, FS Vetter, S. 419, 439; *ICLEG*, Report on digitalisation in company law, 2016, S. 32 abrufbar unter: https://commission.europa.eu/system/files/2020-03/icleg-report-on-digitalisation-24-march-2016_en_1.pdf; *Spindler*, ZGR 2018, 17, 25; erwägend *Dubovitskaya*, NZG 2020, 647, 650; *Stelmaszczyk*, DNotZ 2021, 930, 963. Dagegen: *Noack/Zetzsche*, AG 2020, 721, 728 Rn. 59; *Teichmann*, ZGR 2021, 173, 186. Zur Lex lata *Sturm/Imsameh*, NZG 2022, 1327, 1329.

[166] S. hierzu nochmals umfassend Kapitel 2 C.

[167] Eine Ausnahme kann für Aktionäre börsengelisteter Aktiengesellschaften vorgesehen werden. Diese können ihre Anteile frei börslich handeln und jederzeit abstoßen. Sie benötigen keinen gesonderten Schutz im Gegensatz zu den Aktionären, die ihre Anteile an den nicht gelisteten Gesellschaften womöglich nur schwer und mit Preisnachlässen verkaufen können. So argumentierend *Dubovitskaya*, NZG 2020, 647, 650; *Lieder*, ZIP 2021, 161, 169.

[168] Zu den unterschiedlichen Vorschlägen der Abfindung vgl. *Beck*, RNotZ 2014, 160, 165; *Lieder*, ZIP 2021, 161, 169.

Gegen ein so ausgestaltetes Austrittsrecht lässt sich erneut anführen, dass die virtuelle Hauptversammlung die Ausübung der Aktionärsrechte nicht einschränkt.[169] Das virtuelle Format ist in Anbetracht des heute allgemein verbreiteten Umgangs mit virtuellen Formaten keine besondere Zumutung. Für einzelne stellt eine elektronische Zuschaltung zur Versammlung sicherlich noch eine besondere Belastung dar. Selbst bei einer Präsenzversammlung stellen die Anreise und körperliche Anwesenheit von bis zu sechs Stunden für viele aber eine mindestens ebenso große Belastung dar und für diese ist auch kein Austrittsrecht gegen Barabfindung vorgesehen. Bestimmte Kosten bzw. Hindernisse der Ausübung von Aktionärsrechten sind nie ganz zu vermeiden und unter Umständen hinzunehmen.[170] Die Aktionärspartizipation gibt es ebenfalls nicht zum Nulltarif. Ein bloß einseitiges Austrittsrecht gegen Barabfindung stellte vor diesem Hintergrund eine kaum zu rechtfertigende Ungleichbehandlung der beiden Formate dar und würde den allgemeinen Gedanken ihrer Gleichwertigkeit untergraben.

9. Verbreitung in der Praxis

Wie viele Gesellschaften sich in der Zukunft für eine virtuelle Hauptversammlung entscheiden werden, ist noch nicht genau abzusehen und wird sich noch dynamisch entwickeln. Die Adaption der virtuellen Hauptversammlung der Lex lata ist immer noch nicht vollständig abgeschlossen. In der Praxis finden weiterhin wichtige Entwicklungen etwa in den Angeboten der Hauptversammlungsdienstleistern, der Etablierung von Best Practices und der allgemeinen technischen Umsetzung statt.

a) Rechtstatsachen

In der Hauptversammlungssaison 2023 wurden auf Grundlage von § 26n Abs. 1 EGAktG 51 % aller Hauptversammlungen der DAX-Indexfamilie seit Inkrafttreten des Gesetzes zur Einführung virtueller Hauptversammlungen im virtuellen Format abgehalten.[171] Noch unter dem GesRuaCOVBekG veranstalteten, bis auf drei, alle Gesellschaften der DAX-Indexfamilie virtuelle Hauptversammlungen.[172] Dabei besteht innerhalb der Indizes eine Korrelation zwischen der Größe der Gesellschaften und ihrer Entscheidung für die virtuelle Hauptversammlung, die sich in die übrigen börsennotierten Gesellschaften fortsetzt. Das Gefälle beginnt bei 74 %

---

[169] Zur Gleichwertigkeit der Versammlung, Kapitel 4 B. I. 2. c).

[170] Ähnlich wie hier, ausführlich *Redenius-Hövermann/Bannier*, ZIP 2020, 1885, 1895.

[171] *Danwerth*, ZIP 2023, 2329, 2331. Zum genauen Gegenstand der Untersuchung *Danwerth*, ZIP 2023, 2329, 2330.

[172] *Danwerth*, ZIP 2023, 2329, 2331. Die drei Präsenzversammlungen wurden von der Deutschen Telekom AG, Eckert & Ziegler Strahlen- und Medizintechnik AG und Hypoport SE veranstaltet. Unbeachtet blieben bei dieser Auswertung selbstverständlich die ausländischen Gesellschaften.

virtueller Hauptversammlungen im DAX40 und wird im MDAX mit 49 % sowie im SDAX mit 38 % fortgeführt.[173] Unter den restlichen börsennotierten Gesellschaften veranstalteten der Untersuchungen der *DSW* nach nur 31 % der Gesellschaften eine virtuelle Hauptversammlung.[174] In der Hauptversammlungssaison 2023 haben ausnahmslos alle Gesellschaften der DAX-Indexfamilie den Vorstand nach § 118a Abs. 1 Satz 1 AktG ermächtigt, über das Versammlungsformat zu entscheiden.[175]

Eine eindeutige Entwicklung ließ sich in der Hauptversammlungssaison 2024 nicht erkennen. Unter den Gesellschaften des DAX40 blieb die Zahl konstant bei 74 %, während sie im MDAX auf 46 % sank und im SDAX auf 42 % stieg.[176] Unter den sonstigen börsengelisteten Gesellschaften veranstalteten nur noch 24 % eine virtuelle Hauptversammlung, was eine Reduktion von 7 % zum Vorjahr bedeutet.[177]

Außerordentliche Hauptversammlungen wurden bislang noch in klarer Mehrheit im Präsenzformat abgehalten.[178] Nicht börsennotierte Gesellschaften, die die Überzahl ausmachen, bleiben empirisch unterbeleuchtet.[179]

---

[173] *Danwerth*, ZIP 2023, 2329, 2331.

[174] *DSW*, HV-Report 2023, S. 11, abrufbar unter: https://www.dsw-info.de/fileadmin/Redaktion/Dokumente/PDF/Publikationen/HV_Report_2023_-_Erfahrungen_mit_der_virtuellen_Hauptversammlung.pdf. Die Untersuchung des *HV Magazins* ergab 32,8 % unter den Gesellschaften des Prime Standards, die nicht im DAX, MDAX, oder SDAX gelistet waren, *Schüller*, HV Magazin 2023, Heft 4, 8.

[175] *Danwerth*, ZIP 2023, 2329, 2332. Von der Möglichkeit, die virtuelle Hauptversammlung direkt in der Satzung vorzugeben, machte keine Gesellschaft Gebrauch. Unter den hundert größten börsennotierten Gesellschaften ermittelte das *Aktionärsforum* ebenso für die Hauptversammlungssaison 2023, dass 78 Gesellschaften eine solche Regelung vorsahen. *Aktionärsforum*, Pressemitteilung v. 31. 7. 2023, abrufbar unter: https://www.symposium-kapitalmarktrecht.de/assets/downloads/Aktionaersforum_Untersuchung_HV-Saison_2023.pdf.

[176] *DSW*, HV-Report 2024, S. 11, abrufbar unter: https://www.dsw-info.de/fileadmin/Redaktion/Dokumente/PDF/Publikationen/Erfahrungen_mit_der_virtuellen_Hauptversammlung_2024.pdf.

[177] *DSW*, HV-Report 2024, S. 11, abrufbar unter: https://www.dsw-info.de/fileadmin/Redaktion/Dokumente/PDF/Publikationen/Erfahrungen_mit_der_virtuellen_Hauptversammlung_2024.pdf. Nach einer Studie von Taylor Wessing, wurden hielten 37 % der Gesellschaften, die keinem DAX-Index, aber dem Prime Standard angehörten, ihre Hauptversammlungen virtuell ab. *Beyer/Plagemann*, Studie Hauptversammlung 2024, S. 13, abrufbar unter: https://www.taylorwessing.com/-/media/taylor-wessing/files/germany/2024/11/hv-studie-2024.pdf.

[178] Nach Untersuchungen Danwerths wurde keine der außerordentlichen Hauptversammlungen in der Hauptversammlungssaison 2024 als virtuelle Versammlung abgehalten. *Danwerth*, AG 2024, 892. Gegenstand seiner Untersuchung waren die Hauptversammlungen der Gesellschaften der DAX-Indexfamilie, die zwischen dem. 1. 9. 2023 und dem 31. 8. 2024 einberufen wurden. In der Hauptversammlungssaison 2023 wurde nur eine von vier außerordentlichen Hauptversammlungen virtuell abgehalten. *Danwerth*, ZIP 2023, 2329, 2330. Vgl. ferner *Johannsen-Roth/Kießling/Raapke*, DB 2022, Beilage 3, 15. In diese Richtung auch die Beispiele in *DSW*, HV-Report 2024, S. 11, abrufbar unter: https://www.dsw-info.de/fileadmin/Redaktion/Dokumente/PDF/Publikationen/Erfahrungen_mit_der_virtuellen_Hauptversammlung_2024.pdf.

[179] So auch einschätzend *Harnos*, Beschlussfassung im virtuellen Raum, S. 59, 62 f.; *Noack*, FS Heidel, S. 307, 318.

b) Prognose und Einordnung der Tatsachen

Einige sprechen von einer Renaissance der Präsenzversammlung und verweisen auf ihre erneut steigenden Zahlen.[180] Diese Einschätzung kann aber nicht geteilt werden.[181] Dass der Anteil an virtuellen Hauptversammlungen nach dem Wegfall pandemiebedingter Einschränkungen und Unwägbarkeiten sinkt, ist keine Überraschung und spiegelt zunächst nur wider, dass die Gesellschaften ihr Versammlungsformat nun erneut frei von äußeren Zwängen wählen können. Der bis heute anhaltende Rückgang virtueller Versammlungen nach dem Wegfall der letzten Beschränkungen impliziert damit allein kein Erwachen zur Mangelhaftigkeit, sondern stellt vermutlich vielmehr ein Einpendeln auf ein vorläufiges Niveau der Verbreitung dar.[182] Nicht zuletzt haben sich die großen Stimmrechtsberater der virtuellen Hauptversammlung inzwischen vorsichtig geöffnet.[183]

Eine umfassende Einschätzung zur Rezeption des Gesetzes zur Einführung virtueller Hauptversammlungen wird am Ende der Arbeit vorgenommen. An dieser Stelle kann jedoch festgehalten werden, dass der Trend der weiteren Verbreitung des virtuellen Formats bei größeren Gesellschaften aller Voraussicht nach anhalten wird.[184] Bei großen Gesellschaften sind die Kosten (vor allem die Organisation der technischen Infrastruktur) der virtuellen Versammlung gegenüber ihren Einsparungen (z. B. Kosten des Versammlungsorts sowie CO_2-Emissionen) in der Regel deutlich geringer.[185] Entsprechend lohnt es sich für große Gesellschaften in

---

[180] *Schüller*, HV Magazin 2023, Heft 4, 8. Insbesondere die umkämpften Entscheidungen bei der Siemens AG und der TUI AG haben dieses Sentiment dieses Jahr geschürt. *Osman/Scheppe*, Handelsblatt v. 18. 2. 2025, S. 21.

[181] Vgl. ähnlich *Danwerth*, ZIP 2023, 2329, 2331 f.

[182] Vgl. *Schüller*, HV Magazin 2023, Heft 4, 8, 10, 12, der unter anderem von „Branchenkenner“ berichtet, dass die virtuelle Hauptversammlung ihren festen Platz haben wird.

[183] Die beiden größten Stimmrechtsberater, *Glass Lewis* und *ISS*, geben für oder gegen die Abhaltung einer virtuellen Hauptversammlung keine allgemeine Empfehlung ab, sondern nur Kriterien für die Entscheidung im Einzelfall. Während *Glass Lewis* virtuellen Versammlungen eher offen gegenüber steht und insbesondere auf Transparenz drängt, steht *ISS* diesen eher skeptisch gegenüber und begründet dies mit einer nicht repräsentativen sehr kleinen europaweiten Umfrage. *Glass Lewis*, 2025 Benchmark Policy Guidelines: Germany, S. 32 f., abrufbar unter: https://resources.glasslewis.com/hubfs/2025%20Guidelines/2025%20Germany%20Benchmark%20Policy%20Guidelines.pdf; *ISS*, Benchmark Policy Recommendations for 2025: EMEA, S. 11 f., abrufbar unter: https://www.issgovernance.com/file/policy/active/updates/EMEA-Policy-Updates.pdf. Ausführlicher zum Ganzen *Rieckers*, DB 2025, 444, 446 f. m. w. N.

[184] Ferner wird deutlich, dass die hybride Hauptversammlung weiterhin keine bedeutende Rolle spielt. *Beyer/Plagemann*, Studie Hauptversammlung 2024, S. 13, 15, abrufbar unter: https://www.taylorwessing.com/-/media/taylor-wessing/files/germany/2024/11/hv-studie-2024.pdf; *Rieckers*, DB 2025, 444, 446. Vgl. Kapitel 3 B. II. 1.

[185] Dies Kosten waren für 50 % der Gesellschaften des Prime Standards in der Hauptversammlungssaison 2024 ausschlaggebend. *Beyer/Plagemann*, Studie Hauptversammlung 2024, S. 18, abrufbar unter: https://www.taylorwessing.com/-/media/taylor-wessing/files/germany/2024/11/hv-studie-2024.pdf. Vgl. *Bungert/Rieckers/Becker*, DB 2022, 2074, 2081; *Danwerth*, ZIP 2023, 2329, 2331 f.; *Schüller*, HV Magazin 2023, Heft 4, 8, 9.

der Tendenz mehr eine virtuelle Versammlung abzuhalten. Darüber hinaus besteht bei großen Gesellschaften kein persönlicher oder vitaler Dialog in der Präsenzversammlung, der in der virtuellen Versammlung verloren gehen könnte. Zuletzt sind die Aktionäre trotz aller entgegenstehenden Meinungen oftmals zufrieden mit der virtuellen Versammlung, wenn sie denn stattfindet.[186]

10. Zwischenergebnis

Die Abhaltung einer virtuellen Hauptversammlung verlangt nach § 118a Abs. 1 Satz 1 AktG eine Satzungsgrundlage. Der Satzungsgrundlage bedarf es, da die Entscheidung über das Format der Hauptversammlung die Art und Weise, wie die Aktionäre ihre Eigentumsrechte an der Gesellschaft ausüben können, grundlegend beeinflusst. Das Erfordernis einer Satzungsgrundlage stützt zudem das rechtspolitische Vertrauen in das neue Format.

Die Satzung kann entweder selbst die Abhaltung einer virtuellen Hauptversammlung vorsehen oder den Vorstand zu dieser Entscheidung ermächtigen. § 118a Abs. 1 Satz 1 AktG räumt der Satzung aber nur die Entscheidung über das „Ob", nicht über das „Wie" der Versammlung ein. Da die beiden Versammlungsformen ein gleichwertiges Niveau an Aktionärsrechten bieten, ist keine besondere Rechtfertigung für die eine oder andere Versammlungsform nötig. Entsprechend sollten die systemfremden zeitlichen Beschränkungen der Satzungsgrundlage nach § 118a Abs. 3–5 AktG ersatzlos gestrichen werden. Besonderer Minderheitenrechte bedarf es bei Abhaltung einer virtuellen Hauptversammlung demnach ebenso nicht.

Die Verbreitung virtueller Hauptversammlungen in der Zukunft ist noch nicht genau vorherzusagen. Das virtuelle Format ist bei größeren Gesellschaften aber beliebter als bei kleineren.

II. Einberufung

Das Gesetz zur Einführung virtueller Hauptversammlung regelt die Einberufung virtueller Hauptversammlung durch die Einfügung von § 121 Abs. 4b AktG. Dieser modifiziert die allgemein geltenden Vorschriften von § 121 Abs. 1–4a AktG für die virtuelle Versammlung.[187] Im Folgenden wird der Regelungsgehalt dieser Modifikationen erarbeitet und auf die Einberufung durch vorstandsverschiedene Personen eingegangen.

---

[186] Die Zufriedenheit der Teilnehmer der virtuellen Hauptversammlungen des Prime Standards in der Hauptversammlungssaison 2024 lag bei 8,68 von 10. *Beyer/Plagemann*, Studie Hauptversammlung 2024, S. 14 ff., abrufbar unter: https://www.taylorwessing.com/-/media/taylor-wessing/files/germany/2024/11/hv-studie-2024.pdf.

[187] FraktionsE, Virtuelle Hauptversammlung, BT-Drucks. 20/1738, S. 27 f.; *Koch*, AktG, § 121 Rn. 11k.

1. Inhalt der Einberufung

Die besonderen Vorgaben zur Einberufung der virtuellen Hauptversammlung in § 121 Abs. 4b AktG betreffen nur den Inhalt der Einberufung.

a) Angaben nach § 121 Abs. 3 AktG

Die Einberufung der virtuellen Hauptversammlung muss alle Angaben der Einberufung einer Präsenzversammlung enthalten. § 121 Abs. 3 AktG gilt für die Versammlungsformate unterschiedslos.[188]

aa) Angabe des Versammlungsorts, § 121 Abs. 3 Satz 1 AktG

Davon umfasst ist die Angabe des Versammlungsorts nach § 121 Abs. 3 Satz 1 AktG, obwohl die physische Präsenz der Aktionäre am Versammlungsort ausgeschlossen ist.[189]

Der ursprüngliche Zweck der Angabe ist, dass sich die Teilnehmer einer Präsenzversammlung bereits im Vorhinein auf die Anreise und Teilnahme vorbereiten können.[190] Dieser läuft bei der Veranstaltung einer virtuellen Hauptversammlung jedoch in das Leere.[191] Während das Wissen um den Versammlungsort Grundvoraussetzung für die Teilnahme der Aktionäre an der Präsenzversammlung ist, sind hierfür in der virtuellen Hauptversammlung entsprechend die Informationen über die elektronische Zuschaltung vorgesehen.[192] Der einzige Zweck der Angabe besteht folglich darin, die Aktionäre wissen zu lassen, wo sich die Funktionsträger

---

[188] FraktionsE, Virtuelle Hauptversammlung, BT-Drucks. 20/1738, S. 27 f.; vgl. *Mayer/Jenne/Miller*, BB 2022, 2946, 2950 m. w. N.

[189] FraktionsE, Virtuelle Hauptversammlung, BT-Drucks. 20/1738, S. 28; *Rieckers*, in: BeckOGKAktG, § 121 Rn. 30. Zum Versammlungsort der virtuellen Hauptversammlung, Kapitel 4 C. I. 1. Da die Gesetzesbegründung ausdrücklich auf die Anwendung von § 121 Abs. 3 AktG hinweist und die Einberufung nach § 121 Abs. 4b 1 AktG angeben muss, wie die elektronische Zuschaltung möglich ist, ist eine bloße Angabe der Internetadresse, unter der die Aktionäre die Bild- und Tonübertragung in Anspruch nehmen können, nicht genügend. So etwa noch zum GesRuaCOVBekG jeweils m. w. N. ausführlich *Forschner*, MittBayNot 2020, 546, 546 f.; *Lieder*, ZIP 2020, 838, 839; *Simons/Hauser*, NZG 2020, 488, 490 f.

[190] *Noack/Zetzsche*, in: KölnKommAktG, § 121 Rn. 169.

[191] *Bungert/Rieckers/Becker*, DB 2022, 2074, 2076; *Rieckers*, in: BeckOGKAktG, § 121 Rn. 30. So sah auch schon der Referentenentwurf in § 121 Abs. 4b Satz 1 AktG-RefE vor, dass „anstelle" des Versammlungsorts nur eine Anleitung zur Zuschaltung in der Einberufung umfasst sein solle. Vgl. ferner *Dubovitskaya*, NZG 2020, 647, 649.

[192] FraktionsE, Virtuelle Hauptversammlung, BT-Drucks. 20/1738, S. 37.

versammeln.[193] Wenn überhaupt, ist die Angabe des Versammlungsorts den Aktionären zur Kontrolle der Verwaltung nützlich. Der Wahrnehmung konkreter Aktionärsrechte hilft sie nicht.

Dennoch ist die Rechtsfolge einer unterlassenen Angabe des Versammlungsorts in der Einberufung auch in der virtuellen Hauptversammlung nach § 241 AktG die Nichtigkeit aller gefassten Beschlüsse. Dies ist unverhältnismäßig. Trotzdem kann der nationale Gesetzgeber an der Angabe des Versammlungsorts in der Einberufung virtuellen Hauptversammlung nichts ändern, da diese von Art. 5 Abs. 3 lit. a) ARRL vorgegeben ist.[194] Die Information darüber, wie sich Aktionäre elektronisch zur Versammlung zuschalten können, kann dies nicht ersetzen.[195] Zwar muss der Versammlungsort der ARRL nicht mit dem des Aktiengesetzes übereinstimmen. Historisch ist aber der europäische Gesetzgeber von der Präsenzversammlung ausgegangen, sodass unter dem Versammlungsort ein physischer Ort zu verstehen ist. Für anderweitige Subsumtionen ist somit kein Raum. Eine Korrektur der beschlussrechtlichen Konsequenzen dieses Ergebnisses ist folglich nur auf Rechtsfolgenseite im Beschlussmängelrecht möglich.[196]

bb) Angaben zu Rechten der Aktionäre nach § 121 Abs. 3 Satz 3 Nr. 3 AktG

Die Einberufung muss die Aktionäre börsennotierter Gesellschaften nach § 121 Abs. 3 Satz 3 Nr. 3 AktG über die Form und etwaige Einschränkungen der dort aufgezählten Rechte informieren.[197] Die Regel gilt allerdings nicht für außerbörs-

---

[193] *DNotV*, Stellungnahme RefE, S. 7, abrufbar unter: https://www.bmj.de/SharedDocs/Downloads/DE/Gesetzgebung/Stellungnahmen/2022/0311_Stellungnahme_DNotV_virtuelle_Hauptversammlung.pdf?__blob=publicationFile&v=3 mit Verweis auf die Verfahrenstransparenz; *Mayer/Jenne/Miller*, BB 2022, 2946, 2950. Mit Verweis auf die datenschutzrechtliche Notwendigkeit einer solchen Angabe: *BNotK*, Stellungnahme RefE, S. 11, beide abrufbar unter: https://www.bmj.de/SharedDocs/Downloads/DE/Gesetzgebung/Stellungnahmen/2022/0311_Stellungnahme_BNotK_virtuelle_Hauptversammlung.pdf?__blob=publicationFile&v=3; *Walch/Häuslmeier*, DNotZ 2023, 106, 124.

[194] FraktionsE, Virtuelle Hauptversammlung, BT-Drucks. 20/1738, S. 28; zustimmend *Walch/Häuslmeier*, DNotZ 2023, 106, 124.

[195] A.A. RefE, Virtuelle Hauptversammlung, S. 28, abrufbar unter: https://www.bmj.de/SharedDocs/Gesetzgebungsverfahren/Dokumente/RefE_virtuelle_Hauptversammlung.pdf?__blob=publicationFile&v=3; *Noack/Zetzsche*, in: KölnKommAktG, § 118a Rn. 61; *Seibt/Danwerth*, DB 2022, 1434, 1436.

[196] Hierzu Kapitel 4 D. I. 1.

[197] Nach § 121 Abs. 3 Satz 3 Nr. 3 AktG ist eine kurze Beschreibung dessen notwendig, wie die jeweiligen Rechte ausgeübt werden können. Ausführlich hierzu: RegE, ARUG, BT-Drucks. 16/11642, S. 28; *Seibert/Florstedt*, ZIP 2008, 2145, 2147; *Wicke*, ARUG, S. 12 f. Möglich ist nach Halbsatz 2 auch ein Verweis auf weitergehende Erklärungen auf der Internetseite der Gesellschaft. Im Rahmen der virtuellen Hauptversammlung haben die gesellschaftsspezifischen Angaben, die in der Präsenzversammlung die Adressangaben umfassen, auch die Modalitäten und Einschränkungen der jeweiligen Rechte (im Vorfeld) der virtuellen Hauptversammlung zu umfassen.

lich gehandelte Gesellschaften. Die Information über die Einberufung ist aber fast immer der einfachste Kommunikationsweg, da die Gesellschaften dort schon etwa über die Vorverlagerung des Auskunftsrechts verbindlich berichten müssen.[198] Eine Information ist aber auch im Rahmen der Anmeldung möglich, wenn eine solche für die Ausübung des Auskunftsrechts im Vorfeld der Versammlung nötig ist.

b) Angaben zur elektronischen Zuschaltung und der Präsenz am Versammlungsort, § 121 Abs. 4b Satz 1 und 2 AktG

§ 121 Abs. 4b Satz 1 AktG sieht vor, dass Einberufungen von virtuellen Hauptversammlungen angeben müssen, „wie sich Aktionäre und ihre Bevollmächtigten elektronisch zur Versammlung zuschalten können." Die Angaben zur elektronischen Zuschaltung zur Versammlung übernehmen in der virtuellen Hauptversammlung die Funktion der Angabe des Versammlungsorts bei der Präsenzversammlung.[199] Durch diese wird sichergestellt, dass die Aktionäre die Versammlung ohne Schwierigkeiten verfolgen können. Entsprechend hat ein Verstoß gegen § 121 Abs. 4b Satz 1 AktG die Nichtigkeit der Hauptversammlungsbeschlüsse zur Folge.

Diese Angaben müssen folglich enthalten, wie und wo die elektronische Zuschaltung zur Hauptversammlung zu erfolgen hat.[200] Dies kann etwa durch die Angaben der Internetadresse und der erforderlichen Zugangsdaten erfolgen.[201] In der Praxis wird die Einladung zur Hauptversammlung und die Angabe von individuellen Zugangs- und Einwahldaten, zumindest bei größeren Aktiengesellschaften, als Teil der Zugangskontrolle verwendet.

Nach § 121 Abs. 4b Satz 2 sind die Aktionäre klarstellend darauf hinzuweisen, dass ihre physische Präsenz und die ihrer Bevollmächtigten am Versammlungsort nach § 118a Abs. 1 Satz 1 AktG ausgeschlossen ist.[202]

---

[198] Entsprechend sind keine abweichenden Praktiken bekannt.

[199] Vgl. FraktionsE, Virtuelle Hauptversammlung, BT-Drucks. 20/1738, S. 28. Weitergehend zur elektronischen Zuschaltung in der virtuellen Hauptversammlung, Kapitel 4 C. I. 2. a) dd).

[200] FraktionsE, Virtuelle Hauptversammlung, BT-Drucks. 20/1738, S. 28.

[201] FraktionsE, Virtuelle Hauptversammlung, BT-Drucks. 20/1738, S. 28; *Koch*, AktG, § 121 Rn. 11k.

[202] In der Hauptversammlungssaison 2024 wiesen über 53 % der Gesellschaften der DAX-Indexfamilie darauf hin, dass alle Funktionsträger nach dem gesetzlichen Regelfall am Versammlungsort an der Versammlung teilnehmen würden. *Danwerth*, AG 2024, 892, 893 mit ausführlicherer Schilderung.

c) Angaben zur Ausübung von Aktionärsrechten im virtuellen Format, § 121 Abs. 4b Satz 3 und 4 AktG

§ 121 Abs. 4b Satz 3 AktG sieht eine Anpassung des von § 121 Abs. 3 AktG geregelten Einberufungsinhalt vor, um den Mindestanforderungen von Art. 5 Abs. 3 ARRL[203] auch bei der virtuellen Versammlung gerecht zu werden. Danach muss die Einberufung virtueller Versammlungen börsennotierter Gesellschaften abweichend von § 121 Abs. 3 Satz 2 Nr. 2 lit. b) AktG immer das Verfahren für die Stimmabgabe im Wege der elektronischen Kommunikation angeben. Die Angaben sind immer in der Einberufung aufzunehmen, da die Stimmabgabe im Wege der elektronischen Kommunikation eine Voraussetzung der virtuellen Hauptversammlung nach § 118a Abs. 1 Satz 2 Nr. 2 AktG und nicht optional wie bei der Präsenzversammlung ist.[204] Die Einberufung muss mithin eine Anleitung zur elektronischen Stimmrechtsausübung oder zumindest einen Verweis auf eine Internetseite mit einer entsprechenden Anleitung enthalten. Bei nicht börsennotierten Unternehmen können diese Angaben zu Beginn der Hauptversammlung selbst oder auf anderem Wege allen Aktionären zugänglich gemacht werden. Es empfiehlt sich aber, unabhängig von den gesetzlichen Vorgaben, bereits in der Einberufung darzulegen, wie alle Aktionärsrechte in der virtuellen Hauptversammlung auszuüben sind.[205]

§ 121 Abs. 4b Satz 4 AktG sieht ferner vor, dass die Einberufung auf verschiedene Besonderheiten der virtuellen Hauptversammlung von börsennotierten Gesellschaften *hinweist*. Davon sind die Regelung des Antragsrechts in der virtuellen Hauptversammlung nach § 126 Abs. 4 AktG und die Regelungen des Auskunftsrechts im Falle der Vorverlagerung nach § 131 Abs. 1a Satz 1 AktG umfasst. Ebenso ist darauf hinzuweisen, dass der Bericht des Vorstands nach § 118a Abs. 1 Satz 2 Nr. 5 AktG zugänglich gemacht wird. Die Regelung ist eine Umsetzung von Art. 5 Abs. 3 lit. b) Ziffer i. ARRL.[206]

d) Andere Vorschriften zu weiteren Einberufungsinhalten

Das Aktiengesetz sieht abseits von § 121 Abs. 4b AktG weitere besondere Einberufungsinhalte für die virtuelle Hauptversammlung vor. Nach § 130a Abs. 1 Satz 1 AktG ist die Adresse für die Einreichung von Stellungnahmen in der Einberufung mitzuteilen. Ebenso sind die Beschränkungen des Stellungnahmen- und Auskunftsrechts nach § 130a Abs. 1 Satz 2 und 3 AktG sowie § 131 Abs. 1b Satz 1 und 2 AktG in die Einberufung mit aufzunehmen. Wollen die Gesellschaften zuletzt die Funktionsfähigkeit der Videokommunikation überprüfen, müssen sie sich dies nach § 130a Abs. 6 AktG in der Einberufung vorbehalten.

---

203 FraktionsE, Virtuelle Hauptversammlung, BT-Drucks. 20/1738, S. 28.
204 Vgl. FraktionsE, Virtuelle Hauptversammlung, BT-Drucks. 20/1738, S. 28.
205 So auch *Lochner/Keller*, ZIP 2022, 1997, 1999 f.
206 FraktionsE, Virtuelle Hauptversammlung, BT-Drucks. 20/1738, S. 28.

2. Einberufungskompetenz der virtuellen Hauptversammlung

Nach § 118a Abs. 1 Satz 1 AktG können die Satzung oder der Vorstand über das Format der Versammlung bestimmen. Dies korrespondiert mit der Einberufung der Hauptversammlung. Die Satzung kann nach § 121 Abs. 1 AktG bestimmte Fälle vorsehen, in denen die Hauptversammlung einzuberufen ist, während der Vorstand nach § 121 Abs. 2 Satz 1 AktG grundsätzlich für die Einberufung selbst zuständig ist. § 121 Abs. 2 Satz 3 AktG stellt aber klar, dass das Gesetz und die Satzung andere Personen zur Einberufung der Hauptversammlung bestimmen können.[207] Für diese Fälle besteht keine besondere Regelung, wer darüber bestimmt, ob die Hauptversammlung virtuell abgehalten wird.

Unbestritten ist, dass andere Einberufungsberechtigte virtuelle Hauptversammlung ebenfalls einberufen können, wenn die Satzung eine Bestimmung über das virtuelle Format enthält.[208] Ermächtigt die Satzung aber den Vorstand nach § 118a Abs. 1 Satz 1 AktG, ist fraglich, ob auch andere Einberufungsberechtigte eine virtuelle Hauptversammlung einberufen können.

Die *Entscheidungs*kompetenz über die Abhaltung einer virtuellen Hauptversammlung wird im von § 118a Abs. 1 Satz 1 AktG ausdrücklich geregelt. Danach kann die Satzung selbst den Versammlungsmodus festlegen oder den Vorstand dazu ermächtigen. Für Kompetenzzuweisungen an andere Einberufungsberechtigte bietet der Wortlaut keinen Raum.[209]

Die *Einberufungs*kompetenz dagegen wurde nicht angepasst. Die Literatur scheint davon auszugehen, dass bei einer Ermächtigung des Vorstands nach § 118a Abs. 1 Satz 1 AktG nur der Vorstand eine virtuelle Hauptversammlung einberufen

---

[207] Das Aktiengesetz berechtigt und verpflichtet den Aufsichtsrat durch § 111 Abs. 3 Satz 1 AktG die Hauptversammlung einzuberufen, wenn das Wohl der Gesellschaft es fordert. Des Weiteren hat eine gerichtlich ermächtigte Aktionärsminderheit nach § 122 Abs. 3 Satz 1 AktG und der Abwickler einer Gesellschaft, der nach § 268 Abs. 2 Satz 1 AktG innerhalb seines Geschäftskreises die Rechte und Pflichten des Vorstands hat, eine Einberufungsberechtigung nach dem Gesetz. Die Satzung kann nach § 121 Abs. 2 Satz 3 Alt. 2 AktG Personen oder Personengruppen die Einberufungsberechtigung erteilen. Dies können etwa Vorstands- oder Aufsichtsratsmitglieder, Aktionäre oder Aktionärsgruppen oder auch außenstehende Dritte wie Prokuristen oder Behörden sein. *Kubis*, in: MünchKommAktG, § 121 Rn. 26; *Reger*, in: Bürgers/Lieder, AktG, § 121 Rn. 9.

[208] *Mayer/Jenne/Miller*, BB 2022, 2946, 2949.

[209] *Koch*, AktG, § 118 Rn. 12; *Mayer/Jenne/Miller*, BB 2022, 2946, 2949. Anders noch zum GesRuaCOVBekG *Mayer/Jenne/Miller*, BB 2020, 1282, 1284, die dem Aufsichtsrat eine Annexkompetenz im Falle des § 111 Abs. 3 Satz 1 AktG zusprechen und § 1 Abs. 1 und GesRuaCOVBekG analog anwenden. Ebenso *Krenek*, in: Hirte/Heidel, GesCoronaG, § 1 Rn. 12 f., der auch für die Einberufungspflicht des Aufsichtsrats nach § 111 Abs. 3 Satz 1 AktG und weiter im Falle einer Ermächtigung der Aktionäre nach § 122 Abs. 3 Satz 1 AktG die analoge Anwendung von § 1 Abs. 1 und 2 GesRuaCOVBekG für geboten erachtet.

kann.[210] Andere Einberufungsberechtigte können demnach nur Präsenzversammlungen einberufen und werden darauf verwiesen, den Vorstand zur Bestimmung einer virtuellen Hauptversammlung zu überzeugen.[211]

Dies vermag nicht zu überzeugen. Zunächst ist unstreitig, dass dem Abwickler einer Gesellschaft in Abwicklung nach § 268 Abs. 2 Satz 1 AktG hinsichtlich der Hauptversammlung die gleichen Rechte zustehen wie dem Vorstand. Die Vorstandsermächtigung durch die Satzung gilt für ihn daher ebenso. Sie ist nicht höchstpersönlicher Natur. Sie erlischt etwa auch dann nicht, wenn sich im Vorstand personelle Veränderungen ergeben. Dass *nur* der Vorstand bei einer Ermächtigung nach § 118a Abs. 1 Satz 1 AktG zur Einberufung einer virtuellen Hauptversammlung befugt ist, ist folglich nicht ohne Ausnahme zutreffend.

Des Weiteren ist es grundlegend eben nicht ausdrücklich geregelt, dass *nur der Vorstand* virtuelle Hauptversammlungen *einberufen* kann.[212] § 118a Abs. 1 Satz 1 AktG bestimmt nur die Entscheidungskompetenz, nicht die Einberufungszuständigkeit.[213] Die Einberufungsberechtigten haben nämlich ein besonderes Interesse an einer eigenen Einberufung. Mit der Einberufung können sie die Hauptversammlung selbst terminieren, ausgestalten und im weiteren Sinne Verantwortung für diese übernehmen.[214] § 121 Abs. 2 Satz 3 AktG bezweckt gerade die Ermöglichung einer Einberufung durch andere Personen. § 111 Abs. 3 Satz 1 AktG und § 122 Abs. 3 Satz 1 AktG ermöglichen es, Hauptversammlungen einzuberufen, wenn der Vorstand dies nicht tut und die Hauptversammlung auf Missstände reagieren soll, die unter Umständen in der Verantwortlichkeit des Vorstands liegen.[215] Vor diesem Hintergrund sollten die ausnahmsweise Einberufungsberechtigten nicht auf eine

---

[210] *Koch*, AktG, § 118a Rn. 12; *Mayer/Jenne/Miller*, BB 2022, 2946, 2949 f.; *Rieckers*, in: BeckOGKAktG, § 121 Rn. 20; *Ziemons*, in: K. Schmidt/Lutter, AktG, § 121 Rn. 30. Ähnlich sah es auch die Mehrheit unter dem GesRuaCOVBekG *Herrler*, GWR 2020, 191, 192; *Kruchen*, DZWIR 2020, 431, 439; *Noack*, in: Rechtsfragen zur Coronakrise, § 10 Rn. 67; *Simons/Hauser*, NZG 2020, 488, 490; *Stelmaszczyk*, DNotZ 2021, 930, 940; a. A.: *Mayer/Jenne/Miller*, BB 2020, 1282, 1284 f.; *Krenek*, in: Hirte/Heidel, GesCoronaG, § 1 Rn. 12 f.; *Schindler/Schaffner*, Virtuelle Beschlussfassung in Kapitalgesellschaften und Vereinen, Rn. 223. Zu § 5 Abs. 2, 3 GesRuaCOVBekG entschied das OLG München schon, dass ein Gericht das Einberufungsorgan zur Entscheidung über die Abhaltung einer *virtuellen* Hauptversammlung ermächtigen kann, OLG München v. 23. 11. 2020 – 31 Wx 405/20, NJW 2021, 558, 561.

[211] *Mayer/Jenne/Miller*, BB 2022, 2946, 2949. Zum GesRuaCOVBekG *Veil*, in: BeckOGKAktG, § 111 Rn. 78; *Simons/Hauser* NZG 2020, 488, 490.

[212] Vgl. *BRAK*, Stellungnahme FraktionsE, S. 4, abrufbar unter: https://www.bmj.de/SharedDocs/Downloads/DE/Gesetzgebung/Stellungnahmen/2022/0309_Stellungnahme_BRAK_virtuelle_Hauptversammlung.pdf?__blob=publicationFile&v=3.

[213] Auf dieses Problem hinweisend *Eichten/Weinmann*, DStR 2020, 2314, 2314 f.

[214] Zur Zuständigkeit für die Ausgestaltungskompetenz der virtuellen Hauptversammlung in Kapitel 4 B. II. 4. b).

[215] *Mertens/Cahn*, in: KölnKommAktG, § 111 Rn. 76.

Entscheidung oder Einberufung durch den Vorstand, als letztes aller Organe, verwiesen werden.[216]

Bringt man diesen Gedanken zu seinem logischen Ende, sollten die vom Vorstand verschiedenen Einberufungsberechtigten selbst über die Abhaltung einer virtuellen Hauptversammlung bestimmen und diese vollständig autonom einberufen können. Die Fälle, in denen andere Personen einberufungsberechtigt sind, sind oftmals zeitsensitiv und die Einberufung kurzfristig. Abseits obiger Gründe spricht damit auch ein zeitliches Element gegen die Vorabeinholung einer Entscheidung.

De lege lata kann eine analoge Anwendung der Vorstandsermächtigung auf den jeweiligen Einberufungsberechtigten den Wortlaut von § 118a Abs. 1 Satz 1 AktG überwinden.[217] Die Voraussetzungen einer analogen Anwendung sind hier gegeben. Zunächst ergibt sich die erforderliche Regelungslücke aus der oben beschriebenen fehlenden Regelung der Einberufungskompetenz der virtuellen Hauptversammlung durch Personen, die nicht der Vorstand sind. Diese ist auch planwidrig, da die Gesetzesmaterialien diese Problematik nicht erwähnen. Nur in zwei Stellungnahmen zum Referentenentwurf wird die Frage angesprochen.[218] Diese scheinen im weiteren Verfahren jedoch unbeachtet geblieben zu sein. Des Weiteren liegt eine vergleichbare Interessenlage vor, da nach obigen Ausführungen die anderen Einberufungsberechtigten flexibel auf die Umstände im Einzelfall reagieren können sollten. Zuletzt liegen keine durchschlagenden Gründe gegen die analoge Anwendung der Vorstandsermächtigung vor. Insbesondere ist die Vorstandsermächtigung nicht höchstpersönlich.

Aufgrund der daraus resultierenden Rechtsunsicherheiten ist in der Rechtspraxis aber die Einberufung einer Präsenzversammlung zu empfehlen, sofern nicht doch mit dem Vorstand kooperiert werden kann. Die hier vertretene analoge Anwendung wurde, soweit hier erkennbar, noch nicht anderswo vertreten.

De lege ferenda ist im Sinne einer vollständigen Gleichstellung beider Versammlungstypen die Delegation der Entscheidung über die Abhaltung einer virtuellen Hauptversammlung nicht nur an den Vorstand zuzulassen. Als Frage der Ausgestaltung der virtuellen Hauptversammlung sollte sie der einberufungsberechtigten

---

[216] So auch zum GesRuaCOVBekG *Schindler/Schaffner*, Virtuelle Beschlussfassung in Kapitalgesellschaften und Vereinen, Rn. 223; als Untergrabung der Einberufungskompetenz begreifend *Eichten/Weinmann*, DStR 2020, 2314, 2314 f.

[217] Wie hier hinsichtlich des Aufsichtsrats *Kubis*, in: MünchKommAktG, § 118a Rn. 26, aber a. A. hinsichtlich der gerichtlich ermächtigten Aktionärsminderheit nach § 122 Abs. 3 Satz 1 AktG, *Kubis*, in: MünchKommAktG, § 118a Rn. 34.

[218] *BRAK*, Stellungnahme FraktionsE, S. 4; nur für den einberufungsberechtigten Vorstand *DAV*, Stellungnahme FraktionsE, S. 6 f., beide abrufbar unter: https://www.bmj.de/SharedDocs/Gesetzgebungsverfahren/DE/2022_Einfuehrung_virtueller_Hauptversammlungen_Aktiengesellschaften.html.

Person(-engruppe) zugewiesen werden.[219] Ein solches Ziel könnte durch Einfügung eines neuen § 121 Abs. 2 Satz 4 AktG mit folgendem Wortlaut erreicht werden:

> „Sieht die Satzung eine Ermächtigung des Vorstands nach § 118a Absatz 1 Satz 1 vor, gilt diese auch für nach Satz 3 berechtigte Personen."[220]

Zusammenfassend ist festzuhalten, dass bei einer entsprechenden Satzungsbestimmung alle Einberufungsberechtigten eine virtuelle Hauptversammlung einberufen können. Enthält die Gesellschaftssatzung dagegen keine eigene Bestimmung, sondern nur eine Vorstandsermächtigung nach § 118a Abs. 1 Satz 1 AktG, können Einberufungsberechtigte nur in analoger Anwendung der Vorstandsermächtigung durch die Satzung nach § 118a Abs. 1 Satz 1 AktG eine virtuelle Hauptversammlung einberufen. Rechtspolitisch ist eine Kopplung an die Einberufungszuständigkeit zu fordern.

3. Frist

Während § 1 Abs. 3 Satz 1 GesRuaCOVBekG noch eine Verkürzung der zuvor bestehenden Frist von dreißig Tagen nach § 123 Abs. 1 Satz 1 AktG auf die nach Artikel 5 Abs. 1 UAbs. 1 ARRL mindestens erforderlichen 21 Tage vorsah,[221] sieht das neue Gesetz keine solche Verkürzung mehr vor.[222] Mit Wegfall der pandemischen Sonderlage, die größere Flexibilität bei der Einberufung von Hauptversammlungen erforderte, ist die Rückkehr zum Status quo ante zu begrüßen.[223]

---

[219] So auch mindestens für den einberufungsberechtigten Vorstand *BRAK*, Stellungnahme RefE, S. 4; nur für den einberufungsberechtigten Vorstand *DAV*, Stellungnahme RefE, S. 6 f., beide abrufbar unter: https://www.bmj.de/SharedDocs/Gesetzgebungsverfahren/DE/2022_Einfuehrung_virtueller_Hauptversammlungen_Aktiengesellschaften.html; in diese Richtung *Schindler/Schaffner*, Virtuelle Beschlussfassung in Kapitalgesellschaften und Vereinen, Rn. 223.

[220] Ähnlich, aber allein für den Aufsichtsrat vorschlagend, *DAV*, Stellungnahme RefE, S. 6 f., abrufbar unter: https://www.bmj.de/SharedDocs/Downloads/DE/Gesetzgebung/Stellungnahmen/2022/0317_Stellungnahme_DAV_virtuelle_Hauptversammlung.pdf?__blob=publicationFile&v=3.

[221] Ausführlich FraktionsE, GesRuaCOVBekG, BT-Drucks. 19/18110, S. 27.

[222] Zu den tatsächlichen Einberufungsfristen und ihrer Entwicklung bei Gesellschaften, die eine virtuelle Hauptversammlung veranstalteten, *Danwerth*, ZIP 2023, 2329, 2333 f. In der Hauptversammlungssaison 2024 betrug die durchschnittliche Einberufungsfrist der Versammlungen der DAX-Indexfamilie 44,7 Tage. *Danwerth*, AG 2024, 892, 893.

[223] FraktionsE, GesRuaCOVBekG, BT-Drucks. 19/18110, S. 27; *Liebscher*, in: Henssler/Strohn, AktG, § 123 Rn. 12.

4. Exkurs: Zuständigkeit im Vorfeld der Hauptversammlung

Die Bedeutung der Zuständigkeiten im Vorfeld der Hauptversammlung ist nicht zu unterschätzen. Im Vorfeld der Hauptversammlung muss diese vorbereitet und Gestaltungsentscheidungen getroffen werden. Aktionäre können dort sogar schon einen Teil ihrer Rechte ausüben. Im Vorfeld der Versammlung werden somit bereits bedeutende Weichenstellungen vorgenommen.

Im Folgenden kann nicht auf die Vorbereitung der Hauptversammlung im Allgemeinen eingegangen. Vielmehr wird untersucht, wer für das Vorfeld der *virtuellen* Hauptversammlung zuständig ist und in welchem Maß die Hauptversammlung dort gestaltet werden kann.

a) Zuständigkeit des Vorstands

Innerhalb der Gesellschaft ist grundsätzlich der Vorstand für die Vorbereitung der Hauptversammlung verantwortlich.[224] Es handelt sich dabei um eine Geschäftsführungsaufgabe.[225] Die Zuständigkeiten des Vorstands werden mit der Einführung der virtuellen Hauptversammlung nicht neugefasst, sondern finden bloß auf neue Materien Anwendung.[226]

aa) Umfang der Zuständigkeit

Grundsätzlich umfasst die Vorbereitung der virtuellen Hauptversammlung alle für ihre Abhaltung notwendigen Maßnahmen.[227] Dies umfasst etwa die Beauftragung eines Notars, die Organisation der technischen Infrastruktur, gegebenenfalls unter Zuhilfenahme eines Hauptversammlungsdienstleisters sowie die Vorbereitung des Versammlungsorts. Dem Vorstand steht dabei grundsätzlich die vollständige praktische und rechtliche Konzeption der virtuellen Hauptversammlung zu. Die Grenzen seiner Gestaltungsfreiheit sind die gesetzlichen Regelungen sowie die Vorgaben der Satzung und der Geschäftsordnung der Hauptversammlung.

In der virtuellen Hauptversammlung geht damit auch die Kompetenz zur Gestaltung und Organisation aller vorverlagerten oder neuen Elemente der virtuellen Hauptversammlung einher.[228] Umfasst sind damit unter anderem die Einberufung

---

[224] *Butzke*, Hauptversammlung, B. Rn. 2; *Noack/Zetzsche*, in: KölnKommAktG, § 121 Rn. 21, § 129 Rn. 14.

[225] *Troidl/Richter*, AG 2023, 150, 152.

[226] Vgl. *Troidl/Richter*, AG 2023, 150, 152.

[227] *Noack/Zetzsche*, in: KölnKommAktG, § 129 Rn. 14.

[228] FraktionsE, Virtuelle Hauptversammlung, BT-Drucks. 20/1738, S. 23 (Ausgestaltung obliege der „Verwaltung"); vgl. *Schilha/Gaßner*, ZIP 2022, 2357, 2359; *Troidl/Richter*, AG 2023, 150, 152.

der virtuellen Hauptversammlung nach § 121 Abs. 4b AktG, die Zugänglichmachung des Berichts des Vorstands oder seines wesentlichen Inhalts nach § 118a Abs. 1 Satz 2 Nr. 5 AktG und die Ermöglichung des Stellungnahmerechts nach § 130a Abs. 1–4 AktG sowie des Auskunftsrechts nach § 131 Abs. 1a–1c, 1f AktG, wenn der Vorstand von seiner Gestaltungsoption nach § 131 Abs. 1a Satz 1 AktG Gebrauch gemacht hat. Die Vorbereitung der virtuellen Hauptversammlung erfordert ein viel kleineres Versammlungslokal als das der Präsenzversammlung, dafür aber die Organisation einer umfassenderen digitalen Infrastruktur.

bb) Verhältnis zur Satzung und Geschäftsordnung

§ 118a Abs. 1 Satz 1 AktG stellt nur Bestimmungen des „Ob" der virtuellen Hauptversammlung, nicht aber des „Wie" unter den Vorbehalt der Satzung.[229] Weder die Satzung noch die Geschäftsordnung können Kompetenzen an sich ziehen, die ausdrücklich dem Vorstand zugeordnet sind oder Vorgaben machen, die von der gesetzlichen Gestaltung der virtuellen Hauptversammlung abweichen. Dies gilt in der virtuellen Hauptversammlung namentlich für die Entscheidung über die Gewährung des Auskunftsrechts im Vorfeld der Hauptversammlung nach § 131 Abs. 1a Satz 1 AktG. Bloß gestaltende Vorgaben, die neben die nicht abschließend geregelten gesetzlichen Vorgaben treten, kann die Satzung aber beispielsweise zur Form der Aktionärskommunikation oder der technischen Umsetzung der verschiedenen gesetzlichen Vorgaben vornehmen. Ebenso sind davon alle Gestaltungsmöglichkeiten über die gesetzlichen Mindeststandards hinaus möglich, soweit die gesetzlichen Regelungen hierzu nicht abschließend sind.

Die Beschränkungen der Satzungsregelungen ergeben sich aus § 23 Abs. 5 AktG. Wo die Satzung nicht befugt ist, ist es die Geschäftsordnung der Hauptversammlung erst recht nicht.[230]

Ist die Zuständigkeit des Vorstands offengelassen, bietet es sich in der Praxis unter Umständen an, entsprechende Vorstandsermächtigungen in der Satzung klarzustellen, um Rechtssicherheit hinsichtlich der Vorstandskompetenz herzustellen.[231]

cc) Verhältnis zum Versammlungsleiter

Während der Versammlung ist der Versammlungsleiter für den ordnungsgemäßen Ablauf der Hauptversammlung zuständig und ist mit den dazu erforderlichen

---

[229] Ausführlich hierzu unter Kapitel 4 B. I. 3. a).

[230] *Butzke*, in: GroßkommAktG, § 129 Rn. 14; *Herrler*, in: Grigoleit, AktG, § 129 Rn. 5 m. w. N.; *Reger*, in: Bürgers/Lieder, § 129 Rn. 6.

[231] Vgl. zu § 130a Abs. 1 Satz 2 AktG *Noack/Zetzsche*, in: KölnKommAktG, § 130a Rn. 18 und zu § 130a Abs. 1 Satz 3 AktG *Noack/Zetzsche*, in: KölnKommAktG, § 130a Rn. 18.

Kompetenzen ausgestattet.[232] Diese sind gewohnheitsrechtlich anerkannt.[233] Ihn treffen grundsätzlich keine Vorbereitung- und Organisationspflicht im Vorfeld der Versammlung.[234]

Der Zuständigkeitsbereich des Versammlungsleiters beginnt aber nicht erst mit der Eröffnung der Hauptversammlung. Unmittelbar vor der Hauptversammlung kann er schon Entscheidung hinsichtlich der Zulassung von Aktionären und Nichtaktionären zur Hauptversammlung treffen.[235] Ebenso gehört die Sicherheitskontrolle zu seinem Aufgabenbereich.[236]

In der Hauptversammlung ist der Versammlungsleiter für die Verwendung der ihm zur Verfügung stehenden technischen Systeme zuständig.[237] Der Vorstand hat in der Vorbereitung der Versammlung dafür zu sorgen, dass die technische Infrastruktur vom Versammlungsleiter genutzt werden kann. Hierzu hat er den Versammlungsleiter – falls erforderlich – in die Systeme der Hauptversammlung einzuweisen und ihm, sowie den anderen Beteiligten, personelle Kapazitäten zur technischen Unterstützung zur Verfügung zu stellen. Mit seiner Vorbereitung prägt der Vorstand den Spielraum für Gestaltungsentscheidungen des Versammlungsleiters praktisch vor. Hat der Vorstand etwa keine technische Infrastruktur für einen Widerspruchsbutton geschaffen, kann der Versammlungsleiter diesen nicht zur Benutzung in der Hauptversammlung freigeben, wenn er sich nicht noch kurzfristig implementieren lässt. Bei der Aufnahme seiner Pflichten macht sich der Versammlungsleiter diese Vorbereitungen und Gestaltungen aber in der Regel zu eigen.[238] Hierfür ist eine Absprache im Vorfeld zu empfehlen. Trotz der (optionalen) Vorverlagerung der virtuellen Hauptversammlung in ihr Vorfeld erfährt der Zuständigkeitsbereich des Versammlungsleiters mithin keine parallele Vorverlagerung.

dd) Abweichende Zuständigkeit im Sonderfall

Sind andere Personen nach § 121 Abs. 2 Satz 3 AktG zur Einberufung der Hauptversammlung befugt, gehen alle Kompetenzen des Vorstands im Vorfeld der

---

[232] *Wicke*, in: BeckOGKAktG, § 129 Rn. 52. Ausführlicher nochmals in Kapitel 4 C. I. 2. d) bb). Grundlegend zur Präsenzversammlung: BGH v. 9. 10. 2018 – II ZR 78/17, BGHZ 220, 36, 53, Rn. 47, AG 2019, 176 Rn. 47, 181; BGH v. 11. 11. 1965 – II ZR 122/63, BGHZ 44, 245, 248; *Heidel*, in: Heidel, AktG, Vor §§ 129–132 Rn. 16; *Wachter*, in: Wachter, AktG, § 129 Rn. 47.

[233] *Drinhausen*, in: Hölters/Weber, AktG, Anh. § 129 Rn. 1; *Liebscher*, in: Henssler/Strohn, AktG, § 129 Rn. 26; *Wicke*, in: BeckOGKAktG, § 129 Rn. 50.

[234] *Sauerwald*, Der Versammlungsleiter im Aktienrecht, S. 240.

[235] *Kubis*, in: MünchKommAktG, § 119 Rn. 133 ff.; *Liebscher*, in: Henssler/Strohn, AktG, § 129 Rn. 27; ausführlich *Sauerwald*, Der Versammlungsleiter im Aktienrecht, S. 291 ff.

[236] OLG Frankfurt v. 16. 2. 2007 – 5 W 43/06, AG 2007, 357; *Kubis*, in: MünchKommAktG, § 119 Rn. 136; *Martens*, Leitung der Hauptversammlung, S. 41 f.; *Max*, AG 1991, 77, 81; *Mülbert*, in: GroßkommAktG, § 129 Rn. 140.

[237] Zu seinen Verantwortlichkeiten bei einer technischen Störung s. Kapitel 4 C. I. 8. b).

[238] *Noack/Zetzsche*, in: KölnKommAktG, Anh. § 129 Rn. 11.

Hauptversammlung auf diese über.[239] Davon umfasst sind auch die damit einhergehende Gestaltungsfreiheit. Freilich nicht umfasst ist allerdings die Beantwortung der Fragen durch den Vorstand oder die Erstellung des Vorstandsberichts.

Vertritt man, wie hier, dass auch andere einberufungsberechtigte Personen eine *virtuelle* Hauptversammlung einberufen können,[240] müssen diese auch im Vorfeld dieser zuständig sein und insoweit die Aufgaben des Vorstands übernehmen. Dies ist im virtuellen Format umso bedeutender, da dort schon im Vorfeld die Ausübung von Aktionärsrechten möglich ist. Im Folgenden wird aus Gründen der sprachlichen Klarheit allein vom „Vorstand" gesprochen, wenn es im Zusammenhang mit der Vorbereitung und insbesondere der Einberufung und Ausgestaltung der virtuellen Hauptversammlung, um die zur Einberufung Berechtigten geht.

b) Gestaltungsfreiheit des Vorstands

Der Vorstand hat bei der Vorbereitung und Organisation der Hauptversammlung die Umstände der Gesellschaft und ihrer Aktionäre zu beachten. Da es sich dabei um eine Leitungsaufgabe des Vorstands handelt, steht ihm weitgehendes Ermessen zu.[241] Dabei kann auf obige Ausführungen zum Ermessen des Vorstands bei der Entscheidung nach § 118a Abs. 1 Satz 1 AktG[242] und die allgemeinen Grundsätze zum Ermessen des Vorstands zurückgegriffen werden.

Die technischen Möglichkeiten sind entsprechend der zu erwartenden Anzahl von Aktionären und Vertretern sowie deren zu erwartenden Verhaltens auszugestalten. Dabei sollte auf Erfahrungen aus vergangenen Hauptversammlungen und Einblicken in die Aktionärsstruktur zurückgegriffen werden. Hat die Gesellschaft etwa viele Aktionäre, ist beispielsweise die technische Ermöglichung eines digitalen Wortmeldetisches nötig. Gab es in der Vergangenheit technische Probleme bei Wortbeiträgen durch Aktionäre, kann eingerichtet werden, dass diese zunächst ihre Bild- und Tonübertragung prüfen lassen müssen. Dritte müssen eben-

---

[239] *Butzke*, Hauptversammlung, B. Rn. 28. Dem Aufsichtsrat, der nach § 111 Abs. 3 AktG die Hauptversammlung einberuft, steht eine Annexkompetenz zur Vornahme aller Geschäfte im Namen der Gesellschaft, die zur Vorbereitung der Hauptversammlung notwendig sind, zu, *Bungert*, in: MünchHdbGesR IV, § 36 Rn. 12; *Rahlmeyer/Groh*, NZG 2014, 1232, 1232 f.; *Reichert/Balke*, in: ArbeitsHdb Hauptversammlung, § 5 Rn. 63. Die nach § 122 Abs. 3 AktG vom Gericht ermächtigte Aktionärsminderheit muss die Geschäfte zur Vorbereitung der Hauptversammlung im eigenen Namen durchführen, BGH v. 10.10.2017 – II ZR 375/15, BGHZ 216, 110, 132 f., AG 2018, 28, 35; *Bayer/Scholz/Weiß*, AG 2013, 742, 745 m. w. N.; *Butzke*, in: GroßkommAktG, § 122 Rn. 107 f.; *Habersack/Mülbert*, ZGR 2014, 1, 8 f., 12 f. m. w. N.; *Rieckers*, in: BeckOGKAktG, § 122 Rn. 86 m. w. N. Dem Abwickler steht nach § 268 Abs. 2 AktG eine Vertretungsbefugnis zu, *Bungert*, in: MünchHdbGesR IV, § 36 Rn. 15.

[240] S. zur hier vertretenen Position nochmals Kapitel 4 B. II. 2.

[241] Ausführlich *Paschos*, in: BeckOGKAktG, § 118a Rn. 32 f.; *Tröger*, in: KölnKommAktG, § 118a Rn. 58.

[242] S. Kapitel 4 B. I. 5. d).

falls mitbedacht werden. Für geladene Dritte muss etwa ein gesonderter Zugang zur Bild- und Tonübertragung oder dem Aktionärsportal ermöglicht werden und die Versammlung technisch gegen Hackerangriffe gesichert werden. Belange des Datenschutzes sind ebenso zu berücksichtigen.

Das Gesetz selbst hält sich zur technischen Umsetzung der Hauptversammlung vollkommen zurück und formuliert nur Anforderungen an die Funktionalitäten der Systeme. Allein in der Gesetzesbegründung wird teilweise auf bestimmte technische Lösungsansätze Bezug genommen. Diese Technologieneutralität des Gesetzes lässt der Gesellschaftssatzung, der Geschäftsordnung der Hauptversammlung und dem Vorstand eine weite Gestaltungsfreiheit. Über die bereitgestellte technische Infrastruktur kann er maßgeblich die Hauptversammlung beeinflussen.

Der Vorstand unterliegt im Übrigen dem unionsrechtlichen Optimierungsgebot. Nach Art. 8 Abs. 2 UAbs. 1 ARRL und Art. 12 Satz 2 ARRL muss er die Teilnahme und die Briefwahl an der virtuellen Hauptversammlung so gestalten, dass die Ausübung der Mitgliedschaftsrechte nur unter Anforderungen und Beschränkungen gestellt werden, die erforderlich und verhältnismäßig sind, um die Identität der Aktionäre und die Sicherheit der elektronischen Kommunikation zu gewährleisten. Die Zuschaltung muss für die Aktionäre mit einem verhältnismäßigen Ressourceneinsatz bewältigbar sein und diese vor keine unbegründeten Hürden stellen.[243] Die allgemeinen Regeln des Vorstandsermessens ergeben dies ebenso. Diese Prinzipien spiegelt sich etwa in den gesetzlich vorgesehenen Beschränkungen der Aktionärsrechte durch den Vorstand, die alle unter dem Vorbehalt der Angemessenheit stehen.[244]

Da die Ausgestaltung der Versammlung eine Leitungsaufgabe des Vorstands ist, kann er diese nicht delegieren.[245] Bei der Umsetzung seiner Vorgaben kann sich der Vorstand allerdings Hilfspersonen bedienen. Insbesondere größere Gesellschaften greifen dabei oft auf professionelle Hauptversammlungsdienstleister zurück.[246] Diese bieten teils die vollständige technische Abwicklung der Hauptversammlung an.

---

[243] *Tröger*, in: KölnKommAktG, § 118a Rn. 7.

[244] § 130a Abs. 1 Satz 2 und Satz 3 und § 131 Abs. 1b Satz 1 AktG geben damit einen Anhaltspunkt dafür, dass auch der deutsche Gesetzgeber den Gedanken des Optimierungsgebots auf die Ausgestaltung der ganzen virtuellen Versammlung anwendet. Vgl. *Tröger*, in: KölnKommAktG, § 118a Rn. 7.

[245] Statt aller *Dreher*, FS Hopt, S. 517; *Spindler*, in: MünchKommAktG, § 76 Rn. 20ff.

[246] Zur Verwendung von Hauptversammlungsdienstleistern, Kapitel 4 C. I. 5. c) cc).

5. Zwischenergebnis

Die Einberufung ist im Grundsatz wie die einer Präsenzversammlung vorzunehmen. Der gesetzlich vorgegebene Einberufungsinhalt ist entsprechend an die Rechtsausübung der Aktionäre in der virtuellen Hauptversammlung angepasst.

Allgemein wird vertreten, dass nur der Vorstand eine virtuelle Hauptversammlung einberufen kann, wenn die Satzung ihn dazu nach § 118a Abs. 1 Satz 1 AktG ermächtigt hat. Dem ist schon de lege lata nicht zuzustimmen und die Ermächtigung des Vorstands analog auch auf andere Einberufungsberechtigte anzuwenden. De lege ferenda sollte dies gesetzlich klargestellt werden.

III. Antragsrecht im Vorfeld der Versammlung, § 126 Abs. 4 AktG

Während § 118a Abs. 1 Satz 2 Nr. 3 AktG die Stellung von Anträgen und Wahlvorschläge *in* einer virtuellen Hauptversammlung regelt, ermöglicht § 126 Abs. 4 AktG diese im Vorfeld der virtuellen Versammlung.[247] Nach § 126 Abs. 4 Satz 1 AktG gelten Anträge, die nach § 126 Abs. 1–3 AktG zugänglich gemacht werden, als im Zeitpunkt der Zugänglichmachung gestellt (sog. *Fiktionslösung*).[248] Nach Satz 2 können Aktionäre über diese bereits im Vorfeld der Versammlung abstimmen.

Das Antragsrecht im Vorfeld der virtuellen Hauptversammlung ist nach § 126 Abs. 4 AktG und § 23 Abs. 5 AktG nicht abdingbar.[249] § 118a Abs. 1 Satz 2 Nr. 3 AktG betrifft nur das Antragsrecht *in* der Versammlung. Das Antragsrecht im Vorfeld der Versammlung wird dagegen nicht in § 118a Abs. 1 Satz 2 AktG als eine der „Voraussetzungen" der virtuellen Hauptversammlung geführt. Dies hat aber keine weiteren rechtlichen Folgen. Verstöße gegen § 126 Abs. 4 AktG begründen selbstverständlich eine Anfechtbarkeit der Beschlüsse nach § 243 Abs. 1 AktG.

Im Folgenden werden der Zweck des Antragsrechts im Vorfeld der Versammlung (1.), die Stellung und Zugänglichmachung (2.) und die daraus erwachsende Fiktion der Antragsstellung in der Versammlung (3.) erörtert. Es folgen Darstellungen zur Stimmrechtsausübung zu den Anträgen im Vorfeld der Versammlung (4.) und der Behandlung der Anträge in der Versammlung (5.). Abschließend erfolgt eine rechtspolitische Würdigung der Lex lata (6.).

[247] Im Folgenden soll zugunsten einer besseren Lesbarkeit der Untersuchungen allein von dem „Antragsrecht" gesprochen werden. Damit gemeint ist aber auch immer das parallel geregelte Recht der Einreichung von Wahlvorschlägen in der virtuellen Hauptversammlung.

[248] Zur Unionsrechtskonformität FraktionsE, Virtuelle Hauptversammlung, BT-Drucks. 20/1738, S. 18.

[249] *Noack/Zetzsche*, in: KölnKommAktG, § 126 Rn. 129.

1. Zweck

Die Gesetzesbegründung beinhaltet zwei Regelungsziele zu § 126 Abs. 4 AktG. Zunächst soll der neue Absatz zu einer Vereinfachung des Versammlungsablaufs führen.[250] Dies wird dadurch erreicht, dass nach § 126 Abs. 4 Satz 1 AktG im Vorfeld der Versammlung gestellte Anträge als in der Versammlung gestellt gelten und über diese schon im Vorfeld der Versammlung abgestimmt werden kann. Im Gegensatz zur Präsenzversammlung muss der Antrag deshalb nicht nochmals in der Versammlung selbst gestellt werden.[251] Die Anträge müssen in der Hauptversammlung aber nochmals behandelt werden, sodass diese Vorverlagerung nur zu einer mäßigen Entlastung der Versammlung führt.[252] Mit Blick auf die tatsächliche Entwicklung der Vorverlagerung der Informations- und Entscheidungsprozesse stellt sich die neue Regelung teils als Kodifikation einer Best Practice, teils als Ausweitung der tatsächlichen Entscheidungsprozesse in das Vorfeld der Versammlung dar.

Des Weiteren soll eine Abstimmung im Vorfeld der Versammlung Zufallsmehrheiten in der Hauptversammlung vermeiden, indem Aktionäre, die sich nicht zur Versammlung zuschalten werden, schon im Vorfeld der Versammlung zu den Anträgen abstimmen können.[253]

2. Stellung und Zugänglichmachung von Anträgen

Die Einreichung und Zugänglichmachung der Gegenanträge im Vorfeld der Hauptversammlung richtet sich wie bei einer Präsenzversammlung nach § 126 Abs. 1–3 AktG. Hierbei ergeben sich keine Besonderheiten. Entsprechendes gilt nach § 127 Satz 1 AktG für die Wahlvorschläge der Aktionäre.

§ 126 Abs. 4 Satz 1 AktG bezieht sich auf „Anträge, die nach den Absätzen 1 bis 3 zugänglich zu machen sind". Davon umfasst sind nur Gegenanträge nach § 126 Abs. 1 Satz 1 AktG und Wahlvorschläge von Aktionären nach § 127 Satz 1 AktG.[254] Ein Gegenantrag ist ein Antrag, der von einem bekanntgemachten Beschluss-

---

[250] FraktionsE, Virtuelle Hauptversammlung, BT-Drucks. 20/1738, S. 29.
[251] S. zum zweistufigen Prozess und dem Unterschied zur Präsenzversammlung sogleich im Folgenden.
[252] Anders *Lochner/Keller*, ZIP 2022, 1997, 2004; *Spyra-Sachse*, Protokoll Rechtsausschuss, S. 21, abrufbar unter: https://www.bundestag.de/resource/blob/908366/d0a1303ceb1e8dd64160319bf8fcbdc4/Wortprotokoll-data.pdf, der argumentiert damit, dass dadurch weniger Redebeiträge mit Anträgen notwendig seien.
[253] FraktionsE, Virtuelle Hauptversammlung, BT-Drucks. 20/1738, S. 29. Vgl. zum Problem der Zufallsmehrheiten, Kapitel 2 B. I. 1. a), b).
[254] Vgl. *Bungert/Rieckers/Becker*, DB 2022, 2074, 2078; *Koch*, AktG, § 126 Rn. 18; *Mayer/Jenne/Miller*, BB 2022, 2946, 2955.

vorschlag der Verwaltung inhaltlich abweicht.[255] Anträge zu Minderheitsverlangen nach § 122 Abs. 2 AktG, Verfahrensanträge, ergänzende Sachanträge oder Anträge nach § 137 AktG sind danach nicht zugänglich zu machen.

Die Anwendung von § 126 Abs. 4 Satz 1 AktG auch auf andere Antragsarten bedarf mithin grundsätzlich einer Analogie. Da die analoge Anwendung von § 1 Abs. 2 Satz 3 GesRuaCOVBekG aber ausführlich von der Literatur behandelt wurde,[256] ist die heutige Regelung als bewusste Ausgestaltung des Gesetzgebers zu verstehen. Es fehlt damit an einer *planwidrigen* Regelungslücke, sodass keine Analogie gebildet werden kann.[257]

Zumindest für Anträge zu Minderheitsverlangen nach § 122 Abs. 2 AktG bedarf es aber keiner analogen Anwendung. Nach der nun herrschenden Meinung ist § 126 Abs. 1–3 AktG nämlich in unionsrechtskonformer Auslegung auch auf solche Gegenanträge anzuwenden.[258] Da § 126 Abs. 4 AktG nur auf „Anträge, die nach den Absätzen 1 bis 3 zugänglich zu machen sind“ verweist, sind damit Anträge zu Minderheitsverlangen ebenfalls umfasst.[259]

Dem antragstellenden Aktionär ist eine Rücknahme jederzeit möglich.[260] Dies ist als Gleichlauf mit der Präsenzversammlung zu betrachten. Bei dieser ist eine frühzeitige Abstimmung zu Anträgen, die nach § 126 Abs. 1–3 AktG zugänglich

---

[255] In weiterer Tiefe und m. w. N. *Reger*, in: Bürgers/Lieder, AktG, § 126 Rn. 5 ff.; *Sasse*, NZG 2004, 153, 154; *Ziemons*, in: K. Schmidt/Lutter, AktG, § 126 Rn. 8 ff.

[256] *Bücker/Kulenkamp/Schwarz/Seibt/v. Bonin*, DB 2020, 775, 779; *Bungert/Rieckers*, DB 2022, 581, 588; *Guntermann*, ZGR 2021, 436, 463 f.; *Götze/Roßkopf*, DB 2020, 768, 772; *Koch*, AktG, 16. Aufl., § 118 Rn. 60; *Kubis*, in: MünchKommAktG, § 122 Rn. 46 a. E.; *Mayer/Jenne/Miller*, BB 2021, 899, 904; *Quass*, NZG 2021, 261, 268 f. Regelungsvorschläge in diese Richtung *DAV*, NZG 2022, 504, 509; *Drinhausen/Keinath*, BB 2022, 451, 454. Vgl. zu § 137 AktG *Bungert/Strothotte*, DB 2021, 830, 833 f.; *Mutter*, AG 2021, R86.

[257] *Bungert/Rieckers/Becker*, DB 2022, 2074, 2077, 2078; *Koch*, AktG, § 126 Rn. 18; *Mayer/Jenne/Miller*, BB 2022, 2946, 2955; *Noack/Zetzsche*, in: KölnKommAktG, § 126 Rn. 131, die ferner das Vorliegen einer Regelungslücke selbst bezweifeln.

[258] *Herrler*, in: Grigoleit, AktG, § 126 Rn. 6; *Koch*, AktG, § 126 Rn. 4; *Kubis*, in: MünchKommAktG, § 126 Rn. 10; *Noack/Zetzsche*, in: KölnKommAktG, § 126 Rn. 26; *Ziemons*, in: K. Schmidt/Lutter, AktG, § 126 Rn. 13. Nur für börsennotierte Gesellschaften *Drinhausen*, in: Hölters/Weber, AktG, § 126 Rn. 6; *Rieckers*, in: BeckOGKAktG, § 126 Rn. 11. A. A. *Butzke*, in: GroßkommAktG, § 126 Rn. 17, der mit Blick auf das uneinheitliche Meinungsbild eine vorsorgliche Zugänglichmachung fordert; offenlassend OLG Düsseldorf v. 5. 7. 2012 – I-6 U 69/11, AG 2013, 264, 266 f.

[259] *Noack/Zetzsche*, in: KölnKommAktG, § 126 Rn. 132. Dieses Ergebnis lässt sich auch dadurch unterstützen, dass der Fraktionsentwurf in seiner Begründung zu § 126 Abs. 4 AktG nur auf die Gegenanträge der Aktionäre Bezug nimmt. Auf Wahlvorschläge, auf die § 126 Abs. 4 AktG unbestreitbar Anwendung findet, wird ebenso wenig wie auf Anträge zu Minderheitsverlangen Bezug genommen. Die Gesetzesmaterialien stehen mithin einer Auslegung offen. Im Ergebnis ebenso vorschlagend *Bungert/Rieckers*, DB 2022, 581, 590.

[260] FraktionsE, Virtuelle Hauptversammlung, BT-Drucks. 20/1738, S. 29; *Bungert/Rieckers/Becker*, DB 2022, 2074, 2080; *Koch*, AktG, § 126 Rn. 17; *Kubis*, in: MünchKommAktG, § 118a Rn. 50 f.; *Lochner/Keller*, ZIP 2022, 1997, 2000; *Noack/Zetzsche*, in: KölnKommAktG, § 126 Rn. 138.

gemacht wurden, oftmals ebenfalls möglich. Eine frühzeitige Stimmabgabe ist dort entweder durch eine frühe Entgegennahme der Stimmen durch die Gesellschaft[261] oder durch einen Gebrauch von Stimmrechtsvertretern oder der Briefwahl möglich. Trotzdem kann der Aktionär von der Stellung des Antrags *in* der Präsenzversammlung jederzeit absehen und die Gesellschaft jederzeit einen ihrer Tagesordnungspunkte in der Hauptversammlung nicht zur Abstimmung stellen.[262] Wenn der Antrag zurückgenommen wurde, kann auch bei einer virtuellen Versammlung dazu nicht mehr abgestimmt werden und die Aktionäre sind darüber in Kenntnis zu setzen.[263] Dem Aktionär und anderen Aktionären steht es aber frei, diesen erneut einzureichen.[264]

3. Fiktionslösung, § 126 Abs. 4 Satz 1 AktG

Nach § 126 Abs. 4 Satz 1 AktG gelten Anträge, die nach den § 126 Abs. 1–3 AktG zugänglich zu machen sind, als im Zeitpunkt der Zugänglichmachung gestellt. Die Fiktionslösung der virtuellen Versammlung orientiert sich dabei zwar an der zuvor bestehenden Fiktionslösung des GesRuaCOVBekG, geht aber über diese hinaus.[265]

Die Fiktionslösung der virtuellen Hauptversammlung löst das zweistufige Verfahren der Präsenzversammlung nach § 126 Abs. 1–3 AktG ab. § 126 Abs. 1–3 AktG ermöglicht in der ersten Stufe, dass die Aktionäre ihre Anträge an die Verwaltung senden und die Verwaltung die Anträge den übrigen Aktionären zugänglich machen muss. Die Einreichung des Antrags im Vorfeld der Versammlung stellt in diesem Modell aber nur eine Ankündigung einer Antragsstellung, aber keine Antragsstel-

---

[261] S. Kapitel 4 B. III. 6. a).

[262] Vgl. *Bungert/Rieckers*, DB 2022, 581, 590f.

[263] So auch *Noack/Zetzsche*, in: KölnKommAktG, § 126 Rn. 145; vgl. in einem anderen Kontext *Kocher*, BB 2014, 2317, 2319f.

[264] *Bungert/Rieckers*, DB 2022, 581, 588f.; *Noack/Zetzsche*, in: KölnKommAktG, § 126 Rn. 145.

[265] FraktionsE, Virtuelle Hauptversammlung, BT-Drucks. 20/1738, S. 29. Nach § 1 Abs. 2 Satz 3 GesRuaCOVBekG galt der Antrag noch als „in" der Hauptversammlung gestellt. Satz 3 GesRuaCOVBekG wurde erst in der neuen Fassung des Gesetzes eingefügt, sodass dies in der alten Fassung noch umstritten war. Vgl. mit zahlreichen w. N. *Schäfer*, Die Formalisierung des Gegenantragsrechts, S. 137ff. Heute dagegen gilt ein im Vorfeld der Versammlung gestellter Antrag schon mit der Zugänglichmachung gestellt und lässt auch die Stimmrechtsausübung zu diesem ab der Zugänglichmachung zu. Die Abstimmung im Vorfeld der Versammlung wurde aber von einigen Gesellschaft schon im Vorfeld der Versammlung zugelassen und hat sich – in einem beschränkten Maße – als Best Practice etabliert. *Bungert/Rieckers*, DB 2022, 581, 588; *Dubovitskaya*, NZG 2020, 647, 651; *Guntermann*, ZIP 2022, 781, 784; *Handelsrechtsausschuss DAV*, NZG 2022, 797, 800; *Lochner/Keller*, ZIP 2022, 1997, 2000; *Rieckers*, DB 2022, 172, 174. Empirische Untersuchung zur Hauptversammlungssaison 2020 m. w. N. *Danwerth*, AG 2020, 776, 782f.; *Höreth*, GWR 2020, 411; *Teichmann/Krapp*, DB 2020, 2169, 2175, 2179ff.

lung selbst dar.[266] Der Antrag muss in der zweiten Stufe des Verfahrens noch in der Hauptversammlung gestellt werden. Folglich ist keine Abstimmung über den Antrag im Vorfeld der Versammlung möglich.

Die Fiktion der Antragstellung im Zeitpunkt der Zugänglichmachung bricht mit dem zweistufigen Modell von § 126 Abs. 1–3 AktG und dem bisher geltenden Mündlichkeitsprinzip der Präsenzversammlung.[267] Zweck der Zugänglichmachung der Anträge war nur, den Aktionären und ihren Vertretern genügend Zeit zu geben, von dieser Kenntnis zu nehmen und ihre Abstimmung zu diesem in der Versammlung vorzubereiten.[268] Nachdem heute aber über die Ausübung eines Großteils der Stimmrechte bereits weit im Voraus zum Versammlungstermin entschieden wird,[269] soll § 126 Abs. 4 AktG noch einen Schritt weitergehen und eine frühzeitige Ausübung des Stimmrechts zu den veröffentlichen Anträgen ermöglichen.[270] Dadurch können auch Aktionäre, die sich nicht zur Versammlung zuschalten oder vertreten lassen, über Anträge im Vorfeld dieser abstimmen. Eine vollständige Lösung vom zweistufigen Verfahren der Präsenzversammlung bringt die Regelung aber nicht. Schließlich handelt es sich nur um eine gesetzliche Fiktion („gelten") und keine echte Ausweitung des Zeitraums der Antragstellung. Warum der Gesetzgeber den regulatorischen Weg über die Fiktionslösung wählte und nicht die Antragstellung im Vorfeld der Versammlung positiv geregelt hat, ist nicht sicher ersichtlich.[271] Von einer weiteren Auseinandersetzung damit kann jedoch abgesehen werden, da diese Gestaltung in der Praxis keine Folgen hat.

Die Fiktionslösung betrifft nur Anträge, die nach § 126 Abs. 1–3 AktG zugänglich zu machen sind. Spontane Gegenanträge sind in der Hauptversammlung unberührt zulässig.[272] Ein gleichlautender Antrag kann während der Versammlung aber nicht nochmals gestellt werden.[273]

---

[266] FraktionsE, Virtuelle Hauptversammlung, BT-Drucks. 20/1738, S. 29; *Koch*, AktG, § 126 Rn. 1; *Simons/Hauser*, NZG 2020, 488, 493.

[267] *Bungert/Rieckers/Becker*, BB 2022, 2074, 2077; *Koch*, AktG, § 126 Rn. 17; *Reger/Gaßner*, RDi 2022, 396, 399; *Walch/Häuslmeier*, DNotZ 2023, 106, 112; kritisch *Paschos*, NZG 2022, 1225.

[268] Begründung zum RegE AktG 1965 bei Kropff, S. 178.

[269] *Seibt/Danwerth*, AG 2021, 370, 371; s. Kapitel 2 B. III. 2.

[270] FraktionsE, Virtuelle Hauptversammlung, BT-Drucks. 20/1738, S. 29.

[271] Denkbar wäre es noch die Fiktion damit zu erklären, dass der Gesetzgeber das Antragsrecht noch als versammlungsgebundenes Recht bewahren wollte. Die Gesetzesbegründung nennt das Antragsrecht zumindest im Zusammenhang von § 118a Abs. 1 Satz 2 Nr. 3 AktG versammlungsgebunden. FraktionsE, Virtuelle Hauptversammlung, BT-Drucks. 20/1738, S. 24. Hierfür gibt es jedoch keine deutlichen Indizien und ferner erschließt sich der Zweck dessen nicht. Auch das Auskunftsrecht wurde ohne Probleme im Vorfeld der Versammlung ermöglicht.

[272] FraktionsE, Virtuelle Hauptversammlung, BT-Drucks. 20/1738, S. 29. Der Referentenentwurf schloss demgegenüber noch die Stellung von Anträgen in der Hauptversammlung nach § 126 Abs. 4 Satz 3 AktG-RefE vollständig aus. Hierzu unter Kapitel 4 C. II. 3. c) bb), cc).

[273] FraktionsE, Virtuelle Hauptversammlung, BT-Drucks. 20/1738, S. 29; *Mayer/Jenne/Miller*, BB 2022, 2946, 2955.

4. Stimmrechtsausübung im Vorfeld der Versammlung

Nach § 126 Abs. 4 Satz 2 AktG hat die Gesellschaft zu ermöglichen, dass die Aktionäre ihr Stimmrecht ausüben können, sobald sie die gesetzlichen oder satzungsmäßigen Voraussetzungen für die Ausübung des Stimmrechts nachweisen können.[274] Die Gesetzesbegründung stellt klar, dass nur über *echte Gegenanträge* abgestimmt werden kann.[275] Unabhängig davon, ob *unechte Gegenanträge* ebenfalls als Gegenanträge i. S. v. § 126 Abs. 4 Satz 1 AktG zählen,[276] ist dies regulatorisch richtig. Unechte Gegenanträge sind Anträge, die sich in der Ablehnung eines Verwaltungsvorschlags erschöpfen. Möchten die Aktionäre einem unechten Gegenantrag folgen, können sie gegen den Beschlussvorschlag der Verwaltung stimmen.[277]

Die Gesellschaft hat die Aktionärsanträge in ihr *elektronisches* Abstimmungssystem einzustellen.[278] Die Abstimmung kann etwa im Aktionärsportal oder – bei kleineren Gesellschaften – per E-Mail ermöglicht werden.[279] Wie bei der Briefwahl in der Präsenzversammlung steht es den Aktionären frei, zumindest bis zur Hauptversammlung ihre Stimme abzuändern.[280]

---

[274] Der Referentenentwurf sah noch vor, dass eine Abstimmung schon ab der Zugänglichmachung zu ermöglichen wäre. Dies wäre aber nicht umzusetzen gewesen, weil Zugangsdaten bei Inhaberaktien erst nach einer Legitimationskontrolle nach dem Record Date nach § 123 Abs. 4 Satz 2 AktG verschickt werden können. Nach dem Referentenentwurf hätten die Gesellschaften aber schon vor diesem Zeitpunkt eine Abstimmung ermöglichen müssen. Dies wäre schwerlich umzusetzen gewesen, sodass das Regelungskonzept der Lex lata zu begrüßen ist. Ausführlicher und auch mit Vorschlag hinsichtlich der heutigen Regelung: *BDI*, Stellungnahme RefE, S. 8; *Computershare*, Stellungnahme RefE, S. 2 f.; *DAV*, Stellungnahme RefE, S. 20, alle abrufbar unter: https://www.bmj.de/SharedDocs/Gesetzgebungsverfahren/DE/2022_Einfuehrung_virtueller_Hauptversammlungen_Aktiengesellschaften.html; *Klein*, NZG 2022, 483, 485; *Seibt/Danwerth*, AG 2022, 177, 182.

[275] FraktionsE, Virtuelle Hauptversammlung, BT-Drucks. 20/1738, S. 29, ferner *Bungert/Rieckers/Becker*, DB 2022, 2074, 2078; *Koch*, AktG, § 126 Rn. 20.

[276] Uneindeutig FraktionsE, Virtuelle Hauptversammlung, BT-Drucks. 20/1738, S. 29; dafür die herrschende Meinung: *Bungert*, in: MünchHdbGesR IV, § 36 Rn. 122; *Butzke*, Hauptversammlung, B. Rn. 153 m. w. N.; *Kubis*, in: MünchKommAktG, § 126 Rn. 14 m. w. N.; *Schlitt*, in: ArbeitsHdb Hauptversammlung, § 4 Rn. 323; dagegen *Kocher*, in: Wachter, AktG, § 126 Rn. 3; *Ziemons*, in: K. Schmidt/Lutter, AktG, § 126 Rn. 8 m. w. N.

[277] *Computershare*, Stellungnahme RefE, S. 2 f., abrufbar unter: https://www.bmj.de/SharedDocs/Downloads/DE/Gesetzgebung/Stellungnahmen/2022/0315_Stellungnahme_Computershare_virtuelle_Hauptversammlung.pdf?__blob=publicationFile&v=3. *Computershare* schlug auch eine Normierung dessen vor.

[278] Auch wenn das Gesetz selbst keine Abstimmung im Wege elektronischer Kommunikation erfordert, geht aus der Gesetzesbegründung hervor, dass ein elektronischer Kommunikationskanal gefordert ist, FraktionsE, Virtuelle Hauptversammlung, BT-Drucks. 20/1738, S. 29; *Mayer/Jenne/Miller*, BB 2022, 2946, 2955.

[279] *Mayer/Jenne/Miller*, BB 2022, 2946, 2955.

[280] S. Kapitel 4 C. II. 2. c). Dies ist dann als Widerruf der bereits abgegebenen Stimme auszulegen.

5. Behandlung der Anträge in der Hauptversammlung

Die im Vorfeld gestellten Anträge müssen in der Hauptversammlung wie in ihr gestellte Anträge behandelt werden. Sie müssen vom Versammlungsleiter aufgerufen und ein Beschluss über sie gefasst werden. Die doppelte Wertung von Abstimmungen im Vorfeld und während der Versammlung ist technisch zu verhindern. Die erneute Stimmabgabe in der Versammlung nach einer Stimmabgabe im Vorfeld der Versammlung ist grundsätzlich wie die erneute Stimmabgabe in der Präsenzversammlung nach einer vorherigen Briefwahl zu werten.[281]

Ein Antrag, der von einem Aktionär gestellt wird, der nicht ordnungsgemäß legitimiert ist oder nicht ordnungsgemäß zur Hauptversammlung angemeldet ist, muss nach § 126 Abs. 4 Satz 3 AktG in der Hauptversammlung nicht behandelt werden.[282] Auch insoweit orientiert sich die virtuelle Hauptversammlung an der Präsenzversammlung.[283]

6. Rechtspolitische Kritik

Die Regelung der Antragstellung im Vorfeld der Versammlung hat einiges an Kritik in der Literatur sowie aufseiten der Wirtschaft und Interessenverbänden hervorgerufen.

a) Fehlende Abdingbarkeit

Die Regelungen von § 126 Abs. 4 AktG sollten fakultativ gestaltet werden. Der unabdingbaren Antragsfiktion bedarf es nicht, da das Antragsrecht in der virtuellen Versammlung nach § 118a Abs. 1 Satz 2 Nr. 3 AktG wie in der Präsenzversammlung im Wege der Videokommunikation gewährt wird.[284] Allein dies stellt

---

[281] Speziell zur virtuellen Versammlung *Schirmer*, AG 2023, 19, 22f.; allgemein *v. Holten/Bauerfeind*, AG 2018, 729, 731; *Mülbert*, in: GroßkommAktG, § 118 Rn. 113; *Spindler*, in: K. Schmidt/Lutter, AktG, § 118 Rn. 58.

[282] Satz 3 war in dieser Form noch nicht im Referentenentwurf enthalten. Eine solche Regelung damals vorschlagend *Bungert/Rieckers*, DB 2022, 581, 588; in diese Richtung auch *Klein*, NZG 2022, 483, 485.

[283] FraktionsE, Virtuelle Hauptversammlung, BT-Drucks. 20/1738, S. 29.

[284] So auch *Bungert/Rieckers/Becker*, DB 2022, 2074, 2077; *DAV*, Stellungnahme RefE, S. 18, abrufbar unter: https://www.bmj.de/SharedDocs/Downloads/DE/Gesetzgebung/Stellungnahmen/2022/0317_Stellungnahme_DAV_virtuelle_Hauptversammlung.pdf?__blob=publicationFile&v=3; *Gehling*, AG 2022, 800, 803; *Rieckers*, DB 2024, 439, 440; *Roßkopf*, Protokoll Rechtsausschuss, S. 12, abrufbar unter: https://www.bundestag.de/resource/blob/908366/d0a1303ceb1e8dd64160319bf8fcbdc4/Wortprotokoll-data.pdf; *Walch/Häuslmeier*, DNotZ 2023, 106, 113. Das Antragsrecht ist ferner nicht notwendigerweise mit einer Vorverlagerung des Auskunftsrechts verknüpft, wie es die Zugänglichmachung des Vorstandsberichts oder seines wesentlichen Inhalts nach § 118a Abs. 1 Satz 2 Nr. 5 AktG ist.

schon ein gleichwertiges Antragsrecht im virtuellen Format sicher. Die Konzeption der Antragsfiktion und der frühzeitigen Stimmabgabe zu den Anträgen beruhen wohl noch auf der Vorstellung, dass das Antragsrecht in der Hauptversammlung eingeschränkt sei, wie es noch nach dem Referentenentwurf oder unter dem GesRuaCOVBekG der Fall war.[285] Ferner ist schon der Grundgedanke kritisch, die abwesenden Aktionäre vor Mehrheiten in der Hauptversammlung zu schützen, wenn sie freiwillig auf die Teilnahme an bzw. Zuschaltung zu dieser verzichten.[286] Im Interesse der Aktionäre sollte man § 126 Abs. 4 AktG der Disposition der Gesellschaften überlassen.[287]

Selbst wenn § 126 Abs. 4 AktG gestrichten oder abbedungen wird, schließt dies die Abstimmung zu Anträgen im Vorfeld der Versammlung ferner nicht aus. Ohne eine solche gesetzliche Regelung bestand nämlich schon nach dem Status quo ante eine etablierte Praxis in den Aktionärsportalen börsennotierter Gesellschaften.[288]

b) Anwendung allein auf Gegenanträge und Wahlvorschläge

Vielseitig wurde des Weiteren kritisiert, dass § 126 Abs. 4 AktG nur auf Gegenanträge nach § 126 AktG sowie Wahlvorschläge nach § 127 AktG und nicht auch auf die anderen Antragsarten, die von § 118a Abs. 1 Satz 2 Nr. 3 AktG umfasst sind, Anwendung findet.[289] Dies betrifft namentlich Anträge zu Minderheitsverlangen nach § 122 Abs. 2 AktG, Geschäftsordnungsanträge nach § 124 Abs. 4 Satz 2 AktG, Anträge auf Einzelentlastung eines Mitglieds des Vorstands oder Aufsichtsrats nach § 120 Abs. 1 Satz 2 AktG, Anträge auf umfassende Beschlussfeststellung nach § 130 Abs. 2 Satz 3 AktG und Anträge nach § 137 AktG. In besonderer Weise bezieht sich diese Kritik auf Anträge zu Minderheitsverlangen

---

[285] *DAV*, Stellungnahme RefE, S. 18, abrufbar unter: https://www.bmj.de/SharedDocs/Downloads/DE/Gesetzgebung/Stellungnahmen/2022/0317_Stellungnahme_DAV_virtuelle_Hauptversammlung.pdf?__blob=publicationFile&v=3; *Gehling*, AG 2022, 800, 803.

[286] Vgl. *Lochner*, AG 2022, 320, 322.

[287] Vgl. zum Aspekt der Gefahr von Zufallsmehrheiten später unter Kapitel 4 B. III. 6. c), C. II. 3. c) bb).

[288] *DAV*, Stellungnahme RefE, S. 19, abrufbar unter: https://www.bmj.de/SharedDocs/Downloads/DE/Gesetzgebung/Stellungnahmen/2022/0317_Stellungnahme_DAV_virtuelle_Hauptversammlung.pdf?__blob=publicationFile&v=3; *Rieckers*, DB 2024, 439, 440 f.

[289] So etwa *Brandt*, FS Strenger, S. 109, 116; *Kubis*, in: MünchKommAktG, § 126 Rn. 44. Zum Referentenentwurf: *BDI*, Stellungnahme RefE, S. 7; *Bungert/Rieckers*, DB 2022, 581, 589; *DAI*, Stellungnahme RefE, S. 16 f.; *GDV*, Stellungnahme RefE, S. 6 f., alle abrufbar unter: https://www.bmj.de/SharedDocs/Gesetzgebungsverfahren/DE/2022_Einfuehrung_virtueller_Hauptversammlungen_Aktiengesellschaften.html. Zum Fraktionsentwurf: *VCI*, Stellungnahme FraktionsE, S. 4, Anh. 3 f., abrufbar unter: https://www.bundestag.de/resource/blob/899778/552d670998ac0c10f73c26da150c525d/Stellungnahme-Brouwer_VCI.pdf.

nach § 122 Abs. 2 AktG,[290] die § 126 Abs. 4 AktG aber nach der hier vertretenen Ansicht bereits umfasst.[291]

Eine mögliche Vorverlagerung dieser Anträge wäre ebenso vom Regelungszweck der Entlastung der Versammlung von § 126 Abs. 4 AktG umfasst[292] und könnte ähnlich funktionieren. Die Aktionärsrechte würden dadurch nicht beeinträchtig, da spontane Anträge in der Hauptversammlung nicht ausgeschlossen werden müssten. In der Konsequenz müssten diese Anträge entsprechend § 126 Abs. 1–3 AktG auch zugänglich gemacht und zur Abstimmung gestellt werden. Der dafür erforderliche Mehraufwand für die Gesellschaften ist vernachlässigbar, da diese hierfür dieselben Strukturen wie für die Gegenanträge und Wahlvorschläge nutzen könnten.[293]

Schließlich lässt sich damit kein Argument gegen eine Ausweitung der Vorabstellung von Anträgen entsprechend § 126 Abs. 4 AktG finden und es bleibt ungeklärt, warum dieser Ansatz nur so beschränkt zum Einsatz kommt. Hält man an § 126 Abs. 4 AktG im bestehenden Regelungskonzept fest, sollte man diese Regelung im Sinne einer kohärenten Rechtssetzung auf alle Anträge und Wahlvorschlägen, die von § 118a Abs. 1 Satz 2 Nr. 3 AktG erfasst sind, d. h. das ganze Antragsrecht, ausdehnen.[294]

c) Ausdehnung auf die Präsenzversammlung

Zuletzt sollte § 126 Abs. 4 AktG nicht auf virtuelle Hauptversammlungen beschränkt sein. Anträge sollten auch im Vorfeld von Präsenzversammlungen zugelassen werden können.[295]

---

[290] S. nur *Bungert/Rieckers/Becker*, DB 2022, 2074, 2078; *Drinhausen/Keinath*, BB 2022, 451, 454; *Handelsrechtsausschuss DAV*, NZG 2022, 797, 799; *Lochner/Keller*, ZIP 2022, 1997, 2000. Zum Referentenentwurf: *DAV*, Stellungnahme RefE, S. 21, abrufbar unter: https://www.bmj.de/SharedDocs/Downloads/DE/Gesetzgebung/Stellungnahmen/2022/0317_Stellungnahme_DAV_virtuelle_Hauptversammlung.pdf?__blob=publicationFile&v=3.

[291] S. nochmals Kapitel 4 B. III. 2.

[292] Hierzu ausführlicher *DAI*, Stellungnahme RefE, S. 16 f., abrufbar unter: https://www.bmj.de/SharedDocs/Downloads/DE/Gesetzgebung/Stellungnahmen/2022/0311_Stellungnahme_Deutsches_Aktieninstitut_virtuelle_Hauptversammlung.pdf?__blob=publicationFile&v=3.

[293] Vgl. *Gehling*, AG 2022, 800, 803.

[294] Das Verlangen der Protokollierung des Widerspruchs nach § 131 Abs. 5 Satz 2 AktG kann als einzige Ausnahme davon, nicht vorverlagert werden. Dies muss aber nicht weiter gesetzlich klargestellt werden, da sich das Verlangen auf eine Aufnahme in die Niederschrift bezieht und dies eine persönliche Wahrnehmung des Notars in der Versammlung bedarf. S. Kapitel 4 C. II. 4. h) bb). Bei einer tatsächlichen Gesetzesänderung könnte dies aber auch in den Gesetzgebungsmaterialien nochmals klargestellt werden.

[295] *Bungert/Rieckers/Becker*, DB 2022, 2074, 2077; *Butzke*, AG 2022, 795, 797; *Drinhausen/Keinath*, BB 2022, 451, 454; *Handelsrechtsausschuss DAV*, NZG 2022, 797, 799; *Initiative Minderheitsaktionär*, Stellungnahme RefE, S. 7, abrufbar unter: https://www.bmj.de/SharedDocs/Downloads/DE/Gesetzgebung/Stellungnahmen/2022/0307_Stellungnahme_Initiative_Minderheitsaktionaere_virtuelle_Hauptversammlung.pdf?__blob=publicationFile&v=3; *Koch*, AktG, § 126 Rn. 17; *Walch/Häuslmeier*, DNotZ 2023, 106, 113; erwägend *Noack/Zetzsche*, in: KölnKommAktG, § 126 Rn. 130.

Die obigen Gründe für die Ermöglichung des Antragsrechts im Vorfeld der virtuellen Hauptversammlung und das Regelungsziel von § 126 Abs. 4 AktG Zufallsmehrheiten zu verhindern, sind ohne Abstriche auch bei Abhaltung einer Präsenzversammlung anwendbar. Zufallsmehrheiten sind kein Spezifikum des virtuellen Formats. Präsenzversammlungen sind dieser Gefahr ebenso ausgesetzt.[296] In Präsenzversammlungen ist es durch Briefwahl und Stimmrechtsvertreter ebenfalls möglich, das Stimmrecht im Vorfeld der Hauptversammlung auszuüben.[297] Gerade bei einer virtuellen Hauptversammlung ist die Hürde der Zuschaltung sogar besonderes niedrig.[298] Folglich war das gesetzgeberische Ziel, Zufallsmehrheiten durch die Ermöglichung der Antragsstellung im Vorfeld der Versammlung nur bei virtuellen Versammlungen zu verhindern, von Anfang an eine inkonsequente Ungleichbehandlung der Versammlungsformate.

d) Zwischenergebnis

§ 126 Abs. 4 AktG sollte auf andere Antragsarten sowie die Präsenzversammlung ausgeweitet werden. Um mehrere sich widersprechende Fassungen zu vermeiden, werden die hiesigen Vorschläge mit denen zum Antragsrecht in der Versammlung später vereint gefasst.[299]

IV. Stellungnahmerecht, § 130a Abs. 1–4 AktG

Das Stellungnahmerecht nach § 130a Abs. 1–4 AktG ist ein wesentlicher Schritt, die Aktionäre bereits im Vorfeld der Hauptversammlung partizipieren zu lassen. Es gilt allein im Vorfeld der Hauptversammlung und wird in einem Paragrafen mit dem Rederecht nach § 130a Abs. 5 und 6 AktG geregelt, weist mit diesem aber keine überlappenden Regelungen auf. Trotzdem lässt sich das Stellungnahmerecht als Rederecht im Vorfeld der Hauptversammlung charakterisieren.[300] Beide Rechte

---

[296] *Bungert/Rieckers/Becker*, DB 2022, 2074, 2077 f.; *Initiative Minderheitsaktionär*, Stellungnahme RefE, S. 6 f., abrufbar unter: https://www.bmj.de/SharedDocs/Downloads/DE/Gesetzgebung/Stellungnahmen/2022/0307_Stellungnahme_Initiative_Minderheitsaktionaere_virtuelle_Hauptversammlung.pdf?__blob=publicationFile&v=3; *Kubis*, in: MünchKommAktG, § 118a Rn. 51; *Lochner*, AG 2022, 320, 322; *Walch/Häuslmeier*, DNotZ 2023, 106, 112.

[297] Vgl. *Bungert/Rieckers/Becker*, DB 2022, 2074, 2077; *Lochner/Keller*, ZIP 2022, 1997, 2004.

[298] *Sturm/Imsameh*, NZG 2022, 1327, 1331. Insbesondere ausländische Investoren können niederschwellig teilnehmen. S. hierzu Kapitel 2 C. I. 1.

[299] S. Kapitel 4 C. II. 3. c) cc).

[300] Als zwei Seiten desselben Aktionärsrechts bezeichnend, *Noack/Zetzsche*, in: KölnKommAktG, § 130a Rn. 17; ähnlich *Seibt/Danwerth*, AG 2022, 177, 186. Die begriffliche Differenzierung ist vermutlich darauf zurückzuführen, dass das Stellungnahmerecht nicht mündlich ausgeübt wird und es daher an einer „Rede" fehlt.

sind daher in Beziehung miteinander zu betrachten. Entsprechend der Überschrift der Norm gilt das Stellungnahmerecht nur bei virtuellen Hauptversammlungen.[301]

Neben dem Auskunftsrecht nimmt das Gesetz zur Einführung virtueller Hauptversammlungen mit der Ausgestaltung des Stellungnahme- und Rederechts die tiefgreifendsten und kontroversesten Neuerungen vor.[302] Die Regelungen von § 130a AktG betreffen ein Individualrecht der Aktionäre und sind nach § 23 Abs. 5 AktG zwingend.[303]

Im Folgenden werden der entstehungsgeschichtliche Hintergrund der Norm (1.), die bislang gesammelten rechtstatsächlichen Erfahrungen (2.) und der Zweck der Regelung (3.) dargestellt, bevor die Voraussetzungen für die Ausübung des Stellungnahmerechts (4.–8.) und die Zugänglichmachung der Antworten des Vorstands (9.) erläutert werden. Anschließend werden die rechtspolitische Kritik und ein eigener Regelungsvorschlag für § 130a AktG gesammelt präsentiert (10.). Zuletzt folgt ein Zwischenergebnis (11.).

1. Entstehungsgeschichtlicher Hintergrund

Das neuartige Aktionärsrecht spiegelt die Bemühungen des Gesetzgebers wider, das aufzugreifen und zu verstetigen, was in den virtuellen Hauptversammlungen unter den pandemischen Übergangsregeln gut funktioniert und sich bewährt hat. Das GesRuaCOVBekG sah ein solches Stellungnahmerecht jedoch noch nicht verpflichtend vor. Nur auf freiwilliger Basis boten damals einige Unternehmen ihren Aktionären an, Stellungnahmen vorab einzureichen und diese dann den anderen Aktionären zugänglich zu machen. Das Gesetz greift damit eine von den Unternehmen entwickelte Best Practice auf und gießt sie in Gesetz.[304] Ob die Ermöglichung von Stellungnahmen aber auch unter der Lex lata zu einer Entlastung der Hauptversammlung führen und einen echten Mehrwert bieten, ist strittig.

2. Rechtstatsächliche Erfahrungen

Da das Stellungnahmerecht auf einer unter dem GesRuaCOVBekG entwickelten Best Practice beruht, ist es erforderlich, diese kurz darzustellen. Auf Grundlage der rechtstatsächlichen Erfahrungswerte können im Folgenden Rückschlüsse über die Lex lata gezogen werden.

---

[301] FraktionsE, Virtuelle Hauptversammlung, S. 30, BT-Drucks. 20/1738, S. 30.

[302] Vgl. *Franzmann/Rothweiler*, AG 2022, 809, 809 f.

[303] *Koch*, AktG, § 130a Rn. 1; *Poelzig*, in: BeckOGKAktG, § 130a Rn. 7, 8.

[304] FraktionsE, Virtuelle Hauptversammlung, BT-Drucks. 20/1738, S. 30; *Reger/Gaßner*, RDi 2022, 396, 401. Schon vor dem Gesetzgebungsverfahren, aber ohne Referenz auf die sich bereits anbahnende Best Practice im Jahr 2021, *Cyglakow*, Die virtuelle Hauptversammlung, S. 265 f.

a) GesRuaCOVBekG

Das GesRuaCOVBekG schränkte viele Aktionärsrechte vorübergehend ein, um den Gesellschaften unter den pandemischen Umständen kurzfristig eine rechtssichere Abhaltung ihrer Hauptversammlungen zu ermöglichen. Zum Opfer dieses Regelungskonzepts fiel unter anderem das Rederecht der Aktionäre, das in der virtuellen Hauptversammlung schlichtweg nicht vorgesehen wurde. Als Ausgleich für den Wegfall des Rederechts boten einige Gesellschaften ihren Aktionären freiwillig ein Rederecht in der Versammlung oder die Möglichkeit einer Stellungnahme zu den Tagesordnungspunkten im Vorfeld der virtuellen Hauptversammlung an.[305] Diese Stellungnahmen wurden den übrigen Aktionären zugänglich gemacht.

Die Deutsche Bank AG und die Deutsche Pfandbriefbank AG gingen in der ersten Hauptversammlungssaison der DAX-Indexfamilie unter dem GesRuaCOVBekG wegweisend voran.[306] Beide ließen Stellungnahmen in Bezug zur Tagesordnung in Textform und in einem Umfang von bis zu 10.000 Zeichen zu.[307] In der darauffolgenden zweiten virtuellen Hauptversammlungssaison 2021 bot schon knapp ein Fünftel der DAX-Gesellschaften ein Stellungnahmerecht an.[308] Hervorzuheben ist dabei, dass hauptsächlich größere DAX-Gesellschaften von dieser Regelungsmöglichkeit Gebrauch machten. Im DAX30 boten 65 %, im MDAX 12 % und im SDAX nur 5 % der Gesellschaften Stellungnahmen im Vorfeld der Versammlung an.

In der Hauptversammlungssaison 2021 verbreitete sich nicht nur das Angebot Stellungnahmen abzugeben drastisch; es wurden nun auch unterschiedliche Formen von Stellungnahmen angeboten. Von den 26 Gesellschaften der DAX-Indexfamilie, die Stellungnahmen entgegennahmen, ließen zehn davon Stellungnahmen nur per Video, sechs nur in Textform und nochmals zehn davon via beider dieser Kommunikationsformen zu. Eine Veröffentlichung der Stellungnahmen fand in der Regel über das Aktionärsportal und seltener über die Internetseite der Gesellschaften statt.[309] Der Umfang von Stellungnahmen in Textform wurde in der Regel auf maximal 10.000 Zeichen beschränkt, teils aber auch, parallel zu § 126 Abs. 2 Satz 2 AktG, auf 5.000 Zeichen. Stellungnahmen per Video wurden meistens auf

---

[305] Ausführliche rechtstatsächliche Untersuchungen zur Gewährung von Stellungnahmen in den Jahren 2020 und 2021, *Danwerth*, AG 2021, 613, 620 f.; *Danwerth*, AG 2020, 418, 424.

[306] *Danwerth*, AG 2020, 418, 424. Gegenstand der Untersuchung waren alle Hauptversammlungen börsennotierter Gesellschaften, die zwischen dem 28. 3. 2020 und dem 30. 4. 2020 über den Bundesanzeiger einberufen wurden, *Danwerth*, AG 2020, 418, 419.

[307] *Danwerth*, AG 2020, 418, 424.

[308] Hierzu und den folgenden Daten dieses Abschnitts *Danwerth*, AG 2021, 613, 620 f. Gegenstand der Untersuchung waren die Hauptversammlungen der Gesellschaften des DAX30, MDAX, SDAX und TecDAX (im folgenden auch DAX-Indexfamilie), die zwischen Februar 2021 und dem 31. 7. 2021 einberufen wurden, *Danwerth*, AG 2021, 613.

[309] Bei Videostellungnahmen sahen sieben Gesellschaften ferner eine Veröffentlichung in der Hauptversammlung selbst vor.

drei Minuten, seltener auf 90 Sekunden, beschränkt.[310] Alle DAX-indizierten Gesellschaften ließen nur eine Videostellungnahme pro Aktionär oder Bevollmächtigten zu.

In der darauffolgenden Praxis haben sich weitgehend Zeichenbeschränkungen von 5.000–10.000 Zeichen und Zeitbeschränkungen von drei Minuten durchgesetzt.[311] Allgemein hat sich damit, der Gesetzesbegründung entsprechend, eine Best Practice mit großer Einheitlichkeit entwickelt.[312]

b) Lex lata

De lege lata müssen im Vorfeld jeder virtuellen Hauptversammlung Stellungnahmen angeboten werden.

Mit 84 % (2023: 71 %) gewährten die meisten Gesellschaften der DAX-Indexfamilie Stellungnahmen in der Hauptversammlungssaison 2024 nur in Textform.[313] 13 % (2023: 27 %) der Gesellschaften ließen aber auch Stellungnahmen in Textform oder per Video zu.[314] Nur zwei Gesellschaften nahmen in den Jahren 2023 und 2024 dagegen allein Stellungnahmen per Video entgegen. Die Verteilung dieser Optionen über die Indizes wies keine Besonderheiten auf.

Die meisten Gesellschaften (93 %, 2023: 92 %) beschränkten Stellungnahmen auf zur Versammlung angemeldete Aktionäre und machten sie auch nur angemeldeten Aktionären über das Aktionärsportal zugänglich (83 %, 2023: 87 %). Nur 17 % (2023: 13 %) der Gesellschaften machten die Stellungnahmen der Öffentlichkeit zugänglich. Dabei besteht ein Zusammenhang zwischen den Gesellschaften, die ihrer Versammlung öffentlich übertrugen und denen, die nicht nur angemeldeten Aktionären das Stellungnahmerecht und den Zugang zu den Stellungnahmen der anderen Aktionäre gewährten. Besonders kleinere Gesellschaften beschränkten den Kreis der Berechtigten.

92 % (2023: 86 %) der Gesellschaften, die Stellungnahmen in Textform zuließen, stellten eine Zeichenbeschränkung auf. Nur wenige sahen eine Maximalgröße der zu übermittelnden PDF (6 %) oder keine Beschränkung (8 %) vor. 94 %

---

[310] Nur die Bayrische Motoren Werke AG ließ Stellungnahmen in der Länge von ganzen fünf Minuten zu.

[311] Auch Danwerth zitierend *Klein*, NZG 2022, 483, 485.

[312] Vgl. *Danwerth*, AG 2021, 613, 621.

[313] *Danwerth*, AG 2024, 892, 895. Auch die anderen Zahlen dieses Abschnittes basieren auf den virtuellen Hauptversammlungen der DAX-Indexfamilie in der Hauptversammlungssaison 2024 soweit nicht anders indiziert. Die Daten zur Hauptversammlungssaison 2023, werden hier und im Folgenden nur mit der Jahreszahl in Klammern angeben und basieren im Folgenden auf *Danwerth*, AG 2024, 892, 895 f. und *Danwerth*, ZIP 2023, 2329, 2338.

[314] Eine weitere Gesellschaft ließ daneben auch Stellungnahmen im Audioformat zu. In der Hauptversammlungssaison 2023 waren es zwei Gesellschaften.

(2023: 94 %) der Zeichenbeschränkungen gaben 10.000 Zeichen als Marke an. Dabei waren aber nur 65 % (2023: 62 %) der Begrenzungen als absolute Höchstgrenze und der Rest als bloße Bitte bzw. Orientierungsmarke gesetzt. Die restlichen Gesellschaften setzten ihre Zeichenbeschränkung, bis auf eine Ausnahme, auf 15.000–20.000 Zeichen an. Als Beschränkung des Umfangs der Stellungnahmen scheint sich drei Minuten zu etablieren (83 %, 2023: 70 %).

Die *DSW* berichtet, dass die Möglichkeit der Stellungnahmen von den Aktionären nur zurückhaltend genutzt wurde.[315]

3. Zweck

Zwar hat der Gesetzgeber sein Ziel aufgegeben, die Hauptversammlung zu entzerren, doch soll mit dem Stellungnahmerecht zumindest eine gewisse Vorverlagerung der Aktionärsdebatte erreicht werden.[316] Den Aktionären soll damit schon vor der Versammlung die Gelegenheit gegeben werden, sich zu äußern und dadurch die Hauptversammlung zu entlasten.[317]

Trotz dieser zusätzlichen Möglichkeit der Stellungnahme ist das Rederecht nicht, wie noch im Referentenentwurf,[318] inhaltlich beschränkt und nicht in Bezug auf die Anzahl der Redebeiträge im Vorfeld beschränkbar. Das Stellungnahmerecht nach dem Referentenentwurf war noch als Ausgleich für die Beschränkungen des Rederechts in der Hauptversammlung zu sehen.[319] Diese Funktion fällt mit dem vollwertigen Rederecht in der virtuellen Hauptversammlung weg. Die Entlastung der Hauptversammlung durch die Gewährung des Stellungnahmerechts ist damit aufgegeben.[320] Der Fraktionsentwurf führt folglich nur noch aus, dass das Stellungnahmerecht das Rederecht stärke.[321] Heute steht das Stellungnahmerecht neben (und

---

[315] *DSW*, HV-Report 2023, S. 12, abrufbar unter: https://www.dsw-info.de/fileadmin/Redaktion/Dokumente/PDF/Publikationen/HV_Report_2023_-_Erfahrungen_mit_der_virtuellen_Hauptversammlung.pdf. Beipflichtend *Rieckers*, DB 2024, 439, 440.

[316] FraktionsE, Virtuelle Hauptversammlung, BT-Drucks. 20/1738, S. 17, 31; vgl. auch *Gehling*, AG 2022, 800, 804; *Lochner/Keller*, ZIP 2022, 1997, 2000; *Noack/Zetzsche*, in: KölnKommAktG, § 130a Rn. 10.

[317] Zur Kritik zum Stellungnahmerecht als ungeeignete Partizipationsform, Kapitel 4 B. IV. 10. a).

[318] § 130a Abs. 4–7 AktG-RefE, RefE, Virtuelle Hauptversammlung, S. 6, abrufbar unter: https://www.bmj.de/SharedDocs/Gesetzgebungsverfahren/Dokumente/RefE_virtuelle_Hauptversammlung.pdf?__blob=publicationFile&v=3.

[319] So noch der Referentenentwurf: „Die Einschränkung der Ausübungsmöglichkeit in der Hauptversammlung wird dabei jeweils durch gesteigerte Beteiligungsmöglichkeiten im Vorfeld kompensiert." RefE, Virtuelle Hauptversammlung, S. 15, abrufbar unter: https://www.bmj.de/SharedDocs/Gesetzgebungsverfahren/Dokumente/RefE_virtuelle_Hauptversammlung.pdf?__blob=publicationFile&v=3. *Butzke*, AG 2022, 795, 798.

[320] *Koch*, AktG, § 130a Rn. 1.

[321] FraktionsE, Virtuelle Hauptversammlung, BT-Drucks. 20/1738, S. 30.

nicht statt) dem Rede- und Auskunftsrecht und erweitert die Aktionärsrechte.[322] Es macht von der Möglichkeit der elektronischen Kommunikation Gebrauch, die im Vorfeld der Versammlung ohne signifikante Mehrkosten ermöglicht werden kann, weil auf die bestehende technische Infrastruktur zurückgegriffen werden kann.[323]

4. Berechtigte

§ 130a Abs. 1 Satz 1 AktG räumt den Aktionären und ihren Stellvertretern das Stellungnahmerecht ein.[324] Das Stellungnahmerecht ist Ausdruck des Teilnahmerechts und kann deshalb auch von Aktionären ohne Stimmrecht in der Hauptversammlung ausgeübt werden.[325] Die Ausübung des Stellungnahme- und des Rederechts stehen in keinem Exklusivverhältnis.[326] Stellungnahmen können von einzelnen Aktionären oder von mehreren gemeinsam abgegeben werden.[327] Der Aktionär muss sich später nicht zur Hauptversammlung zuschalten.[328] Fehlt ihm aber eine Zuschaltungsabsicht, muss die Gesellschaft die Stellungnahme nach § 130a Abs. 3 Satz 4 i. V. m. § 126 Abs. 2 Satz 1 Nr. 6 AktG nicht zugänglich machen.

Wie die Zugänglichmachung der Stellungnahmen kann deren Abgabe nach § 130a Abs. 1 Satz 2 AktG auf ordnungsgemäß zur Versammlung angemeldete Aktionäre beschränkt werden.[329] Dadurch kann ein Gleichlauf mit der Präsenz-

---

[322] Deshalb grundsätzlich ablehnend *Franzmann/Rothweiler*, AG 2022, 809, 813.

[323] *Gehling*, AG 2022, 800, 804; vgl. *Koch*, AktG, § 130a Rn. 1. Aufgrund der geringen Belastung steht das Stellungnahmerecht wohl auch nicht zur Disposition. Vgl. *Koch*, AktG, § 130a Rn. 1.

[324] *Koch*, AktG, § 130a Rn. 2; weitergehend *Noack/Zetzsche*, in: KölnKommAktG, § 130a Rn. 17. Im Folgenden wird, wie in der ganzen Arbeit, aus Gründen der sprachlichen Klarheit allein von *Aktionären* gesprochen werden und damit auch ihre Vertreter mitgemeint. § 67 Abs. 2 AktG gilt hier und allgemein unberührt in der virtuellen Hauptversammlung. *Koch*, AktG, § 130a Rn. 2; *Poelzig*, in: BeckOGKAktG, § 130a Rn. 11.

[325] *Koch*, AktG, § 130a Rn. 2; *Poelzig*, in: BeckOGKAktG, § 130a Rn. 12; unterliegen Aktionäre aber einem Rechtsverlust, können sie keine Stellungnahmen abgeben, *Noack/Zetzsche*, in: KölnKommAktG, § 130a Rn. 16.

[326] FraktionsE, Virtuelle Hauptversammlung, BT-Drucks. 20/1738, S. 31; *Noack/Zetzsche*, in: KölnKommAktG, § 130a Rn. 16; *Schilha/Gaßner*, ZIP 2022, 2357, 2361; *Walch/Häuslmeier*, DNotZ 2023, 106, 118.

[327] *Koch*, AktG, § 130a Rn. 12; *Poelzig*, in: BeckOGKAktG, § 130a Rn. 11.

[328] *Noack/Zetzsche*, in: KölnKommAktG, § 130a Rn. 16, 33; *Poelzig*, in: BeckOGKAktG, § 130a Rn. 12.

[329] § 130a Abs. 1 Satz 2 AktG fand erst durch eine entsprechende Beschlussempfehlung des Rechtsausschusses des Bundestags Eingang in das Gesetz, Beschlussempfehlung Rechtsausschuss, Virtuelle Hauptversammlung, BT-Drucks. 20/2653, S. 9, 32. So auch schon vorschlagend *Bungert/Rieckers*, DB 2022, 581, 586; *Computershare*, Stellungnahme RefE, S. 5; *DAV*, Stellungnahme RefE, S. 23, beide abrufbar unter: https://www.bmj.de/SharedDocs/Gesetzgebungsverfahren/DE/2022_Einfuehrung_virtueller_Hauptversammlungen_Aktiengesellschaften.html; *Mayer/Jenne/Miller*, BB 2022, 1155, 1158.

versammlung hergestellt werden.[330] Dass in Satz 2 nicht wie in Satz 3 präzisiert wird, dass die Einschränkung in der Einberufung erfolgen muss, ist wohl auf die eilige Einfügung des Satzes durch den Rechtsausschuss zurückzuführen.[331] Eine Beschränkung auf angemeldete Aktionäre ist mithin in der Einberufung vorzunehmen. Nach den allgemeinen Grundsätzen ist der Vorstand als Einberufungsorgan für die Entscheidung nach § 130a Abs. 1 Satz 2 AktG zuständig.[332] Die Satzung oder Geschäftsordnung können ihm dabei Vorgaben machen.[333]

5. Inhalt

§ 130a Abs. 1 Satz 1 AktG definiert den Inhalt des neuen Stellungnahmerechts. Danach können die Aktionäre vor der Versammlung Stellungnahmen zu den Gegenständen der Tagesordnung abgeben.[334] Entscheidend ist hierfür die in der Einberufung bekannt gegebene Tagesordnung.[335] Da Tagesordnungspunkte oftmals nur stichwortartig Themen vorgeben und oft die Vorlage des Jahresabschlusses oder die Entlastung des Vorstands umfassen, ist der erforderliche Bezug zur Tagesordnung in der Regel problemlos herzustellen.[336] Aufgrund des Anfechtungsrisikos bei einer unbegründeten Ablehnung sollten Gesellschaften Stellungnahmen im Zweifel nicht wegen eines fehlenden Bezugs zur Tagesordnung ablehnen.[337]

Die Aktionäre genießen innerhalb der gesetzlichen Grenzen im Übrigen inhaltliche Freiheit in der Erstellung ihrer Stellungnahmen. Zwar kann die Gesellschaft die Zugänglichmachung bestimmter Inhalte verweigern (hierzu sogleich), doch beschränkt sich diese Befugnis eben nur auf die Zugänglichmachung, nicht aber auf die Erstellung oder Einreichung von Stellungnahmen. Anträge, Wahlvorschläge und Fragen können in den Stellungnahmen nicht gestellt werden.[338] Darauf wiesen

---

[330] Dementsprechend empfehlend *Bungert/Rieckers/Becker*, DB 2022, 2074, 2077; *Schilha/Gaßner*, ZIP 2022, 2357, 2361.

[331] So auch *Noack/Zetzsche*, in: KölnKommAktG, § 130a Rn. 18. Die Formulierung entspricht zwar § 131 Abs. 1b Satz 2 AktG. Dort wird aber aus Satz 1 klar, dass die Beschränkung nur in der Einberufung möglich ist.

[332] *Koch*, AktG, § 130a Rn. 4; *Noack/Zetzsche*, in: KölnKommAktG, § 130a Rn. 18.

[333] *Koch*, AktG, § 130a Rn. 4; *Noack/Zetzsche*, in: KölnKommAktG, § 130a Rn. 18.

[334] Eine Orientierung des Stellungnahmerechts an die Gegenstände der Tagesordnung erinnert an das Auskunftsrecht und dabei insbesondere seiner Ausgestaltung nach Art. 9 Abs. 1 Satz 1 ARRL, wonach Fragen nur „zu Punkten auf der Tagesordnung der Hauptversammlung" zu stellen sind.

[335] *Poelzig*, in: BeckOGKAktG, § 130a Rn. 14.

[336] *Kubis*, in: MünchKommAktG, § 130a Rn. 5; *Noack/Zetzsche*, in: KölnKommAktG, § 130a Rn. 19.

[337] *Noack/Zetzsche*, in: KölnKommAktG, § 130a Rn. 19.

[338] Dem Vorstand kann diese aber übernehmen bzw. beantworten. *Koch*, AktG, § 130a Rn. 3; *Mayer/Jenne/Miller*, BB 2022, 2946, 2960; *Noack/Zetzsche*, in: KölnKommAktG, § 130a Rn. 20.

alle Gesellschaften der DAX-Indexfamilie in den Einberufungen der Hauptversammlungssaison 2023 hin.[339]

6. Form

Während die Entgegennahme von Stellungnahmen unter dem GesRuaCOVBekG noch freiwillig war, nahmen die Gesellschaften viele Einschränkungen vor und machten auch Vorgaben zur Form. Heute müssen Stellungnahmen nach § 130a Abs. 1 Satz 1 AktG im Wege elektronischer Kommunikation ermöglicht werden.

a) Elektronische Kommunikation

Der Begriff der elektronischen Kommunikation wird vom Gesetz zur Einführung virtueller Hauptversammlung an mehreren Stellen verwendet, nicht aber im Gesetz oder in den Gesetzesmaterialien definiert.[340]

Das Gesetz ist insoweit technologieneutral und gibt bewusst keine weiteren Vorgaben zur technologischen Umsetzung.[341] Anhaltspunkte ergeben sich aus dem Gesetz nur bei § 118a Abs. 1 Satz 2 Nr. 2 AktG, wonach die elektronische Briefwahl und elektronische Teilnahme als Formen elektronischer Kommunikation verstanden werden. Im Einzelfall prägen aber die zu übermittelnden Inhalte die Form der erforderlichen elektronischen Kommunikation vor. So kann ein Widerspruch nach § 118a Abs. 1 Satz 2 AktG im Wege der elektronischen Kommunikation durch einen „Widerspruchsbutton" im Aktionärsforum gewährleistet werden. Das Stellungnahmerecht im Wege elektronische Kommunikation erfordert dagegen die Möglichkeit, individuell erstellte Inhalte zu übermitteln.

Ordnet das Gesetz die elektronische Kommunikation als Form an, ist jede Form der analogen Kommunikation ausgeschlossen.[342] Jede Orientierung an einem physischen, nicht digitalisierten Formerfordernis ist als analoges Kommunikationsverfahren zu werten. Dies bezieht sich im aktienrechtlichen Kontext vor allem auf das Schriftformerfordernis nach § 126 BGB. Das Formerfordernis gilt in beide Richtungen. Einerseits muss die Gesellschaft eine Form der elektronischen Kommunikation

[339] *Danwerth*, ZIP 2023, 2329, 2341.

[340] Der Begriff wird an folgenden Stellen als Vorgabe zur Form der Kommunikation genutzt: § 118a Abs. 1 Satz 2 Nr. 2, 4, 6, 8, § 121 Abs. 4b Satz 3, § 130a Abs. 1 Satz 1, § 131 Abs. 1a Satz 1, Abs. 1d, 1e, 4, 5 Satz 2 und § 132 Abs. 2 Satz 2 Nr. 2 AktG. Ausführlich zum Begriff der elektronischen Kommunikation im Rahmen des GesRuaCOVBekG, *Wunderlich*, Digitalisierung der Hauptversammlung, S. 128 ff.

[341] So ausdrücklich FraktionsE, Virtuelle Hauptversammlung, BT-Drucks. 20/1738, S. 31: § 130a Abs. 1 Satz 1 AktG „schreibt bewusst nicht vor, wie dies zu erfolgen hat."

[342] Weitergehend *Hoffmann*, DB 2022, 1498, 1501.

gewähren und kann analoge Kommunikationsmittel nur zusätzlich anbieten. Andererseits haben die Aktionäre kein Recht auf analoge Kommunikation, können diese aber verwenden, wenn sich die Gesellschaft damit einverstanden erklärt. Es können mehrere Arten der elektronischen Kommunikation parallel angeboten werden.[343]

Eine elektronische Kommunikation ist nach diesen Vorgaben durch eine Vielzahl an technischen Möglichkeiten zu gewährleisten. Vorstellbar ist der Gebrauch ganz unterschiedlicher Plattformen wie Internetseiten, Aktionärsportale, Videokonferenzanbieter, telefonische Kommunikation oder der Kommunikation per Fax.[344] Auf diesen technologischen Plattformen können, soweit möglich, unterschiedliche Formen der Kommunikation verwendet werden. In Betracht kommt hierbei grundsätzlich alles vom bereits erwähnten, „Widerspruchsbutton" über Videobotschaften, Texte und Audiobotschaften bis hin zur Zwei-Wege-Direktverbindung. Sieht das Gesetz die elektronische Form im Vorfeld der Versammlung vor, muss der Vorstand das Kommunikationsmittel bestimmen und zur Verfügung stellen bzw. vorbereiten.[345]

b) Form der Stellungnahmen

Entsprechend den obigen Ausführungen kann der Vorstand die Form der elektronischen Kommunikation vorgeben. Damit die Aktionäre wissen, wie und wo sie ihre Stellungnahmen einzureichen haben, ist ihnen dies nach § 130a Abs. 1 Satz 1 AktG in der Einberufung mitzuteilen. Aktionäre können in Videostellungnahmen Präsentationselemente nutzen – deren Verwendung kann aber auch ausgeschlossen werden.[346] In der Hauptversammlungssaison 2024 verlangten 75 % der Gesellschaften der DAX-Indexfamilie, die eine Videostellungnahme zuließen, dass der Aktionär oder sein Bevollmächtigter in der Videobotschaft zu sehen ist.[347]

---

[343] Zur Form der Stellungnahmen *Bungert/Rieckers/Becker*, DB 2022, 2077; *Poelzig*, in: BeckOGKAktG, § 130a Rn. 16; *Schilha/Gaßner*, ZIP 2022, 2357, 2361.

[344] Vgl. beispielhaft zur Form der Stellungnahmen FraktionsE, Virtuelle Hauptversammlung, BT-Drucks. 20/1738, S. 31; *Poelzig*, in: BeckOGKAktG, § 130a Rn. 16.

[345] Allgemein zu den Pflichten des Vorstands und der Kompetenzverteilung im Rahmen der virtuellen Hauptversammlung, Kapitel 4 B. II. 4. a). Ihm steht dabei ein Ermessen zu. Beispielhaft zur Form der Stellungnahmen ausführlich *Franzmann/Rothweiler*, AG 2022, 809, 813; *Noack/Zetzsche*, in: KölnKommAktG, § 130a Rn. 21. Auch die Satzung oder die Geschäftsordnung der Hauptversammlung können Vorgaben machen. Beispielhaft zur Form der Stellungnahmen FraktionsE, Virtuelle Hauptversammlung, BT-Drucks. 20/1738, S. 31 („Die Ausgestaltung steht *den Gesellschaften* frei"); *Poelzig*, in: BeckOGKAktG, § 130a Rn. 16. S. allgemein zur Rolle des Vorstands in der Gestaltung der Hauptversammlung, Kapitel 4 B. II. 4. b).

[346] *Franzmann/Rothweiler*, AG 2022, 809, 813; *Koch*, AktG, § 130a Rn. 4.

[347] *Danwerth*, AG 2024, 892, 896. In der vorherigen Saison waren es 74 %, *Danwerth*, ZIP 2023, 2329, 2340.

7. Beschränkungen des Umfangs, § 130a Abs. 1 Satz 3 AktG

Nach § 130a Abs. 1 Satz 1 AktG kann den Umfang der Stellungnahmen in der Einberufung angemessen beschränkt werden.[348] Dies kann bei Stellungnahmen namentlich in Textform durch Zeichenbeschränkungen und bei solchen per Video durch Zeitbeschränkungen erfolgen.[349] Gegenständliche Beschränkungen sind nicht möglich.[350] Für die Beschränkung des Umfangs ist der Vorstand zuständig.[351]

Überlange Stellungnahmen müssen den übrigen Aktionären nicht zugänglich gemacht werden.[352]

a) Angemessene Beschränkung des Umfangs

Im Zusammenhang mit dem Stellungnahmerecht fällt die größte Rechtsunsicherheit und damit verknüpfte Beratungsaufwand beim Maß und der Art der angemessenen Beschränkung des Umfangs der Stellungnahmen an.

Die Regelung hat nicht wie bei § 131 Abs. 2 Satz 2 AktG eine zeitlich angemessene Beschränkung der Hauptversammlung zum Zweck, sondern das Ziel „das Prozedere der Einreichung der Stellungnahmen für die Gesellschaft praktikabel zu halten."[353] Insofern ist entscheidend, welche Pflichten der Gesellschaft zufallen und wie sie diese zumutbar bewältigen kann.[354]

---

[348] Hirte schlägt ein grundlegend anderes Regelungskonzept vor und fordert eine kapitalmarktrechtliche Ausgestaltung unter Einbeziehung der BaFin, wobei aber der Mehrwert einer solchen Regelung aber nicht ganz klar wird. *Finanzwende*, Stellungnahme FraktionsE, S. 33, abrufbar unter: https://www.bundestag.de/resource/blob/899780/dec9695269a1bc748d27f2791a850b97/Stellungnahme-Hirte_Finanzwende-data.pdf.

[349] *Klein*, NZG 2022, 483, 485; *Walch/Häuslmeier*, DNotZ 2023, 106, 118 verweisen mit Blick auf Praktikabilitätsgründen auch auf maximale Dateigrößen, doch bei wenigen Minuten zulässiger Videoaufnahmen und der Möglichkeit diese problemlos zu komprimieren erscheint dies weniger relevant.

[350] *Koch*, AktG, § 130a Rn. 5; *Poelzig*, in: BeckOGKAktG, § 130a Rn. 23.

[351] *Franzmann/Rothweiler*, AG 2022, 809, 813; *Koch*, AktG, § 130a Rn. 5; *Noack/Zetzsche*, in: KölnKommAktG, § 130a Rn. 23; *Poelzig*, in: BeckOGKAktG, § 130a Rn. 22.

[352] Mit diesen kann wie mit überlangen Anträgen nach § 126 Abs. 2 Satz 2 AktG umgegangen werden. *Koch*, AktG, § 130a Rn. 6; *Noack/Zetzsche*, in: KölnKommAktG, § 130a Rn. 32; teils a. A. *Seibt/Danwerth*, AG 2022, 177, 184. Ausführlich zu § 126 Abs. 2 Satz 2 AktG *Butzke*, in: GroßkommAktG, § 126 Rn. 83 f. m. w. N.

[353] FraktionsE, Virtuelle Hauptversammlung, BT-Drucks. 20/1738, S. 31; vgl. ferner *Reger/Gaßner*, RDi 2022, 396, 398.

[354] So auch *Danwerth*, ZIP 2023, 2329, 2340. Kritisch zur Nützlichkeit einer solchen Einschränkung *Guntermann*, ZIP 2022, 781, 787; im Gesetzgebungsverfahren: *BVI*, Stellungnahme RefE, S. 11; *SdK*, Stellungnahme RefE, S. 14, beide abrufbar unter: https://www.bmj.de/SharedDocs/Gesetzgebungsverfahren/DE/2022_Einfuehrung_virtueller_Hauptversammlungen_Aktiengesellschaften.html. *Klein*, NZG 2022, 483, 485 sieht den Zweck der Beschränkungen darin, für die anderen Aktionäre verwertbare Stellungnahmen zu schaffen. Dafür zu sorgen, dass die Stellungnahmen aber bei den anderen Aktionären aufgenommen werden, ist nicht Aufgabe der Gesellschaft, sondern allein des abgebenden Aktionärs.

Das Stellungnahmerecht kann den Gesellschaften durchaus Aufwand verursachen. Die Gesellschaften müssen die Stellungnahmen entgegennehmen und den Aktionären zugänglich machen. Für den Vorstand macht die Prüfung der Stellungnahmen den Hauptteil des Aufwands aus. Der Gesellschaft kommt als Plattformbetreiber zumindest eine Pflicht zur kursorischen Durchsicht der Stellungnahmen zu.[355] Sie muss ferner prüfen, ob Ausschlussgründe nach § 130a Abs. 3 Satz 4 i. V. m. § 126 Abs. 2 Satz 1 Nr. 3 und 6 AktG oder straf- oder bußgeldrechtlich relevante Inhalte vorliegen, mit deren Veröffentlichung sich der Vorstand selbst strafbar machen würde.[356] Bei großen börsennotierten Gesellschaften, bei denen sich hunderte Stellungnahmen ansammeln können, kann diese Durchsicht ein ganzes Team erfordern. Für die Sichtung der Stellungnahmen und die Zurverfügungstellung hat die Gesellschaft mindestens 24 Stunden Zeit (dazu sogleich). Da viele Aktionäre ihre Stellungnahmen erst kurz vor dem Ende der Frist einreichen, steht in der Praxis für viele Stellungnahmen nicht deutlich mehr Zeit zur Verfügung.[357]

Eine angemessene Beschränkung des Umfangs der Stellungnahmen richtet sich folglich danach, wie viele Stellungnahmen in welcher Form erwartet werden und von der Gesellschaft zumutbar innerhalb der Frist nach § 130a Abs. 3 AktG geprüft sowie zugänglich gemacht werden können. Entscheidet sind dabei die Kapazitäten, die die Gesellschaft *zumutbar* dafür bereitstellen kann und nicht ihre *tatsächlich* vorgehaltenen Kapazitäten.[358] Bei den Kapazitäten ist ebenso zu berücksichtigen, ob von der Gestaltungsoption nach § 131 Abs. 1a Satz 1 AktG Gebrauch gemacht worden ist und parallel noch Fragen von Aktionären zu bearbeiten sind.[359] Die Angemessenheit der Beschränkung ist damit im Einzelfall zu bestimmen und hängt von der Größe des Unternehmens, seinen finanziellen Kapazitäten und den zu erwartenden Stellungnahmen ab.

Unter anderem kann § 126 Abs. 2 Satz 2 AktG, der nur zu einer Zugänglichmachung von Stellungnahmen in Höhe von bis zu 5.000 Zeichen verpflichtet, dabei als Orientierung dienen.[360] Da das Stellungnahmerecht auf der unter dem GesRuaCOVBekG entwickelten Best Practice beruht, dienen die dort entwickelten Standards ebenso als Richtschnur.[361] Vorschläge für die Praxis, die sich daran orientieren, geben 5.000–10.000 Zeichen für Stellungnahmen in Textform und

---

[355] *Koch*, AktG, § 130a Rn. 5.

[356] *Guntermann*, ZIP 2022, 781, 787; *Poelzig*, in: BeckOGKAktG, § 130a Rn. 22; *Schilha/Gaßner*, ZIP 2022, 2357, 2361; *Walch/Häuslmeier*, DNotZ 2023, 106, 118.

[357] *Guntermann*, ZIP 2022, 781, 787.

[358] Problematisierend *Mayer/Jenne/Miller*, BB 2022, 2946, 2960; *Mayer/Jenne/Miller*, BB 2022, 1155, 1158; vgl. *Noack/Zetzsche*, in: KölnKommAktG, § 130a Rn. 23.

[359] So auch *Poelzig*, in: BeckOGKAktG, § 130a Rn. 22.

[360] *Klein*, NZG 2022, 483, 485 Fn. 34; *Mayer/Jenne/Miller*, BB 2022, 2946, 2960; *Mutter*, AG 2022, R57; *Noack/Zetzsche*, in: KölnKommAktG, § 130a Rn. 23; *Poelzig*, in: BeckOGKAktG, § 130a Rn. 22.

[361] *Reger/Gaßner*, RDi 2022, 396, 402.

drei Minuten für solche per Video als angemessene Beschränkungen an.[362] Diesen Vorschlägen kann sich als Richtwert angeschlossen werden. Die Praxis wird die Angemessenheit der Beschränkungen allerdings weiter konkretisieren.[363] Aus der Hauptversammlungssaison 2023 scheint sich schon ein Standard von 10.000 Zeichen auszuformen. Für Stellungnahmen im Videoformat dagegen ist noch kein Standard erkennbar.[364]

Die Beschränkung der Anzahl der Stellungnahmen von einzelnen Aktionären oder per Anteil ist nicht ausdrücklich zugelassen oder in der Gesetzesbegründung behandelt. Trotz dessen muss auch diese als eine Beschränkung des Umfangs der Stellungnahmen umfasst sein.[365] Kann der Inhalt einer Stellungnahme beschränkt werden, muss die Anzahl der Stellungnahmen ebenfalls beschränkt werden können. Die Rechtspraxis teilt diese Auffassung. 9 % aller Gesellschaften der DAX-Indexfamilie legten in der Hauptversammlungssaison 2024 fest, dass pro Aktionär bzw. Depot nur eine Stellungnahme eingereicht werden durfte.[366]

b) Ermessen

Mit der Bestimmung einer „angemessenen Beschränkung“ steht dem Vorstand ein weitgehendes Ermessen zu, die tatsächliche Beschränkung festzulegen. Dass es sich um eine Ermessensentscheidung handelt, ist im Wortlaut des Gesetzes („kann“) angelegt. Es handelt sich dabei mit Blick auf die zu erwartende Anzahl und Form der Stellungnahmen um eine Prognoseentscheidung, die sich im Übrigen nach § 93 AktG richtet. In die Entscheidung sind insbesondere die Erfahrungswerte aus vergangenen Hauptversammlungen einzustellen, soweit solche in Bezug auf das Stellungnahmerecht vorliegen.

Den Gesellschaften ist zu empfehlen, den Umfang der Stellungnahmen zu beschränken, um ein ordentliches Verfahren sicherzustellen.[367] Mit Blick auf die noch weiter zu etablierende Best Practice sollte dabei im Zweifel aber zunächst Zurückhaltung walten gelassen werden.[368]

---

[362] *Klein*, NZG 2022, 483, 485; *Koch*, AktG, § 130a Rn. 5; *Lochner/Keller*, ZIP 2022, 1997, 2000; *Mayer/Jenne/Miller*, BB 2022, 2946, 2961 mit bis zu fünf Minuten; *Noack/Zetzsche*, in: KölnKommAktG, § 130a Rn. 23; *Poelzig*, in: BeckOGKAktG, § 130a Rn. 23.

[363] *Lochner/Keller*, ZIP 2022, 1997, 2002; *Mayer/Jenne/Miller*, BB 2022, 2946, 2960; *Mutter/Werner*, AG 2022, R210.

[364] Zur empirischen Auswertung der Beschränkungen in der Hauptversammlungssaison 2023 und 2024 der DAX-Indexfamilie s. *Danwerth*, AG 2024, 892, 896.

[365] Insoweit skeptisch *Danwerth*, ZIP 2023, 2329, 2340.

[366] *Danwerth*, AG 2024, 892, 896.

[367] Vgl. *Bungert/Rieckers/Becker*, DB 2022, 2074, 2077.

[368] Vgl. *Schilha/Gaßner*, ZIP 2022, 2357, 2361.

8. Frist, § 130a Abs. 2 und 4 AktG

Stellungnahmen sind nach § 130a Abs. 2 AktG bis spätestens fünf Tage vor der Versammlung einzureichen. Gleichwohl kann die Gesellschaft auch eine spätere Einreichung von Stellungnahmen ermöglichen, da das Gesetz mit der Formulierung „spätestens" nur den frühestmöglichen Termin festlegt.[369]

Das Fristenerfordernis von fünf Tagen steht im Gleichlauf zu den Fristen, die gelten, wenn der Vorstand nach § 131 Abs. 1a Satz 1 AktG eine Vorabeinreichung von Fragen vorgesehen hat.[370] Einerseits haben die Aktionäre demnach nämlich noch angemessen Zeit in ihren Stellungnahmen auf den Bericht des Vorstands oder dessen wesentlichen Inhalt, der nach § 118a Abs. 1 Satz 2 Nr. 5 AktG spätestens sieben Tage vor der Hauptversammlung zugänglich zu machen ist, einzugehen und ihn zu verarbeiten. Andererseits kann die Gesellschaft noch den Inhalt der Stellungnahmen in ihren Antworten auf die Fragen der Aktionäre berücksichtigen.

a) Rechtstatsächliche Erfahrungen

In den Hauptversammlungssaisons 2023 und 2024 hat keine der Gesellschaften der DAX-Indexfamilie von der Möglichkeit Gebrauch gemacht, die Frist später anzusetzen.[371] Dies kann teils auf die vereinzelt vertretene Meinung, dass mit einer späteren Frist für die Abgabe der Stellungnahmen auch die Frist für die Einreichung von Fragen im Vorfeld verlängert werde, zurückgeführt werden.[372] Diese Ansicht überzeugt aber nicht, da es dann nur in der Verantwortung der Aktionäre steht, die Stellungnahmen zu einem Zeitpunkt einzureichen, zu dem sie die Fragen der übrigen Aktionäre noch beeinflussen können. Die Aktionärsrechte werden durch eine spätere Frist für die Stellungnahmen ausgeweitet. Dies kann nicht durch noch weitergehende Verpflichtungen der Gesellschaft abgestraft werden. Um Verwirrung bei den Aktionären vorzubeugen, sollte die Gesellschaft aber auf den Umstand der einseitigen Fristverlängerung für die Einreichung von Stellungnahmen in der Einberufung hinweisen.

---

[369] FraktionsE, Virtuelle Hauptversammlung, BT-Drucks. 20/1738, S. 30; *Koch*, AktG, § 130a Rn. 7; *Noack/Zetzsche*, in: KölnKommAktG, § 130a Rn. 24; *Poelzig*, in: BeckOGKAktG, § 130a Rn. 19.

[370] Hierzu und im Folgenden FraktionsE, Virtuelle Hauptversammlung, BT-Drucks. 20/1738, S. 30; *Koch*, AktG, § 130a Rn. 7; *Noack/Zetzsche*, in: KölnKommAktG, § 130a Rn. 10.

[371] *Danwerth*, AG 2024, 892, 895 f.; *Danwerth*, ZIP 2023, 2329, 2341.

[372] So *Danwerth*, ZIP 2023, 2329, 2341 Fn. 111, *Noack/Zetzsche*, in: KölnKommAktG, § 130a Rn. 24.

b) Fristberechnung nach § 121 Abs. 7 AktG

Nach § 130a Abs. 4 AktG gilt für die Berechnung der Frist § 121 Abs. 7 AktG. Es handelt sich dabei um eine besondere Regelung für die Berechnung von Fristen, die von der Hauptversammlung zurückberechnet werden.[373] Da § 121 Abs. 7 AktG keinen Bezug auf die Präsenzversammlung als solche nimmt, gilt dieser unterschiedslos auch für virtuelle Hauptversammlungen.[374] Folglich sind alle ausdrücklichen Verweise auf § 121 Abs. 7 AktG, die das Gesetz zur Einführung virtueller Hauptversammlung vorsieht, allein klarstellend.[375]

Praktisch bedeutet das für die Fünftagesfrist nach § 130a Abs. 2 AktG, dass Aktionäre ihre Stellungnahmen bis spätestens um 24 Uhr, sechs Tage vor der Hauptversammlung, einreichen müssen.

9. Zugänglichmachung, § 130a Abs. 3 AktG

Damit das Stellungnahmerecht dem Rederecht funktionell nahekommt, müssen die übrigen Aktionäre von den eingereichten Stellungnahmen Kenntnis nehmen können. Die Zugänglichmachung der Stellungnahmen für die Aktionäre noch im Vorfeld der Hauptversammlung nach § 130a Abs. 3 AktG ermöglicht dies.[376]

a) Adressatenkreis, § 130a Abs. 3 Satz 4 AktG

Nach § 130a Abs. 3 Satz 1 AktG sind die eingereichten Stellungnahmen *allen Aktionären* zugänglich zu machen. Nach § 130a Abs. 3 Satz 4 AktG kann die Zugänglichmachung aber – wie das Stellungnahmerecht selbst – auf ordnungsgemäß zur Versammlung angemeldete Aktionäre beschränkt werden.[377]

---

[373] § 121 Abs. 7 AktG wurde durch das ARUG 2009 mit dem Ziel eingeführt die Praxis zu entlasten und Auslegungsspielräume zu beseitigen. FraktionsE, ARUG, BT-Drucks. 16/11642, S. 28. Dem wird vor allem dadurch Rechnung getragen, dass die allgemeinen Regelungen keine Anwendung finden und es keinen Schutz von Feiertagen oder ähnlichem gibt. Nach § 121 Abs. 7 Satz 1 AktG wird der Tag der Versammlung nicht mitberechnet. Zum Ziel Rechtsunsicherheiten durch die Anwendung von § 121 Abs. 7 AktG in dem vorliegenden Gesetz zu vermeiden, FraktionsE, Virtuelle Hauptversammlung, BT-Drucks. 20/1738, S. 30. Ausführlich zu § 121 Abs. 7 AktG jeweils m. w. N. *Florstedt*, ZIP 2010, 761; *Kubis*, in: MünchKommAktG, § 121 Rn. 127–133.

[374] So etwa schon zum GesRuaCOVBekG *Mutter/Kruchen*, AG 2021, 108, 109.

[375] Namentlich geschieht dies, in: § 118a Abs. 1 Satz 3 AktG, § 130a Abs. 4 AktG, § 131 Abs. 1a Satz 2 und Abs. 1c Satz 1 Halbsatz 2 AktG.

[376] FraktionsE, Virtuelle Hauptversammlung, BT-Drucks. 20/1738, S. 31. Bei der Zugänglichmachung handelt es sich nicht um eine Bekanntmachung oder Mitteilung der Gesellschaft, sodass §§ 25, 125 AktG nicht anwendbar sind.

[377] So empfehlend: *Bungert/Rieckers/Becker*, DB 2022, 2074, 2077; *Schilha/Gaßner*, ZIP 2022, 2357, 2361.

b) Inhalt, § 130a Abs. 3 Satz 4 AktG

aa) Lex lata

Grundsätzlich sind die Stellungnahmen zugänglich zu machen, wie sie bei der Gesellschaft eingegangen sind.[378]

Nach § 130a Abs. 3 Satz 4 AktG gelten § 126 Abs. 2 Satz 1 Nr. 1, 3 und 6 AktG entsprechend für die Zugänglichmachung der Stellungnahmen.[379] Diese lassen die Pflicht zur Zugänglichmachung nach § 130a Abs. 3 Satz 1 AktG in den dort bestimmten Fällen entfallen.[380] Die dazu schon ausgeformten Erkenntnisse von Rechtsprechung und Literatur lassen sich mithin auch hier anbringen.[381] In der entsprechenden Anwendung von § 126 Abs. 2 Satz 1 Nr. 6 AktG ist allerdings, statt auf eine Teilnahmeabsicht, auf die Zuschaltungsabsicht abzustellen.[382]

bb) Rechtspolitische Kritik

Die Literatur übte in Teilen Kritik an der Anwendbarkeit von § 126 Abs. 2 Satz 1 Nr. 6 AktG.[383] Das Interesse an der Bekanntmachung des eigenen Standpunkts bestehe im Vorfeld der Versammlung unabhängig von den eigenen Plänen an dieser teilzunehmen.[384] Da das Stellungnahmerecht aber von Grund auf eine Erweiterung der Aktionärsrechte darstellt, ist es gerechtfertigt, zumindest einen gewissen Bezug zur Versammlung zu verlangen. Den Gesellschaften wird damit ein (wenn auch sehr beschränktes) Mittel zur Begegnung rein missbräuchlicher, nicht konstruktiver Stellungnahmen an die Hand gegeben.

---

378 Für eine empirische Auswertung der Veröffentlichung persönlicher Informationen mit den Stellungnahmen in der Hauptversammlungssaison 2023 der DAX-Indexfamilie s. *Danwerth*, ZIP 2023, 2329, 2340 f.

379 § 130a Abs. 3 Satz 4 AktG übernimmt die inhaltlichen Beschränkungen aus § 126 Abs. 2 Satz 1 AktG nur partiell, da sich die anderen Nummern auf den anderen Reglungszweck des § 126 AktG beziehen. So auch *Koch*, AktG, § 130a Rn. 12; *Poelzig*, in: BeckOGKAktG, § 130a Rn. 32.

380 Zur dann freiwillig erfolgenden Zugänglichmachung *Poelzig*, in: BeckOGKAktG, § 130a Rn. 33; *Rieckers*, in: BeckOGKAktG, § 126 Rn. 34.

381 Zu § 126 Abs. 2 AktG *Kubis*, in: MünchKommAktG, § 126 Rn. 27 ff.; *Rieckers*, in: BeckOGKAktG, § 126 Rn. 33 ff. Zu § 130a Abs. 3 Satz 4 AktG *Noack/Zetzsche*, in: KölnKommAktG, § 130a Rn. 30 ff.; *Poelzig*, in: BeckOGKAktG, § 130a Rn. 32–38. *Danwerth*, AG 2024, 892, 897 mit einer statistischen Auswertung der Hinweise, die die Gesellschaften der DAX-Indexfamilie in ihren Einberufungen der Hauptversammlungssaison 2023 und 2024 diesbezüglich machten.

382 So auch *Seibt/Danwerth*, DB 2022, 1434, 1437.

383 *Koch*, AktG, § 130a Rn. 12; zur ebenfalls entsprechenden Anwendung beim Auskunftsrecht im Vorfeld der Versammlung *Koch*, AktG, § 131 Rn. 59; *Seibt/Danwerth*, DB 2022, 1434, 1437.

384 Vgl. zum Informationsinteresse beim Auskunftsrecht *Seibt/Danwerth*, DB 2022, 1434, 1437.

c) Art und Weise

Das Gesetz enthält keine allgemeine Regelung zur Art und Weise der Zugänglichmachung der Stellungnahmen. Für börsennotierte Gesellschaften sieht es aber besondere Regelungen vor.

aa) Allgemeine Regelung

§ 118a Abs. 6 AktG regelt die Zugänglichmachung von Unterlagen *in der* Hauptversammlung und ist deshalb nicht auf die Zugänglichmachung *vor der Versammlung* anwendbar.

Die Zugänglichmachung kann, wie auch für § 126 Abs. 1 AktG anerkannt, auf der Internetseite der Gesellschaft erfolgen.[385] Des Weiteren kann sie etwa auf der Internetseite eines Dritten (insbesondere eines Hauptversammlungsdienstleisters, der auf dieser das Aktionärsportal zur Verfügung stellt),[386] in den Gesellschaftsblättern oder einer individuellen Zustellung per E-Mail (falls alle Aktionäre namentlich bekannt sind) erfolgen.[387] Dabei muss die Zugänglichmachung die Form der Stellungnahme wiedergeben können. Eine Veröffentlichung in den Gesellschaftsblättern ist deshalb nur möglich, wenn die Stellungnahmen in Textform erfolgt sind.[388] Abseits dieser praktischen Einschränkung besteht Gestaltungsfreiheit.

bb) Börsennotierte Gesellschaften, § 130a Abs. 3 Satz 3 Halbsatz 1 AktG

Für börsennotierte Gesellschaften schreibt § 130a Abs. 3 Satz 3 Halbsatz 1 AktG dagegen vor, dass die Stellungnahmen auf der Internetseite der Gesellschaft zu erfolgen haben. Nach Vorstellung des Gesetzgebers bedeutet dies für börsennotierte Gesellschaften faktisch eine öffentliche Publikation.[389] § 130a Abs. 3 Satz 3 Halb-

---

[385] FraktionsE, Virtuelle Hauptversammlung, BT-Drucks. 20/1738, S. 31. Hierbei führt die Gesetzesbegründung aus, dass die Bereitstellung auf der Internetseite die einzige praktikable Möglichkeit der Zugänglichmachung sei, wenn die Stellungnahmen in Form von Videobeiträgen eingereicht werden können. Dies kann aber allein mit Blick auf die Möglichkeit einer Zugänglichmachung über das Aktionärsportal auf der Internetseite eines Dritten, nicht überzeugen.

[386] Beschlussempfehlung Rechtsausschuss, Virtuelle Hauptversammlung, BT-Drucks. 20/2653, S. 32; *Noack/Zetzsche*, in: KölnKommAktG, § 130a Rn. 27.

[387] *Koch*, AktG, § 130a Rn. 8; *Mayer/Jenne/Miller*, BB 2022, 2946, 2961; *Noack/Zetzsche*, in: KölnKommAktG, § 130a Rn. 27; *Poelzig*, in: BeckOGKAktG, § 130a Rn. 26.

[388] FraktionsE, Virtuelle Hauptversammlung, BT-Drucks. 20/1738, S. 31; hierzu *Franzmann/Rothweiler*, AG 2022, 809, 823.

[389] Beschlussempfehlung Rechtsausschuss, Virtuelle Hauptversammlung, BT-Drucks. 20/2653, S. 32; ebenso *DIHK*, Stellungnahme RefE, S. 4, abrufbar unter: https://www.bmj.de/SharedDocs/Downloads/DE/Gesetzgebung/Stellungnahmen/2022/0311_Stellungnahme_DIHK_virtuelle_Hauptversammlung.pdf?__blob=publicationFile&v=3; *Handelsrechtsausschuss DAV*, NZG 2022, 797, 800; *Seibt/Danwerth*, DB 2022, 1434, 1438.

satz 2 AktG ermögliche es börsennotierten Gesellschaften dies durch die Zugänglichmachung auf der Internetseite eines Dritten, namentlich eines Hauptversammlungsdienstleisters, zu vermeiden, da diese mit Zugangsbeschränkungen versehen werden können.[390] Wie beim Rederecht in der Versammlung soll dies die Vertraulichkeit der Versammlung und der Diskussionsbeiträge der Aktionäre sichern.[391]

Die Begründung des Rechtsausschusses und der Norm ist interpretationsbedürftig, im Ergebnis aber vertretbar. Denn nach richtiger Lesart folgt aus der gesetzlichen Vorgabe der Zugänglichmachung auf der Internetseite der Gesellschaft keine öffentliche Zugänglichmachung.[392] Die Notwendigkeit einer öffentlichen Zugänglichmachung findet keinerlei Rückhalt im Wortlaut der Norm, der keine Aussage zum Adressatenkreis enthält. Technisch ist es ohne Weiteres möglich, die Zugänglichmachung auch auf der Internetseite der Gesellschaft etwa per Zugangscodes zu beschränken. Durch § 118a Abs. 6 AktG wird dies sogar vom Gesetzgeber anerkannt. Die Ansicht, dass eine Zugänglichmachung über die Internetseite der Gesellschaft zugleich eine Veröffentlichung an die Allgemeinheit darstellt, lässt sich wohl mit einem fehlgeleiteten Verständnis von § 126 Abs. 1 Satz 3 AktG – der Regelung, an der sich § 130a Abs. 3 Satz 3 Halbsatz 1 AktG orientiert – in Verbindung bringen. Dort hält eine Minderheit, entgegen der herrschenden Meinung, Zugangsbeschränkungen zu den zugänglich gemachten Inhalten bei § 126 Abs. 1 Satz 3 AktG (und § 124a AktG) für unzulässig.[393] Die herrschende Meinung überzeugt allerdings, weil der Gesetzgeber mit der Einführung der Vorschrift nur die unionsrechtlichen Vorgaben umsetzen wollte, nicht aber eine weitergehende Publizitätspflicht schaffen wollte.[394] Art. 5 Abs. 4 UAbs. 1 Satz 1 lit. d) ARRL verlangt

---

[390] Beschlussempfehlung Rechtsausschuss, Virtuelle Hauptversammlung, BT-Drucks. 20/2653, S. 32. § 130a Abs. 3 Satz 3 Halbsatz 2 AktG fand erst durch die Beschlussempfehlung des Rechtsausschusses des Bundestags Eingang in das Gesetz.

[391] So schon zum Referentenentwurf fordernd *DAV*, Stellungnahme RefE, S. 24; *DIHK*, Stellungnahme RefE, S. 4; beide abrufbar unter: https://www.bmj.de/SharedDocs/Gesetzgebungsverfahren/DE/2022_Einfuehrung_virtueller_Hauptversammlungen_Aktiengesellschaften.html; vgl. *Seibt/Danwerth*, DB 2022, 1434, 1438.

[392] *Bungert/Rieckers*, DB 2022, 581, 584 mit dem Verweis auf die entsprechende herrschende Meinung bei § 124a Satz 1 AktG m. w. N.; *Franzmann/Rothweiler*, AG 2022, 809, 813; *Koch*, AktG, § 130a Rn. 10; *Noack/Zetzsche*, in: KölnKommAktG, § 130a Rn. 4, § 118a Rn. 50; *Poelzig*, in: BeckOGKAktG, § 130a Rn. 27; wohl auch *Drinhausen/Keinath*, BB 2022, 451, 458; a. A.: *DIHK*, Stellungnahme RefE, S. 4, abrufbar unter: https://www.bmj.de/SharedDocs/Downloads/DE/Gesetzgebung/Stellungnahmen/2022/0311_Stellungnahme_DIHK_virtuelle_Hauptversammlung.pdf?__blob=publicationFile&v=3; *Handelsrechtsausschuss DAV*, NZG 2022, 797, 800; *Seibt/Danwerth*, DB 2022, 1434, 1438. Vgl. m. w. N. zur parallelen Zugänglichmachung der Fragen und Antworten nach § 131 Abs. 1c Satz 2 AktG Kapitel 4 B. V. 9. c).

[393] *Koch*, AktG, § 126 Rn. 11; *Reger*, in: Bürgers/Lieder, AktG, § 126 Rn. 25; *Schlitt/Biller*, in: ArbeitsHdb Hauptversammlung, § 7 Rn. 18; *Ziemons*, in: K. Schmidt/Lutter, AktG, § 126 Rn. 29 m. w. N. Zur herrschenden Meinung *Drinhausen*, in: Hölters/Weber, AktG, § 126 Rn. 12 m. w. N.; *Herrler*, in: Grigoleit, AktG, § 126 Rn. 10; *Noack*, DB 2002, 620, 623; *Rieckers*, in: BeckOGKAktG, § 126 Rn. 27.

[394] *Rieckers*, in: BeckOGKAktG, § 126 Rn. 27.

lediglich, dass allen Aktionären Zugang gewährt wird – nicht aber der Allgemeinheit.[395] Nimmt man sich also § 126 Abs. 1 Satz 3 AktG als Orientierung, sind Zugangsbeschränkungen erlaubt.

Ebenso spricht die Bezugnahme auf Satz 2 in § 130a Abs. 3 Satz 3 Halbsatz 2 AktG mit einer bloß optionalen Zugänglichmachung auf der Internetseite eines Dritten gegen eine zwingende öffentliche Zugänglichmachung auf der Internetseite der Gesellschaft.[396] Die Gesellschaften können nach diesem Rechtsverständnis selbstverständlich entsprechende Zugangsbeschränkungen einrichten. Die Begründung des Rechtsausschusses äußert sich hierzu nicht ausdrücklich.

Vor dem Hintergrund dieser Ergebnisse ist die Regelung in Halbsatz 2 und ihre Begründung nur mit der tatsächlichen Rechtsanwendung erklärbar. Theoretisch können Gesellschaften Zugangsbeschränkungen auch auf ihren eigenen Internetseiten einrichten. Dort ist ihre technische Errichtung unter Umständen aber aufwendiger als auf der Internetseite eines Dritten und würde von vielen Gesellschaften zugunsten einer öffentlichen Zugänglichmachung aufgegeben.[397] Da sich die meisten börsennotierten Aktiengesellschaften ohnehin schon eines Hauptversammlungsdienstleisters bedienen, ermöglicht es ihnen § 130a Abs. 3 Satz 3 Halbsatz 2 AktG die Zugänglichmachung von Stellungnahmen auf dessen Internetseite, um ihre Kosten und Aufwand gering zu halten. Mit dieser Überlegung lässt sich die Einfügung und Begründung von nach § 130a Abs. 3 Satz 3 Halbsatz 2 AktG konsequent begründen.

Börsennotierte Gesellschaften müssen Stellungnahmen auf ihrer Internetseite veröffentlichen, da diese ohnehin auch die Aktionärsanträge nach § 126 Abs. 1 Satz 3 AktG dort veröffentlichen müssen und damit ein Gleichlauf der Pflichten hergestellt werden kann.[398] § 126 Abs. 1 Satz 3 AktG ist durch Unionsrecht vorgegeben,[399] sodass davon nicht abgewichen werden kann. Eine andere Form der Zugänglichmachung, wie nach § 130a Abs. 3 Satz 3 Halbsatz 2 AktG, ist mithin nur dann angezeigt, wenn sie notwendig ist. Wie gerade dargelegt, ist dies im Falle von § 130a Abs. 3 Satz 2 AktG begründbar.

---

[395] So auch *Huprich*, Umsetzung der ARRL in Deutschland und Europa, S. 158; *Noack/Zetzsche*, in: KölnKommAktG, § 126 Rn. 59 m. w. N.; *Rieckers*, in: BeckOGKAktG, § 126 Rn. 27.

[396] *Koch*, AktG, § 130a Rn. 10.

[397] Vgl. *Bungert/Rieckers*, DB 2022, 581, 584.

[398] FraktionsE, Virtuelle Hauptversammlung, BT-Drucks. 20/1738, S. 31 f.

[399] Artikel 5 Abs. 4 UAbs. 1 lit. d) ARRL.

d) Form

Schließlich sind die Stellungnahmen nur in der Form zugänglich zu machen, in der sie eingereicht wurden.[400] Stellungnahmen, die als Video abgegeben wurden, sind demnach nicht zu transkribieren. Insbesondere müssen die Stellungnahmen nicht übersetzt werden.[401] Redaktionelle Bearbeitungen sind möglich, aber nicht verpflichtend.[402]

e) Frist, § 130a Abs. 3 Satz 1, Abs. 4 AktG

Die Zugänglichmachung aller Stellungnahmen hat nach § 130a Abs. 3 Satz 1 AktG bis spätestens vier Tage vor der Versammlung durch die Gesellschaft zu erfolgen.[403] Entsprechend dem Zweck der Zugänglichmachung ist diese bis zum Ende der Versammlung sicherzustellen.[404]

Die Stellungnahmen können sukzessiv oder gesammelt vier Tage vor der Versammlung zugänglich gemacht werden.[405] Den Gesellschaften ist eine kontinuierliche Zugänglichmachung zu empfehlen, denn sie ist auch in ihrem Interesse. Je früher die Stellungnahmen der Aktionäre zugänglich gemacht werden, desto mehr Aktionäre können sie wahrnehmen. Es erübrigen sich dadurch potenzielle Dopplungen von Stellungnahmen und Redebeiträge auf der Hauptversammlung. Ebenso staut sich die Prüfung und Veröffentlichung aller Stellungnahmen nicht zwischen dem vierten und fünften Tag vor der Versammlung.

---

400 FraktionsE, Virtuelle Hauptversammlung, BT-Drucks. 20/1738, S. 32; *Poelzig*, in: BeckOGKAktG, § 130a Rn. 28.

401 Wie bei der Zugänglichmachung von Anträgen, können die Gesellschaften Übersetzung oder Veröffentlichung von Stellungnahmen vornehmen, die nicht in der Versammlungssprache erfolgt sind, müssen dies aber nicht. FraktionsE, Virtuelle Hauptversammlung, BT-Drucks. 20/1738, S. 32; *Koch*, AktG, § 130a Rn. 11; mit Blick auf Treuepflichten im Einzelfall differenzierend: *Noack/Zetzsche*, in: KölnKommAktG, § 130a Rn. 22; a. A. *BDI*, Stellungnahme RefE, S. 10, abrufbar unter: https://www.bmj.de/SharedDocs/Downloads/DE/Gesetzgebung/Stellungnahmen/2022/0310_Stellungnahme_BDI_virtuelle_Hauptversammlung.pdf?__blob=publicationFile&v=3.

402 Hierbei sind etwa Formatierungen, Streichungen doppelter Wörter oder die Hinzufügung von fehlenden Leerzeichen möglich, sofern solche Änderungen nicht den Aussagegehalt der Stellungnahme betreffen. So auch zum Auskunftsrecht *Guntermann*, ZIP 2022, 781, 785; *Kersting*, in: KölnKommAktG, § 131 Rn. 654; a. A. *Kubis*, in: MünchKommAktG, § 130a Rn. 18.

403 Nach § 130a Abs. 4 AktG gilt für die Fristberechnung § 121 Abs. 7 AktG. Zu § 121 Abs. 7 AktG Kapitel 4 B. IV. 8. b).

404 *Kubis*, in: MünchKommAktG, § 130a Rn. 20; *Noack/Zetzsche*, in: KölnKommAktG, § 130a Rn. 29.

405 *Noack/Zetzsche*, in: KölnKommAktG, § 130a Rn. 27; *Poelzig*, in: BeckOGKAktG, § 130a Rn. 31; *Seibt/Danwerth*, DB 2022, 1434, 1438.

Des Weiteren ist den Gesellschaften zu empfehlen, das Datum der Versammlung so zu wählen, dass die 24 Stunden zwischen der Frist für die Abgabe von Stellungnahmen und ihrer Zugänglichmachung nicht auf einen Samstag, Sonntag oder Feiertag fällt. Anderenfalls kann es am Personal für die Prüfung der Stellungnahmen fehlen.

10. Rechtspolitische Kritik und Regelungsvorschlag

Die vollständig neuartige Regelung des Stellungnahmerechts hat substanzielle rechtspolitische Kritik erfahren.

a) Fehlende Abdingbarkeit

Zunächst wurde weithin und zu Recht die fehlende Abdingbarkeit des Stellungnahmerechts kritisiert.[406]

Da das Rederecht der virtuellen Versammlung de lege lata dem der Präsenzversammlung gleichwertig ist, ist das Stellungnahmerecht nicht notwendig, um eine gleichwertige Gewährleistung der Aktionärsrechte herzustellen.[407] Die Präsenzversammlung sieht auch kein Stellungnahmerecht vor. Bei dem Stellungnahmerecht handelt es sich folglich ausschließlich um ein Zusatzangebot für die Aktionäre und erweitert die Hauptversammlung, anstatt sie – wie ursprünglich angestrebt – zu entlasten.[408] Unter dem Referentenentwurf sollte das Stellungnahmerecht noch einen Ausgleich zu den Einschränkungen des Rederechts darstellen. Dies ist heute aber nicht mehr der Fall. Vielmehr ist nun nur noch als „Überbleibsel" des damals ausgewogenen Konzepts zu verstehen.[409]

Für eine bloß optionale Gewährung des Stellungnahmerechts spricht ferner, dass der Aufwand der Zuschaltung nicht vollständig zu vernachlässigen ist, da die Unternehmen zumindest eine kursorische Prüfungspflicht hinsichtlich der zu veröffent-

---

[406] *Bungert/Rieckers/Becker*, DB 2022, 2074, 2077; *Handelsrechtsausschuss DAV*, NZG 2022, 797, 800; *Koch*, AktG, § 130a Rn. 1; *Noack/Zetzsche*, in: KölnKommAktG, § 130a Rn. 12; weitergehend für die Streichung und nur hilfsweise für die Abdingbarkeit *Roßkopf*, Stellungnahme FraktionsE, S. 6, abrufbar unter: https://www.bundestag.de/resource/blob/899782/1204858008a2d375e1e7b50db6735a36/Stellungnahme-Rosskopf-data.pdf; vollkommen ablehnend *Guntermann*, ZIP 2022, 781, 787. Zur Unabdingbarkeit nach § 23 Abs. 5 Kapitel 4 B. IV.

[407] So auch *Gehling*, AG 2022, 800, 803; *Rieckers*, DB 2024, 439, 440.

[408] *Handelsrechtsausschuss DAV*, NZG 2022, 797, 799; richtig als Verdoppelung des Rederechts bezeichnend *Koch*, AktG, § 130a Rn. 1; *Paschos*, NZG 2022, 1225.

[409] *Noack/Zetzsche*, in: KölnKommAktG, § 130a Rn. 12; in diese Richtung auch *Kubis*, in: MünchKommAktG, § 130a Rn. 3.

lichenden Inhalte trifft.[410] Bei Publikumsgesellschaften, die viele Kleinaktionäre zu ihren Aktionären zählen, kann der Prüfungsaufwand durch deren Stellungnahmen in der Masse einen erheblichen Aufwand bedeuten. Insbesondere, wenn sich Gesellschaften für eine umfangreiche Gewährung von Stellungnahmen entscheiden, um Rechtsunsicherheiten zu vermeiden, wird die virtuelle Versammlung mit diesem Aufwand unattraktiver.[411]

Der Mehrwert der Gewährung von Stellungnahmen im Vorfeld der Versammlung ist demgegenüber überschaubar und rechtfertigt keinen zwingenden Charakter.[412] Dies zeigt sich schon darin, dass erst die pandemischen Einschränkungen die Gesellschaften dazu bewogen haben, Stellungnahmen von Aktionären im Voraus der Versammlung entgegenzunehmen und den anderen Aktionären zugänglich zu machen. Eine zuvor entsprechende Praxis existierte nicht. Des Weiteren wurde aber auch von den gesetzlichen Möglichkeiten des Status quo ante kaum Gebrauch gemacht. Denn schon damals konnten Aktionäre ihre Ansichten in der Begründung ihrer Anträge kundtun.[413] Zwar ist diese Option insbesondere bei größeren Gesellschaften bei Kleinaktionären beliebt.[414] Die Beiträge der Kleinaktionäre erbringen in der Regel aber keinen einflussreichen Beitrag zur Diskussion unter den Aktionären und dienen kaum der Information der übrigen Aktionäre,[415] wie es das regulatorische Ziel des Stellungnahmerechts ist.[416] Des Weiteren ermöglichte zuvor schon das Aktionärsforum nach § 127a AktG die Kontaktaufnahme unter den Aktionären. Dieses Format wurde von den Aktionären aber nie wirklich aufgegriffen und hat heute kaum eine praktische Bedeutung.[417]

---

[410] Vgl. *DAV*, Stellungnahme RefE, 22; *GDV*, Stellungnahme RefE, S. 8, beide abrufbar unter: https://www.bmj.de/SharedDocs/Gesetzgebungsverfahren/DE/2022_Einfuehrung_virtueller_Hauptversammlungen_Aktiengesellschaften.html; *Roßkopf*, Stellungnahme FraktionsE, S. 6, abrufbar unter: https://www.bundestag.de/resource/blob/899782/1204858008a2d375e1e7b50db6735a36/Stellungnahme-Rosskopf-data.pdf.

[411] *DAV*, Stellungnahme RefE, S. 22, abrufbar unter: https://www.bmj.de/SharedDocs/Downloads/DE/Gesetzgebung/Stellungnahmen/2022/0317_Stellungnahme_DAV_virtuelle_Hauptversammlung.pdf?__blob=publicationFile&v=3; *Roßkopf*, Stellungnahme FraktionsE, S. 6, abrufbar unter: https://www.bundestag.de/resource/blob/899782/1204858008a2d375e1e7b50db6735a36/Stellungnahme-Rosskopf-data.pdf.

[412] Mit Hinblick auf die fehlende Notwendigkeit und den resultierenden Aufwand vollkommen ablehnend *GDV*, Stellungnahme RefE, S. 8, abrufbar unter: https://www.bmj.de/SharedDocs/Downloads/DE/Gesetzgebung/Stellungnahmen/2022/0311_Stellungnahme_GDV_virtuelle_Hauptversammlung.pdf?__blob=publicationFile&v=3.

[413] Die Anträge müssen den übrigen Aktionären ebenso nach § 126 Abs. 1–3 AktG zugänglich gemacht werden. So auch *Noack/Zetzsche*, in: KölnKommAktG, § 130a Rn. 12.

[414] *Kubis*, in: MünchKommAktG, § 126 Rn. 2 m. w. N.; *Lehmann*, FS Quack, S. 286, 286 f.; *Noack/Zetzsche*, in: KölnKommAktG, § 126 Rn. 4; *Rieckers*, in: BeckOGKAktG, § 126 Rn. 5.

[415] *Kubis*, in: MünchKommAktG, § 126 Rn. 2 m. w. N.; *Lehmann*, FS Quack, S. 286, 286 f.; *Noack/Zetzsche*, in: KölnKommAktG, § 126 Rn. 4; *Rieckers*, in: BeckOGKAktG, § 126 Rn. 5.

[416] Vgl. FraktionsE, Virtuelle Hauptversammlung, BT-Drucks. 20/1738, S. 17.

[417] S. dazu schon Kapitel 3 A. III.

Die meisten Aktionäre werden es voraussichtlich weiterhin bevorzugen, sich in der Hauptversammlung zu äußern.[418] Insbesondere, wenn nicht auch das Auskunftsrecht nach § 130a Abs. 1a Satz 1 AktG im Voraus der Hauptversammlung gewährt wird, erscheint das Stellungnahmerecht im luftleeren Raum zu schweben und eine echte Diskussion in Abwesenheit von direkten Antworten anderer Aktionäre oder Positionierungen des Vorstands zu den Stellungnahmen nicht ins Rollen zu kommen.[419] Ferner ist auf der anderen Seite nicht zu erwarten, dass sich mit dem neuen Stellungnahmerecht viele Aktionäre mit den Stellungnahmen anderer beschäftigen werden.[420] Es droht insoweit insbesondere bei großen Gesellschaften ein „Information Overload".[421] Das Stellungnahmerecht ist mithin zwar als nützlich zu bewerten, seine unabdingbare Einführung ist aufgrund seiner beschränkten Vorteile aber nicht begründbar.

Das Stellungnahmerecht sollte folglich als Gestaltungsoption der Gesellschaften neu geregelt werden. Dies entspricht letztlich auch dem vom Gesetzgeber ausgegebenen Ziel, die Vorverlagerung der Hauptversammlung in die Hände der Gesellschaften zu legen.[422] Diese Absicht wurde in § 131 Abs. 1a Satz 1 AktG konsequent umgesetzt, blieb aber beim Stellungnahmerecht ohne Grund auf der Strecke.

b) Legislatorische Selbstbeschränkung

Des Weiteren wurde im Verlauf des ganzen Gesetzgebungsverfahrens oft kritisiert, dass einige Regelungen zur virtuellen Hauptversammlung, ebenso für die Präsenzversammlung eingeführt werden könnten.[423] Dies ist insbesondere für das Stellungnahmerecht der Fall.[424] Es ist nicht ersichtlich, warum dieses nur für die virtuelle Hauptversammlung vorgesehen wird. Da die Implementierung des Stel-

---

[418] *Guntermann*, ZIP 2022, 781, 787.

[419] So auch *DSW HH/SH*, Stellungnahme RefE, S. 4 f., abrufbar unter: https://www.bmj.de/SharedDocs/Downloads/DE/Gesetzgebung/Stellungnahmen/2022/0314_Stellungnahme_DSW_Landesverband_HH_Schleswig_Holstein_virtuelle_Hauptversammlung.pdf?__blob=publicationFile&v=3; *Guntermann*, ZIP 2022, 781, 787; *Noack/Zetzsche*, in: KölnKommAktG, § 130a Rn. 12 f.

[420] *DSW HH/SH*, Stellungnahme RefE, S. 4 f., abrufbar unter: https://www.bmj.de/SharedDocs/Downloads/DE/Gesetzgebung/Stellungnahmen/2022/0314_Stellungnahme_DSW_Landesverband_HH_Schleswig_Holstein_virtuelle_Hauptversammlung.pdf?__blob=publicationFile&v=3; *Guntermann*, ZIP 2022, 781, 787; vgl. *Noack/Zetzsche*, in: KölnKommAktG, § 130a Rn. 13.

[421] *DSW HH/SH*, Stellungnahme RefE, S. 4 f., abrufbar unter: https://www.bmj.de/SharedDocs/Downloads/DE/Gesetzgebung/Stellungnahmen/2022/0314_Stellungnahme_DSW_Landesverband_HH_Schleswig_Holstein_virtuelle_Hauptversammlung.pdf?__blob=publicationFile&v=3; *Guntermann*, ZIP 2022, 781, 787; *Noack/Zetzsche*, in: KölnKommAktG, § 130a Rn. 13; ausführlich zum „Information Overload" *Teichmann/Wicke*, DB 2022, 720, 724.

[422] FraktionsE, Virtuelle Hauptversammlung, BT-Drucks. 20/1738, S. 15, 16.

[423] S. so auch zur Vorverlagerung des Auskunftsrechts, Kapitel 4 B. V.

[424] So auch *Butzke*, AG 2022, 795, 798; *Koch*, AktG, § 130a Rn. 1; *Rieckers*, DB 2024, 439, 440.

lungnahmerechts – wie eben dargestellt – kein notwendiger Teil der Konzeption der virtuellen Hauptversammlung ist, kann es als separate Ausweitung der Aktionärsrechte ebenso gut die Präsenzversammlung ergänzen.

Dagegen könnte einzig angeführt werden, dass das Stellungnahmerecht auf elektronischer Kommunikation beruht und in analoger Form nicht effektiv umzusetzen ist. Gesellschaften, die sich bewusst für eine analoge Präsenzversammlung entschieden haben, könnten so unfreiwillig mit einem „virtuellen" Format konfrontiert werden. Diese Bedenken verfangen aber nicht. Zunächst sollte das Stellungnahmerecht wie auch bei der virtuellen Versammlung, entgegen der jetzigen Regelung, nur als fakultative Gestaltungsmöglichkeit eingeführt werden.[425] Keine Gesellschaft wäre mithin unfreiwillig zum Gebrauch digitaler Partizipationsformate gezwungen.

Des Weiteren ergeben sich für die Aktionäre aus der Gewährung eines Stellungnahmerechts keine Nachteile, sondern nur Vorteile.[426] Einerseits können die Aktionäre neben dem Rederecht zusätzlich vom Stellungnahmerecht Gebrauch machen, ohne dass dadurch ihr Rederecht eingeschränkt wird. Andererseits profitieren sie auch in ihrer Ausübung des Rederechts vom Stellungnahmerecht, wenn weniger andere Aktionäre Wortmeldungen in der Versammlung anmelden, da sie sich schon im Vorfeld der Versammlung ausgesprochen haben. Damit verbleibt mehr Zeit für Redebeiträge in der Versammlung.

Die legislatorische Selbstbeschränkung[427] ist mithin rechtspolitisch nicht zu erklären und zu bedauern. Sie ist nur durch einen fehlenden politischen Willen[428] und eine Zögerlichkeit im zeitlich sehr engen Gesetzgebungsverfahren zu begründen. De lege ferenda sollte das Stellungnahmerecht (als Gestaltungsoption) auf Präsenzversammlungen ausgeweitet werden.

c) Rechtsunsicherheit durch § 130a Abs. 1 Satz 3 AktG

Ferner wurde mit Blick auf § 130a Abs. 1 Satz 3 AktG vielfach angeführt, dass die Regelung zu unklar seien und Rechtsunsicherheit schaffen.[429] Ebenso wurde

---

[425] Hierzu sogleich ausführlich im nächsten Abschnitt.

[426] Einziger Nachteil ist der, der Gesellschaft anfallende Aufwand der Prüfung und Zugänglichmachung der Stellungnahmen. Hierzu sogleich.

[427] So begrifflich auch *Koch*, AktG, § 130a Rn. 1.

[428] S. nochmals die allein auf die virtuelle Hauptversammlung zugeschnittene Zielsetzung des Fraktionsentwurfs *SPD/Bündnis 90/Die Grünen/FDP*, Koalitionsvertrag, S. 98, abrufbar unter: https://www.spd.de/fileadmin/Dokumente/Koalitionsvertrag/Koalitionsvertrag_2021-2025.pdf.

[429] *Mayer/Jenne/Miller*, BB 2022, 2946, 2960 f.; *Mutter/Werner*, AG 2022, R210; zum Fraktionsentwurf: *Handelsrechtsausschuss DAV*, NZG 2022, 797, 800; *Schilha/Gaßner*, ZIP 2022, 2357, 2361; zum Referentenentwurf: *BVI*, Stellungnahme RefE, S. 11; *DAI*, Stellungnahme RefE, S. 9; *DVFA*, Stellungnahme RefE, S. 2; *Investmentaktiengesellschaft für langfristige Investoren TGV*, Stellungnahme RefE, S. 3 f., alle abrufbar unter: https://www.bmj.de/SharedDocs/Gesetzgebungsverfahren/DE/2022_Einfuehrung_virtueller_Hauptversammlungen_Aktiengesellschaften.html; *Mutter*, AG 2022, R57.

eine weitere Erklärung in der Gesetzesbegründung gefordert.[430] Aktionärsvereinigungen äußerten die Befürchtung, dass Vorstände die Stellungnahmen zu sehr einschränken und willkürliche Entscheidungen treffen würden.[431]

Dies ist nicht zu befürchten. Das Gesetz orientiert sich an der unter Geltung des GesRuaCOVBekG gebildeten Best Practice. Mithin kann sich mit den Beschränkungen auch an diesen Standards orientiert werden. Feste Werte wird es dabei kaum geben, denn was angemessen ist, hängt von den Umständen des Einzelfalls ab. Dass die Rechtsprechung und Praxis diesen unbestimmten Rechtsbegriff weiter konkretisieren müssen, kann nicht als solches kritisiert werden.[432] Im Gegensatz zu anderen unbestimmten Rechtsbegriffen kann hier sogar noch auf eine als Vorbild genommene Best Practice zurückgegriffen werden. Eine Anwendung von § 131 Abs. 2 Satz 2 AktG, wie teils gefordert,[433] hätte zuletzt auch nicht zu mehr Rechtssicherheit geführt, da dieser auf die zeitliche Beschränkung der Hauptversammlungsverhandlung zugeschnitten ist und im Vorfeld der Hauptversammlung keinen Bezugspunkt findet. Eine weitere gesetzliche Konkretisierung des „angemessenen" Umfangs ist mithin nicht notwendig.

Nicht zuletzt kann das Problem de lege ferenda – wie hier vertreten – aber dadurch deutlich abgemildert werden, dass das Stellungnahmerechts bloß fakultativ ermöglicht wird. Damit können Gesellschaften das Anfechtungsrisiko hinsichtlich der Angemessenheit der Beschränkung ganz umgehen.

d) Fehlende Zeit zur Prüfung der Stellungnahmen

Zuletzt wurde vereinzelt kritisiert, dass die Gesellschaften Stellungnahmen unter Umständen in nur 24 Stunden zugänglich machen müssen und diese auf das Wochenende fallen können. Da die Gesellschaften neben der Zugänglichmachung den Inhalt der Stellungnahmen kontrollieren müssen, sei die Frist bei vielen eingegangenen Stellungnahmen zu kurz.[434]

---

[430] *BDI*, Stellungnahme RefE, S. 10; *Bitkom*, Stellungnahme RefE, S. 2; *DIHK*, Stellungnahme RefE, S. 4, alle abrufbar unter: https://www.bmj.de/SharedDocs/Gesetzgebungsverfahren/DE/2022_Einfuehrung_virtueller_Hauptversammlungen_Aktiengesellschaften.html; *Drinhausen/Keinath*, DB 2022, 451, 459.

[431] Noch zum Referentenentwurf *Investmentaktiengesellschaft für langfristige Investoren TGV*, Stellungnahme RefE, S. 3, vgl. *DVFA*, Stellungnahme RefE, S. 2, beide abrufbar unter: https://www.bmj.de/SharedDocs/Gesetzgebungsverfahren/DE/2022_Einfuehrung_virtueller_Hauptversammlungen_Aktiengesellschaften.html.

[432] Ebenso davon ausgehend, dass es „eine gewisse Kalkulationssicherheit" in den nächsten Jahren geben wird, *Danwerth*, ZIP 2023, 2329, 2340.

[433] *DAV*, Stellungnahme RefE, S. 9, abrufbar unter: https://www.bmj.de/SharedDocs/Downloads/DE/Gesetzgebung/Stellungnahmen/2022/0317_Stellungnahme_DAV_virtuelle_Hauptversammlung.pdf?__blob=publicationFile&v=3.

[434] *Seibt/Danwerth*, DB 2022, 1434, 1438.

Hiergegen lässt sich aber einwenden, dass die Gesellschaften nur dann bloß 24 Stunden zur Verfügung haben, wenn die Stellungnahmen genau vor der Einreichungsfrist eingehen. Wenn die Gesellschaften die Stellungnahmen kontinuierlich mit ihrem Eingehen zugänglich machen, stauen sich diese nicht auf. Für viele Stellungnahmen werden die Gesellschaften dann deutlich mehr als 24 Stunden haben. Hinzu kommt, dass die Gesellschaften ihre Hauptversammlung so legen können, dass das Fristende der Zugänglichmachung nicht auf das Wochenende fällt. Schließlich aber können sie die Stellungnahmen nach § 130a Abs. 1 Satz 3 AktG auch in einem angemessenen Maße beschränken. Gegen den Einwand hiergegen, dass Gesellschaften aus Angst vor Anfechtungen von dieser Möglichkeit kein Gebrauch machen werden, kann dies nach obigen Ausführungen nicht überzeugen. Zuletzt ist einordnend zu erwähnen, dass gerade kleinere Gesellschaften weniger Stellungnahmen verzeichnen und die Inhaltsprüfung nur auf absolute Kernaspekte beschränkt ist. Aktionärsbeteiligung ist nicht zum Nullpreis zu haben und die Erfahrungen aus der freiwilligen Praxis haben keine erheblichen Überlastungen der Gesellschaften zutage gefördert. Weitergehend hat die Praxis sogar gezeigt, dass die Gesellschaften die Beantwortung von Aktionärsfragen innerhalb von 24 Stunden stemmen konnten.[435]

Eine legislatorische Anpassung der Fristen ist mithin nicht notwendig.

e) Zwischenergebnis und Regelungsvorschlag

Das Stellungnahmerecht, wie es de lege lata in § 130a Abs. 1–3 AktG geregelt ist, ist zu Recht von einigen Seiten kritisiert worden. Die Kritik, dass die Regelung mit § 130a Abs. 1 Satz 3 AktG ein unerträgliches Maß an Rechtsunsicherheit schaffe und der Kritik an dem kurzen Zeitraum, den das Gesetz den Gesellschaften für Zugänglichmachung der Stellungnahmen lässt, wird hier aber nicht geteilt.

Das Stellungnahmerecht sollte de lege ferenda dagegen in zwei Punkten geändert werden: Erstens sollte es, dem Vorbild von §§ 118 Abs. 1 Satz 2, Abs. 2, 118a Abs. 1 Satz 1 AktG folgend, der Disposition der Gesellschaft unterstellt werden. Zweitens sollte die Norm auch auf Präsenzversammlungen Anwendung finden. Diese beiden Vorschläge können im folgenden Regelungsvorschlag zusammengeführt werden.

In § 130a AktG soll die Überschrift zu „Stellungnahmerecht“ gefasst werden. In Absatz 1 Satz 1 AktG sollte der erste Satz wie folgt geändert werden:

---

[435] S. zu den Erfahrungen unter dem GesRuaCOVBekG, Kapitel 4 B. V. 1. c); *Würzberg*, Audit Committee Quarterly 2021, IV, 36, 37. Auch unter der Lex lata sind aber, soweit ersichtlich, keine konkreten Fälle von Schwierigkeiten bekannt geworden.

„Den Aktionären kann in der Einberufung das Recht gegeben werden, vor der Versammlung Stellungnahmen zu den Gegenständen der Tagesordnung unter Verwendung der in der Einberufung hierfür mitgeteilten Adresse einzureichen.“[436]

Damit das Rederecht in der virtuellen Hauptversammlung nicht mit dem Stellungnahmerecht, das unterschiedslos auf die Versammlungsformen anzuwenden ist, in einem Paragrafen steht, sind § 130a Abs. 5 und 6 AktG zu streichen und in einem neuen § 130b AktG unter der Überschrift „Rederecht bei virtuellen Hauptversammlungen“ als Absatz 1 und 2 zu fassen.[437] Dabei ist klarzustellen, dass von der neuen Regelung § 130b AktG nur virtuelle Versammlungen umfasst ist. Es kann sich insoweit an der heutigen Fassung von § 130a Abs. 1 Satz 1 AktG orientiert werden und § 130b Abs. 1 Satz 1 AktG wie folgt gefasst werden:

„Den elektronisch zu der virtuellen Hauptversammlung zugeschalteten Aktionären ist in der Versammlung ein Rederecht im Wege der Videokommunikation zu gewähren.“[438]

11. Zwischenergebnis

Das genuin neue Stellungnahmerecht ist ein „Überbleibsel“ aus dem Referentenentwurf und stellt heute ausschließlich eine Erweiterung der Aktionärsrechte dar. Zu charakterisieren ist es als Rederecht im Vorfeld der Versammlung. Die Funktion eines Ausgleichs für ein beschränktes Rederecht in der Versammlung hat es de lege lata nicht mehr. Entsprechend sollte es der Disposition der Gesellschaften unterstellt werden. In dieser Funktion spricht des Weiteren nichts dagegen das Stellungnahmerecht ebenso bei Präsenzversammlungen zu ermöglichen.

[436] Die Abweichung vom jetzigen Gesetzestext beschränken sich auf den ersten Halbsatz. Da nach hier vertretener Ansicht auch andere Personen nach § 121 Abs. 2 Satz 3 AktG eine virtuelle Hauptversammlung einberufen können, wenn die Satzung vorsieht, dass die Hauptversammlung virtuell abgehalten werden soll, besteht immer die Möglichkeit, dass jemand anderes als der Vorstand für die Einberufung zuständig ist. Es soll damit bewusst keine Parallelität mit den Regelungen §§ 118 Abs. 1 Satz 2, Abs. 2, 131 Abs. 1a Satz 1 AktG geschaffen werden, die ausdrücklich eine Ermächtigung allein des Vorstands vorsehen. Nach hiesigem Entwurf steht die vorgeschlagene Gestaltungsoption jedem zuständigen Einberufungsorgan zu.

[437] Redaktionelle Anpassungen der Verweise müssen entsprechend in § 118a Abs. 1 Satz 2 Nr. 7 AktG und § 243 Abs. 3 Satz 1 Nr. 2 AktG erfolgen.

[438] Die vorgeschlagene Änderung beschränkt sich auf die Ersetzung des Worts „Versammlung“ durch „virtuellen Hauptversammlung“.

V. Auskunftsrecht im Vorfeld der Hauptversammlung, § 131 Abs. 1a–1c AktG

Dem Auskunftsrecht kommt unter den Aktionärsrechten eine herausragende Bedeutung zu.[439] Erst durch dieses können die der Verwaltung außenstehenden Aktionäre Einblick in das Unternehmen erlangen. Mit der Auskunft verlangt der Aktionär Rechenschaft über die Verwaltung seines Eigentums.[440] Das Auskunftsrecht ergänzt dabei die Informations- und Berichtspflichten gegenüber der Hauptversammlung als Organ[441] und ermöglicht den Aktionären individuelle Auskunftsverlangen. Vor diesem Hintergrund stellt sich das Auskunftsrecht als *Schlussstein im Gewölbe des aktienrechtlichen Informationssystems* dar.[442] Das Auskunftsrecht ist damit auch für die Ausübung der übrigen Aktionärsrechte essenziell.[443] Aktionäre können etwa von ihrem Rede- und Antragsrecht nur dann sinnvoll und fundiert Gebrauch machen, wenn ihnen die hierfür notwendigen Informationen zur Verfügung stehen. Jede Änderung daran – und § 131 Abs. 1a–1f AktG bringt bedeutende Änderungen – betrifft die Aktionäre mithin fundamental und weist besondere Bedeutung für die Eigentumsrechte der Aktionäre auf.

Im Wesentlichen ermöglicht § 131 Abs. 1a Satz 1 AktG den Gesellschaften das Auskunftsrecht der Aktionäre in das Vorfeld der Hauptversammlung zu verlegen und das Auskunftsrecht *in* der Hauptversammlung, vorbehaltlich des Nachfragerechts nach § 131 Abs. 1d AktG, des Rechts auf weitere Fragen nach § 131 Abs. 1e AktG und des erweiterten Auskunftsrechts nach § 131 Abs. 4 AktG, auszuschließen. Es handelt sich mithin um eine der zentralen Maßnahmen, um die Mitwirkung der Aktionäre aus der Hauptversammlung in das Vorfeld zu verschieben und die Versammlung damit zu entzerren. § 131 Abs. 1a Satz 1 AktG ist folglich das Kernstück der umstrittensten Neuerungen der virtuellen Hauptversammlung.

Abseits von Satz 1 widmet sich § 131 Abs. 1a–1c AktG der weiteren Ausgestaltung des Auskunftsrechts, wenn die Ausübung dessen bereits im Vorfeld der Versammlung gewährt wird.[444] Die Absätze 1d und 1e legen für einen solchen Fall

---

[439] Vgl. FraktionsE, Virtuelle Hauptversammlung, BT-Drucks. 20/1738, S. 33; *Decher*, in: GroßkommAktG, § 131 Rn. 35 m. w. N.; *Herrler*, in: Grigoleit, AktG, § 131 Rn. 2; *Klein*, NZG 2022, 483, 486.

[440] BGH v. 29. 11. 1982 – II ZR 88/81, BGHZ 86, 1, 19, AG 1983, 75, 80; *Stöber*, DStR 2014, 1680 m. w. N.; *Sturm/Imsameh*, NZG 2022, 1327, 1329.

[441] Vgl. etwa Begründung zum RegE AktG 1965 bei Kropff, S. 184; *Decher*, in: GroßkommAktG, § 131 Rn. 35 m. w. N.

[442] Zur Formulierung *Kersting*, in: KölnKommAktG, § 131 Rn. 28; ebenso aufgreifend *Leyens*, ZGR 2019, 544, 551.

[443] Begründung zum RegE AktG 1965 bei Kropff, S. 184; *Hennerkes/Kögel*, DB 1999, 81, 84; *Spindler*, in: K. Schmidt/Lutter, AktG, § 131 Rn. 1 m. w. N.

[444] § 131 Abs. 1b und 1c AktG beziehen sich nach ihrem Wortlaut nicht ausschließlich auf die virtuelle Hauptversammlung, doch aus der Systematik und dem Gesetzgebungsprozess wird klar, dass diese nicht auf die Präsenzversammlung Anwendung finden, *BNotK*, Stellung-

besondere Regelungen für die Ausübung des Auskunftsrechts *in* der Versammlung fest. Daneben Absatz 1f sieht vor, dass der Vorstand – unabhängig davon, ob das Auskunftsrechts vorverlagert wurde – die Einreichung von Fragen in der Versammlung ausschließlich in Form der Videokommunikation zulassen kann.

Dieser Abschnitt zum Auskunftsrecht im Vorfeld der Versammlung beschäftigt sich mit § 131 Abs. 1a–1c AktG. Die Folgen der Ausübung des Auskunftsrechts im Vorfeld der Versammlung werden dagegen erst mit den übrigen Ausführungen zum Auskunftsrecht in der Hauptversammlung behandelt.[445]

Die folgende Bearbeitung nimmt sich zunächst den pandemischen Übergangsregelungen des GesRuaCOVBekG an (1.), um vor diesem Hintergrund den Zweck des Auskunftsrechts im Vorfeld der Hauptversammlung (2.) sowie die Regelungssystematik (3.) zu behandeln. Dem schließen sich Ausführungen zur Entscheidung des Vorstands nach § 131 Abs. 1a Satz 1 AktG (4.), den Einschränkungsmöglichkeiten in Bezug auf den Kreis der Auskunftsberechtigten (5.) sowie der Form, Frist und dem Umfang der Fragen (6.–8.) an. Sodann werden die Zugänglichmachung der Fragen sowie ihre Beantwortung untersucht (9.), bevor auf Grundlage der gewonnenen Erkenntnisse Regelungsvorschläge präsentiert (10. und 11.) und die Ausführungen mit einem Zwischenergebnis abgeschlossen werden (12.).

Europarechtliche Bedenken gegen die Vorabeinreichung von Fragen gibt es nicht. Art. 9 ARRL sieht nicht vor, dass Fragen *in* der Versammlung gestellt oder beantwortet werden müssen.[446]

1. Hintergrund und Erfahrungen mit § 1 Abs. 2 Satz 1 Nr. 3, Satz 2 GesRuaCOVBekG

Im vorpandemischen Status quo ante konnte das Auskunftsrecht noch ausschließlich in der Präsenzversammlung ausgeübt und nicht in ihr Vorfeld verschoben werden. Die pandemiebedingte Übergangsgesetzgebung ging mit § 1 Abs. 2 Satz 2 GesRuaCOVBekG dagegen erstmals neue Wege und ermöglichte es dem Vorstand mit Zustimmung des Aufsichtsrats, das Auskunftsrecht in der Hauptversammlung auszuschließen und in ihr Vorfeld zu verlagern.

---

nahme RefE, S. 9, abrufbar unter: https://www.bmj.de/SharedDocs/Downloads/DE/Gesetzgebung/Stellungnahmen/2022/0311_Stellungnahme_BNotK_virtuelle_Hauptversammlung.pdf?__blob=publicationFile&v=3.

[445] S. Kapitel 4 C. II.

[446] So auch *Kersting*, in: KölnKommAktG, § 131 Rn. 632 m. w. N.; *Koch*, AktG, § 131 Rn. 48.

a) Verwendung der Gestaltungsmöglichkeit in pandemischen Zeiten

Die Gesellschaften nahmen diese Gestaltungsmöglichkeit enthusiastisch auf und machten weithin von ihr Gebrauch. Nach Danwerth nahmen 99 % der börsennotierten Gesellschaften in der Hauptversammlungssaison 2020 Fragen nur im Vorfeld der Versammlung entgegen.[447] Die Untersuchungen Cyglakows, die auch nicht börsennotierte Gesellschaften umfassen, kommen zu anderen, aber ähnlich hohen Werten.[448] In der Hauptversammlungssaison des nächsten Jahres haben sogar alle Gesellschaften der DAX-Indexfamilie von der Gestaltungsmöglichkeit Gebrauch gemacht und das Fragerecht in das Vorfeld der Versammlung verlegt.[449]

Es liegt daher die Vermutung nahe, dass vor allem große Gesellschaften mit vielen Aktionären die Gestaltungsmöglichkeit verwendeten, da bei diesen die Beantwortung aller Fragen in der Versammlung ihren zeitlich angemessenen Rahmen übersteigen kann. In diese Richtung deutet ferner, dass die drei börsennotierten Gesellschaften der Hauptversammlungssaison 2020, die auch Fragen in der Versammlung zuließen, kleinere Gesellschaften waren.[450] Danwerth kommt auf Grundlage seiner rechtstatsächlichen Untersuchungen der börsennotierten Unternehmen zum Schluss, dass sich auch Unternehmen, die nicht Teil der DAX-Indizes waren, maßgeblich an den von diesen gesetzten Marktstandards orientierten.[451] Folgt man dieser Beobachtung, wäre es wahrscheinlich, dass kleinere Gesellschaften wie größere von der Gestaltungsmöglichkeit des § 131 Abs. 1a Satz 1 AktG Gebrauch machen. Der Vergleich Danwerths bezieht sich aber nur auf börsennotierte Gesellschaften. Die weit überwiegende Mehrheit an Aktiengesellschaften ist aber nicht börsennotiert[452] und viele davon auch keine Publikumsgesellschaften. Es ist damit anzunehmen, dass nicht börsennotierte Gesellschaften sich nicht an den Standards

---

[447] *Danwerth*, AG 2020, 776, 780. Gegenstand der Untersuchung waren alle Hauptversammlungen börsennotierter Gesellschaften, die zwischen dem 28. 3. 2020 und dem 28. 9. 2020 über den Bundesanzeiger einberufen wurden, *Danwerth*, AG 2020, 776. Die Aktiengesellschaften des DAX und MDAX, die zwischen April und September 2020 ihre Hauptversammlungen abgehalten haben, schlossen sogar ausnahmslos Fragen in der Versammlung aus, *Teichmann/Krapp*, DB 2020, 2169, 2174.

[448] Danach waren in 97 % aller Hauptversammlungen, zu denen im Jahr 2020 geladen wurde, nur vorab eingereichte Fragen zugelassen. *Cyglakow*, Die virtuelle Hauptversammlung, S. 136. *Cyglakows* statistische Erhebung bezieht sich auf alle virtuellen Hauptversammlungen, deren Ladung ab dem Inkrafttreten des GesRuaCOVBekG (28. 3. 2020) bis zum 31. 12. 2020 im Bundesanzeiger veröffentlicht wurden. Umfasst werden dabei neben 553 Ladungen zu Hauptversammlungen von börsennotierten auch 124 Ladungen von nicht börsennotierten Gesellschaften, die freiwillig umfassende Angaben im Bundesanzeiger vorgenommen haben. *Cyglakow*, Die virtuelle Hauptversammlung, S. 108 f.

[449] *Danwerth*, AG 2021, 613, 617. Genauer zum Untersuchungsgegenstand Kapitel 4 B. IV. 2. a).

[450] *Danwerth*, AG 2020, 776, 780.

[451] *Danwerth*, AG 2021, 613, 614.

[452] Am 1. 1. 2023 gab es in Deutschland insgesamt 13.313 Aktiengesellschaften, *Bayer/Lieder/Hoffmann*, GmbHR 2023, 709, 716. Die unter 1.000 börsennotierter Aktiengesellschaften machen damit nur einen kleinen Bruchteil aller existierenden Aktiengesellschaften aus.

der DAX-Gesellschaften orientieren und weniger oft die Ausübung des Auskunftsrechts in das Vorfeld der Versammlung verschieben. Die Daten Cyglakows, die nicht börsennotierte Gesellschaften umfassen, stützen dies. Unter diesen hat Cyglakow einen (wenn auch nicht viel) größeren Anteil an Gesellschaften gefunden, die noch Fragen in der Versammlung zuließen.

b) Regelungsinhalt

Um die in Pandemiezeiten gesammelten Erfahrungswerte sinnvoll vor dem Hintergrund der Lex lata einordnen zu können, muss ein Blick auf die pandemische Regelungslage geworden werden. Dies gilt umso mehr, da § 1 Abs. 2 Satz 1 Nr. 3 GesRuaCOVBekG den Aktionären nie ein Recht einräumte, das dem „Auskunftsrecht" nach § 131 AktG gleichwertig war.[453] Vielmehr enthielt die Regelung bis zum 27. 2. 2021 nur eine „Fragemöglichkeit" und danach bis zum Inkrafttreten der aktuellen Regelungslage ein „Fragerecht".[454]

In der ersten Fassung des GesRuaCOVBekG stand sowohl das „Ob" als auch das „Wie" der Fragenbeantwortung nach § 1 Abs. 2 Satz 2 GesRuaCOVBekG im Ermessen des Vorstands. Der Vorstand konnte mithin im Rahmen seines Ermessens die Beantwortung von Fragen ablehnen. Im Lichte von Art. 9 Abs. 1 Satz 2 ARRL, der eine grundsätzliche Antwortpflicht vorsieht, war das Entschließungsermessen des Vorstands aber zumindest bei börsennotierten Gesellschaften im Sinne eines intendierten Ermessens vorgeprägt.[455] Die Begründung der GesRGenRCOVMVV verlangte ebenfalls, dass die Gesellschaften „weiterhin möglichst aktionärsfreundlich verfahren" und der Vorstand das „ihm zustehende pflichtgemäße und freie Ermessen dahingehend ausüb[t], möglichst viele der eingereichten Fragen auch zu beantworten".[456]

Diese Entscheidung wurde dem Vorstand ab dem 28. 2. 2021 entzogen und ihm nunmehr nur noch ein Ermessen hinsichtlich der Art und Weise der Auskunftserteilung zugesprochen.[457] Er unterlag damit einer Antwortpflicht.[458] Nach dem

[453] Vgl. FraktionsE, Virtuelle Hauptversammlung, BT-Drucks. 20/1738, S. 25; Bericht Rechtsausschuss, COVRSPÄndG, BT-Drucks. 19/25322, S. 22.

[454] Das „Fragerecht" wurde nach Art. 11 Nr. 1 lit. a) COVRSPÄndG eingeführt.

[455] Ausführlich *Lieder*, ZIP 2020, 837, 841; *Poelzig*, in: BeckOGKAktG, § 131 Rn. 304; *Stelmaszczyk/Forschner*, Der Konzern 2020, 221, 230 f.; *Tröger*, BB 2020, 1091, 1094.

[456] VOBegr., GesRGenRCOVMVV, BAnz AT 28. 10. 2020 B3, S. 3. Allgemein zum Ermessen des Vorstands zur Rechtslage bis zum 27. 2. 2021: *Cyglakow*, Die virtuelle Hauptversammlung, S. 91 f.; *Walter*, Die virtuelle Haupt- und Gesellschafterversammlung, S. 45 f.; *Wunderlich*, Digitalisierung der Hauptversammlung, S. 141 ff.

[457] Bericht Rechtsausschuss, COVRSPÄndG, BT-Drucks. 19/25322, S. 22 wonach „die Fragen grundsätzlich zu beantworten sind"; *Danwerth*, DB 2021, 159, 160; *Lieder*, ZIP 2021, 161, 162. Kritisch hierzu *Götze*, NZG 2021, 213, 214; *Mutter/Kruchen*, AG 2021, 108, 110 f.

[458] In diesem Zuge erfolgte auch die oben genannte Anpassung des Wortlauts („Fragerecht"). Ebenso wurde die gesetzliche Mindestfrist für die Einreichung von Fragen in § 1 Abs. 2 Satz 2 Halbsatz 2 GesRuaCOVBekG von zwei Tage vor der Versammlung auf einen Tag verkürzt.

Bericht des Ausschusses für Recht und Verbraucherschutz stand aber auch dieses Fragerecht „nach wie vor nicht dem in § 131 AktG geregelten Auskunftsrecht gleich".[459] Welche Unterschiede in der zuletzt geltenden Fassung gegenüber dem Auskunftsrecht nach § 131 AktG bestanden und wie diese neue Version sich von der Ursprungsregelung unterscheidet, wurde im Detail unterschiedlich bewertet.[460] Eindeutig erscheint dabei nur, dass sich die neue Version von § 1 Abs. 2 Satz 1 Nr. 3, Satz 2 GesRuaCOVBekG erneut an § 131 AktG annäherte.[461]

Die Beantwortung der Fragen wurde durch die Vorverlagerung nicht berührt und hatte nach wie vor in der Versammlung zu erfolgen.[462]

c) Interpretation, weitere Erfahrungen und Zwischenergebnis

Die in pandemischen Zeiten angesammelten Erfahrungswerte sind im Vergleich zum Auskunftsrecht de lege lata vor einem anderen rechtlichen Hintergrund entstanden. Das Auskunftsrecht nach § 131 AktG de lege lata unterscheidet sich grundlegend von der zuvor bestehenden Fragemöglichkeit und dem Fragerecht. Aus der Praxis lassen sich dennoch einige Erkenntnisse ziehen, die Rückschlüsse auf zukünftige Reaktionen bei börsennotierten Gesellschaften zulassen. Diese sind vornehmlich positiv.

Bestätigt hat sich, dass zumindest börsennotierte Gesellschaften in keine größeren Probleme liefen, Fragen, die noch einen Tag vor der Hauptversammlung eingereicht wurden, bis zur Hauptversammlung zu beantworten.[463] Besonders eindrücklich ist, dass dies weithin schon innerhalb von zwei Tagen funktionierte, als die Fragenbeantwortung durch die Gesellschaften noch freiwillig war. Des Weiteren hat sich gezeigt, dass es Gesellschaften bevorzugen, Fragen im Vorfeld der Versammlung entgegenzunehmen, wenn sie dafür *in* der Versammlung die Einreichung von Fragen ausschließen können.

---

[459] Bericht Rechtsausschuss, COVRSPÄndG, BT-Drucks. 19/25322, S. 22. Auch die Literatur verstand das Fragerecht als „Minus" zu § 131 Abs. 1 AktG. *Bungert/Strothotte*, DB 2021, 2206, 2207; *Danwerth*, ZIP 2022, 723, 728; *Götze*, NZG 2021, 213, 215; *Poelzig*, in: BeckOGKAktG, § 131 Rn. 307; *Stelmaszczyk*, DNotZ 2021, 930, 948. Zur Fragemöglichkeit bereits als „Minus" bzw. „Weniger" *Simons/Hauser*, NZG 2020, 488, 495, 489 f.; als Aliud *Noack/Zetzsche*, AG 2020, 265, 270 Rn. 46; vgl. ferner RegE, GesRuaCOVBekG, BT-Drucks. 19/18110, S. 27 („eingeschränkte[...] Auskunftspflicht").

[460] S. nur die unterschiedlichen Kategorisierungen des Fragerechts in der Literatur.

[461] *Kubis*, in: MünchKommAktG, § 131 Rn. 259.

[462] RegE, GesRuaCOVBekG, BT-Drucks. 19/18110, S. 26.

[463] *Cyglakow*, Die virtuelle Hauptversammlung, S. 162 f.; rechtspolitisch als zu kurz erachtend *Seibt/Danwerth*, Börsen-Zeitung v. 11. 2. 2022, S. 22.

2. Zweck

a) Regelungszweck

Der Gesetzgeber wollte mit der Möglichkeit, das Auskunftsrecht in das Vorfeld in die Versammlung zu verschieben, die Hauptversammlung entzerren und damit entlasten.[464] Die potenziellen Vorteile einer Entzerrung der Hauptversammlung wurden schon zuvor allgemein untersucht.[465] Diese soll dadurch erreicht werden, dass die Ausübung des Auskunftsrechts in der Versammlung zugunsten einer Ausübungsmöglichkeit in ihrem Vorfeld eingeschränkt wird.[466]

Bei der ersten Ermöglichung der virtuellen Hauptversammlung in der Pandemie befürchtete der Gesetzgeber eine „Flut von Fragen" „und auch – wie bei sozialen Medien nicht unüblich – inhaltlich inakzeptable Einwürfe" in der Versammlung.[467] Es bestand die Befürchtung, dass im virtuellen Format eine deutlich geringere Hemmschwelle bestehe, Fragen einzureichen und die Gesellschaften mit einer nicht zu bewältigenden Anzahl an Fragen konfrontiert würden.[468]

Der Gesetzgeber sah sich durch die Erfahrungen mit den GesRuaCOVBekG in seinen Befürchtungen bestätigt. Sie verblieben ihm bis in das Gesetzgebungsverfahren. So führt die Gesetzesbegründung an, dass eine „deutlich höhere Anzahl an Fragen als in der Präsenzversammlung" zu bewältigen waren, da das Format die Einreichung von Fragen erleichtert und zum Beispiel keine Anreise mehr erforderlich war.[469] Mit der Entzerrung der Versammlung habe man dennoch gute Erfahrung gemacht, die fortgeführt werden sollen.[470] Die Vorverlagerung des Auskunftsrechts war damit als Maßnahme angelegt, um auf die besonderen Probleme und konkreten Risiken des virtuellen Formats einzugehen.[471]

Daneben geben die Gesetzgebungsmaterialien die erhöhte Qualität der Antworten als Ziel der Vorverlagerungsmöglichkeit des Auskunftsrechts an.[472] Dieses andere Ziel wurde erst bei der Verstetigung der virtuellen Hauptversammlung verfolgt. Da der Vorstand die Fragen im Falle einer Vorverlagerung schon im Vorfeld der Versammlung beantworten muss, hat er mehr Zeit als in der Präsenzversammlung. Dort wird er mit den Fragen erstmals in der Hauptversammlung, unmittelbar

---

[464] FraktionsE, Virtuelle Hauptversammlung, BT-Drucks. 20/1738, S. 16, 25.

[465] S. Kapitel 2 C. II.

[466] Zur Ausübung des Auskunftsrechts *in* der Versammlung, Kapitel 4 C. II. 4.

[467] Zu beiden Zitaten FraktionsE, COVFAG, BT-Drucks. 19/18110, S. 26.

[468] Diese Sorge bestand durchaus auch in der Literatur, vgl. *Cyglakow*, Die virtuelle Hauptversammlung, S. 90 f.; *Schäfer*, NZG 2020, 481, 484; *Vetter/Tielmann*, NJW 2020, 1175, 1177.

[469] FraktionsE, Virtuelle Hauptversammlung, BT-Drucks. 20/1738, S. 33.

[470] FraktionsE, Virtuelle Hauptversammlung, BT-Drucks. 20/1738, S. 16 f., 25, 33.

[471] Vgl. FraktionsE, Virtuelle Hauptversammlung, BT-Drucks. 20/1738, S. 33; zum GesRuaCOVBekG *Cyglakow*, Die virtuelle Hauptversammlung, S. 91.

[472] FraktionsE, Virtuelle Hauptversammlung, BT-Drucks. 20/1738, S. 25, 33.

bevor er sie „aus dem Stegreif" zu beantworten hat, konfrontiert. Mit einer längeren Vorbereitungszeit für die Antworten kann er diese, im Vergleich zur Präsenzversammlung, besser recherchieren und aufarbeiten.

Mit diesem konstruktiveren Ansatz verfolgt der Gesetzgeber das Ziel, die Potenziale des virtuellen Formats auszuschöpfen. Im Gegensatz zu den pandemischen Übergangsregeln zeigt sich die Gesetzgebung in diesem Licht nicht allein reaktiv, sondern aktiv gestaltend.

b) Abgleich mit rechtstatsächlicher Erfahrung

Im Gegensatz zur Ermöglichung der Fragenstellung im Vorgang der Versammlung bleibt die empirische Auswertung der eigentlichen Fragenstellung und ihrer Beantwortung durch die Gesellschaften dahinter zurück. Dies hängt mit einer Vielzahl an Faktoren zusammen, insbesondere aber damit, dass die Fragenstellung und -beantwortung oft nicht öffentlich erfolgen[473] und die Auswertung deutlich mehr Daten umfasst, die nicht zentral durch den Bundesanzeiger gesammelt werden können, sondern dezentral bei den Gesellschaften angefragt werden müssten.

Die bestehende Datenlage lässt eine Auswertung der Rechtstatsachen nur auf Basis von anekdotischer Evidenz aus der Praxis zu. Auch diese können aber Tendenzen aufzeigen und eine grobe Lageübersicht bieten.

aa) Zahl und Qualität der Fragen

Die vom Gesetzgeber befürchtete „Flut von Fragen" blieb nach der Einschätzung der allermeisten Beteiligten aus.[474] Einschätzungen und Studien zur Frageanzahl auf deutschen Hauptversammlungen ergeben dennoch kein klares Bild.

Eine frühe, aber bloß eingeschränkt repräsentative Erhebung von Redenius-Hövermann/Bannier berichteten von einem Anstieg der beantworteten Fragen um knappe 30 %.[475] Die Studien der *DSW* ergeben für die den Hauptversammlungssaisons 2023 und 2024 dagegen eine bloß moderat gesteigerte Fragenanzahl in

---

[473] *Teichmann/Krapp*, DB 2020, 2169, 2174.

[474] *Schwab/Wolfarth*, Börsen-Zeitung v. 6.6.2020, S. B4; mit weiterer anekdotischer Evidenz *Teichmann/Krapp*, DB 2020, 2169, 2174 f.

[475] Gegenstand der Untersuchung allerdings nur die zwölf Hauptversammlungen von DAX30-Gesellschaften und 13 von MDAX-Gesellschaften, die bis zum 31.7.2020 virtuell abgehalten wurden. Hierzu und mit genaueren Zahlen, *Redenius-Hövermann/Bannier*, ZIP 2020, 1885, 1890 f.

virtuellen Hauptversammlungen.[476] Nach der Studie von Beyer/Plagemann zur Hauptversammlungssaison 2024 sollen in virtuellen Hauptversammlungen des Prime Standards häufiger viele Fragen gestellt werden.[477]

Die individuellen Einschätzungen aus der Praxis sind nicht einheitlicher.[478] Die Gesetzesbegründung geht von einer deutlich höheren Zahl an Fragen als in der Präsenzversammlung aus.[479]

Ein belastbares, differenziertes Bild zur Anzahl an Aktionärsfragen im virtuellen Format lässt sich damit kaum zeichnen. Insgesamt scheint es aber zu einem moderaten Anstieg an Aktionärsfragen gekommen zu sein.

Einigkeit besteht dagegen hinsichtlich der Beobachtung, dass bei der Möglichkeit, Fragen elektronisch im Vorfeld der Versammlung einzureichen, vermehrt Kleinanleger davon Gebrauch machten.[480] Zwar wurde darüber berichtet, dass einzelne Aktionäre die erleichterte Fragenstellung auch missbrauchen.[481] Viele der vorabeingereichten Fragen der Aktionäre scheinen aber besser ausgearbeitet und gehaltvoller zu sein als die in der Präsenzversammlung.[482]

---

[476] Mit nach Indizes differenzierenden Auswertungen, *DSW*, HV-Report 2024, S. 22 ff., abrufbar unter: https://www.dsw-info.de/fileadmin/Redaktion/Dokumente/PDF/Publikationen/Erfahrungen_mit_der_virtuellen_Hauptversammlung_2024.pdf; *DSW*, HV-Report 2023, S. 20 ff., abrufbar unter: https://www.dsw-info.de/fileadmin/Redaktion/Dokumente/PDF/Publikationen/HV_Report_2023_-_Erfahrungen_mit_der_virtuellen_Hauptversammlung.pdf. *Ruppert/Schöning*, ZCG 2022, 149, 157 ff. mit einer Übersicht des Frageaufkommens im DAX40 in der Hauptversammlungssaison 2022.

[477] *Beyer/Plagemann*, Studie Hauptversammlung 2024, S. 19, abrufbar unter: https://www.taylorwessing.com/-/media/taylor-wessing/files/germany/2024/11/hv-studie-2024.pdf mit genaueren Daten.

[478] So etwa *DAI*, Stellungnahme RefE, S. 7, abrufbar unter: https://www.bmj.de/SharedDocs/Downloads/DE/Gesetzgebung/Stellungnahmen/2022/0311_Stellungnahme_Deutsches_Aktieninstitut_virtuelle_Hauptversammlung.pdf?__blob=publicationFile&v=3 („sehr deutlich erhöht"); *Handelsrechtsausschuss DAV*, NZG 2022, 797, 798 (deutlich höhere Zahlen); *Klein*, NZG 2022, 483, 486 (teils erheblich gestiegenen Fragenanzahlen); *Rieckers*, DB 2022, 172, 173 („bei einigen Gesellschaften [hat] die Zahl der Fragen im Vergleich zum Vorjahr zugenommen"); *VGR*, AG 2021, 380 (Zahl der Fragen bei vielen Gesellschaften deutlich höher als in den Vorjahren mit einer Präsenzversammlung); *Schwab/Wolfarth*, Börsen-Zeitung v. 6. 6. 2020, S. B4 (im Juni 2020: Zahl der Fragen weicht im Vergleich zu den Jahren zuvor kaum ab).

[479] FraktionsE, Virtuelle Hauptversammlung, BT-Drucks. 20/1738, S. 33.

[480] *DAI*, Handlungsfähigkeit der Unternehmen sicherstellen, Stellungnahme v. 25. 9. 2020, S. 3, abrufbar unter: https://www.dai.de/fileadmin/user_upload/200925_Stellungnahme_Aktieninstitut_-_Handlungsfaehigkeit_der_Unternehmen_sicherstellen.pdf; ausführlich *Redenius-Hövermann/Bannier*, ZIP 2020, 1885, 1891.

[481] *DAI*, Stellungnahme RefE, S. 4, abrufbar unter: https://www.bmj.de/SharedDocs/Downloads/DE/Gesetzgebung/Stellungnahmen/2022/0311_Stellungnahme_Deutsches_Aktieninstitut_virtuelle_Hauptversammlung.pdf?__blob=publicationFile&v=3; *Rieckers*, DB 2022, 172, 173; *Seibt/Danwerth*, AG 2022, 177, 183.

[482] *Ettinger/Feicht*, GoingPublic Special Corporate Finance Recht 2023, 50.

bb) Zahl und Qualität der Antworten

Die Einschätzungen hinsichtlich der Anzahl an Antworten sind homogener. So wird berichtet, dass aktionärsfreundlich in der Regel alle Fragen beantwortet wurden.[483] Nach Bannier/Redenius-Hövermann wurden bis zum 25. 9. 2020 40 % mehr Fragen auf der Hauptversammlung beantwortet.[484] Nicht unbeachtet soll dabei aber bleiben, dass viele Fragen nicht individuell beantwortet wurden und viele Gesellschaften im erheblichen Umfang Fragen gebündelt beantworteten.[485] Von der Möglichkeit, Fragen und Antworten schon vorab auf der Internetseite der Gesellschaft im Sinne eines FAQ zu veröffentlichen, haben die wenigsten Gesellschaften Gebrauch gemacht,[486] da die Vorstände wohl davor zurückschrecken, ihre Antworten dauerhaft der allgemeinen Öffentlichkeit zugänglich zu machen.[487] Eine öffentliche Zugänglichmachung, um ein Antwortverweigerungsrecht nach § 131 Abs. 1c Satz 4 AktG zu erlangen, wird man dementsprechend auch in Zukunft nicht erwarten dürfen. Eine Überforderung einzelner Gesellschaften ist bislang ausgeblieben.[488]

Die überwiegende Mehrheit spricht wie die Gesetzesbegründung von einer höheren Qualität der Antworten.[489] Diese wird darauf zurückgeführt, dass die im Vorfeld der Versammlung ausgegebenen Antworten ausführlicher und weniger formalistisch seien.[490]

---

[483] *Bungert/Rieckers*, DB 2022, 581, 583; *Cyglakow*, Die virtuelle Hauptversammlung, S. 162; *Danwerth*, AG 2021, 613, 618 m. w. N.; *Rieckers*, DB 2022, 172, 173 m. w. N.

[484] *Bannier/Redenius-Hövermann*, Börsen-Zeitung v. 25. 9. 2020, 11; diese rezipierend *Seibt/Danwerth*, NZG 2020, 1241, 1243. Zuvor noch gaben sie mit Blick auf die beantworteten Fragen bei Hauptversammlungen von DAX30-Gesellschaften, die bis zum 31. 7. 2020 abgehalten wurden, einen Anstieg von nahezu 30 % an, *Redenius-Hövermann/Bannier*, ZIP 2020, 1885, 1891.

[485] *Martin/Labas/Freutel*, DIRK-IR-Guide, Band XV, S. 19 f.; *Seibt/Danwerth*, NZG 2020, 1241, 1243; *Teichmann/Krapp*, DB 2020, 2169, 2174.

[486] *Cyglakow*, Die virtuelle Hauptversammlung, S. 163; *PwC*, Umfrage virtuelle Hauptversammlung, S. 11, abrufbar unter: https://www.pwc.de/de/aufsichtsraete/erste-erkenntnisse-zur-virtuellen-hauptversammlung.pdf; kritisch ferner *Spindler*, in: K. Schmidt/Lutter, AktG, § 131 Rn. 88. FraktionsE, GesRuaCOVBekG, BT-Drucks. 19/18110, S. 26 zur Verwendung eines FAQ.

[487] *Seibt/Danwerth*, NZG 2020, 1241, 1245.

[488] *Rieckers*, DB 2022, 172, 173; *Teichmann/Krapp*, DB 2020, 2169, 2175.

[489] FraktionsE, Virtuelle Hauptversammlung, BT-Drucks. 20/1738, S. 25, 33; *Cyglakow*, Die virtuelle Hauptversammlung, S. 163; *DAI*, Stellungnahme RefE, S. 3, 7, abrufbar unter: https://www.bmj.de/SharedDoczzzzGesetzgebungsverfahren/Stellungnahmen/2022/Downloads/0311_Stellungnahme_Deutsches_Aktieninstitut_virtuelle_Hauptversammlung.pdf?__blob=publicationFile&v=2; *Danwerth*, FAZ v. 27. 7. 2022, S. 16; *Fröndhoff/Koenen/Nohn/Schnell*, Handelsblatt v. 18. 5. 2020, S. 14; *Groß/Scholz*, BB 2022, Heft 21, I; *Handelsrechtsausschuss DAV*, NZG 2022, 797, 798; *Klein*, NZG 2022, 483, 483, 486; *Martin/Labas/Freutel*, DIRK-IR-Guide, Band XV, S. 19 f.; *Mayer/Jenne/Miller*, BB 2022, 1155, 1159; *Seibt/Danwerth*, NZG 2020, 1241, 1245, 1249; *VGR*, AG 2021, 380.

[490] *Bungert/Rieckers*, DB 2022, 581, 583; *Guntermann*, ZIP 2022, 781, 785; *Martin/Labas/Freutel*, DIRK-IR-Guide, Band XV, S. 19 f.; *Redeke*, AG 2022, 98 103; *Seibt/Danwerth*, NZG 2020, 1241, 1245, 1249; *Teyssen/Würzberg*, Kurvenlage 2022 I, 12, 14.

c) Zwischenergebnis

Die zu Zeiten pandemiebedingter Einschränkungen gesammelten Erfahrungswerte zeigen, dass die Gestaltungsmöglichkeit der Vorverlagerung des Auskunftsrechts ein wirkungsvolles Instrument ist, das seine Zwecke erfüllt. Die wohl moderat gestiegenen Fragen können so besser und rechtssicher beantwortet werden und die Qualität der Antworten steigt.

Das Ziel des Gesetzgebers scheint in seiner Ausgangslage aber nur die Weiterentwicklung und Verbesserung der Regelungen des GesRuaCOVBekG gewesen zu sein. Darüber hinausgehende gestaltende Ambitionen, wie sie noch der Referentenentwurf ausdrückte, fehlen. Aus den Materialien ergibt sich, dass die Entzerrung der Hauptversammlung primär als Reaktion auf das erhöhte Aufkommen an Aktionärsfragen vorgesehen wurde, nicht aber als selbstständig zu erreichendes Ziel.[491]

3. Regelungssystematik

Das Auskunftsrecht in der virtuellen Hauptversammlung basiert auf dem in der Präsenzversammlung und modifiziert dieses.[492] Das Auskunftsrecht *im Vorfeld* der virtuellen Hauptversammlung ist demgegenüber eine Modifikation des Auskunftsrechts *in* der virtuellen Versammlung. Beides ergibt sich insbesondere aus § 131 Abs. 1a Satz 1 AktG. Zwar referenziert § 131 Abs. 1a Satz 1 AktG nur § 131 Abs. 1 Satz 1 AktG ausdrücklich, doch sind damit sämtliche Regelungen zum Auskunftsrecht entsprechend anzuwenden, soweit diese keinen besonderen Bezug auf die Präsenzversammlung oder die Versammlung als solche nehmen.[493]

---

[491] Zu den Gründen, warum dies ein erstrebenswertes Ziel sein kann, Kapitel 3 C. II. Zur daraus folgenden Kritik an einer fehlenden weiten Einschränkung von Fragen in der Versammlung, Kapitel 4 C. II. 4. g) aa).

[492] Dennoch handelt es sich um eine weitreichende Abweichung vom Ausgangsfall der Präsenzversammlung. Wie §§ 118a, 130a AktG hätte das Auskunftsrecht bei virtuellen Versammlungen in einem eigenen kurzen und lesbaren Paragrafen geregelt werden können. Dadurch wäre § 131 AktG der Lex lata nicht auf elf Absätze überlang angewachsen. Vgl. *Poelzig*, Stellungnahme FraktionsE, S. 6 f., abrufbar unter: https://www.bundestag.de/resource/blob/899960/36d57711a1cc101e5486546d81a60239/Stellungnahme-Poelzig-data.pdf; *Seibt/Danwerth*, DB 2022, 1434, 1440.

[493] Soweit § 131 Abs. 3 Satz 1 Nr. 7 AktG eine Zugänglichmachung in der Versammlung erfordert, richtet sich diese in der virtuellen Versammlung nach § 118a Abs. 6 AktG. Im Übrigen nehmen in § 131 AktG nur § 131 Abs. 1 Satz 3, Abs. 4 Satz 1 und Abs. 5 Satz 1 AktG auf die Präsenzversammlung bzw. die Versammlung selbst Bezug. Da diese aber nicht durch die mögliche Vorverlagerung des Auskunftsrechts besonders betroffen sind, wird deren Modifikation erst mit der Behandlung des Auskunftsrechts in der Versammlung erörtert.

4. Entscheidung des Vorstands nach § 131 Abs. 1a Satz 1 AktG

Nach § 131 Abs. 1a Satz 1 AktG kann der Vorstand in der Einberufung nach § 121 Abs. 4b Satz 4 AktG vorgeben, dass Fragen der Aktionäre im Vorfeld der Hauptversammlung einzureichen sind.[494]

a) Ermessen

Dies ist nach dem Wortlaut von § 131 Abs. 1a Satz 1 AktG („kann") eine Ermessensentscheidung des Vorstands.[495] Die Satzung kann aufgrund der Satzungsstrenge nach § 23 Abs. 5 AktG hierzu keine Vorgaben machen.[496] Das Gesetz gibt damit zurecht das Zustimmungserfordernis des Aufsichtsrats auf, das noch nach § 1 Abs. 6 GesRuaCOVBekG bestand.[497]

Der Vorstand hat in seine Entscheidung verschiedene Aspekte einzustellen. Durch die Vorverlagerung der Fragenstellung in das Vorfeld der Versammlung kann er der Gesetzesbegründung entsprechend die Hauptversammlung entlasten und die Qualität der Antworten erhöhen.[498] Ebenso kann er dadurch die Hemmschwellen von Aktionären und insbesondere Kleinaktionären bei der Fragenstellung in der Versammlung abbauen und diese damit weiter in die Willensbildung einbeziehen.[499] Dagegen sprechen die Interessen der Aktionäre, ihre Fragen prominenter in der Versammlung zu platzieren und unter Umständen die Gefahr des Missbrauchs der vereinfachten Fragenstellung. In der Bewertung und Gewichtung dieser Interessen sind insbesondere vergangene Erfahrungswerte relevant. Hat eine Gesellschaft beispielsweise aufgrund eines beständigen Gangs des Geschäfts wenig Auskunfts-

---

[494] Die Entscheidung des Vorstands ist eine Geschäftsführungsmaßnahme nach § 77 Abs. 1 Satz 1 AktG, sodass die Entscheidung grundsätzlich einstimmig getroffen werden muss. *Kubis*, in: MünchKommAktG, § 130a Rn. 89. § 121 Abs. 4b Satz 4 AktG ordnet zwar nur für börsennotierte Gesellschaften an, dass diese die Vorverlagerung des Auskunftsrechts in der Einberufung bekannt geben müssen. Um eine hinreichende Information der Aktionäre sicherzustellen, gilt dies aber auch für nichtbörsennotierte Gesellschaften. So auch *Kubis*, in: MünchKommAktG, § 131 Rn. 90.

[495] FraktionsE, Virtuelle Hauptversammlung, BT-Drucks. 20/1738, S. 33; *Kersting*, in: KölnKommAktG, § 131 Rn. 626; *Koch*, AktG, § 131 Rn. 48; *Poelzig*, in: BeckOGKAktG, § 131 Rn. 320.

[496] S. Kapitel 4 B. I. 3. a).

[497] Die Gesetzesbegründung begründet dies damit, dass die Grundentscheidung über das virtuelle Format nach § 118a Abs. 1 Satz 1 AktG schon durch die Satzung und damit auch durch die Aktionäre getroffen wurde. FraktionsE, Virtuelle Hauptversammlung, BT-Drucks. 20/1738, S. 33. Da die Lex lata auch bei einer Vorverlagerung ein vollwertiges Auskunftsrecht gewährleistet, besteht de lege lata ferner kein Raum für Verhältnismäßigkeitsbeurteilungen, wie sie noch unter dem GesRuaCOVBekG diskutiert wurden. So auch *Koch*, AktG, § 131 Rn. 48.

[498] S. nochmals allgemein zu den potenziellen Vorteilen einer Entzerrung, Kapitel 2 C. II.

[499] Vgl. anekdotisch zur gesteigerten Anzahl an Fragen von Kleinaktionären, Kapitel 4 B. V. 2. b) aa).

verlangen erreicht, bietet sich eine Fragenbeantwortung in der Versammlung an, da weniger Gefahr besteht, nicht alle Fragen behandeln zu können. Hat eine Gesellschaft dagegen eine besonders breite Aktionärsstreuung oder aktivistische Aktionäre und deshalb in den vergangenen Hauptversammlungen sehr viele Fragen bekommen, ist eher die Vorverlagerung des Auskunftsrechts angezeigt.

Die Erfahrungen unter dem GesRuaCOVBekG können für diese Entscheidung als sekundäre Erfahrungsbasis dienen. Hierbei sind aber die besonderen Umstände der Pandemie und die geänderte Regelungslage nicht zu vernachlässigen. Die neuen Erfahrungen unter der Lex lata sind primär zurate zu ziehen.

b) Entscheidungskompetenz bei abweichenden Einberufungsberechtigten

Befürwortet man wie hier eine analoge Anwendung der Vorstandsermächtigung nach § 118a Abs. 1 Satz 1 AktG auch auf andere Einberufungsberechtigte,[500] muss diesen konsequent ebenfalls die Entscheidung nach § 131 Abs. 1a Satz 1 AktG analog zugesprochen werden.

Eine Regelungslücke liegt hier vor, da die Entscheidung über die Vorverlagerung des Auskunftsrechts nach § 121 Abs. 4b Satz 4 AktG bereits in der Einberufung getroffen werden muss und nach § 131 Abs. 1a Satz 1 AktG nur der Vorstand dazu ermächtigt ist, obwohl es auch andere Einberufungsberechtigte geben kann.[501] Diese Regelungslücke ist planwidrig, da der Fall anderer Einberufungsberechtigter – soweit aus den Gesetzesmaterialien ersichtlich – nicht in die Gesetzgebung einfloss. Ferner liegt im Falle anderer Einberufungsberechtigter eine vergleichbare Interessenslage vor. Die anderen Einberufungsberechtigten haben nämlich, wie der Vorstand, ein Interesse daran, eine virtuelle Versammlung ohne weitere Absprachen mit anderen Organen einberufen zu können. Nach obiger Argumentation ist den anderen Einberufungsberechtigten in den Fällen, in denen ihnen ein Einberufungsrecht zusteht, des Weiteren gerade kein Rückgriff auf den Vorstand zuzumuten und eine Analogie demnach besonders erforderlich. Der Eingriff in die Kompetenzen des Vorstands ist mithin hinzunehmen. Die Einberufungsberechtigten sind aber im eigenen Interesse dazu gehalten, angemessene Regelungen zu treffen, die der Vorstand auch umsetzen kann, da nur so die Bestandskräftigkeit der Beschlüsse der Hauptversammlung gewahrt wird.

Um dies in Zukunft rechtssicher zu ermöglichen, sollte der ausdrückliche Bezug auf den Vorstand in § 131 Abs. 1a Satz 1 AktG de le ferenda gestrichen werden. Folgender Wortlaut wäre denkbar:

---

[500] Kapitel 4 B. II. 2.

[501] Darauf hinweisend, dass das Gesetz nicht vorsieht, dass die Entscheidung übertragen werden kann, *Schilha/Gaßner*, ZIP 2022, 2357, 2359.

„Im Fall der virtuellen Hauptversammlung kann in der Einberufung angegeben werden, dass Fragen der Aktionäre bis spätestens drei Tage vor der Versammlung im Wege der elektronischen Kommunikation einzureichen sind.“

5. Berechtigte, § 131 Abs. 1b Satz 2 AktG

Nach § 131 Abs. 1 Satz 1 AktG steht das Auskunftsrecht jedem Aktionär *in der Hauptversammlung* zu. Im Vorfeld der Versammlung kann daran aber nicht angeknüpft werden, sodass nach § 118a Abs. 1 Satz 2 Nr. 4 AktG zunächst jeder Aktionär berechtigt ist.

Als Korrektiv hierzu kann die Vorabeinreichung von Fragen § 131 Abs. 1b Satz 2 AktG auf ordnungsgemäß angemeldete Aktionäre beschränkt werden.[502] Abseits von § 123 Abs. 2 AktG ist kein gesondertes Anmeldungserfordernis hinaus möglich.[503] Dieser ermöglicht ein Gleichlauf mit dem Auskunftsrecht in der Präsenzversammlung.[504] Die Entscheidung hierüber steht dem Vorstand allein zu, da er schon nach § 131 Abs. 1a Satz 1 AktG alleine über die Vorverlagerung des Auskunftsrechts entscheidet.[505] Ob dies im Wege eines Erst-recht-Schlusses oder teleologisch im Wege einer Annexkompetenz gilt, ist unerheblich. Es ist zu erwarten, dass die meisten Gesellschaften wie unter dem GesRuaCOVBekG[506] nur angemeldeten Aktionären die Ausübung des Auskunftsrechts gestatten.

6. Form

Die Fragenstellung und -beantwortung haben nicht wie in der Präsenzversammlung ausschließlich mündlich zu erfolgen.[507]

---

502 Dies war schon unter dem GesRuaCOVBekG möglich RegE, GesRuaCOVBekG, BT-Drucks. 19/18110, S. 26; *Lieder*, ZIP 2020, 837, 842; *Tröger*, BB 2020, 1091, 1096 m. w. N.

503 FraktionsE, Virtuelle Hauptversammlung, BT-Drucks. 20/1738, S. 34.

504 Vgl. zum GesRuaCOVBekG *Tröger*, BB 2020, 1091, 1096. Im Umkehrschluss zur Beschränkungs*möglichkeit* ergibt sich, dass grundsätzlich auch nicht ordnungsgemäß zur Versammlung angemeldete Aktionäre Fragen im Vorfeld der Versammlung einreichen können. FraktionsE, Virtuelle Hauptversammlung, BT-Drucks. 20/1738, S. 34; *Kersting*, in: KölnKommAktG, § 131 Rn. 648; *Poelzig*, in: BeckOGKAktG, § 131 Rn. 325.

505 A. A. *Krenn*, Informationsrechte, S. 108, die davon ausgeht, dass es sich um eine einfache Einberufungsmodalität handelt und die Satzung oder Geschäftsordnung hierzu Vorgaben machen können. Zur fernliegenden Problematik einer Ermessensreduktion des Vorstands bei einer kürzeren Anmeldefrist nach § 123 Abs. 2 Satz 3 AktG als die nach § 131 Abs. 1a Satz 1 AktG für die Einreichung der Fragen, *Schilha/Gaßner*, ZIP 2022, 2357, 2364.

506 *Simons/Hauser*, NZG 2020, 488, 495.

507 Zur Präsenzversammlung: OLG Frankfurt v. 19. 9. 2006 – 20 W 55/05, AG 2007, 451, 452; *Drinhausen*, in: Hölters/Weber, AktG, § 131 Rn. 13, 23; *Hoffmann-Becking*, in: MünchHdbGesR IV, § 38 Rn. 33, 42 m. w. N. auch zur a. A.; ausführlich *Kubis*, FS Kropff, S. 171, 180 ff.

a) Gesetzliche Vorgaben, §§ 118a Abs. 1 Satz 2 Nr. 4, 131 Abs. 1a Satz 1 AktG

Nach §§ 118a Abs. 1 Satz 2 Nr. 4, 131 Abs. 1a Satz 1 AktG sind Fragen im Vorfeld der virtuellen Versammlung im Wege elektronischer Kommunikation zu übermitteln. Die Gesellschaft muss dabei aber nicht Fragen im Wege jeglicher Art von elektronischer Kommunikation annehmen. Vielmehr kann der Vorstand ein bestimmtes Kommunikationsmittel bestimmen, durch den die Gesellschaft die Fragen der Aktionäre entgegennimmt.[508] Entsprechend sind de lege lata Fragen auch in Textform möglich.

b) Rechtstatsächliche Erfahrungen

Wie in der Praxis Fragen angenommen und gestellt werden, kann anhand rechtstatsächlicher Erfahrungen zur Lex lata sowie der Best Practice unter dem GesRuaCOVBekG, auf denen § 131 Abs. 1a–1c AktG beruht, untersucht werden.

aa) Datenlage

Die meisten Gesellschaften boten ihren Aktionären allein die Möglichkeit, ihre Fragen über das Aktionärsportal zu stellen. Nach Danwerth gingen in der Hauptversammlungssaison 2020 89 % der von börsennotierten Gesellschaften einberufenen Versammlungen diesen Weg[509] und in der Saison 2021 sogar 98 % der DAX-Gesellschaften[510]. Deutlich seltener konnten die Aktionäre ihre Fragen per E-Mail einreichen (2020: 7 %; 2021: < 2 %) und nur vereinzelt stand ihnen die Wahl zwischen diesen beiden Kommunikationsformen zu (2020: 2 %; 2021: < 1 %).[511] Die breiter angelegte Untersuchung Cyglakows, die auch nicht börsennotierte Gesellschaften umfasste, ergab ähnliche Ergebnisse.[512] Im Jahr 2020 konnten Aktionäre

---

[508] Zur elektronischen Kommunikation und ihrer Ausgestaltung durch den Vorstand, Kapitel 4 B. IV. 6.

[509] *Danwerth*, AG 2020, 776, 780. Genauer zum Untersuchungsgegenstand Kapitel 4 B. V. 1. a). Aus den Daten lässt sich ferner errechnen, dass nur 5,2 % der von ihm untersuchten Gesellschaften im DAX30, MDAX und SDAX Stellungnahmen per E-Mail zuließen. Zur enger ausgelegten Studie von *Teichmann/Krapp*, DB 2020, 2169, 2172, die sich auf den gleichen Zeitraum, bezieht aber nur Versammlungen von Gesellschaften des DAX30 und MDAX auswertet.

[510] *Danwerth*, AG 2021, 613, 618. Genauer zum Untersuchungsgegenstand Kapitel B. IV. 2. a). Aus den Daten lässt sich ferner errechnen, dass nur 2,2 % der von ihm untersuchten Gesellschaften im DAX30, MDAX und SDAX Stellungnahmen per E-Mail oder im Aktionärsportal zuließen.

[511] *Danwerth*, AG 2021, 613, 618; *Danwerth*, AG 2020, 776, 781.

[512] *Cyglakow*, Die virtuelle Hauptversammlung, S. 138 f. Genauer zum Untersuchungsgegenstand Kapitel 4 B. V. 1. a).

in 82,50 % der von ihr untersuchten Hauptversammlungen, die das Auskunftsrecht vorverlagerten, ihre Fragen allein über das Aktionärsportal einreichen. 10,96 % der Versammlungen ermöglichten nur die Einreichung per E-Mail und bloß 2,28 % beide Möglichkeiten kumulativ. In weiteren 3,96 % konnten Aktionäre ihre Fragen neben dem Aktionärsportal per Post und/oder Fax einreichen.[513] In der Hauptversammlungssaison 2023 nahmen alle Gesellschaften der DAX-Indexfamilie, die von § 131 Abs. 1a Satz 1 AktG Gebrauch machten, die Aktionärsfragen in ihrem Aktionärsportal entgegen.[514]

bb) Interpretation

Die von Danwerth und Cyglakow gesammelten Daten gleichen sich. Nach diesen setzten die meisten Aktiengesellschaften unter dem GesRuaCOVBekG auf den exklusiven Gebrauch von Aktionärsportalen. Es liegt nahe, dass sich dieser Trend auch unter der Lex lata fortsetzen wird.

Insgesamt ergibt sich aber auch hier ein Bild, in dem die Ergebnisse nahelegen, dass kleinere Gesellschaften anders verfahren als größere. So wies die Auswertung Cyglakows, die auch nicht börsennotierte Gesellschaften umfasst, den geringsten Anteil an Gesellschaften aus, die allein Fragen über das Aktionärsportal annahmen. Und die Daten von Danwerth ergeben, dass die Frageeinreichung außerhalb des Aktionärsportals fast ausschließlich von verhältnismäßig kleinen Gesellschaften genutzt wurde. Kleinere Gesellschaften scheinen ihre Aktionäre demnach seltener auf ein Aktionärsportal zu verweisen und mehr von anderen Gestaltungsoptionen für die Fragenstellung Gebrauch zu machen. Es ist wahrscheinlich, dass sich das Aufsetzen eines Aktionärsportals für kleinere Gesellschaften allgemein weniger lohnt und sich IT-Lösungen mit geringerem Einrichtungsaufwand, wie der Gebrauch eines E-Mail-Postfachs, für diese ebenso eignen. In Bezug auf das Auskunftsrecht haben Gesellschaften, die keine Publikumsgesellschaften sind, in der Regel auch weniger Aktionäre und damit weniger Fragen, mit denen sie umgehen müssen. Zusammengenommen macht dies einfachere und „maßgeschneiderte" Lösungen für kleinere Gesellschaften attraktiver.

Folglich ist zu prognostizieren, dass sich diese Tendenz zunächst weiter halten wird. Wahrscheinlich ist aber, dass auch kleinere Gesellschaften vermehrt auf Aktionärsportale zurückgreifen, wenn sich die dafür notwendigen Dienstleister weiter etabliert haben und die Einrichtung von Aktionärsportalen dadurch simpler und kostengünstiger wird.

---

[513] 0,30 % der Ladungen enthielten keine genauen Angaben zu den Übermittlungswegen.

[514] *Danwerth*, ZIP 2023, 2329, 2336. Genauer zum Untersuchungsgegenstand Danwerths Kapitel 4 B. I. 9. a).

7. Frist, § 131 Abs. 1a Satz 1–3 AktG

Nach § 131 Abs. 1a Satz 1 AktG müssen Aktionäre ihre Fragen bis spätestens drei Tage vor der Versammlung einreichen können.[515]

Zweck der Frist ist der Gesellschaft genügend Zeit zu geben, um die Fragen zu beantworten und damit die Antwortqualität zu steigern.[516] Dem Vorstand stehen nach § 131 Abs. 1c Satz 1 Halbsatz 1 AktG mindestens zwei volle Tage zur Beantwortung der Fragen zu. Zugunsten der Aktionäre kann von der Frist der Frageneinreichung einseitig abgewichen und diese verkürzt werden.[517] Die Entscheidung darüber steht, wie die Vorverlagerung des Auskunftsrechts nach § 131 Abs. 1a Satz 1 AktG *a maiore ad minus*, im Ermessen des Vorstands. Unter Geltung des GesRuaCOVBekG oftmals kürzere Fristen vorgegeben wurden.[518]

Wählt die Gesellschaft einen späteren Zeitpunkt, verkürzt sie damit die ihr zur Verfügung stehende Zeit für die Zurverfügungstellung und Beantworten der Fragen.[519] Dies kann dennoch im Interesse der Gesellschaft sein. Denn den Aktionären steht nach § 131 Abs. 1e Satz 1 AktG zu Sachverhalten, die sich erst nach Ablauf der Frist nach Absatz 1a Satz 1 ergeben haben, ein Auskunftsrecht zu. Durch eine Verkürzung der eigenen Bearbeitungsdauer von im Voraus gestellten Fragen kann die Gesellschaft mithin das Auskunftsrecht in der Hauptversammlung etwas weiter einschränken und damit entlasten. Ferner kann sie neue, inhaltsgleiche Fragen von Aktionären verhindern, wenn diese erkennen, dass eine solche Frage bereits gestellt wurde.[520]

---

515 Für die Fristberechnung gilt nach § 131 Abs. 1a Satz 2 AktG, § 121 Abs. 7 AktG. Zu § 121 Abs. 7 AktG Kapitel 4 B. IV. 8. b).

516 FraktionsE, Virtuelle Hauptversammlung, BT-Drucks. 20/1738, S. 33; zur Einbettung in das Fristenregime im Vorfeld der Versammlung, Kapitel 4 B. IV. 8.

517 FraktionsE, Virtuelle Hauptversammlung, BT-Drucks. 20/1738, S. 33; *Kersting*, in: KölnKommAktG, § 131 Rn. 626; *Mayer/Jenne/Miller*, BB 2022, 2946, 2957; *Poelzig*, in: BeckOGKAktG, § 131 Rn. 321.

518 Vgl. die Auswertung Cyglakows von für das Jahr 2020 einberufenen virtuellen Hauptversammlungen. Danach haben 52,21 % der untersuchten Einberufungen die Vorabeinreichungen gestatteten Aktionärsfragen noch bis zu einem Tag und 7,15 % bis zu anderthalb Tage vor der Versammlung zugelassen, *Cyglakow*, Die virtuelle Hauptversammlung, S. 137 f. Ähnliches ergibt sich aus der Auswertung von Danwerth zur Hauptversammlungssaison 2020. Nach dieser waren in 49 % der Hauptversammlungen, die eine Vorabeinreichung der Fragen gestatten, Fragen bis zu einem Tag vor der Hauptversammlung und in 6 % der Fälle bis zu einem anderen Zeitpunkt nach der Zweitagesfrist möglich. Dagegen nutzten ganze 78 % der DAX-gelistete Gesellschaften die Zweittagesfrist des Gesetzes aus, *Danwerth*, AG 2020, 776, 780. Dagegen noch anders die Erhebung von Downar/Bartkowiak, bei der nur eine von 101 Unternehmen, die ihre Hauptversammlung kurz nach Inkrafttreten des GesRuaCOVBekG einberiefen, eine kürzere als die gesetzliche Zweitagesfrist vorsahen, *Downar/Bartkowiak*, DB 2021, 349, 353.

519 Die Fristen für die Zurverfügungstellung und Beantwortung der Fragen nach § 131 Abs. 1c AktG verschieben sich dadurch nicht, denn dies wäre eine – für die Aktionäre nachteilige – Abweichung von den gesetzlich normierten Fristen. Dementsprechend abratend *Mayer/Jenne/Miller*, BB 2022, 2946, 2957.

520 Vgl. *Seibt/Danwerth*, AG 2022, 177, 183.

Die Aktionäre können Fragen ab der Einberufung einreichen, da nach § 121 Abs. 4b Satz 4 AktG in dieser auf die Möglichkeit der Frageeinreichung hingewiesen werden muss.[521]

Reichen *Aktionäre* ihre Fragen zu spät ein, *muss* der Vorstand diese nach § 131 Abs. 1a Satz 3 AktG nicht berücksichtigen; er *kann* die Fragen aber dennoch beantworten.[522]

8. Beschränkung des Umfangs, § 131 Abs. 1b Satz 1 AktG

Nach § 131 Abs. 1b Satz 1 AktG kann der Umfang der Einreichung von Fragen in der Einberufung angemessenen beschränkt werden.[523] Dies steht im Ermessen des Vorstands.[524]

Die Möglichkeit, den Umfang des Auskunftsrechts zu beschränken, soll nach der Gesetzesbegründung sicherstellen, dass ein angemessener Zeitrahmen für die Versammlung gewährleistet werden kann.[525] Dabei entspricht die Regelung der Beschränkungsmöglichkeit des Auskunftsrechts in der Versammlung nach § 131 Abs. 2 Satz 2 AktG und greift ausweislich der Gesetzesbegründung auf dessen Rechtsgedanken zurück.[526] Direkte Parallelen ergeben sich ferner zur Einschränkung des Umfangs von Stellungnahmen nach § 130a Abs. 1 Satz 3 AktG.

Eine Beschränkung des Umfangs kann sich grundsätzlich auf die Anzahl der Fragen pro Aktionär und/oder den Umfang der Fragen (Beschränkung von Zeichen bei Textform oder von Zeit bei Video oder Audio) beziehen.[527] Hierbei wurden in

---

[521] *Kersting*, in: KölnKommAktG, § 131 Rn. 626; *Koch*, AktG, § 131 Rn. 50; zum GesRuaCOVBekG *Kubis*, in: MünchKommAktG, § 131 Rn. 257; a. A. zum GesRuaCOVBekG *Simons/Hauser*, NZG 2020, 488, 495. Wird gegen diese Position angeführt, dass dies zur Gleichberechtigung verschiedener Kommunikationskanäle notwendig ist, kann dem entgegengehalten werden, dass diese bis zur Einberufung vollständig aufgesetzt werden können.

[522] *Schilha/Gaßner*, ZIP 2022, 2357, 2363; *Seibt/Danwerth*, AG 2022, 177, 183; *Walch/Häuslmeier*, DNotZ 2023, 106, 114. Selbstverständlich hat er dabei aber alle Aktionäre nach § 53a AktG gleich zu behandeln. Vgl. zur Sinnhaftigkeit einer freiwilligen Beantwortung *Krenn*, Informationsrechte, S. 158.

[523] *Seibt/Danwerth*, AG 2022, 177, 183 m. w. N. zur Möglichkeit einer solchen Beschränkung unter dem GesRuaCOVBekG und anekdotischer Evidenz zu ihrem Gebrauch.

[524] *Guntermann*, ZIP 2022, 781, 785; *Walch/Häuslmeier*, DNotZ 2023, 106, 114. Zur Zuständigkeit des Vorstands hinsichtlich der Ausgestaltung des vorverlagerten Auskunftsrechts, Kapitel 4 B. II. 4.

[525] Erneut mit Blick auf die Konsequenzen, dass die Stellung von Fragen im virtuellen Format erleichtert wurde, FraktionsE, Virtuelle Hauptversammlung, BT-Drucks. 20/1738, S. 34.

[526] FraktionsE, Virtuelle Hauptversammlung, BT-Drucks. 20/1738, S. 34. § 131 Abs. 2 Satz 2 AktG selbst ist dagegen nicht anzuwenden, da dieser nur eine *zeitliche* Beschränkung des Auskunftsrechts zulässt.

[527] FraktionsE, Virtuelle Hauptversammlung, BT-Drucks. 20/1738, S. 34. Ausführlicher zur Art der möglichen Beschränkungen *Kersting*, in: KölnKommAktG, § 131 Rn. 644 f.; *Krenn*, Informationsrechte, S. 182 f.

der Literatur 20–50 Fragen pro Aktionär[528] und 5.000 Zeichen pro Frage[529] als regelmäßig angemessene Beschränkungen aufgebracht. Ferner kann eine Gesamtanzahl an Fragen festgelegt werden.[530] Was aber als *angemessene* Beschränkung gilt, war Gegenstand breiter Diskussion.

Die Gesetzesbegründung führt an, dass auf den „Gesamtzeitraum der Versammlung" abzustellen ist und „sich die Beschränkung der Fragenanzahl grundsätzlich an der in den vergangenen (virtuellen) Hauptversammlungen durchschnittlich eingereichten Anzahl an Fragen orientiert, sofern sich die Tagesordnungspunkte der Versammlungen weitgehend entsprechen."[531] Die Beschränkung solle sich, je nach Vergleichbarkeit der letzten Versammlungen, an den Versammlungen der letzten zwei bis fünf Jahre orientieren.[532]

Die Begründung überrascht, da die Stellung von Fragen und ihre Beantwortung im Vorfeld der Hauptversammlung die Dauer der Versammlung nicht verlängern können.[533] Ferner erfolgt die Beantwortung und Stellung von Fragen im Vorfeld der Versammlung in einem anderen Zeitfenster und Form.

Weil mithin ein alleiniges Abstellen auf die Dauer der Versammlung nicht zielführend ist, ist der Blick auf das Vorfeld der Versammlung zu weiten. Demnach müssen neben der eigentlichen Fragenstellung und -beantwortung in der Versammlung die Bearbeitungszeit des Vorstands im Vorfeld der Versammlung einbezogen werden.[534] Diese kann in einer virtuellen Hauptversammlung als vollwertiger Versammlungsform beschlossen werden. Beschränkungen, die dieses Maß unterschreiten, sind immer unangemessen, da sie das Auskunftsrecht in einer

---

[528] *Dürr/Kuthe/Sickinger*, ZIP 2022, 363, 366; *Krenn*, Informationsrechte, S. 182; allgemein *Kubis*, in: MünchKommAktG, § 131 Rn. 63.

[529] *Kersting*, in: KölnKommAktG, § 131 Rn. 644; *Krenn*, Informationsrechte, S. 182 mit Verweis auf die Praxis.

[530] So auch Beschlussempfehlung Rechtsausschuss, Virtuelle Hauptversammlung, BT-Drucks. 20/2653, S. 35; *Poelzig*, in: BeckOGKAktG, § 131 Rn. 324. Dem Vorstand steht dann, wie in der Präsenzversammlung, ein Ermessen zu, welche Fragen er beantwortet.

[531] FraktionsE, Virtuelle Hauptversammlung, BT-Drucks. 20/1738, S. 34. Zustimmend *Reger*, in: Bürgers/Lieder, AktG, § 131 Rn. 24, der von einer Angemessenheit ausgeht, wenn die durchschnittliche Fragenanzahl gleich bleibt.

[532] *Poelzig*, in: BeckOGKAktG, § 131 Rn. 324; *Schilha/Gaßner*, ZIP 2022, 2357, 2363. Vgl. mit genaueren Angaben innerhalb dieses Zeitraums *Kersting*, in: KölnKommAktG, § 131 Rn. 640; *Seibt/Danwerth*, DB 2022, 1434, 1437. A.A. *Lochner/Keller*, ZIP 2022, 1997, 2001.

[533] *Kersting*, in: KölnKommAktG, § 131 Rn. 641 f.; *Koch*, AktG, § 131 Rn. 53; *Schilha/Gaßner*, ZIP 2022, 2357, 2363. Ähnlich *Kubis*, in: MünchKommAktG, § 131 Rn. 97. Etwas Anderes gälte nur dann, wenn die Gesellschaften zur Verlesung der Fragen und Antworten in der Versammlung verpflichtet wären, wie noch unter dem GesRuaCOVBekG. Dies ist aber gerade nicht mehr der Fall. So auch, *Koch*, AktG, § 131 Rn. 53; vgl. ferner *Kersting*, in: KölnKommAktG, § 131 Rn. 641.

[534] *Kersting*, in: KölnKommAktG, § 131 Rn. 643; *Koch*, AktG, § 131 Rn. 53; *Krenn*, Informationsrechte, S. 177; vgl. *Walch/Häuslmeier*, DNotZ 2023, 106, 114. Entsprechend lässt sich auch der Verweis auch die Formulierung „Gesamtzeitraum der Versammlung" in der Gesetzesbegründung deuten.

Gesamtbetrachtung verkürzen. Darüber hinaus ist vielmehr von einem strengeren Maßstab der Beschränkungen auszugehen.[535] Der Gesellschaft stehen mindestens zwei Tage – und damit deutlich mehr Zeit als in der Hauptversammlung selbst – für die Beantwortung der Fragen zu, sodass sie einen größeren Umfang an Fragen beantworten kann.[536] Ferner ist eine Beschränkung des Auskunftsrechts nach Art. 9 Abs. 2 UAbs. 1 Satz 1 ARRL nur zulässig, „um die Feststellung der Identität der Aktionäre, den ordnungsgemäßen Ablauf von Hauptversammlungen und ihre ordnungsgemäße Vorbereitung sowie den Schutz der Vertraulichkeit und der Geschäftsinteressen der Gesellschaften zu gewährleisten." Bei börsennotierten Gesellschaften kann der Vorstand den Umfang der Fragen im Vorfeld der Versammlung demnach nur so weit einschränken, wie es notwendig ist, dass er mit einem angemessenen Aufwand dazu in der Lage ist, auf die Fragen innerhalb der Frist zu antworten.[537] Die Konsequenz dessen, dass der Vorstand insgesamt mehr Aufwand in die Beantwortung von Fragen investieren muss, ist hinzunehmen. Nur so kann das Auskunftsrecht tatsächlich sinnvoll vorverlagert und eine echte Entlastung der Versammlung selbst geschaffen werden.[538] Ein Ausgleich für die Fragenbeantwortung im Vorfeld der Versammlung findet sich zumindest theoretisch auch für die Gesellschaft in der längeren Beantwortungsfrist und der Entlastung in der Versammlung. Bezieht man das Vorfeld derart in den „Gesamtzeitraum der Versammlung", kann auf diese Weise die Gesetzesbegründung mit der hier vertretenen Auffassung in Einklang gebracht werden.

Mit dem Kriterium der Angemessenheit geht eine gewisse Rechtsunsicherheit einher. Soweit diese aber Kritik ausgesetzt ist,[539] stellt sich die Frage, wie sonst eine Vorverlagerung des Auskunftsrechts geregelt werden sollte. Hierzu wird sich wie bei der Beschränkungsmöglichkeit des Umfangs der Stellungnahmen eine gewisse Praxis entwickeln.[540] Schlussendlich ist aber ferner zu beachten, dass dem Vorstand

---

[535] *Guntermann*, ZIP 2022, 781, 786; *Kersting*, in: KölnKommAktG, § 131 Rn. 642. Dagegen *Koch*, AktG, § 131 Rn. 53, der damit argumentiert, dass die Vorabeinreichung freiwillig ist und die Aktionärsrechte deutlich erweitere, sodass die Attraktivität dieser Option aus Sicht der Gesellschaften gesichert werden müsste.

[536] *Kersting*, in: KölnKommAktG, § 131 Rn. 642.

[537] So auch *Kersting*, in: KölnKommAktG, § 131 Rn. 642; ähnlich mit Hinblick auf die ARRL, *Guntermann*, ZIP 2022, 781, 785 f.; *Krenn*, Informationsrechte, S. 178.

[538] *Kersting*, in: KölnKommAktG, § 131 Rn. 642. Zu beachten ist dabei selbstverständlich, dass dem Vorstand durch die Beantwortung von Fragen im Vorfeld ein Auskunftsverweigerungsrecht nach § 131 Abs. 1c Satz 4 AktG hinsichtlich der bereits erteilten Auskünfte zusteht und das Auskunftsrecht der Aktionäre nach § 131 Abs. 1d, 1e AktG bloß eingeschränkt zusteht. Auch dieser Umstand ist in die Bewertung der Angemessenheit einzustellen.

[539] *Drinhausen/Keinath*, BB 2022, 451, 455; *Junker/Pfeffer*, FS Strenger, S. 241, 249 fordern etwa Regelbeispiele; *Roßkopf*, Stellungnahme FraktionsE, S. 6, abrufbar unter: https://www.bundestag.de/resource/blob/899782/1204858008a2d375e1e7b50db6735a36/Stellungnahme-Rosskopf-data.pdf; *Sturm/Imsameh*, NZG 2022, 1327, 1330 f.

[540] Da bislang wenige Vorstände von § 131 Abs. 1a Satz 1 AktG Gebrauch machten, ist jedoch schwer eine bestehende Praxis zu identifizieren. S. zum Stellungnahmerecht, Kapitel 4 B. IV. 8., 10. c).

bei der Prognose der Frageneinreichung und der Planung ihrer Beantwortung ein weiter Ermessensspielraum zusteht. Der Praxis ist zu empfehlen, die Beschränkungsmöglichkeit zunächst zurückhaltend zu gebrauchen.[541]

Eine laufende Korrektur der Beschränkung, die in der Einberufung vorgenommen wurde, kann nicht wie in der Versammlung durch den Versammlungsleiter vorgenommen werden.[542] Die Eventualität einer Fragenflut kann bei der Prüfung der Angemessenheit der Beschränkung berücksichtigt werden.[543] Nur im Ausnahmefall ist eine weitergehende Beschränkung bei drohendem Missbrauch im Einzelfall zulässig.[544]

9. Zugänglichmachung und Antwort, § 131 Abs. 1c AktG

§ 131 Abs. 1c AktG regelt die Antwortpflicht der Gesellschaft und die Zugänglichmachung der Fragen und Antworten. Im Folgenden werden zuerst die Zugänglichmachung der Fragen (a)) und die Antworten des Vorstands (b)) behandelt. Sodann werden die besonderen Vorgaben für börsennotierte Gesellschaften (c)) sowie die Rechtsfolgen einer fehlerhaften Zugänglichmachung bzw. Beantwortung (d)) dargestellt.

a) Zugänglichmachung, § 131 Abs. 1c Satz 1 AktG

Nach § 131 Abs. 1c Satz 1 AktG sind die Fragen der Aktionäre allen Aktionären vor der Versammlung zugänglich zu machen.

aa) Art und Weise sowie Form

Das Gesetz gibt nicht vor, wie bzw. wo die Fragen zugänglich zu machen sind. In Bezug auf die Art und Weise sowie Form der Zugänglichmachung gelten die Ausführungen zur Zugänglichmachung der Stellungnahmen durch die Gesellschaft nach § 130a Abs. 3 Satz 1 AktG.[545]

---

541 *Schilha/Gaßner*, ZIP 2022, 2357, 2363 f.
542 *Bungert/Rieckers*, DB 2022, 581, 583 f.; *Guntermann*, ZIP 2022, 781, 786.
543 *Kersting*, in: KölnKommAktG, § 131 Rn. 642.
544 *Kersting*, in: KölnKommAktG, § 131 Rn. 643 m. w. N.; *Krenn*, Informationsrechte, S. 184.
545 So auch *Poelzig*, in: BeckOGKAktG, § 131 Rn. 326.

bb) Adressatenkreis

Nach § 131 Abs. 1c Satz 1 AktG sind die Fragen und Antworten allen Aktionären zugänglich zu machen. Eine Beschränkung der Zugänglichmachung auf die zur Versammlung ordnungsgemäß angemeldeten Aktionäre ist nicht vorgesehen oder möglich.[546]

cc) Zugänglich zu machende Inhalte

Grundsätzlich sind die Aktionärsfragen unverändert zugänglich zu machen.

Wie bei der Zugänglichmachung der Anträge gilt hier nach § 131 Abs. 1c Satz 3 AktG aber § 126 Abs. 2 Satz 1 Nr. 1, 3 und 6 AktG.[547] Entgegen der Zugänglichmachung von Anträgen und Stellungnahmen stellt sich beim Auskunftsrecht aber die Frage, ob dies die Antwortpflicht dispensiert.[548] Dies ist zu verneinen. § 131 Abs. 3 Satz 1 Nr. 5 AktG sieht nämlich eine § 126 Abs. 2 Satz 1 Nr. 1 AktG entsprechende Dispensierung der Auskunftspflicht für die Fragen vor, durch deren Beantwortung sich der Vorstand strafbar machen würde. In systematischer Betrachtung fehlt es einer entsprechenden Regelung zu Fragen, die nicht zugänglich gemacht werden müssen. Folglich lässt die Dispensierung der Pflicht zur Zugänglichmachung der Fragen die Antwortpflicht unberührt. § 131 Abs. 3 AktG bleibt davon ebenfalls unberührt. Im Interesse einer passenden Beantwortung sollte den Aktionären aber die Gelegenheit gegeben werden, ihre Frage neu zu formulieren.

Das Gesetz enthält sich einer Regelung über die Nennung der Namen der Aktionäre.[549] Demnach steht die Veröffentlichung der Frage mit dem Namen des Aktionärs im Ermessen des Vorstands.[550] Entgegen der Situation beim Stellungnahmerecht bzw. Rederecht besteht an dem Wissen um die Person des Fragenstellers kein maßgebliches Interesse der Aktionäre.[551] Entsprechend ist bei großen Gesell-

---

[546] Zur rechtspolitischen Kritik daran sogleich. Entgegen dem ausdrücklichen Gesetzeswortlauts dennoch wohl a. A. *Krenn*, Informationsrechte, S. 167.

[547] Es ist hierzu auf die Ausführungen zur im Wesentlichen gleichlautenden Regelung zum Stellungnahmerecht nach § 130a Abs. 3 Satz 4 AktG zu verweisen. Kapitel 4 B. IV. 5.

[548] Hierzu und zum Folgenden wie hier *Kersting*, in: KölnKommAktG, § 131 Rn. 662; *Krenn*, Informationsrechte, S. 162 f.

[549] S. hinsichtlich des allgemeinen Problems des Datenschutzes und der Vereinbarkeit mit Art. 2 Abs. 1 i. V. m. Art. 1 Abs. 1 GG, Kapitel 4 C. I. 5. b) cc) (2) (b), 7.

[550] *Kersting*, in: KölnKommAktG, § 131 Rn. 626; vgl. zum GesRuaCOVBekG *Freshfields*, Praxisleitfaden virtuelle Hauptversammlung, S. 9, abrufbar unter: https://www.linkmarketservices.de/files/pdf/Praxisleitfaden_zur_virtuellen_Hauptversammlung_Deutschland.pdf.

[551] Vgl. OLG Stuttgart v. 17. 11. 2010 – 20 U 2/10, BeckRS 2010, 28334; *Decher*, in: GroßkommAktG, § 131 Rn. 271 ff.; *Kubis*, in: MünchKommAktG, § 131 Rn. 145.

schaften eher eine Zustimmung der Aktionäre erforderlich[552] als bloß eine Widerspruchsmöglichkeit und Belehrung.[553] Unter dem GesRuaCOVBekG hielten sich die beiden Möglichkeiten in der Praxis der DAX-indizierten Gesellschaften wohl weitgehend die Waage.[554] Hier wäre aber eine Klarstellung durch den Gesetzgeber sinnvoll, um besonders für die öffentliche Zugänglichmachung Rechtssicherheit zu schaffen.[555]

dd) Frist

Der Wortlaut von § 131 Abs. 1c Satz 1 Halbsatz 1 AktG gibt nur vor, dass Fragen vor der Versammlung zugänglich zu machen sind. Zwar statuiert § 131 Abs. 1c Satz 1 Halbsatz 1 AktG nur für die Antworten des Vorstands eine Frist von einem Tag vor der Versammlung, doch gilt diese Frist auch für die Zugänglichmachung der Fragen.[556] Geht man wie hier (dazu sogleich) davon aus, dass Gesellschaften die Antworten auf die Fragen der Aktionäre allen Aktionären zugänglich machen müssen, muss für die Zugänglichmachung der Fragen die gleiche Frist wie für die Beantwortung der Fragen gelten. Die Antworten auf die Fragen getrennt von diesen zugänglich zu machen, kann dem Regelungszweck nicht entsprechen. Des Weiteren gewährleistet die Zugänglichmachung einen Tag vor der Versammlung den Aktionären ein Mindestmaß an Vorbereitungszeit.[557]

Fragen können nach Fristablauf für ihre Einreichung gesammelt oder kontinuierlich nach Eingang veröffentlicht werden.[558]

---

[552] So auch *BDI*, Stellungnahme RefE, S. 16; *DAI*, Stellungnahme RefE, S. 20, beide abrufbar unter: https://www.bmj.de/SharedDocs/Gesetzgebungsverfahren/DE/2022_Einfuehrung_virtueller_Hauptversammlungen_Aktiengesellschaften.html; *Kersting*, in: KölnKommAktG, § 131 Rn. 626.

[553] Zum GesRuaCOVBekG *Danwerth*, AG 2021, 613, 618 m. w. N.; *Herrler*, DNotZ 2020, 468, 491; *Simons/Hauser*, NZG 2020, 488, 497.

[554] *Danwerth*, AG 2021, 613, 618; *Danwerth*, AG 2020, 776, 781. Zum Untersuchungsgegenstand der Studien Kapitel 4 B. IV. 2. a), V. 1. a).

[555] *BDI*, Stellungnahme RefE, S. 16; *DAI*, Stellungnahme RefE, S. 20; *DIHK*, Stellungnahme RefE, S. 5, alle abrufbar unter: https://www.bmj.de/SharedDocs/Gesetzgebungsverfahren/DE/2022_Einfuehrung_virtueller_Hauptversammlungen_Aktiengesellschaften.html; schon zum GesRuaCOVBekG *Bücker/Kulenkamp/Schwarz/Seibt/v. Bonin*, DB 2020, 775, 777.

[556] So auch hierzu und zum Folgenden *Kersting*, in: KölnKommAktG, § 131 Rn. 658.

[557] *Seibt/Danwerth*, AG 2022, 177, 183, die aber eine Zugänglichmachung *spätestens* mit Ablauf der Frist der Frageneinreichung forderten.

[558] FraktionsE, Virtuelle Hauptversammlung, BT-Drucks. 20/1738, S. 34; *Schilha/Gaßner*, ZIP 2022, 2357, 2362.

b) Antworten des Vorstands, § 131 Abs. 1c Satz 1 Halbsatz 1 AktG

Nach § 131 Abs. 1c Satz 1 Halbsatz 1 AktG *muss* die Gesellschaft ordnungsgemäß eingereichte Fragen bis spätestens einen Tag vor der Versammlung beantworten.[559] Den Aktionären steht mithin bei einer Vorverlagerung der Fragen, wie in der Präsenzversammlung, ein Recht auf Antwort durch den Vorstand zu.[560]

aa) Zugänglichmachung

§ 131 Abs. 1c Satz 1 Halbsatz 1 AktG bestimmt ausdrücklich, dass die Fragen der jeweiligen Aktionäre den übrigen Aktionären zugänglich gemacht werden müssen. Dass Gleiches für die Antworten des Vorstands gilt, macht dagegen weder das Gesetz noch seine Begründung ausdrücklich klar.[561]

Die Regelung, dass Fragen bis spätestens einen Tag vor der Hauptversammlung zu beantworten sind, wird erst nach der Regelung der Zugänglichmachung der Fragen in Halbsatz 1 getroffen und durch ein „und" abgetrennt. Der Gesetzeswortlaut kann an dieser Stelle dahingehend gelesen werden, dass nur die Fragen allen Aktionären zugänglich zu machen sind.[562] Ferner könnte man einen Umkehrschluss hinsichtlich der börsennotierten Gesellschaften anstrengen. Diese haben nach § 131 Abs. 1c Satz 2 AktG sowohl die Fragen als auch deren Beantwortung auf ihrer Internetseite zugänglich zu machen. Da eine vergleichbare Regelung für nichtbörsennotierte Gesellschaften fehlt, könnte man daraus schließen, dass diese ihre Antworten nicht allen Aktionären, sondern nur den jeweilig fragestellenden, zugänglich machen müssen.[563]

Diese Lesart kann aber nicht überzeugen.[564] Systematisch spricht hierfür zunächst, dass die Regelung von § 131 Abs. 1c Satz 2 AktG auf die Zugänglichmachung der Fragen und der Antworten auf diese als eine Einheit Bezug nimmt.[565] Dies impliziert, dass § 131 Abs. 1c Satz 2 AktG nicht die Zugänglichmachung

---

[559] Die Berechnung der Frist erfolgt nach Halbsatz 2 nach § 121 Abs. 7 AktG. Zu § 121 Abs. 7 AktG Kapitel 4 B. IV. 8. b).

[560] Der Referentenentwurf sah eine solche Antwortpflicht noch nicht vor. Aufgrund der Einschränkungen des Auskunftsrechts *in* der Versammlung war eine Pflicht aber notwendig, um die Gleichwertigkeit Formate zu gewährleisten. Vgl. ausführlich zu Antwortpflicht unter dem GesRuaCOVBekG in seiner späteren Fassung *Wunderlich*, Digitalisierung der Hauptversammlung, S. 139 ff.

[561] Vgl. *Kersting*, in: KölnKommAktG, § 131 Rn. 655.

[562] Ebenso diskutierend *Kersting*, in: KölnKommAktG, § 131 Rn. 655.

[563] Ebenso diskutierend *Kersting*, in: KölnKommAktG, § 131 Rn. 655.

[564] Ausdrücklich wie hier etwa *DAV*, NZG 797, 800; *Franzmann/Rothweiler*, AG 2022, 809, 813; *Kersting*, in: KölnKommAktG, § 131 Rn. 655; *Kubis*, in: MünchKommAktG, § 131 Rn. 108.

[565] *Kersting*, in: KölnKommAktG, § 131 Rn. 655.

(sowohl der Fragen als auch deren Beantwortung) konstituiert, sondern nur deren Form vorschreibt.

Des Weiteren könnte § 131 Abs. 1c Satz 4 AktG mit der Bedingung der durchgängigen Zugänglichmachung der Antworten einen Tag vor Beginn und in der Versammlung auf den ersten Blick dahingehend verstanden werden, dass die Zugänglichmachung der Antworten im Vorfeld der Versammlung in einigen Fällen bloß fakultativ ist. Die Regelung ist aber aktionärsschützend zu verstehen und berücksichtigt die Praxis. Satz 4 bezieht sich nicht auf die Freiwilligkeit der Zugänglichmachung, sondern auf die Möglichkeit, dass dieser Pflicht zur Zugänglichmachung (zum Beispiel aus technischen Gründen) nicht nachgekommen wurde.[566] Durch die klaren Voraussetzungen des Auskunftsverweigerungsrechts schafft das Gesetz Rechtssicherheit.

Ferner sprechen die Gesetzesbegründung und der Gesetzeszweck für die Zugänglichmachung der Antworten an alle Aktionäre. Die Gesetzesbegründung stellt ausdrücklich klar, dass § 131 Abs. 1c Satz 1 AktG der Herstellung der Transparenz für die vorabeingereichten Aktionärsfragen dient.[567] Damit soll die Information der Aktionäre im Vergleich zur Präsenzversammlung gestärkt und den Aktionären eine gezielte Vorbereitung ihrer Nachfragen sowie eine Entlastung der Hauptversammlung ermöglicht werden.[568] Diese Zielsetzung ist nur dann effektiv zu erreichen, wenn alle Aktionäre Zugriff auf alle Antworten haben. So bekommen die Aktionäre mehr Informationen, können sich auf diese Weise noch besser auf Nachfragen vorbereiten und haben – zumindest theoretisch – weniger Bedarf an weiteren Auskünften in der Hauptversammlung.

Sicherlich werden dadurch unter Umständen nichtöffentliche Informationen einem größeren Personenkreis zugänglich. Dies muss aber im größeren Zusammenhang betrachtet werden. Das Auskunftsrecht ist zwar ein eigennütziges Individualrecht der Aktionäre.[569] Es dient aber – zumindest reflexhaft – auch der Information der übrigen Aktionäre und kollektiven Willensbildung in der Hauptversammlung.[570] Die Berücksichtigung dieses Verbandsinteresses schlägt sich in der Präsenzversammlung insbesondere darin nieder, dass der Vorstand seine Antworten nach herrschender Meinung mündlich erteilen muss,[571] sodass sie jeder Teilnehmer der

[566] *Kersting*, in: KölnKommAktG, § 131 Rn. 655.

[567] FraktionsE, Virtuelle Hauptversammlung, BT-Drucks. 20/1738, S. 34. Ansonsten gibt sie keinen Zweck an.

[568] FraktionsE, Virtuelle Hauptversammlung, BT-Drucks. 20/1738, S. 34.

[569] OLG Düsseldorf v. 8.6.2020 – 26 W 4/20, AG 2020, 796, 797 Rn. 35; *Casper*, Aktienrecht im Wandel II, Kapitel 12 Rn. 23, 24; *Drinhausen*, in: Hölters/Weber, AktG, § 131 Rn. 1; *Hüffer*, ZIP 1996, 401, 405; *Schäfers*, Informationsrechte von Aktionären, S. 164 ff.; *Spindler*, in: K. Schmidt/Lutter, AktG, § 131 Rn. 4 m. w. N.

[570] BGH v. 18.10.2004 – II ZR 250/02, AG 2005, 87, 88; OLG München v. 24.9.2008 – 7 U 4230/07, AG 2009, 121, 122; *Kubis*, FS Kropff, S. 171, 180 ff.; *Poelzig*, in: BeckOGKAktG, § 131 Rn. 4 m. w. N.

[571] Dazu sogleich im nächsten Abschnitt.

Versammlung vernehmen kann.[572] Das rechtlich anerkannte Interesse der Aktionäre an den Antworten des Vorstands muss dementsprechend auch im Vorfeld der Versammlung geschützt werden, um eine echte Gleichwertigkeit des Auskunftsrechts auch in solchen Fällen sicherzustellen. Bei der Gewährung von Fragen im Vorfeld der Versammlung handelt es sich nämlich nicht nur um eine Erweiterung des Auskunftsrechts im Vorfeld der Versammlung (wie bei dem Stellungnahmerecht), sondern um eine echte partielle Vorverlagerung der Rechtsausübung.

Abseits des unklaren Gesetzeswortlauts gibt es keine Hinweise, dass der Gesetzgeber von diesem Grundsatz in der virtuellen Hauptversammlung abweichen wollte.

bb) Art und Weise sowie Form

Die Art und Weise sowie Form der Beantwortung der Fragen stehen im Ermessen der Gesellschaft. Es gilt insoweit nichts anderes als bei der Festlegung der Form der Fragen. Die Antwort muss nicht in der gleichen Form erfolgen wie die Frage. Das Mündlichkeitserfordernis der Präsenzversammlung greift im Vorfeld der Versammlung nicht, da durch die Zugänglichmachung eine gleichzeitige Wahrnehmung der Antwort unabhängig von ihrer Form durch alle Aktionäre sicherstellen kann.[573]

Der Vorstand kann wie in der Präsenzversammlung auf mehrere Fragen zusammenfassend antworten.[574] Aus Sicht des Vorstands kann es sich demnach empfehlen, die Fragen erst nach der Frageeinreichungsfrist gesammelt und gebündelt zu

---

[572] *Herrler*, in: Grigoleit, AktG, § 131 Rn. 29; *Koch*, AktG, § 131 Rn. 71; *Kubis*, in: MünchKommAktG, § 131 Rn. 146; *Kubis*, FS Kropff, S. 171, 180 ff.

[573] Da das Gesetz sich jeder Vorgabe zur Form der Antwort enthält, sind Ansichten, die eine Beantwortung in Textform fordern, abzulehnen. Es sind auch Video- oder Audioaufnahmen zulässig. So auch *Koch*, AktG, § 131 Rn. 58; *Krenn*, Informationsrechte, S. 155; *Mayer/Jenne/Miller*, BB 2022, 2946, 2958; *Poelzig*, in: BeckOGKAktG, § 131 Rn. 328; *Seibt/Danwerth*, DB 2022, 1434, 1437 f. Eine schriftliche Beantwortung fordernd: *Franzmann/Rothweiler*, AG 2022, 809, 816; *Mayer/Jenne/Miller*, BB 2022, 1155, 1160; ebenso annehmend im Gesetzgebungsverfahren: *BDI*, Stellungnahme FraktionsE, S. 3; *Roßkopf*, Stellungnahme FraktionsE, S. 7; *VCI*, Stellungnahme FraktionsE, S. 3 f., beide abrufbar unter: https://www.bundestag.de/dokumente/textarchiv/2022/kw27-de-virtuelle-hauptversammlung-902468. Das aus Emittenten- und Anwaltskreisen vorgebrachte Argument, dass die schriftliche Beantwortung verbindlicher sei, ist ohne Begründung nicht nachvollziehbar. Es handelt sich dabei allein um eine Beweisfrage. So auch *Noack/Zetzsche*, in: KölnKommAktG, § 131 Rn. 625; ähnlich wie hier, *Finanzwende*, Stellungnahme FraktionsE, S. 9; a. A. *BDI*, Stellungnahme FraktionsE, S. 5; *VCI*, Stellungnahme FraktionsE, S. 3 f., alle abrufbar unter: https://www.bundestag.de/dokumente/textarchiv/2022/kw27-de-virtuelle-hauptversammlung-902468.

[574] *Kersting*, in: KölnKommAktG, § 131 Rn. 654; *Koch*, AktG, § 131 Rn. 2; *Krenn*, Informationsrechte, S. 157; *Schilha/Gaßner*, ZIP 2022, 2357, 2362; *Seibt/Danwerth*, DB 2022, 1434, 1438.

beantworten. Eine konsolidierte und geordnete Antwort kann auch für Aktionäre vorteilhaft sein.[575] Die Aktionäre, die eine Frage eingereicht haben, ziehen in der Regel aber eine individuelle Antwort auf ihre Frage vor.[576]

cc) Rechtsfolge: Auskunftsverweigerungsrecht, § 131 Abs. 1c Satz 4 AktG

Nach § 131 Abs. 1c Satz 4 AktG steht dem Vorstand ein Auskunftsverweigerungsrecht für Fragen *in* der Hauptversammlung zu, deren Antwort einen Tag vor Beginn und in der Versammlung durchgängig zugänglich war.[577] Steht dem Vorstand das Auskunftsverweigerungsrecht zu, kann er die Frage ohne jede Begründung abweisen.[578] Im Interesse der Aktionäre sollte der Vorstand aber darauf hinweisen, dass die Frage bereits beantwortet wurde.[579]

Ziel des Auskunftsverweigerungsrechts ist es laut der Gesetzesbegründung, die Wiederholung von bereits bekannten und zugänglich gemachten Antworten zu vermeiden und so die Versammlung selbst zu entlasten.[580] Damit entspringt die Regelung dem gleichen Gedanken wie das Auskunftsverweigerungsrecht nach § 131 Abs. 3 Satz 1 Nr. 7 AktG.[581]

In der Praxis zeichnet sich bereits ab, dass Vorstände nur selten vom Auskunftsverweigerungsrecht Gebrauch machen. Zunächst wählen nur wenige Vorstände die Gestaltungsoption nach § 131 Abs. 1a Satz 1 AktG. Tun sie es aber, begründet die fälschliche Verweigerung einer Antwort einen Anfechtungsgrund. Die meisten

---

575 Hierzu *Fröndhoff/Koenen/Nohn/Schnell*, Handelsblatt v. 18.5.2020, S. 14; *Redeke*, AG 2022, 98, 103 m. w. N. aus der Praxis; *VGR*, AG 2021 380, 381; vgl. *Achleitner*, Handelsblatt v. 15.1.2021, S. 64.

576 Wie hier und mit einer empirischen Auswertung der Fragenbeantwortung, aber im Aktionärsinteresse eine einzelne Fragenbeantwortung fordernd: *DSW*, HV-Report 2024, S. 24 ff., abrufbar unter: https://www.dsw-info.de/fileadmin/Redaktion/Dokumente/PDF/Publikationen/Erfahrungen_mit_der_virtuellen_Hauptversammlung_2024.pdf; *DSW*, HV-Report 2023, S. 22 ff., abrufbar unter: https://www.dsw-info.de/fileadmin/Redaktion/Dokumente/PDF/Publikationen/HV_Report_2023_-_Erfahrungen_mit_der_virtuellen_Hauptversammlung.pdf.

577 Für die Fristenberechnung gilt § 121 Abs. 7 AktG. Zu § 121 Abs. 7 AktG Kapitel 4 B. IV. 8. b).

578 *Poelzig*, in: BeckOGKAktG, § 131 Rn. 330; *Schilha/Gaßner*, ZIP 2022, 2357, 2362; vgl. FraktionsE, Virtuelle Hauptversammlung, BT-Drucks. 20/1738, S. 34.

579 *Poelzig*, in: BeckOGKAktG, § 131 Rn. 330; vgl. FraktionsE, Virtuelle Hauptversammlung, BT-Drucks. 20/1738, S. 34; *Herrler*, in: Grigoleit, AktG, § 131 Rn. 50.

580 FraktionsE, Virtuelle Hauptversammlung, BT-Drucks. 20/1738, S. 34.

581 *Butzke*, AG 2022, 795, 799; *Franzmann/Rothweiler*, AG 2022, 809, 816. Wer bereits § 131 Abs. 3 Satz 1 Nr. 7 AktG als bloß klarstellende Regelung und nicht als Auskunftsverweigerungsrecht versteht, muss dies nun auch bei § 131 Abs. 1c Satz 4 AktG, entgegen der Gesetzesbegründung, vertreten. So etwa *Koch*, AktG, § 131 Rn. 60; *Lochner/Keller*, ZIP 2022, 1997, 2003; *Tröger*, in: KölnKommAktG, § 118a Rn. 392 f.

Vorstände antworten deshalb vorsorglich auch auf Fragen, zu denen ihnen ein Auskunftsverweigerungsrecht zusteht.[582]

c) Börsennotierte Gesellschaften, § 131 Abs. 1c Satz 2 AktG

Für börsennotierte Gesellschaften hält § 131 Abs. 1c Satz 2 AktG besondere Regelungen vor. Danach soll die Zugänglichmachung der Fragen und ihre Beantwortung über die Internetseite der Gesellschaft erfolgen. In Bezug auf die Zugänglichmachung zeigt die Regelung damit eine Parallele zur Zugänglichmachung der Stellungnahmen nach § 130a Abs. 3 Satz 3 Halbsatz 1 AktG und es ist auf obige Ausführungen zu verweisen.[583] Die Gesellschaft kann den Zugang auf ihrer Internetseite auf Aktionäre der Gesellschaft und deren Vertreter beschränken.[584]

d) Rechtsfolgen fehlerhafter Zugänglichmachung bzw. Beantwortung

Erfolgte die Zugänglichmachung der Fragen und Antworten oder auch die Antwort selbst nicht ordnungsgemäß, steht dem Vorstand kein Auskunftsverweigerungsrecht nach § 131 Abs. 1c Satz 4 AktG zu. Des Weiteren sind die Zugänglichmachung und die Beantwortung der Frage bei Fehlern in der Versammlung nachzuholen.[585] Bei einer fehlerhaften beantworteten Frage ist der Auskunftspflicht erst genüge getan, wenn eine ordnungsgemäße Auskunft erteilt wird. Eine ordnungsgemäße Auskunftserteilung in der Versammlung kann die Relevanz des Fehlers nach § 243 Abs. 1 AktG aber nicht mehr beseitigen, wenn eine Korrektur der Stimmabgabe nicht mehr möglich ist.[586]

---

[582] *Koch*, AktG, § 131 Rn. 60; Zurückhaltung empfehlend *Liebscher*, in: Henssler/Strohn, AktG, § 131 Rn. 26; *Rieckers*, DB 2024, 439, 440. Zu § 131 Abs. 3 Satz 1 Nr. 7 AktG *Schilha/Gaßner*, ZIP 2022, 2357, 2364.

[583] S. hierzu schon Kapitel 4 B. IV. 9. c) bb).

[584] So auch *Bungert/Rieckers*, DB 2022, 581, 584; *Dürr/Kuthe/Sickinger*, ZIP 2022, 363, 366; *Krenn*, Informationsrechte, S. 167 ff.; a. A. *Butzke*, AG 2022, 795, 798 f.; *Schilha/Gaßner*, ZIP 2022, 2357, 2362; *Tröger*, in: KölnKommAktG, § 118a Rn. 38. Geht man, entgegen der hier vertretenen Auffassung, davon aus, dass die Zugänglichmachung auf der Internetseite der Gesellschaft eine Zugänglichmachung an die allgemeine Öffentlichkeit erfordert, sollte die Regelung dahingehend angepasst werden, dass Gesellschaften die Zugänglichmachung auf die Aktionäre beschränken können. So etwa *DIHK*, Stellungnahme RefE, S. 5, abrufbar unter: https://www.bmj.de/SharedDocs/Downloads/DE/Gesetzgebung/Stellungnahmen/2022/0311_Stellungnahme_DIHK_virtuelle_Hauptversammlung.pdf?__blob=publicationFile&v=3; *Drinhausen/Keinath*, BB 2022, 451, 455; *Seibt/Danwerth*, AG 2022, 177, 183.

[585] So auch *Kersting*, in: KölnKommAktG, § 131 Rn. 674 f.

[586] Eine fehlerhafte Auskunft, die danach korrigiert wird, ist nur dann relevant, wenn sie auf die Stimmabgabe Einfluss haben konnte. Im Vorfeld der Versammlung kann die Gesellschaft Anfechtungsrisiken dadurch vermeiden, dass sie keine Briefwahlstimmen nach der Vorabbeantwortung der Fragen mehr annimmt. Denn, obwohl Briefwähler nicht als Teilnehmer der Versammlung gelten und damit nicht anfechtungsberechtigt sind, können die Teilnehmer der Ver-

10. Rechtspolitische Kritik und Regelungsvorschläge

Die bestehende Rechtslage zum Auskunftsrecht im Vorfeld der Versammlung wurde verschiedentlich kritisiert und sollte an einigen Stellen durch eine Gesetzesänderung angepasst werden.

a) Zugänglichmachung der Antworten

De lege ferenda sollte die Zugänglichmachung der Antworten ausdrücklich angeordnet werden. Dies könnte durch folgende Neufassung von § 131 Abs. 1c Satz 1 Halbsatz 1 AktG erfolgen:

> „Die Gesellschaft hat ordnungsgemäß eingereichte Fragen zu beantworten und die Fragen sowie Antworten bis spätestens einen Tag vor der Versammlung allen Aktionären zugänglich zu machen;"

b) Beschränkung der Zugänglichmachung

Die Zugänglichmachung der Fragen und Antworten sollte auf ordnungsgemäß zur Versammlung angemeldete Aktionäre beschränkt werden können.[587]

Zwar könnte die Zugänglichmachung für alle Aktionäre damit begründet werden, dass die Aktionäre damit nochmals die Gelegenheit bekommen, über ihre Zuschaltung an der Versammlung anhand der Fragen zu entscheiden. In Hinblick auf die Möglichkeit, die Einreichung von Fragen nach § 131 Abs. 1b Satz 2 AktG und die Zugänglichmachung der Stellungnahmen nach § 130a Abs. 3 Satz 2 AktG auf angemeldete Aktionäre zu beschränken, stellt sich dies aber als systemwidrig dar. Ferner könnte die virtuelle Hauptversammlung damit an die Präsenzversammlung angenähert werden, bei der in der Regel auch nur die in der Versammlung anwesenden Aktionäre die Fragen und Antworten noch in ihr Abstimmungsverhalten mit einbeziehen können. Nach § 131 Abs. 1c Satz 1 AktG sollte demnach ein mit § 130a Abs. 3 Satz 2 AktG gleichlautender Satz eingefügt werden.

---

sammlung diesen Rechtsverstoß anfechten. In der Versammlung muss die Korrektur so erfolgen, dass die Aktionäre ihr Abstimmungsverhalten danach ausrichten können bzw. ihre Stimmabgabe abändern können. Vgl. *Krenn*, Informationsrechte, S. 158 f.; *Kersting*, in: KölnKommAktG, § 131 Rn. 677.

[587] *Bungert/Rieckers*, DB 2022, 581, 584; *Krenn*, Informationsrechte, S. 165 ff.; *Seibt/Danwerth*, AG 2022, 177, 183; in diese Richtung *Handelsrechtsausschuss DAV*, NZG 2022, 797, 799.

c) *Entsprechende Anwendung von § 126 Abs. 2 Satz 1 Nr. 6 AktG*

Die entsprechende Anwendung von § 126 Abs. 2 Satz 1 Nr. 6 AktG auf die Zugänglichmachung der Aktionärsfragen erfuhr, wie bei der Zugänglichmachung der Stellungnahmen, Kritik aus der Literatur.[588] Anders als bei dem Stellungnahmerecht ist dieser Kritik an hiesiger aber teilweise zu folgen.

aa) Kritik

Zunächst wurde an der entsprechenden Anwendung von § 126 Abs. 2 Satz 1 Nr. 6 AktG grundlegend kritisiert, dass die Aktionäre ein von der Zuschaltung zur Hauptversammlung unabhängiges Interesse an der Antwort haben.[589]

Des Weiteren kann kritisiert werden, dass § 126 Abs. 2 Satz 1 Nr. 6 AktG unabhängig davon gilt, ob der Vorstand die Stellung von Fragen nach § 131 Abs. 1b Satz 2 AktG auf angemeldete Aktionäre beschränkt hat.[590] Nur, wenn die Gesellschaft die Einreichung auf Fragen auf angemeldete Aktionäre beschränkt, will sie nur die Fragen von Aktionären zulassen, die auch an der Versammlung teilnehmen wollen. Wenn sie keine solche Einschränkung vornimmt, erscheint die Ausnahme der Zugänglichmachungspflicht nicht sinnvoll.

Ferner greift die Entbindung von der Pflicht zur Zugänglichmachung zu kurz und sollte auch die Antwortpflicht umfassen.[591] Hat der Aktionär zu erkennen gegeben, dass er sich nicht zur Hauptversammlung zuschalten wird, und genügt dies, um die Pflicht zur Zugänglichmachung entfallen zu lassen, sollte auch die Antwortpflicht entfallen. Ein Aktionär, der eine Frage gestellt hat, durch deren Zugänglichmachung sich der Vorstand strafbar machen würde oder deren Begründung in wesentlichen Punkten offensichtlich falsch oder irreführende Angaben oder Beleidigung enthält, hat trotzdem grundsätzlich ein schützenswertes Interesse an der Antwort durch den Vorstand. Wenn jedoch die Voraussetzungen von § 126 Abs. 2 Satz 1 Nr. 6 AktG vorliegen, ist dies gerade nicht mehr der Fall.

bb) Stellungnahme und Lösungsvorschlag

Seibt/Danwerth brachten den ersten Kritikpunkt auf und forderten § 126 Abs. 2 Satz 1 Nr. 6 AktG ganz aus § 131 Abs. 1b Satz 2 AktG zu streichen. Dies überzeugt

---

588 *Kersting*, in: KölnKommAktG, § 131 Rn. 663; *Krenn*, Informationsrechte, S. 161 f.; *Seibt/Danwerth*, DB 2022, 1434, 1437; vgl. *Koch*, AktG, § 131 Rn. 59.

589 *Koch*, AktG, § 131 Rn. 59; *Krenn*, Informationsrechte, S. 161, die zurecht ferner darauf hinweist, dass dieses Zurückweisungsrecht keine große Praxisrelevanz hat; *Lochner/Keller*, ZIP 2022, 1997, 2001; *Seibt/Danwerth*, DB 2022, 1434, 1437.

590 Hierzu und im Folgenden *Kersting*, in: KölnKommAktG, § 131 Rn. 663.

591 *Kersting*, in: KölnKommAktG, § 131 Rn. 663.

aber nicht, da die Gesellschaften damit mehr Fragen beantworten und zugänglich machen müssten als in der Präsenzversammlung, bei der sie nur auf die Fragen der teilnehmenden Aktionäre eingehen müssen. Eine solche anlasslose Ausweitung des Auskunftsrechts ist nicht geboten.

Überzeugend ist dagegen, dass die entsprechende Anwendung von § 126 Abs. 2 Satz 1 Nr. 6 AktG nur dann sinnhaft ist, wenn der Vorstand von § 131 Abs. 1b Satz 2 AktG Gebrauch gemacht hat. § 131 Abs. 1c Satz 3 AktG i. V. m. § 126 Abs. 2 Satz 1 Nr. 6 AktG ist folglich dahingehend einschränkend auszulegen, dass der Vorstand nur dann von seiner Pflicht nach § 131 Abs. 1c Satz 1 AktG entbunden ist, wenn er nur angemeldeten Aktionären die Einreichung von Fragen gestattet hat.[592] Andernfalls ist die Nichtzugänglichmachung der Auskunft widersprüchliches Verhalten der Gesellschaft. Zudem ist § 131 Abs. 1c Satz 3 AktG erweiternd dahingehend auszulegen, dass nicht nur die Pflicht zur Zugänglichmachung der Frage, sondern auch der Beantwortung entfällt, wenn die Voraussetzungen von § 126 Abs. 2 Satz 1 Nr. 6 AktG vorliegen.[593] Ansonsten wird der angestrebte Zweck der Regelung, eine solche Frage abwehren zu können, nicht erreicht.

Eine solche Gesetzesauslegung ist rechtspolitisch richtig, de lege ferenda sollten die beiden Auslegungen aber gesetzlich klargestellt werden.[594] Entsprechend sollte in § 131 Abs. 1c Satz 3 AktG der Verweis auf § 126 Abs. 2 Satz 1 Nr. 6 AktG gestrichen werden und die folgenden zwei neuen Sätze an diesen angehängt werden:

> „§ 126 Absatz 2 Satz 1 Nummer 6 gilt entsprechend, wenn das Recht auf Einreichung von Fragen auf ordnungsgemäß zur Versammlung angemeldete Aktionäre beschränkt ist. Wenn eine Frage nach Satz 3 nicht zugänglich gemacht werden muss, darf der Vorstand die Auskunft verweigern."

11. Exkurs: Regelungsvorschlag für § 131 Abs. 3 Satz 1 Nr. 7 AktG

Des Weiteren sollten die Frist des Auskunftsverweigerungsrechts nach § 131 Abs. 3 Satz 1 Nr. 7 AktG an die von § 131 Abs. 1c Satz 4 AktG angepasst werden.[595] Die Gesetzesbegründung stellt selbst den Bezug zu § 131 Abs. 3 Satz 1 Nr. 7 AktG her und führt beide auf den gleichen Gedanken zurück. Zweck der beiden Regelungen ist es, die Versammlung von der Pflicht zur Beantwortung der Frage zu entlasten, wenn den Aktionären zuvor schon hinreichend Möglichkeit gegeben wurde, von der ersuchten Auskunft Kenntnis zu nehmen.[596] Im Gegensatz zum

---

[592] *Kersting*, in: KölnKommAktG, § 131 Rn. 663.

[593] *Kersting*, in: KölnKommAktG, § 131 Rn. 663.

[594] Die obigen Ansätze schon für möglicherweise zu weitgehend haltend *Koch*, AktG, § 131 Rn. 59.

[595] So auch *Seibt/Danwerth*, AG 2022, 177, 183 f.

[596] Zu § 131 Abs. 1c Satz 4 AktG FraktionsE, Virtuelle Hauptversammlung, BT-Drucks. 20/1738, S. 34; zu § 131 Abs. 3 Satz 1 Nr. 7 RegE, UMAG, BT-Drucks. 15/5092, S. 17.

Auskunftsverweigerungsrecht nach § 131 Abs. 1c Satz 4 AktG hatte das nach Absatz 3 aber vor allem die Veröffentlichung von FAQs und anderen von der Gesellschaft initiativ zusammengestellten Informationen vor Augen.[597] Die Anpassung der Voraussetzungen des schon länger bestehenden Auskunftsverweigerungsrechts an das neue hat drei Gründe.

Erstens fügt sich die kürzere Frist, wie zuvor beschrieben besser in das Fristenregime der virtuellen Hauptversammlung. Dies verdeutlich überdies, dass solche kürzeren Fristen nicht als solches unzumutbar für die Aktionäre sind. Zweitens führt eine kürzere Frist zu einer weiteren Entlastung der Hauptversammlung und setzt damit den Gesetzeszweck von § 131 Abs. 3 Satz 1 Nr. 7 AktG weiter um. Drittens aber stellt sich die Siebentagesfrist ganz grundsätzlich als übermäßig lang dar. Heutzutage kann ohne Weiteres erwartet werden, dass Aktionäre einen Tag vor der Hauptversammlung noch einmal die Internetseite der Gesellschaft prüfen.[598] Mit der Fristenberechnung nach § 121 Abs. 7 AktG haben sie hierfür mindestens einen vollen Tag und darüber hinaus die ganze Hauptversammlung, während der die Auskunft nach § 121 Abs. 7 (i. V. m. § 118a Abs. 6) AktG nochmals durchgängig zugänglich sein muss. Selbst bei nur einem Tag als Frist haben sie demnach objektiv deutlich mehr Gelegenheiten, die Auskunft zur Kenntnis zu nehmen, als wenn diese nur mündlich in der Hauptversammlung ergeht.

12. Zwischenergebnis

Der Vorstand kann nach § 131 Abs. 1a Satz 1 AktG darüber entscheiden, Fragen auch im Vorfeld der Versammlung zuzulassen. Sind andere Personen einberufungsberechtigt, sind diese in entsprechender Anwendung zu dieser Entscheidung berechtigt. Dies sollte de lege ferenda klargestellt werden. Die Zulassung von Fragen im Vorfeld der Versammlung stellt eine Vorverlagerung des Auskunftsrechts in dasselbe dar. Fragen in der Versammlung können nur noch zu bestimmten Inhalten erfolgen und dem Vorstand steht ein Auskunftsverweigerungsrecht in Bezug auf bereits erteilte Antworten zu. Das Auskunftsrecht ist zwar ein eigennütziges Individualrecht. Seiner Bedeutung für die kollektive Willensbildung in der Hauptversammlung muss aber auch Rechnung getragen werden. Fragen und ihre Antworten müssen demnach im Vorfeld der Versammlung allen Aktionären zugänglich gemacht werden. Dies könnte de lege ferenda noch ausdrücklicher geregelt werden. De lege ferenda sollten ferner die Verweise auf § 126 AktG angepasst und eine Beschränkung des Auskunftsrechts auf angemeldete Aktionäre eingeführt werden. Wie das Auskunftsrecht im Vorfeld der Versammlung im weiteren Regelungskon-

---

[597] RegE, UMAG, BT-Drucks. 15/5092, S. 17.

[598] So auch *Guntermann*, ZIP 2024, 1749, 1757, die de lege ferenda ein Abstellen auf die Umstände im Einzelfall vorschlägt.

text und in der Praxis zu verstehen ist, soll im Kontext des Auskunftsrechts *in* der Versammlung aufgearbeitet werden.

VI. Zugänglichmachung des Vorstandsberichts oder seines wesentlichen Inhalts, § 118a Abs. 1 Satz 2 Nr. 5 AktG

Macht der Vorstand von § 131 Abs. 1a Satz 1 AktG Gebrauch, ist den Aktionären nach § 118a Abs. 1 Satz 2 Nr. 5 AktG der Bericht des Vorstands oder dessen wesentlicher Inhalt bis spätestens sieben Tage vor der Versammlung zugänglich zu machen.

1. Zweck und Hintergrund der Norm

Die Pflicht zur Zugänglichmachung des Vorstandsberichts im Vorfeld der Versammlung beruht auf einer unter Geltung des GesRuaCOVBekG etablierten Best Practice.[599] Unter der damaligen Regelungslage war die Zugänglichmachung des Berichts des Vorstands oder seines wesentlichen Inhalts noch nicht verpflichtend und wurde nur von einigen Gesellschaften freiwillig vorgenommen.[600]

Die heute geltende Regelung ist vor dem Hintergrund des vorverlagerten Frage- und Rederechts zu verstehen.[601] In der Präsenzversammlung findet die Generaldebatte samt Stellung der Aktionärsfragen und Redebeiträge im Anschluss an den Bericht des Vorstands § 176 Abs. 1 AktG und des Aufsichtsrats nach § 171 Abs. 2 Satz 1 AktG statt. Die Aktionäre werden dadurch über die Angelegenheiten der Gesellschaften informiert und können darauf beruhend informierte Entscheidungen bei der Ausübung ihrer Rechte treffen.[602] Da den Aktionären im Vorfeld der Ver-

[599] FraktionsE, Virtuelle Hauptversammlung, BT-Drucks. 20/1738, S. 25; *BNotK*, Stellungnahme RefE, S. 9, abrufbar unter: https://www.bmj.de/SharedDocs/Downloads/DE/Gesetzgebung/Stellungnahmen/2022/0311_Stellungnahme_BNotK_virtuelle_Hauptversammlung.pdf?__blob=publicationFile&v=3; mit entsprechender Auswertung der Daten *Danwerth*, AG 2021, 613, 625; *Drinhausen/Keinath*, BB 2022, 451, 468; *Klein*, NZG 2022, 483, 485; *Teichmann/Krapp*, DB 2020, 2169, 2174, 2177. Empfehlung dazu *Herb/Merkelbach*, DStR 2020, 811, 813; *Teichmann*, Audit Committee Quarterly extra 2022, 18, 21; *Teichmann/Wicke*, notar 2021, 221, 225.

[600] *Teichmann/Krapp*, DB 2020, 2169, 2179 ff. mit einer Auswertung, ob Vorstandsreden schon im Voraus der Versammlungen von DAX- und MDAX-Gesellschaften zwischen April und September 2020 veröffentlicht wurden. Zur Hauptversammlungssaison 2021 *Danwerth*, AG 2021, 613, 625. Genauer zum Untersuchungsgegenstand Danwerths Kapitel 4 B. IV. 2. a).

[601] Hierzu und im Folgenden FraktionsE, Virtuelle Hauptversammlung, BT-Drucks. 20/1738, S. 25.

[602] Weitergehend zur Bedeutung einer angemessenen Informationsbasis für die Ausübung der Aktionärsrechte *Bühler*, Berichtpflichten bei Strukturmaßnahmen von Aktiengesellschaften, S. 27 ff. m. w. N.; *Teichmann/Wicke*, ZGR 2021, 173, 176; *Wohlleben*, Informationsrechte des Gesellschafters, S. 30 ff.

sammlung zunächst aber eine angemessene Informationsgrundlage fehlt, muss ihnen bereits im Vorfeld die Möglichkeit gegeben werden, eine solche zu erwerben.[603]

Im Gegensatz zur Präsenzversammlung haben die Aktionäre, wenn der Vorstand von § 131 Abs. 1a Satz 1 AktG Gebrauch macht, mehr Zeit, ihre Fragen und Redebeiträge auf einer angemessenen Informationsbasis vorzubereiten. Dies hat das Potenzial, die Qualität dieser sowohl im Versammlungsvorfeld und in der Versammlung zu steigern.[604] Die bereits gesammelten Erfahrungswerte stützen dies. Die Kritik, dass die Vorabzugänglichmachung kommunikativ suboptimal sei, kann damit nicht überzeugen.[605] Zwar sollten Redundanzen vermieden werden. Die Hauptversammlung muss aber nicht unterhaltend oder spannend sein, sondern primär gut informieren, um fundierte Beschlüsse zu ermöglichen.

2. Zugänglich zu machender Inhalt

Inhaltlich verlangt § 118a Abs. 1 Satz 2 Nr. 5 AktG die Zugänglichmachung des Berichts des Vorstands oder dessen wesentlichen Inhalts.

a) Bericht des Vorstands

Bis dato kannte das Aktiengesetz keinen allgemeinen „Bericht des Vorstands" in der Hauptversammlung,[606] sondern allein diverse schriftliche Berichtspflichten, die schon zur Einberufung vorliegen müssen.[607] Diese können aber nicht von § 118a Abs. 1 Satz 2 Nr. 5 AktG gemeint sein. Orientiert man sich an der unter dem GesRuaCOVBekG entwickelten Best Practice, ist der Bericht des Vorstands mit der Vorstandsrede am Anfang der Hauptversammlung gleichzusetzen.[608] Die

---

[603] Bericht des Rechtsausschusses, BT-Drucks. 20/2653, S. 34; *Danwerth*, FAZ v. 27.7.2022, S. 16. Die Dokumente, die nach § 175 Abs. 2 Satz 1 AktG ab der Einberufung an in dem Geschäftsraum der Gesellschaft auszulegen sind und die kapitalmarktrechtlichen Berichtspflichten börsennotierter Gesellschaften komplimentieren die aktienrechtlichen Informationspflichten im Vorfeld der Versammlung.

[604] *BNotK*, Stellungnahme RefE, S. 9, abrufbar unter: https://www.bmj.de/SharedDocs/Downloads/DE/Gesetzgebung/Stellungnahmen/2022/0311_Stellungnahme_BNotK_virtuelle_Hauptversammlung.pdf?__blob=publicationFile&v=3; vgl. zur Qualität der Fragen, Kapitel 4 B. V. 2. b) aa).

[605] Kritisierend etwa *Butzke*, AG 2022, 795, 797; *Paschos*, in: BeckOGKAktG, § 118a Rn. 56; vgl. *Bungert/Rieckers/Becker*, DB 2022, 2074, 2077; *Seibt/Danwerth*, AG 2022, 177; *Tröger*, in: KölnKommAktG, § 118a Rn. 41.

[606] *DAV*, Stellungnahme RefE, S. 15, abrufbar unter: https://www.bmj.de/SharedDocs/Downloads/DE/Gesetzgebung/Stellungnahmen/2022/0317_Stellungnahme_DAV_virtuelle_Hauptversammlung.pdf?__blob=publicationFile&v=3.

[607] So etwa §§ 186 Abs. 4 Satz 2, 293a, 327c Abs. 2 AktG, §§ 8, 63 UmwG.

[608] So etwa *Seibt/Danwerth*, AG 2022, 177, 182; vgl. ferner *Bungert/Rieckers/Becker*, DB 2022, 2074, 2077, die nur von der „Vorstandsrede" sprechen.

Gesetzesbegründung nimmt auch auf die Vorstandsrede Bezug.[609] In der Praxis sind die Vorstandsreden aber in ihrer inhaltlichen Breite und Tiefe, ihrer Länge und dem Stil vielgestaltig. Demnach entspricht es nicht dem Gesetzeszweck, allein vorzuschreiben, die Vorstandsrede am Anfang der Versammlung vorab zugänglich zu machen oder Vorstände zu weitreichenden Reden zu verpflichten, wie sie bei börsennotierten Gesellschaften üblich sind.[610] Vielmehr ist der erforderliche Inhalt der Rede nach dem Gesetzeszweck zu bestimmen und eine hinreichende Information der Aktionäre zur Ausübung des Stellungnahme- und Auskunftsrechts im Vorfeld der Versammlung zu fordern.[611]

Dies kann inhaltlich weiter präzisiert werden. Vornehmlich ist dabei auf die Erläuterungspflichten des Vorstands in der Hauptversammlung zu rekurrieren. Der Vorstandsbericht § 118a Abs. 1 Satz 2 Nr. 5 AktG hat demnach zunächst die Erläuterungen des Vorstands nach § 176 Abs. 1 AktG zu den, der Hauptversammlung vorgelegten Rechnungslegungsunterlagen, wichtigen aktuellen Entwicklungen und dem Gewinnverwendungsvorschlag inhaltlich zu umfassen.[612] Sollte der Vorstand der Hauptversammlung (aufgrund von Spezialgesetzen) darüber hinaus anlassbezogene andere Gegenstände zu erläutern haben, sind diese auch in den Bericht aufzunehmen.[613] Davon umfasst sind namentlich seine Erläuterung nach § 179a Abs. 2 Satz 5 AktG zu Verträgen, die die Gesellschaft zur Übertragung ihres ganzen Vermögens verpflichten, Unternehmensverträgen nach § 293g Abs. 2 Satz 1 AktG, Verschmelzungsverträgen oder seinen Entwürfen solcher nach § 64 Abs. 1 Satz 2 UmwG sowie zu Entwürfen von Umwandlungsbeschlüssen nach § 239 Abs. 2 UmwG.

Inhaltlichen Auflistungen der Mindestinhalte eines Vorstandsberichts i. S. d. § 118a Abs. 1 Nr. 5 AktG dienen aber nur als Richtschnur. Entscheidend ist nach dem Gesetzeszweck vielmehr die *wesentlichen Inhalte* zu präsentieren, die nach einer materiellen Bewertung im Einzelfall für die Willensbildung eines vernünftigen Durchschnittsaktionärs von Bedeutung sind.[614]

Wesentliche Informationen sind dabei insbesondere die Quartalszahlen und andere wichtige Finanzkennzahlen.[615] Dies gilt unabhängig davon, dass diese Informationen in der bisherigen Praxis oftmals erst fristgerecht für die Versammlung

---

609 FraktionsE, Virtuelle Hauptversammlung, BT-Drucks. 20/1738, S. 25.

610 *Koch*, AktG, § 118a Rn. 38.

611 Vgl. *Koch*, AktG, § 118a Rn. 38.

612 *DAV*, Stellungnahme RefE, S. 15, abrufbar unter: https://www.bmj.de/SharedDocs/Downloads/DE/Gesetzgebung/Stellungnahmen/2022/0317_Stellungnahme_DAV_virtuelle_Hauptversammlung.pdf?__blob=publicationFile&v=3; *Drinhausen/Keinath*, BB 2022, 451, 458; *Klein*, NZG 2022, 483, 485; *Koch*, AktG, § 118a Rn. 38; *Kubis*, in: MünchKommAktG, § 118a Rn. 58; *Tröger*, in: KölnKommAktG, § 118a Rn. 42.

613 *Drinhausen/Keinath*, BB 2022, 451, 458; *Koch*, AktG, § 118a Rn. 38; *Kubis*, in: MünchKommAktG, § 118a Rn. 58; *Tröger*, in: KölnKommAktG, § 118a Rn. 42.

614 *Seibt/Danwerth*, AG 2022, 177, 182; *Tröger*, in: KölnKommAktG, § 118a Rn. 41 f.; vgl. *Koch*, AktG, § 118a Rn. 39.

615 *Tröger*, in: KölnKommAktG, § 118a Rn. 42.

zusammengestellt werden und der Finanzkalender dementsprechend gestaltet ist. Da diese für die Ausübung des Stellungnahme- und Auskunftsrechts im Vorfeld der Versammlung essenziell sind, können sie nicht durch Platzhalter ersetzt werden und im Vorstandsbericht offengelassen werden.[616] Die Gesellschaften müssen demnach entweder ihren Finanzkalender entsprechend anpassen oder vorläufige Zahlen auf dem Stand des Zeitpunkts der Zugänglichmachung des Berichts veröffentlichen.[617] Dieser zusätzliche Aufwand ist hinsichtlich einer vollwertigen Gewährung des Auskunftsrechts notwendig. Nach der erstmaligen Anpassung des Finanzkalenders ist dieser nicht weiter erheblich.

Es ist demnach die Pflicht des Vorstands, die Inhalte seines Berichts – soweit möglich – vollständig zu finalisieren und zur Frist von § 118a Abs. 1 Satz 2 Nr. 5 AktG zugänglich zu machen.

Wie bei der Präsenzversammlung wird der Vorstandsbericht aber selten etwas wirklich Neues beinhalten.[618] Die Dokumente, die nach § 175 Abs. 2 Satz 1 AktG ab der Einberufung im Geschäftsraum der Gesellschaft auszulegen sind und die kapitalmarktrechtlich verlangten Berichte bei börsennotierten Gesellschaften stellen oftmals schon eine weitreichende Informationsgrundlage zur Verfügung, zu der der Vorstandsbericht keinen bedeutenden Mehrwert für die Aktionäre mehr beitragen kann.[619]

b) Wesentlicher Inhalt des Berichts des Vorstands

Auch was der *wesentliche Inhalt* des Berichts des Vorstands ist, führt weder das Gesetz noch dessen Begründung aus. Entsprechend ist auf obige Definition zurückzugreifen.[620]

§ 124 Abs. 2 Satz 3 AktG kann hierbei Orientierung bieten.[621] Nach diesem ist der wesentliche Inhalt von Verträgen, die der Zustimmung der Hauptversammlung bedürfen, bekannt zu machen, um den Aktionären eine angemessene Vorbereitung auf die Hauptversammlung zu ermöglichen.[622] Der Regelungszweck läuft mithin parallel zur hiesigen Regelung. Nach § 124 Abs. 2 Satz 3 AktG sind nur die *kenn-*

---

[616] *Tröger*, in: KölnKommAktG, § 118a Rn. 42; a.A. *Bungert/Rieckers*, DB 2022, 581, 585; *Krenn*, Informationsrechte, S. 217 f. Sich enthaltend *Paschos*, in: BeckOGKAktG, § 118a Rn. 56.

[617] *Tröger*, in: KölnKommAktG, § 118a Rn. 42 sieht die Anpassung des Finanzkalenders als einzige Option.

[618] *Höreth*, Stellungnahme RefE, S. 6, abrufbar unter: https://www.bmj.de/SharedDocs/Gesetzgebungsverfahren/DE/2022_Einfuehrung_virtueller_Hauptversammlungen_Aktiengesellschaften.html.

[619] *Redeke*, AG 2022, 98 Rn. 32; *Tröger*, in: KölnKommAktG, § 118a Rn. 41.

[620] A.A. *Klein*, NZG 2022, 483, 485.

[621] Hierzu und im Folgenden *Seibt/Danwerth*, AG 2022, 177, 182.

[622] Begründung zum RegE AktG 1965 bei Kropff, S. 174; OLG Schleswig v. 8.12.2005 – 5 U 57/04, AG 2006, 120, 123 f.; *Koch*, AktG, § 124 Rn. 17; *Rieckers*, in: BeckOGKAktG, § 124 Rn. 34; *Ziemons*, in: K. Schmidt/Lutter, AktG, § 124 Rn. 70.

zeichnenden und kritischen Punkte des zustimmungsbedürftigen Vertrages bekannt zu machen.[623] Zur Beurteilung dessen ist auf den Maßstab eines *verständigen Durchschnittsaktionärs* abzustellen.[624] Dem Vorstand steht bei der Beurteilung, welche Inhalte wesentlich sind, Ermessen zu.[625] Die oben genannten Inhalten stellen mit Blick auf das (Stellungnahme- und) Auskunftsrecht allerdings Mindestinhalte dar und bilden damit eine Ermessensgrenze. Darüber muss im Einzelfall hinausgegangen werden.[626]

c) Stellungnahme

Den Gesellschaften ist zu empfehlen, nur den wesentlichen Inhalt der Vorstandsrede zugänglich zu machen.[627] Einerseits kann so dem berechtigten Informationsinteresse der Aktionäre Genüge getan werden. Andererseits kann so dem Vorstand Gelegenheit gegeben werden, den Bericht in freier Rede zu verbalisieren und eine gewisse Spannung in der Versammlung selbst zu erhalten.[628] In der Praxis können damit ferner Anfechtungsrisiken minimiert werden und Aktualisierungen einfacher vorgenommen werden (hierzu sogleich).

d) Handhabung in der Praxis

Die Studie Danwerths zur Hauptversammlungssaison 2023 innerhalb der DAX-Indexfamilie ergibt ein gemischtes Bild. Danach machten die Gesellschaften zu, im wesentlichen gleichen Teilen, den ganzen Vorstandsbericht, den Entwurf bzw. das Manuskript oder den wesentlichen Inhalt der Hauptversammlung zugänglich.[629] Ein echter Trend ist mithin noch nicht erkennbar.

---

[623] LG Frankfurt a. M. v. 11. 1. 2005 – 3–5 o 106/04, ZIP 2005, 579, 580; LG Nürnberg-Fürth v. 14. 7. 1994 – 1 HK O 1/94, AG 1995, 141; *Bungert*, in: MünchHdbGesR IV, § 36 Rn. 84; *Kubis*, in: MünchKommAktG, § 124 Rn. 24 m. w. N.; *Noack/Zetzsche*, in: KölnKommAktG, § 124 Rn. 52; *Rieckers*, in: BeckOGKAktG, § 124 Rn. 34; zurückgehend auf *Zöllner*, in: KölnKommAktG, 1. Aufl., § 124 Rn. 632.

[624] OLG Schleswig v. 8. 12. 2005 – 5 U 57/04, AG 2006, 120, 123 f.; OLG München v. 10. 11. 1994 – 24 U 1036/93, AG 1995, 232, 233; *Bungert*, in: MünchHdbGesR IV, § 36 Rn. 84; *Deilmann/Messerschmidt*, NZG 2004, 977, 985; *Groß*, AG 1996, 111, 115 m. w. N.; *Rieckers*, in: BeckOGKAktG, § 124 Rn. 34 m. w. N.

[625] *Seibt/Danwerth*, AG 2022, 177, 182; weitergehend *Koch*, AktG, § 118a Rn. 39.

[626] Dagegen annehmen, dass die Gesellschaften bestimmen können, was *wesentlich* ist, *DSW*, Stellungnahme RefE, S. 17, abrufbar unter: https://www.bmj.de/SharedDocs/Downloads/DE/Gesetzgebung/Stellungnahmen/2022/0311_Stellungnahme_DSW_virtuelle_Hauptversammlung.pdf?__blob=publicationFile&v=3.

[627] So auch *Seibt/Danwerth*, AG 2022, 177, 182.

[628] Vgl. *Seibt/Danwerth*, AG 2022, 177, 182; damit kann auch auf die oben aufgeführten kommunikativen Bedenken eingegangen werden, Kapitel 4 B. VI. 1.

[629] Diese Angaben beruhen auf den Daten von Danwerth, derer der Artikel zugrunde liegt. *Danwerth*, ZIP 2023, 2329, 2336.

3. Form der Zugänglichmachung

Für börsennotierte Gesellschaften hat die Zugänglichmachung nach § 118a Abs. 1 Satz 3 Halbsatz 2 AktG über die Internetseite der Gesellschaft zu erfolgen. Für die übrigen Gesellschaften besteht dagegen keine Vorgabe zur Zugänglichmachung. Es gilt insoweit das gleiche wie bei der Zugänglichmachung der Stellungnahmen.[630] Nach dem neu eingefügten § 121 Abs. 4b Satz 4 AktG hat der Vorstand in der Einberufung darauf hinzuweisen, dass sein Bericht oder dessen wesentlicher Inhalt nach § 118a Abs. 1 Satz 2 Nr. 5 AktG zugänglich gemacht wird.

Das Gesetz enthält keine Vorgaben zur Form des Vorstandsberichts.[631] Ausweislich der Gesetzesbegründung kann der Bericht sowohl im Textformat oder per Video (das die Anschaulichkeit erhöhen kann) zugänglich gemacht werden.[632] Andere Formate wie ein Podcast mit zeitlich gestaffelten Episoden oder ein Interviewformat sind ebenfalls denkbar.[633]

4. Bericht in der Versammlung und Änderungen des Berichts im Vorfeld

Zu beachten ist, dass die vorherige Zugänglichmachung des Vorstandsberichts dessen Rede in der Hauptversammlung nicht ersetzt, sondern nur begleitet.[634] Andere Erläuterungspflichten in der Hauptversammlung bleiben ebenso unberührt und haben wie in einer Versammlung ohne die Zulassung von Fragen im Vorfeld der Versammlung zu erfolgen.

In der Rechtspraxis müssen die Gesellschaften darauf achten, dass die im Vorfeld der Versammlung erteilten Informationen, denen in der Hauptversammlung nicht widersprechen oder sich in ihren *wesentlichen* Teilen ohne Grund nicht unterscheiden.[635] Der Vorstand muss seine Rede und seine Erläuterungen in der Versammlung aber, wie auch sonst aktuell halten und auf neue Informationen, von denen er Kennt-

---

[630] Kapitel 4 B. IV. 9. Wie hier zur Möglichkeit der Beschränkung des Zugriffs auf Aktionäre, *Krenn*, Informationsrechte, S. 214 f.; *Tröger*, in: KölnKommAktG, § 118a Rn. 46. Geht man, entgegen der hier vertretenen Auffassung, davon aus, dass die Zugänglichmachung auf der Internetseite der Gesellschaft eine Zugänglichmachung an die allgemeine Öffentlichkeit erfordert, wäre diese Regelung dahingehend anzupassen, dass die Gesellschaften die Zugänglichmachung auf die Aktionäre beschränken können, vgl. bereits zum Auskunftsrecht, Kapitel 4 B. V. 9. a) bb).

[631] FraktionsE, Virtuelle Hauptversammlung, BT-Drucks. 20/1738, S. 25; *Lochner/Keller*, ZIP 2022, 1997, 2002.

[632] FraktionsE, Virtuelle Hauptversammlung, BT-Drucks. 20/1738, S. 25; *Drinhausen/Keinath*, BB 2022, 451, 458; *Reger/Gaßner*, RDi 2022, 396 401.

[633] *Kubis*, in: MünchKommAktG, § 118a Rn. 60; *Seibt/Danwerth*, AG 20222, 177, 182.

[634] *Tröger*, in: KölnKommAktG, § 118a Rn. 44; ohne Erklärung noch anders zum Referentenentwurf, *Lochner*, AG 2022, 320, 321.

[635] Ebenso *Kubis*, in: MünchKommAktG, § 118a Rn. 26; *Tröger*, in: KölnKommAktG, § 118a Rn. 42, der auch darauf hinweist, dass der Bericht des Vorstands in der virtuellen Hauptversammlung aus Angst vor Anfechtungen dadurch an Vitalität verlieren könne.

nis erlangt hat, reagieren. Soweit es neue relevante Informationen gibt, hat der Vorstand demnach einen anderen „Bericht" in der Versammlung vorzustellen.[636] Dass die beiden Versionen auseinanderfallen, ist unvermeidlicher Teil des gestreckten Verfahrens und als solcher hinzunehmen. Nicht unberücksichtigt muss dabei aber bleiben, dass die Zugänglichmachung bloß sieben Tagen vor der Versammlung zu erfolgen hat, bei börsennotierten Gesellschaften zusätzlich die Pflicht zur Ad-hoc-Publizität besteht und die Aktionäre in der Versammlung noch die Möglichkeit haben, auf neue Informationen zu reagieren (namentlich nach § 131 Abs. 1e AktG). Vor diesem Hintergrund ist das Risiko der Aktionäre, im Vorfeld der Versammlung überrumpelt werden, gering. Eine *alleinige* Ausübung der Aktionärsrechte im Vorfeld der Versammlung steht weiterhin letztlich im Risiko der Aktionäre.

Offen bleibt damit noch die Frage, ob der vorab zugänglich gemachte Bericht Anpassungen bedarf, wenn die dort präsentierten Darstellungen, im seltenen Einzelfall, nicht mehr aktuell sind und der Bericht in der Hauptversammlung abgeändert werden muss. Dies betrifft nur wesentliche Inhalte.[637] Wenn die Gesellschaft den ganzen Vorstandsbericht im Vorfeld der Versammlung zugänglich gemacht hat, kann sie nicht-wesentliche Inhalte jederzeit abändern, muss es aber nicht. Bei neuen Informationen zu wesentlichen Änderungen des Berichts besteht mit Blick auf die obige Darlegung keine Pflicht diesen zu aktualisieren.[638] Eine freiwillige Aktualisierung ist dagegen jederzeit möglich.[639]

Um Anfechtungsrisiken zu minimieren, sollte der Bericht des Vorstands so weit wie möglich mit den vorab zugänglich gemachten Inhalten übereinstimmen.[640]

5. Frist

Nach § 118a Abs. 1 Satz 2 Nr. 5 AktG ist der Bericht des Vorstands oder dessen wesentlicher Inhalt bis spätestens sieben Tage vor der Versammlung zugänglich zu machen.[641]

---

[636] Vgl. *Kubis*, in: MünchKommAktG, § 118a Rn. 62.

[637] *Koch*, AktG, § 118a Rn. 39; *Kubis*, in: MünchKommAktG, § 118a Rn. 26; *Walch/Häuslmeier*, DNotZ 2023, 106, 117; mit einem anderen Verständnis der Wesentlichkeit des Inhalts, *Klein*, NZG 2022, 483, 485.

[638] So auch *Koch*, AktG, § 118a Rn. 39; *Kubis*, in: MünchKommAktG, § 118a Rn. 26; *Krenn*, Informationsrechte, S. 219; *Seibt/Danwerth*, AG 2022, 177, 182; anders erwägend *Walch/Häuslmeier*, DNotZ 2023, 106, 117. § 118a Abs. 1 Satz 2 Nr. 5 AktG kann aber nicht als neue fortlaufende Berichtspflicht vom Gesetzgeber intendiert sein. Mit dem aktualisierten Bericht in der Versammlung und dem Nachfragerecht, sind die Informationsinteressen umfassen gewahrt.

[639] *Klein*, NZG 2022, 483, 485; *Koch*, AktG, § 118a Rn. 39; *Krenn*, Informationsrechte, S. 219; *Seibt/Danwerth*, AG 20222, 177, 182.

[640] *Koch*, AktG, § 118a Rn. 39; *Krenn*, Informationsrechte, S. 220; *Tröger*, in: KölnKommAktG, § 118a Rn. 45.

[641] Nach § 118a Abs. 1 Satz 3 Halbsatz 1 AktG gilt für die Fristberechnung § 121 Abs. 7 AktG. Zu § 121 Abs. 7 AktG Kapitel 4 B. IV. 8. b).

Mit der Zugänglichmachung sieben Tage vor der Hauptversammlung haben die Aktionäre genügend Zeit, den Bericht des Vorstands zu verarbeiten und auf dieser Informationsgrundlage ihr Stellungnahme- und ihr Auskunftsrecht auszuüben.[642] Fragen können die Aktionäre nach § 131 Abs. 1a Satz 1 AktG im Falle einer Vorverlagerung bis spätestens drei Tage vor der Versammlung einreichen, sodass ihnen vier Tage für die Ausarbeitung ihrer Fragen mithilfe des Berichts des Vorstands verbleiben.[643] Hinsichtlich der Vorbereitungszeit für die Fragen stellt die virtuelle Hauptversammlung folglich eine Verbesserung zur Präsenzversammlung für Aktionäre dar, die dort noch im Verlauf der Versammlung ihre Fragen ausarbeiten müssen.[644]

Die Zugänglichmachung hat bis zum Ende der Hauptversammlung zu erfolgen. Dies ergibt sich aus dem Normzweck, der den Aktionären eine angemessene Informationsbasis zur Ausübung ihrer Aktionärsrechte bieten soll.

6. Rechtsfolge

Rechtsfolge der fristgerechten Zugänglichmachung des Vorstandsberichts ist nach § 131 Abs. 3 Satz 1 Nr. 7 AktG ein Auskunftsverweigerungsrecht des Vorstands in der Versammlung zu den im Bericht umfassten Inhalten.[645] Dies ist nur konsequent und entspricht, wie es der Gleichlauf der Fristen indiziert, der Intention des Gesetzgebers, der mit der Gestaltungsoption nach § 131 Abs. 1a Satz 1 AktG eine Entzerrung der Versammlung möglich machen wollte.[646] Im Vorfeld der Versammlung sind weiterhin Fragen zum Inhalt des Berichts und in der Versammlung noch Nachfragen zu Antworten dazu möglich. Das Auskunftsrecht wird durch das Auskunftsverweigerungsrecht in einer Gesamtbetrachtung demnach nicht verkürzt.

---

[642] FraktionsE, Virtuelle Hauptversammlung, BT-Drucks. 20/1738, S. 25.

[643] Damit erledigt sich auch die umfangreiche Kritik zum Referentenentwurf, der mit § 118a Abs. 1 Satz 2 Nr. 5 i. V. m. § 131 Abs. 1a Satz 1 AktG-RefE nur einen zweitägigen Zeitraum zur Fragenstellung ab Zugänglichmachung des Berichts vorsah. Kritik etwa von *Mutter*, AG 2022, R57; *Seibt/Danwerth*, AG 2022, 177, 183.

[644] S. hierzu schon Kapitel 4 B. V. 2. b) aa). Da die Aktionäre insoweit ausreichend Zeit zur Einreichung von Fragen und Stellungnahmen haben, bedarf es auch keine andere Fristberechnung, die Wochenenden oder Feiertage mit in Betracht nimmt. So aber noch die Kritik zum Referentenentwurf *BVI*, Stellungnahme RefE, S. 11; *DVFA*, Stellungnahme RefE, S. 2, beide abrufbar unter: https://www.bmj.de/SharedDocs/Gesetzgebungsverfahren/DE/2022_Einfuehrung_virtueller_Hauptversammlungen_Aktiengesellschaften.html.

[645] *Seibt/Danwerth*, DB 2022, 1434, 1437; *Tröger*, in: KölnKommAktG, § 118a Rn. 41.

[646] *Seibt/Danwerth*, DB 2022, 1434, 1437; *Tröger*, in: KölnKommAktG, § 118a Rn. 41; a. A. zum Referentenentwurf *Guntermann*, ZIP 2022, 781, 786, die sich vielleicht mit Blick auf die damals fehlende Kopplung des Vorstandsberichts an § 131 Abs. 1a Satz 1 AktG erklären lässt. Ferner unterstützt der von Guntermann zitierte Beitrag *Seibt/Danwerth*, Börsen-Zeitung v. 11. 2. 2022, S. 10, ihre Meinung nicht und spricht sich vielmehr für eine Ausweitung des Auskunftsverweigerungsrechts des Vorstands nach § 131 Abs. 3 Satz 1 Nr. 1 AktG aus.

In der Praxis ist nicht zu erwarten, dass Vorstände extensiv von dem Auskunftsverweigerungsrecht nach § 131 Abs. 3 Satz 1 Nr. 7 AktG Gebrauch machen werden. Schon zum Status quo ante wurde dieses aufgrund des Anfechtungsrisikos äußerst zurückhaltend verwendet.[647]

7. Freiwillige Zugänglichmachung

Abseits der Fälle, in denen eine Zugänglichmachung des Vorstandsberichts oder seines wesentlichen Inhalts nach § 118a Abs. 1 Satz 2 Nr. 5 AktG zwingend ist, können die Gesellschaften den Vorstandsbericht freiwillig vorab zugänglich machen.[648]

Dagegen spricht, dass die Vorabzugänglichmachung zu einem gewissen Spannungsabfall in der Versammlung führt.[649] Als zumindest theoretischen Anreiz besteht aber das Auskunftsverweigerungsrecht des Vorstands, das ihm dadurch nach § 131 Abs. 3 Satz 1 Nr. 7 AktG zum Inhalt des Berichts erwächst. Bei einer ausdrücklich freiwillig erfolgten Zugänglichmachung des Berichts fallen ferner die oben ausgeführten Anfechtungsrisiken und Schwierigkeiten kurzfristiger Änderung weg.[650] Entsprechend der Best Practice, auf der § 118a Abs. 1 Satz 2 Nr. 5 AktG aufbaut, ist demnach zu erwarten, dass sich diese auch unter der Lex lata im beschränkten Maße außerhalb der gesetzlichen Anwendungsfälle halten wird.[651] In der Hauptversammlungssaison 2024 veröffentlichten 32 % der Gesellschaften der DAX-Indexfamilie freiwillig die Vorstandsrede oder zumindest ihren wesentlichen Inhalt.[652]

Ferner ist auch eine Veröffentlichung an die Allgemeinheit denkbar, wenn § 118a Abs. 1 Satz 2 Nr. 5 AktG nur die Zugänglichmachung an die Aktionäre verlangt. Damit kann der Bericht auch zur Außendarstellung genutzt werden.

Die Gesellschaften können den Bericht zuletzt über die Versammlung hinaus zugänglich halten. Hierfür entstehen ihnen kaum weitere Nachteile, da die Aktionäre schon zuvor auf diesen zugreifen konnten. Folglich liegt aber auch der Vorteil auf Aktionärsseite nur in der einfachen Wiederauffindbarkeit der Dokumente und Informationen.[653]

---

[647] *Bayer/Kabella*, AG 2007, R79, R81 f. mit Auswertung der Praxis; *Bungert*, Gesellschaftsrecht in der Diskussion 2004, 59, 76 ff.; *Hoffmann-Becking*, in: MünchHdbGesR IV, § 38 Rn. 54; *v. d. Linden*, in: Marsch-Barner/Schäfer, Rn. 36.29; *Poelzig*, in: BeckOGKAktG, § 131 Rn. 190.1 m. w. N.

[648] *Bungert/Rieckers/Becker*, DB 2022, 2074, 2077; *Koch*, AktG, § 118a Rn. 37.

[649] *Bungert/Rieckers/Becker*, DB 2022, 2074, 2077; *Butzke*, AG 2022, 795, 797; *Seibt/Danwerth*, AG 2022, 177; *Tröger*, in: KölnKommAktG, § 118a Rn. 41.

[650] Anders *Bungert/Rieckers/Becker*, DB 2022, 2074, 2077.

[651] A. A. *Bungert/Rieckers/Becker*, DB 2022, 2074, 2077; abratend *Kubis*, in: MünchKomm AktG, § 118a Rn. 56 f.

[652] *Danwerth*, AG 2024, 892, 895. In der Hauptversammlungssaison 2023 waren es 30 %.

[653] Zu Erfahrungswerten unter Geltung des GesRuaCOVBekG *Danwerth*, AG 2021, 613, 625.

8. Zwischenergebnis

Die Zugänglichmachung des Vorstandsberichts verschafft den Aktionären die notwendige Informationsbasis, um das Auskunftsrecht im Vorfeld der Versammlung effektiv auszuüben. Dies ist grundlegend notwendig, da aufgrund der Vorabeinreichung von Fragen das Auskunftsrecht in der Versammlung eingeschränkt werden kann. Entsprechend ist es auch unentbehrlich, dass den Aktionären wichtige Finanzkennzahlen und alle anderen wesentlichen Informationen zugänglich gemacht werden, soweit sie von der Gesellschaft schon zu diesem Zeitpunkt beschafft werden können.

VII. Zwischenergebnis

Die virtuelle Hauptversammlung in ihrer heutigen Ausformung bietet den Aktionären ein der Präsenzversammlung gleichwertiges Versammlungsformat. Soweit die Gesetzesbegründung und das Gesetz anderweitige Ansätze beinhalten, sind diese vor allem auf den ersten Referentenentwurf und das unter Zeitdruck verfolgte Gesetzgebungsverfahren sowie eine legislatorische Unentschlossenheit zurückzuführen und abzulehnen. Insbesondere sollte die gesetzliche Befristung der Satzungsgrundlage der virtuellen Hauptversammlung abgeschafft werden.

Das Gesetz zur Einführung virtueller Hauptversammlungen bemüht sich der heute längst bestehenden Realität, nach welcher die meisten Beschlüsse faktisch schon vor der Versammlung feststehen, Rechnung zu tragen. Entsprechend soll auch die Aktionärspartizipation teilweise in das Vorfeld der Hauptversammlung verlagert werden können. Einerseits sollen damit die Aktionäre, die sonst nicht (aktiv) an der Hauptversammlung partizipieren würden, an der Versammlung partizipieren. Andererseits soll die Versammlung als solche entlastet werden.

Dies gelingt nur zum Teil. Durch das Stellungnahmerecht etwa werden Aktionärsrechte zulasten des Organisationsaufwands der Gesellschaften nicht dispositiv und einseitig ausgeweitet. Weder die Gesellschaft noch die Hauptversammlung werden dadurch entlastet.[654]

Darüber hinaus zeugen einige Maßnahmen von legislatorischer Unentschlossenheit. Mit dem Gesetz werden Maßnahmen im Vorfeld der Versammlung eingeführt, die sich ebenso auf Präsenzversammlungen erstrecken könnten. Sie sollten dort ebenfalls dispositiv zur Verfügung stehen. Die betrifft namentlich das Stellungnahme- und das Antragsrecht im Vorfeld der Versammlung. Dass diese allein für die virtuelle Hauptversammlung zur Verfügung stehen, unterstreicht den Charakter des Gesetzes als verkappte Hauptversammlungsreform, der es aber letztlich an gesetzgeberischem Mut fehlte.

---

[654] Hierzu ausführlicher in Kapitel 4 C. II. und Kapitel 6.

C. Die Abhaltung der virtuellen Hauptversammlung

Nachdem sich das Vorfeld der Hauptversammlung nicht zum neuen Hauptfeld entwickeln konnte, stellt die Hauptversammlung als Zusammenkunft immer noch das Herzstück der Aktionärsdemokratie dar. Wie diese Veranstaltung in das digitale Format überführt wurde und wie sich die Änderungen in ihrem Vorfeld auf die eigentliche Versammlung auswirken, wird im Folgenden erörtert.

Die Untersuchungen sind in zwei Abschnitte geteilt. Zunächst werden die Veranstaltungsmodalitäten als Rahmen jedweder Aktionärspartizipation untersucht (I.), um dann auf die Ausübung von Aktionärsrechten in der virtuellen Hauptversammlung einzugehen (II.).

I. Veranstaltungsmodalitäten

Die Untersuchungen der Veranstaltungsmodalitäten beginnen am Versammlungsort als erstem Anknüpfungspunkt für die Organisation der Versammlung (1.). Daran anschließend werden die Partizipationsformen der Beteiligten einer Hauptversammlung besprochen (2.). Sodann wird die besondere Rolle des Notars in der virtuellen Hauptversammlung ausführlich untersucht (3.), um auf Grundlage dieser Erkenntnisse Überlegungen zur Notwendigkeit eines Versammlungsorts in der virtuellen Hauptversammlung de lege ferenda anzustellen (4.). Danach wird sich der Bild- und Tonübertragung der Versammlung gewidmet (5.) und dem folgend die Problemkreise rund um die Vertraulichkeit der Versammlung (6.), den Datenschutz (7.) und technische Störungen (8.) in der Versammlung untersucht. Die Ausführungen schließen mit einem Zwischenergebnis (9.).

1. Versammlungsort

Als weiterhin erster Anknüpfungspunkt für ein Zusammenkommen wird der Versammlungsort untersucht. Zunächst ist hierbei klarzustellen, dass auch die virtuelle Hauptversammlung einen Versammlungsort hat (a)) und welchen Zweck dieser hat (b)). Danach wird dargestellt, wie dieser bestimmt wird (c)).

a) Fortbestehen in der virtuellen Versammlung

§ 118a Abs. 1 Satz 1 AktG spricht vom *Ort der Versammlung* und macht damit klar, dass auch die virtuelle Versammlung einen Versammlungsort hat.[655] Die virtuelle Versammlung unterscheidet sich damit de lege lata weiterhin von der Cyberversammlung, die keinen Versammlungsort aufweist und keine physische Anwesenheit irgendeines Teilnehmers erfordert.[656]

b) Zweck in der virtuellen Versammlung

Um den Zweck des Versammlungsorts einer virtuellen Versammlung herauszuarbeiten, muss zunächst der Zweck des Versammlungsorts in der Präsenzversammlung ergründet werden.

aa) Zweck in der Präsenzversammlung

In der Präsenzversammlung ist der Versammlungsort (und enger noch, das Versammlungslokal) die Stätte der Hauptversammlung und aller mit ihr verbundenen Funktionen. Dies ergibt sich daraus, dass die Aktionäre bzw. ihr Vertreter ihre versammlungsgebundenen Aktionärsrechte grundsätzlich nur unter physischer Anwesenheit am Versammlungsort ausüben können. Damit die Hauptversammlung als Organ handlungsfähig ist, müssen die Aktionäre oder ihre Vertreter mithin grundsätzlich am Versammlungsort anwesend sein.

Das Aktiengesetz gibt der Willensbildung in der Gesellschaft durch die Hauptversammlung und der Mitwirkung der Aktionäre in dieser einen formellen Regelungsrahmen. Dieser sieht insbesondere die Mitwirkung der anderen am Versammlungsort anwesenden Personen (namentlich dem Vorstand, Aufsichtsrat und unter Umständen eines Abschlussprüfers), die der Information der Aktionäre dienen, dem Versammlungsleiter, der die Hauptversammlung organisiert, und dem Notar, der die Versammlung mit Beweiswirkung dokumentiert, vor. Da die Aktionäre am Versammlungsort zusammenkommen, war im Grundsatz immer klar, dass auch die anderen Versammlungsteilnehmer am Versammlungsort anwesend sein müssen, um ihren Funktionen nachzukommen. Ihr Mitwirken am Versammlungsort gibt diesem einen zusätzlichen Zweck (Mehrfachfunktion).[657]

---

[655] FraktionsE, Virtuelle Hauptversammlung, BT-Drucks. 20/1738, S. 26. Dies ist allgemeine Meinung, vgl. *Drinhausen/Keinath*, BB 2022, 451, 452; *Koch*, AktG, § 118a Rn. 44; *Paschos*, in: BeckOGKAktG, § 118a Rn. 62. Kritisch *Mayer/Jenne/Miller*, BB 2022, 2946, 2950; *Mayer/Jenne/Miller*, BB 2020, 1282, 1285.

[656] Hierzu schon Kapitel 1 A.; vgl. *Wicke*, in: BeckOGKAktG, § 130 Rn. 13.

[657] So auch *Wunderlich*, Digitalisierung der Hauptversammlung, S. 201. Ob es sich dabei tatsächlich um eine Mehrfachfunktion handelt oder dies auch als eine bloß untergeordnete Funktion des Zusammentreffens der Aktionäre zu verstehen ist, kann an dieser Stelle dahinstehen.

Lange war die physische Zusammenkunft dabei die einzige Möglichkeit, dieses Zusammentreffen zu realisieren. Seit dem ARUG, 2009, konnten die Gesellschaften nach § 118 Abs. 1 Satz 2 AktG aber auch eine virtuelle Teilnahme im Rahmen einer hybriden Versammlung oder Briefwahlen anbieten. Dies ermöglichte den Aktionären erstmals versammlungsgebundene Aktionärsrechte außerhalb des Versammlungslokals auszuüben. Die elektronische Teilnahme und Briefwahl blieben dabei aber immer nur eine zusätzliche Option zur physischen Teilnahme am Versammlungsort, die weiterhin der Ausgangsfall der Teilnahme blieb.[658]

bb) Zweck in der virtuellen Versammlung

In der virtuellen Hauptversammlung ist die physische Anwesenheit der Aktionäre nach § 118a Abs. 1 Satz 1 AktG ausgeschlossen. Die Funktion als Ort für die physische Versammlung aller Aktionäre entfällt damit in der virtuellen Versammlung.[659] Die Aktionäre kommen in der virtuellen Versammlung zwar auch zusammen und können nach § 118a Abs. 1 Satz 2 AktG elektronisch mit der Versammlungsleitung und untereinander in Echtzeit kommunizieren, dieser geteilte digitale Raum stellt aber keinen Versammlungsort im Sinne etwa von § 121 Abs. 3 Satz 1, Abs. 4b Satz 2, Abs. 5 AktG dar.[660]

In der virtuellen Versammlung hat der Versammlungsort de lege lata allein die Funktion, den Ort zu bestimmen, an dem sich die zur Hauptversammlung physisch zusammenkommenden Teilnehmer (hierzu sogleich) versammeln.[661] Diese Konstellation lässt sich als „Präsenzversammlung der Funktionsträger“ bezeichnen.[662]

Dass ein Versammlungsort weiterhin besteht, ist schon durch die unionsrechtliche Vorgabe der Nennung eines Versammlungsorts in der Einberufung vorgegeben[663] und die Anwesenheit der Funktionsträger an diesem durch ihre Aufgaben vor Ort zu begründen. Die Rolle der einzelnen Funktionsträger in der virtuellen Hauptversammlung werden im folgenden Verlauf der Arbeit detailliert besprochen.[664] Besonders hervorheben lässt sich aber, dass die Aktionäre die Funktionsträger nach der Gesetzesbegründung grundsätzlich in einer Übertragung des Ver-

---

[658] RegE, ARUG, BT-Drucks. 16/11642, S. 26; vgl. *Kersting*, NZG 2010, 130, 131. S. ferner zur Teilnahme der Aufsichtsratsmitglieder im Wege der Bild- und Tonübertragung Kapitel 3 A. II.

[659] FraktionsE, Virtuelle Hauptversammlung, BT-Drucks. 20/1738, S. 29.

[660] S. Kapitel 4 B. II. 1. a) aa).

[661] FraktionsE, Virtuelle Hauptversammlung, BT-Drucks. 20/1738, S. 29; *Koch*, AktG, § 121 Rn. 16b.

[662] Den Begriff geprägt durch: *Wicke*, DStR 2020, 885; nun auch zur aktuellen Rechtslage *Wicke*, in: BeckOGKAktG, § 130 Rn. 13; aufgegriffen unter anderem von *Forschner*, MittBayNot 2020, 546, 647; *Herrler*, DNotZ 2020, 468, 480; *Stelmaszczyk*, DNotZ 2021, 930, 942.

[663] S. Kapitel 4 B. II. 1. a) aa).

[664] S. Kapitel 4 C. I. 2.–4.

sammlungslokals wahrnehmen können sollen.[665] Ferner begründet die besondere Funktion des Notars das Fortbestehen des Versammlungsorts. Dieser soll nach § 130 Abs. 1a AktG weiterhin seine eigenen Wahrnehmungen am Versammlungsort protokollieren und mit seiner Beurkundung Rechtssicherheit und Transparenz hinsichtlich des Geschehens am Versammlungsort sicherstellen.

c) Bestimmung des Versammlungsortes

Nach § 121 Abs. 5 Satz 3 AktG finden die vorstehenden Sätze 1 und 2, die die Bestimmung des Versammlungsorts einer Präsenzversammlung regeln, bei einer virtuellen Hauptversammlung keine Anwendung, da die Regelungen von Satz 1 und 2 allein aktionärsschützenden Charakter haben.[666] In der virtuellen Versammlung untersteht die Festlegung des Versammlungsortes deshalb nach allgemeinen Vorschriften dem Vorstand als Einberufungsorgan.[667] Dem Vorstand steht dabei ein Ermessen zu, bei dem er nur auf die Interessen der Gesellschaft und der verbliebenen Teilnehmer am Versammlungsort Rücksicht zu nehmen hat.[668] Die Satzung kann hierzu aufgrund von § 23 Abs. 5 AktG keine weiteren Vorgaben machen.[669]

2. Partizipationsformen an der Hauptversammlung

Wo und wie die Aktionäre an der Hauptversammlung zu partizipieren haben, ist eine der grundlegendsten Fragen im Rahmen der Hauptversammlung. Die Rechte und Pflichten der Beteiligten stehen dabei mit den Modalitäten ihrer Ausübung in Wechselwirkung und beeinflussen sich gegenseitig.

a) Aktionäre

Die Hauptversammlung ist ganz auf die Mitwirkung der Aktionäre ausgerichtet. Diese macht ihren Zweck aus. Folglich werden die Partizipationsvoraussetzungen der Aktionäre an der Versammlung als erstes behandelt. Wie die Aktionäre ihre Rechte in der Versammlung ausüben, kann nur darauf aufbauend untersucht werden. Eine ausführliche Behandlung des Teilnahmerechts und des in der virtuellen

[665] Vgl. FraktionsE, Virtuelle Hauptversammlung, BT-Drucks. 20/1738, S. 26f.
[666] FraktionsE, Virtuelle Hauptversammlung, BT-Drucks. 20/1738, S. 29; *Koch*, AktG, § 121 Rn. 16b; *Noack/Zetzsche*, in: KölnKommAktG, § 121 Rn. 173; zum aktionärsschützenden Zweck von § 121 Abs. 5 Satz 1, 2 AktG *Geßler*, FS Luther, S. 69, 73f.
[667] *Noack/Zetzsche*, in: KölnKommAktG, § 121 Rn. 173.
[668] Vgl. *Noack/Zetzsche*, in: KölnKommAktG, § 121 Rn. 173.
[669] *Hoppe*, NZG 2023, 587, 590; *Mayer/Jenne/Miller*, BB 2022, 2946, 2950; a.A. *Kubis*, in: MünchKommAktG, § 121 Rn. 104.

Hauptversammlung damit regulatorisch eng verzahnten Stimmrechts erfolgt dementsprechend erst später.[670]

aa) Ausschluss der physischen Präsenz, § 118a Abs. 1 Satz 1 AktG

Die virtuelle Hauptversammlung findet nach ihrer Legaldefinition in § 118a Abs. 1 Satz 1 AktG ohne die physische Präsenz der Aktionäre oder ihrer Bevollmächtigten statt. Weder die Satzung noch die Verwaltung können hiervon abweichende Vorgaben treffen; § 118a Abs. 1 Satz 1 AktG ist nach § 23 Abs. 5 AktG zwingend.

Die einzige ausdrückliche gesetzliche Ausnahme hiervon ist § 118a Abs. 2 Satz 4 AktG, der eine Teilnahme des von der Gesellschaft benannten Stimmrechtsvertreters am Versammlungsort erlaubt. Ausnahmen ergeben sich ferner aus anderen Regelungen des Aktiengesetzes. Müssen etwa Aufsichtsratsmitglieder oder Mitglieder des Vorstands physisch am Versammlungsort präsent sein, steht deren organschaftliche Rolle auch dann im Vordergrund, wenn sie Aktionäre sind. Entsprechendes gilt für Versammlungsleiter.[671]

bb) Weiteres Regelungskonzept

Das Teilnahmerecht in der virtuellen Versammlung wird wie auch das in der Präsenzversammlung nicht als solches ausdrücklich geregelt.

Das Gesetz zur Einführung virtueller Hauptversammlungen sieht die elektronische Teilnahme nur in § 118a Abs. 1 Satz 2 Nr. 2 AktG als Gestaltungsoption für die Ausübung des Stimmrechts vor. Damit ist die elektronische Teilnahme bloß eine Möglichkeit der Aktionäre, in der Hauptversammlung ihre Aktionärsrechte auszuüben. Im Fall des Stimmrechts sieht § 118a Abs. 1 Satz 2 Nr. 2 AktG als alternative Gestaltungsmöglichkeit die Stimmrechtsausübung im Wege der elektronischen Kommunikation vor. Für die Ausübung der Aktionärsrechte stellt das Gesetz an den jeweiligen Stellen sicher, dass diese im Wege der elektronischen Kommunikation ausgeübt werden können, legt aber keinen darüber hinaus geltenden (Mindest-)Standard oder eine einheitliche technische Lösung fest.[672] Nur das Rederecht muss im Wege der Videokommunikation gewährt werden.[673] Virtuelle Haupt-

---

[670] S. Kapitel 4 C. II. 1., 2.

[671] FraktionsE, Virtuelle Hauptversammlung, BT-Drucks. 20/1738, S. 26; *Tröger*, in: KölnKommAktG, § 118a Rn. 64.

[672] Die besonderen technischen Voraussetzungen und Gestaltungsoptionenwerden demnach erst im Folgenden bei den einzelnen Aktionärsrechten behandelt.

[673] Im Rahmen eines Redebeitrags können jedoch nach § 130a Abs. 5 Satz 3 AktG weitere Aktionärsrechte wahrgenommen werden.

versammlungen können damit ohne die Möglichkeit einer elektronischen Teilnahme und nur punktuell ermöglichter Videokommunikation abgehalten werden.

Im Übrigen fordert das Gesetz dort, wo in der Präsenzversammlung die physische Teilnahme am Versammlungsort erforderlich ist, die elektronische Zuschaltung der Aktionäre (§§ 118a Abs. 1 Satz 2 Nr. 3, 7, 8, Abs. 6, 121 Abs. 4b Satz 1, 129 Abs. 1, 4 Satz 1, 130a Abs. 5 Satz 1, Abs. 1d und 1e, Abs. 4, Abs. 5 Satz 2, 132 Abs. 2 Satz 2 und 245 Satz 2 AktG). Der Gesetzgeber rückt die elektronische Zuschaltung in der virtuellen Versammlung damit effektiv an die Stelle der körperlichen Teilnahme am Versammlungsort.[674] Das Teilnahmerecht wird insofern nur funktionell, aber nicht seinem Namen nach als zwingendes (elektronisches) Teilnahmerecht gewährt.[675]

cc) Hintergrund und Erfahrungen

Um im folgenden Abschnitt das Konzept der elektronischen Zuschaltung genauer untersuchen zu können, ist ein Blick auf die vergangene Praxis der Aktionärspartizipation unter dem GesRuaCOVBekG hilfreich.

Das GesRuaCOVBekG setzte an keiner Stelle die „elektronische Zuschaltung“ der Aktionäre voraus. Wie die Lex lata ließ es die Stimmrechtsausübung nur im Wege der elektronischen Briefwahl und der elektronischen Teilnahme zu. Die elektronische Teilnahme nach dem GesRuaCOVBekG erforderte dabei wie die der Lex lata eine Zwei-Wege-Direktverbindung über den ganzen Versammlungsverlauf.[676]

Unter dem GesRuaCOVBekG ließen die allermeisten Gesellschaften nur die elektronische Briefwahl zu.[677] So berichtet Danwerth, dass in der Hauptversammlungssaison 2020 nur vier Gesellschaften der DAX-Indexfamilie neben der Briefwahl eine Stimmrechtsausübung im Wege der elektronischen Teilnahme zuließen und nur eine Gesellschaft allein die elektronische Teilnahme zuließ.[678] Der Rest der Gesellschaften ließ allein die Briefwahl zu. In der Hauptversammlungssaison 2021 bot nunmehr sogar nur noch eine der untersuchten Gesellschaft die elektronische Teilnahme an.[679] Dies erschien den meisten Gesellschaften wohl mit weniger Aufwand und Anfechtungsrisiken verbunden.[680] Das GesRuaCOVBekG sah kein verpflichtendes Rederecht oder Auskunftsrecht *in* der Hauptversammlung vor, sodass die Gewährung einer elektronischen Teilnahme auch nicht zur Ausübung anderer Rechte notwendig war.

---

674 *Tröger*, in: KölnKommAktG, § 118a Rn. 2.
675 Ausführlich zum Teilnahmerecht in der virtuellen Versammlung, Kapitel 4 C. II. 1.
676 *Mayer/Jenne/Miller*, BB 2021, 899, 902 f.; *Quass*, NZG 2021, 261, 265.
677 Anekdotisch FraktionsE, Virtuelle Hauptversammlung, BT-Drucks. 20/1738, S. 29; *Koch*, AktG, § 129 Rn. 18.
678 *Danwerth*, AG 2020, 776, 783 f. Genauer zum Untersuchungsgegenstand Kapitel 4 B. V. 1. a).
679 *Danwerth*, AG 2021, 613, 621. Genauer zum Untersuchungsgegenstand Kapitel 4 B. IV. 2. a).
680 *Koch*, AktG, § 118 Rn. 10; *Seibt/Danwerth*, NZG 2020, 1241, 1242.

Ein ähnliches Bild zeichnete sich schon bei der fakultativ zu ermöglichenden elektronische Teilnahme nach § 118 Abs. 1 Satz 2 AktG und der (elektronischen) Briefwahl nach § 118a Abs. 2 AktG ab. Während sich die Briefwahl seit ihrer Einführung durch das ARUG größter Beliebtheit erfreute,[681] fristete die hybride Hauptversammlung mit der elektronischen Teilnahme und einer vollen Einräumung der Aktionärsrechte ein weitgehendes Schattendasein.[682]

Auf Grundlage dieser Erfahrungen ist zu erwarten, dass viele Gesellschaften auch in der virtuellen Hauptversammlung unter der Lex lata keine elektronische Teilnahme zulassen und die Ausübung des Stimmrechts allein im Wege der elektronischen Briefwahl ermöglichen werden. Gesellschaften, die ihre virtuelle Hauptversammlung dagegen möglichst einer Präsenzversammlung annähern wollen, werden eher auf die elektronische Teilnahme zurückgreifen.

dd) Elektronische Zuschaltung

(1) Voraussetzungen

Das Gesetz enthält sich einer Legaldefinition des Begriffs der elektronischen Zuschaltung. Nur die Gesetzesbegründung führt aus, dass „unter die elektronisch zu der Versammlung zugeschalteten Aktionäre nur solche fallen, die – nach gegebenenfalls erforderlicher Anmeldung zur Versammlung – so zugeschaltet sind, dass sie (etwa über das Aktionärsportal) Teilnehmerrechte ausüben und daher auch durch die Gesellschaften identifiziert werden können.“[683]

Die elektronische Zuschaltung wird damit als teilnahmeäquivalente Partizipation der Aktionäre in der Hauptversammlung eingeführt.[684] Dennoch ist sie nicht mit der elektronischen Teilnahme deckungsgleich. Die elektronische Teilnahme stellt im Rahmen der virtuellen Hauptversammlung vielmehr nur eine weitergehende Form der elektronischen Zuschaltung dar.[685] Entgegen der elektronischen Teilnahme erfordert die elektronische Zuschaltung nämlich keine Zwei-Wege-Direktverbindung,

---

[681] *Arnold/Carl/Götze*, AG 2011, 349, 357 Fn. 88; *v. Holten/Bauernfeind*, AG 2018, 729, 732 f. mit eigener empirischer Auswertung; *Koch*, AktG, § 118 Rn. 10, 15; *Wettich*, NZG 2011, 721, 725.

[682] *Besse*, AG 2012, R358, R358 f.; *Herdina*, in: Schaaf, Rn. 295 f.; *Koch*, AktG, § 118 Rn. 10, 15.

[683] FraktionsE, Virtuelle Hauptversammlung, BT-Drucks. 20/1738, S. 30.

[684] Zur Formulierung *Tröger*, in: KölnKommAktG, § 118a Rn. 2. Vgl. zu den Begrifflichkeiten sowie dem Verhältnis der elektronischen Teilnahme und den Teilnahmerecht, s. Kapitel 4 C. II. 1., 2. Die Anmeldung als Akt im Vorfeld der Versammlung, genügt demnach selbstverständlich nicht. *Koch*, AktG, § 129 Rn. 19; zum GesRuaCOVBekG: *Danwerth*, NZG 2020, 586; *Simons/Hauser*, NZG 2020, 488, 493.

[685] FraktionsE, Virtuelle Hauptversammlung, BT-Drucks. 20/1738, S. 24. Die elektronische Zuschaltung zurecht als „Minus“ zur elektronischen Teilnahme bezeichnend: *Krenn*, Informationsrechte, S. 100; *Sturm/Imsameh*, NZG 2022, 1327, 1329.

weil sie nicht wie § 118 Abs. 1 Satz 2, § 118a Abs. 1 Nr. 2 AktG auf Art. 8 Abs. 1 lit. b) ARRL beruht.[686]

Die Definition der Gesetzesbegründung überzeugt und stellt sicher, dass die elektronische Zuschaltung die Funktion des Anwesenheitserfordernisses ersetzen kann. Als teilnahmeäquivalente Partizipation der Aktionäre in der Hauptversammlung kann der Begriff der elektronischen Zuschaltung weiter konkretisiert werden.

Wer als elektronisch zugeschaltet gilt, entscheidet sich nach der Organisation der Versammlung und der Kommunikation mit den Aktionären und ihren Vertretern. Nur dort, wo eine digitale Zugangskontrolle erfolgt und die Identität der eingewählten Person überprüft werden kann, kann die jeweilige Person als zugeschaltet gelten.

Wird die Versammlung (wie in der Praxis weit verbreitet) unter Zuhilfenahme eines Aktionärsportals, d. h. einer zentralen Plattform für die Interaktion zwischen der Gesellschaft und ihren Aktionären, abgehalten, kann die Identität des Aktionärs oder seines Vertreters beim Log-in festgestellt und ihm darüber die Ausübung seiner Teilnahmerechte gewährt werden.[687] Die Fortdauer dieser Zuschaltung kann technisch auch über diese Verbindung geprüft werden. Gleiches gilt bei der Verwendung von herkömmlichen Videokonferenzdiensten durch kleinere Gesellschaften. Diese geben regelmäßig an, wer sich zugeschaltet hat und zeigen an, wie lange die jeweilige Verbindung andauert.[688] Die Zuschaltung der Aktionäre ist damit klar festzustellen.

Es sind aber auch andere Gestaltungsoptionen der virtuellen Hauptversammlung denkbar, bei denen die Feststellung der Zuschaltung gesondert sichergestellt werden muss. Keines der Aktionärsrechte in der Versammlung allein erfordert nämlich eine kontinuierliche Verbindung mit der Gesellschaft und damit eine elektronische Zuschaltung nach obiger Definition.[689] Die Feststellung der elektronischen Zuschaltung ist aber Voraussetzung für die Erstellung des Teilnehmerverzeichnisses und das Gesetz stellt die Ausübung der Aktionärsrechte unter den Vorbehalt der

---

[686] So auch *Krenn*, Informationsrechte, S. 99. Vgl. zu den Voraussetzungen der elektronischen Teilnahme Art. 8 Abs. 1 lit. b) ARRL; RegE ARUG, BT-Drucks. 16/11642, S. 26; *Koch*, AktG, § 118 Rn. 10; Kapitel 4 C. II. 2. b).

[687] Vgl. FraktionsE, Virtuelle Hauptversammlung, BT-Drucks. 20/1738, S. 30. Zum Begriff des Aktionärsportals, Kapitel 4 C. I. 5. c) bb), cc).

[688] Unabhängig von der technischen Lösung erfüllt damit auch die elektronische Teilnahme, die eine Zwei-Wege-Direktverbindung mit der Gesellschaft erfordert, das Erfordernis der elektronischen Zuschaltung.

[689] Die Ausübung des Antrags-, Widerspruchs- und des Auskunftsrechts sowie des Stimmrechts im Wege der Briefwahl können zum Beispiel per E-Mail ermöglicht werden. Das Rederecht und die anderen in einem Redebeitrag ausübbaren Rechte müssen zwar im Wege der Videokommunikation ermöglicht werden. Die punktuell zu ermöglichende Videokommunikation erfordert aber keine kontinuierliche Verbindung mit der Gesellschaft über die ganze Versammlung. Eine Verbindung im Wege der Videokommunikation muss erst nach entsprechender Anfrage freigeschaltet werden. Auch die Bild- und Tonübertragung kann öffentlich ohne eine kontinuierliche Verbindung zu den Aktionären angeboten werden.

elektronischen Zuschaltung. Deshalb müssen die Gesellschaften unabhängig von den einzelnen Aktionärsrechten die Möglichkeit einer elektronischen Zuschaltung über die ganze Dauer der Hauptversammlung sicherstellen.[690] Wenn die Aktionärsrechte alle einzeln abseits einer kontinuierlichen Verbindung mit der Gesellschaft angeboten werden, muss die elektronische Zuschaltung folglich über die Versammlung hinweg gesondert sichergestellt werden.[691] Ein solches Vorgehen wäre aber für die Gesellschaft mit einem sehr hohen Verwaltungsaufwand verbunden und technisch komplizierter als die Verwendung von Videokonferenzsystemen oder Aktionärsportalen. Des Weiteren wäre sie eine Zumutung für die Aktionäre und stünde mit den Aktionärsrechten und dem unionsrechtlichen Optimierungsgebot in Spannung. Die gesetzlich eingeräumten Spielräume für eine technisch dezentrale Ausübung der Aktionärsrechte sind vornehmlich als zusätzliche Optionen der Rechtsausübung *neben* den Videokonferenzsystemen oder Aktionärsportalen oder nur für einzelne Rechte konzipiert. In der Praxis verwenden die allermeisten Aktiengesellschaften ein Aktionärsportal oder ein Videokonferenzdienst zur Organisation der Hauptversammlung.

Die Aktionäre müssen nicht von ihren Aktionärsrechten Gebrauch machen, um als elektronisch zugeschalten zu gelten.[692] Hier kann nichts anderes als bei der Präsenzversammlung gelten, bei der ein Aktionär auch dann als anwesend gilt, wenn er zwar nicht aktiv an der Hauptversammlung partizipiert, aber im Versammlungslokal präsent ist. Es liegt im Verantwortungsbereich des einzelnen Aktionärs, dass dieser an seinem Ende der Verbindung die Versammlung verfolgen kann bzw. verfolgt.[693] Die Gesellschaften müssen und können dies nicht kontrollieren. Solange die Aktionäre die Verbindung mit der Gesellschaft hergestellt haben, ihre Aktionärsrechte von Seiten der Gesellschaft ausüben können und identifizierbar sind, gelten sie als zugeschaltet. Etwas anderes gilt nur dann, wenn ein Aktionär ersichtlich den Ort, an den er die Versammlung übertragen lässt, verlassen hat oder diese anderweitig nicht mehr verfolgen kann und der Versammlungsleiter davon Kenntnis nimmt.[694]

---

[690] Nach der richtigen herrschenden Meinung ist das Teilnehmerverzeichnis über ein sogenanntes Nachtragsverzeichnis auch nach der ersten Abstimmung zu aktualisieren. *Butzke*, Hauptversammlung, C. Rn. 67; *Hoffmann-Becking*, in: MünchHdbGesR IV, § 37 Rn. 43; *Mülbert*, in: GroßkommAktG, § 129 Rn. 54 m. w. N.; *Wicke*, in: BeckOGKAktG, § 129 Rn. 23; a. A. *Drinhausen*, in: Hölters/Weber, AktG, § 129 Rn. 18; *Kubis*, in: MünchKommAktG, § 129 Rn. 21.

[691] Dies könnte über eine besondere Internetseite erfolgen, auf der sich die Aktionäre verifizieren können und die Verbindung mit den Aktionären mit regelmäßigen Pings (Erreichbarkeitstests) geprüft wird. Nochmals: Die Aufnahme einer bloß irgendwie gearteten Interaktion mit den Systemen der Hauptversammlung zu *einem* Zeitpunkt der Hauptversammlung genügt nicht, da für das Teilnehmerverzeichnis die elektronische Zuschaltung über die ganze Versammlung nachvollzogen werden können muss. Anders *Noack/Zetzsche*, in: KölnKommAktG, § 129 Rn. 46, die aber auch davon ausgehen, dass keine Aktualisierungspflicht für das Teilnehmerverzeichnis vorliegt, *Noack/Zetzsche*, in: KölnKommAktG, § 129 Rn. 72.

[692] S. Kapitel 4 C. I. 2. a) gg).

[693] Vgl. *Walch/Häuslmeier*, DNotZ 2023, 106, 121.

[694] Dass der Versammlungsleiter in einer virtuellen Hauptversammlung davon kaum Kenntnis erlangen wird, kann daran nichts ändern. A. A. *Walch/Häuslmeier*, DNotZ 2023, 106, 122.

Ein solcher Aktionär kann seine Aktionärsrechte nicht ausüben und muss folglich auch als nicht zugeschaltet behandelt werden. In der Präsenzversammlung muss ein Aktionär ebenso nicht geistig, aber zumindest körperlich anwesend sein, um als anwesend zu behandelt werden.

Sollte die Verbindung zum Aktionär stocken oder Probleme haben, ist technisch – soweit möglich – zu prüfen, ob die Verbindung stabil genug ist, um die Aktionärsrechte wahrzunehmen. Wenn er nicht nach seinen Wünschen an der Hauptversammlung partizipieren kann oder will, in diese aber weiterhin zugeschaltet ist, liegt es in seinem Verantwortungsbereich, sich auszuwählen oder seine Verbindung zu unterbrechen.[695]

(2) Verwendung im Gesetz

Der Begriff der elektronischen Zuschaltung fiel im Referentenentwurf noch deutlich seltener. Die Entwürfe danach setzten dagegen nahezu jede Rechtsausübung in der Versammlung unter die Voraussetzung der elektronischen Zuschaltung (namentlich sind folgende Regelungen dazugekommen: §§ 118a Abs. 1 Satz 2 Nr. 3, 7 und 8, 130 Abs. 5 Satz 1 und 131 Abs. 1d Satz 1, Abs. 1e Satz 1 und Abs. 5 AktG). Warum dies notwendig ist, ist jedoch nicht verständlich.[696] Dass der Aktionär vor dem Gebrauch seiner Rechte auf seine Legitimation und Identität kontrolliert werden muss, ergibt sich bereits aus dem Kontext.[697] Vielmehr ergeben sich Irritationspunkte bei den Rechten, deren Ausübung in der Versammlung im Gesetz nicht ausdrücklich die elektronische Zuschaltung verlangen, bei denen diese aber wohl ebenso vorausgesetzt wird (namentlich beim Stimmrecht, § 118a Abs. 1 Satz 2 Nr. 2 AktG und das Auskunftsrecht nach § 131 Abs. 1a Satz 1 AktG). Da die gesetzgeberische Intention der Einführung der elektronischen Zuschaltung als digitales Äquivalent der Teilnahme am Versammlungsort bei Präsenzversammlungen aber klar ist, ist die elektronische Zuschaltung unstreitig Voraussetzung für die Ausübung des Stimmrechts und des Auskunftsrechts in der Hauptversammlung.[698]

ee) Legitimation und Identifizierung

Bislang wurden der Zweck und die Anforderungen der elektronischen Zuschaltung behandelt. Ausgespart wurde aber die Frage nach der Identifizierung der Aktionäre. Zur Identifizierung eines Aktionärs ist zunächst seine Aktionärs-

[695] Vgl. *Walch/Häuslmeier*, DNotZ 2023, 106, 121 f.

[696] Auch bei der Präsenzversammlung wird im Gesetz bei den einzelnen Rechten nicht gesondert auf die Teilnahme an der Versammlung hingewiesen.

[697] Vgl. *DAI*, Stellungnahme RefE, S. 21, abrufbar unter: https://www.bmj.de/SharedDocs/Downloads/DE/Gesetzgebung/Stellungnahmen/2022/0311_Stellungnahme_Deutsches_Aktieninstitut_virtuelle_Hauptversammlung.pdf?__blob=publicationFile&v=3.

[698] Vgl. Kapitel 4 C. II. 4. d).

stellung nachzuweisen (Aktionärslegitimation).[699] Erst dann kann im Rahmen der Hauptversammlung sinnvoll seine Identität geprüft werden. Es muss sichergestellt werden können, dass nur Berechtigte Aktionärsrechte ausüben können, alle Berechtigten nach denselben Regeln zugeschaltet werden (vgl. § 53a AktG) und dass keine unangemessen hohe Zugangshürden geschaffen werden.[700]

Die Prüfung der Legitimation der Aktionäre bedurfte keiner regulatorischen Anpassung bei der temporären Einführung der virtuellen Hauptversammlung durch das GesRuaCOVBekG oder ihrer Verstetigung. Die Einführung der elektronischen Teilnahme nach § 118 Abs. 1 Satz 2 AktG und der Briefwahl erfolgte ebenfalls ohne Anpassung der bestehenden gesetzlichen Regelungen. In der Praxis ergaben sich daraus keine besonderen Probleme.[701] Hierbei ergeben sich keine wesentlichen Unterschiede zwischen den Versammlungsformaten.[702] Gleichsam erfolgte die Einführung der virtuellen Hauptversammlung nach dem GesRuaCOVBekG[703] und nun der Lex lata ohne besondere Probleme in der Umsetzung aufgrund des Versammlungsformats. Eine detaillierte Behandlung des Verfahrens der Legitimationsprüfung im besonderen Kontext der virtuellen Hauptversammlung ist in dieser Arbeit folglich nicht geboten.[704] Ebenso verhält es sich mit der Identifizierung der Aktionäre im Vorfeld und in der Versammlung.[705]

Dennoch ist festzustellen, dass die Gesellschaften demnach eine sehr weitgehende technische Gestaltungsfreiheit haben. Das Gesetz enthält keine konkreten (technische) Standards.[706] Mithin steht es im Ermessen des Vorstands im Vorfeld der Versammlung und des Versammlungsleiters unmittelbar vor und in der Versammlung angemessene Maßnahmen zu treffen.[707] Dies ist richtig, um den Gesellschaf-

[699] Vgl. zur Vereinbarkeit des virtuellen Formats mit der anonymen Wahrnehmung des Stimmrechts *Tröger*, in: KölnKommAktG, § 118 Rn. 83; *Zetzsche*, ZGR 2019, 1, 33 f.

[700] Vgl. zu Legitimationserfordernissen *Butzke*, in: GroßkommAktG, § 123 Rn. 38 f.

[701] Bei Einführung des ARUG schrieb beispielsweise Noack selbstverständlich und konzis „Bei schriftlicher Briefwahl kann das herkömmliche System der ‚Eintrittskarten' zugrunde gelegt werden.", *Noack*, WM 2009, 2289, 2290. Wenn dieser Standard schon damals allgemein anerkannt war und bis heute fortgilt, ist nicht angezeigt diesen für die virtuelle Versammlung zu verschärfen.

[702] So auch zum GesRuaCOVBekG *Wunderlich*, Digitalisierung der Hauptversammlung, S. 223; davor schon *Roth*, ZIP 2003, 369, 375.

[703] Vgl. *Wunderlich*, Digitalisierung der Hauptversammlung, S. 223.

[704] Ebenso keine bedeutenden Unterschiede feststellend *Wunderlich*, Digitalisierung der Hauptversammlung, S. 223; vgl. *Hasselbach/Schumacher*, ZGR 2000, 258, 265 f.

[705] Vgl. *Hasselbach/Schumacher*, ZGR 2000, 258, 265 f.

[706] Dies kritisierend *DGB*, Stellungnahme RefE, S. 6, abrufbar unter: https://www.bmj.de/SharedDocs/Downloads/DE/Gesetzgebung/Stellungnahmen/2022/0307_Stellungnahme_DGB_virtuelle_Hauptversammlung.pdf?__blob=publicationFile&v=3. Die Gesetzesbegründung des ARUG verlangt Maßnahmen, „die dem Stand der Technik entsprechen", ARUG, BT-Drucks. 16/11642, S. 26. Auch dieses Kriterium vermag in der Praxis jedoch kaum einen Standard zu etablieren, vgl. *Kubis*, in: MünchKommAktG, § 118 Rn. 18; *Walter*, Die virtuelle Haupt- und Gesellschafterversammlung, S. 130.

[707] Zur Zuständigkeit und dem Umfang der Pflichten von Vorstand und Versammlungsleiter, Kapitel 4 B. II. 4. a), C. I. 2. d) bb). Mit gleichem Ergebnis hinsichtlich Vorstandspflicht *Walter*, Die virtuelle Haupt- und Gesellschafterversammlung, S. 135 f.

ten eine auf den Einzelfall und der aktuellen technischen Entwicklung angepassten Lösung zu ermöglichen, diese aber auch zu erfordern.[708] Das Sicherheitsniveau ist wie die allgemeine technische Ausgestaltung an den allgemeinen Sorgfaltspflichten des Vorstands zu messen und beständig anzupassen.[709] Die Gesellschaften haben lediglich eine (automatisierte) Plausibilitätskontrolle in Hinblick auf die Legitimation und die Identifizierung der Aktionäre vorzunehmen.[710] Nur wenn sich weitere Zweifel an der Glaubwürdigkeit der Nachweise oder Angaben ergeben, kommt ihr die Pflicht zu, diesen weiter nachzugehen.[711] Für die Identitätsprüfung in (und im Vorfeld) der virtuellen Hauptversammlung reicht mithin grundsätzlich die Identifizierung über elektronische Verifikationsverfahren (Zugangskennzahlen, Passwörter, elektronische Schlüssel etc.), die mit der Anmeldung zur Versammlung oder der Legitimationsprüfung initiiert werden.[712] Diese fungieren wie Eintrittskarten bei der Präsenzversammlung.[713] Ein unbefugter Zugriff Dritter auf die Zugangsdaten des Aktionärs oder seine Weitergabe dieser berührt grundsätzlich allein die Sphäre des Aktionärs.[714]

Als teilnahmeäquivalente Partizipationsform unterliegt die Ausgestaltung der elektronischen Zuschaltung zu einer virtuellen Hauptversammlung dem Optimierungsgebot von Art. 8 Abs. 2 UAbs. 1 ARRL[715] und der gesellschaftsrechtlichen Treuepflicht[716]. Die Gesellschaften dürfen von den Aktionären mithin nur das im Rahmen der Legitimation- und Identitätskontrolle fordern, was zur Feststellung der Identität der Aktionäre und zur Gewährleistung der Sicherheit der elektronischen Kommunikation erforderlich ist. Darüber hinausgehende Erfordernisse sind unzulässig.

---

[708] So verweist die Gesetzesbegründung des ARUG beispielsweise schon darauf, dass Satzungsregelungen zu starr seien, RegE, ARUG, BT-Drucks. 16/11642, S. 26.

[709] *Walter*, Die virtuelle Haupt- und Gesellschafterversammlung, S. 134 ff.; schon zum ARUG RegE, ARUG, BT-Drucks. 16/11642, S. 26. Allgemein zur Gestaltung durch den Vorstand, Kapitel 4 B. II. 4. Entsprechendes gilt für den Versammlungsleiter.

[710] *Noack/Zetzsche*, in: KölnKommAktG, § 123 Rn. 70 m. w. N.; *Rieckers*, in: BeckOGKAktG, § 123 Rn. 70; *Ziemons*, in: K. Schmidt/Lutter, AktG, § 123 Rn. 56 f.; zu Namensaktien RegE, NaStraG, BT-Drucks. 14/4051, S. 11; BGH v. 20. 9. 2004 – II ZR 288/02, BGHZ 160, 253, 258, AG 2004, 673, 674; *Zetzsche*, Der Konzern 2007, 251, 254 f.; a. A. *Gätsch/Mimberg*, AG 2006, 746, 748 f.; *Heidinger/Blath*, WM 2006, 2275, 277.

[711] *Noack/Zetzsche*, in: KölnKommAktG, § 123 Rn. 70 m. w. N.; *Rieckers*, in: BeckOGKAktG, § 123 Rn. 70; *Ziemons*, in: K. Schmidt/Lutter, AktG, § 123 Rn. 56 f.; ausführlich *Noack/Zetzsche*, WM 2004, 1, 5 f.

[712] Vgl. *Hasselbach/Schumacher*, ZGR 2000, 258, 266 f. m. w. N.; *Heckschen/Hilser*, ZIP 2022, 670, 673, 676; *Lieder*, FS Vetter, S. 419, 440 m. w. N.; *Noack/Zetzsche*, in: KölnKommAktG, § 123 Rn. 66 f.; *Walter*, Die virtuelle Haupt- und Gesellschafterversammlung, S. 134 f.; zu § 118 Abs. 1 Satz 2 AktG etwa *Mülbert*, in: GroßkommAktG, § 118 Rn. 102 m. w. N.

[713] *Bücker/Kulenkamp/Schwarz/Seibt/v. Bonin*, DB 2020, 775, 779; *Noack/Zetzsche*, in: KölnKommAktG, § 123 Rn. 66, 68.

[714] *Mülbert*, in: GroßkommAktG, § 118 Rn. 102; kritisch *Heckschen*, Beschlussfassung im virtuellen Raum, S. 29, 40.

[715] S. hierzu schon Kapitel 4. B. II. 4. b).

[716] *Walter*, Die virtuelle Haupt- und Gesellschafterversammlung, S. 128.

Bei einer virtuellen Versammlung muss die Legitimationsprüfung der Aktionäre unter Umständen schon weiter im Vorfeld der Versammlung stattfinden, um den Aktionären die Ausübung ihrer Aktionärsrechte zu ermöglichen. Namentlich für die Ausübung des Stellungnahmerechts und des Auskunftsrechts im Vorfeld der Versammlung muss die Gesellschaft bereits die Legitimation und Identität bereits vor der Versammlung prüfen. Die Zugangsbeschränkung für die Partizipation der Aktionäre im Vorfeld der Versammlung kann dabei genauso ausgestaltet sein wie die für die elektronische Zuschaltung zur Versammlung selbst. Große Gesellschaften verwenden entsprechend oftmals das Aktionärsportal bereits für die Partizipation der Aktionäre im Vorfeld der Versammlung.[717]

Mit der elektronischen Legitimation und Identifikation der Aktionäre ergeben sich gewisse Risiken bezüglich Hackerangriffe und der (unbemerkten) Teilnahme von Nicht-Aktionären, wenn diese den Zugriff des Aktionärs übernommen haben.[718] Beides wird an späterer Stelle ausführlicher erörtert. Hier sei allein festgehalten, dass diese Risiken zwar unvermeidbar sind,[719] nicht aber so schwer wiegen, dass sie ernsthafte Zweifel an dem Format begründen.[720]

ff) Anmeldung

Die Anmeldung zur virtuellen Versammlung gestaltet sich grundsätzlich wie bei der Präsenzversammlung. Zweck des Anmeldungserfordernisses ist es, der Gesellschaft die Vorbereitung auf die Hauptversammlung und die Anzahl an Teilnehmern zu ermöglichen.[721] Der Wortlaut von § 123 Abs. 2 Satz 1 AktG sieht ein Anmeldeerfordernis nur für die Teilnahme an der Versammlung oder die Ausübung des Stimmrechts vor. In der virtuellen Hauptversammlung ist die elektronische Teilnahme aber nur eine Gestaltungsoption der elektronischen Stimmrechtsausübung und anderer Aktionärsrechte, sodass diese Differenzierung wenig Sinn ergibt.[722] In der virtuellen Hauptversammlung werden elektronisch zugeschaltete Aktionäre im Teilnehmerverzeichnis geführt und können alle Rechte, die sie bei

[717] Empfehlend *Bücker/Kulenkamp/Schwarz/Seibt/v. Bonin*, DB 2020, 775, 779 f.; *Simons/Hauser*, NZG 2020, 488, 493. Dass Zugangsbeschränkungen für die Aktionärsportale geschaffen werden können und diese für die Prüfung der Legitimation und Identität der Aktionäre genutzt werden können, ist etwa mit Blick auf die elektronische Teilnahme nach § 118 Abs. 1 Satz 2 AktG schon lange etabliert. *Beck*, RNotZ 2014, 160, 162 f.; *Kubis*, in: MünchKommAktG, § 118 Rn. 86, 91; *Mülbert*, in: GroßkommAktG, § 118 Rn. 102 m. w. N.

[718] Zu Hackerangriffen, Kapitel 4 C. I. 8. c); vgl. zur unbemerkten Teilnahme Dritter Kapitel 4 C. I. 6.

[719] Vgl. *Heckschen*, NotBZ 2022, 281, 282.

[720] *Walter*, Die virtuelle Haupt- und Gesellschafterversammlung, S. 134; vgl. *Koch*, AktG, § 129 Rn. 19.

[721] OLG Stuttgart v. 3. 12. 2008 – 20 W 12/08, AG 2009, 204; *Baums*, FS Hüffer, S. 15, 17 m. w. N.; *Bayer/Scholz/Weiß*, AG 2013, 742, 744; *Butzke*, in: GroßkommAktG, § 123 Rn. 23.

[722] So auch *Noack/Zetzsche*, in: KölnKommAktG, § 123 Rn. 98.

einer Teilnahme an einer Präsenzversammlung wahrnehmen können, im Wege der elektronischen Kommunikation ausüben. Die elektronische Teilnahme ist hierfür nicht notwendig. Eine sinnvolle Differenzierung zwischen der Anmeldung für die Ausübung des Stimmrechts und der Anmeldung für die Ausübung der anderen versammlungsgebundenen Rechte würde damit nicht an die „Teilnahme", sondern an die elektronische Zuschaltung als teilnahmeäquivalente Voraussetzung der virtuellen Hauptversammlung anknüpfen.[723]

Folglich sollte es nach § 123 Abs. 2 Satz 1 AktG analog möglich sein, bei virtuellen Hauptversammlungen anstatt der Teilnahme die elektronische Zuschaltung unter einen Anmeldungsvorbehalt zu stellen. Eine Regelungslücke liegt darin, dass die Gesellschaften nach dem Wortlaut von § 123 Abs. 2 Satz 1 AktG nicht sinnvoll zwischen der bloßen Stimmrechtsausübung und der weitergehenden Wahrnehmung von Rechten in der Hauptversammlung differenzieren können. Damit wird die Planung der Hauptversammlung nicht entsprechend dem Normzweck des Anmeldeerfordernisses erleichtert. Ferner ist diese Regelungslücke planwidrig. Ohne die analoge Anwendung wird der Normzweck verfehlt. Dies wird aber weder in den Gesetzesmaterialien noch in der Literatur vor der Gesetzesverabschiedung behandelt.[724] Vielmehr hält die Gesetzesbegründung eine Anmeldung als Voraussetzung für die elektronische Zuschaltung sogar selbst für möglich,[725] ohne eine besondere Regelung dafür vorzusehen. Die Interessenlage der virtuellen Hauptversammlung ist ebenfalls mit der der Präsenzversammlung vergleichbar. Die Gesellschaft muss auch bei einer virtuellen Versammlung Veranstaltungskapazitäten (hier im Sinne elektronischer Infrastruktur) vorbereiten und hat ein Interesse zu wissen, ob Aktionäre allein von ihrem Stimmrecht oder von ihren weitergehenden Rechten Gebrauch machen wollen. Ferner wurde zuvor schon die Teilnahmeäquivalenz der elektronischen Zuschaltung ausgearbeitet. Folglich liegen die Voraussetzungen einer analogen Anwendung vor.

Rechtspolitisch wäre dagegen eine entsprechende Klarstellung durch eine zusätzliche Nennung der elektronischen Zuschaltung zur virtuellen Hauptversammlung im Gesetz zu begrüßen.[726]

Bei der Auslegung von Satzungsklauseln (die vor dem Gesetz zur Einführung virtueller Hauptversammlungen beschlossen wurden) ist im Einzelfall zu bestimmen,

---

[723] Wenn nur die Briefwahl zugelassen wird, kann in der Hauptversammlung sonst nicht sinnvoll zwischen einer alleinigen Ausübung des Stimmrechts und der weitergehenden Ausübung der Aktionärsrechte in der Versammlung differenziert werden.

[724] Soweit dies für hier ersichtlich ist. Einzig bereits wie hier *GDV*, Stellungnahme RefE, S. 9, abrufbar unter: https://www.bmj.de/SharedDocs/Downloads/DE/Gesetzgebung/Stellungnahmen/2022/0311_Stellungnahme_GDV_virtuelle_Hauptversammlung.pdf?__blob=publicationFile&v=3. Ferner ist erneut auf das unter Zeitdruck abgehaltene Gesetzgebungsverfahren hinzuweisen, Kapitel 3 D.

[725] FraktionsE, Virtuelle Hauptversammlung, BT-Drucks. 20/1738, S. 28, 30.

[726] In § 123 Abs. 2 Satz 1, Abs. 3, Abs. 4 Satz 5 und Abs. 5 AktG könnte dementsprechend nach den Worten „an der Versammlung" ein Komma und folgende Worte eingefügt werden: „die elektronische Zuschaltung zu der virtuellen Hauptversammlung".

ob Klauseln, die die Teilnahme unter einen Anmeldungsvorbehalt stellen, auch auf die elektronische Teilnahme angewendet werden können. Da die virtuelle Hauptversammlung und die Präsenzversammlung eine unterschiedliche Vorbereitung benötigen, ist es sachgerecht, Satzungsregelungen zuzulassen, die zwischen den beiden Versammlungsformaten differenzieren.[727] Dies stellt die Gleichwertigkeit der Formate nicht infrage.[728]

Zuletzt dient die Anmeldung nicht der Legitimation der Aktionäre und kann sie nicht ersetzen. Gleichwohl findet mit der Anmeldung eine Legitimitäts- und Identitätskontrolle statt. Demnach übermitteln viele Gesellschaften den Aktionären mit der Bestätigung der Anmeldung individuelle Zugangsdaten für die Partizipation im Vorfeld der Versammlung und der Zuschaltung in der Versammlung.[729]

gg) Teilnehmerverzeichnis

Da die Aktionäre bei einer virtuellen Hauptversammlung nicht am Versammlungsort teilnehmen können, wurde die Regelung des Teilnehmerverzeichnisses angepasst. Nach dem neu eingefügten § 129 Abs. 1 Satz 3 AktG sind nun auch elektronisch zugeschaltete oder vertretene Aktionäre sowie elektronisch zur Versammlung zugeschaltete Vertreter in das Verzeichnis nach Satz 2 aufzunehmen.[730] Eine Ausübung von Rechten ist nicht notwendig, um im Teilnehmerverzeichnis aufgeführt zu werden.[731] Ebenso schließen technische Störungen die Aufnahme in das Teilnehmerverzeichnis nicht aus, soweit eine elektronische Zuschaltung weiterhin sichergestellt ist.[732] Dies ergibt sich mittelbar aus der fehlenden Anfechtbarkeit aufgrund technischer Störungen, die auf einfacher Fahrlässigkeit der Gesellschaft beruhen, und dem Zurückweisungsrecht von Wortbeiträgen nach § 130a Abs. 6 AktG.[733]

---

[727] So auch *Noack/Zetzsche*, in: KölnKommAktG, § 123 Rn. 107.

[728] So auch *Noack/Zetzsche*, in: KölnKommAktG, § 123 Rn. 107.

[729] *BDI*, Stellungnahme RefE, S. 8; *Computershare*, Stellungnahme RefE, S. 2f., beide abrufbar unter: https://www.bmj.de/SharedDocs/Gesetzgebungsverfahren/DE/2022_Einfuehrung_virtueller_Hauptversammlungen_Aktiengesellschaften.html; *Noack/Zetzsche*, in: KölnKomm AktG, § 123 Rn. 68; *Simons/Hauser*, NZG 2020, 488, 493. So empfehlend *Bücker/Kulenkamp/Schwarz/Seibt/v. Bonin*, DB 2020, 775, 779; bei der elektronischen Teilnahme nach § 118 Abs. 1 Satz 2 AktG *Arnold/Carl/Götze*, AG 2011, 349, 361; mit einem konkreten Formulierungsvorschlag für die Einberufung *Hoffmann-Becking/Austmann*, in: BeckFormB BHW, X.21.

[730] Wie bei der Präsenzversammlung kann als Basis der Teilnehmerliste aber die Liste der angemeldeten Aktionäre dienen und mit der Liste der elektronisch zugeschalteten Aktionäre zum Zeitpunkt der Erstellung der Liste verglichen werden. Ausführlich zur Erstellung des Teilnehmerverzeichnisses *Noack/Zetzsche*, in: KölnKommAktG, § 129 Rn. 74ff.

[731] FraktionsE, Virtuelle Hauptversammlung, BT-Drucks. 20/1738, S. 30; *Wicke*, in: BeckOGKAktG, § 129 Rn. 31.

[732] So auch *Walch/Häuslmeier*, DNotZ 2023, 106, 122.

[733] *Walch/Häuslmeier*, DNotZ 2023, 106, 122.

Da die virtuelle Hauptversammlung eine vollwertige Hauptversammlung ist, ist es nur konsequent, elektronisch zur Versammlung zugeschaltete Aktionäre und ihre Vertreter wie am Versammlungsort anwesende Aktionäre bei einer Präsenzversammlung zu behandeln. Eine Aufnahme elektronisch teilnehmender Aktionäre in das Teilnehmerverzeichnis war zuvor schon seit dem ARUG I 2009 in der hybriden Hauptversammlung nach § 118 Abs. 1 Satz 2 AktG anerkannt.[734] Aktionäre, die ihr Stimmrecht nur im Wege der Briefwahl ausübten, konnten unter dem ARUG allerdings nicht in das Teilnehmerverzeichnis aufgenommen werden.[735]

Da die Feststellung der elektronischen Zuschaltung funktionsäquivalent mit der Feststellung der Teilnahme in einer Präsenzversammlung ist, kann ein beständig aktualisiertes Teilnehmerverzeichnis auch in der virtuellen Versammlung als Präsenzliste zur Bestimmung der vertretenen Stimmen verwendet werden.[736]

Bei einer virtuellen Hauptversammlung ist das Teilnehmerverzeichnis nach dem neu angepassten § 129 Abs. 4 Satz 1 AktG auch elektronisch zugeschalteten Aktionären zugänglich zu machen. Dies kann denklogisch nur im Wege elektronischer Kommunikation stattfinden.[737] Mit Rücksicht auf die persönlichen Daten der übrigen Aktionäre sollte es aber möglichst so zugänglich gemacht werden, dass es weder kopiert noch heruntergeladen werden kann.[738] Abseits dessen bleibt der Regelungsgehalt von § 129 AktG unberührt.[739]

---

[734] RegE, ARUG, BT-Drucks. 16/11642, S. 26f.; *Lieder*, FS Vetter, S. 419, 430; *Ziemons*, in: K. Schmidt/Lutter, AktG, § 129 Rn. 29. Wenn den elektronisch eingewählten Aktionären in der hybriden Hauptversammlung dagegen kein Stimmrecht eingeräumt wird, sind sie nicht in das Teilnehmerverzeichnis aufzunehmen. S. *Arnold/Carl/Götze*, AG 2011, 349, 361; *Mülbert*, in: GroßkommAktG, § 118 Rn. 100; *Wicke*, FS Kanzleiter, S. 415, 420. Bei hybriden Versammlungen nach § 118 Abs. 1 Satz 2 AktG wurde im Teilnehmerverzeichnis – obwohl das Gesetz dies nicht verlangt – teilweise kenntlich gemacht wer physisch am Versammlungsort und wer elektronisch teilnimmt. Dies erfolgte allein aus Transparenzgründen und Beweiszwecken. *Bärwaldt*, in: ArbeitsHdb HV, § 8 Rn. 12 m. w. N.; *Noack/Zetzsche*, in: KölnKommAktG, § 129 Rn. 42; zu Ausnahmen davon: *Herrler*, in: Grigoleit, AktG, § 129 Rn. 20; *Noack*, WM 2009, 2289, 2294. Denkbar ist es nun in der virtuellen Versammlung im Teilnehmerverzeichnis die vor Ort anwesenden Stimmrechtsvertreter besonders auszuweisen. Aufgrund der Gleichwertigkeit beider Optionen, ist eine solche Angabe aber weniger gewinnbringend. Einen Vermerk der Teilnahmeart empfehlend *Hoppe*, Das Teilnehmerverzeichnis der virtuellen Hauptversammlung, goingpublic.de, 6. 12. 2022, abrufbar unter: https://www.goingpublic.de/hv-magazin/teilnehmerverzeichnis-der-virtuellen-hauptversammlung/; *Noack/Zetzsche*, in: KölnKommAktG, § 129 Rn. 42.

[735] Auch das GesRuaCOVBekG brachte insoweit keine Neuerung *Arnold/Carl/Götze*, AG 2011, 349, 359; *Danwerth*, NZG 2020, 586, 587; *Simons/Hauser*, NZG 2020, 488, 493.

[736] *Danwerth*, NZG 2020, 586, 588; abratend *Koch*, AktG, § 118a Rn. 27; das Additionsverfahren für vorteilhafter haltend *Harnos*, Beschlussfassung im virtuellen Raum, S. 59, 77; zum Subtraktionsverfahren bei einer hybriden Versammlung RegE, ARUG, BT-Drucks. 16/11642, S. 26f.; *Mülbert*, in: GroßkommAktG, § 129 Rn. 59; dies abratend *Danzeglocke*, RNotZ 2022, 229, 251f. m. w. N.

[737] Vgl. FraktionsE, Virtuelle Hauptversammlung, BT-Drucks. 20/1738, S. 30, der eine Zugänglichmachung über das Aktionärsportal vorschlägt.

[738] Vgl. *Vossius*, notar 2020, 328, 329.

[739] FraktionsE, Virtuelle Hauptversammlung, BT-Drucks. 20/1738, S. 30.

hh) Zwischenergebnis

Aktionäre können nicht physisch am Ort der virtuellen Hauptversammlung teilnehmen. Ihnen steht aber nicht deshalb schon ein unbedingtes Recht auf elektronische Teilnahme an der Versammlung zu. Vielmehr muss ihnen als teilnahmeäquivalente Partizipationsform die elektronische Zuschaltung zur Versammlung gewährt werden. Mit dem Erfordernis der elektronischen Zuschaltung ist eine Verbindung zur Gesellschaft erforderlich, die den Aktionären die Ausübung ihrer Teilnehmerrechte und der Gesellschaft die Identifizierung ihrer Aktionäre ermöglicht. Die Legitimation, Identifizierung und Anmeldung der Aktionäre sind im Wesentlichen wie bei der Präsenzversammlung zu kontrollieren. Hierbei sollten sich keine besonderen Probleme ergeben. Die elektronische Teilnahme bleibt als Gestaltungsoption aber weiterhin möglich. Aktionäre und ihre Vertreter, die elektronisch zur Versammlung zugeschaltet sind, sind nach § 129 Abs. 1 Satz 3 AktG in das Teilnehmerverzeichnis aufzunehmen.

b) Mitglieder des Vorstands, § 118a Abs. 2 Satz 1 AktG

Sowohl die Mitglieder des Vorstands als auch die des Aufsichtsrats *sollen* nach § 118a Abs. 2 Satz 1 bzw. Satz 2 AktG am Ort der Hauptversammlung teilnehmen.

aa) „Sollen" i. S. d. § 118a Abs. 2 Satz 1 AktG

Obwohl das Gesetz hier bloß von „sollen" spricht, gilt damit eine Teilnahmepflicht für alle Mitglieder des Vorstands. Diese ist in Abwesenheit persönlicher Hinderungsgründe durch persönliches Erscheinen am Versammlungsort zu erfüllen.[740] Der Gesetzesbegründung zufolge entspricht der Bedeutungsgehalt des Worts „sollen" nämlich dem der gleichlautenden Formulierung in § 118 Abs. 3 Satz 1 AktG.[741] Obwohl die Aktionäre die Mitglieder des Vorstands nach der Ge-

[740] FraktionsE, Virtuelle Hauptversammlung, BT-Drucks. 20/1738, S. 26; *Mayer/Jenne/Miller*, BB 2022, 2946, 2951 m. w. N.; *Rieckers*, DB 2023, 373, 375.

[741] FraktionsE, Virtuelle Hauptversammlung, BT-Drucks. 20/1738, S. 26; ausführlich, auch in Bezug zum Aufsichtsrat und m. w. N. *Ahlswede*, AG 2023, 14, 15f.; *Koch*, AktG, § 118a Rn. 44; *Schilha/Gaßner*, ZIP 2022, 2357, 2365. Zur herrschenden allgemeinen Meinung zu § 118 Abs. 3 Satz 1 AktG RegE, TransPuG, BT-Drucks. 14/8769, S. 19; *Bärwaldt*, in: ArbeitsHdb Hauptversammlung, § 8 Rn. 112f.; *Hoffmann-Becking*, in: MünchHdbGesR IV, § 37 Rn. 46f. Der Referentenentwurf sah noch eine striktere Formulierung unter Gebrauch der Formulierung „haben teilzunehmen" vor. Diese wurde aber weithin abgelehnt und eine Gleichstellung mit dem Präsenzformat gefordert, um die Rechtsfolgen klarzustellen. *BDI*, Stellungnahme RefE, S. 9; *DAI*, Stellungnahme RefE, S. 22; *DAV*, Stellungnahme RefE, S. 15f.; *DIRK*, Stellungnahme RefE, S. 6; *GDV*, Stellungnahme RefE, S. 9, alle abrufbar unter: https://www.bmj.de/SharedDocs/Gesetzgebungsverfahren/DE/2022_Einfuehrung_virtueller_Hauptversammlungen_Aktiengesellschaften.html.

setzesbegründung auf einem Podium in der Versammlung wahrnehmen können sollen,[742] ist dies bloß als unverbindliches Leitbild des Gesetzgebers zu verstehen.[743]

bb) Zweck

Der Zweck der Anwesenheitspflicht von Vorstandsmitgliedern am Versammlungsort der virtuellen Hauptversammlung ist äußerst zweifelhaft.

(1) Wahrnehmung der Verwaltungsmitglieder auf einem Podium

Ausweislich der Gesetzesbegründung ist der Zweck der Regelung, den Aktionären auch im virtuellen Format zu ermöglichen, die Mitglieder des Vorstands auf einem Podium in der Versammlung wahrzunehmen.[744] Der Mehrwert einer solchen Wahrnehmung ist aber kaum ersichtlich.[745] Die *DNotV* führt hierzu an, dass durch eine bekannte Wahrnehmung des Vorstands, als auf dem „Podium" sitzend, das gebotene Vertrauen im Hinblick auf den virtuellen Versammlungsverlauf bei den Aktionären erzeugt wird.[746]

Hiergegen sind drei Dinge einzuwenden: Erstens muss stark angezweifelt werden, dass die Positionierung des Vorstands auf einem Podium bei einer Mehrheit der Aktionäre für ein erhöhtes Vertrauen in die Versammlung sorgt. Zweitens stellt das unbedingte Festhalten an gewohnten Darstellungen einen Widerstand gegen die Konzeption der virtuellen Hauptversammlung selbst dar. Die Einführung des virtuellen Formats ist unvermeidlich eine grundlegende Neugestaltung der Hauptversammlungspraxis. Versucht man aber den gewohnten Ablauf der Präsenzversammlung vollumfänglich zu wahren, stellt man sich gegen das virtuelle Format und verhindert eine selbstständige Entwicklung dessen. Drittens stellt die Erhaltung der bekannten Wahrnehmung des Vorstands auf einem Podium kein nachvollziehbares Regelungsziel dar, da sie mit keinem Aktionärsrecht in Verbindung gesetzt werden kann und keinen intrinsischen Mehrwert hat.[747]

---

[742] FraktionsE, Virtuelle Hauptversammlung, BT-Drucks. 20/1738, S. 26.

[743] S. Kapitel 4 C. I. 5. b) cc) (1).

[744] FraktionsE, Virtuelle Hauptversammlung, BT-Drucks. 20/1738, S. 26. So auch *Kubis*, in: MünchKommAktG, § 118a Rn. 70, der wohl eine die visuelle Erfassung der Vorstandsmitglieder priorisiert.

[745] Ebenso *Ahlswede*, AG 2023, 14, 15 ff.; *DAV*, Stellungnahme RefE, S. 16, abrufbar unter: https://www.bmj.de/SharedDocs/Downloads/DE/Gesetzgebung/Stellungnahmen/2022/0317_Stellungnahme_DAV_virtuelle_Hauptversammlung.pdf?__blob=publicationFile&v=3; *Tröger*, in: KölnKommAktG, § 118a Rn. 62.

[746] *DNotV*, Stellungnahme RefE, S. 7, abrufbar unter: https://www.bmj.de/SharedDocs/Downloads/DE/Gesetzgebung/Stellungnahmen/2022/0311_Stellungnahme_DNotV_virtuelle_Hauptversammlung.pdf?__blob=publicationFile&v=3.

[747] Vgl. *DAV*, Stellungnahme RefE, S. 16, abrufbar unter: https://www.bmj.de/SharedDocs/Downloads/DE/Gesetzgebung/Stellungnahmen/2022/0317_Stellungnahme_DAV_virtuelle_Hauptversammlung.pdf?__blob=publicationFile&v=3.

Der Wahrnehmbarkeit des Vorstands auf einem Podium kann folglich rechtspolitisch nicht überzeugend mit einer bloßen Verhaftung in alten Strukturen begründet werden.

(2) Direkte Kommunikation der am Versammlungsort Anwesenden

Sucht man außerhalb der Gesetzesbegründung weitere Gründe, ließe sich argumentieren, dass mit der Anwesenheit des Vorstands die direkte Kommunikation zwischen den am Versammlungsort anwesenden Funktionsträger sichergestellt wird.[748]

Die Vorstandsmitglieder können allerdings mit den anderen am Versammlungsort Anwesenden während der Hauptversammlung auch elektronisch kommunizieren. Es ergibt sich ein ähnliches Bild wie bei den Aktionären. Unter den am Versammlungsort einer virtuellen Hauptversammlung anwesend Funktionsträger ist die mündliche Absprache während der Versammlung ebenso nicht ohne die Störung der Übertragung möglich. Die elektronische Kommunikation abseits des Versammlungsorts ist dagegen für die anderen störungsfrei und wahrscheinlich effektiver.[749] Ferner findet die Kommunikation mit dem Backoffice selbst in Präsenzversammlungen heute schon fast ausschließlich elektronisch statt. Die direkte Kommunikation der Vorstandsmitglieder untereinander und mit anderen Funktionsträgern am Versammlungsort wird durch ihre Anwesenheit an diesem mithin kaum verbessert. Sie ist mithin kein gewichtiges Argument für die Anwesenheit am Versammlungsort.[750]

(3) Stellungnahme

Ohne ein überzeugendes Argument für die Anwesenheit der Vorstandsmitglieder am Versammlungsort kann der Anwesenheitszwang der Vorstandsmitglieder legislatorisch nicht gerechtfertigt und sollte deshalb abgeschafft werden.[751]

---

[748] *DNotV*, Stellungnahme RefE, S. 7, abrufbar unter: https://www.bmj.de/SharedDocs/Downloads/DE/Gesetzgebung/Stellungnahmen/2022/0311_Stellungnahme_DNotV_virtuelle_Hauptversammlung.pdf?__blob=publicationFile&v=3.

[749] So schon hinsichtlich der Aktionäre, Kapitel 4 B. I. 2. c) cc) (3) (b).

[750] Auch die Möglichkeit von technischen Problemen bei der Verbindung der Vorstandsmitglieder zum Versammlungsort kann kaum deren Anwesenheit am Versammlungsort bedingen. Schließlich verliefen die meisten virtuellen Hauptversammlungen weitestgehend ohne technische Störungen und stehen diese auch der rein elektronischen Partizipation der Aktionäre nicht entgegen. Zum Risiko von Störungen, Kapitel 4 C. I. 8. a).

[751] Im Gesetzgebungsverfahren gegen die Aufnahme des Erfordernisses: *BDI*, Stellungnahme RefE, S. 9, *DAI*, Stellungnahme RefE, S. 22; in diese Richtung auch abwägend: *GDV*, Stellungnahme RefE, S. 9; *GdW*, Stellungnahme RefE, S. 6; dafür *DNotV*, Stellungnahme RefE, S. 7, alle abrufbar unter: https://www.bmj.de/SharedDocs/Gesetzgebungsverfahren/DE/2022_Einfuehrung_virtueller_Hauptversammlungen_Aktiengesellschaften.html. Ebenso dagegen *Tröger*, in: Köln KommAktG, § 118a Rn. 62; *Wunderlich*, Digitalisierung der Hauptversammlung, S. 293.

Die Eigentumsrechte der Aktionäre gebieten in diesem Kontext eine größtmögliche Gestaltungsfreiheit der Gesellschaft und widersprechen jedem zwingenden Recht.

Darüber hinaus lassen sich zwei praktische Gründe gegen eine solche Pflicht zur physischen Teilnahme anführen.

Zum einen unterminiert sie das Ziel des virtuellen Formats, die Hauptversammlung nachhaltiger und umweltfreundlicher zu machen.[752] Bestehen keine zwingenden Gründe für die Anwesenheit der Vorstandsmitglieder, kann deren Anreise an den Versammlungsort gespart werden.

Zum anderen kann der Versuch die gewohnte Wahrnehmung des versammelten Vorstands, Aufsichtsrats und Notar auf einem Podium, die Wahrnehmung der dortigen Personen durch die Aktionäre entgegen seinem Zweck erheblich behindern. Denn: Der Vorstand von großen Gesellschaften umfasst oftmals mehr als zehn Mitglieder und der Aufsichtsrat teilweise mehr als 30. Die Zahl des mit einer Anwesenheitspflicht belegten Verwaltungspersonals der Gesellschaft kann damit über 40 liegen. Dies betrifft, gemessen an der Gesamtzahl von Aktiengesellschaften, zwar nur wenige Gesellschaften. Es ergibt sich damit jedoch schnell ein großes Podium, das in der Bildübertragung kaum ganzheitlich sinnvoll aufgenommen werden kann.[753] Der Durchschnittsaktionär, der die Versammlung über einen Computerbildschirm verfolgt, kann in einem Gesamtbild die einzelnen Anwesenden nicht im Detail wahrnehmen. Dafür muss er dann auf die herangezoomten Darstellungen zurückgreifen. Ist aber eine gelenkte Kameraführung mit einem starken Fokus auf das Rednerpult bzw. den Redner notwendig,[754] ist die Wahrnehmung aller auf einem Gesamtpodium für den Aktionär verzichtbar. Hätten die Vorstandsmitglieder nicht am Versammlungsort teilzunehmen, würden sie die Aktionäre in der Übertragung in einzelnen Fenstern wahrnehmen. Diese Alternative ist demnach in keiner Weise nachteilig.

---

[752] *GDV*, Stellungnahme RefE, S. 9; hinsichtlich der Mitglieder des Aufsichtsrates: *BDI*, Stellungnahme RefE, S. 9, beide abrufbar unter: https://www.bmj.de/SharedDocs/Gesetzgebungsverfahren/DE/2022_Einfuehrung_virtueller_Hauptversammlungen_Aktiengesellschaften.html; in Bezug auf die Aufsichtsratsmitglieder *Seibt/Danwerth*, AG 2022, 177, 185.

[753] So auch *BDI*, Stellungnahme RefE, S. 9, abrufbar unter: https://www.bmj.de/SharedDocs/Downloads/DE/Gesetzgebung/Stellungnahmen/2022/0310_Stellungnahme_BDI_virtuelle_Hauptversammlung.pdf?__blob=publicationFile&v=3; *Paschos*, in: BeckOGKAktG, § 118a Rn. 66; *Tröger*, in: KölnKommAktG, § 118a Rn. 63.

[754] Eine solche Darstellung ist heute bei den meisten großen Gesellschaften bereits bestehende Praxis, Kapitel 4 C. I. 5. b) bb).

cc) Zwischenergebnis

Trotz des Gesetzeswortlauts („sollen") gilt für die Mitglieder des Vorstands und des Aufsichtsrats eine Pflicht zur physischen Anwesenheit am Versammlungsort. Das Anwesenheitserfordernis des Vorstands am Versammlungsort sollte de lege ferenda aber aufgehoben werden. Das weiterhin bestehende Erfordernis entbehrt einer überzeugenden rechtspolitischen Begründung. Es sollte den Aktionären und ihren Gesellschaften überlassen werden, im Rahmen ihrer Privatautonomie über die Teilnahme des Vorstands am Versammlungsort zu entscheiden.

c) Mitglieder des Aufsichtsrates, § 118a Abs. 2 Satz 2 AktG

Die Mitglieder des Aufsichtsrats *sollen* sich nach § 118a Abs. 2 Satz 2 AktG ebenfalls am Ort der Versammlung physisch einfinden. Hierzu sind die obigen Ausführungen zur Anwesenheitspflicht der Vorstandsmitglieder übertragbar.[755]

aa) Dispens der Anwesenheitspflicht, § 118 Abs. 3 Satz 2 AktG

Da die virtuelle Versammlung für die Teilnahme der Aufsichtsratsmitglieder keine strengeren Voraussetzungen vorsehen soll als bei der Präsenzversammlung, gilt § 118 Abs. 3 Satz 2 AktG nach § 118a Abs. 2 Satz 2 AktG auch bei virtuellen Hauptversammlungen.[756] Danach kann die Satzung Fälle vorsehen, in denen die Teilnahme von Mitgliedern des Aufsichtsrats im Wege der Bild- und Tonübertragung erfolgen darf.

Nach richtiger Ansicht kann die Satzung dabei vorsehen, dass bei virtuellen Versammlungen die Teilnahme im Wege der Bild- und Tonübertragung möglich ist.[757] Dagegen wird argumentiert, dass es der Gleichwertigkeit der Präsenzversammlung mit der virtuellen Hauptversammlung widerspreche, wenn allein an die Abhaltung einer virtuellen Versammlung angeknüpft werden kann.[758] Nimmt man aber das Telos der Anwesenheitspflicht des Aufsichtsrats am Versammlungs-

---

[755] FraktionsE, Virtuelle Hauptversammlung, BT-Drucks. 20/1738, S. 26.

[756] Zur Einführung dieser Regelung durch das ARUG s. Kapitel 3 B. II. 1. Dabei verlangt § 118 Abs. 3 Satz 2 AktG nur eine Übertragung an den Versammlungsort, nicht aber dauerhafte Aufnahme in die Übertragung der Versammlung.

[757] So auch *Ahlswede*, AG 2023, 14, 17 f.; *Hoffmann*, in: BeckOGKAktG, § 118 Rn. 34; *Kubis*, in: MünchKommAktG, § 118a Rn. 72; umfassend *Mayer/Jenne/Miller*, BB 2022, 2946, 2952; *Rieckers*, DB 2024, 439, 443; *Seibt/Danwerth*, AG 2022, 177, 185; *Tröger*, in: KölnKommAktG, § 118a Rn. 64. A.A. *Hoppe*, NZG 2023, 587, 591; *Reger*, in: Bürgers/Lieder, AktG, § 118a Rn. 19; *Schilha/Gaßner*, ZIP 2022, 2357, 2361.

[758] *Reger/Gaßner*, RDI 2022, 396, 398; *Schilha/Gaßner*, ZIP 2022, 2357, 2361.

ort (hierzu sogleich genauer) in den Blick, stellt man fest, dass dieses darin liegt, eine persönliche Interaktion mit den Aktionären zu ermöglichen.[759] Dieser Zweck kann in der virtuellen Hauptversammlung schon grundsätzlich nicht erfüllt werden. Aus teleologischen Gesichtspunkten muss es demnach möglich sein, die virtuelle Versammlung als einen *bestimmten Fall* i. S. d. § 118 Abs. 3 Satz 2 AktG aufzunehmen.[760]

In der Hauptversammlungssaison 2023 beschlossen 86 % der Gesellschaften der DAX-Indexfamilie, die eine virtuelle Versammlung abhielten, eine Satzungsbestimmung, die ihren Aufsichtsratsmitgliedern eine Teilnahme an virtuellen Hauptversammlungen in Wege der Bild- und Tonübertragung gewährte.[761] Damit ist die gegenstehende Literaturmeinung überholt.[762] Die vorliegende Versammlungspraxis illustriert exemplarisch die Dynamik, die bislang noch im Gesetzesmaterial steckt. Zugleich zeigt sie aber auch auf, wie die Praxis vermeintliche Rechtsfragen durch die Kraft des Faktischen ausräumen kann.

Etwas anderes muss, wie für die Gestaltungsmöglichkeit des § 118 Abs. 3 Satz 2 AktG, gelten, soweit der Aufsichtsratsvorsitzende, wie weithin gebräuchlich, als Versammlungsleiter bestimmt wird und dieser vor Ort anwesend zu sein hat.[763] Im Sonderfall des § 130 Abs. 1 Satz 3 AktG, in dem der Vorstandsvorsitzende die Versammlungsniederschrift zu unterzeichnen hat, übernimmt dieser notarähnliche Funktionen. Dann hat er am Versammlungsort physisch präsent teilzunehmen.[764]

bb) Rechtspolitische Kritik

Die oben gefassten Erkenntnisse hinsichtlich des Zwecks der physischen Anwesenheit der Vorstandsmitglieder am Versammlungsort und der Kritik an dieser

---

759 *Merkner/Schulenburg/Elixmann*, AG 2023, 643, 646 m. w. N.

760 Ausführlich auch *Ahlswede*, AG 2023, 14, 17 f.; *Tröger*, in: KölnKommAktG, § 118 Rn. 64.

761 *Danwerth*, ZIP 2023, 2329, 2334.

762 Gesellschaften muss nicht mehr empfohlen werden, wie bisher bei der Präsenzversammlung, nur spezifische Fallgruppen in der Satzung vorzusehen, um Anfechtungsrisiken zu vermeiden. So aber noch *Koch*, AktG, § 118a Rn. 45; vgl. *Schilha*, Der Aufsichtsrat 2023, 2, 4. *Merkner/Schulenburg/Elixmann* führen die Gegenmeinung auf die vorgeschlagene Satzungsänderung der Deutschen Bank AG zurück. Diese sah nur *ausnahmsweise* eine Teilnahme im Wege der Bild- und Tonübertragung vor, ließ aber gerade nicht eine regelmäßige Teilnahme in dieser Weise für die virtuelle Hauptversammlung zu. Vorgeschlagen wurde diese Regelung, um „im Einklang mit der gesetzlichen Wertung" die Versammlungsformate nicht ungleich zu behandeln. Die BMW AG sah ebenfalls eine ähnliche Regelung vor. *Merkner/Schulenburg/Elixmann*, AG 2023, 643, 646.

763 *Bungert/Rieckers/Becker*, DB 2022, 2074, 2078; *Paschos*, in: BeckOGKAktG, § 118a Rn. 63; *Seibt/Danwerth*, AG 2022, 177, 185; *Tröger*, in: KölnKommAktG, § 118a Rn. 65.

764 Vgl. Kapitel 4 C. I. 3. e).

gelten auch bezüglich der Mitglieder des Aufsichtsrats.[765] Deren Anwesenheitspflicht sollte ebenso aufgehoben werden.[766]

In einigen Aspekten intensiviert sich die Kritik an der Anwesenheitspflicht der Aufsichtsratsmitglieder sogar. Der Aufsichtsrat hat in der Regel mehr Mitglieder. Es ist demnach schwerer, ihn vollständig sinnvoll in ein Bild zu setzen und seine Anreise verbraucht mehr Ressourcen. Des Weiteren spielt er eine viel passivere Rolle in der Hauptversammlung.[767] Er hat grundsätzlich keine Aktionärsfragen zu beantworten und ihm kommen weniger (umfangreiche) Berichtspflichten zu. Dementsprechend ist seine Anwesenheit noch weniger am Versammlungsort gefordert und mehr als unnötige Formalität zu werten.[768] Die vergleichbar geringe Bedeutung der Anwesenheit des Aufsichtsrats wird auch vom Gesetzgeber anerkannt und spiegelt sich in der Wertung von § 118 Abs. 3 Satz 2 AktG wider.[769] Zuletzt stellt sich die Anwesenheitspflicht der Aufsichtsräte ferner mit Blick auf die regelmäßig geforderte internationale Besetzung der Aufsichtsräte[770] als eine übermäßige und nicht begründete Belastung dar.[771] Zwar besteht für die Gesellschaften weiterhin die Möglichkeit von § 118 Abs. 3 Satz 2 AktG Gebrauch zu machen und Aufsichts-

---

[765] Mit Abwesenheit der Aktionäre am Versammlungsort und der ausschließlich elektronischen Kommunikation mit diesen, entfallen die beiden Gründe für die Anwesenheit des Aufsichtsrats am Ort der Versammlung: die persönliche Interaktion mit den Aktionären und die persönliche Mitverfolgung der Verhandlung. Vgl. RegE, TransPuG, BT-Drucks. 14/8769, S. 19.

[766] Gegen die Aufnahme des Erfordernisses in das Gesetz im Gesetzgebungsverfahren: *BDI*, Stellungnahme RefE, S. 9; *DAI*, Stellungnahme RefE, S. 22; *DAV*, Stellungnahme RefE, S. 16; *DIRK*, Stellungnahme RefE, S. 6; *GdW*, Stellungnahme RefE, S. 6; *VCI*, Stellungnahme RefE, S. 13, alle abrufbar unter: https://www.bmj.de/SharedDocs/Gesetzgebungsverfahren/DE/2022_Einfuehrung_virtueller_Hauptversammlungen_Aktiengesellschaften.html; in der Literatur: *Seibt/Danwerth*, AG 2022, 177, 185, 190; *Tröger*, in: KölnKommAktG, § 118a Rn. 63; zurückhaltender *GDV*, Stellungnahme RefE, S. 9, abrufbar unter: https://www.bmj.de/SharedDocs/Downloads/DE/Gesetzgebung/Stellungnahmen/2022/0311_Stellungnahme_GDV_virtuelle_Hauptversammlung.pdf?__blob=publicationFile&v=3; für die bestehende Regelung *DNotV*, Stellungnahme RefE, S. 7, abrufbar unter: https://www.bmj.de/SharedDocs/Downloads/DE/Gesetzgebung/Stellungnahmen/2022/0311_Stellungnahme_DNotV_virtuelle_Hauptversammlung.pdf?__blob=publicationFile&v=3.

[767] RegE, TransPuG, BT-Drucks. 14/8769, S. 19; *Kubis*, in: MünchKommAktG, § 118 Rn. 110; *Mülbert*, in: GroßkommAktG, § 118 Rn. 57 m. w. N. Zur *Organtrias* aus der Hauptversammlung, dem Vorstand und dem Aufsichtsrat, Kapitel 2 A. IV.

[768] Vgl. *BDI*, Stellungnahme RefE, S. 19; *DAI*, Stellungnahme RefE, S. 22; *DIRK*, Stellungnahme RefE, S. 6, alle abrufbar unter: https://www.bmj.de/SharedDocs/Gesetzgebungsverfahren/DE/2022_Einfuehrung_virtueller_Hauptversammlungen_Aktiengesellschaften.html.

[769] RegE, TransPuG, BT-Drucks. 14/8769, S. 19; *Hoffmann*, in: BeckOGKAktG, § 118 Rn. 30 m. w. N.

[770] C.1 Satz 2 DCGK fordert beispielsweise dazu auf bei der Besetzung des Aufsichtsrats auf Diversität zu achten. Davon umfasst ist auch etwa die internationale Besetzung, *Kremer*, in: Kremer/Bachmann/Favoccia/v. Werder, DCGK, Empfehlung C.1 Rn. 5 ff. Ausführlich zur internationalen Besetzung des Aufsichtsrats *Mader*, ZGR 2014, 430.

[771] *BDI*, Stellungnahme RefE, S. 9; *DAI*, Stellungnahme RefE, S. 22; *VCI*, Stellungnahme RefE, S. 13, beide abrufbar unter: https://www.bmj.de/SharedDocs/Gesetzgebungsverfahren/DE/2022_Einfuehrung_virtueller_Hauptversammlungen_Aktiengesellschaften.html.

räte von der Anwesenheitspflicht zu entbinden. Dies unterstreicht aber nur die Verzichtbarkeit dieser Pflicht.

Bei der virtuellen Versammlung ist zu erwarten, dass mehr Gesellschaften von § 118a Abs. 2 Satz 2 i. V. m. § 118 Abs. 3 Satz 2 AktG Gebrauch machen werden.[772]

cc) Rechtsfolge bei Verstößen

Der Verstoß gegen die Teilnahme*pflicht* der Verwaltungsmitglieder nach § 118 Abs. 2 AktG stellt nach allgemeiner Meinung allein keine beschlussrechtliche Relevanz dar.[773] Anders verhält es sich dagegen bei der Verletzung des Teilnahme*rechts* dieser Beteiligten, die sehr wohl eine Anfechtbarkeit begründet.[774] Gleiches gilt bei einer virtuellen Hauptversammlung.[775]

d) Versammlungsleiter, § 118a Abs. 2 Satz 3 AktG

aa) Anwesenheit am Versammlungsort

Der Versammlungsleiter hat nach § 118a Abs. 2 Satz 3 AktG an Ort der virtuellen Hauptversammlung teilzunehmen.[776]

Nach der Gesetzesbegründung wird der Versammlungsleiter gesondert in § 118a Abs. 2 Satz 3 AktG genannt, da es sich um einen Aktionär oder um einen außenstehenden Dritten handeln kann.[777] In der Rechtspraxis ist aber praktisch ausnahmslos der Aufsichtsratsvorsitzende per Satzung als Versammlungsleiter bestimmt.[778] Ist

---

[772] So auch *Seibt/Danwerth*, AG 2022, 177, 190.

[773] RegE, TransPuG, BT-Drucks. 14/8769, S. 19; *Kubis*, in: MünchKommAktG, § 118 Rn. 109 m. w. N.; *Spindler*, in: K. Schmidt/Lutter, AktG, § 118 Rn. 44; *Unmuth*, NZG 2020, 448, 449.

[774] OLG Stuttgart v. 17.5.1973 – 10 U 136/72, NJW 1973, 2027, 2028; *Mülbert*, in: GroßkommAktG, § 130 Rn. 53; *Polte/Haider-Giangreco*, AG 2014, 729, 730; *Zöllner*, FS R. Fischer, S. 905, 910.

[775] *Bungert/Rieckers/Becker*, DB 2022, 2074, 2078; *Koch*, AktG, § 118a Rn. 44; *Schilha/Gaßner*, ZIP 2022, 2357, 2365; *Seibt/Danwerth*, DB 2022, 1434, 1438.

[776] Dem Versammlungsleiter steht ein Anwesenheitsrecht zu. Zur Präsenzversammlung: *Butzke*, Hauptversammlung, C. Rn. 30; *Mülbert*, in: GroßkommAktG, § 118 Rn. 90, § 129 Rn. 125; *Spindler*, in: K. Schmidt/Lutter, AktG, § 118 Rn. 46; *Zetzsche*, in: KölnKommAktG, Anh. § 129 Rn. 14. Aus dem Anwesenheitsrechts des Versammlungsleiters lässt sich auch das Anwesenheitsrecht seiner Mitarbeiter und externen Dienstleistern, die ihm bei der Wahrnehmung seiner Aufgaben assistieren, ableiteten. In Bezug auf die Präsenzversammlung dafür: *Butzke*, Hauptversammlung, C. Rn. 31; ausführlich *Kubis*, in: MünchKommAktG, § 118 Rn. 114; dagegen: *Hoffmann*, in: BeckOGKAktG, § 118 Rn. 38 a. E.; *Mülbert*, in: GroßkommAktG, § 118 Rn. 91.

[777] FraktionsE, Virtuelle Hauptversammlung, BT-Drucks. 20/1738, S. 26.

[778] *Höreth*, in: Arbeitshandbuch für die Hauptversammlung, § 9 Rn. 8; *Steiner*, Die Hauptversammlung der AG, § 6 Rn. 1; *Wicke*, NZG 2007, 771.

dies der Fall, unterliegt er de lege lata schon als Aufsichtsratsmitglied einer unabhängigen Anwesenheitspflicht.[779]

bb) Rolle des Versammlungsleiters in der virtuellen Hauptversammlung

Dem Versammlungsleiter kommen in der virtuellen Hauptversammlung abstrakt die gleichen Leitungs- und Ordnungspflichten wie in der Präsenzversammlung zu.[780] In der Praxis finden diese jedoch andere Ausprägungen.

Bei einer virtuellen Hauptversammlung fallen für den Versammlungsleiter die physische Einlasskontrolle der Aktionäre sowie die meisten Ordnungs- und Sicherheitsmaßnahmen vor Ort weg. Stattdessen kommen ihm andere Aufgaben zu. Zunächst hat er sich etwa mit den technischen Systemen der Hauptversammlung vertraut zu machen und deren Funktionsfähigkeit zu überwachen.[781] Des Weiteren muss er elektronisch mit den Aktionären kommunizieren und in seiner Tätigkeit vermehrt auch Vorgänge im Vorfeld der Versammlung in Bezug zu nehmen.[782] Die Vorgänge im Vorfeld der Versammlung sowie die ihm vom Vorstand zur Verfügung gestellten technischen Systeme hat er wie bei einer Präsenzversammlung nur einer Evidenzkontrolle zu unterziehen.[783] Besondere Vorbereitungspflichten kommen ihm in der virtuellen Versammlung darüber hinaus nicht zu; insbesondere dehnt sich sein Pflichtenkreis nicht weiter in das Vorfeld der Hauptversammlung aus, als es für seine Pflichten hinsichtlich der Versammlung notwendig ist. In der Versammlung kann er insbesondere in Bezug auf das Auskunftsrecht mit neuen Rechtsunsicherheiten konfrontiert sein.[784]

Trotzdem betont die Gesetzesbegründung die „bedeutende Rolle" des Versammlungsleiters in der virtuellen Versammlung.[785] Mit Blick auf die gerade angestellten Betrachtungen ist dem insoweit nicht zu folgen, als dass dem Versammlungsleiter damit keine neue Rolle zukommt. Anzuerkennen ist aber, dass der Vorstand im Vorfeld der Hauptversammlung und der Versammlungsleiter bei der Leitung viele neue Entscheidungen hinsichtlich der Gestaltung der virtuellen Versammlung treffen müssen und dabei nur beschränkt auf bestehende Best Practice oder Recht-

[779] So schon zum GesRuaCOVBekG *Wunderlich*, Digitalisierung der Hauptversammlung, S. 20.

[780] So auch *Noack/Zetzsche*, in: KölnKommAktG, Anh. § 129 Rn. 193. Zum Verhältnis zu den Pflichten des Vorstands, Kapitel 4 B. II. 4. a) cc).

[781] S. Kapitel 4 C. I. 8. b).

[782] Hierbei sind insbesondere das zuvor ausgeübte Antragsrecht und das Auskunftsrecht zu beachten. Vgl. *Wicke*, in: BeckOGKAktG, § 129 Rn. 53. Vgl. zum Versammlungsleiter und Anträgen im Vorfeld *Noack/Zetzsche*, in: KölnKommAktG, Anh. § 129 Rn. 207 f.

[783] Zur Präsenzversammlung *Noack/Zetzsche*, in: KölnKommAktG, Anh. § 129 Rn. 118; *Sauerwald*, Der Versammlungsleiter im Aktienrecht, S. 240 f.

[784] S. Kapitel 4 C. II. 4. e).

[785] FraktionsE, Virtuelle Hauptversammlung, BT-Drucks. 20/1738, S. 32. Zustimmend *Schilha/Gaßner*, ZIP 2022, 2357, 2367.

sprechung zurückgreifen können. Insoweit stehen sie nun zum Beginn des Formats in einer besonderen Verantwortung und haben einen weiteren Gestaltungsspielraum als in der Präsenzversammlung.[786]

Der Versammlungsleiter kann seine Ordnungsbefugnisse weitestgehend wie in der Präsenzversammlung im Wege der elektronischen Kommunikation oder Kontrolle der elektronischen Systeme ausüben. Hervorzuheben ist allerdings, dass der vollständige Ausschluss eines störenden Aktionärs von der Hauptversammlung kein Äquivalent zum Saalverweis ist.[787] Bevor ein Aktionär von der (passiven) Verfolgung der Bild- und Tonübertragung der Hauptversammlung ausgeschlossen wird, steht dem Versammlungsleiter immer als milderes Mittel die Unterbindung der aktiven (störenden) Teilnahme, d. h. der Ausübung des Rederechts und Erbringung anderer Wortbeiträge, zur Verfügung.[788] Da die Worterteilung und -entziehung in der virtuellen Versammlung faktisch absolut ist, muss der Versammlungsleiter besondere Sorgfalt walten lassen.[789]

cc) Stellungnahme

Zurückkommend auf das Anwesenheitserfordernis des Versammlungsleiters am Versammlungsort enthält sich die Gesetzesbegründung einer Substantiierung. Es sind aber verschiedene andere Gründe für eine Anwesenheit des Versammlungsleiters denkbar. Hinsichtlich der Bild- und Tonübertragung streiten für und gegen die Anwesenheit des Versammlungsleiters die gleichen Argumente wie bei der Anwesenheit des Vorstands. Man könnte aber meinen, dass das Risiko technischer Störungen bei der Verbindung beim Versammlungsleiter schwerer wiegt. Dieser muss noch mehr Wortbeiträge im Rahmen der Moderation und Leitung der Hauptversammlung vornehmen und ist mehr noch als der Vorstand auf die Kommunikation mit den anderen Funktionsträgern angewiesen. Hierbei ist aber zu beachten, dass der Versammlungsleiter – und dies ist ein wesentlicher Unterschied zu einem Großteil der Aktionäre und einzelnen Funktionsträgern – zumindest bei Hauptversammlungen größerer Gesellschaften institutionell aufgestellt ist. Er kann dafür

---

[786] Hinsichtlich des Versammlungsleiters denke man etwa an die ad hoc zu treffenden Entscheidungen, ob die Qualität der Bild- und Tonübertragung ausreichend ist oder wie viele Funktionstests ein Aktionär vor seinen Wortbeiträgen durchführen darf. Zu den Beispielen *Kruchen/Werner*, DZWIR 2023, 175, 182.

[787] *Noack/Zetzsche*, in: KölnKommAktG, Anh. § 129 Rn. 205.

[788] *Noack/Zetzsche*, in: KölnKommAktG, Anh. § 129 Rn. 205.

[789] Die Entscheidung einem Beteiligten das Wort zu erteilen oder zu entziehen, muss der Versammlungsleiter dagegen wie in der Präsenzversammlung persönlich treffen. Vgl. FraktionsE, Virtuelle Hauptversammlung, BT-Drucks. 20/1738, S. 32; zur Präsenzversammlung allgemein *Martens*, Leitung der Hauptversammlung, S. 82 f., 38 ff.; *Stützle/Walgenbach*, ZHR 1991, 516, 527; zur Höchstpersönlichkeit der Entscheidung: *Kocher/Feigen*, NZG 2015, 620, 622; *Theusinger/Schilha*, BB 2015, 131, 133; *Wicke*, in: BeckOGKAktG, § 129 Rn. 51.

die Ressourcen der Gesellschaft in Anspruch zu nehmen.[790] Sollte er demnach tatsächlich mit technischen Störungen konfrontiert sein, kann er dafür im Vorfeld und in der Versammlung Hilfe in Anspruch nehmen. In der Regel wird er bei Gesellschaften von einer gewissen Größe von einem sog. Backoffice unterstützt, das ihn technisch und juristisch berät.[791] Ebenso werden technische Störungen des Versammlungsleiters dem Versammlungsleiter und den übrigen Beteiligten in der Regel direkt auffallen, sodass keine Gefahr besteht, dass die Hauptversammlung ohne ihn weiterläuft und der Fehler unbemerkt bleibt. Die Gefahr durch technische Störungen aus seiner Sphäre ist demnach weder für den Ablauf der Versammlung noch für die Beschlussfestigkeit ihrer Beschlüsse durchschlagend.

Schließlich ist zu beachten, dass der Versammlungsleiter wesentlich für den Ablauf der Versammlung zuständig ist. In Weiterführung dieses Gedankens könnte man annehmen, dass seine Anwesenheit am Ort der Versammlung im besonderen Maße notwendig sei.[792] Doch auch der Versammlungsleiter kann seinen Leitungsaufgaben in der Hauptversammlung ohne Weiteres im Wege elektronischer Kommunikation nachkommen. Bei einer virtuellen Hauptversammlung erfolgt schon de lege lata die gesamte Interaktion mit den Aktionären sowie anderen Beteiligten fernab des Versammlungsorts ausschließlich elektronisch. Realiter ergäbe seine elektronische Teilnahme mithin kaum ein relevanter Unterschied in seiner Interaktion mit den anderen Beteiligten und gar keinen Unterschied in der Kommunikation mit den Aktionären.[793]

In seiner Funktion selbst lässt sich mithin kein zwingender Grund für seine Anwesenheit am Versammlungsort finden.

e) Abschlussprüfer, § 118a Abs. 2 Satz 3 AktG

Hat die Hauptversammlung den Jahresabschluss festzustellen oder den Konzernabschluss zu billigen, hat der Abschlussprüfer nach § 176 Abs. 2 Satz 1 bzw. Satz 2 AktG an der Versammlung teilzunehmen.[794] Im Fall einer virtuellen Haupt-

---

[790] OLG Köln v. 31. 1. 2013 – 18 U 21/12, ZIP 2013, 516, 519; *Kremer*, FS Hoffmann-Becking, S. 697, 699; *Mülbert*, in: GroßkommAktG, § 129 Rn. 132; *Wicke*, in: BeckOGKAktG, § 129 Rn. 50.

[791] *Mayer/Jenne/Miller*, BB 2022, 2946, 2952. Zur Anwesenheit des Backoffice-Personals, Kapitel 4 C. I. 2. h).

[792] *Wicke*, Der Aufsichtsrat 2023, 18; *Wunderlich*, Digitalisierung der Hauptversammlung, S. 282.

[793] Zur Bedeutung des Versammlungsleiters am Ort der Protokollierung sogleich unter Kapitel 4 C. I. 4. b).

[794] Das Erfordernis seiner Anwesenheit erstreckt sich aber nur auf den jeweiligen Tagesordnungspunkt und nicht auf den Verlauf der ganzen Versammlung. *Hennrichs/Pöschke*, in: MünchKommAktG, § 176 Rn. 24 f. m. w. N.; *Mülbert*, in: GroßkommAktG, § 118 Rn. 62 m. w. N. Eine weitergehende Teilnahme an der Versammlung ist aber sinnvoll und in der Praxis auch üblich. *Reichert*, ArbeitsHdb Hauptversammlung, § 8 Rn. 89 f.

versammlung hat er nach § 118a Abs. 2 Satz 3 AktG am Ort der Versammlung teilzunehmen.[795]

Die Gesetzesbegründung begründet die physische Anwesenheitspflicht am Versammlungsort damit, dass § 176 Abs. 2 Satz 1 und 2 AktG die Anwesenheit des Abschlussprüfers am Versammlungsort vorsehen.[796] Der Gedanke überzeugt aber nicht. Die Regelung und die Meinungen zu dieser stammen aus einer Zeit, die die virtuelle Hauptversammlung noch nicht kannte.[797] Selbstverständlich wurde in diesem Kontext eine Teilnahme am Versammlungsort gefordert. Mit Einführung der virtuellen Hauptversammlung bestand aber die Gelegenheit, dem Abschlussprüfer die Teilnahme im Wege der Bild- und Tonübertragung zu ermöglichen. Die Aufrechterhaltung des Status quo ante war demnach nicht notwendig.

De lege ferenda sollte der Abschlussprüfer auch abseits des Versammlungsorts im Wege der Bild- und Tonübertragung an der Hauptversammlung teilnehmen können.[798] In den Fällen seiner verpflichtenden Teilnahme § 176 Abs. 2 Satz 1 und 2 AktG weist ihm das Gesetz keine ausdrücklichen Pflichten zu. Ausweislich § 176 Abs. 2 Satz 3 AktG unterliegt er keiner Antwortpflicht gegenüber den Aktionären. Der Zweck seiner Anwesenheit liegt allein darin, darüber zu wachen, ob der Jahresabschluss oder der Konzernbericht bei der Feststellung in einer Weise geändert wird, die eine Nachprüfung nach § 173 Abs. 3 AktG nötig macht.[799] Dabei kann er über die Fragen der Aktionäre auf Vorgänge aufmerksam gemacht werden, die er bei der Prüfung bisher nicht besonders beachtet hat.[800] Des Weiteren kann er den Vorstand mit seinem Sachverstand unterstützen, wenn dieser mit Aktionärsfragen oder anderen Beiträgen aus dem Kreis der Aktionäre konfrontiert ist.[801] Aufgrund seines umfangreichen Exklusivwissens nimmt er damit eine exponierte Stellung in

[795] Wie in der Präsenzversammlung kommt dem Abschlussprüfer selbst dabei keine gesetzliche Anwesenheitspflicht zu; diese ergibt sich aus dem vertraglichen Prüfungsauftrag. § 118a Abs. 2 Satz 3 AktG begründet vielmehr eine Verpflichtung des Vorstands, für die Anwesenheit des Abschlussprüfers zu sorgen. *Ekkenga*, in: KölnKommAktG, § 176 Rn. 16. Auch steht ihm nach richtiger herrschender Meinung kein Teilnahmerecht gegenüber der Gesellschaft zu *Butzke*, Hauptversammlung, C. Rn. 26 m. w. N.; *Mülbert*, in: GroßkommAktG, § 118 Rn. 63 m. w. N.; *E. Vetter*, in: GroßkommAktG, § 176 Rn. 77 m. w. N.; a. A.: *Drinhausen*, in: Hölters/Weber, AktG, § 176 Rn. 19 m. w. N.

[796] FraktionsE, Virtuelle Hauptversammlung, BT-Drucks. 20/1738, S. 26.

[797] Auch die hybride Hauptversammlung nach § 118 Abs. 1 Satz 2 AktG ermöglicht virtuelle Elemente nur neben der vollen Präsenzversammlung. S. Kapitel 3 B. II. 1.

[798] *DAV*, Stellungnahme RefE, S. 16, abrufbar unter: https://www.bmj.de/SharedDocs/Gesetzgebungsverfahren/DE/2022_Einfuehrung_virtueller_Hauptversammlungen_Aktiengesellschaften.html; vgl. *Tröger*, in: KölnKommAktG, § 118a Rn. 65.

[799] Begründung zum RegE AktG 1965 bei Kropff, S. 285.

[800] Begründung zum RegE AktG 1965 bei Kropff, S. 285.

[801] *Ekkenga*, in: KölnKommAktG, § 176 Rn. 18; *Koch*, AktG, § 176 Rn. 9; *Kubis*, in: MünchKommAktG, § 176 Rn. 33; *E. Vetter*, in: GroßkommAktG, § 176 Rn. 79, 83. Der Vorstand, kann den Abschlussprüfer zur Beantwortung von Aktionärsfragen ermächtigen. *Drygala*, in: K. Schmidt/Lutter, AktG, § 176 Rn. 22; *Ekkenga*, in: KölnKommAktG, § 176 Rn. 18; ausführlich *E. Vetter*, in: GroßkommAktG, § 176 Rn. 81 f.

der Hauptversammlung ein.[802] Aus dem Aktiengesetz ergibt sich damit aber nur, dass er die Verhandlung verfolgen können soll. Die Interaktion mit dem Vorstand und den Aktionären vor Ort kann ebenso im Wege einer virtuellen Kommunikation erfolgen. Schon de lege lata muss der Abschlussprüfer nicht an der ganzen Versammlung teilnehmen[803] und soll zeitlich minimal belastet werden.[804] Für und gegen seine Anwesenheit am Versammlungsort gelten im Übrigen die gleichen Argumente wie zur Anwesenheitspflicht der Vorstandsmitglieder. Daraus folgend ist seine physische Anwesenheit am Versammlungsort gleichermaßen nicht notwendig und sollte de lege ferenda der Disposition der Gesellschaften unterstellt werden.

f) Stimmrechtsvertreter, § 118a Abs. 2 Satz 4 AktG

Von der Gesellschaft benannte Stimmrechtsvertreter *können* nach Satz 4 am Ort der Hauptversammlung teilnehmen.

Der Wortlaut der Regelung unter Verwendung des Worts „kann", hat in Hinblick auf die bloß fakultativ einzuberufenden Stimmrechtsvertreter zurecht zu Verlangen nach Klarstellung geführt.[805] Der Wortlaut macht nicht klar, ob sich „kann" bloß auf die Möglichkeit einer Benennung eines Stimmrechtsvertreters durch die Gesellschaft oder auf die Entscheidungsmöglichkeit des Stimmrechtsvertreters, entweder am Ort der Versammlung oder im Wege der Bild- und Tonübertragung an der Versammlung teilzunehmen bezieht.[806] Tatsächliche Rechtsunsicherheiten ergeben sich aus dieser Regelung aufgrund der eindeutigen Gesetzesmaterialien aber nicht.[807] Diese machen klar, dass ein von der Gesellschaft benannter Stimmrechtsvertreter auch virtuell an der Hauptversammlung teilnehmen kann.[808] Die Entscheidung obliegt dem Stimmrechtsvertreter.[809] Eine dahin gehende Präzisierung des Wortlauts von § 118a Abs. 2 Satz 4 AktG wäre wünschenswert und könnte wie folgt lauten:

---

802 *Kubis*, in: MünchKommAktG, § 118 Rn. 111.

803 S. Kapitel 4 C. I. 2. e).

804 Begründung zum RegE AktG 1965 bei Kropff, S. 285; *E. Vetter*, in: GroßkommAktG, § 176 Rn. 73.

805 *BRAK*, Stellungnahme RefE, S. 6; *DIHK*, Stellungnahme RefE, S. 3, beide abrufbar unter: https://www.bmj.de/SharedDocs/Gesetzgebungsverfahren/DE/2022_Einfuehrung_virtueller_Hauptversammlungen_Aktiengesellschaften.html.

806 *BRAK*, Stellungnahme RefE, S. 6, abrufbar unter: https://www.bmj.de/SharedDocs/Downloads/DE/Gesetzgebung/Stellungnahmen/2022/0309_Stellungnahme_BRAK_virtuelle_Hauptversammlung.pdf?__blob=publicationFile&v=3.

807 Dies ist heute allgemein anerkannt. Vgl. *Mayer/Jenne/Miller*, BB 2022, 2946, 2953; *Otte-Gräbener/Wettich*, WPg 2022, 1364, 1365; *Pospiech/Schiller*, NJW-Spezial 2022, 527; *Schilha/Gaßner*, ZIP 2022, 2357, 2365.

808 FraktionsE, Virtuelle Hauptversammlung, BT-Drucks. 20/1738, S. 27.

809 FraktionsE, Virtuelle Hauptversammlung, BT-Drucks. 20/1738, S. 27; *Tröger*, in: KölnKommAktG, § 118a Rn. 67.

„Ein von der Gesellschaft nach § 134 Absatz 3 Satz 5 benannter Stimmrechtsvertreter kann am Ort der Hauptversammlung oder im Wege der Bild- und Tonübertragung an der Hauptversammlung teilnehmen.“

Der Fraktionsentwurf begründet das Recht der Stimmrechtsvertreter am Versammlungsort teilzunehmen damit, dass die Vertreter oftmals Mitarbeiter der Gesellschaft sind und sich daher ohnehin am Gesellschaftssitz und damit am Versammlungsort aufhalten.[810] Ihnen die Anwesenheit im Versammlungslokal ganz zu verwehren, wäre demnach wenig sinnvoll und bloß formalistisch. Des Weiteren ist ihre Anwesenheit im Versammlungslokal eine schon unter dem GesRuaCOVBekG verbreitete Praxis.[811] Dementsprechend ist in der Praxis eine Anwesenheit am Versammlungsort zu empfehlen[812] und mehrheitlich zu beobachten.[813]

g) Notar, § 130 Abs. 1a AktG

Ohne Wahlrecht verbleibt dagegen der Notar, der die Hauptversammlung zu beurkunden hat. Dieser hat nach dem neu eingeführten § 130 Abs. 1a AktG seine Wahrnehmungen am Ort der Hauptversammlungen zu machen. § 130 Abs. 1a AktG gilt unterschiedslos für die virtuelle Versammlung und die Präsenzversammlung[814] und hat damit nur klarstellende Natur.[815] Obwohl das Aktiengesetz zuvor keine ausdrückliche Regelung zum Aufenthaltsort des Notars beinhaltete, wurde diese mit der virtuellen Hauptversammlung eingeführt, da dort die Anwesenheit am Versammlungsort nicht wie bei der Präsenzversammlung als selbstverständlich vorausgesetzt werden kann.[816]

Weiteres zur Anwesenheit des Notars am Ort der Hauptversammlung wird sogleich im Rahmen seiner Rolle in der virtuellen Versammlung erläutert.

---

[810] FraktionsE, Virtuelle Hauptversammlung, BT-Drucks. 20/1738, S. 27.

[811] FraktionsE, Virtuelle Hauptversammlung, BT-Drucks. 20/1738, S. 27; *Herrler*, DNotZ 2020, 468, 480; *Paschos*, in: BeckOGKAktG, § 118a Rn. 65.

[812] So auch *Bungert/Rieckers/Becker*, DB 2022, 2074, 2078; *Koch*, AktG, § 118a Rn. 46; *Otte-Gräbener/Wettich*, WPg 2022, 1364, 1365.

[813] *Rieckers*, in: BeckOGKAktG, § 134 Rn. 65.

[814] FraktionsE, Virtuelle Hauptversammlung, BT-Drucks. 20/1738, S. 30; *Koch*, AktG, § 130 Rn. 14 f.; *Mayer/Jenne/Miller*, BB 2022, 1946, 1951.

[815] FraktionsE, Virtuelle Hauptversammlung, BT-Drucks. 20/1738, S. 30; *Heckschen*, NotBZ 2022, 281, 284; *Walch/Häuslmeier*, DNotZ 2023, 106, 127. Vgl. Kapitel 4 C. I. 3. f) dazu warum diesem nach geltendem Recht nur klarstellende Natur zukommt.

[816] Vgl. *Wicke*, in: BeckOGKAktG, § 130 Rn. 46; *Wunderlich*, Digitalisierung der Hauptversammlung, S. 282.

h) Andere

Aufsichtsbehörden, die ein Teilnahmerecht an der Hauptversammlung haben, sind nach Maßgabe von § 306 Abs. 1 Satz 2–4 VAG, § 44 Abs. 4 Satz 2 KWG und § 44 Abs. 4 Satz 2 KWG i. V. m. § 3 Abs. 1 Satz 1 BauSparkG richtigerweise allein im Wege der Videokommunikation zur Versammlung zuzuschalten. Für ihre Anwesenheit am Versammlungsort besteht kein Grund.

Das Gesetz setzt darüber hinaus die Anwesenheit von keinen anderen Personen am Ort der Versammlung voraus. Die Gesellschaft kann aber ein Interesse daran haben, andere Personen an diesem Ort anwesend zu halten. So ist an Dienstleister der Gesellschaft für die Abhaltung der Hauptversammlung, d. h. sog. *Backoffices* und IT-Dienstleister, als Hilfspersonen des Versammlungsleiters,[817] die Assistenz der Gesellschaftsorgane, Aktionärsbegleiter sowie geladene Gäste und Pressevertreter zu denken, die am Versammlungsort anwesend sein sollten.

Solche gesellschaftsfernen Dritten haben in der Regel keine Rechte innerhalb des Organisationsgefüges der Aktiengesellschaft und sind damit von der grundsätzlich nichtöffentlich abgehaltenen Hauptversammlung[818] ausgeschlossen. Ohne ein gesetzliches Teilnahmerecht kann aber ihre Teilnahme durch die Satzung, die Geschäftsordnung oder, wenn diese keine Vorgaben treffen, vom Versammlungsleiter bzw. der Hauptversammlung selbst zugelassen werden.[819]

Die dauerhafte Einführung des virtuellen Formats beeinträchtigt die Regelungslage des Status quo ante an dieser Stelle nur unwesentlich. Wie zuvor kann die Satzung, Geschäftsordnung oder der Versammlungsleiter die Anwesenheit solcher Dritter am Versammlungsort gestatten.

Darüber hinaus können sie den Dritten nun die Möglichkeit geben, die Versammlung im Wege elektronischer Kommunikation zu verfolgen oder daran zu partizipieren.[820]

---

[817] Auch bei virtuellen Versammlungen ist das Backoffice in der Praxis fast immer am Versammlungsort anwesend *Bungert/Rieckers/Becker*, DB 2022, 2074, 2078; *Koch*, AktG, § 118a Rn. 46; *Wicke*, Der Aufsichtsrat 2023, 18, 18 f.; so auch empfehlend *Mayer/Jenne/Miller*, BB 2022, 2946, 2952.

[818] Hierzu später noch Kapitel 4 C. I. 5. a) aa), 6.

[819] Jeweils m. w. N. *Hoffmann-Becking*, NZG 2017, 281, 287; *Kubis*, in: MünchKommAktG, § 118 Rn. 119; *Spindler*, in: K. Schmidt/Lutter, AktG, § 118 Rn. 48 m. w. N., § 118a Rn. 44. Die Zulassungsentscheidung trifft der Versammlungsleiter in freiem Ermessen. Vgl. zur virtuellen Hauptversammlung *DAV*, Stellungnahme RefE, S. 31 Fn. 4, abrufbar unter: https://www.bmj.de/SharedDocs/Gesetzgebungsverfahren/DE/2022_Einfuehrung_virtueller_Hauptversammlungen_Aktiengesellschaften.html; allgemein *Obermüller*, NJW 1969, 265.

[820] Dritten kann in diesem Kontext etwa ein ähnlicher Zugang zum Aktionärsportal, bloß ohne Stimmrecht, gegeben werden. Da es hierzu keine gesetzlichen Vorgaben gibt, steht die Ausgestaltung des Zugangs und der Partizipation von Dritten weithin im Ermessen der Gesellschaften.

i) Zwischenergebnis

Das Gesetz zur Einführung virtueller Hauptversammlungen schließt die physische Präsenz der Aktionäre und ihrer Bevollmächtigten am Versammlungsort aus, hält aber an dem Konzept des Versammlungsorts und den – zuvor als selbstverständlich angesehenen – Anwesenheitspflichten der übrigen Beteiligten am Versammlungsort fest. Es entwickelt sich damit eine Präsenzversammlung der Funktionsträger oder, wie es schon in der Legaldefinition in § 118a Abs. 1 Satz 1 AktG angelegt ist: eine Präsenzversammlung in physischer Abwesenheit der Aktionäre und ihrer Vertreter.

Betrachtet man die Ziele der virtuellen Hauptversammlung, lassen sich die Anwesenheitspflichten der meisten Funktionsträger bei individueller Betrachtung rechtspolitisch kritisieren. Die Anwesenheitspflichten vor Ort sind jedoch nicht allein einzeln, sondern auch im weiteren Regelungsrahmen und in Anbetracht aller Funktionsträger zu begreifen. Eine abschließende Stellungnahme zur Aufrechterhaltung eines Versammlungsorts und der Anwesenheit der Funktionsträger an diesem erfolgt demnach erst im weiteren Verlauf der Arbeit, nachdem die Rolle des Notars in der virtuellen Hauptversammlung ausführlich untersucht wurde.

3. Der Notar in der virtuellen Versammlung

In der virtuellen Hauptversammlung nimmt der Notar keine grundlegend andere Rolle als in der Präsenzversammlung ein. Die Einführung des virtuellen Formats wirkt sich für den beurkundenden Notar im Wesentlichen auf die Art und Weise, wie er das Versammlungsgeschehen wahrnimmt und in Bezug auf die Beurkundungsgegenstände aus. Sein allgemeines Pflichtenprogramm bleibt unverändert und die Niederschrift ändert sich kaum.[821] Er muss auch bei einer virtuellen Versammlung an deren Ort anwesend sein.[822] Trotz dessen soll der Beurkundungstätigkeit des Notars in dieser Arbeit besondere Aufmerksamkeit zukommen.[823] Der Notar ist ein wesentlicher Teil des formalisierten Verfahrens der Hauptversammlung und seine Mitwirkung in der virtuellen Hauptversammlung wird von vielen eine besondere Bedeutung zugesprochen.

Zunächst wird hierfür der Zweck der Beurkundung und Mitwirkung des Notars an der Versammlung aufgearbeitet (a)). Sodann wird die Erstellung und Beurkundung der Niederschrift behandelt (b)), um darauffolgend die Prüfungs- und Hin-

[821] *Danzeglocke*, RNotZ 2022, 229, 249; vgl. *Koch*, AktG, § 130 Rn. 23e; zur Hauptversammlung unter dem GesRuaCOVBekG *Hauschild/Zetzsche*, AG 2020, 557, 566 m. w. N.

[822] S. nochmals Kapitel 4 C. I. 2. g).

[823] Da in Bezug auf den Notar grundsätzlich auf umfangreiche Materialien aus Literatur und Rechtsprechung zurückgegriffen werden kann, wird an dieser Stelle nur dasjenige herausgestellt, welches besonders für die virtuelle Versammlung infrage steht oder zum Verständnis dieser hilfreich ist.

weispflichten des Notars in der Versammlung zu untersuchen (c)). In einem Exkurs wird anschließend die Beurkundung von Willenserklärungen im Zusammenhang mit der Hauptversammlung erläutert, da sich diese nach besonderen Regelungen richtet (d)). Abschließend wird der Sonderfall der privatschriftlichen Niederschrift durch den Versammlungsleiter nach § 130 Abs. 1 Satz 3 AktG erörtert (e)), um zuletzt mit einem Zwischenergebnis (f)) abzuschließen.

a) Zweck der Beurkundung und Mitwirkung des Notars

Der Notar ist für die Dokumentation der Willensbildung in der Hauptversammlung zuständig.[824] Mit der von ihm protokollierten Niederschrift wird *eine* rechtsverbindliche Version der Wahrheit festgelegt,[825] die als öffentliche Urkunde nach der Hauptversammlung Beweiskraft nach § 415 ZPO zukommt und somit Rechtssicherheit über die Beschlussfassung schafft.[826] Neben der Dokumentation der Versammlung kommen ihm in der Versammlung Prüfungs- und Hinweispflichten zu.[827] Als Organ der präventiven Rechtspflege stellt seine Mitwirkung die Einhaltung der einschlägigen Verfahrensbestimmungen für die Beschlussfassung sicher.[828] Das Aktienrecht würdigt die Mitwirkung des Notars am Versammlungsort durch § 241 Nr. 2 i. V. m. § 130 Abs. 1a AktG, wonach Beschlüsse, die in seiner Abwesenheit am Versammlungsort gefasst wurde, nichtig sind.[829]

Eine Vielzahl an Stimmen sprechen dem Notar in der virtuellen Hauptversammlung eine gesteigerte Bedeutung zu, da die Aktionäre den Vorstand nicht in Präsenz kontrollieren können.[830] Die Aktionäre können insbesondere die elektronische Stimmzählung keiner Plausibilitätskontrolle am Versammlungsort unterziehen.[831]

---

[824] Grundlegend BGH v. 19. 9. 1994 – II ZR 248/92, BGHZ 127, 107, 113, AG 1994, 559, 561; OLG Düsseldorf v. 28. 3. 2003 – 16 U 79/02, AG 2003, 510, 512; *Butzke*, Hauptversammlung, N. Rn. 2; *Kubis*, in: MünchKommAktG, § 130 Rn. 1 m. w. N.

[825] Zu dieser Formulierung *Hauschild/Zetzsche*, AG 2020, 557, 558; *Noack/Zetzsche*, in: KölnKommAktG, § 130 Rn. 405.

[826] *Lieder*, ZIP 2020, 837, 840; *Stelmaszczyk/Forschner*, Der Konzern 2020, 221, 227; vgl. *Simons*, NZG 2017, 567, 572; grundlegend zur Präsenzversammlung OLG Düsseldorf v. 28. 3. 2003 – 16 U 79/02, AG 2003, 510, 512; *Mülbert*, in: GroßkommAktG, § 130 Rn. 6 f. m. w. N.; vgl. BGH v. 19. 9. 1994 – II ZR 248/92, BGHZ 127, 107, 113, AG 1994, 559, 561.

[827] Hierzu später unter Kapitel 4 C. I. 3. c).

[828] *Hauschild/Zetzsche*, AG 2020, 557, 558; *Hoffmann-Becking*, in: MünchHdbGesR IV, § 41 Rn. 1; *Noack/Zetzsche*, in: KölnKommAktG, § 130 Rn. 405; *Stelmaszczyk/Forschner*, Der Konzern 2020, 221, 227; allgemein zur Präsenzversammlung *Mülbert*, in: GroßkommAktG, § 130 Rn. 6 m. w. N.

[829] Dies gilt nur soweit der Notar die Hauptversammlung tatsächlich auch protokolliert, s. Kapitel 4 C. I. 3. e).

[830] Ausführlich *Fleischhauer*, Zetzsche, Die virtuelle Hauptversammlung, S. 165, 173 f.; *Hauschild/Zetzsche*, AG 2020, 557, 558; *Lange*, notar 2024, 22; *Noack/Zetzsche*, in: KölnKommAktG, § 130 Rn. 407; *Stelmaszczyk/Forschner*, Der Konzern 2020, 221, 227; *Wicke*, FS Heidinger, S. 619, 629.

[831] Vgl. *Wicke*, in: BeckOGKAktG, § 130 Rn. 27.

Die Überwachung der am Versammlungsort anwesenden Funktionsträger und die Dokumentation des dortigen Geschehens durch den Notar als neutrale Partei sei deshalb besonders wichtig.[832]

b) Erstellung und Beurkundung der Niederschrift

Mangels Sondervorschriften für die Beurkundung der virtuellen Hauptversammlung ist auf die allgemeinen Regelungen zurückzugreifen, die gleichsam für die virtuelle Hauptversammlung und die Präsenzversammlung gelten.[833]

aa) Inhalt

Weil aus Perspektive des Aktienrechts die Rolle des Notars als Protokollant im Vordergrund steht,[834] wird zunächst untersucht, was der Notar in seine Niederschrift aufnehmen muss.[835]

(1) Aktienrechtliche Vorgaben

Zunächst definiert das Aktienrecht Pflichtinhalte. Nach § 130 Abs. 1 Satz 1 AktG ist der Notar primär für die Beurkundung der Beschlüsse der Hauptversammlung mittels einer über die Verhandlung hergestellten Niederschrift zuständig.[836]

---

[832] Ausführlicher *Hauschild/Zetzsche*, AG 2020, 557, 558; *Noack/Zetzsche*, in: KölnKommAktG, § 130 Rn. 407; *Stelmaszczyk/Forschner*, Der Konzern 2020, 221, 227; *Wicke*, in: BeckOGKAktG, § 130 Rn. 27. Im Gesetzgebungsverfahren jeweils unter Verwendung obiger Begründung besonders betonend *BNotK*, Stellungnahme RefE, S. 12 f.; *DNotV*, Stellungnahme RefE, S. 7 f., beide abrufbar unter: https://www.bmj.de/SharedDocs/Gesetzgebungsverfahren/DE/2022_Einfuehrung_virtueller_Hauptversammlungen_Aktiengesellschaften.html.

[833] *Danzeglocke*, RNotZ 2022, 229, 249; s. schon Kapitel 4 C. I. 2. g). Unabhängig von der Beurkundung der (virtuellen) Hauptversammlung werden aktuell Reformvorschläge für eine weitergehende (interne) Digitalisierung der notariellen Tätigkeit diskutiert. RefE, Gesetz zur Einführung einer elektronischen Präsenzbeurkundung, abrufbar unter: https://www.bmj.de/SharedDocs/Downloads/DE/Gesetzgebung/RefE/RefE_Elektronische_Praesenzbeurkundung.pdf?__blob=publicationFile&v=2.

[834] *Hauschild/Zetzsche*, AG 2020, 557, 561.

[835] Vgl. für eine Übersicht der notwendigen Protokollinhalte, *Heinze*, FS Heidinger, S. 181, der in seiner Darstellung aber nicht zwischen den Pflichten differenziert; aus der Praxis *Lange*, notar 2024, 22, 24 ff.

[836] Der Begriff der *Verhandlung* umfasst dabei nicht die ganze Versammlung, sondern ist allein auf das Verfahren der Beschlussfassung bezogen. Der Begriff „Verhandlung" beinhaltet im Beurkundungsrecht typischerweise keinen Aussagegehalt über den Beurkundungsumfang. Die Aufnahme in das Gesetz findet ihren Grund allein in dem historischen Bedürfnis eine klarstellende Regelung zur vorherigen Rechtslage zu schaffen, die weitergehende Protokollierungspflichten vorsah. *Noack/Zetzsche*, in: KölnKommAktG, § 130 Rn. 35; ausführlich hierzu *Bezzenberger*, FS Schippel, S. 361, 375 f.

Das Beurkundungserfordernis umfasst folglich nicht die ganze Versammlung, sondern zunächst nur die Verhandlung der Beschlüsse.[837] Der Notar hat dabei kein Verlaufsprotokoll, sondern nur ein Ergebnisprotokoll anzufertigen.[838]

§ 130 Abs. 2 AktG gibt die – nach § 241 Nr. 2 AktG bestandsbegründenden – Mindestvoraussetzungen der Protokollierung des Beschlusses vor.[839] Wie bisher ist dabei der aktienrechtliche Versammlungsort anzugeben, da dieser in der virtuellen Versammlung fortbesteht und weiterhin der Ort bleibt, von dem aus der Notar an der Versammlung teilnimmt.[840] Besonderheiten ergeben sich weiter bei der Protokollierung der Art der Abstimmung. Hierbei muss angegeben werden, auf welche Weise die Aktionäre ihre Stimme abgeben (Abstimmung etwa über Handzeichen per Videokommunikation, elektronisches Abstimmungssystem oder Briefwahl) und wie die Stimmauszählung erfolgt (Additions- oder Subtraktionsverfahren).[841] Nach herrschender Meinung muss dabei nahezu jedes praktische Detail dokumentiert werden, um kleine Lücken, die die Wirksamkeit der Beschlussfassung infrage stellen könnten, zu vermeiden.[842] Dabei ist zu protokollieren, dass die Abstimmung unter Ausschluss der Anwesenheit der Aktionäre und ihrer Vertreter vor Ort stattgefunden hat.[843] Weithin wird deshalb empfohlen, die Modalitäten der Abstimmung und ihren Vorgang ausführlich zu dokumentieren.[844] Der Einsatz von Hilfspersonen und technischen Mitteln sollte dabei auch vermerkt werden.[845] Mit Blick auf die

---

[837] Daraus ergibt sich schließlich auch, dass beschlusslose Hauptversammlungen aktienrechtlich keiner notariellen Beurkundung bedürfen. *Hoffmann-Becking*, in: MünchHdbGesR IV, § 41 Rn. 5; *Kubis*, in: MünchKommAktG, § 130 Rn. 3; *Lamers*, DNotZ 1962, 287, 294 f.; *Wicke*, in: BeckOGKAktG, § 130 Rn. 28.

[838] *Danzeglocke*, RNotZ 2022, 229, 250 m. w. N.; *Koch*, AktG, § 130 Rn. 23g m. w. N.; *Teichmann/Wicke*, notar 2021, 223 f.; *Wachter*, in: Wachter, AktG, § 130 Rn. 63; grundlegend zur Präsenzversammlung: BGH v. 19. 9. 1994 – II ZR 248/92, NJW 1994, 3094, 3095; *Ek*, Praxisleitfaden Hauptversammlung, Rn. 411; *Gehrlein*, WM 1994, 2054.

[839] Von dem nichtigkeitsbewährten Mindestumfang der Beurkundung kann aufgrund der abschließenden Regelung von § 241 Nr. 2 AktG und der daraus resultierenden Satzungsstrenge nach § 23 Abs. 5 AktG nicht abgewichen werden.

[840] *Noack/Zetzsche*, in: KölnKommAktG, § 130 Rn. 414; *Wicke*, in: BeckOGKAktG, § 130 Rn. 16; zum GesRuaCOVBekG: *Danzeglocke*, RNotZ 2022, 229, 250; *Hauschild/Zetzsche*, AG 2020, 557, 561; *Stelmaszczyk/Forschner*, Der Konzern 2020, 221, 233.

[841] *Danzeglocke*, RNotZ 2022, 229, 251. Grundlegend schon zur Präsenzversammlung *Butzke*, Hauptversammlung, N. Rn. 24; *Grumann/Gillmann*, NZG 2004, 839, 840; *Herrler*, in: Grigoleit, AktG, § 130 Rn. 37; *Kubis*, in: MünchKommAktG, § 130 Rn. 62 m. w. N.; vgl. OLG Oldenburg v. 30. 9. 2002 – 1 W 45/02, AG 2002, 682.

[842] *Herrler*, in: Grigoleit, AktG, § 130 Rn. 37; *Stelmaszczyk*, DNotZ 2021, 930, 958; *Teichmann/Wicke*, notar 2021, 221, 223.

[843] *Danzeglocke*, RNotZ 2022, 229, 250; *Teichmann/Wicke*, notar 2021, 221, 223; *Wicke*, DStR 2020, 885, 888. Eigentlich ergibt sich dieser Fakt aber auch schon aus der initialen Angabe, dass es sich um eine virtuelle Hauptversammlung handelt.

[844] *Noack/Zetzsche*, in: KölnKommAktG, § 130 Rn. 414; *Wicke*, in: BeckOGKAktG, § 130 Rn. 17.

[845] *Noack/Zetzsche*, in: KölnKommAktG, § 130 Rn. 414; grundlegend zur Präsenzversammlung OLG Düsseldorf v. 28. 3. 2003 – 16 U 79/02, AG 2003, 510, 511 f.; *Mülbert*, in: GroßkommAktG, § 130 Rn. 98.

Praxis dürfen keine allzu weitreichenden Erfordernisse an das Protokoll gestellt werden; die Art des Abstimmungssystems und seine Verwendung sollten aber zumindest in ihrer Funktion beschrieben werden.[846] Im Übrigen bestehen keine Besonderheiten hinsichtlich des Mindestinhalts der Niederschrift nach § 130 Abs. 2 Satz 1 AktG.[847]

Ferner ist jedoch zu beachten, dass die Aufnahme der Auskunftsverweigerung durch den Vorstand nach § 131 Abs. 5 Satz 1 AktG und von Widersprüchen nach § 245 Satz 1 Nr. 1 AktG in die Versammlungsniederschrift eigens für die virtuelle Versammlung angepasst wurden.[848] Abseits dessen bestehen keine wesentlichen Änderungen oder Besonderheiten hinsichtlich der übrigen aktienrechtlich gebotenen Niederschrifteninhalte bei der virtuellen Hauptversammlung. Die aktienrechtlichen Vorgaben sind so abstrakt formuliert, dass kein direkter Bezug zum Präsenzformat besteht. Ihr Inhalt ist aber entsprechend den Protokollierungsgegenständen in der virtuellen Hauptversammlung anzupassen. Eine Anpassung der Normen war mithin nicht erforderlich. Wie bei einer Präsenzversammlung oder einer hybriden Versammlung sind die aktienrechtlichen Vorgaben in Bezug auf die Nichtigkeitsfolge nach § 241 Nr. 2 AktG inhaltlich abschließend. Verpflichtende ungeschriebene Protokollierungspflichten, wie eine allgemeine Pflicht Rechtsverstöße jeder Art zu protokollieren, gibt es demnach nicht.[849]

(2) Amtspflichten

Das Pflichtenprogramm des Notars wird nicht nur durch das Aktienrecht, sondern auch durch seine Amtspflichten bestimmt.

(a) Beurkundungspflichten, §§ 1 i. V. m. 14 Abs. 1 Satz 2 BNotO

Als Organ der vorsorgenden Rechtspflege nach § 1 BNotO und Träger eines öffentlichen Amts obliegen dem Notar allgemeine Betreuungspflichten nach § 14 Abs. 1 Satz 2 BNotO.[850] Aus diesen können sich weitere nicht ausdrücklich ge-

---

[846] Vgl. *Danzeglocke*, RNotZ 2022, 229, 251.

[847] In der virtuellen Hauptversammlung ist auch eine verkürzte Beschlussfeststellung möglich, *Koch*, AktG, § 130 Rn. 23e; zum GesRuaCOVBekG statt aller *Link/Hess*, DB 2022, 851.

[848] Ausführlich hierzu Kapitel 4 C. II. 4. h) bb) und D. II. 4. a) bb). Vgl. *Wicke*, in: BeckOGKAktG, § 130 Rn. 18 ff.

[849] BGH v. 10. 10. 2017 – II ZR 375/15, BGHZ 216, 110, 122 Rn. 42, AG 2018, 28, 33; BGH v. 16. 2. 2009 – II ZR 185/07, BGHZ 180, 9 Rn. 16; AG 2009, 285, 287; *Kubis*, in: MünchKommAktG, § 130 Rn. 14 m. w. N.; *Liebscher*, in: Henssler/Strohn, AktG, § 130 Rn. 4.

[850] *Noack/Zetzsche*, in: KölnKommAktG, § 130 Rn. 411a; grundlegend zur Präsenzversammlung: BGH v. 2. 5. 1972 – VI ZR 193/70, BGHZ 58, 343, 348 f., NJW 1972, 1422, 1424; BGH v. 20. 9. 2007 – III ZR 44/07, NJW 2008, 1085, 1087; *Bezzenberger*, FS Schippel, S. 361, 377 f. m. w. N.; ausführlich *Merz*, FS 125 Jahre Bayerisches Notariat, S. 187, 188 ff. Der Notar kann auch mit besonderen Betreuungspflichten nach § 24 Abs. 1 Satz 1 BNotO betraut sein. § 24

regelte Protokollierungspflichten ergeben. Nach herrschender, aber im Einzelnen umstrittener Meinung muss der Notar aufgrund seiner Amtspflicht alle Umstände protokollieren, die für das Zustandekommen und die Wirksamkeit des Beschlusses von Bedeutung sind.[851] Diese verpflichten den Notar mithin ebenfalls nicht zu einem umfassenden Verlaufsprotokoll der Versammlung, sondern nur zur Protokollierung bestimmter Umstände.[852] Hierbei sind insbesondere auch technische Störungen zu protokollieren, soweit diese Einfluss auf die Beschlussfassung gehabt haben könnten.

(b) Ablehnungspflicht, § 4 BeurkG und § 14 Abs. 2 BNotO

Ferner ergibt sich nach § 4 BeurkG und § 14 Abs. 2 BNotO eine weitere Amtspflicht Beurkundungen abzulehnen, wenn diese mit seinen Amtspflichten unvereinbar sind.[853] Das Gesetz legt nicht abschließend fest, wann eine Beurkundung mit den Amtspflichten unvereinbar ist. Dies lässt sich im Einzelnen aber anhand der von der Rechtsprechung und Literatur ausgearbeiteten Voraussetzungen ermitteln.[854]

In der virtuellen Hauptversammlung könnte eine Ablehnungspflicht der Beurkundung von fehlerhaften Beschlüssen eine besondere Bedeutung zukommen. Insbesondere relevant könnte ein Ablehnungsgebot für die Mitwirkung an Beschlüssen sein, die unter Einfluss technischen Störungen zustande kamen. Technische Störungen allein konstituieren nach § 241 AktG aber noch keine Nichtigkeit von Beschlüssen (soweit nicht der Notar selbst betroffen ist).[855] Ist ein Beschluss auf-

---

Abs. 1 Satz 1 BNotO bezieht sich aber nur auf die *sonstige Betreuung* durch den Notar. Diese *sonstigen Tätigkeiten* werden von der BNotO aber gerade von der regulären Urkundstätigkeit, der der Notar in der Hauptversammlung nachgeht, abgegrenzt. Sie sollen demnach an dieser Stelle nicht weiter von Interesse sein. Zum Ganzen *Sander*, in: BeckOKBNotO, § 24 Rn. 4.

851 *Wicke*, in: BeckOGKAktG, § 130 Rn. 24; ausführlicher *Noack/Zetzsche*, in: KölnKommAktG, § 130 Rn. 415; grundlegend zur Präsenzversammlung: OLG Düsseldorf v. 28. 3. 2003 – 16 U 79/02, AG 2003, 510, 512; *Bezzenberger*, FS Schippel, S. 361, 376 ff.; *Grumann/Gillmann*, NZG 2004, 839, 841; *Schulte*, AG 1985, 33, 39; *Ziemons*, in: K. Schmidt/Lutter, AktG, § 130 Rn. 44 m. w. N.

852 *Butzke*, Hauptversammlung, N. Rn. 33 m. w. N.

853 Sie ist Ausdruck des Redlichkeitsgebots des Notars nach § 4 bzw. § 14 Abs. 2 BNotO, das ihm aufgrund seiner Eigenschaft als Träger eines öffentlichen Amtes zukommt. BGH v. 20. 6. 2000 – IX ZR 434/98, ZIP 2000, 2069, 2071; *Sander*, in: BeckOKBNotO, § 14 Rn. 41; *Schaller*, in: BeckOGKBeurkG, § 4 Rn. 6. Die in § 4 BeurkG und § 14 Abs. 2 BNotO besonders hervorgehobene Fallgruppe Handlungen zu unterlassen, die erkennbar unerlaubte oder unredliche Zwecke verfolgen, ist für die virtuelle Versammlung von keiner besonderen Bedeutung.

854 Für einen Überblick zu diesen *Grziwotz*, in: Grziwotz/Sauer/Heinemann, BeurkG, § 4 Rn. 15 ff.; *Schaller*, in: BeckOGKBeurkG, § 4 Rn. 20 ff.

855 Ferner ist schon strittig, ob der Notar auch nichtige Beschlüsse grundsätzlich zu beurkunden hat, so: BGH v. 21. 10. 2014 – II ZR 330/13, BGHZ 203, 68, 74, AG 2015, 82, 84; *Butzke*, Hauptversammlung, N. Rn. 12; *Mülbert*, in: GroßkommAktG, § 130 Rn. 54; a. A. *Noack/Zetzsche*, in: KölnKommAktG, § 130 Rn. 101 ff. m. w. N. für beide Ansichten; *Reger*, in: Bürgers/Lieder, AktG, § 130 Rn. 34.

grund einer technischen Störung aber nur fehlerhaft, kann der Notar seine Mitwirkung aufgrund seiner Urkundsgewährungspflicht nach § 15 Abs. 1 Satz 1 BeurkG nicht verweigern. Ihm bleibt dann allein die Aufnahme der technischen Störung in die Niederschrift.[856] Die Ablehnungspflicht nach § 4 BeurkG bzw. § 14 Abs. 2 BNotO formt die Rolle und Tätigkeit des Notars in der virtuellen Hauptversammlung demnach nicht besonders aus.

(c) Rechtsfolgen bei Verstoß

Ein Verstoß gegen die notariellen Amtspflichten kann aufgrund des abschließenden Charakters von §§ 130 Abs. 1, 2 Satz 1, Abs. 4, 241 Nr. 2 AktG nicht zur Nichtigkeit der Beurkundung führen.[857] Die aktienrechtlichen Beurkundungserfordernisse sind strikt von den Protokollierungs- und Überwachungspflichten aufgrund von Amtspflichten zu trennen, denn letztere sollen nicht die Anforderungen von ersteren erweitern können.[858] Die Verletzung der Amtspflichten kann allerdings Schadensersatzansprüche nach § 19 BNotO begründen.[859]

(3) Fakultative Inhalte

Das Aktiengesetz und die anderen darauf verweisenden Gesetze beinhalten nur Mindestanforderungen zum Inhalt der notariellen Beurkundung, aber keine abschließenden Aufzählungen.[860] Mithin ist die Aufnahme weiterer Inhalte in die Niederschrift bzw. in die notarielle Urkunde jederzeit zulässig. Die fakultativen Inhalte kann der Notar selbst bestimmen oder durch einen Auftrag mit der Gesellschaft vereinbaren[861].

---

[856] Vgl. m. w. N. *Austmann*, in: MünchHdbGesR IV, § 42 Rn. 3; *Sandkühler*, in: Arndt/Lerch/Sandkühler, BNotO, § 14 Rn. 122.

[857] Hierzu und im Folgenden: BGH v. 16.2.2009 – II ZR 185/07, AG 2009, 285, 287; OLG Düsseldorf v. 28.3.2003 – 16 U 79/02, AG 2003, 510, 513; ausführlich *Noack/Zetzsche*, in: KölnKommAktG, § 130 Rn. 34.

[858] OLG Düsseldorf v. 28.3.2003 – 16 U 79/02, AG 2003, 510, 513; *Hertel*, in: Staudinger, BeurkG, Rn. 607; *Krieger*, ZIP 2002, 1597, 1601; *Priester*, EWiR 2002, 645 646. Vgl. zum abschließenden Charakter der aktienrechtlichen Protokollierungspflichten, Kapitel 4 C. I. 3. b) aa) (1) a. E.

[859] Zur Verletzung solcher in der Hauptversammlung *Bezzenberger*, FS Schippel, S. 361, 378; *Reul*, AG 2002, 543, 549. Zu weiteren möglichen Folgen einer Amtspflichtverletzung *Sander*, in: BeckOKBNotO, § 14 Rn. 128.

[860] *Danzeglocke*, RNotZ 2022, 229, 2454; *Herrler*, in: Grigoleit, AktG, § 130 Rn. 2; *Noack/Zetzsche*, in: KölnKommAktG, § 130 Rn. 419; *Wachter*, in: Wachter, AktG, § 130 Rn. 63.

[861] Vgl. schon zu § 130 Abs. 1a AktG, Kapitel 4 C. I. 2. g).

bb) Modalitäten in der virtuellen Hauptversammlung

Nach § 130 Abs. 1a AktG hat der Notar seine Wahrnehmungen über den Gang der Versammlungen am Versammlungsort zu machen. Die virtuelle Hauptversammlung lässt damit keine Online-Beurkundung zu.

(1) Wahrnehmungen des Notars

Das Hauptversammlungsprotokoll hat nach § 130 AktG den Charakter eines Berichts des Notars über seine Wahrnehmungen.[862] Das Geschehen am Versammlungsort, d. h. das Handeln der dort anwesenden Funktionsträger, kann der Notar wie in der Präsenzversammlung wahrnehmen und protokollieren. Allein die Partizipation der elektronisch zugeschalteten Aktionäre kann er nicht in gleicher Weise wahrnehmen. Diese kann er nur über die elektronischen Kommunikationssysteme am Bildschirm oder über Ausdrucke dieser machen.[863] Hierzu ist ihm von der Gesellschaft ein Zugang zur Übertragung der Versammlung und den anderen Systemen der Hauptversammlung am Versammlungsort bereitzustellen, von denen aus er den Gang der Versammlung verfolgen kann. Der Umfang seiner Zugriffsbefugnisse muss sich an seinen Beurkundungs- und seinen Prüfungspflichten orientieren. Neben der Übertragung muss ihm mithin zumindest noch die Wahrnehmung von Widersprüchen nach § 118a Abs. 1 Satz 2 Nr. 8 AktG und unbeantworteten Fragen nach § 131 Abs. 5 Satz 2 AktG ermöglicht werden,[864] die er unter Umständen in das Protokoll aufnehmen muss. Ferner muss der Notar darauf achten, dass elektronisch zugeschaltete Aktionäre die von der Gesellschaft zugänglich zu machenden Inhalte (namentlich Unterlagen nach § 118a Abs. 6 AktG,[865] das Teilnehmerverzeichnis nach § 129 Abs. 4 Satz 1 und die im Vorfeld der Versammlung gestellte Fragen nach § 131 Abs. 1c Satz 1 AktG) tatsächlich zugänglich gemacht wurden.[866] Ihm ist insoweit alles zugänglich zu machen, was auch den Aktionären und ihren Vertretern zugänglich gemacht werden muss. Hinweise von Aktionären auf (angebliche) technische Probleme hat der Notar zu vermerken, dabei aber klarzustellen, dass es sich nicht um seine eigenen Wahrnehmungen handelt.[867]

---

[862] *Danzeglocke*, RNotZ 2022, 229, 249 a. E.; BGH v. 10. 10. 2017 – II ZR 375/15, AG 2018, 28, 29; BGH v. 16. 2. 2009 – II ZR 185/07, BGHZ 180, 9, 15, AG 2009, 285, 286; RG v. 4. 1. 1911 – V. 373/10, RGZ 75, 266; vgl. § 37 Abs. 1 Nr. 2 BeurkG.

[863] *Danzeglocke*, RNotZ 2022, 229, 249; *Hauschild/Zetzsche*, AG 2020, 557, 560; *Koch*, AktG, § 130 Rn. 23e; *Schindler/Schaffner*, Virtuelle Beschlussfassung in Kapitalgesellschaften und Vereinen, Rn. 317; *Teichmann/Wicke*, notar 2021, 221, 223; *Wicke*, in: BeckOGKAktG, § 130 Rn. 16.

[864] S. zur Protokollierung von Widersprüchen, Kapitel 4 D. II. 4. a) bb). Ähnliches gilt für die Protokollierung von Auskunftsverweigerungen nach § 131 Abs. 5 AktG. So auch in weitere Ausführlichkeit, *Wicke*, FS Heidinger, S. 619, 626.

[865] *Bezzenberger*, FS Schippel, S. 364, 382 f.

[866] *Wicke*, in: BeckOGKAktG, § 130 Rn. 26; vgl. *Hauschild/Zetzsche*, AG 2020, 557, 560.

[867] *Danzeglocke*, RNotZ 2022, 229, 252; *Hauschild/Zetzsche*, AG 2020, 557, 564; *Noack/Zetzsche*, in: KölnKommAktG, § 130 Rn. 418.

Entscheidend bleibt seine Wahrnehmung am Versammlungsort und nicht das Geschehen aufseiten der Verbindung der Aktionäre. Was der Notar (aufgrund einer technischen Störung) nicht wahrnimmt, kann er nicht protokollieren.[868] Qualitativ ergibt sich für den Notar mithin nichts Neues, was nicht schon bei der bei einer Onlineteilnahme der Aktionäre seit dem ARUG gilt. Die reale Tätigkeit des Notars ändert sich bei Abhaltung einer virtuellen Versammlung dagegen natürlich deutlich.

(2) *Vorgänge außerhalb der Versammlung*

Der Notar hat seine Niederschrift grundsätzlich nur von der Versammlung, nicht aber vom Vorfeld der Versammlung oder ihrem Nachgang anzufertigen.[869] Gegenanträge, die im Vorfeld der Versammlung gestellt wurden, sind mit in die Niederschrift aufzunehmen, wenn sie in der Versammlung behandelt werden und darüber abgestimmt wird.[870] Sie bilden einen Teil der Versammlung und sind zu protokollieren, soweit sie Gegenstand der notariellen Wahrnehmung geworden sind.[871] Die Gesellschaft hat ihm hierzu – wie den anderen Aktionären – die noch zur Abstimmung verfügbaren Anträge zugänglich zu machen.[872] Wird er auf (mutmaßliche) Rechtsverstöße im Vorfeld der Versammlung aufmerksam, kann er auf diese unter Hinweis darauf, dass er sie nicht selbst wahrgenommen hat, in die Niederschrift aufnehmen. Dazu ist er aber nicht verpflichtet und diesen Angaben kommt keine Beweiswirkung nach § 415 ZPO zu. Die Aufnahme von Auskunftsverweigerungen in das Versammlungsprotokoll wird mit dem Auskunftsrecht behandelt.[873]

Der Notar muss die Einberufung[874] einer Evidenzkontrolle unterziehen, da er ihre Belege nach § 130 Abs. 3 AktG in die Niederschrift aufzunehmen oder ihr als Anlage beizufügen hat.[875]

Soweit den Notar im Nachgang der Versammlung Berichte von technischen Problemen erreichen, können diese nur als Gedächtnisstütze für die Wahrnehmung des Notars in der Versammlung oder unter genauer Angabe des Zugangs beim Notar in die Niederschrift aufgenommen werden.[876]

---

[868] *Noack/Zetzsche*, in: KölnKommAktG, § 130 Rn. 411.

[869] Die Niederschrift umfasst damit nicht die vorgehende Partizipation der Aktionäre. Vgl. *Noack/Zetzsche*, in: KölnKommAktG, § 130 Rn. 415; *Wicke*, in: BeckOGKAktG, § 130 Rn. 26.

[870] So auch *Koch*, AktG, § 130 Rn. 23f; zum GesRuaCOVBekG: *Herrler*, DNotZ 2020, 468, 502; *Lieder*, ZIP 2020, 837, 840f.; *Noack/Zetzsche*, AG 2020, 265, 273; a.A. *Stelmaszczyk/Forschner*, Der Konzern 2020, 221, 233.

[871] Vgl. *Noack/Zetzsche*, in: KölnKommAktG, § 130 Rn. 415.

[872] S. zur Zugänglichmachung der Aktionäre Kapitel 4 B. III. 2.

[873] Kapitel 4 C. II. 4. h) bb).

[874] *Butzke*, Hauptversammlung, N. Rn. 8; *Lange*, notar 2024, 22 f.; *Mülbert*, in: GroßkommAktG, § 130 Rn. 45; *Sigel/Schäfer*, BB 2005, 2137, 2138; a.A. *Wilhelmi*, BB 1987, 1331, 1335.

[875] Dementsprechend handelt es sich auch um keine Prüfungspflicht im Vorfeld der Versammlung, sondern um eine Prüfung während oder nach der Versammlung.

[876] Vgl. *Danzeglocke*, RNotZ 2022, 229, 254; *Hauschild/Zetzsche*, AG 2020, 557, 565; *Herrler*, in: Grigoleit, AktG, § 118 Rn. 38b; *Herrler*, DNotZ 2020, 468, 504.

(3) Umfang der Protokollierungs- und Prüfungspflichten

Besondere Bedeutung für die Beschlussfassung erlangen bei einer virtuellen Hauptversammlung die elektronischen Systeme und ihrer Funktionsfähigkeit. Inwieweit der Notar die technische Infrastruktur kontrollieren und protokollieren muss, ist aber nicht ausdrücklich gesetzlich geregelt. Der Notar hat von ihm wahrgenommene technische Probleme zu protokollieren.[877] Was er allerdings nicht selbst wahrnimmt, kann er nicht protokollieren. Entsprechend richtet sich der Umfang seiner Protokollierungspflichten weitgehend nach dem Umfang seiner notariellen Wahrnehmung, die sich wiederum maßgeblich nach seinen Prüfungspflichten richtet. Entsprechend wird der Umfang der Protokollierungspflichten hinsichtlich der elektronischen Systeme der Hauptversammlung und ihrer Funktionsfähigkeit im Folgenden ausführlich im Zusammenhang mit den Prüfungspflichten des Notars untersucht, um sie an einer Stelle und im Kontext zu behandeln.

(4) Elektronische Aufzeichnungen

Teilweise wird gefordert, dass der Notar auch elektronische Aufzeichnungen mit in Bezug nehmen soll, damit der Ablauf (des elektronischen Teils) der Versammlung besser nachvollziehbar wird. Hierbei sind zwei Möglichkeiten denkbar: erstens der Abgleich elektronischer Aufzeichnungen mit seinen eigenen Wahrnehmungen und zweitens die Aufnahme der Aufzeichnungen in das notarielle Protokoll.

(a) Abgleich mit eigenen Wahrnehmungen

Wie in der Präsenzversammlung muss der Notar in der virtuellen Versammlung keine Aufzeichnung irgendeiner Art anfertigen, anfertigen lassen oder konsultieren.[878] Es ihm aber zu empfehlen, solche Aufzeichnungen als Erinnerungsstütze zu konsultieren.[879]

---

[877] *Danzeglocke*, RNotZ 2022, 229, 252; *Hauschild/Zetzsche*, AG 2020, 557, 564; *Herrler*, DNotZ 2020, 468, 503; *Stelmaszczyk*, DNotZ 2021, 930, 960; *Walch/Häuslmeier*, DNotZ 2023, 106, 111; *Zimmermann*, in: Happ I, Muster 10.17 Rn. 17.12.

[878] *Danzeglocke*, RNotZ 2022, 229, 255; *Hauschild/Zetzsche*, AG 2020, 557, 559; *Herrler*, DNotZ 2020, 468, 503; *Wicke*, in: BeckOGKAktG, § 130 Rn. 24.

[879] *Danzeglocke*, RNotZ 2022, 229, 255; *Hauschild/Zetzsche*, AG 2020, 557, 559; *Kruchen*, DZWIR 2020, 431, 460; *Noack/Zetzsche*, AG 2020, 265, 273; *Schindler/Schaffner*, Virtuelle Beschlussfassung in Kapitalgesellschaften und Vereinen, Rn. 317.

(b) Erstreckung der besonderen Beweiskraft nach § 415 Abs. 1 ZPO

Zudem wurde in der Literatur verschiedentlich vorgeschlagen, auch den elektronischen Aufzeichnungen die besondere Beweiskraft der notariellen Urkunde nach § 415 Abs. 1 ZPO zukommen zu lassen.[880] Hierfür wäre eine Erstreckung der notariellen Wahrnehmung auf die elektronische Aufzeichnung notwendig. Um dies zu ermöglichen, wurde eine Aufnahme des Speichermediums der Aufzeichnung als physisch verbundener Anhang zum Protokoll der Versammlung oder alternativ eine notarielle Verwahrung des Speichermediums vorgeschlagen.[881] Beide Varianten können nicht überzeugen.[882]

Der Notar hat nach § 130 Abs. 1a Satz 1 AktG bzw. § 37 Abs. 1 Satz 1 Nr. 2 BeurkG *seine eigenen Wahrnehmungen* in der Niederschrift festzuhalten. Was er aber nicht selbst wahrgenommen hat und nur über die elektronische Aufzeichnung zugetragen bekommt, kann mithin nicht Gegenstand seiner Niederschrift werden. Ferner ist die Anfügung dieser Daten als Anhang zur Niederschrift nicht möglich. § 37 Abs. 1 Satz 2, 3 BeurkG, der auch für Niederschriften nach § 130 Abs. 1 Satz 1 AktG gilt, lässt nur ein Anfügen von *Schriftstücken* zu. Datenträger und ihr Inhalt sind hiervon aber nicht umfasst.[883] Schließlich widerspricht der Anhang eines Speichermediums dem Gesetzeszweck von § 130 AktG. Nach diesem soll der Notar ein Ergebnisprotokoll anfertigen, dessen Einreichung zum Handelsregister nach § 130 Abs. 5 AktG und die daraus entstehende Publizität der Hauptversammlungsbeschlüsse, Transparenz und Rechtssicherheit für jeden schafft, der nicht an der Versammlung teilgenommen oder Zweifel an deren Ablauf hat.[884] Würde nun aber im notariellen Protokoll auf die (technischen) Aufzeichnungen der Versammlung verwiesen, müsste die Einsicht nehmende Person die Aufzeichnungen auswerten und ihre eigenen Schlüsse aus diesen ziehen. Sie wäre faktisch mit einem Verlaufsprotokoll konfrontiert, das den angestrebten Mehrwert der Transparenz und Rechtssicherheit eines Ergebnisprotokolls nicht im gleichen Maße gewähren kann.[885] Soll der Datenträger der Aufzeichnung der Niederschrift überdies als „physisch verbundener Anhang“[886]

---

[880] *Noack/Zetzsche*, in: KölnKommAktG, § 130 Rn. 409; *Noack/Zetzsche*, AG 2020, 265, 273; *Kruchen*, DZWIR 2020, 431, 460; erwägend *Hauschild/Zetzsche*, *AG* 2020, 557, 559.

[881] *Hauschild/Zetzsche*, AG 2020, 557, 559; *Kruchen*, DZWIR 2020, 431, 460; *Noack/Zetzsche*, in: KölnKommAktG, § 130 Rn. 409; allgemein ablehnend *Wicke*, DStR 2020, 885, 888.

[882] *Danzeglocke*, RNotZ 2022, 229, 255; *Koch*, AktG, § 130 Rn. 23g; *Stelmaszczyk*, DNotZ 2021, 930, 960 f.; *Teichmann/Wicke*, notar 2021, 221, 224; *Wicke*, DStR 2020, 885, 889.

[883] Zur hiesigen Fragestellung *Koch*, AktG, § 130 Rn. 23g; *Wachter*, in: Wachter, AktG, § 130 Rn. 63; allgemein: *Limmer*, in: Frenz/Miermeister, BeurkG, § 37 Rn. 7; *Meier*, in: BeckOGKBeurkG, § 37 Rn. 13.

[884] Eine Einsichtnahme in die Versammlungsniederschrift ist jedermann nach § 9 Abs. 1 HGB möglich. S. zum Zweck nochmals obige Ausführungen und vgl. *Mülbert*, in: GroßkommAktG, § 130 Rn. 6.

[885] In diese Richtung *Koch*, AktG, § 130 Rn. 23g.

[886] *Noack/Zetzsche*, AG 2020, 265, 273.

angefügt werden, wäre dieser de lege lata ohnehin nicht über das Handelsregister einzusehen.[887]

Eine Verwahrung der Aufzeichnung der Versammlung durch den Notar ist im Rahmen einer sonstigen Betreuung nach § 24 Abs. 1 BNotO jedoch zulässig.[888] Dieser kommt zwar nicht die Beweiskraft der beurkundeten Niederschrift zu, damit kann aber zumindest die Manipulationsfreiheit der Aufzeichnung ab dem Zeitpunkt der Inverwahrungnahme durch den Notar bewiesen werden.[889] Die Erstreckung der besonderen Beweiskraft nach § 415 Abs. 1 ZPO auf die elektronische Aufzeichnung überzeugt folglich nicht.

c) Prüfungs- und Hinweispflichten

Über die Beurkundung hinaus kommen dem Notar in der Hauptversammlung Prüfungs- und Hinweispflichten (Betreuungspflichten) zu.

Zunächst wird hier deren allgemeine Rechtsgrundlage (aa)) sowie Umfang und Inhalt (bb)) erläutert. Sodann werden die Betreuungspflichten in der virtuellen Hauptversammlung ausgearbeitet (cc)). Abgeschlossen wird mit einem Zwischenergebnis und einer Stellungnahme (dd)).

aa) Rechtsgrundlage

Diese entstehen ihm als Amtspflichten aufgrund seiner Stellung als Organ der vorsorgenden Rechtspflege nach § 1 BNotO.[890] Als solches ist es die Aufgabe des Notars „auf den seiner Betreuung zugewiesenen Rechtsgebieten den Rechtsfrieden zu sichern und für Klarheit sowie Sicherheit der Rechtsverhältnisse zu sorgen."[891] Die allgemeine Betreuungspflicht ergibt sich ferner in Verbindung mit § 14 Abs. 1 BNotO.[892] Sie ist aufs Engste mit der Tätigkeit des Notars ver-

---

[887] *Danzeglocke*, RNotZ 2022, 229, 255.

[888] *Danzeglocke*, RNotZ 2022, 229, 255; *Stelmaszczyk*, DNotZ 2021, 930, 961; *Stelmaszczyk/Forschner*, Der Konzern 2020, 221, 234 m. w. N.; vgl. ferner *Müller*, NJW 2015, 3271, 3274.

[889] Wie hier *Danzeglocke*, RNotZ 2022, 229, 255 m. w. N.; *Stelmaszczyk*, DNotZ 2021, 930, 961 m. w. N.; *Stelmaszczyk/Forschner*, Der Konzern 2020, 221, 234 f.

[890] BGH v. 2. 5. 1972 – VI ZR 193/70, NJW 1972, 1422, 1424; OLG Düsseldorf v. 28. 3. 2003 – 16 U 79/02, AG 2003, 510, 512; *Butzke*, Hauptversammlung, N. Rn. 7 m. w. N.; *Danzeglocke*, RNotZ 2022, 229, 252; *Wicke*, in: BeckOGKAktG, § 130 Rn. 25 f. m. w. N.

[891] *Sander*, in: BeckOKBNotO, § 14 Rn. 13; rezipiert etwa, in: *Faßbender*, RNotZ 2009, 425, 446; *Wicke*, in: BeckOGKAktG, § 130 Rn. 25 f.

[892] BGH v. 13. 6. 1995 – IX ZR 203/94, NJW 1995, 2794; *Faßbender*, RNotZ 2009, 425, 430; *Hertel*, in: Staudinger, BeurkG, Rn. 621; *Noack/Zetzsche*, in: KölnKommAktG, § 130 Rn. 45; *Reul*, AG 2002, 543, 549; allein wohl dagegen *Eckardt*, in: Geßler/Hefermehl/Eckardt/Kropff, AktG, § 130 Rn. 18. Auch hier ergeben sich besondere Hinweis- und Prüfungspflichten nach § 24 BNotO nur aus weiteren Tätigkeiten des Notars, auf welche an dieser Stelle nicht weiter einzugehen ist.

knüpft[893] und orientiert sich maßgeblich an seinen Beurkundungspflichten innerhalb der Hauptversammlung.[894]

Die umfassende Prüfungs- und Hinweispflicht nach § 17 BeurkG findet dagegen keine Anwendung auf den die Hauptversammlung beurkundenden Notar. § 17 BeurkG gilt nur bei der Beurkundung von Willenserklärungen.[895] Die interne Willensbildung der Gesellschaft beinhaltet grundsätzlich aber keine Willenserklärungen.[896] Beurkundungsrechtlich handelt es sich um die Beurkundung tatsächlicher Vorgänge, die nach §§ 36f. BeurkG mittels einer Niederschrift zu erfolgen hat.[897] Im besonderen Fall der Hauptversammlung gilt § 130 AktG als Lex specialis vorrangig.[898]

bb) Umfang und Inhalt

Wie der Notar den allgemeinen Betreuungspflichten nach §§ 1, 14 Abs. 1 BNotO nachkommen muss, ist im Detail strittig. Das Pflichtenprogramm des Notars hängt jedoch vom jeweiligen Einzelfall ab und richtet sich nach dem Organisationsgrad der Gesellschaft.[899]

Der Notar hat eine summarische Prüfungspflicht hinsichtlich der Einberufung und Durchführung der Hauptversammlung und der dort gefassten Beschlüsse.[900]

---

[893] Vgl. ausführlich *Noack/Zetzsche*, in: KölnKommAktG, § 130 Rn. 36; *Reul/Zetzsche*, AG 2007, 561, 563.

[894] Vgl. etwa *Noack/Zetzsche*, in: KölnKommAktG, § 130 Rn. 41 1a. Das genaue Verhältnis zu der beurkundenden Tätigkeit des Notars ist aber äußerst strittig. So ordnen einige die Prüfungspflichten als bloßen Reflex des auf Richtigkeitsgewähr gerichteten Beurkundungsverfahrens ein, etwa *Reul/Zetzsche*, AG 2007, 561, 563, während eine Minderheitenposition diese als unabhängig erachtet, etwa *Danzeglocke*, RNotZ 2022, 229, 233.

[895] BGH v. 21.10.2014 – II ZR 330/13, BGHZ 203, 68, 75 Rn. 19, AG 2015, 82, 84 Rn. 19 m. w. N.; *Butzke*, Hauptversammlung, N. Rn. 7; *Danzeglocke*, RNotZ 2022, 229, 236, 238, 250 m. w. N.; *Koch*, AktG, § 130 Rn. 12; *Kubis*, in: MünchKommAktG, § 130 Rn. 42; *Ziemons*, in: K. Schmidt/Lutter, AktG, § 130 Rn. 70 m. w. N.

[896] Zur Charakterisierung der Hauptversammlungsbeschlüsse bereits Kapitel 2 A. II. 1. Selbst wenn Hauptversammlungsbeschlüsse ausnahmsweise mit dem Ziel einer Rechtsbegründung oder -änderung getroffen werden, kommen sie erst mit der Beurkundung durch den Notar zustande. Die Vorschriften über die Beurkundung von Willenserklärungen (§§ 8 ff. AktG und damit auch § 17 BeurkG) kommen aber nur dann zur Anwendung, wenn bereits vorhandene Willenserklärungen beurkundet werden. Ausführlich *Faßbender*, RNotZ 2009, 425, 429f.

[897] BGH v. 21.10.2014 – II ZR 330/13, BGHZ 203, 68, 75, AG 2015, 82, 84; ausführlicher BGH v. 16.2.2009 – II ZR 185/07, BGHZ 180, 9, 15 Rn. 11 m. w. N., AG 2009, 285, 287; *Faßbender*, RNotZ 2009, 425, 430, 432.

[898] *Hertel*, in: Staudinger, BeurkG, Rn. 605; *Winkler*, BeurkG, § 37 Rn. 18a.

[899] OLG Düsseldorf v. 28.3.2003 – 16 U 79/02, AG 2003, 510, 512; *Fleischhauer*, Zetzsche, Die virtuelle Hauptversammlung, S. 165, 175; *Krieger*, ZIP 2002, 1597, 1601; *Priester*, EWiR 2002, 645, 646; *Reul*, AG 2002, 543, 550.

[900] Mit leichten Unterschieden: *Danzeglocke*, RNotZ 2022, 229, 252; *Simons*, NZG 2017, 567, 572; *Wicke*, in: BeckOGKAktG, § 130 Rn. 25f.; *Wicke*, DStR 2020, 885, 889; vgl. grund-

Wird er auf einen Verstoß aufmerksam, hat er den Versammlungsleiter darauf hinzuweisen.[901] Das weitere Vorgehen ist allerdings strittig.[902] Nach der richtigen herrschenden Auffassung kann ein Verstoß Einfluss auf den zu protokollierenden Inhalt haben.[903] Trotz dessen besteht dahingehend Einigkeit, dass der Notar keine Pflicht hat, nach Beschlussmängeln zu forschen und etwa die Stimmabgabe jedes einzelnen Mitglieds zu überwachen oder die Stimmauszählung sowie die vom Versammlungsleiter eingesetzten technischen Mittel zu überprüfen.[904] Insoweit darf er den Angaben der Verwaltung vertrauen.[905] Er muss nur so weit tätig werden, wie er auf Gesetzes- oder Satzungsverstöße aufmerksam wird.[906]

Dementsprechend ist das allgemeine Prüf- und Handlungsprogramm neben der Anfertigung der Niederschrift und deren Beurkundung sehr beschränkt. Dies beruht auf zwei Gründen: Zum einen läuft der Notar sonst leicht in Gefahr, die Beschränkungen seiner Rolle als neutraler Protokollant nach § 14 Abs. 1 Satz 2 BNotO zu missachten.[907] Zum anderen – und viel wesentlicher – weist das Gesetz nicht dem Notar die Aufgabe zu, für einen ordnungsgemäßen Ablauf der Versammlung zu sorgen, sondern dem Versammlungsleiter.[908] Der Notar kann weder die Überwachung aller rechtsrelevanten Vorgänge auf der Versammlung gewährleisten noch Verstöße verhindern und verfolgen. Dazu fehlen ihm die Kapazitäten und Expertise. Aus rechtlicher Sicht muss er nur feststellen, dass die eingesetzte Technik konzep-

---

legend zur Präsenzversammlung OLG Hamburg v. 8. 8. 2003 – 11 U 45/03, AG 2003, 698, 699; OLG Stuttgart v. 10. 11. 2004 – 20 U 16/03, AG 2005, 125, 130; *Butzke*, Hauptversammlung, N. Rn. 8; *Faßbender*, RNotZ 2009, 425, 430; *Hoffmann-Becking*, in: MünchHdbGesR IV, § 41 Rn. 19 m. w. N.; *Koch*, AktG, § 130 Rn. 12.

[901] *Danzeglocke*, RNotZ 2022, 229, 243 m. w. N.; *Faßbender*, RNotZ 2009, 425, 430; *Priester*, DNotZ 2001, 661, 669; *Wilhelmi*, BB 1987, 1331, 1335; *Ziemons*, in: K. Schmidt/Lutter, AktG, § 130 Rn. 71.

[902] *Danzeglocke*, RNotZ 2022, 229, 243; *Wicke*, in: BeckOGKAktG, § 130 Rn. 25.

[903] S. dazu schon oben Kapitel 4 C. I. 3. b) bb) (2).

[904] BGH v.10. 10. 2017 – II ZR 375/15, BGHZ 216, 110, 127 Rn. 56, AG 2018, 28, 33 Rn. 56; BGH v. 16. 2. 2009 – II ZR 185/07, BGHZ 180, 9, 18 Rn. 16, AG 2009, 285, 287; *Reger*, in: Bürgers/Lieder, § 130 Rn. 32 f.; *Wilhelmi*, BB 1987, 1331, 1335; vgl. *Schindler/Schaffner*, Virtuelle Beschlussfassung in Kapitalgesellschaften und Vereinen, Rn. 317. A. A. allein LG Wuppertal v. 26. 2. 2002 – 14 O 82/01, AG 2002, 567, 567 f. Zurecht aufgehoben durch OLG Düsseldorf v. 28. 3. 2003 – 16 U 79/02, AG 2003, 510, 512. Mit der herrschenden Meinung jeweils gegen die LG Entscheidung: *Krieger*, ZIP 2002, 1597; *Priester*, EWiR 2002, 645; *Reul*, AG 2002, 543. Vgl. im Kontext von § 4 BeurkG *Litzenburger*, in: BeckOKBGB, BeurkG, § 4 Rn. 13.

[905] Das Protokoll muss aber auch in der virtuellen Hauptversammlung stets auf seinen eigenen Wahrnehmungen beruhen. *Danzeglocke*, RNotZ 2022, 229, 249 m. w. N.; *Wicke*, in: BeckOGKAktG, § 130 Rn. 16.

[906] BGH v. 16. 2. 2009 – II ZR 185/07, AG 2009, 285, 287 m. w. N.; OLG Düsseldorf v. 28. 3. 2003 – 16 U 79/02, AG 2003, 510, 512; *Faßbender*, RNotZ 2009, 425, 440.

[907] *Hoffmann-Becking*, in: MünchHdbGesR IV, § 41 Rn. 19.

[908] Hierzu und im Folgenden *Faßbender*, RNotZ 2009, 425, 430; *Fleischhauer*, Zetzsche, Die virtuelle Hauptversammlung, S. 165, 175 f.; *Priester*, DNotZ 2001, 661, 669; *Walter*, Die virtuelle Haupt- und Gesellschafterversammlung, S. 102 f.; vgl. ferner: *Krieger*, ZIP 2002, 1597, 1600 f.; *Reul*, AG 2002, 543, 546.

tionell funktionstüchtig ist.[909] Folglich hat sich der Notar nicht neben oder an die Stelle des Versammlungsleiters zu setzen – allein dieser ist für den ordnungsgemäßen Ablauf der Hauptversammlung verantwortlich.[910]

cc) Modalitäten in der virtuellen Hauptversammlung

Die Prüfungs- und Hinweispflichten gelten gleichsam für die virtuelle Hauptversammlung wie für die Präsenzversammlung.[911] Bei der virtuellen Hauptversammlung bestehen keine besonderen Prüfungs- und Hinweispflichten. Im Folgenden kann allerdings die *Anwendung* der bereits bekannten Hinweis- ((1)) und Prüfungspflichten ((2)) im besonderen Kontext der virtuellen Hauptversammlung konkretisiert werden.

(1) Hinweispflicht

In der virtuellen Hauptversammlung hat der Notar die Versammlungsleitung ebenfalls auf ihm bekannte Satzungs- und Gesetzesverstöße aufmerksam zu machen und im Rahmen der Protokollierung und Beurkundung die notwendigen Maßnahmen vorzunehmen.[912] Hier ergeben sich kaum Änderungen.

(2) Prüfungspflicht

Die Prüfungspflicht des Notars ist dagegen besonders relevant bei der Ausarbeitung seiner Rolle in der virtuellen Hauptversammlung. Sie prägt seine Wahrnehmungen und seinen Wissensstand und beeinflusst damit maßgeblich den Inhalt seines Protokolls. Wer dem Notar eine bedeutende Rolle in der virtuellen Versammlung zuspricht, weil dieser im Aktionärsinteresse das Geschehen vor Ort kontrolliere, muss von einer weiten Prüfungspflicht ausgehen.

In der virtuellen Hauptversammlung ergeben sich für den Notar Änderungen, wie er dieser Pflicht nachzukommen hat. Das reale Pflichtenprogramm des Notars in der virtuellen Hauptversammlung wird in der Literatur aber weithin außen

---

[909] *Fleischhauer*, Zetzsche, Die virtuelle Hauptversammlung, S. 165, 176; *Walter*, Die virtuelle Haupt- und Gesellschafterversammlung, S. 102 f.

[910] OLG Düsseldorf v. 28. 3. 2003 – 16 U 79/02, AG 2003, 510, 512; *Fleischhauer*, Zetzsche, Die virtuelle Hauptversammlung, S. 165, 174; *Priester*, DNotZ 2001, 661, 669.

[911] *Noack/Zetzsche*, in: KölnKommAktG, § 130 Rn. 406.

[912] *Danzeglocke*, RNotZ 2022, 229, 252. Dies kann über elektronische Kommunikationsmittel erfolgen, muss aber nicht. Den Vorteil der mündlichen Kommunikation vor Ort herausstellend: *Herrler*, DNotZ 2020, 468, 479; *Lieder*, ZIP 2020, 837, 840. Da der Notar auch am Versammlungsort teilzunehmen hat, kann er wie auch in der Präsenzversammlung mündlich mit dem Vorstand kommunizieren.

vorgelassen. Der genaue Inhalt dieser Pflichten bestimmt sich, wie in der Präsenzversammlung, nach dem Kontext der Versammlung. Das allgemeine Pflichtenprogramm in der virtuellen Hauptversammlung kann aber inhaltlich konkretisiert werden. Da die Prüfungspflichten eng mit der Tätigkeit des Notars verknüpft sind, kann dabei in Teilen auf die vorherigen Ausführungen zu den Protokollierungspflichten zurückgegriffen werden.[913]

In diesem Kontext ist anerkannt, dass der Notar auch bei einer virtuellen Hauptversammlung keines besonderen technischen Sachverstands bedarf. Ebenso *muss* er sich nicht im Vorfeld der Versammlung mit deren technischen Infrastruktur und ihren technischen Abläufen auseinandersetzen oder diese über eine Plausibilitätskontrolle hinweg prüfen.[914] Die Identität der Beteiligten muss und kann er ebenfalls nicht prüfen.[915] Als Vorbereitung hat der Notar aber die Einberufung einer Evidenzkontrolle zu unterziehen[916] und sich mit dem internetgestützten Aktionärsportal, den dort bereitgestellten Optionen zur Rechtsausübung und dessen Funktionsweise vertraut machen.[917] Weitergehende Prüfpflichten obliegen ihm nicht.

Unberührt davon ist ausdrücklich zu empfehlen, dass sich die Verwaltung im Vorfeld der Versammlung mit dem Notar trifft und diesem die technischen Systeme erklärt und ihm Tests erlaubt.[918] In der Literatur wird insbesondere die Probe von Abstimmungen, die Kommunikation per E-Mail etc. angedacht.[919] Ebenso möglich ist, dass sich der Notar technisch erfahrener und neutraler Hilfspersonen bedient; auch dazu besteht aber keine Pflicht.[920] Die Angaben seiner Hilfspersonen kann er überdies nicht als eigene Wahrnehmungen protokollieren.[921]

Wenn die Versammlungsleitung demnach keine Anhaltspunkte für Misstrauen vonseiten des Notars liefert – und das wird der Regelfall sein[922] –, muss ihm nur insoweit ein Zugang zu den technischen Systemen der Versammlung eingeräumt

---

[913] Kapitel 4 C. I. 3. b) aa), bb).

[914] *Danzeglocke*, RNotZ 2022, 229, 252; *Koch*, AktG, § 130 Rn. 23e; *Lange*, notar 2024, 22, 23; *Noack/Zetzsche*, in: KölnKommAktG, § 130 Rn. 410; *Simons*, NZG 2017, 567, 572.

[915] *Danzeglocke*, RNotZ 2022, 229, 252 f.

[916] S. bereits Kapitel 4 C. I. 3. b) bb) (2).

[917] *Lange*, notar 2024, 22, 23; *Noack/Zetzsche*, in: KölnKommAktG, § 130 Rn. 406.

[918] *Danzeglocke*, RNotZ 2022, 229, 252; *Fleischhauer*, Zetzsche, Die virtuelle Hauptversammlung, S. 165, 175; *Noack/Zetzsche*, in: KölnKommAktG, § 130 Rn. 406 („gehören zu der üblichen Vorbereitung"); *Schindler/Schaffner*, Virtuelle Beschlussfassung in Kapitalgesellschaften und Vereinen, Rn. 317.

[919] *Danzeglocke*, RNotZ 2022, 229, 252; *Hauschild/Zetzsche*, AG 2020, 557, 558; *Herrler*, in: Grigoleit, AktG, § 118 Rn. 37x; *Simons*, NZG 2017, 567, 572.

[920] Ausführlicher mit demselben Ergebnis *Noack/Zetzsche*, in: KölnKommAktG, § 130 Rn. 410; allgemein: *Danzeglocke*, RNotZ 2022, 229, 252; *Hauschild/Zetzsche*, AG 2020, 557, 559. Greift der Notar in der virtuellen Hauptversammlung für die technischen Abläufe auf Hilfspersonen zurück, gilt für deren Überwachung und Verhältnis das gleiche wie in der Präsenzhauptversammlung.

[921] *Noack/Zetzsche*, in: KölnKommAktG, § 130 Rn. 410, allgemein m. w. N. Rn. 51, 274.

[922] Vgl. *Noack/Zetzsche*, in: KölnKommAktG, § 130 Rn. 410.

werden, soweit dies für seine Niederschrift erforderlich ist. Da sich der Notar grundsätzlich auf die Angaben der Gesellschaft verlassen kann, können ihm einzelne Umstände auch nur vom Versammlungsleiter oder Vorstand dargelegt werden. Hat der Notar allerdings Zweifel und somit Anlass zur Kontrolle, ist ihm auf Verlangen im Rahmen der technischen, zeitlichen und organisatorischen Möglichkeiten ein weitergehender Zugriff auf die elektronische Kommunikation und Infrastruktur der Hauptversammlung zu gewähren. Bemerkt der Notar, dass er keinen Zugriff auf bestimmte elektronische Kommunikation oder Systeme hat, hat er sich mit der Versammlungsleitung in Verbindung zu setzen.

Im Besonderen ergibt sich aufgrund der Kontrollpflicht keine allgemeine Pflicht des Notars, die technischen Vorgänge der virtuellen Hauptversammlung einzusehen, denn diese gibt es auch bei der Präsenzversammlung nicht.[923] Dies gilt erst recht, weil sich der Notar grundsätzlich auf die von der Gesellschaft gemachten Angaben zu den zu protokollierenden Inhalten verlassen darf.

dd) Zwischenergebnis und Stellungnahme

Dem Notar obliegen in der virtuellen Hauptversammlung die gleichen Prüfungs- und Hinweispflichten wie in der Präsenzversammlung. In der virtuellen Versammlung ist allein der Prüfgegenstand ein anderer. Die Pflichten des Notars weiten sich dadurch aber weder qualitativ noch quantitativ merklich aus. Selbst bezüglich der sensiblen Frage hinsichtlich der Hauptversammlungstechnik kommen dem Notar keine wesentlich weitergehenden Pflichten zu, als bei der eingesetzten Technik innerhalb einer Präsenzversammlung oder einer hybriden Versammlung nach § 118 Abs. 1 Satz 2 AktG. Die Prüfungspflichten wachsen mithin nicht entsprechend ihrer proklamierten Bedeutungssteigerung.

Dies vermag zunächst zu erstaunen, ist letztlich aber nur konsequent. In der Präsenzversammlung muss der Notar etwa die Stimmauszählung, die ordnungsgemäße Entgegennahme von Anmeldungen von Wortbeiträgen und die Angaben der Verwaltung auch nur einer Plausibilitätskontrolle unterziehen. Dem Notar etwa hinsichtlich der automatischen Stimmauszählung, der automatisch erstellten Ergebnisse des Funktionstests der Videokommunikation nach § 130a Abs. 6 AktG oder den technischen Angaben der Verwaltung eine deutlich weitere Protokollierungs- und Prüfpflicht aufzubürden, wäre demnach eine bloß punktuelle Ausweitung seiner Pflichten, die in der Präsenzversammlung kein Äquivalent findet. Zwar wäre dies aus Sicht der Aktionäre sicherlich förderlich, eine solche insulare Verschärfung wäre jedoch weder von den oben herausgearbeiteten Rechtsgrundlagen umfasst noch in praxi umsetzbar.

Einerseits könnte ein solcher tiefgehender technischer Sachverstand überhaupt nur vonseiten der Gesellschaft und ihrer Hilfspersonen erwartet werden. Selbst

---

[923] Vgl. hierzu und im Folgenden, Kapitel 4 C. I. 3. b) aa), bb), c) bb).

diese könnten aber nicht jedes technische Detail nachvollziehen und vollständig auf seine Funktionsfähigkeit prüfen. Selbst bei den einfachsten heutigen technischen Lösungen kann kein vollständiges Durchdringen der zugrunde liegenden technischen Prozesse, sondern allein ein sorgfältiges Verhalten von der Gesellschaft gefordert werden.[924] Von dem Notar als Drittem kann demnach nicht mehr gefordert werden als von der Gesellschaft selbst.[925] Andererseits kann eine vollständige Prüfung der Technik im Besonderen nicht vom Notar gefordert werden. Der Notar ist nach § 130 AktG nur dafür zuständig, seine Wahrnehmungen als Teilnehmer vom Gang der Versammlung zu protokollieren. Darüber hinaus fehlt ihm in der Regel der technische Sachverstand.[926]

In der Präsenzversammlung kommt dem Notar auch nicht die Funktion als Kontrollinstanz mit Richtigkeitsgewähr zu. Dies findet im differenzierten System des Beschlussmängelrechts – und dort insbesondere in der Wertung von § 241 Nr. 2 AktG – seinen Ausdruck.[927] Der Notar hat für Transparenz und Rechtssicherheit zu sorgen, nicht aber für den Nachweis der Funktionsfähigkeit der technischen Infrastruktur. Seine Prüfpflichten ergänzen seine Pflichten nur hinsichtlich der Erstellung der Niederschrift und ihrer Beurkundung. Sie räumen ihm aber keine gesonderte Stellung im aktienrechtlichen Kompetenzgefüge der Hauptversammlung ein.

d) Exkurs: Beurkundung von Willenserklärungen

Im Zusammenhang mit der Hauptversammlung sind gelegentlich auch Willenserklärungen zu beurkunden.[928] Sie werden an dieser Stelle gesondert behandelt, da sich ihre Beurkundung nach den Vorschriften der Beurkundung von Willenserklärungen nach §§ 6 ff. BeurkG und damit insbesondere erweiterten Prüfungs- und Belehrungspflichten nach §§ 17–21 BeurkG richtet[929]. Eine elektronische Beur-

---

[924] Dies spiegelt sich auch darin wider, dass der Gesetzgeber bei technischen Störungen keine Anfechtung auch bei einfach fahrlässigem Handeln der Gesellschaft zulässt.

[925] Der Notar hat hierfür nicht den notwendigen Sachverstand. So auch *Noack/Zetzsche*, in: KölnKommAktG, § 130 Rn. 410.

[926] *Noack/Zetzsche*, in: KölnKommAktG, § 130 Rn. 410.

[927] Vgl. etwa *Krieger*, ZIP 2002, 1597, 1601.

[928] *Zuerst* sind Beschlüsse der Hauptversammlung einer KGaA, die der Zustimmung der Komplementäre nach § 285 Abs. 2 Satz 1 AktG bedürfen, nach § 285 Abs. 3 Satz 2 AktG in der Hauptversammlungsniederschrift oder in einem Anhang zu dieser durch einen Notar zu beurkunden. *Zweitens* sind auch Verzichtserklärungen nach § 8 Abs. 3, § 9 Abs. 3 und § 16 Abs. 2 Satz 2 UmwG notariell zu beurkunden. Diese sind im Zusammenhang mit der Hauptversammlung abzugeben, müssen aber nicht in das Verhandlungsprotokoll zu § 13 UmwG oder einen entsprechenden Anhang aufgenommen werden, *Butzke*, Hauptversammlung, N. Rn. 13; *Wicke*, in: BeckOGKAktG, § 130 Rn. 36. *Drittens* sind die Verzichtserklärungen für Berichts- und Prüfungspflichten bei Unternehmensverträgen nach §§ 293a Abs. 3, 293b Abs. 2, 293e Abs. 3 AktG öffentlich nach § 129 BGB zu beglaubigen.

[929] *Butzke*, Hauptversammlung, N. Rn. 13; ausführlich *Herrler*, in: Grigoleit, AktG, § 130 Rn. 28 m. w. N.; *Noack/Zetzsche*, in: KölnKommAktG, § 130 Rn. 330.

kundung oder Beglaubigung nach §§ 16a ff. BeurkG oder § 40a BeurkG ist de lege lata nach § 16a Abs. 1, § 40 Abs. 1 Satz 2 BeurkG aber nicht zulässig. Im Fall einer virtuellen Hauptversammlung müssen sie demnach gesondert beurkundet bzw. beglaubigt[930] und gegebenenfalls der Urkunde angehängt[931] werden.

e) Sonderfall: Privatschriftliche Niederschrift, § 130 Abs. 1 Satz 3 AktG

Nach § 130 Abs. 1 Satz 3 AktG kann in Hauptversammlungen von nichtbörsennotierten Gesellschaften auch der Aufsichtsratsvorsitzende die Niederschrift anfertigen und unterzeichnen, wenn keine Beschlüsse gefasst werden, für die das Gesetz eine Dreiviertel- oder größere Mehrheit bestimmt.[932] Dies gilt nach der herrschenden Meinung aber nur dann, wenn der Aufsichtsratsvorsitzende zugleich Versammlungsleiter ist. Ist ein Dritter Versammlungsleiter, hat dieser entgegen dem Wortlaut der Vorschrift die Niederschrift anzufertigen und zu unterschreiben.[933]

Da der Versammlungsleiter nach § 118a Abs. 2 Satz 3 AktG am Versammlungsort teilnehmen muss, hat er wie der Notar auch dort seine Wahrnehmungen als Protokollführer zu machen. § 130 Abs. 1a AktG ist in einem solchen Fall auf den Versammlungsleiter analog anzuwenden.[934] Entsprechend sind Beschlüsse in Abwesenheit seiner Person nach §§ 241 Nr. 2, 130 Abs. 1a AktG nichtig.[935] Der Versammlungsleiter kann ebenfalls Hilfspersonen bei der Niederschrift verwenden, für den Inhalt der Niederschrift bleibt er aber letztverantwortlich.[936]

---

930 *Wicke*, FS Heidinger, S. 619, 617.

931 Ausführlicher zur separaten Beurkundung nach § 285 Abs. 3 Satz 2 AktG *Bachmann*, in: BeckOGKAktG, § 285 Rn. 49; *Bachmann*, FS Marsch-Barner, S. 13, 26.

932 Zwar legt § 130 Abs. 1 Satz 3 AktG seinem Wortlaut nach nur fest, dass der Aufsichtsratsvorsitzende die Niederschrift unterzeichnen kann. Die allgemeine Meinung geht jedoch zurecht davon aus, dass er auch die Verantwortung für die Anfertigung der Niederschrift trägt. *Drinhausen*, in: Hölters/Weber, AktG, § 130 Rn. 25; *Koch*, AktG, § 130 Rn. 14d; *Wicke*, in: BeckOGKAktG, § 130 Rn. 70.

933 OLG Frankfurt v. 2. 5. 2019 – 22 U 61/17, AG 2019, 685, 686; *Butzke*, Hauptversammlung, N. Rn. 18; *Koch*, AktG, § 130 Rn. 14e m. w. N.; *Kubis*, in: MünchKommAktG, § 130 Rn. 84. Der entgegenstehende Gesetzeswortlaut beruht auf der gesetzlichen Vorstellung, dass der Vorstandsvorsitzende, entsprechend dem Regelfall in der Praxis, der Versammlungsleiter ist, berücksichtigt. OLG Karlsruhe v. 9. 10. 2013 – 7 U 33/13, AG 2014, 127, 130; *Flick*, NJW 2010, 20, 21; ausführlich: *Beck*, AG 2014, 275, 277 f.; *Liebscher*, in: Henssler/Strohn, AktG, § 130 Rn. 14. Es liegt folglich ein Redaktionsversehen vor. OLG Köln v. 28. 2. 2008 – 18 U 3/08, AG 2008, 458, 459; ausführlich: *Hoffmann-Becking*, NZG 2017, 281, 288 f.; *Mülbert*, in: GroßkommAktG, § 130 Rn. 87; *Noack*, FS Happ, S. 201, 206 mit einer entsprechenden Anwendung der Norm. Die a. A., die den Aufsichtsratsvorsitzenden bzw. seinen Vertreter immer für zuständig hält, ist vornehmlich in der älteren Literatur zu finden: *Heller*, AG 2008, 493, 495; *Limmer*, in: Würzburg. Notarhdb, 3. Aufl., Kapitel 3 Rn. 332; *Ziemons*, in: K. Schmidt/Lutter, AktG, § 130 Rn. 59 m. w. N.; für die „kleine AG" *Harnos*, AG 2015, 732, 737 f.

934 So auch *Wicke*, in: BeckOGKAktG, § 129 Rn. 51; im Ergebnis auch *Kubis*, in: MünchKommAktG, § 118a Rn. 53.

935 *Koch*, AktG, § 130 Rn. 14d; *Wicke*, in: BeckOGKAktG, § 129 Rn. 51 m. w. N.

936 *Beck*, AG 2014, 278 f.; *Wicke*, in: BeckOGKAktG, § 130 Rn. 70.

Im Folgenden wird im Einzelnen geklärt, wie sich die Rolle des nichtnotariellen Erstellers der Niederschrift in der virtuellen Versammlung im Vergleich zur Präsenzversammlung verhält.

aa) Prüfungs- und Hinweispflichten

Da der Versammlungsleiter kein Organ der vorsorgenden Rechtspflege ist, ist er nicht an die Prüfungs- und Hinweispflichten des Notars gebunden, die aus dessen Amtsstellung folgen.[937]

Aus seiner Beziehung zur Gesellschaft lässt sich ebenfalls keine vergleichbare Pflichtenstellung ableiten. In Betracht käme zunächst eine Treuepflicht aus Organstellung. Hierbei ist jedoch zu beachten, dass der Versammlungsleiter nach herrschender Meinung kein Organ der Gesellschaft ist.[938] Liegt der praktische Regelfall vor und übernimmt der Aufsichtsratsvorsitzende die Versammlungsleitung, wird dieser in seiner Kapazität als Protokollant der Versammlung nicht als Aufsichtsrat tätig, sondern als Versammlungsleiter.[939] Seine gesellschaftsrechtliche Treuepflicht kommt bei der Tätigkeit als Ersteller der Versammlungsniederschrift mithin nicht zum Tragen.[940] An die Tätigkeit des Versammlungsleiters sind mithin geringere Anforderungen als an die des Notars zu stellen.[941] Dafür hat das privatschriftliche Protokoll aber auch eine geringere Beweiskraft nach § 416 ZPO.[942]

---

[937] *Noack/Zetzsche*, in: KölnKommAktG, § 130 Rn. 48, 123.

[938] Umfassend statt aller *Niemz*, Der Versammlungsleiter im Aktienrecht, S. 76 f.; *Sauerwald*, Der Versammlungsleiter im Aktienrecht, S. 137–145; *Schürnbrand*, NZG 2014, 1211, 1212 f.; a. A. *Noack/Zetzsche*, in: KölnKommAktG, Anh. § 29 Rn. 53 m. w. N. zur herrschenden Meinung.

[939] Vgl. LG Ravensburg v. 8. 5. 2014 – 7 O 51/13 KfH 1, AG 2014, 910; *Hoffmann-Becking*, in: MünchHdbGesR IV, § 41 Rn. 39; *Kubis*, in: MünchKommAktG, § 130 Rn. 52, 109; *v. d. Linden*, NZG 2013, 208, 209 f.; ausführlich *Marsch-Barner*, FS Brambring, S. 267, 281 f.

[940] Folgt man dagegen der Gegenauffassung und versteht den Versammlungsleiter als nichtständiges Organ der Gesellschaft, muss man gewisse Treuepflichten annehmen. Selbst in diesem Lager sieht aber allein *Mülbert* vor, dass dem Versammlungsleiter die Hinweis- und Prüfungspflichten des Notars entsprechend zukommen, *Mülbert*, in: GroßkommAktG, § 130 Rn. 88. Dieser argumentiert dabei indes inkonsequent, denn bereits in der folgenden Randnummer proklamiert er, dass die Protokollführung in den Pflichtenkreis der Versammlungsleitung und nicht den des Aufsichtsrats gehört. Ähnlich *Ziemons*, in: K. Schmidt/Lutter, AktG, § 130 Rn. 50.

[941] *Bezzenberger*, FS Schippel, S. 361, 386; *Priester*, DNotZ 2001, 661, 668. Die Verpflichtung des Versammlungsleiters für die Ordnungsmäßigkeit der Abwicklung der Hauptversammlung zu sorgen, besteht davon unabhängig auch, wenn er die Versammlung protokolliert, vgl. *Kubis*, in: MünchKommAktG, § 130 Rn. 41, 52; *Wicke*, in: BeckOGKAktG, § 130 Rn. 71. Noack/Zetzsche verlangen dagegen nur offensichtliche Mängel des Beschlussverfahrens zu verhindern, *Noack/Zetzsche*, in: KölnKommAktG, § 130 Rn. 123. Sie führen hierzu aus, dass dem Aufsichtsratsvorsitzenden keine Überwachungsfunktion zukommt, *Noack/Zetzsche*, in: KölnKommAktG, § 130 Rn. 46.

[942] *Noack/Zetzsche*, in: KölnKommAktG, § 130 Rn. 313.

bb) Inhalt der Niederschrift

Die aktienrechtlichen Bestimmungen und solche, die auf diese verweisen, finden unterschiedslos auf die privatschriftliche Niederschrift Anwendung.[943] Die Amtspflichten des Notars, die sich auf den Inhalt seiner Niederschrift auswirken können, sind dagegen nicht anwendbar.

cc) Zwischenergebnis

Es bestehen keine weitergehenden Prüfungs-, Hinweis- oder Protokollierungspflichten, wenn ein anderer als der Notar die Niederschrift der Versammlung privatschriftlich nach § 130 Abs. 1 Satz 3 AktG aufnimmt.

f) Zwischenergebnis: Verhältnis des Notars und des Versammlungsorts

Die Anwesenheit des Notars am Versammlungsort wird von einigen in der Literatur bei einer virtuellen Hauptversammlung als besonders wichtig erachtet. Dort soll er als neutrale Instanz die Ordnungsmäßigkeit der Beschlussfassung absichern und den Aktionären versichern, dass am Versammlungsort alles rechtmäßig abläuft.

Betrachtet man aber das tatsächliche Pflichtenregime des Notars, lässt sich feststellen, dass dieser keine effektive Überwachung des Vorstands gewährleisten soll und darüber hinaus auch nicht kann. Der Notar hat in Bezug auf die Angaben und ordnungsgemäße Funktionsfähigkeit der Systeme bloß eine Evidenzkontrolle vorzunehmen. Er hat am Versammlungsort keinen tiefgehenden Einblick in die technischen Systeme der Versammlung und überwacht den Vorstand nicht konstant.[944] Es ist demnach unwahrscheinlich, dass der Notar technische Störungen am Versammlungsort besser wahrnehmen kann als bei einer Teilnahme im Wege der Bild- und Tonübertragung.[945] Die Wahrnehmung des übrigen Geschehens am Versammlungsort sollte ferner nicht überbewertet werden. Die Protokollierungspflichten des Notars sind beschränkt und das, was er zu protokollieren hat, werden die zugeschalteten Aktionäre und ihre Vertreter auch so mitbekommen. Die Wahrnehmung des zwischenmenschlichen „Live"-Aspekts kann nicht durch das Beschlussprotokoll des Notars ersetzt werden.

---

943 *Hoffmann-Becking*, in: MünchHdbGesR IV, § 41 Rn. 29; *Koch*, AktG, § 130 Rn. 14d; *Noack*, FS Happ, S. 201, 205 ff.

944 Ebenso den Standpunkt vertretend, dass die wenigen Prüfungs- und Hinweispflichten ebenso im Wege einer Bild- und Tonübertragung erfüllt werden könnten, *Walter*, Die virtuelle Haupt- und Gesellschafterversammlung, S. 102 f.

945 Geht der Versammlungsleiter gar böswillig vor, ist eine Wahrnehmung dessen durch den Notar ebenso unwahrscheinlich.

Damit ist man auf das klassische Funktionsverständnis des Notars zurückgeworfen, nach welchem er Rechtssicherheit und Transparenz schaffen soll. Dieses hat aber auch in der virtuellen Hauptversammlung seine Legitimation.[946] Solange die virtuelle Hauptversammlung einen Versammlungsort hat, muss der Notar an diesem physisch anwesend sein, um an diesem die Hauptversammlung *unmittelbar* wahrzunehmen. Dies spiegelt sich in § 130 Abs. 1a AktG wider, der den Versammlungsort als Ort der notariellen Wahrnehmung nach § 37 Abs. 2 BeurkG bestimmt.[947] Die Lex lata gibt ihm einen solchen Ort. Obwohl er die Aktionäre effektiv nur im Wege der elektronischen Kommunikation wahrnehmen kann, beurkundet er deren Mitwirkung nicht virtuell, sondern wie in der Präsenzversammlung nur seine Wahrnehmungen am Versammlungsort. Der Notar wertet die Bedeutung des Versammlungsorts damit signifikant auf. Durch seine Niederschrift und der ihr zukommenden Beweiskraft wird die virtuelle Hauptversammlung, *wie sie am Versammlungsort wahrzunehmen ist*, beschlussmängelrechtlich abgesichert.[948] Der Versammlungsort wird damit effektiv der Ort, an dem die Hauptversammlung rechtsverbindlich stattfindet und von dem sich der Notar, solange ein solcher existiert, nicht entziehen kann.

4. Überlegung de lege ferenda: Notwendigkeit eines Versammlungsorts

Die Notwendigkeit der Anwesenheit der Funktionsträger am Versammlungsort erscheint nach obigen Ausführungen im Ganzen fraglich. Im Folgenden wird demnach untersucht, ob in Zukunft nicht auf die „Präsenzversammlung der Funktionsträger" verzichtet und eine Cyberversammlung[949] eingeführt werden kann.

a) Keine gesetzliche Anwesenheitspflicht für Mitglieder des Vorstands und Aufsichtsrats sowie des Abschlussprüfers

Die vom Gesetzgeber und von Teilen der Literatur vorgebrachten Argumente für eine physische Präsenz einiger Funktionsträger am Versammlungsort überzeugen nicht.

Nach obiger Behandlung der Anwesenheit der einzelnen Funktionsträger am Versammlungsort könnte mit Ausnahme des Notars und des Versammlungsleiters auf diese verzichtet werden. De lege ferenda könnte ihre Teilnahme an der virtuellen Versammlung im Wege der Bild- und Tonübertragung ohne wesentliche Re-

[946] Vgl. hierzu und im Folgenden *Beck*, RNotZ 2014, 160, 165.
[947] Vgl. hierzu *Wunderlich*, Digitalisierung der Hauptversammlung, S. 198.
[948] Ausgeschlossen werden damit auch Fehler durch technische Störungen aufseiten des Notars, *Denga*, RDi 2024, 123, 130.
[949] D. h. eine Hauptversammlung ohne Versammlungsort. S. nochmals zu den Begrifflichkeiten in Kapitel 1 A.

formen der virtuellen Hauptversammlung ermöglicht werden. Die Anwesenheit des Abschlussprüfers sowie der Mitglieder des Vorstands und des Aufsichtsrats sollte der Disposition der Gesellschaft unterstellt werden.[950] Die virtuelle Hauptversammlung würde dadurch nichts verlieren, sondern nur gewinnen. Entfiele die Anreise der betreffenden Personen, könnten Arbeitszeit, Kosten und CO_2-Emissionen gespart werden und Gesellschaften auf Podien und große Aufbauten im Versammlungslokal verzichten.

Folgende Neufassung von § 118a Abs. 2 AktG könnte den hiesigen Vorschlag umsetzen:

> „Die Mitglieder des Vorstands und des Aufsichtsrats, in den Fällen des § 176 Absatz 2 Satz 1 und 2 der Abschlussprüfer sowie ein von der Gesellschaft nach § 134 Absatz 3 Satz 5 benannter Stimmrechtsvertreter können am Ort der Hauptversammlung oder im Wege der Bild- und Tonübertragung an der Hauptversammlung teilnehmen. Der Versammlungsleiter hat am Ort der Hauptversammlung teilzunehmen."

b) Fortbestehende Anwesenheitspflicht für den Notar und Versammlungsleiter

Die Abschaffung der Anwesenheitspflicht von Notar und Versammlungsleiter und damit des Versammlungsorts dürfte demgegenüber deutlich kontroverser sein.[951]

Viele sehen in der Anwesenheit des Notars am Versammlungsort eine notwendige Kontrolle des Versammlungsleiters, die in der virtuellen Hauptversammlung umso wichtiger sei, da die Aktionäre vor Ort keine Evidenzkontrolle vornehmen können. Der Notar protokolliert aber auch in der virtuellen Hauptversammlung nur seine Wahrnehmungen und übernimmt damit keine Rolle zur Sicherstellung des ordnungsgemäßen Ablaufs der Hauptversammlung.

Nichtsdestoweniger bildet der Notar mit dem Versammlungsleiter die Basis für das Fortbestehen des Versammlungsorts in der virtuellen Hauptversammlung de lege lata. Die Anwesenheit des Notars und des Versammlungsleiters am Versammlungsort steht in einem Konnex miteinander. Einerseits braucht es einen Versammlungsort, solange der Notar seine Wahrnehmungen nach § 130 Abs. 1a AktG

---

[950] So auch etwa *Cyglakow*, Die virtuelle Hauptversammlung, S. 260; *Wunderlich*, Digitalisierung der Hauptversammlung, S. 282 f.

[951] S. nochmals oben zur besonderen (postulierten) Bedeutung des Notars, Kapitel 4 C. I. 3. a) und vgl. etwa *Wunderlich*, Digitalisierung der Hauptversammlung, S. 282 f., der auch nur die Anwesenheit von Notar und Versammlungsleiter fordert. Dagegen etwa auch *Fleischhauer*, Zetzsche, Die virtuelle Hauptversammlung, S. 165, 173; de lege ferenda dagegen eine Abschaffung des Versammlungsorts (erwägend): *Claussen*, AG 2001, 161, 166; *Vetter/Tielmann*, NJW 2020, 1175, 1177; *Walter*, Die virtuelle Haupt- und Gesellschafterversammlung, S. 119 ff.; in diese Richtung auch *Lieder*, FS Vetter, S. 419, 441 f.; *Pielke*, Virtuelle Hauptversammlung, S. 179 f.

über den Gang der Hauptversammlung unter Anwesenheit am Ort der Hauptversammlung zu protokollieren hat. Andererseits ist in Abwesenheit einer physischen Versammlung der Aktionäre der Ort, von dem der Versammlungsleiter an der Versammlung teilnimmt, der natürliche Versammlungsort. Der Versammlungsleiter bestimmt den Ablauf der Versammlung und bei ihm laufen alle Kommunikationskanäle zusammen – er ist die Zentralgestalt der Versammlung.[952] In einer physisch fragmentierten Versammlung bestimmt seine Anwesenheit natürlich den Versammlungsort. Während die Rolle des Notars unter der Lex lata damit das Fortbestehen des Versammlungsorts verlangt, verlangt die Rolle des Versammlungsleiters seine Anwesenheit an diesem Ort und macht ihn erst zum Versammlungsort.

Die Anwesenheit beider am Ort der Versammlung wäre demnach nur durch eine Online-Beurkundung aufzubrechen. Bei eine Online-Beurkundung muss der Notar seine Wahrnehmung der Geschehnisse nicht am Versammlungsort machen. Mit der Online-Beurkundung ist mithin kein Versammlungsort mehr erforderlich. Die Rolle des Versammlungsleiters erfordert nicht unbedingt einen Versammlungsort, sondern nur seine Anwesenheit an diesem, wenn es einen gibt. Nur mit Einführung der Online-Beurkundung wäre mithin eine Abkehr vom Versammlungsort und eine Cyberversammlung möglich. Von der Online-Beurkundung ist aber – zumindest mittel- bis langfristig – abzusehen.

Zunächst wäre das bestehende System der Beurkundung mittels Videokommunikation nach §§ 16a ff. BeurkG nicht praktikabel auf die virtuelle Hauptversammlung anzuwenden und eine neue Regelung notwendig. Nach §§ 16a Abs. 1, 16c und 16d BeurkG ist der Notar für die Feststellung der Beteiligten und ihrer Vertretungsberechtigungen zuständig und lässt eine Beurkundung nur mittels des von der Bundesnotarkammer nach § 78p BNotO betriebenen Videokommunikationssystems zu. Die Feststellung der Beteiligten oder ihrer Vertreter wäre schon bei kleineren Gesellschaften kaum durch den Notar zu stemmen und ihm somit nicht als Aufgabe aufzubürden.[953] Der Notar sollte ferner aber auch nicht für die technische Ermöglichung der Hauptversammlung zuständig sein, denn deren Ausgestaltung und Verantwortung liegt bei der Gesellschaft.[954] Der Notar ist nur für die rechtliche Richtigkeitsgewährung der Beschlüsse zuständig, nicht aber für die Ordnungs-

---

[952] S. Kapitel 4 C. I. 2. d).

[953] Ebenso ist dafür nach § 16c Abs. 1 Satz 1 Nr. 2 BeurkG de lege lata ein elektronischer Identitätsnachweis oder Identifizierungsmittel aus Deutschland bzw. der EU oder EWR aller Beteiligten und ihrer Vertreter notwendig.

[954] Die heutigen Anwendungsfälle der Beurkundung mittels Videokommunikation nach §§ 16a ff. BeurkG spiegeln diesen Ansatz wider. Diese ist nur bei Willenserklärungen, die vor einem Notar abzugeben sind und bei denen die Beteiligten gleichgerichtete Interessen haben, anzuwenden, nicht aber etwa für Niederschriften nach §§ 36 ff. BeurkG, bei denen der Notar nicht die Zentralgestalt des Verfahrens ist und dieses nicht kontrolliert. Ein Beispiel für ein Verfahren, das unter der Kontrolle des Notars steht ist die Beurkundung des Gesellschaftsvertrages einer GmbH oder UG (haftungsbeschränkt) im Wege der Videokommunikation nach § 2 Abs. 3 GmbHG i. V. m. §§ 16a–16e BeurkG.

mäßigkeit der Versammlung.[955] Entsprechend wäre eine neue Art von Online-Beurkundung zu konzeptionieren. Ohne eine umfassende Kontrolle wie nach §§ 16a ff. BeurkG wäre weder ein ordnungsgemäßer Ablauf der Hauptversammlung noch ein akkurates Tatsachenprotokoll über die Versammlung[956] sichergestellt.

Ferner aber sind die Vorteile einer Aufgabe der Restpräsenz von Notar und Versammlungsleiter am Versammlungsort denkbar gering. Während noch die Aufgabe des Präsenzerfordernisses von Vorstand, Aufsichtsrat und ggf. Sonderprüfer mehrere Dutzend Personen betreffen kann, beträfe eine vollständige Abkehr vom Präsenzerfordernis demgegenüber nur zwei Personen (und ihre Hilfspersonen). Die Konzeptionierung eines neuen Beurkundungsverfahrens, allein um den Notar eine Beurkundung an einem anderen Ort als dem des Versammlungsleiters zu ermöglichen, ist folglich nicht angezeigt.

Rechtspolitisch ist des Weiteren das Vertrauen in das virtuelle Format der Hauptversammlung zu wahren. Schon der virtuellen Versammlung wurde erhebliche Bedenken entgegengebracht und (Klein-)Aktionärsvertreter stehen ihr bis heute in weiten Teilen kritisch gegenüber. Das Risiko eines Akzeptanzverlusts für virtuelle Formate durch die Einführung einer Cyberversammlung überwiegt rechtspolitisch folglich die angestrebten Vorteile. Von einer Cyberversammlung ist allein schon deshalb abzusehen.

Vor diesem Hintergrund ist die Abschaffung des Versammlungsorts und die Einführung eine Cyberhauptversammlung zwar theoretisch durchaus denkbar, zum jetzigen Zeitpunkt jedoch nicht zu empfehlen. Auf die Anwesenheit des Notars am Versammlungsort ist zum jetzigen Zeitpunkt nicht zu verzichten und solange ein solcher erforderlich ist, sollte auch der Versammlungsleiter an diesem teilnehmen. Erst wenn sich das Vertrauen in die virtuelle Hauptversammlung gefestigt hat und weitere Erfahrungen mit der Online-Beurkundung gesammelt wurden, wird die Einführung einer Cyberversammlung erneut erwägenswert. Dies stellt heute aber nur eine langfristige Perspektive dar. Mit Blick auf die technische Entwicklung und die weitere Entwicklung der Online-Beurkundung kann heutzutage noch kein sinnvoller Regelungsvorschlag für diesen Zeitpunkt ausgearbeitet werden. An dieser Stelle muss folglich darauf verzichtet werden. Zumindest mittelfristig ist damit allein an der Anwesenheit des Notars und des Versammlungsleiters und damit auch am Versammlungsort als solchem festzuhalten.

---

[955] Vgl. nochmals Kapitel 4 C. I. 3. f).

[956] Vgl. *Herrler*, DNotZ 2020, 468, 479. Mit Blick auf die nur sehr beschränkten Prüfungspflichten ist diese Funktion nach der Lex lata aber auch nicht überzubewerten, vgl. nochmals Kapitel 4 C. I. 3. c), f).

5. Bild- und Tonübertragung, § 118a Abs. 1 Satz 2 Nr. 1 AktG

Der folgende Abschnitt widmet sich der Übertragung der Versammlung in Bild- und Ton nach § 118a Abs. 1 Satz 2 Nr. 1 AktG. Damit wird die fakultative Bild- und Tonübertragung nach § 118 Abs. 4 AktG in modifizierter Form zur Pflicht in der virtuellen Hauptversammlung.[957] Die Übertragung hat den Zweck, den Aktionären die Verfolgung der Versammlung fernab des Versammlungsorts zu ermöglichen.[958] Sie hat in Echtzeit zu erfolgen und grenzt sich damit von der Erstellung einer Aufzeichnung ab.[959] Die *Übertragung* der Versammlung erfordert keine Zwei-Wege-Direktverbindung.[960]

Die Untersuchungen der Hauptversammlungsübertragung beginnen mit einem Blick auf die Übertragungsempfänger (a)) und den Gegenstand der Übertragung (b)). Daran schließen sich Ausführungen zu den Möglichkeiten der technischen Umsetzung der Übertragung (c)) an. Ein Abschnitt zur Möglichkeit der Aufzeichnung der Versammlung (d)) und ein Zwischenergebnis (e)) schließen die Untersuchungen ab.

a) Übertragungsempfänger

§ 118a Abs. 1 Satz 2 Nr. 1 AktG schreibt keine öffentliche Übertragung vor, verlangt aber die Übertragung an elektronisch zur Versammlung zugeschaltete Aktionäre und ihre Vertreter.

aa) Öffentliche Übertragung

Grundsätzlich ist die Hauptversammlung nichtöffentlich und nur den (angemeldeten) Aktionären, ihren Vertretern und den Funktionsträgern der Gesellschaft offen.[961]

---

[957] Zu den Unterschieden zu § 118 Abs. 4 AktG etwa Kapitel 4 C. I. 5. a) aa), b). § 118a Abs. 1 Satz 2 Nr. 1 AktG entspricht aber § 1 Abs. 2 GesRuaCOVBekG. *Kubis*, in: MünchKommAktG, § 118a Rn. 37. § 118 Abs. 4 AktG wurde durch das TransPuG 2002 eingeführt und durch das ARUG 2009 von § 118 Abs. 3 AktG a. F. in die heutige Fassung von § 118 Abs. 4 AktG überführt. Zur Gesetzeshistorie, Kapitel 3 A. II., B. II. 1.

[958] FraktionsE, Virtuelle Hauptversammlung, BT-Drucks. 20/1738, S. 24.

[959] Eine Aufzeichnung kann auch erst nachträglich übertragen werden. Vgl. *Wunderlich*, Digitalisierung der Hauptversammlung, S. 99 f.

[960] *Tröger*, in: KölnKommAktG, § 118a Rn. 26; dies kritisierend *Sturm/Imsameh*, NZG 2022, 1327. Damit gilt für die Übertragung der virtuellen Hauptversammlung das Gleiche wie für die der Präsenzversammlung. *Hoffmann*, in: BeckOGKAktG, § 118 Rn. 56; *Kocher*, in: Wachter, AktG, § 118 Rn. 29. Unionsrechtlich ergibt sich aus Art. 8 Abs. 1 lit. a) ARRL ebenfalls nur das Erfordernis einer einseitigen Übertragung der Versammlung. Die „Zwei-Wege-Direktverbindung in Echtzeit" Art. 8 Abs. 1 lit. b) ARRL ist hierzu nur eine mögliche Gestaltungsoption.

[961] *Habersack*, ZHR 2001, 172, 183; *Junge*, FS Röhricht, S. 277, 281; *Koch*, AktG, § 118 Rn. 28; *Liebscher*, in: Henssler/Strohn, AktG, § 118 Rn. 17; *Mülbert*, in: GroßkommAktG, Vor § 118 Rn. 60 ff.

Die Übertragung kann jedoch auch (teilweise) öffentlich erfolgen.[962] Die Entscheidung hierüber obliegt der Gesellschaft. Eine Regelung der Satzung oder Geschäftsordnung ist nicht notwendig.[963] § 118 Abs. 4 AktG ist in der virtuellen Hauptversammlung nicht anwendbar.[964]

Eine öffentliche Übertragung kann durch einen Livestream ohne Zugangsbeschränkung auf einer Internetseite technisch umgesetzt werden.[965] Kleinere Gesellschaften haben daran selten ein Interesse, größere hingegen schon. Bei Publikumsgesellschaften nehmen dagegen so viele Aktionäre teil, dass diese die Vertraulichkeit der Versammlung praktisch nicht sicherstellen können und kein Interesse an einer bloß formalen Wahrung des geschlossenen Charakters der Veranstaltung haben.[966] Folglich nehmen die Gesellschaften die Möglichkeit zur Außendarstellung wahr und nutzen sie zur Identitäts- und Imagepflege.[967] Trotzdem geht der Trend erst jetzt in Richtung öffentlicher Übertragungen.[968]

---

[962] Der Fraktionsentwurf sieht vor, dass eine Übertragung über einen Livestream über eine Internetseite erfolgen kann und Zugangsbeschränkungen zu diesem fakultativ möglich sind. Im Ergebnis sieht er damit öffentliche Livestreams als zulässig an. FraktionsE, Virtuelle Hauptversammlung, BT-Drucks. 20/1738, S. 24. Im Ergebnis ebenso *Butzke*, AG 2022, 795, 797 Fn. 11; *Koch*, AktG, § 118a Rn. 17; *Paschos*, in: BeckOGKAktG, § 118a Rn. 44 f. Das TransPuG, das mit § 118 Abs. 4 AktG eine Übertragung ermöglichte, sah in seiner Gesetzesbegründung eine öffentliche Übertragung als zulässig an. RegE TransPuG, BT-Drucks. 14/8769, S. 19 f. Vgl. *Schwarz*, MMR 2003, 23, 25.

[963] Wohl auch *Kubis*, in: MünchKommAktG, § 118a Rn. 40 m. w. N.; *Tröger*, in: KölnKommAktG, § 118a Rn. 25; a. A. *Danwerth*, ZIP 2023, 2329, 2334; *Koch*, AktG, § 118a Rn. 19.

[964] So auch *Tröger*, in: KölnKommAktG, § 118a Rn. 25; a. A. *Koch*, AktG, § 118a Rn. 19; *Kruchen/Werner*, AG 2023, R124, R125 f., die aber in der Satzungsgrundlage der virtuellen Hauptversammlung nach § 118a Abs. 1 Satz 1 AktG die erforderliche Satzungsgrundlage erblicken.

[965] FraktionsE, Virtuelle Hauptversammlung, BT-Drucks. 20/1738, S. 24, s. dazu sogleich unter Kapitel 4 C. I. 5. c) bb).

[966] Zum Charakter der Hauptversammlung als geschlossener Gesellschaft und der damit verbundenen Vertraulichkeit, Kapitel 4 C. I. 6.

[967] *Max*, AG 1991, 77. Die großen Gesellschaften laden dementsprechend oft auch Pressevertreter ein.

[968] Abseits der virtuellen Hauptversammlung, aber doch interessant ist, dass – zumindest unter Gesellschaften der DAX-Indexfamilie – fast alle Satzungen eine Vorstandsermächtigung zur Übertragung der Versammlung auch bei der Präsenzversammlung bzw. der hybriden Versammlung aufweisen und sich diese Zahl mit Einführung des GesRuaCOVBekG weiter 100 % annäherte. *Danwerth*, AG 2021, 613, 616; *Danwerth*, AG 2020, 776, 779. Insbesondere die Übertragung und Zugänglichhaltung der Vorstandsrede war bereits unter dem Status quo ante unter DAX-Gesellschaften Standard. RegE, TransPuG, BT-Drucks. 14/8769, S. 19; *v. Holten/Bauerfeind*, AG 2018, 729, 733 mit weiteren Angaben zu der deutlich geringeren Quote an Übertragungen von Generaldebatten; *Ketzel*, GoingPublic Special „Kapitalmarkt Österreich 2017", 31, 32 mit einer Übersicht zu den Hauptversammlungen im DAX30 im Jahr 2017 von *Link Market Services GmbH*; ausführlich *Schmidt*, HV Magazin 2016, Heft 3, 22, 24.

bb) Rechtstatsächliche Erfahrungen

Die rechtstatsächlichen Studien Danwerths belegen diesen Trend unter den Gesellschaften der DAX-Indexfamilie.[969]

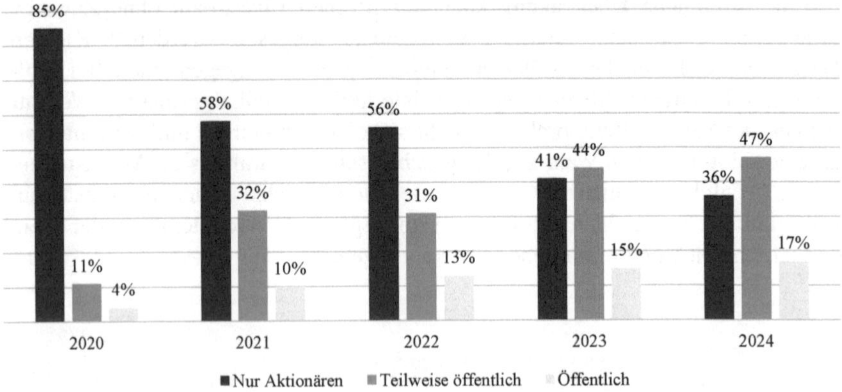

Zugänglichmachung der Bild- und Tonübertragung in der DAX-Indexfamilie

Die Untersuchungen Danwerths bestätigen augenscheinlich, wie verbreitet die (teilweise) öffentliche Übertragung bei großen Gesellschaften ist und der Trend zu einer immer öffentlicheren Hauptversammlungsübertragung geht.

cc) Notwendige und fakultative Empfänger

Den (angemeldeten) Aktionären ist ein Zugang zur Bild- und Tonübertragung zu gewähren.[970] Dies gilt auch für die Aufsichtsratsmitglieder, wenn sie abseits des Versammlungsorts teilnehmen dürfen. Ferner kann Dritten einen Zugang zur Übertragung gewährt werden. Die Einräumung solcher Zuschaltungen hat wie die Zulassung von Dritten (Gästen, Pressevertretern etc.) zur Hauptversammlung zu erfolgen.[971]

---

[969] Abbildung nach *Danwerth*, AG 2024, 892, 894; *Danwerth*, ZIP 2023, 2329, 2334; *Danwerth*, AG 2021, 613, 616; *Danwerth*, AG 2020, 776, 778 f. Die Studie von Cyglakows zu Hauptversammlungen im Jahr 2020, die auch börsenferne Gesellschaften mit umfasste, zeichnete mit Blick auf das Jahr 2020 ein ähnliches Bild. Nach dieser wurden 95 % der Versammlungen über ein zugangsgeschütztes Aktionärsportal, 4 % per Videokonferenzdienst und nur unter 1 % gänzlich öffentlich übertragen. *Cyglakow*, Die virtuelle Hauptversammlung, S. 111. Zu deren breiteren Untersuchungsgegenstand Kapitel 4 B. V. 1. a).

[970] Soweit eine Anmeldung zur Hauptversammlung vorausgesetzt wird, können auch nicht angemeldete Aktionäre wie Gäste zugelassen werden. Technisch praktikabel ist dies wohl aber nur bei Namensaktien. *Merkner/Schulenburg/Elixmann*, AG 2023, 643, 647 mit einer Analyse der Verwendung dieser Option unter den DAX40-Gesellschaften in der Hauptversammlungssaison 2023.

[971] Vgl. bereits Kapitel 4 C. I. 2. h). Zur Zulassung Dritter zur Präsenzversammlung *Butzke*, Hauptversammlung, C. Rn. 36; *Mülbert*, in: GroßkommAktG, § 118 Rn. 93 ff.; *Spindler*, in: K. Schmidt/Lutter, AktG, § 118 Rn. 48, § 118a Rn. 44.

dd) Zugangsbeschränkungen

Wie auch die elektronische Zuschaltung der Aktionäre kann der Zugriff auf die Bild- und Tonübertragung an Zugangsbeschränkungen geknüpft werden.[972] Dies ist vergleichbar mit der Zugangskontrolle bei einer Präsenzversammlung. Unter Umständen kann die Übertragung vor dem Zugriff Dritter aber nicht ebenso geschützt werden wie das Versammlungslokal einer Präsenzversammlung vor dem Zutritt Dritter.[973] Dies ist aber als inhärentes Risiko des virtuellen Formats und in Anbetracht der Vorteile des Formats in einem gewissen Maße hinzunehmen.

b) Gegenstand der Übertragung

Was konkret Gegenstand der Übertragung sein muss, ist für die Aktionäre, die die Versammlung nur über die Übertragung verfolgen, äußerst relevant, wurde aber in der Literatur bislang wenig diskutiert. Grundlegend gilt jedoch, dass die Übertragung der Versammlung nach § 118a Abs. 1 Satz 2 Nr. 1 AktG in Bild- *und* Ton, d. h. kumulativ, zu erfolgen hat.[974]

aa) Zeitlich

Zeitlich hat die Übertragung der Hauptversammlung den ganzen Verlauf der Hauptversammlung zu erfassen.[975] Die Übertragung muss sich über die Eröffnung der Hauptversammlung bis zur Beendigung durch den Versammlungsleiter erstrecken.[976]

Wird die Versammlung durch eine Pause unterbrochen, kann die Bild- und Tonübertragung des Versammlungsorts ausgesetzt werden. Es besteht zu dieser Zeit

---

[972] S. Kapitel 4 C. I. 2. a) ee). Zur Zulässigkeit von Zugangsbeschränkungen für die Übertragung FraktionsE, Virtuelle Hauptversammlung, BT-Drucks. 20/1738, S. 24.

[973] S. o.; vgl. ferner Kapitel 4 C. I. 6. Kritisch zum Ganzen etwa *Heckschen/Hilser*, ZIP 2022, 670, 673 f.

[974] Zum GesRuaCOVBekG *Wunderlich*, Digitalisierung der Hauptversammlung, S. 99. Im Gegensatz dazu kann die Übertragung einer Präsenzversammlung nach § 118 Abs. 4 AktG auch alternativ erfolgen. Dies gilt obwohl § 118 Abs. 4 AktG auch die Bild- *und* Tonübertrag ermöglicht, *Herrler*, in: Grigoleit, AktG, § 118 Rn. 35; *Mülbert*, in: GroßkommAktG, § 118 Rn. 124 m. w. N. Zum Ganzen m. w. N. *Wunderlich*, Digitalisierung der Hauptversammlung, S. 99. Ferner muss nach § 118 Abs. 4 AktG nicht die ganze Versammlung übertragen werden. Es kann auch nur ein Teil, wie etwa die Vorstandsrede, übertragen werden, RegE, TransPuG, BT-Drucks. 14/8769, S. 19. Dies begründet sich darin, dass die Übertragung der virtuellen Versammlung nach § 118 Abs. 4 AktG im Kontrast zur Präsenzversammlung keine zusätzliche Option darstellt die Versammlung zu verfolgen, sondern die einzige. Sie ersetzt die direkte Wahrnehmung am Versammlungsort und ist wie alle Vorgaben von § 118a Abs. 1 Satz 2 AktG nach § 23 Abs. 5 AktG satzungsfest.

[975] Vgl. FraktionsE, Virtuelle Hauptversammlung, BT-Drucks. 20/1738, S. 24.

[976] *Drinhausen/Keinath*, BB 2022, 451, 453; *Mayer/Jenne/Miller*, BB 2022, 2946, 2953; *Paschos*, in: BeckOGKAktG, § 118a Rn. 44.

kein schützenswertes Interesse der Aktionäre an der Übertragung des Versammlungsorts.[977]

bb) Sachlich

Sachlich hat die Übertragung nach der Gesetzesbegründung die gesamte Debatte einschließlich der Generaldebatte und der Abstimmungen zu erfassen.[978] Mit dem Begriff der *Generaldebatte* knüpft das Gesetz an die Terminologie zur Präsenzversammlung an.[979] Da der Ablauf der virtuellen Versammlung nicht wesentlich von dem der Präsenzversammlung abweicht, kann der Begriff der Generaldebatte der Literatur dazu entnommen werden.[980]

Hauptzweck der Übertragung ist es, die Teilhabe der Aktionäre an der Versammlung zu ermöglichen, indem sie diese auch bei physischer Abwesenheit am Versammlungsort wie bei einer Präsenzversammlung verfolgen können.[981] Dementsprechend muss den Aktionären diejenige Wahrnehmung ermöglicht werden, die ihnen die Gesellschaft in einer Präsenzversammlung sicherstellen müsste. Neben der Generaldebatte und Abstimmungen betrifft dies namentlich die Vorstandsrede, die Rede des Vorsitzenden des Aufsichtsrats und die Antworten auf Aktionärsfragen. Bei der Übertragung von Abstimmungen ist das ganze Prozedere, d.h. die für alle Teilnehmer wahrnehmbare Ankündigung des Beginns und Endes der Stimmabgabe sowie die Stimmfeststellung und -verkündung durch den Versammlungsleiter, zu übertragen.[982] Andererseits muss ihnen durch die Gesellschaft in der Übertragung kein Einblick gegeben werden, den die Aktionäre nicht auch in Präsenzversammlung erlangen könnten.[983] Dies umfasst insbesondere den Vorgang der Stimmenauszählung.[984]

---

[977] So auch *Kubis*, in: MünchKommAktG, § 118a Rn. 37. Zum GesRuaCOVBekG *Eichten/Weinmann*, DStR 2020, 2314, 2316; *Wicke*, DStR 2020, 885, 886; *Wunderlich*, Digitalisierung der Hauptversammlung, S. 105.

[978] FraktionsE, Virtuelle Hauptversammlung, BT-Drucks. 20/1738, S. 24; *Mayer/Jenne/Miller*, BB 2022, 2946, 2953.

[979] Ebenso zur Übertragung der Versammlung des GesRuaCOVBekG *Noack/Zetzsche*, AG 2020, 265, 270; *Tröger*, BB 2020, 1091, 1093; *Wunderlich*, Digitalisierung der Hauptversammlung, 105. Auch die Gesetzesbegründung des GesRuaCOVBekG benutzt den Begriff „Generaldebatte", um den Gegenstand der Übertragung zu konkretisieren, FraktionsE GesRuaCOVBekG, BT-Drucks. 19/18110, S. 26.

[980] Zur Generaldebatte der Präsenzversammlung *Butzke*, Hauptversammlung, D. Rn. 29–31; *Kocher/Feigen*, NZG 2015, 620, 622; *Kubis*, in: MünchKommAktG, § 119 Rn. 142 m.w.N.; *Wicke*, NZG 2007, 771, 772; vgl. als Formularvorschlag *Hoffmann-Becking/Austmann*, BeckFormB BHW, X.24.

[981] FraktionsE, Virtuelle Hauptversammlung, BT-Drucks. 20/1738, S. 13, 24.

[982] *Mayer/Jenne/Miller*, BB 2022, 2946, 2953; zum GesRuaCOVBekG *Noack/Zetzsche*, AG 2020, 265, 270; *Tröger*, BB 2020, 1091, 1093; *Wunderlich*, Digitalisierung der Hauptversammlung, S. 105.

[983] *Kubis*, in: MünchKommAktG, § 118a Rn. 43; *Mayer/Jenne/Miller*, BB 2022, 2946, 2953; zum GesRuaCOVBekG *Wicke*, DStR 2020, 885, 886.

[984] *Kubis*, in: MünchKommAktG, § 118a Rn. 26; *Mayer/Jenne/Miller*, BB 2022, 2946, 2953; zum GesRuaCOVBekG *Eichten/Weinmann*, DStR 2020, 2314, 2316; *Wicke*, DStR 2020, 885, 886.

Dem Zweck der Übertragung nach muss diese in einer Qualität erfolgen, die eine effektive Partizipation der Aktionäre an der Hauptversammlung ermöglicht. Die Auflösung der Bildübertragung muss mithin die eingefangenen Personen klar erkennbar und die Tonübertragung die gesagten Worte verständlich machen. Standards hierfür zu definieren ist kaum praxistauglich. Der Versammlungsleiter muss im Einzelfall für eine hinreichende Qualität der Übertragung sorgen.

Die Gesellschaft muss nicht die gesamte Zeit das ganze Geschehen am Versammlungsort übertragen. Sie kann etwa kurze Einspielfilme zeigen und währenddessen die Übertragung vom Versammlungsort unterbrechen.[985] Die Übertragung von Aufzeichnungen kann zwingende aktienrechtliche Elemente der Hauptversammlung aber nie ersetzen, sondern nur unterstützen. Übertragungen von Personen, die nicht am Versammlungsort anwesend sind, müssen unter Umständen Gegenstand der Übertragung werden.[986] Sie sind Teil der Hauptversammlung.

Die Übertragung kann sich auf einzelne Personen oder Personengruppen beschränken (hierzu sogleich). Keinesfalls muss zu jeder Zeit das Versammlungslokal als Ganzes von der Übertragung erfasst werden.[987] Die Aktionäre sollen das Geschehen in der Versammlung verfolgen können. Entsprechend dem Fokus eines zugewendeten Blickes sollten Gesellschaften demnach die gerade sprechenden Beteiligten in einer Nahaufnahme übertragen und damit eine genauere Wahrnehmung dieser ermöglichen. Eine Nahaufnahme eines Teilnehmers sollte immer dann übertragen werden, wenn diesem das Wort erteilt wird. Wenn ein anderer Vorgang Aufmerksamkeit bedarf,[988] kann dieser allein Gegenstand der Übertragung sein. Dies deckt sich mit der bisher bewährten und anerkannten Praxis unter der Lex lata und dem GesRuaCOVBekG, aber auch den Übertragungen innerhalb von Präsenzversammlungen, die eine Übertragung bei sehr großen Versammlungslokalen oder einem zweiten Raum anbieten.

cc) Personell

Der sachliche Umfang der Übertragung lässt sich in Bezug auf die zu übertragenden Personen weiter konkretisieren.

---

[985] Dies war bei den großen börsennotierten Aktiengesellschaften vielfach schon unter dem GesRuaCOVBekG, aber auch unter der Lex lata, zu beobachten, *Teichmann/Krapp*, DB 2020, 2169, 2172.

[986] Hierzu sogleich im nächsten Abschnitt. Vgl. ferner *Guntermann*, ZIP 2022, 781, 788; *Schilha/Gaßner*, ZIP 2022, 2357, 2365; *Seibt/Danwerth*, *AG* 2022, 177, 185.

[987] Auch dies war als selbstverständliche Praxis bei den bereits vorangegangenen Versammlungen unter den unterschiedlichen Regelungsrahmen zu beobachten. So auch in Hinblick auf die Aufsichtsratsmitglieder *Rieckers*, DB 2023, 373, 375.

[988] Hierbei ist etwa an die oben genannten Aufzeichnungen zu denken.

(1) Funktionsträger

Zunächst sind hierbei die am Versammlungsort anwesenden Funktionsträger in den Blick zu nehmen. Nach obigen Ausführungen müssen diese nicht zu jedem Zeitpunkt Teil der Übertragung sein und können zugunsten anderer Beteiligter, die das Wort erhalten haben, oder anderer Vorgänge ausgeblendet werden.

Die Übertragung sollte zu Anfang der Versammlung aber alle am Versammlungsort anwesenden Funktionsträger einfangen, um den zugeschalteten Aktionären die Möglichkeit zu geben, sich von der gesetz- und satzungsmäßigen Anwesenheit aller Funktionsträger zu überzeugen.[989] Wenn Aufsichtsratsmitglieder nach §§ 118 Abs. 3 Satz 2 i. V. m. 118a Abs. 2 Satz 2 AktG im Wege der Bild- und Tonübertragung teilnehmen, sollten diese zu diesem Zeitpunkt auch kurz eingeblendet werden. Danach ist eine Aufnahme von Personen in die Übertragung nur erforderlich, wenn ihnen das Wort erteilt wird oder wenn die Aktionäre die Person wahrnehmen müssen, um die Versammlung nachvollziehen zu können.[990]

Hinsichtlich der Art der Wahrnehmbarkeit ergeben sich aus den Gesetzesmaterialien Rückschlüsse auf die gesetzgeberische Intention. So fordert die Gesetzesbegründung, dass die Aktionäre auch in der virtuellen Versammlung den Vorstand auf einem Podium in der Versammlung wahrnehmen können.[991] Ob der Gesetzgeber dies auch für die Mitglieder des Aufsichtsrats und den Versammlungsleiter vorsieht, ist unklar,[992] zumindest für den Versammlungsleiter ist das aber zu

---

[989] So auch *Reger*, in: Bürgers/Lieder, AktG, § 118a Rn. 19; *Schilha/Gaßner*, ZIP 2022, 2357, 2365.

[990] Dies ist etwa dann der Fall, wenn der Versammlungsleiter seinen Aufgaben waltet und eine Abstimmung eröffnet oder jemandem das Wort erteilt, wenn ein Mitglied des Vorstands eine Rede hält oder eine Aktionärsfrage beantworten sowie wenn der Aufsichtsrat seinen Bericht vorstellt.

[991] FraktionsE, Virtuelle Hauptversammlung, BT-Drucks. 20/1738, S. 26.

[992] Die Begründung des zuerst erschienenen Referentenentwurfs fordert, dass die „Mitglieder der Verwaltung" auf einem Podium zu sehen sein sollen, RefE, Virtuelle Hauptversammlung, S. 26, abrufbar unter: https://www.bmj.de/SharedDocs/Downloads/DE/Gesetzgebung/RefE/RefE_virtuelle_Hauptversammlung.pdf?__blob=publicationFile&v=3. Die des Fraktionsentwurfs spricht dagegen nur noch davon, dass die Aktionäre den Vorstand wie in der Präsenzversammlung auf einem Podium wahrnehmen können sollen. Daraus lässt sich aber kaum der Schluss ziehen, dass der Gesetzgeber sich klar von der Idee des Aufsichtsrats auf dem Podium mit dem Vorstand gelöst hat. Im nächsten Absatz der jeweiligen Entwürfe steht nämlich jeweils, dass „dies ebenso für die Mitglieder des Aufsichtsrats" gilt, FraktionsE, Virtuelle Hauptversammlung, BT-Drucks. 20/1738, S. 26; RefE, Virtuelle Hauptversammlung, S. 26, abrufbar unter: https://www.bmj.de/SharedDocs/Downloads/DE/Gesetzgebung/RefE/RefE_virtuelle_Haupt versammlung.pdf?__blob=publicationFile&v=3. Zurecht wurde diese Regelung deshalb als unklar kritisiert. So etwa *Ahlswede*, AG 2023, 15; *Paschos*, in: BeckOGKAktG, § 118a Rn. 66; *Schilha/Gaßner*, ZIP 2022, 2357, 2365; schon zum Referentenentwurf *DIHK*, Stellungnahme RefE, S. 3, abrufbar unter: https://www.bmj.de/SharedDocs/Downloads/DE/Gesetzgebung/Stellungnahmen/2022/0311_Stellungnahme_DIHK_virtuelle_Hauptversammlung.pdf?__blob=publicationFile&v=3. Zuletzt sollte aber die klare Abkehr von der Formulierung der Begründung des Fraktionsentwurfs schwerer gewichtet werden als der unklare Verweis auf die Aus-

bejahen.[993] Da die Modalitäten der Wahrnehmbarkeit der Funktionsträger aber keinen Eingang in das Gesetz gefunden haben, kann ihnen allein die Funktion als unverbindliches Leitbild des Gesetzgebers zugeordnet werden.[994]

Selbst als bloß unverbindliches Leitbild überzeugt diese Konzeption aber nicht.[995] Dass die Verwaltung und der Versammlungsleiter spezifisch auf einem Podium in der Versammlung auftreten müssen, ist schon in der Präsenzversammlung nicht der Fall. Überdies erschwert eine durchgehende Ansicht aller Verwaltungsmitglieder auf einem Podium sogar die Wahrnehmbarkeit der einzelnen Mitglieder.[996] Ein Festhalten an bekannten Strukturen ist kein Selbstzweck. Die Positionierung und Übertragung der Verwaltungsmitglieder und des Versammlungsleiters entspricht der geltenden Rechtslage und kann de lege lata in Einzelbildern aus dem Versammlungsort erfolgen.

(2) Aktionäre und Dritte

Die Aktionäre sind in der Praxis der virtuellen Hauptversammlung im Vergleich zu den Funktionsträgern wenig in die Übertragungen aufzunehmen. Gleichwohl ist ihre Aufnahme in diese essenziell, da nur so die Hauptversammlung ihre Funktion als Mitgliederorgan und Ort der Willensbildung unter den Aktionären entfalten kann. Wann Aktionäre (und Dritte) in der Übertragung zu sehen sein müssen ((a)) und wie dies mit dem allgemeinen Persönlichkeitsrecht, dem Recht auf informatio-

---

führungen zum Vorstand. Es muss mithin angenommen werden, dass der Gesetzgeber von der Vorstellung der Aufsichtsratsmitglieder auf dem Podium Abstand genommen hat. So auch *Ahlswede*, AG 2023, 15; *Schilha/Gaßner*, ZIP 2022, 2357, 2365; im Ergebnis auch: *Rieckers*, DB 2023, 372, 375; *Tröger*, in: KölnKommAktG, § 118a Rn. 63.

[993] Soweit der Vorstand auf einem Podium in der Präsenzversammlung sitzt, ist der Versammlungsleiter normalerweise auch auf diesem zu sehen. Geht es dem Gesetzgeber um die Bewahrung dieser gewohnten Wahrnehmung, ist davon auch der Versammlungsleiter umfasst. So auch *Schilha/Gaßner*, ZIP 2022, 2357, 2365.

[994] Insbesondere hinsichtlich der Mitglieder des Aufsichtsrats oder einzelner Mitglieder des Vorstands ist zu beachten, dass ihre Abwesenheit am Versammlungsort schon keine wesentlichen Rechtsfolgen begründet, s. Kapitel 4 C. I. 2. c) cc). Demnach kann erst recht nicht ihre, der gesetzgeberischen Intention widersprechende, Sitzordnung und Art der Übertragung Auswirkungen auf die Beschlussfestigkeit entfalten.

[995] Diesem Gedanken folgend sind auch Überlegungen gegen die oben vertretene Zulässigkeit der Fokussierung auf einzelne Beteiligte in der Übertragung abzulehnen bzw. der Entscheidung der Gesellschaften zu überlassen. Zum Referentenentwurf wurde vertreten, dass die Mitglieder der Verwaltung permanent in der Übertragung zu sehen sein und auch bei anderen Beiträgen sichtbar bleiben sollten, *Guntermann*, ZIP 2022, 781, 788, die aber kritisch gegenüber dem gefundenen Ergebnis bleibt; *Seibt/Danwerth*, AG 2022, 177, 185; vgl. *DIHK*, Stellungnahme RefE, S. 3, abrufbar unter: https://www.bmj.de/SharedDocs/Downloads/DE/Gesetzgebung/Stellungnahmen/2022/0311_Stellungnahme_DIHK_virtuelle_Hauptversammlung.pdf?__blob=publicationFile&v=3, die ebenfalls kritisch hinsichtlich des Entwurfes ist.

[996] Hierzu und im Folgenden, Kapitel 4 C. I. 2. b) bb).

nelle Selbstbestimmung sowie mit dem Datenschutz vereinbar ist ((b)) ist Gegenstand folgender Ausführungen.

(a) Aufnahme in die Übertragung

Nach § 118a Abs. 1 Satz 2 Nr. 1 AktG ist *die Versammlung* zu übertragen und damit ist nach obigen Ausführungen dasjenige umfasst, was die Aktionäre auch in der Präsenzversammlung wahrnehmen können müssen. Folglich müssen Aktionäre und ihre Vertreter nicht anlasslos in der Übertragung sichtbar und hörbar sein.[997] Dasselbe gilt für von der Gesellschaft benannte Stimmrechtsvertreter.[998]

Die Bild- und Tonübertragung muss Aktionäre zumindest dann erfassen, wenn sie einen Wortbeitrag im Wege der Videokommunikation in der Hauptversammlung erbringen.[999] Ein Wortbeitrag im Wege der Videokommunikation wird bei der Ausübung des Rederechts nach § 130a Abs. 5 Satz 1 AktG immer vorausgesetzt, aber auch bei der Stellung von Aktionärsfragen in der Versammlung, wenn der Versammlungsleiter dies nach § 131 Abs. 1f AktG anordnet.[1000] Darüber hinaus kann den Aktionären zu anderen Gelegenheiten die Möglichkeiten geben werden, sich in der Versammlung im Wege der Bild- und Tonübertragung zu Wort zu melden.[1001] Auch Dritten können wie Aktionären fakultativ Wortbeiträgen ermöglicht werden.

(b) Vereinbarkeit mit Art. 2 Abs. 1 i. V. m. Art. 1 Abs. 1 GG

Wenn der Eingang der Aktionäre in die Bild- und Tonübertragung Voraussetzung für die Ausübung von Aktionärsrechten ist, berührt das ihr allgemeines Persönlichkeitsrecht und ihr Recht auf informationelle Selbstbestimmung nach Art. 2 Abs. 1 i. V. m. Art. 1 Abs. 1 GG. Ferner berührt es die freie Ausübung ihrer Aktionärsrechte in der Versammlung und damit ihr Eigentumsrecht nach Art. 14

---

[997] „In der Übertragung sichtbar müssen die Aktionäre dagegen nicht sein." FraktionsE, Virtuelle Hauptversammlung, BT-Drucks. 20/1738, S. 24; *Mayer/Jenne/Miller*, BB 2022, 2946, 2952; *Paschos*, in: BeckOGKAktG, § 118a Rn. 44.

[998] Dasselbe gilt für von der Gesellschaft benannte Stimmrechtsvertreter, vgl. *Mayer/Jenne/Miller*, BB 2022, 2946, 2953. Wie die Aktionäre beeinflusst ihr Mitwirken an der Hauptversammlung nicht die Ordnungsmäßigkeit der Versammlung und sind damit keine Funktionsträger dieser. Dies drückt sich auch darin aus, dass ihre Teilnahme am Versammlungsort freiwillig ist.

[999] Im Wesentlichen allgemein anerkannt, vgl. *Tröger*, in: KölnKommAktG, § 118a Rn. 26; zum GesRuaCOVBekG *Tröger*, BB 2020, 1091, 1093. Im Folgenden ist unter einem „Wortbeitrag" immer ein Wortbeitrag im Wege einer Videokommunikation zu verstehen. Zum Begriff der Videokommunikation, Kapitel 4 C. II. 3. b).

[1000] „So können die Aktionäre ihr Rede- und Auskunftsrecht durch Zuschaltung nach Aufruf durch den Versammlungsleiter ausüben." FraktionsE, Virtuelle Hauptversammlung, BT-Drucks. 20/1738, S. 32.

[1001] Aktionäre können unter Umständen auch über eine Aufzeichnungen Teil der Übertragung werden, s. bereits Kapitel 4 C. I. 5. b) bb).

Abs. 1 GG.[1002] Eine öffentliche Übertragung der Versammlung ist dabei besonders schwerwiegend. Die gesetzliche Grundlage für die Übertragung der Versammlung ist § 118a Abs. 1 Satz 2 Nr. 1 AktG und im Falle einer öffentlichen Übertragung i. V. m. den Vorgaben der Satzung oder der Geschäftsordnung der Hauptversammlung bzw. der Gestaltungskompetenz des Versammlungsleiters.[1003]

§ 118a Abs. 1 Satz 2 Nr. 1 AktG bzw. die Bestimmung einer öffentlichen Übertragung der Versammlung sind nach zutreffender herrschender Meinung grundrechtlich unbedenklich.[1004] Hier kann nichts anderes gelten als bei der Übertragung der Versammlung nach § 118 Abs. 4 AktG.[1005] In der virtuellen Versammlung können Aktionäre ihre Rechte ebenfalls durch Stimmrechtsvertreter oder Legitimationsaktionäre in der Versammlung ausüben, ohne selbst in Erscheinung zu treten. Dadurch hat der Gesetzgeber einen schonenden Ausgleich zwischen dem Interesse der an Anonymität gelegenen Aktionären und dem Interesse der übrigen Aktionäre am Wortbeitrag sichergestellt.[1006] Die öffentliche Übertragung ist mithin unbedenklich.[1007] Den betroffenen Aktionären steht hiergegen kein Widerspruchsrecht zu.[1008] Mit Rücksicht auf das Persönlichkeitsrecht der Aktionäre hat der Versammlungsleiter aber weiterhin zu Beginn der Hauptversammlung auf den öffentlichen

---

1002 *Spindler*, in: K. Schmidt/Lutter, AktG, § 118 Rn. 66, § 118a Rn. 23. Zur Übertragung nach § 118 Abs. 4 AktG: *Mülbert*, in: GroßkommAktG, § 118 Rn. 123; *Noack/Zetzsche*, in: KölnKommAktG, § 118 Rn. 246; *Reger*, in: Bürgers/Lieder, AktG, § 118 Rn. 24.

1003 Vgl. zu seiner Gestaltungskompetenz Kapitel 4 C. I. 2. d) bb).

1004 *Spindler*, in: K. Schmidt/Lutter, AktG, § 118 Rn. 66, § 118a Rn. 23. Zur Übertragung nach § 118 Abs. 4 AktG: LG Frankfurt a. M. v. 7. 1. 2004 – 3–13 O 79/03, NZG 2005, 520, 521 f.; *Krenek/Pluta*, in: Heidel, AktG, § 118 Rn. 82; *Mülbert*, in: GroßkommAktG, § 118 Rn. 123 m. w. N.; kritisch *Mimberg*, ZGR 2003, 21, 51.

1005 Letztlich beruht die Übertragung der virtuellen Versammlung immer ebenso auf einer Satzungsgrundlage, da eine solche für die Abhaltung einer virtuellen Versammlung notwendig ist und eine virtuelle Versammlung immer auch in Bild- und Ton übertragen werden muss. Diese ist folglich immer durch eine Mehrheitsentscheidung der Aktionäre legitimiert, vgl. *Butzke*, Hauptversammlung, N. Rn. 54 m. w. N.; *Seibert*, NZG 2002, 608, 611. Sofern sich Satzung und Geschäftsordnung zur Frage der Öffentlichkeit der Übertragung enthalten, steht es auch nach § 118 Abs. 4 AktG in der Gestaltungsfreiheit des Vorstands bzw. des Versammlungsleiters über diese zu entscheiden, *Mülbert*, in: GroßkommAktG, § 118 Rn. 127; nur den Vorstand zuständig sehend *Kubis*, in: MünchKommAktG, § 118 Rn. 126.

1006 Zur Übertragung nach § 118 Abs. 4 AktG: ausführlich *Horn*, Virtualisierung von Unternehmen als Rechtsproblem, S. 92 ff.; *Noack/Zetzsche*, in: KölnKommAktG, § 118 Rn. 246; *Wunderlich*, Digitalisierung der Hauptversammlung, S. 107 ff. Das Interesse an der Feststellung der Identität der jeweiligen Aktionäre besteht dabei darin die Beiträge in der Versammlung richtig einzuordnen und folglich mit ihnen umgehen zu können.

1007 Zur Übertragung nach § 118 Abs. 4 AktG: LG Frankfurt a. M. v. 7. 1. 2004 – 3–13 O 79/03, NZG 2005, 520, 521 f.; RegE, TransPuG, BT-Drucks. 14/8769, S. 19; ausführlich *Horn*, Virtualisierung von Unternehmen als Rechtsproblem, S. 92 ff.

1008 Zur Übertragung nach § 118 Abs. 4 AktG: LG Frankfurt a. M. v. 7. 1. 2004 – 3–13 O 79/03, NZG 2005, 520, 521 f.; RegE, TransPuG, BT-Drucks. 14/8769, S. 20; *Hasselbach/Schumacher*, ZGR 2000, 259, 263; *Heckelmann*, Hauptversammlung und Internet, S. 182; *Krenek/Pluta*, in: Heidel, AktG, § 118 Rn. 82; *Mülbert*, in: GroßkommAktG, § 118 Rn. 123 m. w. N.; *Noack*, NZG 2004, 297, 300; a. A. nur *Lenz*, EWiR 2005, 97, 98.

Charakter der Veranstaltung, einschließlich der Wortbeiträge der Aktionäre, hinzuweisen.[1009]

Die verwandten datenschutzrechtlichen Belange werden im Anschluss an die Bild- und Tonübertragung in einem eigenen Abschnitt erörtert.[1010]

c) Technische Umsetzung

Die Bild- und Tonübertragung der Hauptversammlung lässt sich über eine Vielzahl an Möglichkeiten technisch umsetzen.[1011] Das Gesetz verhält sich hierbei technologieneutral und gibt die technische Ausgestaltung weitgehend in die Hand der Gesellschaften.[1012] Hinsichtlich der Zuständigkeit sowie dem weiteren Rahmen der technischen Ausgestaltung ist auf obige Ausführungen verwiesen. Die Konzeption der Übertragung hat sich, neben Kosten, vornehmlich nach der Anzahl der zu erwartenden Nutzer zu richten. Diesen muss eine stabile und sichere Übertragung gewährleistet werden, wobei unter Umständen über die gleiche Plattform auch die Wahrnehmung anderer Aktionärsrechte in der Versammlung sichergestellt werden muss.

Es kann nicht Ziel dieser Arbeit sein, die technische Umsetzung der Bild- und Tonübertragung der Hauptversammlung im Einzelnen nachzuvollziehen. Die technische Umsetzung obliegt den Gesellschaften und ggf. den beauftragten Hauptversammlungsdienstleistern. Sie müssen die technisch praktikablen Lösungen ausloten und an die Gesellschaften individuell anpassen. Um ein Verständnis der virtuellen Hauptversammlung in der Praxis zu bekommen, wird an dieser Stelle aber auf die gängigen elektronischen Kommunikationsmittel und technische Gestaltungen eingegangen.[1013]

[1009] *Paschos*, in: BeckOGKAktG, § 118a Rn. 45. Vgl. zur Hinweispflicht des Versammlungsleiters auf Ton- und Bildaufnahmen BGH v. 19.9.1994 – II ZR 248/92, BGHZ 127, 107, 109 m. w. N.; *Butzke*, Hauptversammlung, N. Rn. 49; *Koch*, AktG, § 130 Rn. 33, *Max*, AG 1991, 77, 81 f.; *Mülbert*, in: GroßkommAktG, § 129 Rn. 268. Weitergehend sollte es vorab kommuniziert werden, wenn die Übertragung öffentlich ist, um den Aktionären die Gelegenheit zu geben sich in der Versammlung vertreten zu lassen, wenn sie nicht in der Übertragung erscheinen wollen, vgl. LG Frankfurt a. M. v. 7.1.2004 – 3-13 O 79/03, NZG 2005, 520, 521; RegE, TransPuG, BT-Drucks. 14/8769, S. 19; *Mülbert*, in: GroßkommAktG, § 118 Rn. 123.

[1010] Zur datenschutzrechtlichen Zulässigkeit der Übertragung nach § 118 Abs. 4 AktG aber *Spindler*, in: K. Schmidt/Lutter, AktG, § 118 Rn. 66; *Zetzsche*, AG 2019, 233, 242.

[1011] Vgl. *Lochner/Keller*, ZIP 2022, 1997, 1998.

[1012] Vgl. FraktionsE, Virtuelle Hauptversammlung, BT-Drucks. 20/1738, S. 24.

[1013] Im Zusammenhang mit § 118 Abs. 4 AktG wurden teilweise auch Übertragungswege abseits des Internets angedacht – etwa das Firmen- oder Spartenfernsehen. RegE, TransPuG, BT-Drucks. 14/8769, S. 19; *v. Holten/Bauerfeind*, AG 2018, 729, 730 Fn. 10; *Kruchen*, DZWIR 2020, 431, 447; *Spindler*, in: K. Schmidt/Lutter, AktG, § 118 Rn. 64; schon vor Einführung der Regelung von § 118 Abs. 4 AktG: *Noack*, BB 1988, 2533, 2534; *Zätzsch/Gröning*, NZG 2000, 393, 394 f. Diese blieben bislang aber weitestgehend theoretischer Natur. Zum einen lassen sie keine Zugangskontrolle zu und zum anderen sind Übertragungsformate über das Internet für

aa) Videokonferenzdienst

Kleinere Gesellschaften streben für die Hauptversammlung keine aufwendigen technischen Lösungen an und präferieren in der Regel möglichst simple Angebote. Insbesondere, wenn sie auch einen kleinen Aktionärskreis haben, bieten sich damit die gängigen Videokonferenzdienste wie Skype, Teams, Zoom etc. an.[1014] Von diesen kommerziellen Videokonferenzanbietern ist in der Regel eine standardisierte Lizenz für die gewerbliche Nutzung zu erwerben. Der Vorteil dieser Dienste ist, dass die Gesellschaften den Aktionären über diese Dienste direkt auch die Ausübung von Aktionärsrechten, insbesondere in Wortbeiträgen, ermöglichen können.

Kleinere Gesellschaften müssen keine Vielzahl an Aktionären betreuen und haben ein geringeres Risiko, unerwartet mit aktivistischen Aktionären konfrontiert zu sein. Sie haben in der Regel weniger interne technische Expertise und finanzielle Mittel. Dies lässt insbesondere individuelle technische Lösungen, die hohe initiale Kosten haben, wie beispielsweise ein eigens konzipiertes Aktionärsportal, ausscheiden.

Findet die Hauptversammlung mithilfe einer Videokonferenzplattform statt, sollten die Aktionäre und andere Teilnehmer, soweit sie keinen Wortbeitrag erbringen, von der Versammlungsleitung stumm geschaltet werden.[1015] Nur dadurch kann eine durchgängig verständliche Übertragung gewährleistet werden.

bb) Livestream auf einer Internetseite

In der Praxis bildet die Bereitstellung eines Livestreams der Versammlung auf einer Internetseite die nächste Komplexitätsebene.[1016] Dieser kann öffentlich auf der Internetseite zugänglich sein oder mit einer Zugangsbeschränkung versehen werden. Ein Livestream auf einer Internetseite bietet sich insbesondere dann an, wenn die Gesellschaften viele Aktionäre haben und die Hauptversammlung öffentlich übertragen wollen.[1017] Die öffentliche Übertragung des Livestreams ist bei großen Zuschauerzahlen technisch stabiler.[1018]

---

viele heute deutlich einfacher zugänglicher. Auch als zusätzliche Übertragungsform ist diese Option mithin nicht relevant. Übertragungswege abseits des Internets werden daher hier nicht weiter behandelt.

[1014] FraktionsE, Virtuelle Hauptversammlung, BT-Drucks. 20/1738, S. 24; *Bungert/Rieckers/Becker*, DB 2022, 2074, 2079; *Drinhausen/Keinath*, BB 2022, 451, 453; *Kubis*, in: MünchKommAktG, § 118a Rn. 39; *Walch/Häuslmeier*, DNotZ 2023, 106, 110.

[1015] Vgl. nochmals Kapitel 4 C. I. 5. b) cc). Die Bildübertragung der Aktionäre muss dagegen nicht unterbunden werden, wenn eine Großansicht des relevanten Geschehens möglich ist.

[1016] Den Livestream als Möglichkeit neben einem Aktionärsportal erwähnend FraktionsE, Virtuelle Hauptversammlung, BT-Drucks. 20/1738, S. 24; *Schilha/Gaßner*, ZIP 2022, 2357, 2368.

[1017] Vgl. FraktionsE, Virtuelle Hauptversammlung, BT-Drucks. 20/1738, S. 24. Zur Interessenlage bei der öffentlichen Übertragung, Kapitel 4 C. I. 5. a) aa).

[1018] *Butzke*, AG 2022, 795, 797.

Die Bild- und Tonübertragung der Hauptversammlung wird selten nur auf einer Internetseite zur Verfügung gestellt. Dann muss den Aktionären und ggf. den Mitgliedern des Aufsichtsrats nämlich über eine andere Plattform die Möglichkeit gegeben werden, sich selbst per Bild- und Tonübertragung zuzuschalten und gegebenenfalls ihre Aktionärsrechte auszuüben. Solche doppelten Strukturen führen zu höheren Kosten und können durch die unterschiedlichen Latenzen der Systeme die Benutzerfreundlichkeit mindern. Die Konzentration aller durch die Gesellschaft ermöglichten Kommunikation auf einer Plattform ist demgegenüber vorteilhaft.

cc) Aktionärsportal

Zuletzt ist die Zugänglichmachung der Bild- und Tonübertragung der Versammlung über ein Aktionärsportal möglich.[1019] Als Aktionärsportal wird weithin die zugangsbeschränkte Plattform bezeichnet, auf der die Gesellschaft die Kommunikation mit den Aktionären (weitgehend oder vollständig) konsolidiert und die Aktionäre ihre Rechte im Vorfeld und in der Versammlung ausüben können.[1020] Es handelt sich mithin um keine juristische Kategorie, sondern um eine sehr verbreitete technische Lösung.

Besonders große Gesellschaften nutzen Aktionärsportale,[1021] da sie eine spezialisierte Lösung für die Hauptversammlung bieten. Ihr Gebrauch ist deshalb zunächst etwas teurer und technisch aufwendiger als einer der gängigen Videokonferenzanbieter. Bei hohen Aktionärszahlen sind die Kosten der Gesellschaft im Verhältnis zur Zahl der Teilnehmer aber weniger hoch und im Vergleich zu den Bilanzsummen der Gesellschaft oftmals unerheblich. Zudem sind spezialisierte technische Lösungen für große Gesellschaften unabdingbar, da die gängigen Videokonferenzdienste nicht für eine Interaktion mit einer Vielzahl an Aktionären ausgerichtet sind. Ihnen fehlt es an den Möglichkeiten, die Partizipation eines breiten Aktionärskreises effektiv umzusetzen, da sie etwa keine spezifischen Funktionen wie einen digitalen Wortmeldetisch haben.[1022]

Aktionärsportale müssen des Weiteren nicht von den Gesellschaften selbst konzipiert und betrieben werden. Sie können wie in der Präsenzversammlung auf Hauptversammlungsdienstleister zurückgreifen, die technische Lösungen samt

---

[1019] *Reger/Gaßner*, RDi 2022, 396, 399.

[1020] Etwa erwähnt in FraktionsE, Virtuelle Hauptversammlung, BT-Drucks. 20/1738, S. 16, 25, 30, 32, 34. Zur Verwendung auch anderer Begriffe wie „Investorenportal", „Online-Service", „Internetservice" oder „HV-Portal" in der Praxis, *Danwerth*, AG 2024, 892, 894. In der Hauptversammlungssaison 2024 erwies es sich unter den Gesellschaften der DAX-Indexfamilie als Praktik das Aktionärsportal bereits mit dem Record Date zu eröffnen. *Danwerth*, AG 2024, 892, 893 mit genauen Daten.

[1021] Vgl. Kapitel 4 C. I. 5. c) ee).

[1022] S. zum Konzept eines solchen Kapitel 4 C. II. 5. c).

Personal liefern.[1023] Diese können individuell angepasst werden und etwa über die Internetseite der Gesellschaft implementiert werden. Die Hauptversammlungsdienstleister sollten während der Versammlung zur Lösung etwaiger technischer Probleme bereitstehen. Beauftragt werden müssen sie zwar vom Vorstand im Vorfeld der Versammlung, in der Hauptversammlung sind sie aber dem Versammlungsleiter untergeordnet. In der Hauptversammlungssaison 2023 wurden alle Gesellschaften der DAX-Indexfamilie von solchen Dienstleistern unterstützt.[1024]

Es ist anzunehmen, dass sich diese speziellen Angebote für virtuelle Hauptversammlungen künftig mit weiteren Erfahrungen und der fortschreitenden technischen Entwicklung weiter verbessern. Als Produkt können Aktionärsportale künftig standardisiert angeboten werden und sich mit geringeren Kosten auch bei kleineren Gesellschaften etablieren.

dd) Zuverlässigkeit der Technik

Schon unter dem kurzfristig geltenden GesRuaCOVBekG gab es scheinbar keine grundlegenden technischen Probleme bei der Bild- und Tonübertragung.[1025] Diese sind dementsprechend auch für die Zukunft nicht zu erwarten.[1026] Mit einer weiteren Etablierung der virtuellen Hauptversammlung werden die ihr zugrunde liegenden Systeme zuverlässiger.[1027]

Tritt allerdings doch eine technische Störung auf oder fällt die Übertragung vollständig aus, wird die Versammlung nicht zu einer Präsenzversammlung und behält ihren Charakter als virtuelle Hauptversammlung.[1028] Wie ansonsten mit technischen Störungen umzugehen ist, wird sogleich behandelt.[1029]

Die Gesellschaften können die Hauptversammlung auf mehreren Wegen gleichzeitig übertragen. Hierbei steht es aber im Interesse der Gesellschaften, sich nicht weiteren Anfechtungsrisiken im Fall technischer Störungen auszusetzen. Es ist daher zu empfehlen klarzustellen, welche Übertragung nicht die aktienrechtlich gebotene Übertragung nach § 118a Abs. 1 Satz 3 Nr. 1 AktG sein soll und rein freiwillig erfolgt.

[1023] Große und bereits etablierte Hauptversammlungsdienstleister im virtuellen Format sind heute etwa ADEUS, Computershare und Better Orange (nun zusammengeschlossen mit Link). Vgl. zu den Marktanteilen im Jahr 2023 und 2024 *Danwerth*, AG 2024, 892, 894 und für das Jahr 2020, *Mayer*, 17. Deutscher IT-Sicherheitskongress, S. 233, 241.

[1024] *Danwerth*, ZIP 2023, 2329, 2334.

[1025] FraktionsE, Virtuelle Hauptversammlung, BT-Drucks. 20/1738, S. 24.

[1026] Eine Ausnahme mag die Möglichkeit von Hacker-Angriffen darstellen. Zu diesem Thema allgemein Kapitel 4 C. I. 8. c).

[1027] Vgl. *Kovarova-Simecek/Klinz/Loidl*, CARF Luzern 2021, S. 318.

[1028] Hierzu und im Folgenden FraktionsE, Virtuelle Hauptversammlung, BT-Drucks. 20/1738, S. 23 a. E.; ausführlicher Kapitel 4 D. I. 4.

[1029] Kapitel 4 C. I. 8.

ee) Rechtstatsächliche Erfahrungen

Gesellschaften der DAX-Indexfamilie bedienten sich bislang fast ausschließlich einer Übertragung durch einen Livestream über das von den Hauptversammlungsdienstleistern eingerichtete und betriebene Aktionärsportal.[1030] Alle von Danwerth untersuchten Übertragungen, die im Jahr 2021, 2023 und 2024 nur Aktionären zur Verfügung standen, wurden über Aktionärsportale angeboten.[1031] Im Jahr 2020 waren es nur sieben kleinere Gesellschaften, die auf den Videokonferenzanbieter Zoom zurückgriffen.[1032] Soweit nur Teile der Versammlung öffentlich übertragen wurden, handelte es sich in der Regel um den Bericht des Aufsichtsrats sowie die Rede des Vorstands.[1033]

d) Aufzeichnung

Die Gesellschaft kann eine Aufzeichnung der Versammlung anfertigen[1034] und den Aktionären bzw. der Öffentlichkeit zugänglich machen. Hierbei muss sie datenschutzrechtliche Belange beachten und die Aufzeichnung beispielsweise nur den Aktionären oder unter Anonymisierung der identifizierbaren Aktionäre öffentlich (zeitlich befristet) zugänglich machen.[1035] Nicht autorisierte Aufzeichnungen durch Aktionäre sind wie in der Präsenzversammlung[1036] grundsätzlich unzulässig, können aber von der Gesellschaft zugelassen werden.

e) Zwischenergebnis

Die Bild- und Tonübertragung der virtuellen Hauptversammlung entspricht in weiten Teilen der bei Präsenzversammlungen nach § 118 Abs. 4 AktG. Sie kann sowohl der Öffentlichkeit als auch nur berechtigen Parteien unter Zuhilfenahme einer Zugangsbeschränkung zugänglich gemacht werden. Die technische Ausgestaltung steht den Gesellschaften frei, das Gesetz verhält sich insoweit technologieneutral.

[1030] *Danwerth*, ZIP 2023, 2329, 2334; *Danwerth*, AG 2021, 613, 616; *Danwerth*, AG 2020, 776, 778.

[1031] *Danwerth*, AG 2024, 892, 894; *Danwerth*, ZIP 2023, 2329, 2334; *Danwerth*, AG 2021, 613, 616.

[1032] *Danwerth*, AG 2020, 776, 778.

[1033] *Danwerth*, AG 2021, 613, 616; *Danwerth*, AG 2020, 776, 779; vgl. ferner *Kruchen*, DZWIR 2020, 431, 431 a.E.

[1034] Zu Aufzeichnungen der Präsenzversammlung: *Herrler*, in: Grigoleit, AktG, § 118 Rn. 36; *Kubis*, in: MünchKommAktG, § 118 Rn. 124; billigend RegE, TransPuG, BT-Drucks. 14/8769, S. 20.

[1035] Vgl. zum Verein *Schwenn/Blacher*, npoR 2020, 154, 159f.

[1036] BGH v. 19.9.1994 – II ZR 248/92, BGHZ 107, 116, AG 1994, 559, 562; *Butzke*, Hauptversammlung, N. Rn. 49; *Wicke*, in: BeckOGKAktG, § 130 Rn. 103.

Welche Lösungen sich dabei anbieten, hängt maßgeblich von den individuellen Bedürfnissen der Gesellschaft ab.

6. Vertraulichkeit der Versammlung

Verschiedentlich wird kritisiert, dass die virtuelle Hauptversammlung die Vertraulichkeit der Hauptversammlung angreife.[1037] Hauptversammlungen finden grundsätzlich als geschlossene und damit vertrauliche Veranstaltungen statt.[1038] Sie finden unter Anwesenheit bzw. Zuschaltung der Aktionäre, ihrer Vertreter und der notwendigen Funktionsträger statt. Demgegenüber haben Personen außerhalb dieses Kreises grundsätzlich kein Recht auf Partizipation an der Versammlung. Grundlegende Abweichungen von diesem Prinzip, wie etwa die öffentliche Übertragung der Versammlung,[1039] verlangen in der Regel eine Satzungsgrundlage. Der Zulassung nur eines beschränkten Personenkreises zur Hauptversammlung sichert die Vertraulichkeit des Versammlungsgeschehens. Dies ist wichtig in Hinblick auf die grund- und datenschutzrechtlich gesicherten Persönlichkeitsrechte der Aktionäre.[1040] Die Gesellschaften haben aber auch ein Interesse daran, dass Geschäftsgeheimnisse oder sensible Inhalte nicht an Mitbewerber oder die Öffentlichkeit dringen und dass die Beschlussfassung in der Versammlung verlässlich ist. Eine vertrauliche Hauptversammlung trägt zu letzterem dadurch bei, dass die Aktionäre unter sich diskutieren können, frei von äußeren Einflüssen sind und nicht befürchten müssen, dass ihre Diskussionsbeiträge nach außen dringen.[1041]

Von den Aktionären und ihren Vertretern kann aufgrund der gesellschaftlichen Treuepflicht ein vertraulicher Empfang der Versammlungsübertragung verlangt werden, soweit diese nicht öffentlich ist.[1042] Dies lässt sich aus dem Prinzip der Vertraulichkeit der Versammlung herleiten, das in dem anerkannten Verbot von unautorisierten Aufzeichnungen der Hauptversammlung[1043] reflektiert wird.

[1037] *Butzke*, AG 2022, 795, 797; *Heckschen/Hilser*, ZIP 2022, 670, 672; *Paschos*, in: BeckOGKAktG, § 118a Rn. 45; *Teichmann*/*Wicke*, DB 2022, 720, 723; zur virtuellen Vertreterversammlung *Wicke*, DStR 2022, 498, 500 m. w. N. Schon zur Übertragung der Präsenzversammlung nach § 118 Abs. 4 AktG *Mülbert*, in: GroßkommAktG, § 118 Rn. 122; mit Blick auf die technische Vertraulichkeit *BNotK*, Stellungnahme RefE, S. 5 f., abrufbar unter: https://www.bmj.de/SharedDocs/Downloads/DE/Gesetzgebung/Stellungnahmen/2022/0311_Stellungnahme_BNotK_virtuelle_Hauptversammlung.pdf?__blob=publicationFile&v=3; zu technischen Störungen Kapitel 4 C. I. 8.

[1038] S. Kapitel 4 C. I. 5. a).

[1039] S. Kapitel 4 C. I. 5. a).

[1040] Zu diesen jeweils unter Kapitel 4 C. I. 5. b) cc) (2) (b) und Kapitel 4 C. I. 7.

[1041] *Heckschen/Hilser*, ZIP 2022, 670, 672; *Roth*, ZIP 2003, 369, 375; diese Befürchtungen aus Sicht der Praxis ablehnend *Butzke*, AG 2022, 795, 797; vgl. *Noack*, in: Noack/Servatius/Haas, GmbHG, § 48 Rn. 13.

[1042] Soweit ersichtlich, wurde eine solche Pflicht in der Literatur bislang noch nicht erkannt.

[1043] S. hierzu Kapitel 4 C. I. 5. d).

a) Kritik

Die virtuelle Hauptversammlung berührt diese Vertraulichkeit verschiedentlich. Zunächst wurde vorgebracht, dass die Bild- und Tonübertragung der Versammlung deutlich einfacher unbefugt aufgezeichnet und an unbefugte Dritte weitergegeben werden kann.[1044] Sind die Inhalte der Versammlung nicht mehr vertraulich, sind alle oben genannten Vorteile bedroht. Insbesondere für eine Beeinträchtigung der freien Aussprache der Aktionäre ist nicht zwangsweise ein tatsächlicher Bruch mit der Vertraulichkeit der Hauptversammlung vonnöten. Schon das Bewusstsein um ein nicht unerhebliches Risiko in Bezug auf die Vertraulichkeit kann die Betroffenen beeinflussen.

Des Weiteren kann bei einer virtuellen Hauptversammlung nicht vollständig sichergestellt werden, dass die Aktionäre die Versammlung auf ihrer Seite allein verfolgen.[1045] Zum einen besteht dabei das Risiko, dass Dritte die Versammlung mitverfolgen können. Zum anderen ist nicht auszuschließen, dass während der Versammlung Dritte auf die Aktionäre Einfluss nehmen und so die interne Willensbildung erschweren und zusätzliche Interessenkonflikte mit in den Gesellschafterkreis einführen.[1046] Ferner lässt sich vonseiten der Gesellschaft nicht ausschließen, dass Zugangsdaten von Aktionären freiwillig weitergegeben werden oder Dritte diese gegen ihren Willen akquirieren.[1047]

b) Stellungnahme

Die Vertraulichkeit der Versammlung wird durch das virtuelle Format zwar geschwächt, zuvor vertrauliche Versammlungen werden dadurch aber nicht öffentlich. Die Bedeutung dieser Öffnung ist nicht zu überschätzen. Sicherlich ist es einfacher, die virtuelle Hauptversammlung aufzuzeichnen als die Präsenzversammlung. Die Präsenzversammlung ist mit dem heutigen Stand der Technik aber ebenso problemlos ohne die Kenntnis der anderen Teilnehmer aufzuzeichnen. Mobiltelefone sind ubiquitär. Wenn ein Teilnehmer ein solches unbemerkt auf den Tisch legt, ist weder großer technischer Sachverstand noch eine besondere Vorbereitung oder Umgehung von Kontrollmechanismen notwendig, um eine gute Tonaufnahme der Versammlung zu erstellen. Die geäußerten Befürchtungen hinsichtlich eines höheren Risikos unerlaubter Aufzeichnungen sind mithin nicht begründet.

[1044] *Butzke*, AG 2022, 795, 797; *Heckschen/Hilser*, ZIP 2022, 670, 672; vgl. *Spindler*, ZGR 2018, 17, 33.

[1045] Vgl. *Heckschen*, Beschlussfassung im virtuellen Raum, S. 29, 40.

[1046] *Heckschen/Hilser*, ZIP 2022, 670, 673.

[1047] Zu diesem Risiko bereits Kapitel 4 C. I. 2. a) ee).

Ferner kann die Anwesenheit Dritter bei den Aktionären abseits des Versammlungsorts kein gewichtiges Argument gegen die Bild- und Tonübertragung der Versammlung bilden. Wie soeben schon gezeigt, lässt sich die Weitergabe von Informationen und Aufnahmen der Versammlung an Dritte kaum verhindern. Dass Dritte im Machtbereich der Aktionäre die Übertragung wahrnehmen, ist nicht anders zu bewerten. Dass diese Dritte aber die Aktionäre beeinflussen können, könnte mit dem geschlossenen Charakter der Hauptversammlung konfligieren. Rein rechtlich besteht aber aufseiten der Gesellschaft oder der anderen Aktionäre kein legitimes Interesse gegen eine solche Absprache mit Dritten. In der Praxis besteht ein solches Risiko bereits bei hybriden Versammlungen nach § 118 Abs. 1 Satz 2 AktG, bei denen es – soweit ersichtlich – bis jetzt noch zu keinen solch gearteten Problemen kam. Wie die Aktionäre zu ihrer Willensbildung kommen, ist ganz ihre Sache. Soweit die Ergebnisse dessen für die Gesellschaft unbequem sind, ist dies hinzunehmen. Nur wenn die Dritten die Versammlung selbst beeinflussen, muss dies kategorisch verhindert werden.

Dass sich manche Teilnehmer aufgrund der Übertragung der Hauptversammlung, in der freien Fassung ihrer Wortbeiträge eingeschränkt fühlen, ist als Befindlichkeit verständlich. Als solche kann sie aber keinen gewichtigen Grund gegen bestimmte Modi der Bild- und Tonübertragung oder gar der virtuellen Hauptversammlung selbst bilden.[1048] Dies gilt umso mehr, als sich das reale Risiko einer unerlaubten Aufzeichnung kaum erhöht.

Keiner der oben genannten Kritikpunkte gegen eine Bild- und Tonübertragung und die virtuelle Hauptversammlung kann folglich überzeugen. Zwar sind die Sorgen um die Vertraulichkeit der Versammlung im Grundsatz legitim, der reale Verlust an Vertraulichkeit ist aber nicht empfindlich und mithin als bloß einer von vielen Belangen in die Entscheidung über die Abhaltung einer virtuellen Hauptversammlung bzw. ihrer Gestaltung mit einzustellen.

c) Handlungsempfehlung in der Praxis

Die Vertraulichkeit der Hauptversammlung beschäftigt vornehmlich kleinere Gesellschaften. Bei großen Publikumsgesellschaften, namentlich den börsennotierten, sind die Hauptversammlungen quasi-öffentlich, sodass sensible Informationen, sollen sie vertraulich bleiben, nicht der Hauptversammlung präsentiert werden können.[1049]

[1048] Zu berücksichtigen bleibt stets, dass auch das Reden vor einem Präsenzpublikum einige (insbesondere jüngere) Aktionäre von der Partizipation in der Versammlung abhalten kann, die mit einer virtuellen Kommunikation weniger Probleme hätten. Vgl. *Butzke*, AG 2022, 795, 797.

[1049] Zum öffentlichen Charakter großer Hauptversammlungen Kapitel 4 C. I. 5. a).

Dementsprechend ist es aber besonders kleinen Gesellschaften möglich und anzuraten, beim Verdacht von Brüchen der Vertraulichkeit weitere Kontrollmaßnahmen vorzunehmen. Ist beispielsweise eine dritte Person in der Übertragung eines Aktionärs zu sehen oder zu hören, ist diese Übertragung weiter zu beobachten und beim Aktionär nachzufragen. Beide Maßnahmen kann eine Hilfsperson des Versammlungsleiters übernehmen.[1050] Wird ein Verdacht bestätigt, kann ein Ordnungsruf des Versammlungsleiters erfolgen. Wird dem folgend die Vertraulichkeit der Übertragung nicht erkennbar sichergestellt, kann der Versammlungsleiter den Aktionär als Ultima Ratio auch von der Übertragung ausschließen. Dies entspricht etwa einem Saalverweis in der Präsenzhauptversammlung. In der virtuellen Hauptversammlung kann es dem Aktionär aber unter Umständen noch weiterhin gestattet bleiben, andere Aktionärsrechte, wie das Abstimmungsrecht, wahrzunehmen. Soweit es die Hauptversammlung zeitlich zulässt, hat der Versammlungsleiter mit Rücksicht auf die Aktionärsrechte die Maßnahmen gestuft und nacheinander vorzunehmen.[1051]

7. Datenschutz

Die Virtualisierung der Hauptversammlung führt wie fast alle Digitalisierungsprozesse zu einer Flut neuer Daten, die alle datenschutzrechtlich konform verarbeitet werden müssen. Die Vorgaben des Datenschutzrechts werden damit zum systemimmanenten und zentralen Teil des Regelungsregimes der virtuellen Hauptversammlung. Unter den verschiedenen Regelungen entfaltet die Datenschutzgrundverordnung (DSGVO)[1052] dabei die größte Praxisrelevanz. Sie ist deshalb auch hier Grundlage der folgenden Betrachtungen. Diese sollen und können an indes kaum umfassend ausfallen. Vielmehr werden nur die Leitlinien der DSGVO erörtert und das Gesetz zur Einführung virtueller Hauptversammlungen datenschutzrechtlich kontextualisiert.

[1050] Es würde sich auch anbieten, dass der Versammlungsleiter (oder eine seiner Hilfspersonen) bei einer kleinen Gesellschaft vor der Einführung eines sensiblen Themas nochmal alle Übertragungen der Aktionäre kurz (stichprobenartig) in Augenschein nimmt.

[1051] Kann der Verdachtsfall allein durch die Untersuchung der jeweiligen Übertragung oder eine Aussprache mit dem Aktionär nicht ausgeräumt werden, kann der Versammlungsleiter den Aktionär auffordern – soweit technisch möglich – seine Kamera an seinem Aufenthaltsort herumzuschwenken, um den vertraulichen Empfang der Übertragung darzulegen. In ihren Privaträumen können Aktionäre dazu mit Blick auf ihr allgemeines Persönlichkeitsrecht, ihr Recht auf informationelle Selbstbestimmung nach Art. 2 Abs. 1 i. V. m. Art. 1 Abs. 1 GG, ihr Recht auf Unverletzlichkeit der Wohnung nach Art. 13 GG sowie den datenschutzrechtlichen Vorschriften nicht gezwungen werden. Ein solches Verlangen kann aber vor Ergreifung dem Ausschluss aus der Übertragung als Ultima Ratio in Betracht kommen.

[1052] Verordnung (EU) 2016/679 des Europäischen Parlaments und des Rates vom 27. April 2016 zum Schutz natürlicher Personen bei der Verarbeitung personenbezogener Daten, zum freien Datenverkehr und zur Aufhebung der Richtlinie 95/46/EG (Datenschutz-Grundverordnung), ABl. EU, L 119/1.

Der Anwendungsbereich der DSGVO ist grundsätzlich bei allen virtuellen Hauptversammlungen eröffnet. Denn nach Art. 2 Abs. 1 DSGVO verarbeiten die Gesellschaften und die von ihnen beauftragten Dienstleister im Zusammenhang mit der Hauptversammlung eine Fülle an personenbezogenen Daten von den Aktionären und ihren Vertretern.[1053] Eine relevante Ausnahme stellt allein § 30 Abs. 5 DSGVO in Hinblick auf sehr kleine Aktiengesellschaften mit weniger als 250 Mitarbeiter dar.[1054]

Wenn der Anwendungsbereich der DSGVO eröffnet ist, muss die Gesellschaft die acht Grundsätze für die Verarbeitung personenbezogener Daten nach Art. 5 DSGVO achten.[1055] Insbesondere die Ausgestaltung und Leitung der Versammlung müssen sich danach richten. Abseits dessen unterliegt die Verarbeitung von personenbezogenen Daten nach Art. 6 Abs. 1 UAbs. 1 DSGVO einem Verbot mit Erlaubnisvorbehalt. Die Fälle erlaubter Datenverarbeitung gibt Art. 6 Abs. 1 UAbs. 1 DSGVO enumerativ vor. Für die virtuelle Hauptversammlung hat namentlich Art. 6 Abs. 1 UAbs. 1 lit. a), c) und f) DSGVO Bedeutung. Zunächst ist nach Buchstabe Art. 6 Abs. 1 UAbs. 1 lit. a) i. V. m. Art. 7 f. DSGVO die Datenverarbeitung zulässig, die unter Einwilligung der betroffenen Person erfolgt. In Betracht kommt insbesondere die Einholung einer individuellen Einwilligung für die öffentliche Zugänglichmachung mit Namensnennung bei Fragen und Stellungnahmen von Aktionären. Allerdings ist etwa die kontinuierliche Übertragung der Versammlung allein aufgrund von Einwilligungen oftmals nicht praktikabel. Jeder Aktionär kann seine Einwilligung verweigern oder nach Art. 7 Abs. 3 Satz 1 DSGVO widerrufen, sodass einzelne Aktionäre, die keine Einwilligung erteilen, mit ihrem Wortbeitrag die Übertragung der Versammlung faktisch unterbinden könnten.[1056]

Ferner ist die Gesellschaft aber auch dann zur Verarbeitung von Daten berechtigt, wenn sie dabei in Erfüllung einer *rechtlichen Verpflichtung* nach Art. 6 Abs. 1 UAbs. 1 lit. c) DSGVO handelt. Das Gesetz zur Einführung virtueller Hauptversammlungen sieht solche Verpflichtung jedoch nie ausdrücklich vor. Es eröffnet

---

[1053] Ausführlich zu den Begriffen der Verarbeitung personenbezogener Daten und deren Subsumption im Kontext der virtuellen Hauptversammlung *Wunderlich*, Digitalisierung der Hauptversammlung, S. 109; *Zetzsche*, AG 2019, 233, 235 f.; grundlegend für die Hauptversammlung, *Nägele/Apel*, in: ArbeitsHdb Hauptversammlung, § 53 Rn. 5 ff.; vgl. ferner *Heckschen/Hilser*, ZIP 2022, 670, 676.

[1054] Zum Ganzen, aber etwas restriktiver *Zetzsche*, AG 2019, 233, 234. Der Anwendungsbereich der Ausnahme wird wiederrum dadurch eingeschränkt, dass die Datenverarbeitung nicht nur gelegentlich erfolgen darf, was bei der Hauptversammlung jeweils im Einzelfall festzustellen ist, und, dass die Mitarbeiterzahl – nach umstrittener Ansicht – im Rahmen einer Konzernbetrachtung festgestellt werden muss. *Plath*, in: Plath, DSGVO, Art. 30 Rn. 21; *Spoerr*, in: BeckOKDatenschutzrecht, DSGVO, Art. 30 Rn. 15; *Zetzsche*, AG 2019, 233, 234; a. A. *Laue*, in: Spindler/Schuster, DSGVO, Art. 30 Rn. 20; *Martini*, in: Paal/Pauly, DSGVO, Art. 30 Rn. 28.

[1055] Ausführlich *Nägele/Apel*, in: ArbeitsHdb Hauptversammlung, § 53 Rn. 13.

[1056] *Koch*, AktG, § 118a Rn. 17; *Kruchen*, DZWIR 2020, 431, 446 f.; *Wunderlich*, Digitalisierung der Hauptversammlung, S. 110.

vielmehr weite Gestaltungsräume, in denen die Datenverarbeitung nicht rechtlich verpflichtend ist, sondern nur oder teilweise aufgrund der Gestaltungsentscheidungen der Gesellschaft erfolgt.[1057] In diesen Fällen kann die Rechtmäßigkeit der Datenverarbeitung nicht aus Art. 6 Abs. 1 UAbs. 1 lit. c) DSGVO hergeleitet werden.[1058]

Am relevantesten ist für die Gesellschaften aber Art. 6 Abs. 1 UAbs. 1 lit. f) DSGVO, nach dem eine Datenverarbeitung, die eine Gesellschaft ohne rechtliche Verpflichtung und Einwilligung der betroffenen Aktionäre vornimmt, rechtmäßig ist, wenn diese zur Wahrung des berechtigten Gesellschafts- oder Aktionärsinteresses erforderlich ist und die Interessen der betroffenen Aktionäre diese nicht überwiegen. Obwohl die hierfür notwendigen Interessensabwägungen im Einzelfall nicht tiefgehend erläutert werden können, lohnt sich hierzu ein kurzer Blick auf typische Streitfragen, die in der Versammlungspraxis besonders relevant sind.

Allgemein anerkannt ist die (öffentliche) Übertragung der Versammlung.[1059] Hierbei gilt nichts anderes als bei der Präsenzversammlung, die ebenso nach § 118 Abs. 4 AktG (öffentlich) übertragen werden kann.[1060] Ebenso können hierzu die vorstehenden Gedanken zur Vereinbarkeit mit Art. 2 Abs. 1 i. V. m. Art. 1 Abs. 1 GG zurate gezogen werden.[1061]

Im Vorfeld der Versammlung ergeben sich dagegen über den Status quo ante hinausgehende neue Fragestellungen.[1062] Insbesondere ist fraglich, ob Anträge, Stellungnahmen und Fragen mit dem Namen des Aktionärs allen Aktionären bzw. der Öffentlichkeit zugänglich gemacht werden dürfen. Indes kann auch bei diesen Fragestellungen auf die anerkannte Praxis der Präsenzversammlung zurückgegriffen werden. Zwar haben die betreffenden Aktionäre ein Interesse daran, ihre Identität nicht ohne ihr Einverständnis offen zu legen. Die Gesellschaft und die übrigen

---

[1057] Hierbei ist etwa an die Vorverlagerung des Auskunftsrecht nach § 131 Abs. 1a Satz 1 AktG und die damit einhergehende Verarbeitung von Daten im Vorfeld der Versammlung zu denken.

[1058] Vorschriften, die eine Datenverarbeitung bloß erlauben, genügen Art. 6 Abs. 1 UAbs. 1 lit. c) DSGVO nicht, ausführlich *Albers/Veit*, in: BeckOKDatenschutzrecht, DSGVO, Art. 6 Rn. 48, 50; *Kramer*, in: Auernhammer, DSGVO, Art. 6 Rn. 53; *Plath/Struck*, in: Plath, DSGVO, Art. 6 Rn. 42 m. w. N.

[1059] *Herrler*, DNotZ 2020, 468, 490; *Wunderlich*, Digitalisierung der Hauptversammlung, S. 110 f.; zumindest aktionärsöffentlich *Kruchen*, DZWIR 2020, 431, 457.

[1060] So auch *Spindler*, in: K. Schmidt/Lutter, AktG, § 118 Rn. 66, § 118a Rn. 23. Zur datenschutzrechtlichen Zulässigkeit der Übertragung nach § 118 Abs. 4: *Wunderlich*, Digitalisierung der Hauptversammlung, S. 111; *Zetzsche*, AG 2019, 233, 242.

[1061] Kapitel 4 C. I. 5. b) cc) (2) (b).

[1062] Insbesondere auf das Auskunftsrecht im Vorfeld der Versammlung kann allerdings teilweise auf die Erfahrungen und die Literatur zum GesRuaCOVBekG zurückgegriffen werden. Ein gesonderter Blick zurück lohnt sich allerdings nicht, sodass dies an dieser Stelle nur in den Fußnoten und über die einschlägigen Quellen stattfindet.

Aktionäre haben demgegenüber aber ein Interesse an der Feststellung der Identität des Aktionärs, da sie dadurch den Antrag, die Stellungnahme oder die Frage besser gewichten und einordnen können.[1063] Wie *in* der Versammlung[1064] überwiegt grundsätzlich dieses Interesse, sodass die Anträge, Stellungnahmen[1065] und Fragen[1066] unter Nennung des Namens (und Wohnort bzw. Sitz des Aktionärs) des betreffenden Aktionärs nach Art. 6 Abs. 1 Satz 1 lit. f) DSGVO zugänglich gemacht werden können. Dass die Informationen dabei nicht nur in der Versammlung, sondern längerfristig auch in ihrem Vorfeld zugänglich sind, ist ein intensiverer Eingriff, aber inhärenter Teil der gesetzlichen Gestaltung der Vorverlagerung der Hauptversammlung und mithin grundsätzlich hinzunehmen. Abgesehen davon kann die besondere Eingriffsintensität bei genauerem Hinsehen nur für das Auskunftsrecht vorgebracht werden, das auf Grundlage der möglichen Ausübung im Vorfeld der Versammlung *in* der Versammlung eingeschränkt werden kann. Soweit dagegen das Stellungnahmerecht oder das Antragsrecht betroffen sind, steht den Aktionären die Ausübung dieser Rechte im Vorfeld der Versammlung allein additiv zur Verfügung. Wollen die Aktionäre ihre Identität nicht bereits im Vorfeld der Versammlung mit ihrem Begehren verknüpfen, können sie ihr Stellungnahme- oder Rederecht weiterhin im vollen Umfang in der Hauptversammlung ausüben.

Letztlich handelt es sich aber immer um eine Einzelfallabwägung, die mit Rücksicht auf die berechtigen Interessen der betroffenen Aktionäre vom Vorstand vorgenommen werden muss.[1067] Liegen etwa viele gleichartige Fragen vor oder werden verschiedene Fragen in einer Antwort zusammengefasst, besteht grundsätzlich kein besonderes Interesse der Aktionärsgemeinschaft an der Identität des Fragestellers und es setzt sich das Anonymitätsinteresse des Aktionärs durch.[1068]

[1063] So etwa *Herrler*, DNotZ 2020, 468, 490.

[1064] Vgl. *Noack/Zetzsche*, in: KölnKommAktG, § 130a Rn. 28; *Simons/Hauser*, NZG 2020, 488, 495.

[1065] *Danwerth*, AG 2024, 892, 896 mit empirischer Auswertung der Hauptversammlungssaison 2023 und 2024 in der DAX-Indexfamilie; *Noack/Zetzsche*, in: KölnKommAktG, § 130a Rn. 28; *Simons/Hauser*, NZG 2020, 488, 495; im Ergebnis auch, zumindest, wenn nicht allgemein öffentlich: *Koch*, AktG, § 130a Rn. 8; *Poelzig*, in: BeckOGKAktG, § 130a Rn. 29.

[1066] Im Ergebnis auch, zumindest, wenn nicht allgemein öffentlich, *Koch*, AktG, § 131 Rn. 57; *Krenn*, Informationsrechte, S. 152; *Poelzig*, in: BeckOGKAktG, § 131 Rn. 326, § 130a Rn. 29; im Einzelfall abwägend *Noack/Zetzsche*, in: KölnKommAktG, § 131 Rn. 636; zum GesRuaCOVBekG ausführlich *Bücker/Kulenkamp/Schwarz/Seibt/v. Bonin*, DB 2020, 775, 783; *Herb/Merkelbach*, DStR 2020, 811, 813; *Kruchen*, DZWIR 2020, 431, 457; zur Handhabung in der Praxis, in der sich noch keine feste Lösung etabliert hat *Danwerth*, AG 2021, 613, 618; *Danwerth*, AG 2020, 776, 781.

[1067] S. o. *Bücker/Kulenkamp/Schwarz/Seibt/v. Bonin*, DB 2020, 775, 783; *Herb/Merkelbach*, DStR 2020, 811, 813; *Herrler*, DNotZ 2020, 468, 490; *Mayer/Jenne/Miller*, BB 2020, 1282, 1291; *Noack/Zetzsche*, in: KölnKommAktG, § 130a Rn. 636.

[1068] Mit Rücksicht auf die Praktikabilität: *Herb/Merkelbach*, DStR 2020, 811, 813; *Herrler*, DNotZ 2020, 468, 490; *Herrler*, in: Grigoleit, AktG, § 118 Rn. 37e; *Mayer/Jenne/Miller*, BB 2020, 1282, 1291; *Noack/Zetzsche*, in: KölnKommAktG, § 130a Rn. 636.

Liegen allerdings Fragen zu bestimmten Beschlussgegenständen vor, setzt sich eher das Interesse an der Namensnennung durch.[1069] An eine öffentliche Zugänglichmachung der Aktionärsidentität ist dabei selbstverständlich eine höhere Hürde zu knüpfen als an eine Zugänglichmachung nur der übrigen Mitaktionäre. Die Entscheidung im Einzelfall ist bei der großen Anzahl an Anträgen, Stellungnahmen und Fragen bei Publikumsgesellschaften aber praktisch nicht möglich. Gerade deshalb sollte im Zweifel restriktiv verfahren werden und bei einer Namensnennung automatisch eine Zustimmung des Aktionärs eingeholt werden.[1070] Dies verhindert ferner, dass Aktionäre einzeln und nachträglich von ihrem Widerspruchsrecht nach Art. 21 Abs. 1 DSGVO Gebrauch machen.[1071] Entsprechend dem hiesigen Vorschlag handelten 32 % (2023: 41 %) der Gesellschaften der DAX-Indexfamilie in der Hauptversammlungssaison 2024, die in Übermittlung der Stellungnahme eine Zustimmung zur Namensnennung verstanden.[1072] 57 % (2023: 49 %) sahen eine Namensnennung ohne Einwilligung der Aktionäre vor. Der Trend scheint in Richtung einer liberaleren Handhabung der Namensnennung zu gehen.

Eine gesetzliche Klarstellung der Möglichkeit der Namensnennung wäre jedoch wünschenswert, um Rechtsunsicherheit zu vermeiden.[1073]

8. Technische Störungen

Technische Störungen jeglicher Art hängen inhärent mit der Digitalisierung der Hauptversammlung zusammen. Je mehr Prozesse digitalisiert werden, desto mehr Möglichkeiten bestehen für das Auftreten von technischen Störungen. Technische Störungen sind auch bei bester Vorbereitung und größten Bemühungen nicht gänzlich zu vermeiden und müssen daher Teil jeder Überlegung zu neuen digitalen Konzepten sein.

Mit welchen technischen Störungen die Gesellschaften in der Praxis rangen, ist daher Gegenstand des folgenden Abschnitts (a)). Auf Grundlage dessen werden

---

[1069] Vgl. zum GesRuaCOVBekG *Herrler*, in: Grigoleit, AktG, § 118 Rn. 37e.

[1070] *Noack/Zetzsche*, in: KölnKommAktG, § 131 Rn. 636. Zumindest ein Hinweis ist dann angebracht. So auch zum GesRuaCOVBekG *Herrler*, in: Grigoleit, AktG, § 118 Rn. 37e; *Kruchen*, DZWIR 2020, 431; *Mayer/Jenne/Miller*, BB 2020, 1282, 1291; mit Formulierungsvorschlag *Bücker/Kulenkamp/Schwarz/Seibt/v. Bonin*, DB 2020, 775, 783.

[1071] Vgl. *Bücker/Kulenkamp/Schwarz/Seibt/v. Bonin*, DB 2020, 775, 783; *Herrler*, DNotZ 2020, 468, 490; *Koch*, AktG, § 131 Rn. 57.

[1072] Sowohl in der Hauptversammlungssaison 2023 als auch in der von 2024 ermöglichte nur eine Gesellschaft den Aktionären der Namensnennung zu widersprechen. Weitere 11 % (2023: 9 %) machten keine ausdrückliche Angabe. In beiden Hauptversammlungssaisons erklärten 25 % der Gesellschaften, dass sie auch den Wohnsitz bzw. Sitz des Aktionärs offenlegen würden. Hierzu und im Folgenden *Danwerth*, AG 2024, 892, 896 a. E.

[1073] Ebenso *Bungert/Rieckers*, DB 2022, 581, 584; *DAV*, Stellungnahme RefE, S. 24, abrufbar unter: https://www.bmj.de/SharedDocs/Downloads/DE/Gesetzgebung/Stellungnahmen/2022/0317_Stellungnahme_DAV_virtuelle_Hauptversammlung.pdf?__blob=publicationFile&v=3.

die zu ergreifenden Maßnahmen im Verantwortungsbereich der Gesellschaft untersucht (b)) und die Integrität der Versammlung als Sonderfall technischer Störungen beleuchtet (c)). Eine Stellungnahme schließt die Ausführungen zu den technischen Störungen ab (d)).

Die folgenden Ausführungen widmen sich allein der Verantwortlichkeit der Gesellschaft für technische Störungen im Vorfeld und in der Versammlung. In Anlehnung an den Begriff der technischen Störung im Rahmen des Anfechtungsrechts wird als technische Störung hierbei jede Funktionsbeeinträchtigung der elektronischen Systeme im Verantwortungsbereich der Gesellschaft gezählt.[1074] Da sich die Pflichten der Gesellschaften wie bei der hybriden Versammlung nach § 118 Abs. 1 Satz 2 und 3 AktG verhalten, kann im Folgenden gleichsam auf Quellen zu diesen zurückgegriffen werden.

a) *Rechtstatsächliche Erfahrungen*

In der Vergangenheit kam es immer wieder zu technischen Problemen mit der Technik. Die Einschätzungen darüber, wie gravierend diese waren, geben aber kein einheitliches Bild ab und lesen sich oft als Gradmesser für die Haltung der Autoren zur virtuellen Hauptversammlung selbst. So betonen Kritiker, dass technische Störungen den reibungslosen Ablauf einiger Versammlungen behinderten und diese teilweise sogar ausfallen ließen.[1075] Der Gesetzentwurf betont dagegen, dass es unter dem GesRuaCOVBekG (bei der Übertragung der Versammlung) keine grundlegenden technische Probleme gab.[1076]

Belastbare empirische Untersuchungen zu den tatsächlichen technischen Problemen bei der virtuellen Hauptversammlung sind schwer zu erstellen. „Technische Störungen" lassen sich in diesem Kontext nicht sinnvoll kategorisieren, erfassen und vergleichen. Folglich bleibt es bei individuellen Einschätzungen. Diese können

---

[1074] Ausführlicher später unter Kapitel 4 D. II. 2.

[1075] *Heckschen/Hilser*, ZIP 2022, 670, 671; *Speich*, Handelsblatt v. 29.3.2023, S. 18. Vgl. für einen extremen Fall die Hauptversammlung der Aareal Bank AG, die wegen technischer Probleme verschoben werden musste. *Aareal Bank AG*, Pressemitteilung v. 31.8.2022, abrufbar unter: https://www.aareal-bank.com/medienportal/newsroom/pressemitteilungen/presse mitteilungen/aareal-bank-verschiebt-virtuelle-ordentliche-hauptversammlung-auf-den-31-august-2022. Ansonsten kam es etwa bei der Siemens Energy AG zu technischen Störungen im Jahr 2023, die die Hauptversammlung stocken ließen, *Maier*, WiWo v. 7.2.2023, abrufbar unter: https://www.wiwo.de/unternehmen/energie/virtuelle-hauptversammlung-von-siemens-energy-im-wohnzimmer-von-luisa-neubauer/28968672.html, und bei TUI AG im Jahr 2023 zu technischen Störungen, die am gleichen Tag behoben werden konnten, *TUI AG*, Statement zur Hauptversammlung, abrufbar unter: https://www.tuigroup.com/de-de/medien/presseinformationen/ag-meldungen/2023/2023-02-14-statement-zur-hauptversammlung.

[1076] FraktionsE, Virtuelle Hauptversammlung, BT-Drucks. 20/1738, S. 16. Auch für das Jahr 2023 sieht die Bundesregierung keinen Handlungsbedarf aufgrund von technischen Störungen, *Bundesregierung*, Antwort auf Kleine Anfrage, BT-Drucks. 20/8385, S. 5 f.

aber ausgewertet werden.[1077] Die weit überwiegende und überzeugende Mehrheit der Stimmen wertet die aufgetretenen technischen Störungen schließlich aber als Einzelfälle, die in ihrer Gesamtheit kein grundlegendes Hindernis der virtuellen Hauptversammlung darstellen.[1078] Aus der Praxis lässt sich vernehmen, dass die Lernkurve aller Beteiligten steil ist und technische Störungen im vergangenen Jahr merkbar abgenommen haben.[1079]

b) Pflichten der Gesellschaft

Der Vorstand ist im Rahmen seiner Verantwortung für die Vorbereitung der Hauptversammlung für die Konzeption und Funktionsfähigkeit der technischen Systeme der virtuellen Versammlung zuständig.[1080] Für die betreffenden Pflichten des Vorstands ist auf die obigen Ausführungen zu verweisen.[1081]

Treten technische Störungen im Vorfeld der Versammlung auf, hat der Vorstand diese unverzüglich zu beheben. Wurden Aktionäre dadurch in der Wahrnehmung ihrer Aktionärsrechte im Vorfeld der Hauptversammlung gehindert, sind diese über die Behebung der technischen Probleme und die erneute Gelegenheit, ihre Rechte wahrzunehmen, in Kenntnis zu setzen. Ist den Aktionären die Nachholung aus Fristgründen nicht mehr möglich oder aufgrund einer zu kurzen Frist nicht mehr zumutbar, kann darauf nur noch über die Ermöglichung der Rechtsausübung in der Versammlung, Verschiebung der Versammlung oder durch das Beschlussmängelrecht reagiert werden.

[1077] Auch bei Befragungen gibt es aber unterschiedliche Ergebnisse. *Martin/Labas/Freutel*, DIRK-IR-Guide Band XV, S. 16, fragten 2020 zumindest die Zufriedenheit der IR-Verantwortlichen ab und erhielten dabei ein positives Stimmungsbild auch in Bezug auf die Technik. Für die Hauptversammlungssaison 2024 gab eine andere Studie gar einen Zufriedenheitswert von Hauptversammlungsdienstleistern von 9,1 aus 10 an. *Beyer/Plagemann*, Studie Hauptversammlung 2024, S. 14, abrufbar unter: https://www.taylorwessing.com/-/media/taylor-wessing/files/germany/2024/11/hv-studie-2024.pdf. Die *DSW* gibt dagegen an, dass bei einem knappen Drittel der virtuellen Hauptversammlungen börsennotierter Gesellschaften in der Hauptversammlungssaison 2023 die technische Übertragung nicht störungsfrei ablief und es dabei nicht bloß zu kurzfristigen Unterbrechungen kam. Für das Jahr 2024 sank dieser Wert allerdings bereits um fast 10 % auf 23 %. *DSW*, HV-Report 2024, S. 33, abrufbar unter: https://www.dsw-info.de/fileadmin/Redaktion/Dokumente/PDF/Publikationen/Erfahrungen_mit_der_virtuellen_Haupt versammlung_2024.pdf.

[1078] *Fröndhoff/Koenen/Nohn/Schnell*, Handelsblatt v. 18.5.2020, S. 14; *Johannsen-Roth/Kießling/Raapke*, DB 2023 Beilage 3, 16; *Rieckers*, DB 2022, 172, 174; *Teichmann/Wicke*, ZGR 2021, 173, 184; *VGR*, AG 2021, 380. Im Gesetzgebungsverfahren: differenzierend, *BNotK*, Stellungnahme RefE, S. 5 f.; *GSC*, Stellungnahme RefE, S. 1, beide abrufbar unter: https://www.bmj.de/SharedDocs/Gesetzgebungsverfahren/DE/2022_Einfuehrung_virtueller_Haupt versammlungen_Aktiengesellschaften.html.

[1079] *Rieckers*, DB 2024, 439, 440.

[1080] *Walch/Häuslmeier*, DNotZ 2023, 106, 110 f.

[1081] Kapitel 4 B. II. 4.

Tritt eine technische Störung während der Hauptversammlung auf, ist der Versammlungsleiter für den Umgang mit dieser in der Versammlung zuständig. Seine Verantwortlichkeit erstreckt sich dabei naturgemäß nur auf den Verantwortungsbereich der Gesellschaft.[1082] Ist die Störungsursache unklar, hat der Versammlungsleiter zu erforschen, ob die Störungsursache in den Verantwortungsbereich der Gesellschaft fällt. Der Versammlungsleiter ist für den ordnungsgemäßen Ablauf der Hauptversammlung und mithin auch für die Behebung und den Umgang mit etwaigen technischen Problemen zuständig.[1083] Er hat die technische Funktionsfähigkeit der Hauptversammlung fortlaufend zu überwachen.[1084] Entdeckt er eine technische Störung, kommt der Gesellschaft eine Beseitigungspflicht zu.[1085] Sobald er die Störungen erkennt und unterbinden kann, hat er die entsprechenden Maßnahmen – unter Umständen unter Zuhilfenahme von Hilfspersonen – vorzunehmen. Bis zur Behebung der technischen Störung hat der Versammlungsleiter die Hauptversammlung zu unterbrechen, wenn diese sonst nicht ordnungsgemäß abgehalten werden kann.[1086] Ansonsten hat er zunächst andere Tagesordnungspunkte vorzuziehen. Die Unterbrechungspflicht folgt auch aus seinen allgemeinen Organisationspflichten.[1087] Konnten die technischen Probleme behoben werden, hat der Versammlungsleiter für den störungsfreien wiederholten Versuch des betroffenen Vorgangs zu sorgen.[1088] Kann er die Störung nicht unterbinden oder ist

---

[1082] Dies ergibt sich auch aus dem Vergleich mit dem Anfechtungsrecht nach § 243 Abs. 3 AktG, Kapitel 4 D. II. 3. a). Vgl. *v. Holten/Bauerfeind*, AG 2015, 489, 492; zur hybriden Hauptversammlung *Kubis*, in: MünchKommAktG, § 118 Rn. 97.

[1083] Zu dieser Pflicht, Kapitel 4 B. II. 4. a) cc), C. I. 2. d) bb). Die Pflicht des Versammlungsleiters, für einen ordnungsgemäßen Ablauf der Versammlung zu sorgen, besteht folglich wie in der Präsenzversammlung, bezieht sich nun aber im weiteren Maße auf die technische Abwicklung der virtuellen Versammlung. *Walter*, Die virtuelle Haupt- und Gesellschafterversammlung, S. 180 ff. Der Vorstand muss auch in der Versammlung noch für einen ordnungsgemäßen Ablauf sorgen. So auch *Kubis*, in: MünchKommAktG, § 118 Rn. 86, 90; zur hybriden Versammlung *Mülbert*, in: GroßkommAktG, § 129 Rn. 262. In der Versammlung hat allerdings der Versammlungsleiter die Entscheidungsgewalt.

[1084] *v. Holten/Bauerfeind*, AG 2015, 489, 492; *Kubis*, in: MünchKommAktG, § 118 Rn. 86, 90.

[1085] *v. Holten/Bauerfeind*, AG 2015, 489, 492; *Kubis*, in: MünchKommAktG, § 118a Rn. 99; *Walter*, Die virtuelle Haupt- und Gesellschafterversammlung, S. 180 ff. Soweit nötig, muss dann auch der Vorstand tätig werden, vgl. *Koch*, AktG, § 118 Rn. 14; *Kubis*, in: MünchKommAktG, § 118 Rn. 86, 90; *Lieder*, FS Vetter, S. 419, 437. Eine Unterbrechungs- und Beseitigungspflicht besteht nur für Störungen im Verantwortungsbereich der Gesellschaft.

[1086] *Butzke*, Gesellschaftsrecht in der Diskussion 2020, S. 35 Rn. 40; *Heckschen/Hilser*, ZIP 2022, 670, 676; *v. Holten/Bauerfeind*, AG 2015, 489, 492; *Kubis*, in: MünchKommAktG, § 118a Rn. 99, § 119; Rn. 144 *Noack/Zetzsche*, in: KölnKommAktG, Anh. § 129 Rn. 136, 198 ff.; *Sturm/Imsameh*, NZG 2022, 1327, 1331; ausführlich *Walter*, Die virtuelle Haupt- und Gesellschafterversammlung, S. 181 f.

[1087] *Walter*, Die virtuelle Haupt- und Gesellschafterversammlung, S. 181 f.

[1088] Vgl. *Walch/Häuslmeier*, DNotZ 2023, 106, 111. Dabei kann es sich beispielsweise um eine Wortmeldung, eine Abstimmung oder die Einreichung eines Widerspruchs an den Notar handeln. Zur Manipulation des Stimmrechts *Walter*, Die virtuelle Haupt- und Gesellschafterversammlung, S. 187, vgl. *Beck*, Die Onlinehauptversammlung nach dem ARUG, S. 112, 147 f.

eine Behebung nicht absehbar, hat er den betreffenden Tagesordnungspunkt zu schließen oder unter Umständen die ganze Hauptversammlung unter Verweis auf die Störung zu beenden.[1089] Die betroffenen Tagesordnungspunkte müssen dann in einer anderen Versammlung nachgeholt werden.

Wird der technische Fehler erst nach der Hauptversammlung bemerkt, muss der Vorstand dennoch für eine Eintragung der Beschlüsse sorgen.[1090] Ob die eingetragenen Beschlüsse Geltung entfalten und ob eine Korrektur dieser möglich ist, ist eine Frage des Beschlussmängelrechts und wird dort behandelt.[1091]

Um technische Störungen zu bemerken und den technischen Herausforderungen einer virtuellen Hauptversammlung angemessen begegnen zu können, sollte der Vorstand bereits im Vorfeld der Versammlung, am besten aber in der Einberufung, eine Meldestelle für von den Aktionären wahrgenommenen Störungen ausweisen. Zwar kann eine Meldemöglichkeit auch im Aktionärsportal sinnvoll sein, doch ist eine technische Störung gerade auch beim Zugang zu diesem denkbar. Folglich sollte die Gesellschaft eine Telefonnummer oder eine andere Internetadresse als Kontaktmöglichkeit einrichten. Nur so zeigt sich die Gesellschaft effektiv ansprechbar für Aktionäre, die technischen Störungen bei der Versammlung begegnen.[1092] Über diese Kanäle kann die Gesellschaft Rücksprache mit den Aktionären halten und ermitteln, ob es sich um ein Problem in ihrer Risikosphäre oder in der, der Gesellschaft handelt.

Wenn nicht klar ist, ob die Störung dem Verantwortungsbereich der Gesellschaft zuzuordnen ist oder nicht, kann sie im Einzelfall alternative Partizipationsformen anbieten, um die Versammlung ohne Unterbrechung und unter Wahrung der Aktionärsrechte fortführen zu können.[1093] Ist aufgrund einer technischen Störung etwa die Ausübung des Stimm- oder Auskunftsrechts vorübergehend für einen einzelnen Aktionär nicht über die dafür vorgesehenen Kommunikationsmittel möglich, kann die Gesellschaft eine Stimmabgabe oder Fragen per Telefon annehmen, wenn der

[1089] Die Rolle der Hauptversammlung bei der Schließung dieser, ist strittig, vgl. statt aller *Mülbert*, in: GroßkommAktG, § 129 Rn. 180 m. w. N.

[1090] Dies gilt wie auch in der Hauptversammlung, bei der auch die fehlerhaften Beschlüsse einer Versammlung dem Registergericht einzureichen sind, wenn der Vorstand von der Fehlerhaftigkeit Kenntnis hat.

[1091] S. Kapitel 4 D.

[1092] S. Kapitel 4 D. II. 3. b).

[1093] Obwohl das Gesetz die Ausübung Antrags- und das Rederecht eine Ausübung im Wege der Videokommunikation erfordern, kann dem betroffenen Aktionär eine alternative Kommunikationsform als Ausgleich für die Videokommunikation angeboten werden. Das dies selbst bei Störungen außerhalb des Verantwortungsbereichs der Gesellschaft möglich ist, geht auch aus der Beschlussempfehlung des Rechtsausschusses hervor, Kapitel 4 C. II. 5. d). Dabei sollte sich die Gesellschaft in Anbetracht der drohenden Anfechtungsrisiken um eine Einigung mit dem Aktionär bemühen und dass dieser die Alternative auch als solche annimmt und nicht danach anficht. In der Praxis wird aber oft die Aufnahme einer individuellen Videokommunikation (etwa Videoanruf über Skype) möglich sein. Zum Formerfordernis der Videokommunikation und ihrem Zweck, Kapitel 4 C. II. 3. b), c).

Aktionär am anderen Ende der Leitung zu identifizieren ist und kooperiert. Damit wird diesem eine Möglichkeit eingeräumt, die anderen Aktionären nicht zusteht. Dies ist aber kein Verstoß gegen § 53a AktG, da mit der technischen Störung aufseiten der Gesellschaft ein sachlicher Grund hierfür besteht.[1094]

Weitere Unterbrechungs- oder Wiederholungspflichten sieht das Gesetz zurecht nicht vor.

c) Sonderfall: Integrität der Systeme

In der Diskussion um die virtuelle Hauptversammlung wurde immer wieder die Sorge vor Hackerangriffen laut. Dass es sich in der Praxis um ein sensibles Thema, aber keine essenzielle Bedrohung handelt, belegt der Mangel an Presseberichten über erfolgreiche Hackerangriffe auf deutsche Hauptversammlungen in den letzten Jahren.[1095] Hackerangriffe geschehen aber nicht versehentlich, sondern stellen Attacken von böswilligen Dritten dar. Sie sind damit eine besondere Fallgruppe von technischen Störungen, der im folgenden Abschnitt mit Blick auf die rechtspolitischen Besorgnisse besondere Aufmerksamkeit zukommen soll.

aa) Arten von technischen Angriffen auf die Hauptversammlung

Angriffe auf die digitale Infrastruktur lassen sich entsprechend ihrer Zielsetzung in destruktive und in manipulative Angriffe unterscheiden.[1096]

Destruktive Angriffe sind darauf gerichtet, die Funktionsfähigkeit der technischen Systeme zu stören und damit den Ablauf der Versammlung zu beeinträchtigen.[1097] Diese sind in der Regel erkennbar und verzögern die Hauptversammlung

---

[1094] Vgl. zu einer ebenso möglichen Gewährung anderer elektronischen Kommunikationsformen als Alternative zu einem sonst zurückgewiesenen Wortbeitrag nach einem Funktionstest, Kapitel 4 C. II. 5. d).

[1095] So auch *Heckschen*, NotBZ 2022, 281, 282. Bei der Hauptversammlung der RWE AG im Jahr 2020 kam es zu einem Angriff, der die Verfügbarkeit der Übertragung kurzzeitig einschränkte. Diese Probleme konnten jedoch schnell behoben werden, *Teichmann/Krapp*, DB 2020, 2169, 2172. Mayer stellte dagegen in einer eigenen Studie Anfang 2021 dar, dass sechs von acht Hauptversammlungsportale kritische Lücken in ihrer IT-Infrastruktur aufwiesen, *Mayer*, 17. Deutscher IT-Sicherheitskongress, S. 233, 247 f.; Mayer rezipierend *DGB*, Stellungnahme RefE, S. 6, abrufbar unter: https://www.bmj.de/SharedDocs/Downloads/DE/Gesetzgebung/Stellungnahmen/2022/0307_Stellungnahme_DGB_virtuelle_Hauptversammlung.pdf?__blob=publicationFile&v=3; kritisch dazu auch *Kovarova-Simecek/Klinz/Loidl*, CARF Luzern 2021, S. 317. Optimistisch hinsichtlich der zukünftigen Entwicklung und tatsächlicher Manipulationen *Hasselbach/Schumacher*, ZGR 2000, 258, 269.

[1096] Zurückgehend auf *Beck*, Die Onlinehauptversammlung nach dem ARUG, S. 155; *Walter*, Die virtuelle Haupt- und Gesellschafterversammlung, S. 185.

[1097] Hierzu und den dazugehörenden Begrifflichkeiten *Beck*, Die Onlinehauptversammlung nach dem ARUG, S. 155; *Walter*, Die virtuelle Haupt- und Gesellschafterversammlung, S. 185.

oder ihre Beschlussfassung nur. Die zukünftige praktische Bedeutung solcher Angriffe ist damit eher als gering einzuschätzen.[1098] Ein destruktiver Angriff könnte sich etwa darauf konzentrieren, die Einwahl in das Aktionärsportal zu verhindern und damit die Abhaltung der ganzen Versammlung zu verhindern.[1099]

Im Kontrast dazu beeinträchtigen manipulative Angriffe nicht die grundsätzliche Funktionsfähigkeit von Datenverarbeitungsvorgängen. Sie greifen aber die Verarbeitung oder das Ergebnis der Verarbeitung ein und verhindern damit ihren bestimmungsgemäßen Ablauf. Dies erfolgt in der Regel durch eine Infiltration der Hauptversammlungssysteme, die schwer nachzuweisen und initial kaum zu bemerken ist. Oft sind sie demnach nur im Nachgang der Versammlung festzustellen. Manipulative Angriffe können die Änderung von Abstimmungsergebnissen oder prozedurale Angelegenheiten wie die Frage- und Wortmeldelisten zum Ziel haben. Haben die Hacker Zugriff auf die informationstechnischen Systeme der Hauptversammlung, besteht zudem das Risiko, dass unbefugte Dritte Zugriff auf sensible Informationen im Zusammenhang mit der Hauptversammlung oder personenbezogene Daten erlangen.

bb) Umgang mit Hackerangriffen

In Hinblick auf die besonders sensible Natur von Hackerangriffen mag es zunächst verwundern, dass sich die juristische Literatur zur virtuellen Hauptversammlung dem Thema bisweilen weitgehend enthalten hat.[1100] Allein allgemeine Kritik an der virtuellen Hauptversammlung enthält vereinzelt den Aspekt der Daten- und der Manipulationssicherheit.[1101] Bei näherem Hinsehen ist dies aber dadurch erklärbar, dass die technischen Vorkehrungen, die der Vorstand zu veranlassen hat, selten einen spürbaren Einfluss auf den Ablauf der Hauptversammlung selbst haben. Wie die *technische* Integrität der Hauptversammlung sichergestellt

---

[1098] Wohl a.A. *Sturm/Imsameh*, NZG 2022, 1327, 1332. Eine Verzögerung würde nur dann Sinn ergeben, wenn bestimmte Vorhaben fristgebunden sind oder ein symbolischer Protest erzielt werden soll, wie etwa aufgrund der Positionierung des Unternehmens in Bezug auf Themen des Klimaschutzes oder der Menschenrechte.

[1099] Technisch können destruktive Angriffe etwa durch sogenannte DoS- oder DDoS-(Denial-of-Service und Distributed Denial-of-Service-)Attacken erfolgen. Diese Attacken bedienen sich einer Vielzahl an Anfragen an die Systeme der Hauptversammlung, um eine gezielte Überlastung herbeizuführen und die normale Nutzung des Systems zu verhindern oder dieses ganz zusammenbrechen zu lassen. So auch zur virtuellen Hauptversammlung *Walter*, Die virtuelle Haupt- und Gesellschafterversammlung, S. 185; *Wunderlich*, Digitalisierung der Hauptversammlung, S. 258. Zu DoS- und DDoS-Attacken auf Unternehmen allgemein *Mehrbrey/Schreibauer*, MMR 2016, 75 ff.; *Wirth*, BB 2018, 200, 201. Zu den technischen Grundlagen *BSI*, DoS- und DDoS-Attacken, abrufbar unter: https://www.bsi.bund.de/dok/6599510; *Schmidt/Pruss*, in: Hdb IT- und Datenschutzrecht, § 3 Rn. 271 ff.

[1100] Ausführlich allerdings bei *Walter*, Die virtuelle Haupt- und Gesellschafterversammlung, S. 185 ff.

[1101] Statt aller *Heckschen/Hilser*, ZIP 2022, 670, 670 ff.

werden kann, ist damit letztlich eine *technische* Frage und keine rechtliche. Die Abwehr von technischen Angriffen hängt von Soft- und Hardware ab, nicht aber von Maßnahmen, die den Gang der Hauptversammlung als Veranstaltung wesentlich betreffen.

Selbst aber wenn es zu einer technischen Störung der Hauptversammlung aufgrund eines Hackerangriffs kommt, kann diese in Hinblick auf die Pflichten der Gesellschaft und das Anfechtungsrecht wie andere technische Störung behandelt werden. Hackerangriffe sind vonseiten der Gesellschaft wie auch andere technische Störungen zu verhindern.[1102] Grundsätzlich ist dafür im Vorfeld der Vorstand und in der Hauptversammlung der Versammlungsleiter zuständig. Diese können und müssen individuelle und aktuelle Lösungen schaffen, die im Zweifel passender sind als allgemeine gesetzlich vorgegebene Sicherheitsstandards.[1103] Destruktive Angriffe sind wie andere erkennbare technische Störungen zu behandeln. Ein besonderer Fokus sollte nur darauf liegen, dass – soweit möglich – direkt die Schwachstelle in den eigenen Systemen aufspürt und weitere Angriffe verhindert werden. Dies gilt auch bei manipulativen Angriffen, hier ist aber die Erkennbarkeit deutlich schwerer. Das Risiko von Hackerangriffen bedarf mithin besonderer technischer Beachtung, rechtlich kann dieses aber keine relevante Fallgruppe bilden.

d) Ergebnis und Stellungnahme

Die Erfahrungen mit dem GesRuaCOVBekG und der Lex lata lassen auf verhältnismäßig wenige technische Störungen schließen. Mit Blick darauf, dass der Lernprozess in Bezug auf die technischen Möglichkeiten der Hauptversammlung erst mit der Pandemie wirklich in der Breite begann, sind in der Zukunft immer weniger technische Störungen zu erwarten.[1104] Eine solche Entwicklung lässt sich bereits im Jahresvergleich von 2023 und 2024 feststellen.[1105] Trotzdem ist das Risiko technischer Störungen während der Vorbereitung und Abhaltung der virtuellen Versammlung ernst zu nehmen und bei der Abhaltung der Hauptversammlung immer zu beachten. Im Wesentlichen handelt es sich dabei jedoch um kein rechtliches, sondern ein praktisches Risiko, welches auch einer praktischen Antwort bedarf. Die Behandlung technischer Störungen unterscheidet sich nicht wesentlich von anderen organisatorischen Problemen der Hauptversammlung.

1102 *Walter*, Die virtuelle Haupt- und Gesellschafterversammlung, S. 187.

1103 S. dazu bereits oben, solche Standards dagegen fordernd *BNotK*, Stellungnahme RefE, S. 5; *DGB*, Stellungnahme RefE, S. 6, beide abrufbar unter: https://www.bmj.de/SharedDocs/Gesetzgebungsverfahren/DE/2022_Einfuehrung_virtueller_Hauptversammlungen_Aktiengesellschaften.html.

1104 Vgl. *Kovarova-Simecek/Klinz/Loidl*, CARF Luzern 2021, S. 318.

1105 Mit weiteren Details *DSW*, HV-Report 2024, S. 32 ff., abrufbar unter: https://www.dsw-info.de/fileadmin/Redaktion/Dokumente/PDF/Publikationen/Erfahrungen_mit_der_virtuellen_Hauptversammlung_2024.pdf.

Manipulationen von außen, wie etwa Hackerangriffe, werfen keine grundlegenden juristischen Fragen auf.

9. Zwischenergebnis

Der Gesetzgeber bemüht sich, die virtuelle Versammlung auch in Abwesenheit der Aktionäre am Versammlungsort im Wesentlichen so nah an der Präsenzversammlung zu gestalten wie möglich. Die elektronische Zuschaltung der Aktionäre tritt dabei an die Stelle ihrer physischen Teilnahme am Versammlungsort. Der Versammlungsort bleibt aber bestehen und die meisten Funktionsträger müssen weiterhin an diesem anwesend sein.

Dass der Notar und der Versammlungsleiter weiterhin am Versammlungsort anwesend sein müssen, ist nicht zu kritisieren. Die Literaturstimmen, die dem Notar in der virtuellen Hauptversammlung eine besondere Rolle als Kontrollinstanz für den Versammlungsleiter und Vorstand vor Ort zuweisen, kann er nicht erfüllen. Hierfür ist sein Pflichtenprogramm zu eng und es fehlt ihm an der dafür notwendigen Kompetenz und Kapazität. Dem Notar kommt in der virtuellen Versammlung aber eine wesentliche Rolle zu, die der in der Präsenzversammlung weitgehend entspricht. Sie begründet seine Anwesenheit am Versammlungsort mit dem Versammlungsleiter. Die Anwesenheitspflicht aller Mitglieder des Vorstands und des Aufsichtsrats sowie des Abschlussprüfers am Versammlungsort sollte dagegen aufgegeben werden, da es ihr an belastbaren Gründen fehlt. Der Gesetzgeber war zu zögerlich, diese beizubehalten.

Schließlich bedarf es bei der Vorbereitung und Abhaltung der Hauptversammlung besonderer Aufmerksamkeit mit Blick auf die Vertraulichkeit der Versammlung, den Datenschutz und den Umfang mit technischen Störungen. Diese drei Problemkreise sind aber mit den bereits bekannten Mitteln und Erfahrungen aus der hybriden Versammlung beherrschbar und nicht so kritisch, dass sie rechtspolitische Kritik an der virtuellen Versammlung als Ganzes begründen.

II. Aktionärsrechte

Die Hauptversammlung bleibt auch nach dem Gesetz zur Einführung virtueller Hauptversammlungen der zentrale Ort für die Ausübung der mitgliedschaftlichen Aktionärsrechte in der Gesellschaft. Wie die Aktionäre ihre Rechte *in* der virtuellen Hauptversammlung ausüben können, ist Gegenstand des folgenden Abschnitts.

Die folgende Bearbeitung der Aktionärsrechte orientiert sich an der Struktur von § 118a Abs. 1 Satz 2 AktG, der die Aktionärsrechte in der Versammlung regelt. Vorweg wird allein das Teilnahmerecht behandelt, welches nicht ausdrücklich kodifiziert ist und ein Hilfsrecht für die Ausübung der anderen Aktionärsrechte darstellt.

1. Teilnahmerecht

Wie bei einer Präsenzversammlung haben die Aktionäre bei einer virtuellen Versammlung ein Teilnahmerecht gegenüber der Gesellschaft. Dessen Anspruchsinhalt gestaltet sich aber anders.

Die Aktionäre können ihre Aktionärsrechte bei einer Präsenzversammlung nach § 118 Abs. 1 Satz 1 AktG grundsätzlich nur am Versammlungsort ausüben. Dementsprechend gewährt ihnen ihr mitgliedschaftliches[1106] Teilnahmerecht das Recht, körperlich am Versammlungsort präsent zu sein.[1107] Das Teilnahmerecht kann damit sowohl als Hilfsrecht, das die Ausübung der übrigen Aktionärsrechte in der Versammlung sicherstellt, als auch als Stammrecht, das eine aktive Teilnahme an der Versammlung gewährt, verstanden werden.[1108] Als Stammrecht findet es seine Ausprägungen etwa in dem Rederecht, dem Antragsrecht oder dem Recht in die Einsichtnahme in das Teilnehmerverzeichnis findet.[1109]

Im Gegensatz dazu vermittelt das Teilnahmerecht den Aktionären bei einer virtuellen Versammlung kein Recht auf eine physische oder elektronische Teilnahme.[1110] Bei einer virtuellen Versammlung wird eine gleichwertige Ausübung der Aktionärsrechte im Wege elektronischer Kommunikation gewährleistet. Eine physische Anwesenheit am Versammlungsort ist daher nicht mehr notwendig und kann nach § 118a Abs. 1 Satz 1 AktG sogar ausgeschlossen werden.[1111] Das Recht auf Zugang und Anwesenheit am Versammlungsort wird dabei durch einzelne Vorgaben ersetzt, welche die Ausübung der Mitgliedschaftsrechte im Wege elektronischer Kommunikation möglich machen. Hierfür wird den Aktionären auch die Verfolgung der Versammlung durch ihre Bild- und Tonübertragung nach § 118a Abs. 1 Satz 2 Nr. 1 AktG ermöglicht.[1112] Wo in einer Präsenzversammlung die Teilnahme an der Hauptversammlung erforderlich ist, sieht das Gesetz für die virtuelle Versammlung eine elektronische Zuschaltung vor.[1113] Das Teilnahmerecht ist demzufolge, wie in der Präsenzversammlung, funktional zu betrachten und sichert die *Partizipation* an der virtuellen Hauptversammlung.[1114] Entsprechend besteht es auch bei virtuellen Versammlungen, selbst wenn es dort weder ein weder ein unbedingtes Recht zur

---

[1106] *Henze*, BB 1996, 489, 492; *Koch*, AktG, § 118 Rn. 28; *Kubis*, in: MünchKommAktG, § 118 Rn. 39 m. w. N.; *Spindler*, in: K. Schmidt/Lutter, AktG, § 118 Rn. 25.

[1107] *Mülbert*, in: GroßkommAktG, § 118 Rn. 66; *Siepelt*, AG 1995, 254.

[1108] Beispielhaft zur Charakterisierung als Hilfsrecht *Mülbert*, in: GroßkommAktG, § 118 Rn. 66; zur Charakterisierung als Stammrecht *Tröger*, in: KölnKommAktG, § 118 Rn. 152.

[1109] *Drinhausen*, in: Hölters/Weber, AktG, § 118 Rn. 34; *Mülbert*, in: GroßkommAktG, § 118 Rn. 41; *Spindler*, in: K. Schmidt/Lutter, AktG, § 118 Rn. 26.

[1110] So ausdrücklich FraktionsE, Virtuelle Hauptversammlung, BT-Drucks. 20/1738, S. 24; vgl. *Guntermann*, ZGR 2021, 436, 471.

[1111] Zur Gleichwertigkeit des virtuellen Formats und Zulässigkeit des Präsenzrechts bereits Kapitel 4 B. I. 2. c).

[1112] S. Kapitel 4 C. I. 4.

[1113] Ausführlich hierzu schon Kapitel 4 C. I. 2. a).

[1114] Enger *Krenn*, Informationsrechte, S. 99 f., die die Bezeichnung Zuschaltungsrecht für passender hält.

elektronischen noch eines zur physischen Teilnahme vermittelt. Besondere Bedeutung erlangt es aber bei der Gestaltung der virtuellen Hauptversammlung. Mit Rücksicht auf das Teilnahmerecht muss diese so vorgenommen werden, dass den Aktionären der Zugang zur Versammlung nicht unangemessen erschwert wird.[1115]

2. Stimmrecht, § 118a Abs. 1 Satz 2 Nr. 2 AktG

§ 118a Abs. 1 Satz 2 Nr. 2 AktG lässt eine Stimmrechtsausübung der Aktionäre im Wege der elektronischen Kommunikation, namentlich über eine elektronische Teilnahme *oder* elektronische Briefwahl, *sowie* über eine Vollmachtserteilung zu.

Die folgende Bearbeitung des Stimmrechts legt zunächst das Verhältnis der unterschiedlichen Möglichkeiten der Stimmrechtsausübung dar (a)), um diese im Einzelnen, d. h. die elektronische Teilnahme (b)), die elektronische Briefwahl (c)) und den Gebrauch von Stimmrechtsvertretern (d)) zu erläutern. Zuletzt werden die bisher gesammelten rechtstatsächlichen Erfahrungswerte ausgewertet (e)), um die Varianten der Stimmrechtsausübung in Kontext zu setzen und zu einem abschließenden Zwischenergebnis zu kommen (f)).

a) Verhältnis der unterschiedlichen Möglichkeiten der Stimmrechtsausübung

Der Wortlaut von § 118a Abs. 1 Satz 2 Nr. 2 AktG („oder […], sowie") definiert den Gestaltungsspielraum der Gesellschaften hinsichtlich der Stimmrechtsausübung.[1116] Sie müssen entweder die Stimmrechtsausübung im Wege der elektronischen Briefwahl *oder* der elektronischen Teilnahme ermöglichen.[1117] Ferner ist eine kumulative Gewährung beider Optionen möglich.[1118] Von einer kumulativen Gewährung sehen allerdings die meisten Gesellschaften ab, da so parallele Strukturen aufgebaut werden müssen, die den Aktionären keinen merkenswerten Mehrwert bieten. *Daneben* muss stets die Stimmrechtsausübung im Wege der Vollmachtserteilung ermöglicht werden.

[1115] Vgl. Kapitel 4 B. II. 4. b), C. I. 2. a) dd) (1); *Guntermann*, ZGR 2021, 436, 471. Vgl. zur Präsenzversammlung *Drinhausen*, in: Hölters/Weber, AktG, § 118 Rn. 34.

[1116] Vgl. zu diesem Verhältnis FraktionsE, Virtuelle Hauptversammlung, BT-Drucks. 20/1738, S. 24. Dies entsprich exakt der Regelung von § 1 Abs. 2 Satz 1 Nr. 2 GesRuaCOVBekG, der einen sehr ähnlichen Wortlaut hat, *Koch*, AktG, § 118a Rn. 21; *Tröger*, in: KölnKommAktG, § 118a Rn. 27.

[1117] Da immer eine dieser Alternativen ermöglicht werden muss, ist eine Satzungsregelung, die die elektronische Stimmabgabe ermöglicht, im Gegensatz zu § 118 Abs. 1 Satz 2 und Abs. 2 AktG, bei einer virtuellen Versammlung nicht erforderlich. Vgl. FraktionsE, Virtuelle Hauptversammlung, BT-Drucks. 20/1738, S. 24.

[1118] FraktionsE, Virtuelle Hauptversammlung, BT-Drucks. 20/1738, S. 24; *Tröger*, in: KölnKommAktG, § 118a Rn. 27.

Welche dieser Optionen ergriffen wird, steht im freien Ermessen des Vorstands.[1119] Da die Stimmrechtsausübung im Wege der elektronischen Briefwahl nicht zu einem Minus an Rechten in der Versammlung führt, stellt sich die Frage nach einer Ermessensreduzierung zugunsten der elektronischen Teilnahme nicht mehr wie noch unter dem GesRuaCOVBekG.[1120] Wenn das Verfahren der Stimmabgabe – fakultativ oder aufgrund von § 121 Abs. 4b Satz 3 AktG – in der Einberufung angegeben wurde, kann davon später nicht mehr abgewichen werden. *Daneben* können aber immer andere Möglichkeiten der Stimmabgabe eröffnet werden.[1121]

b) Elektronische Teilnahme

Die elektronische Teilnahme wird von § 118a Abs. 1 Satz 2 Nr. 2 AktG als erste Alternative genannt und kommt der Stimmabgabe in einer Präsenzversammlung am nächsten. Die elektronische Teilnahme an der Hauptversammlung ist allerdings nicht neu. Bereits seit 2009 war eine elektronische Teilnahme im Rahmen einer hybriden Versammlung nach § 118 Abs. 1 Satz 2 AktG möglich. Während der pandemischen Zeiten ermöglichte § 1 Abs. 2 Satz 1 Nr. 2 GesRuaCOVBekG eine solche. Auf die dazu bestehenden Begriffsverständnisse kann rekurriert werden.[1122] Die Gesetzesbegründung bezieht sich auch auf diese beiden Normen.[1123]

Dementsprechend ist hier nur festzuhalten, dass in Übereinstimmung mit Art. 8 Abs. 1 lit. b) ARRL eine Zwei-Wege-Direktverbindung in Echtzeit erforderlich ist.[1124] Wie die Vorgabe der elektronischen Kommunikation im Rahmen der virtuellen Hauptversammlung ist die Regelung hinsichtlich beider elektronischen Gestaltungsoptionen bewusst offengehalten und technologieneutral.[1125] Unter anderem kann damit die Stimmabgabe über das Aktionärsportal oder Handzeichen, wenn die

---

1119 *Tröger*, in: KölnKommAktG, § 118a Rn. 27; vgl. *Koch*, AktG, § 118a Rn. 21.

1120 *Mayer/Jenne/Miller*, BB 2022, 2946, 2953; *Tröger*, in: KölnKommAktG, § 118a Rn. 27. Eine solche Ermessensreduzierung damals vorschlagend etwa *Tröger*, BB 2020, 1091, 1095. Vgl. zur Gleichwertigkeit der virtuellen Versammlung mit der Präsenzversammlung, Kapitel 4 B. I. 2. c).

1121 Soweit dies technisch noch möglich ist, ist dies selbst in der Versammlung durch den Versammlungsleiter denkbar.

1122 *Koch*, AktG, § 118a Rn. 21; *Noack/Zetzsche*, in: KölnKommAktG, § 118a Rn. 27. Ausführlich schon zur elektronischen Teilnahme *Kubis*, in: MünchKommAktG, § 118 Rn. 82 ff.; *Mülbert*, in: GroßkommAktG, § 118 Rn. 99; *Tröger*, in: KölnKommAktG, § 118a Rn. 85 ff.

1123 FraktionsE, Virtuelle Hauptversammlung, BT-Drucks. 20/1738, S. 24. An gleicher Stelle stellt sie darüber hinaus klar, dass § 118a Abs. 1 Satz 2 Nr. 2 AktG kein Bezug zu § 118 Abs. 1 Satz 2 AktG nimmt, da nach diesem die Wahrnehmung nur einzelner Rechte im Wege der elektronischen Kommunikation gestatten werden kann. Ebenso erfordert § 118 Abs. 1 Satz 2 AktG zwingend eine Zwei-Wege-Direktverbindung, die bei einer Stimmrechtsausübung durch elektronische Briefwahl nach § 118a Abs. 1 Satz 2 Nr. 2 AktG nicht notwendig ist.

1124 RegE, ARUG, BT-Drucks. 16/11642, S. 26; *Herrler*, in: Grigoleit, AktG, § 118 Rn. 10; *Koch*, AktG, § 118 Rn. 10; *Kubis*, in: MünchKommAktG, § 118 Rn. 82; *Noack/Zetzsche*, in: KölnKommAktG, § 118 Rn. 64. Bei der heute bestehenden Regelung handelt es sich um eine überschießende Umsetzung.

1125 RegE, ARUG, BT-Drucks. 16/11642, S. 26.

Versammlung kleiner Gesellschaften unter Zuhilfenahme eines Videokonferenzanbieters abgehalten wird, ermöglicht werden.[1126]

In Bezug auf beide Arten der *elektronischen* Stimmrechtsausübung ordnet § 118a Abs. 1 Satz 3 AktG an, dass – wie bei einer hybriden Hauptversammlung – die Stimmabgabe im Wege elektronischer Kommunikation nach § 118 Abs. 1 Satz 3 und 4 AktG bestätigt werden muss. Gleichsam wie dort gelten § 67a Abs. 2 Satz 1 und Abs. 3 AktG entsprechend.[1127] Erfolgt die Stimmabgabe dagegen in *schriftlicher* Form (Briefwahl), ist eine Bestätigung auch bei einer virtuellen Versammlung nicht notwendig.[1128]

c) Elektronische Briefwahl

Die zweite Alternative der elektronischen Stimmrechtsausübung ist ebenfalls schon seit der Einführung der hybriden Hauptversammlung durch das ARUG über § 118 Abs. 1 Satz 2 AktG bekannt.[1129] Die mit dieser gesetzlichen Regelung

---

[1126] Eine Stimmabgabe per Handzeichen de lege ferenda vorschlagend, *GDV*, Stellungnahme RefE, S. 11 f., abrufbar unter: https://www.bmj.de/SharedDocs/Downloads/DE/Gesetzgebung/Stellungnahmen/2022/0311_Stellungnahme_GDV_virtuelle_Hauptversammlung.pdf?__blob=publicationFile&v=3. Nicht nachvollziehbar bleibt jedoch, warum eine solche nicht auch schon de lege lata möglich sei.

[1127] Der *GDV* kritisiert das Erfordernis die elektronisch abgegeben Stimmen umgehend zu bestätigen als unverhältnismäßigen Aufwand für die Gesellschaften, *GDV*, Stellungnahme RefE, S. 11 f., abrufbar unter: https://www.bmj.de/SharedDocs/Downloads/DE/Gesetzgebung/Stellungnahmen/2022/0311_Stellungnahme_GDV_virtuelle_Hauptversammlung.pdf?__blob=publicationFile&v=3. Richtig ist daran, dass das virtuelle Format auch kleinen Gesellschaften offenstehen sollte. Ganz grundsätzlich sind Beschwerden kleiner Aktiengesellschaften über den Formalisierungsgrad des Aktienrechts mit Blick auf andere mögliche Rechtsformen wie die GmbH aber cum grano salis zu nehmen. Dies gilt insbesondere bei diesem Bedenken, da die von Hauptversammlungsdienstleister angebotenen Programme heutzutage auch kleinen Gesellschaften ohne unverhältnismäßigen Aufwand oder Kosten zugänglich sind. Sofern jedoch für ganz kleine Gesellschaften die Inanspruchnahme wirklich unverhältnismäßig sein sollte, ist einzuwenden, dass diese wohl so klein sind, dass in deren wenige Aktionäre auch mit einer Hilfsperson unmittelbar, d. h. unverzüglich, übermittelt werden können. Wie hier „unmittelbar" als unverzüglich verstehend *Tröger*, in: KölnKommAktG, § 118 Rn. 82; a. A. und eine sofortige und automatische Übermittlung fordernd *Hoffmann*, in: BeckOGKAktG, § 118 Rn. 53. Vgl. ferner die Bedeutung der Bestätigung der Stimmrechtsausübung in Bezug auf die Aufdeckung technischer Probleme, Kapitel 4 C. I. 8. b).

[1128] FraktionsE, Virtuelle Hauptversammlung, BT-Drucks. 20/1738, S. 26; *Paschos*, in: BeckOGKAktG, § 118a Rn. 61.

[1129] Der Wortlaut von § 118a Abs. 1 Satz 2 Nr. 2 AktG verlangt ausdrücklich die elektronische Briefwahl. Das Gesetz macht damit deutlich, dass die schriftliche Briefwahl zwar zusätzlich angeboten werden kann, diese bei einer virtuellen Hauptversammlung aber nicht allein genügt, FraktionsE, Virtuelle Hauptversammlung, BT-Drucks. 20/1738, S. 24; *Mayer/Jenne/Miller*, BB 2022, 2946, 2953; *Schilha*, Der Aufsichtsrat 2023, 2. Dennoch ist zu erwarten, dass die schriftliche Briefwahl neben ihrem elektronischen Pendant mit der fortschreitenden Digitalisierung und der damit verbundenen Mehrkosten die Ausnahme darstellen wird. *Schilha*, Der Aufsichtsrat 2023, 2; vgl. FraktionsE, Virtuelle Hauptversammlung, BT-Drucks. 20/1738, S. 26.

gesammelten Erfahrungen und rechtlichen Erkenntnisse sind insoweit übertragbar.[1130] Im Unterschied zur elektronischen Teilnahme erfordert die Briefwahl keine Zwei-Wege-Direktverbindung zwischen der Gesellschaft und den teilnehmenden Aktionären.[1131] In der virtuellen Hauptversammlung ist eine Stimmabgabe oft im Aktionärsportal oder (insbesondere bei kleineren Gesellschaften) per E-Mail möglich.[1132]

Die Stimmabgabe muss bis zur Schließung der Abstimmung durch den Versammlungsleiter ermöglicht werden.[1133] Nach der Gesetzesbegründung muss dies unabhängig davon gelten, welche Art der Stimmrechtsausübung möglich ist.[1134] Ist allein die elektronische Briefwahl möglich, ist dem zuzustimmen, da die Aktionäre nur so auf den weiteren Verlauf der Versammlung reagieren und von der vollen Abstimmungsfrist Gebrauch machen können. Besteht daneben aber die Möglichkeit der elektronischen Teilnahme, ist dieses Erfordernis nicht zutreffend.[1135] Dann können die Aktionäre nämlich alternativ im Wege der elektronischen Teilnahme an der Versammlung abstimmen. Soweit dies in der Einberufung oder sonstigen Vorfeld hinreichend dargelegt wird, ist es dann möglich, schon früher, etwa mit Versammlungsbeginn, keine Briefwahlstimmen mehr anzunehmen. Aufgrund der ausdrücklichen Klarstellung der Gesetzesbegründung ist von einem solchen Vorgehen in der Praxis dennoch abzuraten und auch die Briefwahl bis zur Schließung der Abstimmung zu ermöglichen.[1136]

Der Widerruf elektronischer Briefwahlstimmen verhält sich bei einer virtuellen Versammlung rechtlich nicht anders als bei der Präsenzversammlung.[1137] Danach sind die abgegeben Stimmen nach den allgemeinen Regeln über Willenserklärungen und im Besonderen § 130 Abs. 1 Satz 1 BGB ab dem Zugang beim Versamm-

---

[1130] Damit gilt, dass der Begriff der Brief*wahl* auch bei der virtuellen Versammlung zu kurz greift und Abstimmung aller Art und in Abwesenheit des Aktionärs oder seines Vertreters am Versammlungsort umfasst. Zur Präsenzversammlung: *Handelsrechtsausschuss DAV*, NZG 2008, 534, 536; *v. Nussbaum*, GWR 2009, 215; *Reger*, in: Bürgers/Lieder, AktG, § 118 Rn. 13; *Schaaf/Slowinski*, ZIP 2011, 2444.

[1131] Vgl. FraktionsE, Virtuelle Hauptversammlung, BT-Drucks. 20/1738, S. 24; *Butzke*, AG 2022, 795, 797; *Mayer/Jenne/Miller*, BB 2022, 2946, 2953; *Paschos*, in: BeckOGKAktG, § 118a Rn. 46.

[1132] *Dürr/Kuthe/Sickinger*, ZIP 2022, 363, 364; *Mayer/Jenne/Miller*, BB 2022, 2946, 2953; *Tröger*, in: KölnKommAktG, § 118 Rn. 29.

[1133] FraktionsE, Virtuelle Hauptversammlung, BT-Drucks. 20/1738, S. 24; *Koch*, AktG, § 118a Rn. 27 ff.; *Mayer/Jenne/Miller*, BB 2022, 2946, 2953; *Tröger*, in: KölnKommAktG, § 118 Rn. 28. Werden allerdings neben *einer* Möglichkeit der elektronischen Briefwahl andere Übermittlungswege für diese angeboten, können diese auch schon früher geschlossen werden, *Koch*, AktG, § 118a Rn. 29 m. w. N. Vgl. zum GesRuaCOVBekG m. w. N. und einer empirischen Auswertung dieser Fristen *Danwerth*, AG 2021, 613, 623; *Danwerth*, AG 2020, 776, 785.

[1134] Vgl. FraktionsE, Virtuelle Hauptversammlung, BT-Drucks. 20/1738, S. 24; so wohl auch *Tröger*, in: KölnKommAktG, § 118 Rn. 28.

[1135] So auch *Mayer/Jenne/Miller*, BB 2022, 2946, 2954.

[1136] So auch *Mayer/Jenne/Miller*, BB 2022, 2946, 2954.

[1137] *Mayer/Jenne/Miller*, BB 2022, 2946, 2954.

lungsleiter grundsätzlich nicht mehr widerruflich.[1138] Die gesellschaftsrechtliche Treuepflicht kann die Gesellschaft aber zu einer Abänderung der abgegebenen Stimme verpflichten, wenn der Aktionär einen wichtigen Grund vorweisen kann. Ebenso ist eine Anfechtung der Stimmabgabe nach §§ 119 ff. BGB bis zum Ende der Stimmauswertung möglich. In der Praxis ist es jedoch zu empfehlen, den Aktionären bis zum Ende des Abstimmungszeitraums einen Widerruf ihrer Stimmen zu ermöglichen.[1139] Die Geltendmachung von Anfechtungen und Widerrufen auf Basis von wichtigen Gründen bindet ansonsten zu viele Ressourcen und schafft Rechtsunsicherheit.[1140] Der Aufwand der Gesellschaften für die Ermöglichung eines Widerrufs ist demgegenüber vernachlässigbar. Entsprechend sahen bisher viele Gesellschaften einen Widerruf bis in die Versammlung vor.[1141] Gleiches gilt für den Widerruf von Stimmrechtsvollmachten und Weisungen.[1142]

d) Stimmrechtsvertreter

Neben der elektronischen Ausübung des Stimmrechts muss den Aktionären immer die Ausübung des Stimmrechts durch einen Stimmrechtsvertreter möglich sein. Für die Vertretung gelten die allgemeinen Regeln §§ 134 Abs. 3, 135 AktG.[1143] Der Stimmrechtsvertreter kann das Stimmrecht für den Aktionär, je nach Gestaltung der Gesellschaft und Weisung des Aktionärs, im Wege der elektronischen Teilnahme oder (elektronischen) Briefwahl ausüben.[1144] Von Aktionären bestimmte Stimmrechtsvertreter sind wie die Aktionäre selbst von der Teilnahme am Versammlungsort ausgeschlossen. Ist der Stimmrechtsvertreter jedoch durch die Gesellschaft benannt, kann er nach § 118 Abs. 2 Satz 4 AktG am Versammlungsort teilnehmen.[1145] Die Gesellschaft ist nicht durch § 118a Abs. 2 Satz 4 AktG zur Benennung eines Stimmrechtsvertreters verpflichtet.[1146]

[1138] Vgl. hierzu und im Folgenden: *Arnold/Carl/Götze*, AG 2011, 349, 358; *Horn*, ZIP 2008, 1558, 1565; *Mülbert*, in: GroßkommAktG, § 118 Rn. 113; *Tröger*, in: KölnKommAktG, § 118 Rn. 113; anders auf den Zugang beim Vorstand abstellend: *Herrler*, in: Grigoleit, AktG, § 118 Rn. 24; *Reger*, in: Bürgers/Lieder, AktG, § 118 Rn. 18; vgl. ferner *Schirmer*, AG 2023, 19, 22.

[1139] *Koch*, AktG, § 118a Rn. 29; *Mayer/Jenne/Miller*, BB 2022, 2946, 2954; zum GesRuaCOVBekG: *Götze/Roßkopf*, DB 2020, 768, 770.

[1140] *Koch*, AktG, § 118a Rn. 29; *Mayer/Jenne/Miller*, BB 2022, 2946, 2954.

[1141] *Rieckers*, DB 2021, 98, 100.

[1142] Vgl. *Rieckers*, DB 2022, 172, 174.

[1143] FraktionsE, Virtuelle Hauptversammlung, BT-Drucks. 20/1738, S. 24; *Mayer/Jenne/Miller*, BB 2022, 2946, 2953; *Paschos*, in: BeckOGKAktG, § 118a Rn. 48. A. A. dahingehend, dass Gesellschaften bei virtuellen Versammlungen immer elektronische Vollmachtserteilungen zulassen müssen, *Tröger*, in: KölnKommAktG, § 118 Rn. 27.

[1144] Vgl. *Rieckers*, in: BeckOGKAktG, § 134 Rn. 65; zum GesRuaCOVBekG *Kruchen*, DZWIR 2020, 431, 448.

[1145] Kapitel 4 C. I. 2. f).

[1146] FraktionsE, Virtuelle Hauptversammlung, BT-Drucks. 20/1738, S. 27; *Koch*, AktG, § 118a Rn. 24; *Tröger*, in: KölnKommAktG, § 118 Rn. 27.

Die Stimmabgabe durch den Vertreter ist, wie die der Aktionäre, bis zur Schließung der Abstimmung zu ermöglichen. Eine Weisungserteilung des Aktionärs an seinen Vertreter ist jederzeit möglich. Die Gesellschaft kann den Aktionären die Weisungserteilung über das Aktionärsportal ermöglichen[1147] und sollte dies mit Rücksicht auf die Aktionärsinteressen auch tun. Die Aktionäre müssen ihre Weisungen zeitig übermitteln, damit ihre Vertreter diese noch vor Schließung der Abstimmung umsetzen können. Wie es in der Präsenzversammlung üblich ist, hat der Versammlungsleiter vor der Schließung des Abstimmungsfensters einen kurzen Hinweis darauf zu geben.[1148] Einige Literaturstimmen fordern weitergehend, dass, wenn ein Aktionärsportal verwendet wird, dieses für Weisungen kurz vor Beginn der Abstimmung geschlossen wird. Dies soll als praktikable und interessengerechte Lösung sicherstellen, dass der Vertreter alle bei ihm vor Schließung der Abstimmung eingehenden Weisungen umsetzen kann.[1149] Das ist aber nicht notwendig. Die Entscheidung über den Zeitpunkt der Weisungsabgabe kann problemlos in der Risikosphäre der Aktionäre belassen werden. Stimmrechtsvertreter müssen dann allerdings offenlegen, in welchem Zeitraum sie Weisungen noch umsetzen können.

Selbstverständlich ist darauf zu achten, dass Aktionäre nicht in doppelter Weise von ihrem Stimmrecht Gebrauch machen können und neben der Erteilung einer Stimmvollmacht selber elektronisch teilnehmen oder per elektronischer Briefwahl abstimmen.[1150] Entsprechend der Präsenzversammlung kann in der elektronischen Zuschaltung an der Hauptversammlung (und der Ausübung des Stimmrechts in dieser) ein konkludenter Widerruf der Vollmacht verstanden werden.[1151] Macht der Aktionär im Wege der Briefwahl von seinem Stimmrecht Gebrauch, ist dies als Widerruf der Vollmacht in der jeweiligen Abstimmung zu werten.[1152]

[1147] Vgl. hierzu und im Folgenden *Butzke*, AG 2022, 795, 797; *Mayer/Jenne/Miller*, BB 2022, 2946, 2954; *Paschos*, in: BeckOGKAktG, § 118a Rn. 48. Zur Praxis unter dem GesRuaCOVBekG *Rieckers*, DB 2021, 98, 100.

[1148] FraktionsE, Virtuelle Hauptversammlung, BT-Drucks. 20/1738, S. 24; *Butzke*, AG 2022, 795, 797; *Mayer/Jenne/Miller*, BB 2022, 2946, 2954; *Paschos*, in: BeckOGKAktG, § 118a Rn. 48.

[1149] *Butzke*, AG 2022, 795, 797; *Mayer/Jenne/Miller*, BB 2022, 2946, 2954; *Paschos*, in: BeckOGKAktG, § 118a Rn. 48; für einen gleichzeitigen letzten Zeitpunkt vor Schließung der Abstimmung für die Abgabe von Briefwahlstimmen und Bevollmächtigungen von Stimmrechtsvertretern, *Merkner/Schulenburg/Elixmann*, AG 2023, 643, 651. Die verwirrende Formulierung der Gesetzesbegründung sorgte in der Praxis für Unsicherheit und wurde unterschiedlich gehandhabt. *Rieckers*, DB 2024, 439, 441 f. m. w. N.

[1150] *Tröger*, in: KölnKommAktG, § 118 Rn. 27; vgl. zum GesRuaCOVBekG *Quass*, NZG 2021, 261, 266. Ausführlich zu diesem Komplex unter dem Status quo ante, *Ihring*, FS Seibert, S. 409.

[1151] *Kubis*, in: MünchKommAktG, § 118a Rn. 49; *Rieckers*, DB 2023, 373, 375; *Tröger*, in: KölnKommAktG, § 118 Rn. 29; zur Präsenzversammlung: *Austmann*, in: MünchHdbGesR IV, § 40 Rn. 34 f.; *Noack*, WM 2009, 2289, 2292.

[1152] Das gleiche gilt, wenn der Aktionär nach einer Stimmabgabe im Wege der Briefwahl selbst an der Versammlung teilnimmt, allgemein *Mülbert*, in: GroßkommAktG, § 118 Rn. 113 m. w. N.

e) Rechtstatsächliche Erfahrungen

Wie bereits dargestellt, ist die Stimmabgabe sowohl im Wege der elektronischen Teilnahme als auch der elektronischen Briefwahl keine genuin neue Möglichkeit. Zum Gebrauch beider Instrumente vor Inkrafttreten des GesRuaCOVBekG sind leider aber nur wenige empirische Daten bekannt.[1153] Allgemein anerkannt ist jedoch, dass sich die Gestaltungsoption der hybriden Hauptversammlung nach § 118 Abs. 1 Satz 2 AktG nur im beschränkten Maße durchsetzen konnte, während sich die elektronische Briefwahl nach § 118 Abs. 2 AktG fest etablierte.[1154] Bei den Aktionären stieß die elektronische Teilnahme (sicherlich auch aufgrund ihrer nur partiellen Umsetzung) entsprechend nicht auf überwältigende Gegenliebe, während von der Briefwahl ein nicht unbedeutender Teil der Aktionäre Gebrauch machte.

Zahlen zu den beiden Optionen der elektronischen Stimmrechtsausübung sind vom vierten Quartal 2014 bis zum dritten Quartal 2015 zu den Hauptversammlungen in den Gesellschaften des DAX30, MDAX, TecDAX und SDAX verfügbar. Danach boten 29 % der Gesellschaften eine Form der Briefwahl an, während nur 1 % der Gesellschaften eine elektronische Teilnahme mit Stimmrecht anboten.[1155] Hier zeigt sich jedoch erneut ein bekanntes Muster. Unter den DAX30-Gesellschaften boten 63 % ihren Aktionären eine Form der Briefwahl im Wege elektronischer Kommunikation an und 3 % sogar eine Online-Teilnahme.[1156] Die großen Gesellschaften sind hier ebenso digitaler aufgestellt. Ähnliche Zahlen bestehen für die Hauptversammlungen der im DAX30 gelisteten Gesellschaften aus dem 2016.[1157]

Unter den pandemischen Umständen stand den Gesellschaften mit § 1 Abs. 2 Satz 1 Nr. 2 GesRuaCOVBekG die gleiche Gestaltungsmöglichkeit der Stimmrechtsausübung wie heute nach § 118a Abs. 1 Satz 2 Nr. 2 AktG offen. Annähernd alle großen Gesellschaften gewährten unter diesen Voraussetzungen die Stimmabgabe per Briefwahl. Nur wenige gewährten dagegen (auch) die elektronische Teilnahme.[1158] Dies lässt sich damit erklären, dass die Aktionäre so vollständig

[1153] So auch zur Briefwahl konstatierend *Tröger*, in: KölnKommAktG, § 118 Rn. 102.

[1154] S. schon Kapitel 3 B. II. 1. Vgl. ferner *Koch*, AktG, § 118 Rn. 15; *Tröger*, in: KölnKommAktG, § 118 Rn. 102; *Wettich*, NZG 2011, 721, 725; anders *Austmann*, in: MünchHdbGesR IV, 5. Aufl., § 40 Rn. 31.

[1155] Zu diesen und den folgenden Zahlen mit Nachweis der einzelnen Werte für die einzelnen Indizes, *Gleiß/Weber*, Arbeitsbericht WI-2016-03, S. 25.

[1156] Zum Jahr 2011 geben Arnold/Carl/Götze an, dass 15 von 29 DAX-Gesellschaften die Briefwahl anboten, *Arnold/Carl/Götze*, AG 2011, 349, 357 Fn. 88.

[1157] Mit Zahlen zu 2023 *Schmidt*, HV Magazin 2016, Heft 3, 22, 24. Im Jahr 2017 ermöglichten nur zwei Gesellschaften im DAX 30 eine Online-Teilnahme. *Ketzel*, GoingPublic Special „Kapitalmarkt Österreich 2017", 31, 32. Vgl. einordnend und mit einem internationalen Vergleich, *v. Holten/Bauerfeind*, AG 2018, 729, 732 ff.

[1158] *Kruchen*, DZWIR 2020, 431, 448 mit Beispielen; *Stelmaszczyk/Forschner*, Der Konzern 2020, 221, 228; *Sturm/Imsameh*, NZG 2022, 1327, 139; *Tröger*, in: KölnKommAktG, § 118 Rn. 27 Fn. 30. Die Untersuchungen Danwerths ergaben, dass in der Hauptversammlungssaison 2020 98,5 % und in der Saison 2021 über 99 % der Hauptversammlungen von Gesellschaften passiv und ohne eine Zwei-Wege-Direktverbindung verbunden werden können.[1159] Die Ausübung des Stimmrechts war meist (zumindest) über das Aktionärsportal möglich.[1160]

In den Hauptversammlungssaisons 2023 und 2024 der DAX-Indexfamilie boten alle Gesellschaften die Stimmabgabe im Wege der elektronischen Briefwahl an.[1161] Keine dieser Gesellschaften bot dagegen eine elektronische Teilnahme an. Die Stimmabgabe war stets über das Aktionärsportal möglich. Darüber hinaus war sie teilweise zusätzlich per Post, E-Mail oder Fax möglich. Je größer die Gesellschaften, desto wahrscheinlicher boten sie neben der elektronischen Briefwahl im Portal andere Optionen der Stimmabgabe an.

Unter den Hauptversammlungen der DAX-Indexfamilie in der Saison 2024 ließen 38 % (2023: 51 %) die Stimmabgabe im Wege der elektronischen Briefwahl bis zur Schließung bzw. dem Ende der Abstimmung zu. Weitere 51 % (2023: 42 %) gaben in der Einberufung an, dass der Versammlungsleiter den Zeitpunkt festlegen würde und ergänzten regelmäßig, dass der Zeitpunkt im Rahmen der Abstimmung liegen müsse. Schließlich gaben drei Gesellschaften an, dass eine Abstimmung mittels elektronischer Briefwahl nur bis zum Beginn der Abstimmung möglich sei (keine Änderung zum Vorjahr).

Der Gebrauch von Stimmrechtsvertretern ist empirisch noch schwerer zu erfassen, stellt heute aber einen bedeutenden Faktor in der Entscheidungsdynamik vieler Gesellschaften dar. Festzuhalten ist hier allein, dass die Bevollmächtigung von Stimmrechtsvertretern früher wie heute bei den meisten Gesellschaften im Wege elektronischer Kommunikation erfolgen kann.[1162]

---

der DAX-Indexfamilie nur die elektronische Briefwahl gewährten. In der Hauptversammlungssaison 2020 gewährten mithin nur fünf Gesellschaften die Möglichkeit der elektronischen Teilnahme, ein Jahr später war es sogar nur noch eine Gesellschaft. *Danwerth*, AG 2020, 776, 783 f.; *Danwerth*, AG 2021, 613, 621. Zur Hauptversammlungssaison 2022 mit ähnlichen Werten: *Danwerth*, ZIP 2023, 2329, 2337; *Rieckers*, DB 2023, 306, 307. Die breiter angelegte Untersuchung *Cyglakows* ergab ähnliche Werte. Danach boten 98,2 % der Gesellschaften die Stimmrechtsausübung im Wege der Briefwahl und nur 2,7 % der Gesellschaften im Wege der elektronischen Teilnahme an. *Cyglakow*, Die virtuelle Hauptversammlung, S. 115. Zum Untersuchungsgegenstand der Studie Kapitel 4 B. V. 1. a).

[1159] *Koch*, AktG, § 118a Rn. 22.

[1160] *Danwerth*, AG 2021, 613, 622; *Danwerth*, AG 2020, 776, 784 f.

[1161] Hierzu und im Folgenden mit weiteren Daten *Danwerth*, AG 2024, 892, 895; *Danwerth*, ZIP 2023, 2329, 2337.

[1162] Vom vierten Quartal 2014 bis zum dritten Quartal 2015 war es in 99 % der Hauptversammlungen der DAX-Indexfamilie möglich im Wege der elektronischen Kommunikation Stimmrechtsvollmachten einzureichen. *Gleiß/Weber*, Arbeitsbericht WI-2016-03, S. 26. Im Jahr 2021 haben die Gesellschaften der DAX-Indexfamilie freiwillig ausnahmslos elektronische Vollmachten zugelassen. *Danwerth*, AG 2021, 613, 624. Im Jahr 2020 waren es 99 %. *Danwerth*, AG 2020, 776, 786.

f) Zwischenergebnis

Die Ausübung des Stimmrechts im Wege der elektronischen Kommunikation oder durch Vollmachtserteilung setzt bereits zum Status quo ante bekannte Gestaltungsoptionen in ein neues Verhältnis. Eine relevante Änderung dieser Gestaltungsoptionen ergibt sich in der elektronischen Briefwahl, die entgegen dem Fall nach § 118 Abs. 2 AktG in der virtuellen Versammlung bis zum Abstimmungsende ermöglicht werden muss. Ferner bleibt die elektronische Briefwahl weiterhin die bevorzugte Ausgestaltung des Stimmrechts aufseiten der Gesellschaften. Während dies mit den geringeren Anforderungen an die Gesellschaft erklärbar ist, bestehen allerdings auch Anzeichen dafür, dass die elektronische Teilnahme in Zukunft wieder populärer werden könnte.[1163] Mit der eingeschränkten Anfechtbarkeit aufgrund technischer Störungen nach § 243 Abs. 3 sind die Anfechtungsrisiken minimiert[1164] und aufgrund der übrigen Erfordernisse der virtuellen Versammlung[1165] lassen sich die elektronische Teilnahme ohne erheblichen Mehraufwand realisieren.[1166]

3. Antragsrecht, § 118a Abs. 1 Satz 2 Nr. 3 AktG

Als dritte Voraussetzung der virtuellen Hauptversammlung verlangt § 118a Abs. 1 Satz 2 Nr. 3 AktG, dass elektronisch zugeschaltete Aktionäre Anträge und Wahlvorschläge im Wege der Videokommunikation wahrnehmen können.[1167] Als Ausfluss des Teilnahmerechts stellt das Antragsrecht ein versammlungsgebundenes Recht dar.[1168]

[1163] *Koch*, AktG, § 118a Rn. 22.

[1164] Schon zum GesRuaCOVBekG *Danwerth*, AG 2021, 613, 621 f. m. w. N. zu anderen seiner Beiträge.

[1165] Vgl. etwa die Möglichkeit der elektronischen Zuschaltung und der Redebeiträge im Wege der Videokommunikation, Kapitel 4 C. II. 3. b), 5. b).

[1166] Vgl. *Danwerth*, AG 2021, 613, 621 f. m. w. N. zu eigenen Beiträgen; *Redenius-Hövermann/Bannier*, ZIP 2020, 1885, 1891; *Rieckers*, DB 2021, 98, 100 mit dem richtigen Hinweis, dass dies unter Geltung des GesRuaCOVBekG nicht verwunderlich ist, weil es sich auch mit den bisherigen Erfahrungen deckt.

[1167] Die Nennung des Rechts Wahlvorschläge zu stellen in § 118a Abs. 1 Satz 2 Nr. 3 AktG ist lediglich klarstellend, da die Regelung nach § 127 Abs. 1 Satz 1 AktG auch für diese gelten würde. Vgl. hierzu mit dem Vorschlag eben dieser Klarstellung, *Drinhausen/Keinath*, BB 2022, 451, 454.

[1168] Ausdrücklich FraktionsE, Virtuelle Hauptversammlung, BT-Drucks. 20/1738, S. 24.

a) Umfasste Anträge und Wahlvorschläge

Ausweislich der Gesetzesbegründung sind alle Anträge und Wahlvorschläge, die in der Präsenzversammlung eingebracht werden können, von § 118a Abs. 1 Satz 2 Nr. 3 AktG umfasst.[1169] Die volle Gewährung des Antragsrechts geht über den restriktiveren Ansatz des Referentenentwurfs hinaus, der noch Gegenanträge ausschloss.[1170] Das Gesetz stellt damit ein Antragsrecht in der virtuellen Hauptversammlung sicher, das dem in der Präsenzversammlung entspricht[1171] und vermeidet im gleichen Zug die Abgrenzungsschwierigkeiten, die mit dem Regelungskonzept des Referentenentwurfs einhergegangen wären[1172].

b) Videokommunikation

Nach § 118a Abs. 1 Satz 2 Nr. 3 AktG muss das Antragsrecht im Wege der Videokommunikation ermöglicht werden. Dies steht im Kontrast zum Fraktionsentwurf, der die Ausübung des Antragsrechts noch bloß im Wege der elektronischen Kommunikation erfordert hatte.[1173] Die Videokommunikation erfordert eine Zwei-Wege-Direktverbindung.[1174]

[1169] Namentlich sind damit neben Gegenanträgen auch Geschäftsordnungsanträge, ergänzende Sachanträge, Anträge im Zusammenhang mit Ergänzungsverlangen nach § 122 Abs. 2 Satz 2 AktG zu ermöglichen oder sonstige Verlangen von Aktionären beispielsweise nach § 120 Abs. 1 Satz 2 AktG, nach § 130 Abs. 2 Satz 3 AktG und § 137 AktG umfasst. FraktionsE, Virtuelle Hauptversammlung, BT-Drucks. 20/1738, S. 24 f.; *Lochner/Keller*, ZIP 2022, 1997, 2004; *Mayer/Jenne/Miller*, BB 2022, 2946, 2953; *Paschos*, in: BeckOGKAktG, § 118a Rn. 49 f.

[1170] RefE, Virtuelle Hauptversammlung, S. 4, abrufbar unter: https://www.bmj.de/SharedDocs/Gesetzgebungsverfahren/Dokumente/RefE_virtuelle_Hauptversammlung.pdf?__blob=publicationFile&v=3; vgl. zu den potenziellen Folgen des Ausschlusses von Gegenanträgen *Initiative Minderheitsaktionäre*, Stellungnahme RefE, S. 6 f., abrufbar unter: https://www.bmj.de/SharedDocs/Downloads/DE/Gesetzgebung/Stellungnahmen/2022/0307_Stellungnahme_Initiative_Minderheitsaktionaere_virtuelle_Hauptversammlung.pdf?__blob=publicationFile&v=3.

[1171] So heißt es auch in der Begründung „Angestrebt wird, dass die virtuelle Hauptversammlung der Präsenzversammlung möglichst angenähert wird", FraktionsE, Virtuelle Hauptversammlung, BT-Drucks. 20/1738, S. 24 a. E.; *Lochner/Keller*, ZIP 2022, 1997, 2000; *Sturm/Imsameh*, NZG 2022, 1327, 1331.

[1172] Exemplarisch zu diesen *DAI*, Stellungnahme RefE, S. 16 f.; *DAV*, Stellungnahme RefE, S. 9 ff., beide abrufbar unter: https://www.bmj.de/SharedDocs/Gesetzgebungsverfahren/DE/2022_Einfuehrung_virtueller_Hauptversammlungen_Aktiengesellschaften.html; *Guntermann*, ZIP 2022, 781, 784; *Mayer/Jenne/Miller*, BB 2022, 1155, 1162.

[1173] FraktionsE, Virtuelle Hauptversammlung, BT-Drucks. 20/1738, S. 6. Die Änderung geht auf den Vorschlag des Rechtsausschusses zurück. Beschlussempfehlung Rechtsausschuss, Virtuelle Hauptversammlung, BT-Drucks. 20/2653, S. 6. Zum Fraktionsentwurf eine mündliche Antragstellung fordernd, *BDI*, Stellungnahme FraktionsE, S. 2 f.; *Roßkopf*, Stellungnahme FraktionsE, S. 5 a. E. f.; *VCI*, Stellungnahme FraktionsE, S. 7, alle abrufbar unter: https://www.bundestag.de/dokumente/textarchiv/2022/kw27-de-virtuelle-hauptversammlung-902468.

[1174] Beschlussempfehlung Rechtsausschuss, Virtuelle Hauptversammlung, BT-Drucks. 20/2653, S. 31; *Koch*, AktG, § 118a Rn. 32; *Mayer/Jenne/Miller*, BB 2022, 2946, 2955.

Die Gesellschaft darf den Aktionären darüber hinaus keine weiteren Möglichkeiten der Antragstellung zur Verfügung stellen.[1175] Der Rechtsausschuss begründete die strengere Anforderung der Videokommunikation mit dem Ziel, die Einbringung von Anträgen für alle Versammlungsteilnehmer transparent zu machen.[1176] Dies könne durch die Nachbildung der Antragsstellung in der Präsenzversammlung und dem dort geltenden Mündlichkeitsprinzip erreicht werden.[1177] Anderen Kommunikationsarten, wie etwa einer Antragstellung per E-Mail, fehle es an der Unmittelbarkeit.[1178] Ob dies tatsächlich der Transparenz dient, mag bezweifelt werden. In der Präsenzversammlung ergeben sich aus mündlichen Anträgen, insbesondere Sonderprüfungsanträgen, oftmals Unklarheiten hinsichtlich des präzisen Wortlauts.[1179] Gesellschaften ist es demnach zu empfehlen, zusätzlich die Textform des Antrags einzuholen.[1180]

Während des Gesetzgebungsverfahrens wurde verschiedentlich angeführt, dass die Antragstellung im Wege elektronischer Kommunikation nach dem Fraktionsentwurf die Hemmschwelle der Antragstellung so niedrig ansetze, dass überzählige Anträge und ein Missbrauch des Rechts (zum Beispiel durch sehr umfangreiche und/oder standardisierte, einkopierte Anträge)[1181] zu befürchten seien.[1182] Die bewusste Erschwerung der (legitimen) Rechtsausübung ist aber kein legitimer Regelungszweck.[1183] Legitim ist es, die Antragstellung im Wege der Videokommunikation einzuführen, um die missbräuchliche Ausübung dieses Rechts zu verhindern

---

[1175] *Butzke*, AG 2022, 795, 798; *Mayer/Jenne/Miller*, BB 2022, 2946, 2955; *Paschos*, in: BeckOGKAktG, § 118a Rn. 50; zur Ausnahme hiervon aufgrund technischer Störungen, Kapitel 4 C. I. 8. b), II. 5. d).

[1176] Beschlussempfehlung Rechtsausschuss, Virtuelle Hauptversammlung, BT-Drucks. 20/2653, S. 31. Dies mit dem gleichen Gedanken schon zuvor fordernd *BVI*, Stellungnahme RefE, S. 10, abrufbar unter: https://www.bmj.de/SharedDocs/Downloads/DE/Gesetzgebung/Stellungnahmen/2022/0311_Stellungnahme_BVI_virtuelle_Hauptversammlung.pdf?__blob=publicationFile&v=3.

[1177] Beschlussempfehlung Rechtsausschuss, Virtuelle Hauptversammlung, BT-Drucks. 20/2653, S. 31. Dies mit dem gleichen Gedanken schon zuvor fordernd *BVI*, Stellungnahme RefE, S. 10, abrufbar unter: https://www.bmj.de/SharedDocs/Downloads/DE/Gesetzgebung/Stellungnahmen/2022/0311_Stellungnahme_BVI_virtuelle_Hauptversammlung.pdf?__blob=publicationFile&v=3.

[1178] *Butzke*, AG 2022, 795, 798.

[1179] *Butzke*, AG 2022, 795, 798; *Paschos*, in: BeckOGKAktG, § 118a Rn. 51.

[1180] *Butzke*, AG 2022, 795, 798.

[1181] *BDI*, Stellungnahme RegE, S. 2 f. abrufbar unter: https://www.bundestag.de/resource/blob/899784/1aa6fe1e8b48fad49036280 91aceb064/Stellungnahme-Semrau_BdI-data.pdf.

[1182] Vgl. weiter *BDI*, Stellungnahme RegE, S. 3, abrufbar unter: https://www.bundestag.de/resource/blob/899784/1aa6fe1e8b48fad490362809 1aceb064/Stellungnahme-Semrau_BdI-data.pdf; *BUJ*, Stellungnahme RefE, S. 7; *CRIC*, Stellungnahme RefE, S. 6 f.; *DAI*, Stellungnahme RefE, S. 16, alle abrufbar unter: https://www.bmj.de/SharedDocs/Gesetzgebungsverfahren/DE/2022_Einfuehrung_virtueller_Hauptversammlungen_Aktiengesellschaften.html; *v. d. Linden*, RegE virtuelle Hauptversammlung, GmbHR-Blog, 28. 4. 2022, abrufbar unter: https://blog.otto-schmidt.de/gesellschaftsrecht/2022/04/28/regierungsentwurf-zur-virtuellen-hv-cui-bono/; *Seibt/Danwerth*, DB 2022, 1434, 1441.

[1183] So auch *Lochner/Keller*, ZIP 2022, 1997, 2004.

und eine gute Wahrnehmung der Antragssteller zu ermöglichen. Nicht legitim ist es dagegen, die Hemmschwelle für die legitime Rechtsausübung zu erhöhen, nur um die Anzahl an eingereichten Anträgen zu reduzieren. Zwar wurde dieses Argument nicht Teil der Begründung des Rechtsausschusses. Aufgrund der vorgebrachten Kritik ist aber anzunehmen, dass diese Zielüberlegung mit in die Gesetzgebung einfloss.[1184]

Um eine geordnete Antragstellung sicher zu stellen, kann die Gesellschaft den Wortmeldetisch auch für die Stellung von Anträgen nutzen.[1185] Schließlich kann die Antragstellung nach § 130a Abs. 5 Satz 3 AktG auch in einem Redebeitrag erfolgen.

c) *Rechtspolitische Kritik*

Die Regelung des Antragsrechts *in* der Versammlung lässt sich verschiedentlich kritisieren.

aa) Zwei-Wege-Direktverbindung

Zunächst leuchtet nicht ein, warum eine Zwei-Wege-Direktverbindung für das gesetzliche Erfordernis der Antragstellung im Wege der Videokommunikation erforderlich sein soll.[1186] Das Mündlichkeitsprinzip der Hauptversammlung kann sich de lege lata auch durch zuvor aufgezeichnete Videos realisieren lassen, wenn man Mündlichkeit nur in Bezug auf den vom Rechtsausschuss angeführten Transparenzgesichtspunkt versteht. Aufzeichnungen lassen ebenso eine bloß akustische Verfolgung der Versammlung zu und stellen damit Transparenz her.[1187] Mit der Antragstellung im Vorfeld der Versammlung ist das Mündlichkeitsprinzip für Anträge ferner schon de lege lata eingeschränkt.[1188] Der Vorstand könnte auch Anträge in Textform in der Versammlung verlesen. Soweit dieses Erfordernis indes nur besteht, um die Antragstellung der Aktionäre zu erschweren und dadurch die Versammlung zu entlasten, ist dies kein legitimer Regelungsgrund. Die Hauptversammlung sollte durch weitergehende Möglichkeiten der Partizipation im Vorfeld der Versammlung oder durch sachlich begründete Beschränkungen von Antragstellungen entlastet werden, nicht aber durch die Schaffung künstlicher Hindernisse der Rechtsausübung.[1189] Es gilt insoweit nichts anderes als beim Auskunfts-

---

[1184] So auch einschätzend *Harnos*, Beschlussfassung im virtuellen Raum, S. 59, 68.

[1185] *Koch*, AktG, § 118a Rn. 32.

[1186] So im Ergebnis auch *Harnos*, Beschlussfassung im virtuellen Raum, S. 59, 69 ff., allerdings mit einem größeren Schwerpunkt auf der Gestaltungshoheit der Gesellschaften.

[1187] Videoaufzeichnungen sind daneben oft von einer besseren Qualität und technisch weniger störanfällig als eine Direktübertragung des jeweiligen Aktionärs.

[1188] So auch *Harnos*, Beschlussfassung im virtuellen Raum, S. 59, 70.

[1189] Dies widerspricht den allgemeinen Prinzipien, den Aktionären die Ausübung ihrer Rechte so niederschwellig wie möglich zu ermöglichen.

recht. Für dieses wird das Mündlichkeitsprinzip auch nicht gewahrt. § 131 Abs. 1f AktG macht aber klar, dass Gesellschaften eine Antragsstellung im Wege der Videokommunikation erfordern können.

De lege ferenda sollte § 118a Abs. 1 Satz 2 Nr. 3 AktG folglich, wie im Fraktionsentwurf, nur die Antragstellung im Wege elektronischer Kommunikation vorschreiben. Den Gesellschaften steht es dann immer noch offen, die Antragstellung im Wege der Videokommunikation zu fordern. Um einen Gleichlauf mit der Klarstellung von § 131 Abs. 1f AktG herzustellen, sollte eine entsprechende Klarstellung in einem neuen Absatz am Ende von § 126 AktG erfolgen.

bb) Einschränkungen des Antragsrechts in der Hauptversammlung

Zuletzt ist nochmals ein Blick auf den weitergehenden Vorschlag des Referentenentwurfs und Literaturstimmen zu werfen, die eine Einschränkung des Antragsrechts in der Versammlung selbst fordern. § 126 Abs. 4 Satz 3 AktG-RefE verlagerte die Stellung von Gegenanträgen vollständig in das Vorfeld der Versammlung und schloss sie in der Hauptversammlung aus, sofern die Einberufung sie nicht ausdrücklich in der Versammlung gestattete.[1190] Weitergehende Stimmen forderten gar eine vollständige Verlagerung des Auskunftsrechts in das Vorfeld der Versammlung.[1191]

Ziel der Vorverlagerung war es, die Hauptversammlung als Veranstaltung noch weiter inhaltlich zu entlasten und zeitlich in einem angemessenen Rahmen zu halten.[1192] Ebenso sollte damit die Gefahr von Zufallsmehrheiten aufgrund neuer Anträge in der Hauptversammlung bekämpft werden.[1193] Damit griff der Referentenentwurf auch die zuvor schon vorgebrachte rechtspolitische Kritik am zweistufigen Modell der Antragstellung auf. Wenn die meisten institutionellen Investoren und Stimmrechtsberater ihre Stimme schon vor der Hauptversammlung abgegeben haben und Vertreter die Weisung bekommen haben, sich bei unvorhergesehenen Anträgen zu enthalten, besteht das Risiko, dass eine Minderheit unter den Aktio-

---

1190 RefE Virtuelle Hauptversammlung, abrufbar unter: https://www.bmj.de/SharedDocs/Downloads/DE/Gesetzgebung/RefE/RefE_virtuelle_Hauptversammlung.pdf?__blob=publicationFile&v=3. Diesen Vorschlag begrüßend *Koch*, AktG, § 118a Rn. 31.

1191 *BDI*, Stellungnahme RefE, S. 7 f.; *BUJ*, Stellungnahme RefE, S. 7; *DAI*, Stellungnahme RefE, S. 15 f.; *GDV*, Stellungnahme RefE, S. 6, alle abrufbar unter: https://www.bmj.de/SharedDocs/Gesetzgebungsverfahren/DE/2022_Einfuehrung_virtueller_Hauptversammlungen_Aktiengesellschaften.html.

1192 RefE, Virtuelle Hauptversammlung, S. 24, 29, abrufbar unter: https://www.bmj.de/SharedDocs/Gesetzgebungsverfahren/Dokumente/RefE_virtuelle_Hauptversammlung.pdf?__blob=publicationFile&v=3.

1193 RefE, Virtuelle Hauptversammlung, S. 29, abrufbar unter: https://www.bmj.de/SharedDocs/Gesetzgebungsverfahren/Dokumente/RefE_virtuelle_Hauptversammlung.pdf?__blob=publicationFile&v=3. Ebenso *BDI*, Stellungnahme RefE, S. 7; *Bungert/Rieckers*, DB 2022, 581, 589; *BUJ*, Stellungnahme RefE, S. 7; *GDV*, Stellungnahme RefE, S. 6, alle abrufbar unter: https://www.bmj.de/SharedDocs/Gesetzgebungsverfahren/DE/2022_Einfuehrung_virtueller_Hauptversammlungen_Aktiengesellschaften.html; *Quass*, NZG 2021, 261, 269.

nären in der Hauptversammlung über die Anträge allein bestimmen kann. Können Anträge aber nur 14 Tage vor der Hauptversammlung eingereicht werden, haben die Aktionäre dagegen noch genügend Zeit, zu diesen Anträgen Stellung zu beziehen und ihre Stimme abzugeben.

Eine vollständige Vorverlagerung des Antragsrechts in das Vorfeld der Versammlung kann aber nicht überzeugen. Wären keine Anträge und Wahlvorschläge mehr in der Versammlung zulässig, würden die Aktionäre um eines der wesentlichen Mittel gebracht, um auf neue Informationen zu reagieren. Dies würde die versammlungsgebundenen (Informations-)Rechte und in der Versammlung erlangten Informationen wesentlich entwerten[1194] und die Aktionäre in der Versammlung zu bloßen Zuhörern degradieren[1195]. Effektiv handelte es sich folglich um einen unzulässigen Eingriff in die Mitverwaltungs- und damit Eigentumsrechte der Aktionäre. Der faktische Verzicht vieler Aktionäre, ihre Rechte in der Versammlung auszuüben, kann keinen Eingriff in die Rechte der Aktionäre rechtfertigen, die noch an der Versammlung teilnehmen.[1196] Nicht anders verhält es sich mit dem Konzept des Referentenentwurfs, nur Gegenanträge in der Versammlung auszuschließen.

Anders sähe es aus, wenn das Vorfeld konsequent ausgebaut würde, die Aktionäre in der Versammlung keine neuen Informationen erhielten und die Veranstaltung der Hauptversammlung nur noch der Beschlussfassung dienen würde.[1197]

[1194] Vgl. *Initiative Minderheitsaktionär*, Stellungnahme RefE, S. 6f., abrufbar unter: https://www.bmj.de/SharedDocs/Downloads/DE/Gesetzgebung/Stellungnahmen/2022/0307_Stellungnahme_Initiative_Minderheitsaktionaere_virtuelle_Hauptversammlung.pdf?__blob=publicationFile&v=3.

[1195] Vgl. *Initiative Minderheitsaktionär*, Stellungnahme RefE, S. 6f., abrufbar unter: https://www.bmj.de/SharedDocs/Downloads/DE/Gesetzgebung/Stellungnahmen/2022/0307_Stellungnahme_Initiative_Minderheitsaktionaere_virtuelle_Hauptversammlung.pdf?__blob=publicationFile&v=3; *Sturm/Imsameh*, NZG 2022, 1327, 1331f.

[1196] So auch *Lochner*, AG 2022, 320, 322; *Lochner/Keller*, ZIP 2022, 1997, 2004. Insbesondere kann die unterbliebene Teilnahme der ausländischen Großinvestoren nicht besonders bei der virtuellen Hauptversammlung angeführt werden, da namentlich die ausländischen Großinvestoren bei dieser einfacher *in* der Versammlung partizipieren können. So auch *Sturm/Imsameh*, NZG 2022, 1327, 1331f. Zufallsmehrheiten können – und werden in der Praxis – dadurch verhindert, dass die Aktionäre ihren Stimmrechtsvertretern die Weisung geben, bei spontanen Anträgen mit dem Vorschlag der Verwaltung zu stimmen. Zufallsmehrheiten sind demnach nur selten eine praktische Gefahr (zu der Großaktionäre) beitragen, vgl. *Seibt/Danwerth*, DB 2022, 1434, 1441. Dennoch ist das Risiko ernst zu nehmen, wenn man die in der Regel einstellige Abstimmungspartizipation zu Ad-hoc-Anträgen in DAX-Gesellschaften betrachtet. Vgl. *Koch/Redeke*, Reformbedarf im Aktienrecht 2024, S. 212, 220f.

[1197] Grundsätzlich dagegen *DSW*, Stellungnahme zum RefE, S. 13f., abrufbar unter: https://www.bmj.de/SharedDocs/Downloads/DE/Gesetzgebung/Stellungnahmen/2022/0311_Stellungnahme_DSW_virtuelle_Hauptversammlung.pdf?__blob=publicationFile&v=3. Nicht zu befürchten ist dagegen, dass dann der Entlastungseffekt der Versammlung selbst, durch ein Übermaß an prophylaktisch gestellten Anträgen im Vorfeld der Versammlung ausgeglichen wird. Schließlich waren solche Erfahrungswerte unter dem GesRuaCOVBekG bei einer ähnlichen Regelung des Antragsrechts nicht zu sammeln. So aber *DSW*, Stellungnahme RegE, S. 4, abrufbar unter: https://www.bundestag.de/resource/blob/899444/5f528ccf2a2b8c7158b6f984f7ac2321/Stellungnahme-Tuengler_DSW-data.pdf.

Dies wäre ein kohärentes Regelungskonzept. Es würde die Hauptversammlung als Zusammenkunft aber im Wesentlichen abschaffen und ist mit Blick auf ihre Funktionen kein erstrebenswertes Ziel.[1198]

Solange die Ausübung von Aktionärsrechten noch in der Versammlung zulässig ist, kommt indessen ein partieller Ausschluss des Antragsrechts in Betracht. Die Beschränkung könnte konzeptionell an die des Auskunftsrechts in § 131 Abs. 1e Satz 1 AktG angelehnt werden. Parallel dazu könnte man in der Versammlung nur noch Anträge und Wahlvorschläge, die auf neuen Informationen seit der Einreichungsfrist im Vorfeld der Versammlung beruhen, zulassen. Damit wären Anträge und Wahlvorschläge, die bereits vor der Versammlung gestellt werden konnten, in der Versammlung ausgeschlossen.[1199] Die Versammlung würde damit entlastet, ohne den Aktionären die Möglichkeit zu nehmen, auf das Geschehen in der Versammlung zu reagieren und die Aktionärsrechte in der Versammlung zu entwerten.

Mit einer solchen Regelung gehen offenkundig Abgrenzungsschwierigkeiten für den Versammlungsleiter einher. Es kann folglich kritisiert werden, dass Versammlungsleiter mit Blick auf drohende Anfechtungsklagen nur sehr zurückhaltend von der Zurückweisung von Anträgen Gebrauch machen würden. Dies könnte den Zweck der Vorverlagerung, nämlich die Entlastung der Hauptversammlung, gefährden.[1200] Wie bei der Vorverlagerung des Auskunftsrechts könnte der Versammlungsleiter bei großen Gesellschaften aber auch auf Unterstützung des Backoffice zurückgreifen und es ist zu erwarten, dass sich hierzu eine gewisse Praxis etablieren würde. Es ist insoweit auf die sogleich folgenden Ausführungen zur Vorverlagerung des Auskunftsrechts zu verweisen.[1201] Hält man weiter an § 131 Abs. 1e Satz 1 AktG und dem Regelungskonzept der Vorverlagerung des Auskunftsrechts fest, ist es nur konsequent, diesen Mechanismus auf das Antragsrecht auszuweiten.[1202] Letztlich überzeugt dies erst recht, wenn man, wie hier vertreten, die Vorverlagerung des Antragsrechts der Disposition den Gesellschaften unterstellt und diesen mithin eine Einzelfallabwägung ermöglicht.[1203]

[1198] Anders *Mutter*, AG 2022, R57, R58.

[1199] So etwa schon vorschlagend *DAV*, Stellungnahme RefE, S. 18f., abrufbar unter: https://www.bmj.de/SharedDocs/Downloads/DE/Gesetzgebung/Stellungnahmen/2022/0317_Stellungnahme_DAV_virtuelle_Hauptversammlung.pdf?__blob=publicationFile&v=3; *Junker/Pfeffer*, FS Strenger, S. 241, 255; *Poelzig*, Stellungnahme FraktionsE, S. 8; *VCI*, Stellungnahme FraktionsE, S. 4ff., Anh. S. 3, beide abrufbar unter: https://www.bundestag.de/dokumente/textarchiv/2022/kw27-de-virtuelle-hauptversammlung-902468; *VGR*, AG 2021, 380, 385.

[1200] Vgl. etwa *Mayer/Jenne/Miller*, BB 2022, 1155, 1162.

[1201] Kapitel 4 C. II. 4.

[1202] Die Notwendigkeit weiterer Reformen, insbesondere des Beschlussmängelrechts, das der hier vorgeschlagenen Regelung zu größerem Mehrwert verhelfen könnte, bleiben damit unberührt.

[1203] Die Vorverlagerung des Antragsrechts dispositiv zu stellen, steht auch besser in Übereinstimmung mit den Stimmen, die die Vermeidung von Zufallsmehrheiten als Aufgabe der Aktionäre und Gesellschaften, nicht aber des Gesetzgebers sehen. Vgl. hierzu *Hirte*, FS Strenger, S. 195, 200f.

De lege ferenda sollte das Antragsrecht demnach ähnlich dem Auskunftsrecht ausgestaltet werden und eine Antragstellung in der Versammlung ausgeschlossen sein, wenn der Antrag nicht auf Informationen beruht, die erst nach der Einreichungsfrist bekannt wurden.

cc) Synthese der bisherigen Regelungsvorschläge

Die bisherigen Regelungsvorschläge können in folgender Neufassung von § 126 Abs. 4 AktG und zwei neuen Absätzen nach Absatz 4 vereint werden:

> „(4) Die Satzung kann vorsehen oder den Vorstand dazu ermächtigen, vorzusehen, dass Anträge und Wahlvorschläge von Aktionären bis 14 Tage vor der Versammlung der Gesellschaft mit Begründung an die in der Einberufung hierfür mitgeteilte Adresse übersandt werden müssen. Solche Anträge und Wahlvorschläge sind einschließlich des Namens des Aktionärs, der Begründung und einer etwaigen Stellungnahme der Verwaltung den in § 125 Absatz 1 bis 3 genannten Berechtigten unter den dortigen Voraussetzungen zugänglich zu machen. Für die Zugänglichmachung gelten Absatz 1 Satz 2 bis 4 und Absatz 2 und 3. Anträge, die nach den Sätzen 1 bis 3 zugänglich zu machen sind, gelten als im Zeitpunkt der Zugänglichmachung gestellt. Die Gesellschaft hat zu ermöglichen, dass das Stimmrecht zu diesen Anträgen ausgeübt werden kann, sobald die Aktionäre die gesetzlichen oder satzungsmäßigen Voraussetzungen für die Ausübung des Stimmrechts nachweisen können. Sofern der Aktionär, der den Antrag gestellt hat, nicht ordnungsgemäß legitimiert und, sofern eine Anmeldung erforderlich ist, nicht ordnungsgemäß zur Hauptversammlung angemeldet ist, muss der Antrag in der Versammlung nicht behandelt werden. Die Gesellschaft hat den Bericht des Vorstands oder dessen wesentlicher Inhalt bis spätestens sieben Tage vor der Versammlung allen Aktionären zugänglich zu machen. Im Falle einer virtuellen Hauptversammlung ist keine Ermächtigung des Vorstands durch die Satzung nach Satz 1 notwendig.
>
> (5) Jedem elektronisch zu der Versammlung zugeschalteten Aktionär ist in der Versammlung im Wege der elektronischen Kommunikation das Recht einzuräumen, Anträge und Wahlvorschläge zu stellen, wenn dies ausdrücklich in der Einberufung gestattet ist oder diese auf Sachverhalten beruhen, die sich erst nach Ablauf der Frist nach Absatz 4 Satz 1 ergeben haben.
>
> (6) Im Falle der virtuellen Hauptversammlung kann der Versammlungsleiter festlegen, dass das Antragsrecht in der Hauptversammlung ausschließlich im Wege der Videokommunikation ausgeübt werden darf."[1204]

Der hier vertretene Regelungsvorschlag beinhaltet zunächst die zum Antragsrecht im Vorfeld der Versammlung ausgearbeiteten Anforderungen.[1205] Er regelt die Vorverlagerung des Antragsrechts dispositiv, dehnt es aber auf das ganze Antrags-

---

[1204] Dieser Vorschlag ist teilweise angelehnt an *VCI*, Stellungnahme FraktionsE, S. 4 ff., Anh. S. 3, abrufbar unter: https://www.bundestag.de/resource/blob/899778/552d670998ac0c10f73c26da150c525d/Stellungnahme-Brouwer_VCI.pdf.

[1205] Kapitel 4 B. III. 6.

recht aus und eröffnet die Vorverlagerungsoption auch der Präsenzversammlung. Für die Zugänglichmachung und Abstimmung der Anträge und Wahlvorschläge wird auf die Lex lata zurückgegriffen. Ebenso beschränkt der Vorschlag das Antragsrecht in der Versammlung auf Anträge, die auf neuen Informationen beruhen und sieht damit eine Entzerrung der Ausübung des Antragsrechts parallel zum Auskunftsrecht nach § 131 Abs. 1e AktG vor. Es kann auf die dort gefassten Erkenntnisse zurückgegriffen werden. Ferner sieht der Vorschlag eine Antragsstellung in der Versammlung im Wege der elektronischen Kommunikation vor. Parallel zur Vorverlagerung des Auskunftsrechts muss den Aktionären eine hinreichende Informationsgrundlage zur Ausübung des Antragsrechts im Vorfeld der Versammlung Verfügung zu stellen. Hierfür ist hier eine Zugänglichmachung des Berichts des Vorstands oder dessen wesentlichen Inhalts bis spätestens sieben Tage vorgesehen. Der vorgeschlagene § 126 Abs. 4 Satz 6 AktG orientiert sich dabei an § 118a Abs. 1 Satz 2 Nr. 5 AktG, der in diesem Zuge klarstellend angepasst werden sollte.[1206]

In der virtuellen Hauptversammlung ist für die Vorverlagerung keine Satzungsbestimmung notwendig, da sich die Aktionäre, wie beim Auskunftsrecht, bereits grundsätzlich für die virtuelle Hauptversammlung und der ausschließlichen Partizipation im Wege elektronischer Kommunikation entschieden haben.[1207] Durch die Vorverlagerung werden die Rechte der Aktionäre nicht eingeschränkt, sondern im Zweifel eher ausgebaut, da der Versammlungsleiter neue Anträge im Zweifel zulassen wird. In der Präsenzversammlung fehlt es dieser vorangegangenen Grundentscheidung der Aktionäre hingegen. Entsprechend wird hier eine Satzungsgrundlage parallel zu § 118 Abs. 1 Satz 2, Abs. 2 AktG und § 118a Abs. 1 Satz 1 AktG vorgesehen. Die bereits oben ausgearbeitete Begründung der Satzungsgrundlage nach § 118a Abs. 1 Satz 1 AktG ist auf das hier vorgeschlagene Satzungserfordernis zu übertragen.[1208] In den Gesetzgebungsmaterialien sollte die Gleichwertigkeit des vorverlagerten Auskunftsrechts klargestellt werden.

§ 118a Abs. 1 Satz 2 Nr. 3 AktG sollte ferner wie folgt angepasst werden:

„3. den Aktionären wird das Rech eingeräumt, Anträge und Wahlvorschläge im Wege der elektronischen Kommunikation zu stellen,“

[1206] Dieser könnte wie folgt lauten: „den Aktionären wird, sofern von der Möglichkeit des § 131 Absatz 1a Satz 1 oder des § 126 Abs. 4 Satz 1 Gebrauch gemacht wird, der Bericht des Vorstands oder dessen wesentlicher Inhalt bis spätestens sieben Tage vor der Versammlung zugänglich gemacht,“.

[1207] Vgl. FraktionsE, Virtuelle Hauptversammlung, BT-Drucks. 20/1738, S. 33.

[1208] Kapitel 4 B. I. 2.

4. Auskunftsrecht, §§ 118a Abs. 1 Satz 2 Nr. 4, 131 Abs. 1a, 1d–f, 132 Abs. 2 Satz 2 AktG

Nachdem das Auskunftsrecht im Vorfeld der Hauptversammlung schon zuvor umfassend aufgearbeitet wurde, ist seine Ausübung in der Hauptversammlung Gegenstand der nachfolgenden Untersuchung.

Vorab ist anzumerken, dass das Auskunftsrecht der Lex lata dem in der Präsenzversammlung qualitativ entsprechen soll.[1209] Dies stellt einen bedeutenden Unterschied zur Gestaltung durch das GesRuaCOVBekG dar, das kein Auskunftsrecht (in der Hauptversammlung) vorsah.[1210] Kann das Auskunftsrechts nur in der Hauptversammlung ausgeübt werden, muss diese allein ein der Präsenzversammlung entsprechendes Auskunftsrecht gewähren. Macht der Vorstand dagegen von der Gestaltungsoption von § 131 Abs. 1a Satz 1 AktG Gebrauch, muss das Auskunftsrecht nur in einer Gesamtbetrachtung dem der Präsenzversammlung entsprechen.[1211] Da die Aktionäre dann ihre Fragen schon im Versammlungsvorfeld stellen können, kann das Auskunftsrecht *in* der Hauptversammlung entsprechend eingeschränkt werden und hinter dem Niveau der Präsenzversammlung zurückbleiben.

Zwar ergeben sich Besonderheiten in Bezug auf den Inhalt des Auskunftsrechts und dessen Beschränkung, wenn der Vorstand von § 130 Abs. 1a Satz 1 AktG Gebrauch gemacht hat, ansonsten richtet sich das Auskunftsrecht aber nach den allgemeinen Regeln. Folglich wird auf eine separate Ausarbeitung dieser Besonderheiten verzichtet und diesen im weiteren Verlauf einer einheitlichen Behandlung des Auskunftsrechts in der Versammlung Rechnung getragen. Die folgenden Ausführungen zum Auskunftsrecht in der Versammlung beginnen mit einer Analyse des gesetzlichen Regelungskonzepts (a)), fahren mit dem wesentlichen Punkt des Inhalts des Auskunftsrechts fort (b)) und beschäftigen sich sodann mit der Form der Fragenstellung (c)). Anschließend wird behandelt, wer berechtigt ist, eine Frage zu stellen (d)), wie das Auskunftsrecht in der Versammlung beschränkt werden kann (e)) und wie die Antworten des Vorstands zu erfolgen haben (f)). Vor diesem Hintergrund schließt eine Gesamtbetrachtung der Vorverlagerung des Auskunftsrechts an, die sowohl rechtspolitische Kritik wie eine Stellungnahme beinhaltet (g)). Zuletzt werden weitere Anpassungen im Zusammenhang mit dem Auskunftsrechtsrecht

---

[1209] FraktionsE, Virtuelle Hauptversammlung, BT-Drucks. 20/1738, S. 25; so auch *Drinhausen/Keinath*, BB 2022, 451, 454; *Franzmann/Rothweiler*, AG 2022, 809, 813; *Lochner/Keller*, ZIP 2022, 1997, 2003.

[1210] Da das Auskunftsrecht der virtuellen Hauptversammlung de lege lata gänzlich neu gestaltet ist, lässt eine gesonderte Auseinandersetzung mit den Regelungen GesRuaCOVBekG keinen besonderen Erkenntnisgewinn erhoffen und soll nicht stattfinden. Vgl. zum GesRuaCOVBekG und den rechtstatsächlichen Erfahrungen unter diesem, *Franzmann/Rothweiler*, AG 2022, 809, 812. Zur Entwicklung des GesRuaCOVBekG *Danwerth*, DB 2021, 159.

[1211] Bericht des Rechtsausschusses v. 6. 7. 2022, BT-Drucks. 20/2653, S. 33; *Lochner/Keller*, ZIP 2022, 1997, 2003.

der virtuellen Hauptversammlung behandelt (h)). Diese umfassen das erweiterte Auskunftsrecht, den Anspruch auf Protokollierung einer Auskunftsverweigerung und das Auskunftserzwingungsverfahren bei virtuellen Hauptversammlungen.

a) Regelungskonzept

§ 118a Abs. 1 Satz 4 AktG nennt die Gewährung des Auskunftsrechts nach § 131 AktG im Wege der elektronischen Kommunikation als Voraussetzung für die Abhaltung einer virtuellen Hauptversammlung.[1212] § 131 Abs. 1, 2–5 AktG gelten folglich auch für die virtuelle Versammlung. Hinsichtlich dieser Regelungen ist auf die bestehende Literatur zu verweisen. Dazwischen wurden mit § 131 Abs. 1a–1f AktG sechs neue Absätze eingefügt, die sich mit der virtuellen Hauptversammlung beschäftigen.

Nach § 131 Abs. 1a Satz 1 AktG kann die Ausübung des Auskunftsrechts durch Entscheidung des Vorstands partiell in das Versammlungsvorfeld verlagert werden.[1213] Falls der Vorstand von dieser Möglichkeit Gebrauch macht, regeln § 131 Abs. 1a–1f AktG die Ausübung des Auskunftsrechts im Vorfeld der Versammlung und die Absätze 1d und 1e die *in* der Versammlung. Absätze 1d und 1e haben dieselbe Regelungsstruktur. Absatz 1f betrifft die Form der Frageneinreichung in der virtuellen Hauptversammlung insgesamt.

b) Inhalt

Wenn der Vorstand nicht von § 131 Abs. 1a Satz 1 AktG Gebrauch gemacht hat, verhält sich das Auskunftsrecht in der virtuellen Hauptversammlung wie das in der Präsenzversammlung und ist durch die Aktionäre allein *in* der Versammlung auszuüben.[1214] Die Aktionäre können in der Versammlung dann die gleichen Fragen stellen wie in der Präsenzversammlung.

Hat der Vorstand dagegen nach § 131 Abs. 1a Satz 1 AktG Fragen im Vorfeld der Versammlung zugelassen, ermöglichen § 131 Abs. 1d, 1e AktG die Stellung von Nachfragen und Fragen zu neuen Sachverhalten in der Versammlung. Im Umkehrschluss umfasst das Auskunftsrecht *in* der Versammlung nur diese Arten von Fragen – ein allgemeines Auskunftsrecht wie im Grundfall besteht nicht.[1215] Gleich-

---

[1212] S. zum Begriff der „Voraussetzung" nochmals Kapitel 4 A. II.

[1213] Zum Auskunftsrecht im Vorfeld der Hauptversammlung schon ausführlich Kapitel 4 B. V.

[1214] *Butzke*, AG 2022, 795, 798; *Franzmann/Rothweiler*, AG 2022, 809, 813, 819; *Mayer/Jenne/Miller*, BB 2022, 2946, 2956.

[1215] Die Gesetzesbegründung spricht insoweit ausdrücklich von einem Wegfall des Auskunftsrechts *in* der Hauptversammlung, vorbehaltlich der Fragen nach § 131 Abs. 1d und 1e AktG. FraktionsE, Virtuelle Hauptversammlung, BT-Drucks. 20/1738, S. 33.

wohl steht es dem Vorstand frei, darüber hinaus auch andere Fragen zuzulassen und zu beantworten.[1216] Nur Nachfragen und Fragen zu neuen Sachverhalten in der Versammlung zuzulassen, soll den Aktionären ermöglichen, in der Hauptversammlung Fragen zu stellen, die sie nicht schon in deren Vorfeld stellen konnten.[1217] Damit soll die Hauptversammlung so weit entlastet werden, wie es ohne die Einschränkung des Auskunftsrechts möglich ist.[1218] Eine darüber hinausgehende Pflicht, Fragen zuzulassen – wie sie noch der Referentenentwurf vorsah[1219] – wurde zurecht vom Rechtsausschuss gestrichen.[1220]

Bereits unter dem GesRuaCOVBekG gewährten einige Gesellschaften, die die Fragestellung nur im Vorfeld der Versammlung zuließen, freiwillig ein Nachfragerecht.[1221]

aa) Nachfragen, § 131 Abs. 1d AktG

Zweck der Nachfragen nach § 131 Abs. 1d Satz 1 AktG ist es, eine gewisse Debattenqualität der Hauptversammlung zu erhalten und die Qualität der Antworten zu steigern.[1222] Aufgrund der Nachfragen müssen sich die Aktionäre nicht

---

[1216] Selbstverständlich muss dabei § 53a AktG besondere Beachtung geschenkt werden und eine Gleichbehandlung der Aktionäre sichergestellt werden.

[1217] FraktionsE, Virtuelle Hauptversammlung, BT-Drucks. 20/1738, S. 16f. Ein solches zweistufiges Konzept bereits vor dem Referentenentwurf vorschlagend etwa Backhaus in *Keinath*, Gesellschaftsrecht in der Diskussion 2020, S. 55 Rn. 7.

[1218] FraktionsE, Virtuelle Hauptversammlung, BT-Drucks. 20/1738, S. 16f.

[1219] Der Referentenentwurf sah entgegen der heutigen Fassung von Satz 2 vor, dass Fragen, die bis spätestens drei Tage vor der Versammlung hätten gestellt werden können, zuzulassen seien, wenn nach der Beantwortung der Nachfragen nach Absatz 1d und der Fragen nach Satz 1, die Beantwortung weiterer Fragen innerhalb des angemessenen Zeitraums der Versammlung möglich wären.

[1220] Der Rechtsausschuss strich den Satz in seinem Beschlussvorschlag und ersetzte ihn durch den heutigen Satz 2. Diese Änderung wurde mit der Annahme des Beschlussvorschlags angenommen. In der Begründung der Änderung führte der Rechtsausschuss die so gesteigerte Rechtssicherheit für den Versammlungsleiter an und dass das Auskunftsrecht durch die Kombination der Möglichkeiten der Vorabeinreichung von Fragen, und Nachfragen sowie Fragen zu neuen Sachverhalten in der Hauptversammlung umfassend gewahrt sei, sodass es einer solchen Regelung nicht bedürfe. Beschlussempfehlung Rechtsausschuss, Virtuelle Hauptversammlung, BT-Drucks. 20/2653, S. 11, 33. Dem ist vollumfänglich zuzustimmen. Besonders in Hinblick auf die gewünschte Entlastung der Hauptversammlung und die Verkürzung der Veranstaltung wäre der vorgeschlagene Satz 2 kontraproduktiv. So auch *Franzmann/Rothweiler*, AG 2022, 809, 817; *Poelzig*, Stellungnahme FraktionsE, S. 6; *Roßkopf*, Stellungnahme FraktionsE, S. 9, beide abrufbar unter: https://www.bundestag.de/dokumente/textarchiv/2022/kw27-de-virtuelle-hauptversammlung-902468.

[1221] Rechtstatsächliche Auswertungen der Verbreitung *Cyglakow*, Die virtuelle Hauptversammlung, S. 139f.; *Danwerth*, AG 2021, 613, 619; *Danwerth*, AG 2020, 776, 780.

[1222] *Sturm/Imsameh*, NZG 2022, 1327, 1330; vgl. FraktionsE, Virtuelle Hauptversammlung, BT-Drucks. 20/1738, S. 34.

mit den Antworten im Vorfeld der Versammlung zufriedengeben und können „nachbohren".[1223]

Dem allgemeinen Wortverständnis entsprechend erbittet eine Nachfrage eine weitergehende Antwort oder eine Präzisierung „einer als nicht ausreichend empfundenen Antwort auf eine vorherige Frage"[1224].[1225] Die Nachfrage muss damit zur Antwort in einem sachlichen Bezug stehen.[1226] § 131 Abs. 1d Satz 1 AktG stellt ausdrücklich klar, dass sich die Nachfrage auf Antworten des Vorstands vor oder in der Hauptversammlung beziehen kann. Nachfragen können sich damit auch auf Antworten auf Fragen beziehen, die erst in der Versammlung gestellt wurden.[1227] Dies umfasst Antworten auf Nachfragen selbst, Fragen in Redebeiträgen nach § 130a Abs. 5 Satz 3 AktG und weiteren Fragen nach § 131 Abs. 1e AktG.[1228] Durch die Formulierung „alle Fragen" wird ferner klargestellt, dass sich die Fragen der Aktionäre nicht nur auf ihre eigenen Auskunftsverlangen, sondern auch auf Fragen anderer Aktionäre beziehen können (sog. Über-Kreuz-Fragen).[1229]

Eine weitere Konkretisierung des inhaltlichen Bezugs, den eine Frage zur Vorfrage bzw. der Antwort des Vorstands aufweisen muss, lässt sich aus den Gesetzesmaterialien nicht gewinnen. Dies stellt eine Herausforderung der Lex lata dar und bürdet dem Versammlungsleiter schwierige Entscheidungen auf.[1230] Die Entscheidung über die Qualität des Auskunftsbegehrens als Nachfrage muss er in der Versammlung grundsätzlich ad hoc treffen. Lässt er eine Frage zu Unrecht nicht

---

[1223] Vgl. *Kersting*, in: KölnKommAktG, § 131 Rn. 679.

[1224] Vgl. Beschlussempfehlung Rechtsausschuss, Virtuelle Hauptversammlung, BT-Drucks. 20/2653, S. 32.

[1225] FraktionsE, Virtuelle Hauptversammlung, BT-Drucks. 20/1738, S. 35; *Franzmann/Rothweiler*, AG 2022, 809, 814; *Reger/Gaßner*, RDi 2022, 306, 400; vgl. Beschlussempfehlung Rechtsausschuss, Virtuelle Hauptversammlung, BT-Drucks. 20/2653, S. 32; *Mayer/Jenne/Miller*, BB 2022, 2946, 2956.

[1226] Beschlussempfehlung Rechtsausschuss, Virtuelle Hauptversammlung, BT-Drucks. 20/2653, S. 32; FraktionsE, Virtuelle Hauptversammlung, BT-Drucks. 20/1738, S. 35; *Franzmann/Rothweiler*, AG 2022, 809, 814; *Mayer/Jenne/Miller*, BB 2022, 2946, 2956; *Schilha*, Der Aufsichtsrat 2023, 2, 3; *Seibt/Danwerth*, DB 2022, 1434, 1438.

[1227] *Reger/Gaßner*, RDi 2022, 306, 400; *Schilha*, Der Aufsichtsrat 2023, 2, 3; *Schilha/Gaßner*, ZIP 2022, 2357, 2366.

[1228] Beschlussempfehlung Rechtsausschuss, Virtuelle Hauptversammlung, BT-Drucks. 20/2653, S. 32 f.; FraktionsE, Virtuelle Hauptversammlung, BT-Drucks. 20/1738, S. 35. Im Referentenentwurf war dies noch ausdrücklich klargestellt. Es ist allein der sprachlichen Klarheit geschuldet, dass die Lex lata nunmehr nur noch die Formulierung „zu allen vor und in der Versammlung gegebenen Antworten" verwendet. Dies ergibt sich aus der Begründung des Rechtsausschusses für diese Beschlussempfehlung. Beschlussempfehlung Rechtsausschuss, Virtuelle Hauptversammlung, BT-Drucks. 20/2653, S. 32.

[1229] FraktionsE, Virtuelle Hauptversammlung, BT-Drucks. 20/1738, S. 35; *Lochner/Keller*, ZIP 2022, 1997, 2003; *Reger/Gaßner*, RDi 2022, 396, 400. Dies war im Referentenentwurf noch unklar, *Mayer/Jenne/Miller*, BB 2022, 1155, 1160 m. w. N.

[1230] S. hierzu sogleich unter Kapitel 4 C. II. 4. g). Vgl. ferner *Krenn*, Informationsrechte, S. 89 ff.

zu, kann dies zu einer Anfechtbarkeit des Beschlusses nach § 243 Abs. 1 AktG führen. Entsprechend werden viele Aktionäre ihre Fragen mit einem Bezug zu anderen Fragen konstruieren und der Versammlungsleiter (wie der Vorstand bei dem Auskunftsverweigerungsrecht) viele Fragen zulassen, um Anfechtungsrisiken zu vermeiden.[1231] Folglich war es richtig, dass sich der Fraktionsentwurf von der Begründung des Referentenentwurfs löste. Diese nahm im Zweifel einen sachlichen Zusammenhang an und intensivierte das Problem damit noch.[1232]

Ferner ist die Ad-hoc-Beantwortung der Fragen eine Herausforderung für den Versammlungsleiter, da er (bzw. zumindest das Backoffice) die vorab gestellten Fragen kennen muss, um Nachfragen zu diesen als solche zu erkennen. Bei börsennotierten Gesellschaften können dies oftmals mehrere hundert Fragen sein.[1233] Der Vorstand muss ihm, je nach Einzelfall, hierfür in seiner Vorbereitung die entsprechenden Ressourcen zusammenstellen und gegebenenfalls das Backoffice der Versammlungsleitung vorbereiten.[1234] Bei größeren Gesellschaft ist es darüber hinaus möglich, dass die Fragen bei einer Hilfsperson angemeldet werden müssen (vergleichbar mit dem Wortmeldetisch einer Präsenzversammlung) und diese Hilfsperson schon das Thema der Frage abfragt. Dadurch kann sich schon auf die Frage vorbereitet werden, bevor diese in der Versammlung gestellt wird. Ein solcher Weg ist aber nur größeren Gesellschaften gangbar.

[1231] *BDI*, Stellungnahme FraktionsE, S. 4, abrufbar unter: https://www.bundestag.de/resource/blob/899784/1aa6fe1e8b48fad4903628091aceb064/Stellungnahme-Semrau_BdI-data.pdf; *Lochner/Keller*, ZIP 2022, 1997, 2004; *Seibt/Danwerth*, DB 2022, 1434, 1438 f.; ähnlich *Gehling*, AG 2022, 800, 803; so auch empfehlend *Koch*, Stellungnahme FraktionsE, S. 6, abrufbar unter: https://www.bundestag.de/resource/blob/899812/ce6d1b15d2ac496bbdca4f93ce0570b8/Stellungnahme-Koch-data.pdf; vgl. ferner *Roßkopf*, Protokoll Rechtsausschuss, S. 22, abrufbar unter: https://www.bundestag.de/resource/blob/908366/d0a1303ceb1e8dd64160319bf8fcbdc4/Wortprotokoll-data.pdf.

[1232] RefE, Virtuelle Hauptversammlung, S. 37, abrufbar unter: https://www.bmj.de/SharedDocs/Downloads/DE/Gesetzgebung/RefE/RefE_virtuelle_Hauptversammlung.pdf?__blob=publicationFile&v=3. So schon kritisierend im Gesetzgebungsverfahren etwa *GDV*, Stellungnahme RefE, S. 5, abrufbar unter: https://www.bmj.de/SharedDocs/Downloads/DE/Gesetzgebung/Stellungnahmen/2022/0311_Stellungnahme_GDV_virtuelle_Hauptversammlung.pdf?__blob=publicationFile&v=3.

[1233] *Semrau*, Protokoll Rechtsausschuss, S. 30, abrufbar unter: https://www.bundestag.de/resource/blob/908366/d0a1303ceb1e8dd64160319bf8fcbdc4/Wortprotokoll-data.pdf.

[1234] *Roßkopf*, Stellungnahme FraktionsE, S. 8, abrufbar unter: https://www.bundestag.de/resource/blob/899782/1204858008a2d375e1e7b50db6735a36/Stellungnahme-Rosskopf-data.pdf.

bb) Fragen zu neuen Sachverhalten, § 131 Abs. 1e AktG

Eine andere Kategorie an Fragen lässt § 131 Abs. 1e AktG in Bezug auf Sachverhalte zu, die sich erst nach Ablauf der Frist nach Absatz 1e ergeben haben.[1235]

Ob ein Sachverhalt sich erst nach Ablauf der Frist nach Absatz 1a Satz 1 ergeben hat, ist nicht nach dem Auftreten des Sachverhalts selbst zu bestimmen. Maßgeblich ist, ob eine Frage hierzu schon vor Ablauf der Frist nach Absatz 1a Satz 1 möglich gewesen wäre.[1236] Hierfür muss der Sachverhalt schon vor der Frist für die Vorabeinreichung von Fragen den Aktionären bekannt gewesen sein, sodass diese Fragen zu diesem formulieren konnten. Wie diese Informationen öffentlich werden, ist nicht relevant. Es ist unerheblich, ob die Informationen zu „neuen" Sachverhalten aus der Presse, privaten Quellen oder vom Unternehmen selbst kommen.[1237] Ob die Frage schon im Vorfeld der Versammlung gestellt werden konnte, ist anhand eines objektiven Maßstabs zu bewerten.[1238] Hatte ein Aktionär schon Kenntnis vom Sachverhalt, bevor dieser an die Öffentlichkeit oder dem Aktionärskreis drang, hat er aber keine Frage vor dem Ablauf der Frist nach Absatz 1a Satz 1 gestellt, ist ihm die Auskunft *in* der Versammlung dennoch nicht zu verwehren.[1239]

Wie jedoch schon beim Nachfragerecht können sich aus dieser inhaltlichen Beschränkung wesentliche Abgrenzungsschwierigkeiten für den Versammlungsleiter ergeben, die zu einer weiten Zulassung an Fragen führen.[1240]

1235 Der Referentenentwurf enthielt noch kein solches Recht und schloss mit § 131 Abs. 1d Satz 2 AktG-RefE noch alle neuen Fragen ausdrücklich aus. RefE, Virtuelle Hauptversammlung, S. 7, abrufbar unter: https://www.bmj.de/SharedDocs/Gesetzgebungsverfahren/Dokumente/RefE_virtuelle_Hauptversammlung.pdf?__blob=publicationFile&v=3. Überzeugend gegen diese Regelung des Entwurfs *Lochner/Keller*, ZIP 2022, 1997, 2003 f.; *Sturm/Imsameh*, NZG 2022, 1327, 1330.

1236 FraktionsE, Virtuelle Hauptversammlung, BT-Drucks. 20/1738, S. 35; zum Ganzen *Reger/Gaßner*, RDi 2022, 306, 400. Ein Beispiel hierfür sind Geschäftszahlen, die erst nach Ablauf der Frist veröffentlich werden. Obwohl diese nur vergangene reale Sachverhalte betreffen, erhalten die Aktionäre erst dadurch Kenntnis von den Finanzkennzahlen und können erst dann Fragen zu diesen formulieren. Vgl. hierzu FraktionsE, Virtuelle Hauptversammlung, BT-Drucks. 20/1738, S. 35; *Mayer/Jenne/Miller*, BB 2022, 2946, 2956.

1237 FraktionsE, Virtuelle Hauptversammlung, BT-Drucks. 20/1738, S. 35.

1238 FraktionsE, Virtuelle Hauptversammlung, BT-Drucks. 20/1738, S. 35; *Franzmann/Rothweiler*, AG 2022, 809, 814; *Mayer/Jenne/Miller*, BB 2022, 2946, 2956.

1239 Vgl. FraktionsE, Virtuelle Hauptversammlung, BT-Drucks. 20/1738, S. 35. Dies ist erstens praktisch, da das individuelle Informationsniveau kaum nachgeprüft werden kann und zweites gerecht, da ein gut informierter Aktionär nicht durch sein Sonderwissen Nachteile erlangen und in die Aktionärsöffentlichkeit gedrängt werden sollte.

1240 *Krenn*, Informationsrechte, S. 91 f.; *Lochner/Keller*, ZIP 2022, 1997, 2004; *Rieckers*, DB 2025, 374, 375 mit dem Hinweis, dass Vorstände in der Praxis deshalb oft alle Fragen beantworten.

c) *Form der Fragenstellung*

Die Form der Fragenstellung wird an unterschiedlichen Orten differenziert geregelt.

aa) Elektronische Kommunikation, § 118a Abs. 1 Satz 2 Nr. 4, § 131 Abs. 1d Satz 1, Abs. 1e Satz 1 AktG

Das Auskunftsrecht in der virtuellen Hauptversammlung ist nach § 118a Abs. 1 Satz 2 Nr. 4 AktG im Wege der elektronischen Kommunikation zu gewähren.[1241] Für das Nachfragerecht und das Auskunftsrecht zu neuen Sachverhalten wird dies in § 131 Abs. 1d Satz 1, Abs. 1e Satz 1 AktG wiederholt. Das Gesetz verhält sich insoweit technologieneutral. Mit der Ermöglichung von Frageneinreichungen in Textform kann vom Mündlichkeitsprinzip des Auskunftsrechts in der Präsenzversammlung abgewichen werden.[1242]

Da Auskunftsverlangen in der virtuellen Hauptversammlung nach § 130a Abs. 5 Satz 3 AktG in einem Redebeitrag gestellt werden können und Redebeiträge nach § 118a Abs. 1 Satz 2 Nr. 7 AktG im Wege der Videokommunikation zu ermöglichen sind, ist die Stellung einer Frage immer auch im Wege der Videokommunikation möglich.[1243]

bb) Videokommunikation, § 131 Abs. 1f AktG

Davon abweichend kann der Vorstand nach § 131 Abs. 1f AktG vorsehen, dass die Aktionäre ihr Auskunftsrecht in der Hauptversammlung ausschließlich im Wege der Videokommunikation ausüben dürfen. Die Regelung gilt ausdrücklich für die Auskunftsrechtsrechte nach Absatz 1, Absatz 1d und Absatz 1e und betrifft laut Gesetzesbegründung „das Auskunftsrecht insgesamt".[1244] Auf die Präsenzversammlung wird sie aber selbstverständlich nicht angewendet.[1245]

[1241] Vgl. zu möglichen technischen Ausgestaltungen Kapitel 4 B. IV. 6. a).

[1242] Vgl. zum Mündlichkeitsprinzip der Präsenzversammlung ausführlich und m. w. N. *Franzmann/Rothweiler*, AG 2022, 809, 810f.

[1243] Eine Beschränkung der Fragestellung etwa auf Eingabe in einem Textfeld des Aktionärsportals ist mithin nicht möglich. FraktionsE, Virtuelle Hauptversammlung, BT-Drucks. 20/1738, S. 35; *Franzmann/Rothweiler*, AG 2022, 809, 814; *Mayer/Jenne/Miller*, BB 2022, 2946, 2956.

[1244] So ausdrücklich FraktionsE, Virtuelle Hauptversammlung, BT-Drucks. 20/1738, S. 35.

[1245] FraktionsE, Virtuelle Hauptversammlung, BT-Drucks. 20/1738, S. 35.

(1) Entscheidung des Versammlungsleiters

Die Entscheidung darüber, ob die Fragestellung allein im Wege der Videokommunikation ermöglicht wird, steht dem Wortlaut des Gesetzes nach („kann") im Ermessen des Versammlungsleiters. Nach der Gesetzesbegründung soll die Möglichkeit, Fragen allein im Wege der Videokommunikation zuzulassen, der Vereinfachung des Verfahrensablaufs dienen.[1246] Können etwa auf Grundlage von bestimmten Erfahrungswerten verhältnismäßig wenig Redebeiträge erwartet werden, böte sich eine textbasierte Fragemöglichkeit an. Würde die Versammlung dagegen eher wie eine Präsenzversammlung geführt und überwögen die Redebeiträge, müsse eine alleinige Zulassung von Fragestellungen im Wege der Videokommunikation ermöglicht werden. Dadurch können die Aktionäre die Hauptversammlung allein durch das Zuhören der Versammlung zu verfolgen und die virtuelle Versammlung in ihrem Verlauf der Präsenzversammlung angenähert werden.[1247]

(2) Vorteile der Beschränkung auf Videokommunikation

Aus Sicht der Gesellschaften sprechen aber auch andere gewichtige Gründe dafür, das Auskunftsverlangen allein im Wege der Videokommunikation zuzulassen.[1248] Erstens muss unabhängig von dem Auskunftsrecht für das Rederecht nach § 130a Abs. 5 Satz 1 AktG immer eine Kommunikation im Wege der Videokommunikation angelegt werden. Wird nun das Auskunftsrechts im Wege eines anderen Kommunikationsmittels gewährt, muss dieses parallel dazu aufgebaut und betreut werden. Dies verursacht zusätzlichen technischen und organisatorischen Aufwand sowie das zusätzliche Risiko von Funktionsstörungen und technischem Missbrauch.[1249] Es lassen sich insoweit die gleichen Argumente anbringen wie für die Antragstellung ausschließlich im Wege der Videokommunikation.[1250] Mit der einheitlichen Gewährung in Form der Videokommunikation kann dies alles vermieden werden.

Zweitens – und dies ist gerade bei größeren Gesellschaften deutlich gewichtiger – ist die Hemmschwelle für eine Fragestellung im Wege der Textform deutlich

---

[1246] Hierzu und im Folgenden FraktionsE, Virtuelle Hauptversammlung, BT-Drucks. 20/1738, S. 35 f.

[1247] Zustimmend *Schilha/Gaßner*, ZIP 2022, 2357, 2366.

[1248] Allgemein empfehlend *Bungert/Rieckers/Becker*, DB 2022, 2074, 2078; *Franzmann/Rothweiler*, AG 2022, 809, 819; *Handelsrechtsausschuss DAV*, NZG 2022, 797, 801; *Mayer/Jenne/Miller*, BB 2022, 2946, 2956; *Kruchen/Werner*, DZWIR 2023, 175, 186; *Schilha/Gaßner*, ZIP 2022, 2357, 2366.

[1249] *Bungert/Rieckers/Becker*, DB 2022, 2074, 2078; *Franzmann/Rothweiler*, AG 2022, 809, 814, 816; vgl. *Mayer/Jenne/Miller*, BB 2022, 2946, 2956.

[1250] Kapitel 4 C. II. 3. c) aa).

geringer.[1251] Die Wahrscheinlichkeit von überlangen und kopierten Fragen sowie dem Missbrauch des Auskunftsrechts kann demnach auch durch das zur Verfügung gestellte Kommunikationsmittel begegnet werden.[1252] Dadurch kann die Videokommunikation auch die Qualität der Fragen verbessern.[1253]

(3) Zeitpunkt der Entscheidung

Das Gesetz enthält keine Angaben darüber, wann festgelegt werden kann, dass Fragen allein im Wege der Videokommunikation zulässig sind.

(a) Beginn der Hauptversammlung

Der Versammlungsleiter kann schon zu Beginn der Hauptversammlung bestimmen, dass das Auskunftsrecht ausschließlich im Wege der Videokommunikation ausgeübt werden darf.[1254] Aufgrund von Erfahrungswerten und den Umständen im Einzelfall kann der Verlauf der Versammlung mitunter so weit eingeschätzt werden, dass bereits im Vorfeld der Versammlung fundiert darüber entschieden werden kann.[1255]

(b) Vor der Hauptversammlung/Abgrenzung zur Kompetenz des Vorstands

Auf den ersten Blick erscheint es demnach nur zweckdienlich, wenn der Versammlungsleiter bereits im Vorfeld der Versammlung eine Entscheidung treffen könnte. Wenn sich Aktionäre aufgrund der Einladung zur Hauptversammlung auf eine schriftliche Fragenstellung vorbereiten, zu Beginn der Hauptversammlung aber nur noch Fragen im Wege der Videokommunikation angenommen werden können, ist dies unvorteilhaft für die Aktionäre.[1256] Dem Aktionärsinteresse würde

---

[1251] *Mayer/Jenne/Miller*, BB 2022, 2946, 2956; *Schilha/Gaßner*, ZIP 2022, 2357, 2366; vgl. *Franzmann/Rothweiler*, AG 2022, 809, 814; *Lochner/Keller*, ZIP 2022, 1997, 2002. Butzke berichtet im Zusammenhang mit dem Auskunftsrecht anekdotisch, dass es keine Überlastung mit Redebeiträgen im Wege der Videokommunikation gab, *Butzke*, AG 2022, 795, 798.

[1252] *Bungert/Rieckers/Becker*, DB 2022, 2074, 2078; vgl. *Lochner/Keller*, ZIP 2022, 1997, 2002; *Mayer/Jenne/Miller*, BB 2022, 2946, 2956. Ziel darf es dabei allerdings nicht sein, die Anzahl der Fragen einfach durch die Erschwerung der Ausübung der Aktionärsrechte zu senken, s. Kapitel 4 C. II. 3. c) aa).

[1253] *Schilha/Gaßner*, ZIP 2022, 2357, 2366.

[1254] *Franzmann/Rothweiler*, AG 2022, 809, 815; *Mayer/Jenne/Miller*, BB 2022, 2946, 2959; *Schilha/Gaßner*, ZIP 2022, 2357, 2366; uneindeutig *Lochner/Keller*, ZIP 2022, 1997, 2002 („reagieren").

[1255] *Franzmann/Rothweiler*, AG 2022, 809, 815; *Mayer/Jenne/Miller*, BB 2022, 2946, 2959; *Schilha/Gaßner*, ZIP 2022, 2357, 2366; unklar *Lochner/Keller*, ZIP 2022, 1997, 2002.

[1256] *Franzmann/Rothweiler*, AG 2022, 809, 815.

es vielmehr entsprechen, wenn eine solche Entscheidung, die unter Umständen faktisch schon viel früher getroffen wird, schon in der Einladung zur Hauptversammlung angekündigt würde.[1257]

De lege lata ist eine solche Vorverlagerung der Entscheidung aber nicht möglich.[1258] Der Versammlungsleiter beginnt seine Amtsausübung erst mit der Hauptversammlung und ist allein für den Verlauf dieser zuständig. Dies entspricht der schon zuvor untersuchten Kompetenzverteilung zwischen dem Versammlungsleiter und dem Vorstand, der für die Vorbereitung der Versammlung zuständig ist.[1259] Danach ist es Aufgabe des Vorstands, die Hauptversammlung technisch zu konzipieren und in der Einladung zur Versammlung die entsprechenden technischen Details anzukündigen. Des Weiteren steht der Versammlungsleiter im Vorfeld der Versammlung noch nicht zwangsweise fest.[1260] Die in der Satzung bestimmte Person muss die Aufgabe nicht annehmen.[1261] Ferner ist eine Abwahl[1262] oder Vertretung des Versammlungsleiters in der Versammlung möglich.[1263]

Folglich kann der Versammlungsleiter im Vorfeld der Versammlung noch keine definitive Entscheidung nach § 131 Abs. 1f AktG treffen, auch wenn es ein Interesse daran gibt, von seinen Absichten in der Hauptversammlung zu erfahren. Als Abhilfe für die Lex lata sollte allerdings ein Hinweis auf die vom Versammlungsleiter geplante Beschränkung nach § 131 Abs. 1f AktG in der Einberufung der Versammlung erfolgen.[1264] Ein solcher Hinweis ist nach der hier vertretenen Auffassung nicht verbindlich, entspricht aber den Grundsätzen transparenter und vertrauensvoller Kommunikation.[1265]

Unabhängig davon kann der Vorstand die Fragestellung in der Versammlung ausschließlich im Wege der Videokommunikation planen und vorbereiten.[1266] Er

---

[1257] *Franzmann/Rothweiler*, AG 2022, 809, 815.

[1258] *Kubis*, in: MünchKommAktG, § 131 Rn. 128; ausführlich *Krenn*, Informationsrechte, S. 137 ff., die auch systematisch mit § 131 Abs. 1b Satz 1 AktG argumentiert; *Mayer/Jenne/Miller*, BB 2022, 2946, 2959; *Reger/Gaßner*, RDi 2022, 396, 401; *Schilha/Gaßner*, ZIP 2022, 2357, 2366; ausführlich *Troidl/Richter*, AG 2023, 150, 154 ff. A. A. aufgrund des Wortlauts von § 131 Abs. 1f AktG, aber anerkennend „ganz atypische Bestätigung zeitlich weit vor der Versammlung." *Franzmann/Rothweiler*, AG 2022, 809, 815.

[1259] S. Kapitel 4 B. II. 4. a) cc).

[1260] *Krenn*, Informationsrechte, S. 138 f.

[1261] *Sauerwald*, Der Versammlungsleiter im Aktienrecht, S. 120; *Steiner*, Die Hauptversammlung der AG, § 6 Rn. 4; *Theusinger/Schilha*, BB 2015, 131, 132 m. w. N.; *Wicke*, NZG 2018, 161.

[1262] Ausführlich und jeweils m. w. N. *Mülbert*, in: GroßkommAktG, § 129 Rn. 118 ff.; *Niemz*, Der Versammlungsleiter im Aktienrecht, S. 106 f.

[1263] So auch *Mayer/Jenne/Miller*, BB 2022, 2946, 2959.

[1264] *Kubis*, in: MünchKommAktG, § 131 Rn. 128; *Mayer/Jenne/Miller*, BB 2022, 2946, 2959; *Reger/Gaßner*, RDi 2022, 396, 401; *Schilha/Gaßner*, ZIP 2022, 2357, 2366.

[1265] *Franzmann/Rothweiler*, AG 2022, 809, 815. Der Hinweis sollte seine Unverbindlichkeit klarstellen.

[1266] Wie hier *Koch*, AktG, § 131 Rn. 69; ausführlich *Troidl/Richter*, AG 2023, 150, 154 ff., die auch richtig darlegen, dass die Gegenmeinung keine systematischen Bedenken vorweisen kann; *Kersting*, in: KölnKommAktG, § 131 Rn. 702. A. A. *Danwerth*, ZIP 2023, 2329, 2342; *Mayer/*

kann die Entscheidung nach § 131 Abs. 1f AktG damit praktisch vorwegnehmen. Der Wortlaut von § 131 Abs. 1f AktG ist in Bezug auf die Kompetenz des Versammlungsleiters nur klarstellender Natur[1267] und lässt die Kompetenzen andere Gesellschaftsorgane unberührt.[1268] Nach der Gesetzesbegründung soll § 131 Abs. 1f AktG dem Versammlungsleiter ermöglichen, auf die individuelle Anzahl und Art der Fragen sowie auf die Art der Führung der Hauptversammlung zu reagieren.[1269] Die Gesetzesbegründung enthält sich ebenfalls zur Kompetenz des Vorstands, sodass die allgemeinen Regeln gelten. Der Blick auf die Konsequenzen der anderen Auffassung ist zuletzt ebenso überzeugend. Könnte der Vorstand nämlich nicht von Anfang an nur die Videokommunikation vorsehen, müsste er ein weiteres Kommunikationsmittel offenhalten, das entweder vorhersehbar für die individuelle Hauptversammlung ungeeignet ist oder (ebenso vorhersehbar) direkt durch den Versammlungsleiter ausgeschlossen wird. Eine solche artifizielle Pflicht des Vorstands ohne erkennbaren Mehrwert kann nicht im Sinne des Gesetzgebers oder der Beteiligten sein. Die Einreichung von Fragen (nur) im Wege der Videokommunikation zuzulassen ist keine Beschränkung nach § 131 Abs. 1f AktG, sondern eine Ausgestaltung des Auskunftsrechts.[1270]

cc) Technische Einrichtung des Auskunftsrechts

Der Versammlungsleiter muss die Anträge zur Fragenstellung, die bei ihm im Wege der elektronischen Kommunikation eingehen, entgegennehmen und sortieren. In größeren Gesellschaften kann dies wie für das Rederecht mithilfe eines digitalen Wortmeldetisches abgewickelt werden.[1271] Dadurch kann der Aufruf der Frage und die Antwort schon im Vorgang ihrer eigentlichen Stellung inhaltlich und organisatorisch vorbereitet werden. In kleineren Gesellschaften, die ihre Hauptversammlung etwa über Videokonferenzsysteme abwickeln, kann eine Anmeldung zur Fragenstellung dagegen unter Umständen per Handzeichen oder durch eine kurze mündliche Meldung angezeigt werden.

Jenne/Miller, BB 2022, 2946, 2956 („Umgekehrt kann der Vorstand die Rolle des Versammlungsleiters nicht übernehmen."); unentschlossen *Franzmann/Rothweiler*, AG 2022, 809, 815 („bleibt offen").

[1267] So auch *Kersting*, in: KölnKommAktG, § 131 Rn. 702; *Troidl/Richter*, AG 2023, 150, 158.

[1268] So erwägend *Franzmann/Rothweiler*, AG 2022, 809. Entsprechend braucht es auch keine gesetzliche Regelung, dass der Vorstand dies bereits im Vorfeld entscheiden kann. So aber *VCI*, Stellungnahme FraktionsE, S. 11, abrufbar unter: https://www.bundestag.de/resource/blob/899778/552d670998ac0c10f73c26da150c525d/Stellungnahme-Brouwer_VCI-data.pdf.

[1269] *Troidl/Richter*, AG 2023, 150, 154 ff.

[1270] A.A. *Danwerth*, AG 2024, 892, 897, der von einer vorweggenommenen Ermessensausübung des Versammlungsleiters ausgeht.

[1271] *Lochner/Keller*, ZIP 2022, 1997, 2002; *Sturm/Imsameh*, NZG 2022, 1331. Zum digitalen Wortmeldetisch und der dazugehörigen Literatur bezüglich des Rederechts vgl. Kapitel 4 C. II. 5. c).

Des Weiteren kann die Gesellschaft, wie beim Rederecht, die Videokommunikation mit dem Aktionär einem technischen Funktionstest unterziehen.[1272]

dd) Rechtstatsächliche Erfahrungen

(1) Datenlage

Die Hälfte aller (2023: 42 % der) Gesellschaften der DAX-Indexfamilie informierten die Aktionäre in den Einladungen der Hauptversammlungssaison 2024, dass der Versammlungsleiter festlegen werde, ob das Auskunftsrechts ausschließlich im Wege der Videokommunikation ausgeübt werden könne.[1273] Weitere 21 % (2023: 24 %) wiesen auf eine Absicht und 4 % (2023: 3 %) auf eine Planung des Versammlungsleiters hin. 14 % (2023: 19 %) der Gesellschaften ließen – in Übereinstimmung mit obigen Ausführungen – bereits in der Einberufung nur die Videokommunikation als Kommunikationsmittel zu. Die letzten 9 % (2023: 10 %) der Einberufungen enthielten dagegen nur einen Hinweis auf die Entscheidungskompetenz des Versammlungsleiters, ohne aber eine bestimmte Absicht zu kommunizieren.[1274] Über den gesamten Prime Standard kündigten in der Hauptversammlungssaison 2024 alle Gesellschaften in einer Form an, das Auskunftsrecht nur im Wege der Videokommunikation zuzulassen.[1275]

Drei Gesellschaften der DAX-Indexfamilie behielten sich in der Hauptversammlungssaison 2023 für die Fragestellung per Videokommunikation einen technischen Funktionstest vor, während drei weitere undifferenziert einen solchen im Abschnitt über das Rede- und Auskunftsrecht vorsahen.

(2) Interpretation

Da 14 % (2023: 19 %) der Gesellschaften bereits in der Einberufung nur eine Fragenstellung im Wege der Videokommunikation vorsehen, scheint auch die Rechtspraxis der hier vertretenen Auffassung zu folgen, dass § 131 Abs. 1f AktG nicht die Vorstandskompetenzen einschränkt. Es ist zu vermuten, dass sich der

---

[1272] *Butzke*, AG 2022, 795, 798; *Danwerth*, ZIP 2023, 2329, 2342; *Poelzig*, in: BeckOGKAktG, § 131 Rn. 340. Zur Anwendung von § 130a Abs. 6 auch auf das Auskunftsrecht, Kapitel 4 C. II. 5. d).

[1273] Zu den Werten der Hauptversammlungssaisons von 2023 und 2024 hier und im Folgenden, *Danwerth*, AG 2024, 892, 895; *Danwerth*, ZIP 2023, 2329, 2342.

[1274] In beiden Saisons sah nur eine Gesellschaft keinen Hinweis hinsichtlich § 131 Abs. 1f AktG vor.

[1275] *Beyer/Plagemann*, Studie Hauptversammlung 2024, S. 18, abrufbar unter: https://www.taylorwessing.com/-/media/taylor-wessing/files/germany/2024/11/hv-studie-2024.pdf.

Rest der Gesellschaften auf die Seite der Vorsicht schlagen. Vielen wird es als eine rechtssichere Alternative ohne besonderen Mehraufwand erachten dem Vorstand die letzte Entscheidung zu überlassen, da der Vorstand schon zu Beginn der Versammlung bestimmen kann, dass Fragen nur im Wege der Videokommunikation eingereicht werden dürfen.

Die Videokommunikation über das Hauptversammlungsportal zu ermöglichen, ist nun als Best Practice unter den börsennotierten Gesellschaften etabliert. Dies deckt sich mit den bereits unter dem GesRuaCOVBekG gesammelten Erfahrungen.[1276]

Die Zahl an Gesellschaften, die sich einen technischen Funktionstest vorbehielten, ist erstaunlich gering. Dies belegt die Rechtsunsicherheit hinsichtlich des Anwendungsbereichs von § 130a Abs. 6 AktG und die dringend nötige Anpassung und Klarstellung, dass ein Funktionstest für jede Art der Videokommunikation vorgesehen werden kann.

d) Berechtigte

Alle zur Versammlung elektronisch zugeschalteten Aktionäre können Fragen stellen.[1277] Sie können sich dabei eines Vertreters bedienen. Aktionäre, die im Vorfeld der Versammlung keine Fragen eingereicht haben, können in der Hauptversammlung ebenfalls Nachfragen stellen.[1278] Dies ist richtig, da es mit der Zugänglichmachung der Fragen und Antworten im Vorfeld der Versammlung nicht darauf ankommen kann, ob ein Aktionär die Frage selbst gestellt hat.[1279]

e) Beschränkung, § 131 (Abs. 1d Satz 2, Abs. 1e Satz 2 i. V. m.) Abs. 2 Satz 2 AktG

Der Versammlungsleiter kann das Auskunftsrecht auch in der virtuellen Hauptversammlung einschränken, um die Veranstaltung in einem angemessenen zeitlichen Rahmen zu halten.

[1276] In der Hauptversammlungssaison 2021 ließen 98 % und in der Hauptversammlungssaison 2020 89 % der Gesellschaften der DAX-Indexfamilie eine Fragestellung allein über das Aktionärsportal zu. *Danwerth*, AG 2021, 613, 618; *Danwerth*, AG 2020, 776, 780.

[1277] So auch *Krenn*, Informationsrechte, S. 103 ff. Vgl. Kapitel 4 C. I. 2. a) dd). § 131 Abs. 1d Satz 1, Abs. 1e AktG bestätigen dies für den Fall der Vorverlagerung des Auskunftsrechts nach § 131 Abs. 1a Satz 1 AktG.

[1278] Beschlussempfehlung Rechtsausschuss, Virtuelle Hauptversammlung, BT-Drucks. 20/2653, S. 32; FraktionsE, Virtuelle Hauptversammlung, BT-Drucks. 20/1738, S. 35; *Franzmann/Rothweiler*, AG 2022, 809, 814; *Poelzig*, in: BeckOGKAktG, § 131 Rn. 333; *Reger/Gaßner*, RDi 2022, 306, 400.

[1279] A. A. *Roßkopf*, Protokoll Rechtsausschuss, S. 13, abrufbar unter: https://www.bundestag.de/resource/blob/908366/d0a1303ceb1e8dd64160319bf8fcbdc4/Wortprotokoll-data.pdf.

aa) Regelungssystematik

Grundsätzlich gilt § 131 Abs. 2 Satz 2 AktG als allgemeine Regel dabei nach obigen Ausführungen uneingeschränkt. Dieser weist keinen Bezug zur Präsenzversammlung auf und findet mithin auch auf die virtuelle Hauptversammlung Anwendung. Dies gilt unabhängig davon, ob der Vorstand von § 131 Abs. 1a Satz 1 AktG Gebrauch gemacht hat. Nach § 131 Abs. 2 Satz 2 AktG kann der Versammlungsleiter durch die Satzung oder die Geschäftsordnung gemäß § 129 AktG ermächtigt werden, das Auskunftsrecht der Aktionäre *zeitlich* angemessen zu beschränken und Näheres dazu zu bestimmen. Der Gesetzgeber stellt die Anwendung von § 131 Abs. 2 Satz 2 AktG auf Nachfragen und Fragen zu neuen Sachverhalten ausdrücklich durch § 131 Abs. 1d Satz 2, Abs. 1e Satz 2 AktG klar.[1280]

bb) Lex lata

Sofern die Fragestellung nur im Wege der Videokommunikation ermöglicht wird, ist eine *zeitliche* Beschränkung dieser passend.[1281] Wenn das Auskunftsrechtsrecht nur *in* der Versammlung ausgeübt werden kann, ist § 131 Abs. 2 Satz 2 AktG wie in der Präsenzversammlung anzuwenden. Die in den Satzungen der Gesellschaften und Geschäftsordnungen der Hauptversammlungen enthaltenen Regelungen zur zeitlichen Beschränkung des Auskunftsrechts nach § 131 Abs. 2 Satz 2 AktG gelten auch für virtuelle Versammlungen, soweit diese nicht ausdrücklich Bezug auf die Präsenzversammlung nehmen und inhaltlich auf das virtuelle Format passen.[1282] Entsprechend müssen wohl die meisten Satzungsregelungen von Publikumsgesellschaften zu den Fragezeitbeschränkungen nicht abgeändert werden.[1283] Soweit

[1280] So auch FraktionsE, Virtuelle Hauptversammlung, BT-Drucks. 20/1738, S. 35, („ausdrücklich klargestellt wird"). In Hinblick auf den gleichlautenden Absatz 1e Satz 2, der erst durch die Beschlussempfehlung des Rechtsausschusses Eingang in das Gesetz gefunden hat, macht auch der Rechtsauschuss in seiner Begründung klar, dass dieser „aus Klarstellungsgründen" aufgenommen wird. Beschlussempfehlung Rechtsausschuss, Virtuelle Hauptversammlung, BT-Drucks. 20/2653, S. 33. Kubis dagegen zieht aus der Existenz von § 131 Abs. 1d Satz 2, Abs. 1e Satz 2 AktG, dass § 131 Abs. 2 Satz 2 AktG nicht unmittelbar für Nachfragen, Fragen zu neuen Sachverhalten und Erstfragen im Falle einer Vorverlagerung des Auskunftsrechts gilt. In Konsequenz dessen, sieht er auch keine Einschränkungsmöglichkeit des Versammlungsleiters für Erstfragen in der Versammlung gegeben und geht davon aus, dass diese mit den Fragen zu neuen Sachverhalten vorrangig zu beantworten sind. *Kubis*, in: MünchKommAktG, § 131 Rn. 121, 126. Diese Auslegung findet keinen Rückhalt in den Gesetzgebungsmaterialien oder der Entstehungshistorie. Das Verständnis von § 131 Abs. 1d Satz 2 AktG als klarstellend hingegen passt systematisch besser und findet auch Rückhalt in den Gesetzgebungsmaterialien.

[1281] *Franzmann/Rothweiler*, AG 2022, 809, 813; *Mayer/Jenne/Miller*, BB 2022, 2946, 2956.

[1282] Ebenso *Bungert/Rieckers/Becker*, DB 2022, 2074, 2079; *Merkner/Schulenburg/Elixmann*, AG 2023, 643, 646 m. w. N.

[1283] *Bungert/Rieckers/Becker*, DB 2022, 2074, 2079.

die Satzung oder Geschäftsordnung die Einschränkung nur von „Fragen“ vorsieht (d. h. nicht auch die unterschiedlichen Arten von Fragen nach § 130a Abs. 1d, e AktG referenziert), erscheint eine klarstellende Formulierung nicht notwendig, kann aber Rechtsunsicherheiten vorbeugen.[1284] Die Versammlungspraxis spiegelt diese Einschätzung wider. Nur vier der DAX40-Gesellschaften haben in der Hauptversammlungssaison 2023 eine solche Klarstellung in der Satzung vorgesehen.[1285] Der Rest hat auf weitere Regelungen verzichtet.

Falls der Vorstand nach § 131 Abs. 1a Satz 1 AktG jedoch Fragen im Vorfeld der Versammlung zugelassen hat, kann neben der zeitlichen Begrenzung der Hauptversammlung die mögliche Ausübung des Auskunftsrechts vor der Versammlung in Bezug genommen werden, um die Angemessenheit der Beschränkung nach § 131 Abs. 2 Satz 2 AktG zu bestimmen.[1286] Hierbei ist jedoch zu beachten, dass der Gesetzgeber mit dem Gesetz zur Einführung virtueller Hauptversammlungen zwar eine (optionale) Entzerrung und Entlastung der Hauptversammlung anstrebte, die Dauer der Hauptversammlung selbst aber nicht verkürzen wollte.[1287]

Ist jedoch auch eine textbasierte Fragestellung in der Versammlung möglich, ist allein eine zeitliche Beschränkung des Auskunftsrechts nicht passend.[1288] Die textbasierte Einreichung von Fragen erfordert keinen Aufruf des Versammlungsleiters und kann unabhängig von der mündlichen Verhandlung der Versammlung erfolgen. Demnach können in den ersten Sekunden der Hauptversammlung über Textfelder mehr Fragen beim Versammlungsleiter eingehen, als sie in der Hauptversammlung innerhalb einer angemessenen Länge behandelt werden können. Eine Beschränkung der Fragenanzahl allein durch den Zeitraum, in dem Fragen gestellt werden können, würde ein Windhundrennen unter den Aktionären erzeugen, das arbiträre Ergebnisse erzielen würde und demnach nicht wünschenswert ist.[1289]

[1284] So auch *Reger/Gaßner*, RDi 2022, 306, 400 f.; *Lochner/Keller*, ZIP 2022, 1997, 2002; *Schilha/Gaßner*, ZIP 2022, 2357, 2361; *Seibt/Danwerth*, DB 2022, 1434, 1439.

[1285] *Merkner/Schulenburg/Elixmann*, AG 2023, 643, 646.

[1286] *Franzmann/Rothweiler*, AG 2022, 809, 817.

[1287] Hierzu die Gesetzesbegründung, die auch die Anregung A.4 des DCGK referenziert, Hauptversammlungen innerhalb von vier bis sechs Stunden abzuhalten: „Dabei sollte die Dauer der Hauptversammlung bei der virtuellen Hauptversammlung grundsätzlich mit ähnlicher Länge anzusetzen sein, wie bei der Präsenzversammlung […]“, FraktionsE, Virtuelle Hauptversammlung, BT-Drucks. 20/1738, S. 15, vgl. ferner S. 16 a. E.

[1288] Ebenso mit der folgenden Begründung *Mayer/Jenne/Miller*, BB 2022, 2946, 2956; in diese Richtung auch *Butzke*, AG 2022, 795, 798; *Franzmann/Rothweiler*, AG 2022, 809, 813, 817; a. A. wohl *Sturm/Imsameh* NZG 2022, 1327, 1330.

[1289] Vgl. etwa m. w. N. *Mayer/Jenne/Miller*, BB 2022, 2946, 2961 f. So aber noch § 130a Abs. 6 Satz 1 AktG-RefE, RefE, Virtuelle Hauptversammlung, abrufbar unter: https://www.bmj.de/SharedDocs/Downloads/DE/Gesetzgebung/RefE/RefE_virtuelle_Hauptversammlung.pdf?__blob=publicationFile&v=3. Vgl. auch in diese Richtung *Krenn*, Informationsrechte, S. 191 ff. Eine Beschränkung des Zeitraums in dem Nachfragen nach der Antwort des Vorstands gestellt werden können oder zu bestimmten Themenblöcken, wie es auch der Fraktionsentwurf vorsieht, kann dagegen selbstverständlich seine Berechtigung haben. FraktionsE, Virtuelle Hauptversammlung, BT-Drucks. 20/1738, S. 35, *Franzmann/Rothweiler*, AG 2022, 809, 817.

Aus der Bestimmung, dass die Satzung bzw. die Geschäftsordnung „Näheres" zur Beschränkung des Auskunftsrechts bestimmen kann, ergibt sich nichts anderes. Die *nähere* Bestimmung bezieht sich allein auf die zeitliche Beschränkung, sodass andere Arten von Beschränkungen hieraus nicht abgeleitet werden können. Sie kann nur allgemeine Verfahrensregeln für die zeitlichen Beschränkungen[1290] sowie bestimmte Rahmenvorgaben für diese vorgeben.

Dem Versammlungsleiter sollten bei einer Zulassung schriftlicher Fragen aber auch eine Beschränkung des Umfangs des Auskunftsrechts in der virtuellen Versammlung zustehen. Hierfür spricht zunächst die parallele Beschränkungsmöglichkeit der Fragen im Vorfeld der Versammlung nach § 131 Abs. 1b AktG. Des Weiteren gehen die Gesetzgebungsmaterialien von einer Einschränkungsmöglichkeit entsprechend der von Absatz 1b Satz 1 aus.[1291] Zuletzt sollten Gesellschaften, die die Stellung von Fragen in Textform als zusätzliche Option anbieten, nicht dafür benachteiligt werden.[1292] Sinnvoll wäre demnach eine Beschränkung wie in Absatz 1b, die sich etwa auf die Zeichenzahl oder die Gesamtzahl an Fragen von jeweils einem Aktionär richten kann.[1293] Eine solche ist nach Art. 9 Abs. 2 ARRL unionsrechtlich zulässig.[1294] Da das Gesetz nach seinem Wortlaut keine Möglichkeit einer solchen Beschränkung zulässt, muss diese anderweitig hergeleitet werden.

Eine Möglichkeit hierzu wäre § 131 Abs. 2 Satz 2 AktG formatspezifisch dahingehend auszulegen, dass in der virtuellen Hauptversammlung Einschränkungen etwa in Bezug auf die Anzahl der Fragen pro Aktionär oder ihrem Umfang bereits in der Einberufung vorgenommen werden können.[1295] Dies überstiege aber den Wortlaut des § 131 Abs. 2 Satz 2 AktG.[1296] Daran können auch der historische Gesetzgebungswille und das Telos der Regelung[1297] nichts ändern.

[1290] BGH v. 8.2.2010 – II ZR 94/08, AG 2010, 292, 292f.; *Kersting*, in: KölnKommAktG, § 131 Rn. 314; *Kremer*, FS Hoffmann-Becking, S. 697, 704f.; *Kubis*, in: MünchKommAktG, § 131 Rn. 165.

[1291] „Ebenso ist es möglich, die Anzahl der Nachfragen pro Aktionär zu begrenzen und festzulegen.", FraktionsE, Virtuelle Hauptversammlung, BT-Drucks. 20/1738, S. 35.

[1292] *Mayer/Jenne/Miller*, BB 2022, 2946, 2956.

[1293] So etwa auch *Finanzwende*, Stellungnahme FraktionsE, S. 10; *Poelzig*, Stellungnahme FraktionsE, S. 5; *Roßkopf*, Stellungnahme FraktionsE, S. 9, alle abrufbar unter: https://www.bundestag.de/dokumente/textarchiv/2022/kw27-de-virtuelle-hauptversammlung-902468. Die beiden ersten nehmen dabei noch Bezug auf die Fragestunde des Bundestags. Zur Einschränkung des Auskunftsrechts im Vorfeld der Versammlung nach § 131 Abs. 1b AktG s. Kapitel 4 B.V.8.

[1294] Ebenso *Roßkopf*, Stellungnahme FraktionsE, S. 9, abrufbar unter: https://www.bundestag.de/resource/blob/899782/1204858008a2d375e1e7b50db6735a36/Stellungnahme-Rosskopf-data.pdf.

[1295] *Franzmann/Rothweiler*, AG 2022, 809, 813; in Erwägung ziehend *Mayer/Jenne/Miller*, BB 2022, 2946, 2956; Mayer/Jenne/Miller ohne Ausführung zur Auslegung zitierend *Kersting*, in: KölnKommAktG, § 131 Rn. 687.

[1296] Dies Auslegung *contra legem* hinnehmend *Franzmann/Rothweiler*, AG 2022, 809, 813.

[1297] Vgl. erneut FraktionsE, Virtuelle Hauptversammlung, BT-Drucks. 20/1738, S. 35.

Einer solchen Auslegung bedarf es aber gar nicht, da der Versammlungsleiter die Anzahl und der Umfang der Fragen auch aufgrund seiner ungeschriebenen Kompetenz einschränken kann. Kraft seiner Organisationshoheit kann der Versammlungsleiter die Ausübung des Auskunftsrechts in der Hauptversammlung einschränken, um die Versammlung mit Rücksicht auf alle Aktionäre und ihre Rechte in einem angemessenen Zeitraum zu halten.[1298] § 131 Abs. 2 Satz 2 AktG steht dem nicht entgegen und wird von der herrschenden Meinung als allein klarstellend verstanden.[1299] Der Versammlungsleiter kann den Fragenumfang dann sogar ohne Regelung in der Satzung oder Geschäftsordnung beschränken.

Folgt man der herrschenden Meinung, steht dem Versammlungsleiter dieses Recht auch in der virtuellen Hauptversammlung zu und umfasst die Beschränkung der Anzahl und des Umfangs der Fragen *in* der Versammlung. Der Verweis auf § 131 Abs. 2 Satz 2 AktG und seine bloß zeitliche Beschränkungsmöglichkeit ist damit nicht abschließend. Die entsprechenden Beschränkungen kann der Versammlungsleiter, wie die nach § 131 Abs. 1f AktG, unmittelbar bei Beginn der Versammlung vornehmen.[1300] In praxi könnte die Beschränkung vor Bekanntgabe der E-Mail-Adresse für die Einreichung der Fragen oder der Öffnung der Funktion des Aktionärsportals für Fragen erfolgen. Die aktienrechtlichen Grundsätze verlangen nicht, dass Fragen von der ersten Sekunde an eingereicht werden können, sondern sind im Rahmen einer ordnungsgemäßen Abhaltung der Versammlung zu verstehen.

Einige Literaturstimmen verstehen § 131 Abs. 2 Satz 2 AktG allerdings nicht als bloß klarstellend und lehnen ein weitergehendes ungeschriebenes Beschränkungsrecht des Versammlungsleiters ab.[1301] Folgt man diesen, ist eine Einschränkung der Anzahl und des Umfangs der Fragen nur im Wege einer analogen Anwendung von § 131 Abs. 1b Satz 1 AktG möglich.[1302] Die Regelungslücke ergibt sich dabei aus der fehlenden gesetzlichen Regelung der Zulässigkeit den Umfang der Fragen in der Versammlung zu beschränken. Diese Regelungslücke ist planwidrig, da der Gesetzgeber ausweislich der Gesetzgebungsmaterialien von mehr als nur der zeitlichen Beschränkung ausging.[1303] Um eine Flut von zu umfangreichen Aktionärsfragen zu

---

[1298] BGH v. 8.2.2010 – II ZR 94/08, BGHZ 184, 239 Rn. 29, AG 2010, 292 Rn. 29; *Arnold*, AG 2003, R329; *Herrler*, in: Grigoleit, AktG, § 131 Rn. 36; *Schütz*, NZG 2005, 5, 11; *Mutter*, Auskunftsansprüche in der Spruchpraxis, S. 61; *Weißhaupt*, ZIP 2005, 1766, 1766f.

[1299] *Koch*, AktG, § 131 Rn. 83; *Kubis*, in: MünchKommAktG, § 131 Rn. 163; *Poelzig*, in: BeckOGKAktG, § 131 Rn. 202; *Spindler*, in: K. Schmidt/Lutter, AktG, § 131 Rn. 68; a. A. *Kersting*, in: KölnKommAktG, § 131 Rn. 317.

[1300] S. zu § 131 Abs. 1f AktG Kapitel 4 C. II. 4. c) bb) (3). Weitergehend eine Beschränkung im Vorfeld der Versammlung im Wege einer „formatspezifischen Auslegung" für zulässig erachtend *Franzmann/Rothweiler*, AG 2022, 809, 814f.

[1301] *Kersting*, in: KölnKommAktG, § 131 Rn. 316ff. m. w. N.; *Mülbert*, in: GroßkommAktG, § 131 Rn. 202.

[1302] Im Ergebnis *Krenn*, Informationsrechte, S. 185f. In Erwägung ziehend *Mayer/Jenne/Miller*, BB 2022, 2946, 2956; Mayer/Jenne/Miller ohne Ausführung zu der Analogie zitierend *Kersting*, in: KölnKommAktG, § 131 Rn. 687.

[1303] FraktionsE, Virtuelle Hauptversammlung, BT-Drucks. 20/1738, S. 35.

vermeiden, wäre mithin auch eine analoge Anwendung von § 131 Abs. 1b Satz 1 AktG möglich.

Bereits de lege lata ist damit nach jeder Ansicht eine rechtzeitige Beschränkung der Anzahl und des Umfangs der Fragen in der virtuellen Hauptversammlung möglich.

cc) Regelungsvorschlag

Trotz einer bereits bestehenden Möglichkeit der Beschränkung des Umfangs der Aktionärsfragen *in* der virtuellen Hauptversammlung sollte dies gesetzlich klargestellt werden.[1304] Ein Regelungsbedarf hierfür besteht, da Gesellschaften teilweise davon absehen, Fragen in Textform anzunehmen, um übermäßig lange Fragenkataloge zu vermeiden.[1305] In der jetzigen Fassung des Gesetzes ergeben sich insbesondere aufgrund des Verweises auf § 131 Abs. 2 Satz 2 AktG in § 131 Abs. 1d Satz 2, Abs. 1e Satz 2 AktG und der klar anderslautenden Formulierung von § 131 Abs. 1b Satz 1 AktG Unstimmigkeiten.

Eine Klarstellung könnte § 131 Abs. 2 AktG einen wie folgt lautenden neuen Satz 3 anfügen:

> „Die Satzung oder die Geschäftsordnung gemäß § 129 kann den Versammlungsleiter im Fall einer virtuellen Hauptversammlung ermächtigen, auch den Umfang der Fragen angemessen zu beschränken."

§ 131 Abs. 1d Satz 2 und Abs. 1e Satz 2 AktG sollten als Folgeänderung neben Satz 2 auch Satz 3 referenzieren.

f) Antworten des Vorstands

Die Antworten des Vorstands auf Fragen *in* der virtuellen Versammlung haben inhaltlich wie in der Präsenzversammlung zu erfolgen.[1306] Einzige Ausnahme davon ist, dass der Vorstand die Auskunft zu Fragen, deren Antworten schon einen Tag vor Beginn und in der Versammlung durchgängig zugängig gemacht wurden, nach § 131 Abs. 1c Satz 4 AktG verweigern darf.

[1304] Ähnliches bereits im Gesetzgebungsverfahren vorschlagend *VCI*, Stellungnahme FraktionsE, S. 8 f., abrufbar unter: https://www.bundestag.de/resource/blob/899778/552d670998ac0c10f73c26da150c525d/Stellungnahme-Brouwer_VCI-data.pdf.

[1305] *Rieckers*, DB 2024, 439, 441 m. w. N.

[1306] Wie aber in der Präsenzversammlung kann auch in der virtuellen Versammlung die Beantwortung der Frage etwa dem Aufsichtsrat übertragen werden. Die Verantwortung für die Antwort verbleibt dabei aber selbstverständlich beim Vorstand. Der Wortlaut von § 131 Abs. 1d Satz 1 AktG ändert hieran nichts.

Die Form wird durch das Gesetz nicht vorgegeben.[1307] Dem Grundsatz der Mündlichkeit folgend, muss der Vorstand aber mündlich im Wege der Bild- und Tonübertragung antworten.[1308] Vorformulierte (schriftliche) Erklärungen sind damit auch in der virtuellen Versammlung nicht möglich und widersprächen dem Versuch des Gesetzgebers, den Verlauf der virtuellen Hauptversammlung dem der Präsenzversammlung anzupassen.[1309] Eine Verlesung der bereits im Vorfeld der Versammlung erbrachten Antworten ist nicht notwendig.

g) *Gesamtbetrachtung Vorverlagerung des Auskunftsrechts*

Das Gesetz zur Einführung virtueller Hauptversammlungen lässt die Ausübung des Auskunftsrechts in zwei grundlegend unterschiedlichen Varianten zu: In seiner Grundform transponiert es das Auskunftsrecht der Präsenzversammlung weitestgehend in das virtuelle Format. Dieses Konzept wurde kaum kritisiert. Demgegenüber lässt die zweite Variante eine Verlagerung des Auskunftsrechts in das Vorfeld der Versammlung bei gleichzeitiger Einschränkung in der Versammlung zu. Diese Variante ist eine der grundlegendsten Neuerungen des Gesetzes und stellt eine echte Reform dar. Sie erfuhr eine breite und kontroverse Rezeption.

Im folgenden Abschnitt wird die Möglichkeit der Vorverlagerung des Auskunftsrechts nochmals einer wertenden Gesamtbetrachtung unterzogen. Zuerst wird dazu die Kritik an der Regelung nachvollzogen (aa)), diese mit den rechtstatsächlichen Erfahrungen abgeglichen (bb)) und Lösungsansätze hierzu untersucht (cc)). Alsdann folgt eine Stellungnahme zur Lex lata (dd)). Abschließend wird dazu Stellung genommen, dass eine Vorverlagerung nach § 131 Abs. 1a Satz 1 AktG nicht auch bei einer Präsenzversammlung erfolgen kann (ee)).

aa) Rechtspolitische Kritik an der Vorverlagerung

Die rechtspolitische Kritik an der Vorverlagerung konzentriert sich auf die oben beschriebene Problematik der Abgrenzung zwischen zulässigen Nachfragen sowie Fragen zu neuen Sachverhalten und Fragen, die der Versammlungsleiter nicht zulassen muss.[1310] Da Versammlungsleiter aufgrund der Anfechtungsrisiken aus einer fälschlichen Auskunftsverweigerung wenige Fragen ablehnen werden, entsteht

[1307] Allein das Begehren nach § 131 Abs. 1 Satz 3 AktG kann wie bei der Präsenzversammlung allein durch eine Zugänglichmachung des Jahresabschlusses in Textform erfüllt werden.

[1308] So auch *Franzmann/Rothweiler*, AG 2022, 809, 814 Fn. 51; *Kersting*, in: KölnKommAktG, § 131 Rn. 686.

[1309] So geht die Gesetzesbegründung etwa auch im Rahmen des § 131 Abs. 1f AktG davon aus, dass die Antwort des Vorstands mündlich erfolgt. FraktionsE, Virtuelle Hauptversammlung, BT-Drucks. 20/1738, S. 35.

[1310] S. dazu bereits beim Recht zu Nachfragen und Fragen zu neuen Sachverhalten, Kapitel 4 C. II. 4. b).

faktisch eine Doppelung des Auskunftsrechts im Vorfeld und in der Versammlung.[1311] Dies belastet die Ressourcen der Gesellschaft und wird dem gesetzgeberischen Ziel der Entlastung der Versammlung nicht gerecht.[1312] Die Problematik stellt die wohl größte Herausforderung bei der Anwendung der virtuellen Hauptversammlung de lege lata dar. Da aufgrund dieser Dynamik abzusehen ist, dass die Hauptversammlungen durch die Vorverlagerungen des Auskunftsrechts weniger entlastet werden und deren Anfechtbarkeit vielmehr steigt, machen nur wenige Vorstände von § 131 Abs. 1a Satz 1 AktG Gebrauch. Nur die wenigen Vorstände, denen genügend Ressourcen zur Verfügung stehen und die in einem besonderen Maße im Auge der Öffentlichkeit stehen, werden von § 131 Abs. 1a Satz 1 AktG Gebrauch machen.[1313] Hierbei ist insbesondere an große börsennotierte Gesellschaften und solche der IT-Industrie zu denken. Abseits dessen ist § 131 Abs. 1a Satz 1 AktG in der Rechtspraxis eine ähnliche Aufnahme wie § 118 Abs. 1 Satz 2 AktG wahrscheinlich.[1314]

bb) Rechtstatsächliche Erfahrungen

So überrascht es nicht, dass selbst unter den Versammlungen der DAX-Indexfamilie in der Hauptversammlungssaison 2023 nur 10 % Fragen im Vorfeld nach § 131 Abs. 1a Satz 1 AktG zuließen.[1315] In der Hauptversammlungssaison 2024 waren es sogar nur noch 5 %.[1316]

[1311] *BDI*, Stellungnahme FraktionsE, S. 5, abrufbar unter: https://www.bundestag.de/resource/blob/899784/1aa6fe1e8b48fad4903628091aceb064/Stellungnahme-Semrau_BdI.pdf; *Franzmann/Rothweiler*, AG 2022, 809, 817; *Gehling*, AG 2022, 800, 803; *Koch*, Stellungnahme FraktionsE, S. 3, abrufbar unter: https://www.bundestag.de/resource/blob/899812/ce6d1b15d2ac496bbdca4f93ce0570b8/Stellungnahme-Koch.pdf; *Paschos*, NZG 2022, 1225. Vgl. die verwandten Abgrenzungsschwierigkeiten beim Auskunftsverweigerungsrecht nach § 131 Abs. 1c Satz 4 AktG, Kapitel 4 B. V. 9. b) cc).

[1312] Auch wenn das Gesetz nicht klar selbst bloß eine zeitliche, sondern auch eine organisatorische Entlastung anstrebt, wird dieses Ziel nicht erreicht. Denn die Versammlung selbst wird ferner dadurch noch weiter belastet, dass Vorstände nicht ihren vorab zugänglich gemachten Antworten widersprechen wollen und sich dementsprechend teilweise noch weiter auf das bloße Verlesen ihrer bereits erteilten Antworten zurückziehen. Dies nimmt der Versammlung ihren lebendigen Charakter. Vgl. *Franzmann/Rothweiler*, AG 2022, 809, 820. Dörrbecker, der als zuständiger Ministerialrat am Gesetz gearbeitet hat, erkennt an, dass es so zu keiner umfassenden Entlastung der Versammlung kommt. *Dörrbecker*, FS Strenger, S. 161, 170.

[1313] So auch *Paschos*, NZG 2022, 1225.

[1314] So etwa auch befürchtend *Rotsch/Jakob*, ZHR 2024, 611, 616.

[1315] *Danwerth*, ZIP 2023, 2329, 2335 f. Einen Sonderweg ging unter den untersuchten Gesellschaften allein die Sartorius AG, die ihren teilnahmeberechtigten Aktionären freiwillig eine Vorabeinreichung der Fragen gestattete, diese aber nur in der Hauptversammlung beantwortete. Diese Möglichkeit wurde aber nur *zusätzlich* zum Auskunftsrecht in der Versammlung gewährt und sollte ausdrücklich keine Vorverlagerung des Auskunftsrechts nach § 131 Abs. 1a Satz 1 AktG sein. *Sartorius AG*, Einladung zur ordentlichen Hauptversammlung 2023, S. 44, abrufbar unter: https://www.sartorius.com/download/1380686/einladung-2023-data.pdf.

[1316] *Danwerth*, AG 2024, 892, 894. Die Vorabfragemöglichkeit scheint schon so ungewöhnlich zu sein, dass drei der vier Gesellschaften, die von ihr Gebrauch machten, ihre Entscheidung besonders begründeten. Demgegenüber berichten Beyer/Plagemann, dass unter den Gesellschaften

Die Gesellschaften, die davon Gebrauch machten, wurden des Weiteren nicht für ihr freiwilliges Engagement gewürdigt, sondern von Aktionärsrechtevertretern aufgrund der „Beschränkung" des Auskunftsrechts in der Hauptversammlung vielmehr kritisiert. Selbst aufseiten von Aktionärsrechtevertretern ist die Vorverlagerung mithin auf wenig Gegenliebe gestoßen.[1317]

cc) Lösungsansätze

Dementsprechend stellt sich die Frage, ob nicht doch eine effektive Entlastung der Hauptversammlung bei Vorverlagerung des Auskunftsrechts sichergestellt werden kann.

Im Versammlungsverlauf chronologisch zuerst ließe sich hierbei bei der Fragenbeantwortung im Vorfeld ansetzen. Im Gesetzgebungsverfahren wurde vorgeschlagen, dass dem Vorstand keine Antwortpflicht, sondern nur eine Antwortmöglichkeit eingeräumt werden solle und die Fragen, die nicht im Vorfeld der Versammlung beantwortet wurden, bei sonst gleichen Konsequenzen in der Versammlung beantwortet werden müssten.[1318] Dies ist aber abzulehnen. Einerseits werden die bestehenden Abgrenzungsprobleme zwischen bereits beantworteten Fragen und neuen Fragen dadurch nicht geklärt, sodass dies zu keiner Entlastung in der Versammlung führt. Andererseits bräuchte es dafür keiner neuen gesetzlichen Regelung. Bereits zuvor stand es den Gesellschaften offen, sich Fragen der Aktionäre zu stellen und ihre Antworten sieben Tage vor der Versammlung auf der Internetseite der Gesellschaft zugänglich zu machen. Dies führt ebenso zu einem Auskunftsverweigerungsrecht hinsichtlich der betroffenen Inhalte.[1319]

Mehr Lösungspotenzial lässt sich abseits regulatorischer Aspirationen in der praktischen Rechtsanwendung finden. Denn die an die Wand gemalte Rechtsunsicher-

---

des Prime Standards keine von § 131 Abs. 1a Satz 1 AktG Gebrauch gemacht hätte. *Beyer/Plagemann*, Studie Hauptversammlung 2024, S. 14, abrufbar unter: https://www.taylorwessing.com/-/media/taylor-wessing/files/germany/2024/11/hv-studie-2024.pdf.

[1317] *DSW*, HV-Report 2024, S. 12, 39, abrufbar unter: https://www.dsw-info.de/fileadmin/Redaktion/Dokumente/PDF/Publikationen/Erfahrungen_mit_der_virtuellen_Hauptversammlung_2024.pdf, in deren Umfrage Aktionäre auch das Auskunftsrecht mit Abstand am häufigsten als Antwort auf die Frage, welche Rechte in der virtuellen Versammlung eingeschränkt wurden, nannten; *Merkner/Schulenburg/Elixmann*, AG 2023, 643, 649; *Rieckers*, DB 2024, 439, 440; *Rotsch/Jakob*, ZHR 2024, 611, 616. Vgl. exemplarisch die Kritik der Aktionärsvertreter zum Umgang mit der Beantwortung von Fragen in der Versammlung, *Osman*, Handelsblatt v. 19.5.2023, S. 29. Die Umfrage der *DVFA* von September 2023 unter „Investment Professionals" gibt ein sehr gemischtes Stimmungsbild, *DVFA*, Monatsfrage September 2023, abrufbar unter: https://dvfa.de/2023/dvfa-monatsfrage-dvfa-investment-professionals-begruessen-hybride-hauptversammlungen-bei-gleichzeitiger-straffung-von-form-und-inhalt/.

[1318] *BDI*, Stellungnahme FraktionsE, S. 5, abrufbar unter: https://www.bundestag.de/resource/blob/899784/1aa6fe1e8b48fad4903628091aceb064/Stellungnahme-Semrau_BdI-data.pdf.

[1319] Diese Möglichkeit sollte nach hiesigem Vorschlag gestärkt werden, Kapitel 4 B. V. 11.

heit ist schwerwiegend, in der Praxis aber handhabbar. Zum einen ist zu beachten, dass die Rechtsentwicklung dazu nur am Anfang steht und sich in der Versammlungspraxis, Literatur und Rechtsprechung das Verständnis, wann eine Frage auf einer vorherigen Antwort oder einem neuen Sachverhalt *basiert*, weiter konkretisieren wird.[1320] Zum anderen ist die Abweisung der Frage bei großen Gesellschaften in der Regel keine genuine Ad-hoc-Entscheidung. Bei professionell organisierten Hauptversammlungen geben die Aktionäre ihre Fragen bei dem Wortmeldetisch oder einer ähnlich funktionierenden Stelle ein. Das Backoffice kann diese mithin bereits kurz bearbeiten und dem Versammlungsleiter eine Empfehlung aussprechen, bevor dieser die Frage an den Vorstand gibt oder ablehnt.[1321] Es besteht damit die Gelegenheit einer kurzen Prüfung der Fragen. Schließlich konterkariert die auf Rechtssicherheit gerichtete Zulassung zweifelhafter Fragen zwar den Zweck der Entlastung der Hauptversammlung, stellt in Zweifelsfällen aber eine rechtssichere Lösung dar. Entsprechend sind durchschlagende Anfechtungsklagen aufgrund von fälschlich abgewiesenen Fragen – soweit hier erkennbar – noch zu keinem neuen praktischen Phänomen erwachsen.

dd) Stellungnahme

Im Ergebnis sind die Rechtsunsicherheiten, die mit der Beantwortung von Fragen nach § 131 Abs. 1d und Abs. 1e AktG einhergehen zu einem gewissen Maße unvermeidlich. Zwar wird die Praxis bestimmte Erfahrungswerte bilden, doch sind die Fragemöglichkeiten zu vielfältig, um für diese feste, allgemeine Regeln zu entwickeln. Die Unterstützung durch Backoffices kann zwar einem Abgleich mit den im Vorfeld gestellten Fragen und dem Informationsstand zu diesem Zeitpunkt helfen, es bleiben aber auch dann noch Unsicherheiten. Zurecht werden Versammlungsleiter dementsprechend sicherheitshalber Fragen im Zweifel zulassen, sodass die Versammlung sich selten verkürzen wird.[1322]

Eine bessere und klarere Fassung der zulässigen Fragekategorien ist indes bislang – soweit nachvollziehbar – nicht vorgeschlagen worden und ist schwerlich möglich. Denn die Defizite der „Entlastung der Hauptversammlung“ liegen weniger in der konkreten Regelung des Auskunftsrechts als vielmehr in der Grundkonzeption der Hauptversammlung selbst. Solange Aktionäre in der Hauptversammlung noch ihr Stimmrecht ausüben und neue Informationen beziehen können, wäre es verfehlt, wenn Aktionäre keine Fragen mehr zu neuen Sachverhalten stellen könnten. Zudem wäre es verfehlt, Nachfragen in der Versammlung auszuschließen,

---

1320 Für die Verweigerung von Auskunftsverlangen trifft § 243 Abs. 4 Satz 1 AktG schon besondere Anfechtungserfordernisse.

1321 Vgl. *Butzke*, AG 2022, 795, 798.

1322 Statt aller *Koch*, Stellungnahme FraktionsE, S. 6, abrufbar unter: https://www.bundestag.de/resource/blob/899812/ce6d1b15d2ac496bbdca4f93ce0570b8/Stellungnahme-Koch-data.pdf, der auch die Beantwortung aller Fragen empfiehlt.

solange nicht auch Fragen zu Antworten des Vorstands schon im Vorfeld der Versammlung sichergestellt werden.[1323] Eine weitere Vorverlagerung des Auskunftsrechts im Vorfeld der Versammlung ist folglich innerhalb der bestehenden Konzeption der virtuellen Hauptversammlung schwerlich umzusetzen und abzulehnen. Dem Referentenentwurf ist insoweit ebenso nicht nachzutrauern.[1324]

Die Vorverlagerung des Auskunftsrechts bleibt mithin aus Sicht der Gesellschaft unattraktiv.[1325] Zu einer Entlastung der Hauptversammlung kommt es in der Regel nicht, sodass der rechtspolitische Zweck der Regelung letztlich grundlegend infrage gestellt wird.[1326] Die besser vorbereiteten Antworten im Vorfeld der Versammlung und die erneute Gelegenheit, Fragen in der Versammlung zu stellen, kommen allein den Aktionären zugute. Manche Vorstände werden diese faktisch sehr aktionärsfreundliche Gestaltungsoption deshalb allein schon aufgrund von Verlangen von den Aktionären wählen (müssen) und § 130 Abs. 1a Satz 1 AktG nicht zum toten Recht verkommen lassen.

In einer abschließenden Gesamtbetrachtung ist § 131 Abs. 1a–1e AktG als nicht besonders durchschlagend zu werten. Da die Entscheidung über die Vorverlagerung aber dem Vorstand zusteht und nicht durch das Gesetz vorgegeben ist, ist die Regelung dennoch annehmbar. Wenn fraglich ist, ob der gesetzgeberische Zweck der Entlastung der Hauptversammlung in der Praxis tatsächlich erreicht werden kann, ist die Entscheidung über den Einzelfall beim Vorstand als kompetenten „Leidtragendem" richtig verortet. Der Vorstand kann dann von § 131 Abs. 1a Satz 1 AktG Gebrauch machen, wenn er davon überzeugt ist, dass er die Hauptversammlung tatsächlich durch ein solches Verfahren rechtssicher entlasten kann, oder wenn die Aktionärsinteressen und die Reputationsrisiken bzw. -chancen schwer wiegen. Als bloße Gestaltungsoption, die das Auskunftsrecht nicht beschränkt, sondern in der Praxis eher ausweitet, kann die Vorverlagerungsoption mithin kaum kritisiert werden.

[1323] Ähnlich wie hier mit Blick auf die „dienende Funktion" des Auskunftsrechts, *Guntermann*, ZIP 2024, 1749, 1757; anders aber fordernd *Roßkopf*, Protokoll Rechtsausschuss, S. 13, abrufbar unter: https://www.bundestag.de/resource/blob/908366/d0a1303ceb1e8dd64160319bf8fcbdc4/Wortprotokoll-data.pdf.

[1324] A. A. und den Referentenentwurf als veritable Regelung verstehend *Franzmann/Rothweiler*, AG 2022, 809, 819; in diese Richtung auch *Koch*, Stellungnahme FraktionsE, S. 3, abrufbar unter: https://www.bundestag.de/resource/blob/899812/ce6d1b15d2ac496bbdca4f93ce0570b8/Stellungnahme-Koch-data.pdf. Der Referentenentwurf ließ keine Fragen zu neuen Sachverhalten zu und entwertete damit das Auskunftsrecht insbesondere in Bezug auf die neuen Informationen aus der Hauptversammlung wie etwa dem Bericht des Vorstands und des Aufsichtsrats. Soweit Kritiker der Lex lata den Referentenentwurf als positives Beispiel hervorheben, ist ferner unverständlich warum die Einführung des Rechts Fragen zu neuen Sachverhalten zu stellen als gewichtiger angesehen wird als das Nachfragerecht. Fragen zu neuen Sachverhalten sind deutlich seltener zu erwarten und sind bei großen Gesellschaften, die ein breites Spektrum an Fragen zu beantworten haben, einfacher rechtssicher zu bewerten als Nachfragen.

[1325] Statt aller *Franzmann/Rothweiler*, AG 2022, 809, 820 („höchst unattraktiv").

[1326] *Semrau*, Protokoll Rechtsausschuss, S. 30 f., abrufbar unter: https://www.bundestag.de/resource/blob/908366/d0a1303ceb1e8dd64160319bf8fcbdc4/Wortprotokoll-data.pdf.

ee) Keine Ausdehnung auf die Präsenzversammlung

§ 131 Abs. 1a Satz 1 AktG lässt eine Vorverlagerung des Auskunftsrechts nur im Fall einer virtuellen Hauptversammlung zu. Diese Beschränkung erfuhr Kritik,[1327] sie begründet aber keinen besonderen Nachbesserungsbedarf.

Rein systematisch wäre es konsequent, alle Möglichkeiten der Vorverlagerung, die bei virtuellen Versammlungen zur Verfügung stehen, auch bei Präsenzversammlungen zu gewähren. Es ist aber stark zu bezweifeln, dass es ein besonderes praktisches Bedürfnis für die Vorverlagerung des Auskunftsrechts bei Präsenzversammlung gibt. Gesellschaften, die an der Präsenzversammlung festhalten, tun dies an erster Stelle, um die Präsenzversammlung und die persönliche Interaktion unter den Aktionären sowie zwischen den Aktionären und der Gesellschaft zu erhalten. Präsenzversammlungen werden insbesondere mit der Konfrontation des Vorstands durch die Aktionäre in Person begründet. Die Möglichkeit der Aktionäre, persönlich Fragen zu stellen, ist mithin Kern der Präsenzversammlung.[1328] Das Auskunftsrecht in das Vorfeld der Versammlung zu verlagern, liefe damit in den allermeisten Fällen dem Zweck der Abhaltung einer Präsenzversammlung entgegen. Für die (hier vertretene) Vorverlagerung des Antragsrechts gilt dies grundsätzlich auch, doch lässt sich diese mit dem Ziel, Zufallsmehrheiten zu verhindern, stützen.[1329] Diese Argumentation ist mit Bezug auf das Auskunftsrecht aber nicht mit gleichem Gewicht in Anschlag zu bringen. Ähnlich verhält es sich mit dem Stellungnahmerecht im Vorfeld der Versammlung. Dieses soll auch in der Präsenzversammlung ermöglicht werden, da es das Rederecht in der Versammlung nicht beschränkt, sondern nur additiv gewährt wird.[1330] Allein das Auskunftsrecht nicht auch im Vorfeld der Präsenzversammlung zu ermöglichen, lässt sich mithin sachlich begründen.

Da schon unter den virtuellen Hauptversammlungen nur eine Minderheit unter Vorverlagerung des Auskunftsrechts nach § 131 Abs. 1a Satz 1 AktG abgehalten werden, ist zu vermuten, dass das Bedürfnis nach einer solchen Regelung für Präsenzversammlung in der Praxis erst recht nicht erheblich ist. Stützen lässt sich dies damit, dass kaum einer der verschiedenen Interessenvertreter, die im Gesetzgebungsverfahren die Ausweitung von § 126 Abs. 4 AktG auf die Präsenzversammlung forderten, dasselbe für das Auskunftsrecht forderte.[1331]

Entsprechend ist von einer Vorverlagerung des Auskunftsrechts bei Präsenzversammlungen vorerst abzusehen. Zunächst ist etwa das Beschlussmängelrecht zu reformieren, sodass die Vorverlagerung tatsächlich eine attraktive Option in der

---

[1327] So etwa *Koch*, AktG, § 131 Rn. 41; *Noack/Zetzsche*, in: KölnKommAktG, § 131 Rn. 615.

[1328] Vgl. nochmals zur Bedeutung des Auskunftsrechts, Kapitel 4 B. IV., und der Bedeutung von persönlicher Interaktion als Kritik an der virtuellen Versammlung, Kapitel 4 B. I. 2. c) cc) (3) (b).

[1329] Mit einer Synthese der hier vorgeschlagenen Regelungen, Kapitel 4 C. II. 3. c) cc).

[1330] Kapitel 4 B. IV. 10. b).

[1331] S. hinsichtlich der Forderungen nach einer Ausweitung von § 126 Abs. 4 AktG auf die Präsenzversammlung Kapitel 4 B. IV. 10. b).

virtuellen Hauptversammlung wird und sich dann tatsächlich relevante Anwendungsfälle in der Präsenzversammlung finden lassen.

h) Weitere Anpassungen der bestehenden Regelungen

Die Abwesenheit der Aktionäre am Versammlungsort erforderte weitere Anpassungen der bestehenden Regelungen im Zusammenhang mit dem Auskunftsrecht. Davon umfasst ist das erweiterte Auskunftsrecht in § 131 Abs. 4 AktG, der Anspruch auf Protokollierung einer Auskunftsverweigerung nach § 131 Abs. 5 AktG und die Antragsbefugnis im Auskunftserzwingungsverfahren nach § 132 Abs. 2 Satz 1, 2 AktG.

aa) Erweitertes Auskunftsrecht, § 131 Abs. 4 Satz 2 AktG

Der Regelung des erweiterten Auskunftsrechts in § 131 Abs. 4 AktG wurde nach dem ersten Satz ein neuer Satz 2 eingefügt, der ausdrücklich erfordert, dass Aktionäre ihr Verlangen nach Satz 1 auch im Wege der elektronischen Kommunikation übermitteln können.

(1) Lex lata

Der neue Satz 2 ist allein als Klarstellung zu betrachten, da Satz 1 keinen Bezug zur Präsenzversammlung aufweist und das erweiterte Auskunftsrecht schon nach § 118a Abs. 1 Satz 2 Nr. 4 AktG im Wege der elektronischen Kommunikation ausgeübt werden können muss.[1332] § 131 Abs. 4 Satz 2 AktG gewährleistet das Recht nur den zur Versammlung elektronisch zugeschalteten Aktionären und nimmt die mögliche Vorverlagerung des Auskunftsrechts nicht in Bezug. Das erweiterte Auskunftsrecht ist im Vorfeld der Versammlung demnach nicht zulässig.[1333] In der Versammlung ist es dagegen selbst dann zulässig, wenn der Vorstand das Auskunftsrecht nach § 131 Abs. 1a Satz 1 AktG grundsätzlich in das Vorfeld der Versammlung verlagert hat.

(2) Rechtspolitische Kritik und Regelungsvorschlag

Die Formulierung und systematische Stellung des neu eingefügten § 131 Abs. 4 Satz 2 AktG werfen rechtspolitische Fragen auf.

1332 In Satz 4 ergeben sich daraus bloße Folgeänderungen.

1333 *Poelzig*, in: BeckOGKAktG, § 131 Rn. 341; *Troidl/Richter*, AG 2023, 150, 158.

(a) Anwendbarkeit von § 131 Abs. 1a Satz 1 AktG

Zunächst ist nicht ersichtlich, warum die Vorverlagerung des Auskunftsrechts nach § 131 Abs. 1a Satz 1 AktG nicht auch das erweiterte Auskunftsrecht umfasst.

Um eine noch kohärentere Vorverlagerung aller Auskunftsbegehren und eine optionale Entlastung der Versammlung zu erreichen, ist mithin eine entsprechende gesetzliche Regelung wünschenswert, die auch eine Vorverlagerung der Fragen im Vorfeld der Versammlung zulässt.[1334] Da das erweiterte Auskunftsrecht allerdings andere Voraussetzungen als das Auskunftsrecht nach § 131 Abs. 1 AktG vorweist und teils weniger als eine Variante dessen und mehr als Ausprägung von § 53a AktG verstanden wird,[1335] sollte § 131 Abs. 1a Satz 1 AktG nicht auch auf § 131 Abs. 4 AktG verweisen. Vielmehr sollte § 131 Abs. 4 AktG folgender neuer Satz 3 eingefügt werden: „Die Absätze 1a bis 1f gelten entsprechend."

(b) Anwendbarkeit von § 131 Abs. 1f AktG

§ 131 Abs. 1f AktG ist nach seinem Wortlaut unabhängig von der Vorverlagerung des Auskunftsrechts nicht auf das erweiterte Auskunftsrecht anwendbar.[1336] Die Norm ist aber analog anzuwenden.[1337]

Eine Regelungslücke liegt mit dem Fehlen einer besonderen Regelung zum erweiterten Auskunftsrecht vor und diese scheint ungeplant.[1338] Das in § 131 Abs. 1f AktG verkörperte rechtspolitische Regelungsbedürfnis besteht für das erweiterte Auskunftsrecht dem Grunde nach wie für Fragen nach § 131 Abs. 1, 1d und 1e AktG. In der Praxis betrifft es zwar deutlich weniger Fragen. Das Bedürfnis nach einer analogen Anwendung ergibt sich aber erneut aus einer systematisch kohärenten Verfolgung der gesetzlichen Intention; ferner aber auch aus dem Umstand, dass die Gesellschaften sonst noch einen weiteren Kommunikationsweg allein für das selten ausgeübte erweiterte Auskunftsrecht offenhalten müssen.[1339]

[1334] Zwar können die meisten erweiterten Auskunftsverlangen auch als „normale" Fragen im Vorfeld der Versammlung gestellt werden. Die Aktionäre haben aber ein Interesse diese als erweiterte Auskunftsverlangen zu stellen, da der Umfang des erweiterten Auskunftsrechts nicht wie der des allgemeinen Auskunftsrechts eingeschränkt werden kann.

[1335] Begründung zum RegE AktG 1965 bei Kropff, S. 187; *Kubis*, in: MünchKommAktG, § 131 Rn. 209 m. w. N.

[1336] *Troidl/Richter*, AG 2023, 150, 158.

[1337] So auch *Merkner/Schulenburg/Elixmann*, AG 2023, 643, 650; *Troidl/Richter*, AG 2023, 150, 158 erwägen sowohl eine analoge Anwendung von § 131 Abs. 1f AktG wie auch die Ausfüllung der Regelungslücke durch gewohnheitsrechtliche Leitungsrechte des Versammlungsleiters; a. A. *Kubis*, in: MünchKommAktG, § 131 Rn. 221; *Poelzig*, in: BeckOGKAktG, § 131 Rn. 341.

[1338] So auch *Merkner/Schulenburg/Elixmann*, AG 2023, 643, 650.

[1339] *Koch*, AktG, § 131 Rn. 108; *Troidl/Richter*, AG 2023, 150, 158.

In der Praxis wird sich die analoge Anwendung von § 131 Abs. 1f AktG mit Blick auf mögliche Anfechtungsrisiken und die relativ geringe Belastung der Gesellschaften nicht durchsetzen.[1340] Gerade deshalb aber sollte die Analogie durch einen Verweis auf die Anwendbarkeit von § 131 Abs. 1f AktG auf das erweiterte Auskunftsverlangen in einer virtuellen Versammlung in einem Satz nach § 131 Abs. 4 Satz 2 AktG festgesetzt werden.[1341]

bb) Anspruch auf Protokollierung, § 131 Abs. 5 AktG

Wird einem Aktionär eine Auskunft verweigert, hat dieser nach § 131 Abs. 5 Satz 1 AktG das Recht, das verweigerte Auskunftsverlangen durch den Notar in die Niederschrift der Verhandlung aufnehmen zu lassen. In der Präsenzversammlung kann der Aktionär dem Notar dieses Verlangen in der Regel mündlich kommunizieren. Da dies in der virtuellen Versammlung nicht möglich ist, erfordert der neu eingefügte Satz 2, dass dies im Wege der elektronischen Kommunikation erfolgen können muss.[1342] Da Erklärungsgegner des Aktionärs allgemein der Notar ist[1343] und der Notar die Erklärung selbst wahrnehmen muss, ist das Protokollierungsverlangen dem Notar gegenüber zu erklären. Dies kann etwa per Stellung im Rahmen der Versammlungsübertragung geschehen oder im Wege einer Nachricht an den Notar, im Wege eines Textfeldes im Aktionärsportal oder einer E-Mail.[1344]

Dem Wortlaut von § 131 Abs. 5 Satz 1 AktG nach kann der Aktionär die Aufnahme jeder Auskunftsverweigerung verlangen; inklusiver solcher im Vorfeld der Versammlung. Der Notar beurkundet nach § 130 Abs. 1a AktG und § 37 Abs. 1 Satz 1 Nr. 1 BeurkG aber nur seine Wahrnehmungen in der Versammlung. Dies rechtfertigt die Beweiskraft seiner Niederschrift.[1345] Die Auskunftsverweigerung im Vorfeld der Versammlung kann der Notar mithin nicht als eigene Wahrnehmung mit Beweiskraft nach § 415 ZPO protokollieren. Dagegen kann er sie – muss es aber nicht – als Angabe des Aktionärs (als Anhang) in das Protokoll aufnehmen.[1346] Insoweit ist der Wortlaut von § 131 Abs. 5 Satz 2 AktG zu weit gefasst. Er ist teleo-

---

[1340] *Troidl/Richter*, AG 2023, 150, 158.

[1341] Vgl. im Gesetzgebungsverfahren *Roßkopf*, Stellungnahme FraktionsE, S. 9, abrufbar unter: https://www.bundestag.de/resource/blob/899782/1204858008a2d375e1e7b50db6735a36/Stellungnahme-Rosskopf-data.pdf. Die Regelung sollte den im vorherigen Abschnitt vorgeschlagenen Verweis auf § 131 Abs. 1a–1e AktG erweitern.

[1342] Zur elektronischen Zuschaltung, Kapitel 4 C. I. 2. a) dd). Davon umfasst sind auch Nachfragen nach § 131 Abs. 1d AktG und Fragen nach neuen Sachverhalten nach § 131 Abs. 1e AktG, wenn der Vorstand von der Option des § 131 Abs. 1a Satz 1 AktG Gebrauch gemacht hat, *Wicke*, in: BeckOGKAktG, § 130 Rn. 32.

[1343] *Decher*, in: GroßkommAktG, § 131 Rn. 499.

[1344] Die letzten beiden Möglichkeiten vorschlagend *Bungert/Rieckers/Becker*, DB 2022, 2074, 2079; *Mayer/Jenne/Miller*, BB 2022, 2946, 2960; *Poelzig*, in: BeckOGKAktG, § 131 Rn. 269.

[1345] Vgl. Kapitel 4 C. I. 3. b) bb) (1).

[1346] Vgl. Kapitel 4 C. I. 3. b) bb) (2).

logisch zu reduzieren und nur auf Auskunftsverweigerungen *in* der Versammlung anzuwenden. Dem Aktionär steht es aber bei einer unrechtmäßig Auskunftsverweigerung im Vorfeld der Versammlung weiterhin zu, die Frage in der Versammlung noch einmal zu stellen. Der Auskunftspflicht ist erst genüge getan, wenn eine ordnungsgemäße Auskunft erteilt wird. Die Verweigerung dieser Antwort in der Versammlung muss der Notar nach § 131 Abs. 5 Satz 1 AktG regulär in die Niederschrift aufnehmen.[1347]

cc) Auskunftserzwingungsverfahren, § 132 AktG

§ 132 AktG, der die gerichtliche Entscheidung über das Auskunftsrecht regelt, wurde ebenfalls an die virtuelle Hauptversammlung angepasst. Hierzu wurde ein neuer Satz 2 in den zweiten Absatz eingefügt, der die Antragsberechtigung elektronisch zugeschalteter Aktionäre konstituiert.[1348] Wann das Auskunftsverlangen gestellt wird, ist unbeachtlich.[1349] Auskunftsverweigerungen vom Vorfeld der Versammlung können ebenfalls vorgebracht werden,[1350] es bedarf allerdings immer einer elektronischen Zuschaltung *in* der Versammlung.[1351]

5. Rederecht, §§ 118a Abs. 1 Satz 2 Nr. 7 i. V. m. 130a Abs. 4–8 AktG

Das Rederecht der Aktionäre ist ein wesentliches Mittel der Willensbildung unter den Aktionären. Mit der Regelung des Rederechts wollte der Gesetzgeber das zentrale Element des Dialogs in der Versammlung bewahren und das freie und spontane Rederecht auch in der virtuellen Hauptversammlung zulassen.[1352] Es ist

[1347] § 131 Abs. 5 AktG dient allein dazu, dem Aktionär eine Beweislage für nachfolgende Anfechtungsklagen zu sichern. Begründung zum RegE AktG 1965 bei Kropff, S. 188; BGH v. 19.5.2015 – II ZR 176/14, BGHZ 205, 319, 328, AG 2015, 633, 636; *Decher*, in: GroßkommAktG, § 131 Rn. 492; *Drinhausen*, in: Hölters/Weber, AktG, § 131 Rn. 43.

[1348] Nach Satz 1 ist nämlich zumindest in der zweiten Alternative ein Erscheinen des betreffenden Aktionärs in der Versammlung gefordert, was in der virtuellen Hauptversammlung nicht möglich ist. Im Übrigen ist Satz 2 eine direkte Übertragung der Regelung von Satz 1 in das virtuelle Format. *Kersting*, in: KölnKommAktG, § 131 Rn. 706, § 132 Rn. 39.

[1349] Der von § 132 Abs. 2 AktG verlangte Widerspruch dient nämlich nicht wie der Anspruch auf Protokollierung nach § 131 Abs. 5 AktG des Beweises der gerügten Tatsache, sondern verhindert, dass Aktionäre entgegen dem Verbot von *venire contra factum proprium* in der Versammlung zum Mangel schweigen, danach aber klagen. *Fleischer*, FS Stilz, S. 143, 145; ausführlich *Noack*, AG 1989, 78, 79 f.; *K. Schmidt*, in: GroßkommAktG, § 245 Rn. 19; vgl. später zu § 245 Satz 1 Nr. 1 AktG, Kapitel 4 D. II. 4. a).

[1350] *Koch*, AktG, § 132 Rn. 5a; *Poelzig*, in: BeckOGKAktG, § 132 Rn. 21.

[1351] Dies zurecht kritisierend, aber auch darauf verweisend, dass das Auskunftserzwingungsverfahren auch von anderen Aktionären, die zur Versammlung zugeschaltet waren, durchgesetzt werden kann *Kersting*, in: KölnKommAktG, § 131 Rn. 648; in diese Richtung auch *Krenn*, Informationsrechte, S. 227 ff.; die gesetzgeberische Entscheidung als nicht zwingend bezeichnend, *Koch*, AktG, § 132 Rn. 5a.

[1352] FraktionsE, Virtuelle Hauptversammlung, BT-Drucks. 20/1738, S. 32.

Ausfluss des Teilnahmerechts.[1353] Während es einer allgemeinen Regelung des Rederechts fehlt, erfährt es eine eigene Regelung für die virtuelle Hauptversammlung. Im Wesentlichen wird es dabei ohne strukturelle Neuerungen in das virtuelle Format übertragen.[1354] Obwohl das Rederecht in der virtuellen Hauptversammlung nicht in das Vorfeld verlagert werden kann, findet es im Stellungnahmerecht einer additiven Entsprechung im Vorfeld der Versammlung.[1355] Im Unterschied zum Auskunftsrecht folgt aus dem Stellungnahmerecht keine Einschränkung des Rederechts in der Versammlung.[1356]

Die folgenden Untersuchungen zum Rederecht werden durch einen Blick auf die Regelungen des GesRuaCOVBekG (a)) eingeleitet. Fortgesetzt werden sie mit einer Auseinandersetzung mit der vom Gesetz vorgegebenen Form der Videokommunikation (b)) und der Ausgestaltung des Rederechts in der Versammlung (c)). Sodann wird der neu gesetzlich ermöglichte Funktionstest der Videokommunikation mit den Aktionären untersucht (d)). Die Ausführungen zum Rederecht schließen mit einem Blick auf die Ausübung anderer Rechte im Rahmen von Redebeiträgen (e)) und die rechtspolitische Kritik an der Regelung (f)).

a) Rederecht unter Geltung des GesRuaCOVBekG

Das Rederecht de lege lata stellt einen wesentlichen Unterschied zum GesRuaCOVBekG dar, das kein verpflichtendes Rederecht für die virtuelle Versammlung vorsah. Im Gegensatz zum Stellungnahmerecht boten die allerwenigsten Gesellschaften unter dem GesRuaCOVBekG freiwillig ein Rederecht in der Hauptversammlung an.[1357] Dies war offenkundig im Aktionärsinteresse, konnte sich aber nicht durchsetzen.

Der vollständige Verzicht auf ein Rederecht brachte die Hauptversammlung um ihr diskursives Element und war maßgeblich für das Bild der virtuellen Versammlung als einseitige Veranstaltung der Verwaltung verantwortlich.[1358] Nach dem

---

[1353] *Franzmann/Rothweiler*, AG 2022, 809, 811; *Kersting*, in: KölnKommAktG, § 131 Rn. 36; *Reger/Gaßner*, RDi 2022, 396, 402; s. Kapitel 4 C. II. 1.

[1354] *Franzmann/Rothweiler*, AG 2022, 809, 817.

[1355] Zum Verhältnis der beiden Rechte bereits Kapitel 4 B. IV.

[1356] In dem Sinne ergibt sich durch das Nebeneinander der beiden Rechte für den Aktionär in der virtuellen Hauptversammlung im Gegensatz zur Präsenzversammlung eine verbesserte Rechtstellung. S. hierzu Kapitel 4 B. IV.

[1357] Unter den Gesellschaften der DAX-Indexfamilie war es in der Hauptversammlungssaison 2021 allein die Deutsche Bank AG. *Danwerth*, AG 2021, 613, 621; *Simons/Hauser*, NZG 2021, 1340, 1343. Vgl. *Deutsche Bank AG*, Hauptversammlung 2021: Tagesordnung, S. 71 f., abrufbar unter: https://hauptversammlung.db.com/files/documents/2021/HV_2021_Tagesordnung.pdf.

[1358] So pointiert als „Geisterspiele" bezeichnend, *Teichmann/Wicke*, ZGR 2021, 173, 184; bzw. „Vorstandsfernsehen" von Gemmeke in *o. V.*, Börsen-Zeitung v. 19. 5. 2023, S. 11; Kienle zitiert von *Mohr*, FAZ v. 17. 5. 2023, S. 27.

GesRuaCOVBekG rückt das Gesetz zur Einführung virtueller Hauptversammlungen diese wieder näher an die Präsenzversammlung.

b) Videokommunikation, § 130a Abs. 5 Satz 1 AktG

Das Rederecht ist den Aktionären in der virtuellen Versammlung nach §§ 118a Abs. 1 Satz 2 Nr. 7, 130a Abs. 5 Satz 1 AktG im Wege der Videokommunikation zu gewähren. Gemeint ist hierbei, ausweislich der Gesetzesbegründung, eine Zwei-Wege-Direktverbindung zwischen dem Aktionär und dem Versammlungsleiter am Versammlungsort.[1359] Wird dem Aktionär das Wort erteilt, muss dessen Bild- und Tonübertragung in die Übertragung der Versammlung mit aufgenommen werden.[1360] § 130a Abs. 5 Satz 2 AktG ist allein klarstellend.[1361]

Mit der Vorgabe der Gesellschaften, den Aktionären das Rederecht im Wege der Videokommunikation zu gewähren, verfolgte der Gesetzgeber das Ziel, das Element der Debatte aus dem Präsenzformat im virtuellen Format bewahren und den Aktionären zu ermöglichen, Stellung zu Vorgängen und Informationen sowohl aus dem Vorfeld der Versammlung wie auch aus der Versammlung selbst nehmen zu können.[1362] Für eine parallele Gewährung dieses Diskurses muss eine lebendige Diskussionsweise und die Möglichkeit, dem vorgetragenen Inhalt auch durch die Art des Vortrags ein zusätzliches Gewicht zu verleihen, gewährt werden. Dies kann – nach dem derzeitigen technischen Stand – am weitesten durch eine Videoübertragung ermöglicht werden.[1363] Durch die alleinige Zulassung der Videokommunikation nähert das Gesetz das Rederecht dem in der Präsenzversammlung weitest-

[1359] FraktionsE, Virtuelle Hauptversammlung, BT-Drucks. 20/1738, S. 32; *Lochner/Keller*, ZIP 2022, 1997, 2002; *Mayer/Jenne/Miller*, BB 2022, 2946, 2961; *Poelzig*, in: BeckOGKAktG, § 130a Rn. 42; *Reger/Gaßner*, RDi 2022, 396, 402. S. zu der im Übrigen verwirrenden Formulierung der Gesetzesbegründung *Krenn*, Informationsrechte, S. 143 f.

[1360] Vgl. Kapitel 4 C. I. 5. b) cc) (2); in diese Richtung auch die Gesetzesbegründung die von einer Ausübung „durch Zuschaltung nach Aufruf" ausgeht, FraktionsE, Virtuelle Hauptversammlung, BT-Drucks. 20/1738, S. 32. Es ergeben sich insoweit keine Besonderheiten zu den bereits zuvor behandelten Gelegenheiten, in denen das Gesetz die Ausübung von Aktionärsrechten im Wege der Videokommunikation vorsieht.

[1361] § 130a Abs. 5 Satz 2 AktG findet keine Entsprechung an anderer Stelle des Gesetzes. Er stellt heraus, dass die von der Gesellschaft angebotene Form der Videokommunikation zu verwenden ist und die Aktionäre das Kommunikationsmittel nicht selbst bestimmen können. Satz 2 hat aber nur klarstellende Funktion, denn im systematischen Vergleich steht es den Aktionären an keiner Stelle frei das Kommunikationsmittel außerhalb der Vorgaben der Gesellschaft selbst zu wählen. In diese Richtung äußert sich auch die Gesetzesbegründung, die davon spricht, dass Satz 2 *sicherstellt*, dass die Aktionäre die angebotene Form der Videokommunikation verwenden müssen. FraktionsE, Virtuelle Hauptversammlung, BT-Drucks. 20/1738, S. 32. In der Hauptversammlungssaison 2023 und 2024 ermöglichten alle Gesellschaften der DAX-Indexfamilie die Videokommunikation über das Aktionärsportal. *Danwerth*, AG 2024, 892, 897; *Danwerth*, ZIP 2023, 2329, 2341.

[1362] FraktionsE, Virtuelle Hauptversammlung, BT-Drucks. 20/1738, S. 32.

[1363] Vgl. FraktionsE, Virtuelle Hauptversammlung, BT-Drucks. 20/1738, S. 32.

möglich an.[1364] So können Details wie Mimik, Gestik und Stimme dem Beitrag weiteren Ausdruck verleihen.[1365]

Entsprechend dem klaren Willen des Gesetzgebers soll das Unmittelbarkeits- und Mündlichkeitsprinzip in der virtuellen Hauptversammlung grundsätzlich gewahrt bleiben und deshalb das Rede- und das Antragsrecht nur im Wege der Videokommunikation gewährt werden.[1366]

c) Ausgestaltung

Da das Gesetz keine Vorgaben zur Ausgestaltung des Rederechts in der virtuellen Hauptversammlung macht,[1367] bietet sich eine Ausgestaltung analog zur Präsenzversammlung an,[1368] die auch viele Gesellschaften ergreifen. Weitere Besonderheiten werden im Folgenden untersucht.

Das Rederecht kann nicht separat von einer Anmeldung im Vorfeld der Versammlung abhängig gemacht werden, da eine solche bei der Präsenzversammlung ebenfalls nicht möglich ist und den freien und spontanen Gebrauch des Rederechts verhindert.[1369] Es steht jedem elektronisch zugeschalteten Aktionär zu.

Der Versammlungsleiter muss wie in der Präsenzversammlung alle notwendigen Anordnungen zur Sicherstellung des geordneten Ablaufs der Hauptversammlung treffen.[1370] Hierbei ergibt sich, abseits der Kommunikationsform, kein Unterschied zur Präsenzversammlung.[1371]

Aktionäre, die einen Redebeitrag erbringen wollen, müssen dies über elektronische Kommunikationsmittel anzeigen, um vom Versammlungsleiter das Wort erteilt

---

[1364] *Franzmann/Rothweiler*, AG 2022, 809, 817.

[1365] *Poelzig*, in: BeckOGKAktG, § 130a Rn. 42.

[1366] *Butzke*, AG 2022, 795, 798; vgl. mit Blick auf den abschließenden Charakter von § 130a AktG *Poelzig*, in: BeckOGKAktG, § 130a Rn. 7 ff. Auf andere fernmündliche Kommunikationsmittel kann nur dann zurückgegriffen werden, wenn sonst die Aktionärsrechte des betreffenden Aktionärs übermäßig eingeschränkt würden. S. dazu sogleich im nächsten Abschnitt.

[1367] Dies kritisierend *Schilha/Gaßner*, ZIP 2022, 2357, 2366; kritisch ebenso *Franzmann/Rothweiler*, AG 2022, 809, 818.

[1368] Vgl. FraktionsE, Virtuelle Hauptversammlung, BT-Drucks. 20/1738, S. 32; *Franzmann/Rothweiler*, AG 2022, 809, 818.

[1369] Vgl. *Schilha*, Der Aufsichtsrat 2023, 2, 4; *Schilha/Gaßner*, ZIP 2022, 2357, 2366; *Seibt/Danwerth*, DB 2022, 1434, 1440. Die entsprechende Regelung des Referentenentwurfs (§ 130a Abs. 5 AktG-RefE) wurde deshalb nicht in den Fraktionsentwurf übernommen.

[1370] Vgl. hierzu und im Folgenden FraktionsE, Virtuelle Hauptversammlung, BT-Drucks. 20/1738, S. 32; *Franzmann/Rothweiler*, AG 2022, 809, 818; *Mayer/Jenne/Miller*, BB 2022, 2946, 2961; *Poelzig*, in: BeckOGKAktG, § 130a Rn. 45; *Reger/Gaßner*, RDi 2022, 396, 402 f.; *Schilha/Gaßner*, ZIP 2022, 2357, 2367; *Sturm/Imsameh*, NZG 2022, 1327, 1331.

[1371] Er muss insbesondere die zeitlich angemessene Durchführung der Versammlung sicherstellen, ohne die Aktionärsrechte übermäßig zu beschränken. Dies stellt § 130a Abs. 5 Satz 4 AktG die Anwendbarkeit von § 131 Abs. 2 Satz 2 AktG klar. Vgl. *Franzmann/Rothweiler*, AG 2022, 809, 81; *Kubis*, in: MünchKommAktG, § 130a Rn. 3.

zu bekommen.[1372] Insbesondere bei größeren Gesellschaften ist es dem Versammlungsleiter regelmäßig nicht möglich, eigenhändig die Anmeldungen von Redebeiträgen aufzunehmen und zu sortieren. Ist dies der Fall, kann wie in Präsenzversammlungen ein Wortmeldetisch aufgesetzt werden, an dem die Aktionäre ihre beabsichtigen Wortbeiträge unter Angabe des betreffenden Tagesordnungspunkts bei einer Hilfsperson des Versammlungsleiters abgeben können, die diese dann an den Versammlungsleiter weiterreicht.[1373] Die Einrichtung eines „Wortmeldetisches" ist auch bei virtuellen Versammlungen möglich und bereits breit erprobt.[1374] Bei der virtuellen Hauptversammlung kann dieser durch ein Programm verwaltet werden, das die Anmeldungen annimmt und an den Versammlungsleiter weiterleitet. Nach der Anmeldung können die Aktionäre direkt zu einer Prüfung ihrer Videokommunikation weitergeleitet werden.[1375]

Ebenso parallel zur Hauptversammlung kann der Versammlungsleiter die Aktionäre mit Vor- und Nachnamen mit ihrem Redebeitrag aufrufen.[1376] Dies ist zu empfehlen, da es den Missbrauch des Rederechts erschwert und Transparenz für die anderen Aktionäre schafft.[1377]

d) Funktionstest der Videokommunikation, § 130a Abs. 6 AktG

Die „Gesellschaft" kann sich nach § 130a Abs. 6 AktG in der Einberufung vorbehalten, dass die Funktionsfähigkeit der Videokommunikation zwischen Aktionär und Gesellschaft in der Versammlung und vor dem Redebeitrag überprüft und

---

[1372] Dass Aktionäre ihre Redebeiträge beim Versammlungsleiter anzumelden haben, entspricht dem Vorgehen in der Präsenzversammlung. Bei sehr kleinen Gesellschaften kann dies per Handzeichen oder kurze Wortmeldung in der Bild- und Tonübertragung der Aktionäre erfolgen. In größeren Gesellschaften wird die Gesellschaft regelmäßig eine Anmeldung über in Textform bzw. über das Aktionärsportal bevorzugen, um die Übersicht über die Beiträge zu wahren. Diese kann beispielsweise per E-Mail oder ein Textfeld im Aktionärsportal ermöglicht werden.

[1373] *Bungert/Rieckers/Becker*, BB 2022, 2074, 2078.

[1374] FraktionsE, Virtuelle Hauptversammlung, BT-Drucks. 20/1738, S. 32; *Poelzig*, in: BeckOGKAktG, § 130a Rn. 45; *Schmidt*, GoingPublic Special Corporate Finance Recht 2023, S. 22 f. Empirische Auswertungen zum Gebrauch von Wortmeldetischen in virtuellen Versammlungen, *DSW*, HV-Report 2024, S. 27 ff., abrufbar unter: https://www.dsw-info.de/fileadmin/Redaktion/Dokumente/PDF/Publikationen/Erfahrungen_mit_der_virtuellen_Hauptversammlung_2024.pdf. Der Wortmeldetische kann und wird in der Praxis oftmals, wie in der Präsenzversammlung, schon vor dem Beginn der Hauptversammlung eröffnet, *Rieckers*, DB 2025, 374, 375.

[1375] *Noack/Zetzsche*, in: KölnKommAktG, § 130a Rn. 39.

[1376] FraktionsE, Virtuelle Hauptversammlung, BT-Drucks. 20/1738, S. 32.

[1377] FraktionsE, Virtuelle Hauptversammlung, BT-Drucks. 20/1738, S. 32. Zur Vereinbarkeit eines solchen Vorgehens mit Art. 2 Abs. 1 GG i. V. m. Art. 1 Abs. 1 GG und datenschutzrechtlichen Belangen ist auf vorangegangene Ausführungen zu verweisen. Kapitel 4 C. I. 5. b) cc) (2) (b), 7. Entsprechendes gilt für die Zugänglichmachung der Rednerliste. FraktionsE, Virtuelle Hauptversammlung, BT-Drucks. 20/1738, S. 32; *Poelzig*, in: BeckOGKAktG, § 130a Rn. 45; abratend *Bungert/Rieckers/Becker*, DB 2022, 2074, 2079.

der Redebeitrag zurückgewiesen werden kann, wenn die Funktionsfähigkeit nicht sichergestellt ist.

Für den Vorbehalt ist nach der internen Kompetenzverteilung das Einberufungsorgan zuständig.[1378] In der Versammlung selbst kommt es aber dem Versammlungsleiter zu, darüber zu entscheiden, ob und wie ein solcher Funktionstest durchgeführt wird.[1379]

Über 90 % der börsennotierten Gesellschaften führten in den Hauptversammlungssaisons 2023 und 2024 Funktionstests durch.[1380] Die Regelung ist als Antwort auf die Befürchtungen über technische Störungen und die daraus resultierenden Rechtsunsicherheiten zu verstehen.[1381] Durch einen solchen Funktionstest kann das Risiko, dass der Ablauf der Hauptversammlung aufgrund von technischen Problemen stockt, minimiert und technische Probleme im Vorfeld der Wortmeldung geklärt werden.[1382] Damit werden auch Anfechtungsrisiken minimiert, die durch die spontane Abweisung von Redebeiträgen aufgrund von technischen Problemen entstehen können.[1383] Aufgrund dieser Vorteile ist es den Gesellschaften stark zu empfehlen, sich Funktionstests durch einen entsprechenden Hinweis in der Einberufung vorzubehalten.[1384] Zuletzt fördert der Funktionstest den reibungslosen Ablauf der Debatte und die Interaktivität der virtuellen Hauptversammlung.[1385]

Der Funktionstest erfolgt in der Regel außerhalb der Bild- und Tonübertragung der Versammlung.[1386] Nur so kann er seinem Hauptzweck, der Entlastung der Haupt-

---

[1378] S. schon zur fehlenden Kompetenz des Versammlungsleiters im Vorfeld der Versammlung, Kapitel 4 B. II. 4. a) cc); vgl. ferner Kapitel 4 C. I. 4. c) bb) (3). So auch *Koch*, AktG, § 130a Rn. 25. A. A. *Kruchen/Werner*, DZWIR 2023, 175, 183.

[1379] Ausführlich zur Kompetenzverteilung und der Versammlungspraxis, *Kruchen/Werner*, DZWIR 2023, 175, 183; *Mutter/Werner*, AG 2022, R352. Ferner *Koch*, AktG, § 130a Rn. 25; im Ergebnis ebenso *Krenn*, Informationsrechte, S. 202; *Rieckers*, DB 2023, 373, 376. A. A. *Poelzig*, in: BeckOGKAktG, § 130a AktG Rn. 50, die aufgrund des Wortlauts des Gesetzes von einer Zuständigkeit des Vorstands auch für die Durchführung des Funktionstests ausgeht. Der Wortlaut von § 130a Abs. 6 AktG enthält aber keine Kompetenzzuschreibung, sodass die allgemeinen Regeln gelten.

[1380] 2023 waren es 91 % und 2024 waren es 94 %. *DSW*, HV-Report 2024, S. 30, abrufbar unter: https://www.dsw-info.de/fileadmin/Redaktion/Dokumente/PDF/Publikationen/Erfahrungen_mit_der_virtuellen_Hauptversammlung_2024.pdf. Vgl. ferner *Danwerth*, AG 2024, 892, 897.

[1381] Die Regelung wurde erst auf Empfehlung des Rechtsauschusses in das Gesetz eingefügt. Beschlussempfehlung Rechtsausschuss, Virtuelle Hauptversammlung, BT-Drucks. 20/2653, S. 9 f., 32. Zuvor vorschlagend *Seibt/Danwerth*, DB 2022, 1434, 1441.

[1382] Beschlussempfehlung Rechtsausschuss, Virtuelle Hauptversammlung, BT-Drucks. 20/2653, S. 32; *Poelzig*, in: BeckOGKAktG, § 130a Rn. 49. Dies ist besonders wichtig, da aufseiten der Gesellschaften grundsätzlich keine Kenntnis über die technische Infrastruktur auf Teilnehmerseite besteht.

[1383] Vgl. Beschlussempfehlung Rechtsausschuss, Virtuelle Hauptversammlung, BT-Drucks. 20/2653, S. 32; *Poelzig*, in: BeckOGKAktG, § 130a Rn. 49.

[1384] *Schilha/Gaßner*, ZIP 2022, 2357, 2366; *Seibt/Danwerth*, DB 2022, 1434, 1440 f.

[1385] *Danwerth*, ZIP 2023, 2329, 2341; *Kruchen/Werner*, DZWIR 2023, 175, 181.

[1386] In Bezug auf die rechtliche Zulässigkeit dessen *Kruchen/Werner*, DZWIR 2023, 175, 183.

versammlung von ihren technischen Problemen, gerecht zu werden. Hierfür kann der Aktionär in einem dafür bestimmten digitalen Raum geleitet werden, in dem der Test stattfindet.[1387] Nach dem Wortlaut des Gesetzes hat die Prüfung „in" der Hauptversammlung zu erfolgen und kann damit nicht in deren Vorfeld verlagert werden.[1388] Dies kann aber nur insoweit gelten, als eine endgültige Zurückweisung aufgrund einer Prüfung im Vorfeld der Versammlung nicht erfolgen darf und eine erneute Durchführung in der Versammlung möglich sein muss. Eine „Qualifikation" für einen Wortbeitrag kann aber bereits vor der Versammlung festgestellt werden.[1389] Der Funktionstest kann automatisiert ablaufen.

Wird dabei festgestellt, dass die Videokommunikation wegen einer Störung außerhalb des Verantwortungsbereichs der Gesellschaft nicht sichergestellt ist, kann der Versammlungsleiter den Wortbeitrag zurückweisen.[1390] Alternativ kann er eine fernmündliche Zuschaltung und Einbringung des Redebeitrages über ein anderes elektronisches Kommunikationsmittel einrichten und so dem Aktionär das Rederecht in einer anderen Form ermöglichen.[1391] Dieses andere Kommunikationsmittel kann ebenfalls einem Funktionstest unterzogen werden.[1392] Ist eine Videokommu-

[1387] Beschlussempfehlung Rechtsausschuss, Virtuelle Hauptversammlung, BT-Drucks. 20/2653, S. 9f., 32; *Kruchen/Werner*, DZWIR 2023, 175, 184; *Lochner/Keller*, ZIP 2022, 1997, 2002; *Noack/Zetzsche*, in: KölnKommAktG, § 130a Rn. 39.

[1388] *Bungert/Rieckers/Becker*, DB 2022, 2074, 2079. Der Referentenentwurf ermöglichte nach § 130a Abs. 6 Satz 2 AktG-RefE dagegen noch ein Funktionstest „vor dem Tag der Hauptversammlung".

[1389] Entsprechend ist auch der in der Praxis vermehrt auftretende Beginn der Funktionstests vor der Versammlung zulässig. In der Hauptversammlungssaison 2023 eröffneten nach Untersuchungen der *DSW* 21 % und in der Hauptversammlungssaison 2024 44 % der Unternehmen den Techniktest bereits vor der Versammlung. *DSW*, HV-Report 2024, S. 30, abrufbar unter: https://www.dsw-info.de/fileadmin/Redaktion/Dokumente/PDF/Publikationen/Erfahrungen_mit_der_virtuellen_Hauptversammlung_2024.pdf.

[1390] Ist die Videokommunikation aufgrund eines Fehlers nicht möglich, der im Verantwortungsbereich der Gesellschaft liegt, ist der Wortbeitrag zu unterbrechen, die Störung nach Möglichkeit zu beheben und der Wortbeitrag soweit nötig nachzuholen. Vgl. *Kubis*, in: MünchKomm AktG, § 130a Rn. 34. S. auch Kapitel 4 C. I. 8. b).

[1391] Beschlussempfehlung Rechtsausschuss, Virtuelle Hauptversammlung, BT-Drucks. 20/2653, S. 32; *Kubis*, in: MünchKommAktG, § 130a Rn. 34; *Poelzig*, in: BeckOGKAktG, § 130a Rn. 50; *Reger/Gaßner*, RDi 2022, 396, 402. Aufgrund des Wortlauts von § 118a Abs. 1 Satz 2 Nr. 7 AktG zurückhaltend *Kruchen/Werner*, DZWIR 2023, 175, 183. Dies ist aber nicht einleuchtend, da dem individuellen Aktionär insoweit entgegengekommen wird. Wenn überhaupt ist dies mit Blick auf das Interesse der übrigen Aktionäre, den Aktionär auch in einer Bildübertragung wahrnehmen zu können, zu kritisieren. Da das Erfordernis der Videokommunikation ein Element der Debatte erhalten soll, ist die fernmündliche Zuschaltung die beste Alternative zu einem sonst nicht stattfindenden Wortbeitrag des Aktionärs. Sowohl die Rechte des individuellen Aktionärs als auch die Interessen anderen Aktionäre auf Wahrnehmbarkeit der Generaldebatte können damit so weit wie möglich gewahrt werden. Die Bild- und Tonübertragung der Versammlung nach § 118a Abs. 1 Satz 2 Nr. 1 AktG wird dadurch auch nicht eingeschränkt.

[1392] Beschlussempfehlung Rechtsausschuss, Virtuelle Hauptversammlung, BT-Drucks. 20/2653, S. 9f., 32; *Reger/Gaßner*, RDi 2022, 396, 402.

nikation etwa aufgrund einer stockenden Bildübertragung oder kürzerer Aussetzer während der Tonübertragung nur eingeschränkt möglich, steht es im Ermessen des Versammlungsleiters, ob die Qualität für einen Wortbeitrag ausreicht.[1393] Wird der Redebeitrag zurückgewiesen, sollte dies protokolliert werden.[1394] Der bestandene Funktionstest stattet den betreffenden Aktionär allerdings nicht mit einem durchsetzbaren Recht auf einen Wortbeitrag aus. Die Erteilung des Worts obliegt auch dann dem Versammlungsleiter. Dieser kann aufgrund geänderter Umstände jederzeit die Rednerliste schließen oder einem anderen Aktionär das Wort erteilen.[1395]

Der Versammlungsleiter kann den Wortbeitrag auch aufgrund seiner allgemeinen Organisationshoheit aus anderen Gründen zurückweisen.[1396] Dies kommt insbesondere bei unsittlichen oder rechtswidrigen Inhalten der Übertragung in Betracht. Ferner kann der Versammlungsleiter Wortbeiträge auch dann nach seinen allgemeinen Kompetenzen unterbrechen und zurückweisen, wenn sich die Gesellschaft keinen Funktionstest in der Einberufung vorbehalten hat.[1397] Nur die Zulässigkeit des vorangehenden Funktionstests wird in § 130a AktG geregelt.

Mit der Prüfung der Funktionsfähigkeit kann die Fähigkeit des Aktionärs beeinträchtigt werden, die Übertragung der Versammlung zu verfolgen.[1398] Dies ist einer Prüfung in der Versammlung inhärent und mit Blick auf die Interessen der anderen Aktionäre an einem geordneten Versammlungsverlauf hinzunehmen. In der Präsenzversammlung verhält es sich nicht anders, wenn der Aktionär während der Verhandlung zum Wortmeldetisch gehen muss, um sich dort anzumelden. Daraus ergibt sich aber, dass der Funktionstest möglichst kurz und einfach für den Aktionär abgewickelt werden sollte.[1399] Ferner sollte er zu jeder Zeit unterbrechen und

---

[1393] Beschlussempfehlung Rechtsausschuss, BT-Drucks. 20/2653, S. 32; *Bungert/Rieckers/Becker*, DB 2022, 2074, 2079; *Lochner/Keller*, ZIP 2022, 1997, 2002 f.; *Mayer/Jenne/Miller*, BB 2022, 2946, 2962; *Reger*, in: Bürgers/Lieder, AktG, § 130a Rn. 9.

[1394] *Bungert/Rieckers/Becker*, DB 2022, 2074, 2079; *Mayer/Jenne/Miller*, BB 2022, 2946, 2962; *Wilsing*, Gesellschaftsrecht in der Diskussion 2022, S. 29 Rn. 44. Dies gilt insbesondere um Anfechtungsrisiken zu vermeiden, *Kruchen/Werner*, DZWIR 2023, 175, 184.

[1395] Bis dahin können die Aktionäre in einem digitalen Warteraum gehalten werden Beschlussempfehlung Rechtsausschuss, BT-Drucks. 20/2653, S. 32; *Bungert/Rieckers/Becker*, DB 2022, 2074, 2079; *Koch*, AktG, § 130a Rn. 20; *Noack/Zetzsche*, in: KölnKommAktG, § 130a Rn. 45.

[1396] S. zu den Kompetenzen des Versammlungsleiters Kapitel 4 B. II. 4. a) cc), C. I. 2. d) bb). So auch mit den folgenden Beispielen *Koch*, AktG, § 130a Rn. 27; *Krenn*, Informationsrechte, S. 203; *Noack/Zetzsche*, in: KölnKommAktG, § 130a Rn. 48.

[1397] Anders wohl *Krenn*, Informationsrechte, S. 202 f.

[1398] Die Wahrnehmbarkeit der Bild- und Tonübertragung muss während eines solchen Funktionstests oftmals unterbrochen werden oder wird zumindest wesentlich eingeschränkt.

[1399] In über 90 % der Hauptversammlungen börsennotierter Gesellschaften in der Hauptversammlungssaison 2024 war der Funktionstest nach Untersuchungen der *DSW* in maximal fünf Minuten umsetzbar. Dies scheint unter regulären Umständen ein haltbarer Standard. *DSW*, HV-Report 2024, S. 31, abrufbar unter: https://www.dsw-info.de/fileadmin/Redaktion/Dokumente/PDF/Publikationen/Erfahrungen_mit_der_virtuellen_Hauptversammlung_2024.pdf.

neu begonnen werden können, wenn eine Wortmeldung noch möglich ist.[1400] Eine Unterbrechung der Versammlung für den Test ist nicht notwendig.[1401]

Nach § 243 Abs. 3 Satz 1 Nr. 2 i. V. m. Satz 2 AktG gelten die besonderen Anfechtungsregeln bei technischen Störungen auch für den Funktionstest nach § 130a Abs. 6 AktG. Aufgrund einer technischen Fehleinschätzung fälschlich zurückgewiesene Wortbeiträge können demnach nur dann einen Anfechtungsgrund darstellen, wenn der Gesellschaft Vorsatz oder grobe Fahrlässigkeit anzulasten ist.[1402] Dies folgt aus dem hier vertretenen Verständnis des Begriffs der technischen Störungen, der menschliches Fehlverhalten nicht von vornherein ausschließt.[1403]

Schließlich kann die Gesellschaft Redebeiträge nicht nur dann unter den Vorbehalt eines Funktionstests stellen, wenn „nur" das Rederecht betroffen ist.[1404] Die Gesellschaft kann auch dann einen Funktionstest nach § 130a Abs. 6 AktG vorsehen, wenn andere Rechte im Wege der Videokommunikation gewährt werden und allgemein, wenn Aktionäre in der Hauptversammlung im Wege der Videokommunikation zu Wort melden möchten.[1405] Dies ergibt sich daraus, dass die Notwendigkeit eines solchen Funktionstests unabhängig vom Inhalt des Wortbeitrages im Wege der Videokommunikation besteht.[1406] Die aktuelle Formulierung von § 130a Abs. 6

[1400] Ebenso *Krenn*, Informationsrechte, S. 198; vgl. *Reger/Gaßner*, RDi 2022, 396, 402; mit Verweis auf die Vorgaben der Aktionärsrechterichtlinie hinsichtlich des Auskunftsrechts zum gleichen Ergebnis kommend, *Schilha/Gaßner*, ZIP 2022, 2357, 2367.

[1401] Ebenso und mit einem Bericht über die dementsprechende Praxis *Rieckers*, DB 2025, 374, 375 f.

[1402] So auch *Kruchen/Werner*, DZWIR 2023, 175, 184 f.; a. A. *Lochner/Keller*, ZIP 2022, 1997, 2003; *Krenn*, Informationsrechte, S. 201. Die Beschlussempfehlung des Rechtsausschusses ist insoweit unklar. Kruchen/Werner beziehen sich auf folgenden Satz in der Begründung zu § 130a Abs. 6 AktG: „Der Regelung kommt eine über die Anpassungen des Anfechtungsrechts hinausgehende Bedeutung zu, da diese die Folgen von Funktionsstörungen eindämmen sollen, während der neue Absatz 6 der Vermeidung solcher Störungen dient." Welche „Regelung" hier gemeint sein soll, lässt sich auch aus dem Kontext der Begründung aber nicht vollständig erschließen. Darüber hinaus wird die Aufnahme von § 130a Abs. 6 AktG in § 243 Abs. 3 Satz 1 Nr. 2 AktG nicht weiter begründet.

[1403] S. Kapitel 4 D. II. 2.; a. A. *Lochner/Keller*, ZIP 2022, 1997, 2003, 2005 mit einem anderen Verständnis der „technischen Störung". Wenn man in einer fehlerhaften Zurückweisung aufgrund des Funktionstests keine technische Störung sieht, ist unklar welchen Regelungsgehalt § 243 Abs. 3 Satz 1 Nr. 2, Satz 2 i. V. m. § 130a Abs. 6 AktG haben soll, denn die meisten Zurückweisung von Wortbeiträgen nach § 130a Abs. 6 AktG sind menschliches Verhalten.

[1404] Dass der Gesetzgeber unter Redebeiträgen nur Wortbeiträge in Ausübung des Rederechts verstanden hat, ist durch die Fassung von § 131 Abs. 1d Satz 1 AktG-FraktionsE des Fraktionsentwurfs indiziert. Dieser führte Fragen, die in einem Redebeitrag gestellt wurden, noch als eigene Kategorie an Fragen. S. zu § 131 Abs. 1d Satz 1 AktG-FraktionsE sogleich ausführlicher.

[1405] Nur in Bezug auf das Auskunftsrecht, das nach § 131 Abs. 1f AktG auf die Videokommunikation beschränkt wurde, *Bungert/Rieckers/Becker*, DB 2022, 2074, 2079; *Mayer/Jenne/Miller*, BB 2022, 2946, 2962; *Schilha/Gaßner*, ZIP 2022, 2357, 2366.

[1406] *Bungert/Rieckers/Becker*, DB 2022, 2074, 2079; *Mayer/Jenne/Miller*, BB 2022, 2946, 2962; vgl. *Schilha/Gaßner*, ZIP 2022, 2357, 2366.

AktG ist folglich als Redaktionsversehen zu kategorisieren.[1407] De lege ferenda sollte § 130a Abs. 6 AktG neben dem Redebeitrag auch den Antrag oder Wahlvorschlag sowie das Auskunftsverlangen mit aufzuführen.

e) Ausübung anderer Aktionärsrechte in Redebeiträgen, § 130a Abs. 5 Satz 3 AktG

Wie in der Präsenzversammlung können die Aktionäre nach § 130a Abs. 5 Satz 3 AktG ihr Antrags- und ihr Auskunftsrecht in Redebeiträgen ausüben.[1408] Unabhängig davon, wie die Gesellschaft die Ausübung dieser Rechte ausgestaltet, können diese nach § 130a Abs. 5 Satz 3 AktG immer auch im Wege der Videokommunikation wahrgenommen werden.[1409] Dass auch andere Aktionärsrechte in einem Redebeitrag ausgeübt werden können, ist sinnvoll, da die Aktionäre damit ihren Antrag, Wahlvorschlag oder ihre Fragen direkt begründen können.[1410]

f) Rechtspolitische Kritik

Einige Stimmen aus der Literatur befürchteten, dass mit der virtuellen Hauptversammlung eine deutliche Erhöhung der Anzahl an Redebeiträgen zu erwarten sei.[1411] Aktionäre können direkt zum Beginn der Versammlung eine Vielzahl an Redebeiträgen (sowie Anträge und Fragen) am Meldetisch anmelden.[1412] Ist dies der Fall, kann der Vorstand mit mehreren hundert Anträgen konfrontiert sein und diesen nur schwer mit den obigen Mitteln rechtzeitig und effektiv begegnen.[1413]

[1407] *Bungert/Rieckers/Becker*, DB 2022, 2074, 2079; *Krenn*, Informationsrechte, S. 194 m. w. N.; *Mayer/Jenne/Miller*, BB 2022, 2946, 2962.

[1408] Die Ausübung eines anderen Aktionärsrechts in einem Redebeitrag ist keine Ausweitung des Aktionärsrechts, sondern allein seine Ausübung in einer anderen Form. Wurde das Auskunftsrecht in das Vorfeld der Versammlung verlagert, kann in einem Redebeitrag folglich keine allgemeine Frage gestellt werden, die nicht auch von § 131 Abs. 1d oder Abs. 1e AktG gestattet ist. So auch *Kubis*, in: MünchKommAktG, § 130a Rn. 28; *Krenn*, Informationsrechte, S. 141 f. Richtig war deshalb, dass § 131 Abs. 1d Satz 2 AktG durch den Rechtsausschuss geändert wurde, und nicht mehr „in Redebeiträgen gestelle[n] Fragen“ als gesonderte Kategorie von Fragen aufführt, zu denen Nachfragen gestattet sind, wie es noch der Fraktionsentwurf vorsah. Zur Präsenzversammlung *Franzmann/Rothweiler*, AG 2022, 809, 817 f.

[1409] FraktionsE, Virtuelle Hauptversammlung, BT-Drucks. 20/1738, S. 32; *Poelzig*, in: BeckOGKAktG, § 130a Rn. 47.

[1410] *Lochner/Keller*, ZIP 2022, 1997, 2003.

[1411] Vgl. *Franzmann/Rothweiler*, AG 2022, 809, 818. Über diese Ängste auch im Gesetzgebungsverfahren berichtend, *Dörrbecker*, FS Strenger, S. 161, 163.

[1412] *Schilha/Gaßner*, ZIP 2022, 2357, 2367.

[1413] *Franzmann/Rothweiler*, AG 2022, 809, 818; *Mayer/Jenne/Miller*, BB 2022, 2946, 2961 f. *Franzmann/Rothweiler* weisen insbesondere darauf hin, dass das Schließen der Rednerliste dann zu spät kommen würde, da die Aktionäre alle schon ihren Wortbeitrag angemeldet hätten. Praktisch muss aber nicht jede Anmeldung sofort automatisch zugelassen werden. Die Gesellschaften können hier eine Bearbeitungszeit für sich beanspruchen.

Dementsprechend fordern Franzmann/Rothweiler, dass dem Vorstand wie nach § 131 Abs. 1a, 1b AktG im Vorfeld der Versammlung – genauer in der Einberufung – entsprechende Beschränkungen des Rederechts wie für das Auskunftsrecht zustehen sollte.[1414]

Dies vermag aber nicht zu überzeugen. Zunächst hat sich bis zum heutigen Zeitpunkt kein Übermaß an Redebeiträgen im virtuellen Format in der Rechtspraxis ergeben und ein solches ist auch nicht zu erwarten. Die Zahl an Redebeiträgen gleicht sich in den unterschiedlichen Versammlungsformaten vielmehr.[1415] Des Weiteren überzeugt der Vergleich mit dem Auskunftsrecht nicht, da das Rederecht immer im Wege der Videokommunikation auszuüben ist. Das Rederecht kann damit nicht durch ein Kopieren von vorbereiteten Stellungnahmen ausgeübt bzw. missbraucht werden, wie es das Auskunftsrecht potenziell möglich macht. Es ergibt sich insoweit kein Unterschied zur Präsenzversammlung.

6. Zwischenergebnis

Der Gesetzgeber hat die Aktionärsrechte in der virtuellen Hauptversammlung weitestgehend wie in der Präsenzversammlung gestaltet und diese bloß in den virtuellen Raum übertragen. Allein das Auskunftsrecht sieht besondere Einschränkungen in der Versammlung vor, wenn der Vorstand dieses nach § 131 Abs. 1a Satz 1 AktG in das Vorfeld der Versammlung verlagert hat. Diese Regelung ist vielfach kritisiert worden. Mit Rücksicht auf die Interessen der Aktionäre und als dispositives Recht findet aber auch sie ihre Berechtigung.

Die Untersuchung der Aktionärsrechte in der virtuellen Hauptversammlung ergeben zuletzt, dass die virtuelle Hauptversammlung zwar einige Aktionärsrechte anders ausgestaltet oder den Gesellschaften Gestaltungsspielräume eröffnet, das Niveau der Aktionärsrechte dabei aber nicht hinter dem in der Präsenzversammlung zurückfällt. Dies gilt insbesondere für das Auskunftsrecht. Wird die Ausübung des Auskunftsrechts in das Vorfeld der Versammlung verlagert, bleibt es den Aktionären weiterhin offen, in der Versammlung weitere Nachfragen zu stellen oder auf neue Sachverhalte zu reagieren. Im Ergebnis erweitert die virtuelle Hauptversammlung sogar an vielen Stellen die Aktionärsrechte. Dies wird insbesondere in Bezug auf das neu eingeführte Stellungnahmerecht oder die vereinfachte Antragstellung im Vorfeld der Versammlung deutlich, die beide ohne korrespondierende Einschränkungen von Aktionärsrechten in der Versammlung auskommen.

[1414] *Franzmann/Rothweiler*, AG 2022, 809, 818.

[1415] Mit einer unter den Indizes differenzierenden empirischen Erhebung, *DSW*, HV-Report 2024, S. 17 ff., abrufbar unter: https://www.dsw-info.de/fileadmin/Redaktion/Dokumente/PDF/Publikationen/Erfahrungen_mit_der_virtuellen_Hauptversammlung_2024.pdf.

D. Beschlussmängelrecht

Das aktienrechtliche Beschlussmängelrecht ist seit Jahren Gegenstand intensiver und grundsätzlicher Diskussion.[1416] Dass es einer grundlegenden Neuregelung bedarf, mag heute kaum einer mehr bezweifeln.[1417] Der Beschluss der Wirtschaftsrechtlichen Abteilung des 72. Deutschen Juristentags 2018 für eine grundlegende Reform des Beschlussmängelrechts, der mit einer Stimmenverteilung von 51 zu eins gefasst wurde, illustriert dies zu Genüge.[1418] Die Beratungen des Rechtsausschusses zu einer Reform des Beschlussmängelrechts im Jahr 2024 demonstrierten erneut die große Einigkeit in diesem Punkt unter den Vertretern der Lehre und der Emittenten.[1419]

Vor diesem Hintergrund wurde verschiedentlich gefordert, die Einführung der virtuellen Hauptversammlung mit einer Reform des Beschlussmängelrechts zu verbinden.[1420] Nachdem das Beschlussmängelrechts für die virtuelle Hauptversammlung unter dem GesRuaCOVBekG aber sehr weit eingeschränkt wurde und in dieser Form nicht dauerhaft haltbar war, entschied sich der Gesetzgeber nur für eine minimalinvasive Anpassung. Das Gesetz zur Einführung virtueller Hauptversammlungen beschränkt sich darauf, die virtuelle Hauptversammlung in das bestehende Beschlussmängelrecht einzupflegen. Die große Reform bleibt damit vorerst aus.[1421]

Anpassungen des Beschlussmängelrechts erfolgten vornehmlich durch kleine Anpassungen der Nichtigkeitsgründe und einer Regelung der Anfechtbarkeit aufgrund von technischen Störungen. Dementsprechend richtet sich die folgende Untersuchung nach der Struktur des Gesetzes und beginnt mit Ausführungen zu den potenziellen Nichtigkeitsmängeln einer virtuellen Hauptversammlung (I.), um

---

[1416] Vgl. etwa *Arbeitskreis Beschlussmängelrecht*, AG 2008, 617; *Baums*, Gesellschaftsrecht in der Diskussion 2007, S. 109, *Fleischer*, AG 2012, 765 m. w. N.; *Habersack/Stilz*, ZGR 2010, 710, 723 ff.; *Koch*, NJW-Beilage 2018, 50, 50 ff.; *Schatz*, Reform des aktienrechtlichen Beschlussmängelrechts, S. 226 ff.; zur neueren Entwicklung, *Habersack*, NZG 2023, 957.

[1417] *VGR*, AG 2021, 380, 388.

[1418] Ebenso gab es drei Enthaltungen. *Deutscher Juristen Tag*, 72. Deutscher Juristentag, Leipzig 2018: Beschlüsse, S. 27, abrufbar unter: https://djt.de/wp-content/uploads/2020/03/181130_djt_internet_72_beschluesse.pdf.

[1419] Der Antrag stammte von der Fraktion CDU/CSU. BT-Drucks. 20/9734. Eine Zusammenfassung der Sachverständigenpositionen sowie deren Stellungnahmen finden sich unter: https://www.bundestag.de/dokumente/textarchiv/2024/kw17-pa-recht-beschlussmaengelrecht-996228.

[1420] *Kneissl*, ZIP 2024, 2854, 2855; *VGR*, AG 2021, 380, 388; vgl. *Koch*, Stellungnahme FraktionsE, S. 7 f., abrufbar unter: https://www.bundestag.de/resource/blob/899812/ce6d1b15d2ac496bbdca4f93ce0570b8/Stellungnahme-Koch-data.pdf.

[1421] Mülbert berichtet jedoch, dass die Ampelkoalition im Zusammenhang mit der Einführung der virtuellen Hauptversammlung darauf verständigt haben soll, eine mögliche Reform des Beschlussmängelrechts in Angriff zu nehmen. *Mülbert*, ZHR 2024, 325, 326. Auch die CDU/CSU Fraktion nahm die Einführung der virtuellen Hauptversammlung und die Diskussionen im Gesetzgebungsverfahren als Anstoß für ihren Reformanstoß. Antrag Reform Beschlussmängelrecht, BT-Drucks. 20/9734, S. 1.

sich sodann in weiterer Tiefe mit dem Anfechtungsrecht (II.) zu beschäftigen. Abgeschlossen wird mit einem Zwischenergebnis (III.).

I. Nichtigkeitsgründe der virtuellen Hauptversammlung, § 241 AktG

Dieser Abschnitt über die Nichtigkeitsgründe orientiert sich erneut an der Struktur des Gesetzes und behandelt drei Nichtigkeitsgründe, die von den Neuerungen des Gesetzes zur Einführung virtueller Hauptversammlungen berührt werden. Der Abschnitt schließt jedoch mit Vorstößen zu einer Erweiterung der Nichtigkeitsgründe.

1. Angabe des Versammlungsorts, § 241 Nr. 1 i. V. m. § 121 Abs. 3 Satz 1 AktG

Nicht geändert, aber vielfach (schon unter Geltung des GesRuaCOVBekG) diskutiert, ist der Nichtigkeitsgrund der fehlenden Angabe des Versammlungsorts in der Einberufung nach § 241 Nr. 1 i. V. m. § 121 Abs. 3 Satz 1 AktG.[1422] Dieser sollte ersatzlos abgeschafft werden. Obwohl die virtuelle Hauptversammlung de lege lata weiterhin einen Versammlungsort aufweist und dieser aufgrund unionsrechtlicher Vorgaben in der Einberufung anzugeben ist, ist dieser ohne besondere Bedeutung für die Aktionäre. Eine so einschneidende Rechtsfolge wie die Nichtigkeit aller Beschlüsse der Versammlung ist mithin unverhältnismäßig. Als Abhilfe hierfür ist eine teleologische Reduktion der Nichtigkeitsfolge vorzunehmen.

Schon nach dem Status quo ante sollen nach der zurecht herrschenden Meinung kleinere Ungenauigkeiten in der Einberufung keine Nichtigkeitssanktion nach § 241 Nr. 1 AktG begründen.[1423] Dies wird vornehmlich auf eine teleologische Reduktion von § 241 Nr. 1 AktG gestützt.[1424] Entscheidend ist dabei, dass sich der Fehler auf die Teilnahme eines durchschnittlichen Lesers der Bekanntmachung nicht auswirkt und die Teilnahme nicht erschwert.[1425] Bisher diskutiert sind aber weithin nur die Unbeachtlichkeit von fehlenden oder falschen Angaben, die bei vernünftiger Betrachtung keinen Anlass zu Zweifeln geben und sich somit erschließen

---

[1422] S. zur Diskussion und eigenen Stellungnahme, Kapitel 4 B. II. 1. a) aa).

[1423] OLG Frankfurt v. 13.3.2008 – 5 W 4/08, AG 2008, 667, 670 m. w. N.; *Drescher*, in: BeckOGKAktG, § 241 Rn. 177; *Schäfer*, in: MünchKommAktG, § 241 Rn. 33. A. A. etwa noch *Schwab*, in: K. Schmidt/Lutter, AktG, § 241 Rn. 11.

[1424] OLG Düsseldorf v. 24.4.1997 – 6 U 20/96, ZIP 1997, 1153, 1160; *Fleischer*, ZIP 2014, 149, 151 f. m. w. N.

[1425] OLG Frankfurt v. 13.3.2008 – 5 W 4/08, AG 2008, 667, 670; *Drescher*, in: BeckOGKAktG, § 241 Rn. 177.

lassen.[1426] An diese anerkannte Rechtspraxis kann bei einer fehlenden Angabe des Versammlungsorts nicht vollständig angeknüpft werden. Der Versammlungsort der virtuellen Hauptversammlung ist nicht allgemein bekannt und kann sich von Aktionären, die außerhalb der Gesellschaft stehen, in der Regel nicht erschlossen werden.

Die Voraussetzungen einer teleologischen Reduktion müssen demnach eigenständig untersucht werden. Dass die mit Blick auf die Nichtigkeitsfolgen sehr formale Auslegung von § 241 AktG[1427] eine teleologische Reduktion nicht grundlegend ausschließt, lässt sich an der soeben beschriebenen anerkannten Praxis ablesen.[1428] Eine teleologische Reduktion erfordert, dass der Wortlaut der Norm Fallgruppen umfasst, die nicht von dem Telos der Norm umfasst sind.[1429] Das Telos von § 241 Nr. 1 AktG muss dabei mit allen üblichen Auslegungsmethoden festgestellt werden.

Betrachtet man die hiesige Norm systematisch, erkennt man, dass nicht alle Einberufungsinhalte unter der Nichtigkeitssanktion stehen. Nur die nach § 121 Abs. 3 Satz 1 AktG, welche Grundvoraussetzungen für die Partizipation an der Versammlung darstellen,[1430] sind von der Nichtigkeitssanktion umfasst. Damit passt die Angabe des Orts bei Abhaltung einer virtuellen Versammlung nicht in die Gruppe der übrigen Informationspflichten.[1431]

Ferner streitet die genetische Auslegung der Norm für eine Exklusion der Nichtigkeitsfolge bei fehlerhafter Angabe des Versammlungsorts. Während der Referentenentwurf noch vorsah, dass der Versammlungsort nicht in der Einberufung der virtuellen Versammlung angegeben werden muss, sahen nachfolgende Fassungen aufgrund der unionsrechtlichen Erfordernisse die Angabe des Versammlungsorts erneut vor.[1432] Vom Referentenentwurf, der gar keine Angabe des Versammlungsorts vorsah, soll der Gesetzgeber mithin – dem Wortlaut nach – abrupt zu der Normierung eines nichtigkeitsbewährten Zwangs umgeschwenkt sein. Diese Etablierung der strikten Nichtigkeitsfolge war mithin nicht von dem nachvollziehbaren und dokumentierten Willen des Gesetzgebers umfasst. Des Weiteren führt die Gesetzes-

---

1426 *Fleischer*, ZIP 2014, 149, 151 f.; *Heidel*, AktG, § 241 Rn. 6 a. E. m. w. N.; *Hüffer*, ZGR 2001, 833, 841; *Noack/Zetzsche*, in: KölnKommAktG, § 241 Rn. 56. Auch das vollständige Auslassen von Angaben, wie etwa dem Satzungssitz, kann dabei von der Nichtigkeitsrechtsfolge ausgenommen werden, da der Satzungssitz mit den anderen Angaben rechtssicher ermittelt werden kann.

1427 *Englisch*, in: Hölters/Weber, AktG, § 241 Rn. 32 m. w. N.; *K. Schmidt*, in: GroßkommAktG, § 241 Rn. 46.

1428 Vgl. zum Gedanken eines fehlenden Reduktionsverbots als Voraussetzung für die teleologische Reduktion, *Reimer*, Juristische Methodenlehre, Rn. 618.

1429 *Brandenburg*, Teleologische Reduktion, S. 75 f.; *Larenz*, Methodenlehre der Rechtswissenschaft, S. 391.

1430 Zur Präsenzversammlung *Hüffer*, ZGR 2001, 833, 840 f.; *Schäfer*, in: MünchKommAktG, § 241 Rn. 33.

1431 Vgl. *Mayer/Jenne/Miller*, BB 2022, 2946, 2951.

1432 S. Kapitel 4 B. II. 1. a) aa).

begründung aus, dass die Angaben zur elektronischen Zuschaltung der Stellung der Angabe des Versammlungsorts zukommen, um die Aufnahme von § 121 Abs. 4b AktG in § 241 Nr. 1 AktG zu begründen. Zum Fortbestand des in einem Bekanntmachungsmängel des Versammlungsorts begründeten Nichtigkeitsgrund gemäß § 241 Nr. 1 i. V. m. § 121 Abs. 3 Satz 1 AktG enthält sich die Gesetzesbegründung dagegen und begründet diesen Umstand nicht. Dies impliziert, dass der Gesetzgeber der Angabe des Versammlungsorts keine maßgebende Bedeutung mehr zumisst. Die Gesetzesmaterialien sprechen mithin eher für ein Übersehen der Rechtsfolgen, welche der Änderung in § 121 Abs. 3 AktG folgten. Dies ist mit Blick auf den Zeitdruck, unter dem das Gesetzgebungsverfahren stand, zu erklären.

Zuletzt spricht aber auch das bereits unter den systematischen Gesichtspunkten erwähnte allgemeine Telos von § 241 Nr. 1 AktG gegen die Nichtigkeitsfolge.[1433] § 241 Nr. 1 AktG soll sicherstellen, dass keine Beschlüsse Wirksamkeit entfalten können, ohne dass den Aktionären die für ihre Teilnahme an der Versammlung notwendigen Informationen zukommen. Die Angabe des Versammlungsorts ist für die Aktionäre aber nur von bloß marginaler Bedeutung.

Da der Wortlaut von § 241 Nr. 1 AktG mithin sein Telos überschreitet, kann der Wortlaut teleologisch reduziert werden.[1434] Diese ist geboten, da mit der Reduktion unerkannt nichtige Beschlussfassungen vermieden werden. Ferner wird damit dem Interesse der anderen Aktionäre, die an den Beschlüssen im Übrigen rechtmäßig mitgewirkt haben, Rechnung getragen.[1435]

Die Pflicht, den Versammlungsort weiterhin in der Einberufung anzugeben, bleibt davon unberührt.[1436] Langfristig sollte der Problematik aber wegen der dadurch entstehenden Rechtsunsicherheiten und besonderen Sensibilität der Nichtigkeitsfolge gesetzlich begegnet werden. Dabei sollte § 241 Nr. 1 AktG angepasst und § 241 AktG ein neuer Satz angefügt werden, der wie folgt lauten könnte:

> „Im Falle einer virtuellen Hauptversammlung führt die unterbliebene Angabe des Orts der Versammlung nicht zu einer Nichtigkeit nach Nr. 1."

Eine Anfechtung aufgrund der fehlenden Ortsangabe wird in der Regel an der Relevanz des Fehlers scheitern.[1437]

1433 *Drescher*, in: BeckOGKAktG, § 241 Rn. 177; vgl. *Mayer/Jenne/Miller*, BB 2022, 2946, 2951.

1434 Hierzu und im Folgenden im Ergebnis auch *Koch*, AktG, § 241 Rn. 11, § 121 Rn. 11j; *Mayer/Jenne/Miller*, BB 2022, 2946, 2951; bereits zum GesRuaCOVBekG *Schäfer*, NZG 2020, 481, 483; a. A. *Bungert/Rieckers/Becker*, DB 2022, 2074, 2076; enthaltend *Drescher*, in: BeckOGKAktG, § 241 Rn. 177.

1435 Vgl. zum Gedanken einer notwendigen Erkenntnissicherheit der teleologischen Reduktion, *Reimer*, Juristische Methodenlehre, Rn. 620 m. w. N.

1436 *Bungert/Rieckers/Becker*, DB 2022, 2074, 2076; *Mayer/Jenne/Miller*, BB 2022, 2946, 2950.

1437 So auch *Koch*, AktG, § 241 Rn. 11.

2. Angaben zur Zuschaltung, § 241 Nr. 1 i. V. m. § 121 Abs. 4b Satz 1 AktG

Mit dem Verweis auf § 121 Abs. 4b Satz 1 AktG wurde § 241 Nr. 1 AktG dagegen ausdrücklich geändert. Danach ist ein Beschluss dann nichtig, wenn die Einberufung nicht angegeben hat, wie sich Aktionäre und ihre Bevollmächtigten elektronisch zur Versammlung zuschalten können.[1438] Ohne diese Angaben können die Aktionäre nicht an der Versammlung elektronisch teilnehmen oder ihre Aktionärsrechte vollumfänglich wahrnehmen. Die Angaben zur Zuschaltung nehmen damit die Funktion der Ortsangabe in der Präsenzversammlung ein.[1439] Es ist mithin nur konsequent die fehlende Angabe der Informationen über die Zuschaltung als Nichtigkeitsgrund einzustufen.[1440]

Sind die Angaben fehlerhaft oder unvollständig, kann dies, wie bei den Ortsangaben der Präsenzversammlung, nur dann ein Nichtigkeitsgrund darstellen, wenn über diese technisch keine Zuschaltung möglich ist.[1441] Wenn die Unvollständigkeit oder Fehlerhaftigkeit der Angaben die Zuschaltung dagegen nur erschwert, diese aber noch technisch möglich ist, kann dies nur zu einer Anfechtbarkeit der Beschlüsse führen.[1442]

Der auffällige Wechsel von „und" zu „oder" und zurück zu „und" in der Aufzählung von § 241 Nr. 1 AktG ist bei erstem Lesen nicht verständlich.[1443] Der neue § 121 Abs. 4b Satz 1 AktG wird dabei durch Anfügung an die Aufzählung der anderen Einberufungsvorschriften, die mit einem „oder" endet, mit einem darauffolgenden „und" in die Vorschrift mit aufgenommen. Der Verstoß gegen § 121 Abs. 4b Satz 1 AktG muss aber nicht kumulativ mit dem gegen eine der vorangehenden Vorschriften erfolgen, um einen Nichtigkeitsgrund darzustellen. Es genügt ein Verstoß gegen nur eine der in § 241 Nr. 1 AktG genannten Vorschriften. Die ursprünglich angestrebte Klarheit mit dem Wechsel der Aufzählungswörter wird folglich nicht erreicht und sollte durch eine undifferenzierte Aufzählung der

---

[1438] Entsprechend des restriktiven Wortlauts, der sich nur auf Satz 1 bezieht, führen Bekanntmachungsmängel, welche die anderen Vorgaben von § 121 Abs. 4b AktG betreffen, allenfalls zu einer Anfechtbarkeit der betreffenden Beschlüsse. *Drescher*, in: BeckOGKAktG, § 241 Rn. 177.

[1439] So auch ausdrücklich der FraktionsE, Virtuelle Hauptversammlung, BT-Drucks. 20/1738, S. 37.

[1440] FraktionsE, Virtuelle Hauptversammlung, BT-Drucks. 20/1738, S. 37. Dies mit dem gleichen Gedanken begründend *Koch*, AktG, § 241 Rn. 9.

[1441] *Drescher*, in: BeckOGKAktG, § 241 Rn. 178; kritisch und mit Vorschlag der Einführung einer Relevanzprüfung *DAI*, Stellungnahme RefE, S. 22, abrufbar unter: https://www.bmj.de/SharedDocs/Downloads/DE/Gesetzgebung/Stellungnahmen/2022/0311_Stellungnahme_Deutsches_Aktieninstitut_virtuelle_Hauptversammlung.pdf?__blob=publicationFile&v=3.

[1442] *Drescher*, in: BeckOGKAktG, § 241 Rn. 178.

[1443] „[…] in einer Hauptversammlung gefaßt worden ist, die unter Verstoß gegen § 121 Abs. 2 und 3 Satz 1 oder Abs. 4 und 4b Satz 1 einberufen war". Zur Begründung des auffälligen Wortlauts der Aufzählung *Schäfer*, in: MünchKommAktG, § 241 Rn. 25 m. w. N.

Normen, die den letzten Verweis auf § 121 Abs. 4b Satz 1 AktG mit einem „oder“ abschließt, ersetzt werden.[1444]

3. Beurkundungsmangel, § 241 Nr. 2 i. V. m. § 130 Abs. 1a AktG

Zuletzt führt § 241 Nr. 2 AktG nun auch den neu eingefügten § 130 Abs. 1a AktG auf. Nach diesem stellt eine Beurkundung des Notars[1445], welche nicht unter Anwesenheit am Versammlungsort vorgenommen wurde, – unabhängig von der Art der Versammlung – einen Nichtigkeitsgrund dar. Wie § 130 Abs. 1a AktG ist diese Anpassung allein klarstellender Natur.

Entsprechend der Aufnahme des neuen § 130 Abs. 1a AktG in § 241 Nr. 2 AktG wurde dieser auch in den Anwendungsbereich von § 242 Abs. 1 AktG aufgenommen.[1446]

4. Schwerwiegende technische Störungen, § 241 Nr. 1 AktG

Darüber hinaus vertreten Noack/Zetzsche in der Literatur, dass technische Störungen wie Störungen der Übertragung so schwer wiegen können, dass der Versammlungscharakter als solcher infrage gestellt werden muss.[1447] Dies soll dann der Fall sein, wenn die wesentlichen Voraussetzungen für die sachgerechte Wahrnehmung der Teilnahme- und Mitgliedschaftsrechte in der Hauptversammlung nicht mehr vorliegen und aus Sicht eines objektiven Aktionärs nicht mehr von der Konstitution einer Hauptversammlung gesprochen werden kann. Wie bei einer Präsenzversammlung, bei der die Türen des in der Einberufung angegebenen Versammlungslokals verschlossen bleiben, seien die Beschlüsse der Hauptversammlung nach § 241 Nr. 1 AktG nichtig, da die Aktionäre sich nicht wie in der Einberufung beschrieben elektronisch zur Versammlung zuschalten können. Diese Ansicht

---

[1444] § 241 Nr. 1 AktG würde sodann wie folgt lauten: „in einer Hauptversammlung gefasst worden ist, die unter Verstoß gegen § 121 Abs. 2, Abs. 3 Satz 1, Abs. 4 oder Abs. 4b Satz 1 einberufen war,“. So auch *DAV*, Stellungnahme RefE, S. 30, abrufbar unter: https://www.bmj.de/SharedDocs/Downloads/DE/Gesetzgebung/Stellungnahmen/2022/0317_Stellungnahme_DAV_virtuelle_Hauptversammlung.pdf?__blob=publicationFile&v=3.

[1445] Entsprechend obigen Ausführungen gilt § 130 Abs. 1a AktG nicht allein für die Protokollierung durch einen Notar, sondern auch für die Protokollierung durch einen anderen, wie den Aufsichtsratsvorsitzenden. S. Kapitel 4 C. I. 3. e). *Drescher*, in: BeckOGKAktG, § 241 Rn. 176.

[1446] Es handelt sich dabei allein um eine bloße Folgeänderung, FraktionsE, Virtuelle Hauptversammlung, BT-Drucks. 20/1738, S. 37.

[1447] Hierzu und im Folgenden, *Noack/Zetzsche*, in: KölnKommAktG, Anh. § 129 Rn. 199. In diese Richtung bereits unter dem GesRuaCOVBekG *Grigoleit/Gansmeier*, in: Grigoleit, AktG, § 243 Rn. 23g. Grigoleit/Gansmeier übernehmend *Wunderlich*, Digitalisierung der Hauptversammlung, S. 218 f.

entspricht wohl zumindest dem Geiste der BGH-Entscheidung vom 30. 6. 2015, in der sich BGH von der bis dahin einhelligen Literaturmeinung abwandt, die einen formellen Versammlungsbegriff vertrat, und einen materiellen Versammlungsbegriff anwendete.[1448]

Der Vergleich Noack/Zetzsches mit einer Präsenzversammlung, die nicht am Versammlungsort stattfindet, ist eingängig, kann dennoch nicht überzeugen. Zunächst ergibt sich in § 241 Nr. 1 AktG kein grammatischer Anhaltspunkt für eine Nichtigkeit aufgrund einer technischen Störung *in* der Hauptversammlung. Systematisch ergibt sich vielmehr, dass § 243 Abs. 3 AktG die beschlussmängelrechtlichen Folgen technischer Störungen bei der virtuellen Hauptversammlung vorrangig regelt. Nach tradiertem Verständnis ergibt sich aus § 241 AktG und dem Verhältnis zwischen § 241 und § 243 AktG ferner, dass die Nichtigkeit als Rechtsfolge einen Ausnahmecharakter hat und § 241 AktG dementsprechend eng auszulegen ist.[1449] In einer historischen Betrachtung ergibt sich aus der Begründung des Gesetzes zur Einführung virtueller Hauptversammlung des Weiteren, dass der Gesetzgeber dort ausdrücklich davon ausging, dass ein Fehlen der in § 118a Abs. 1 Satz 2 AktG festgelegten Voraussetzungen einer virtuellen Hauptversammlung nicht ihren Charakter als virtuelle Hauptversammlung nimmt.[1450] Anstelle einer Nichtigkeit führt diese als Rechtsfolge dort die bloße Anfechtbarkeit an. Zuletzt fügt sich auch das Telos von § 241 AktG in die hier vertretene Argumentation ein. § 241 AktG begründet mit der Nichtigkeit von Beschlüssen besonders schwerwiegende Folgen und ist dementsprechend für besonders grundlegende Verstöße reserviert.[1451] Nach allgemeinem Verständnis wird § 241 Nr. 1 AktG formal ausgelegt und im Zweifel nur teleologisch reduziert.[1452] Entsprechend besteht kein Raum für eine entsprechende Anwendung von § 241 Nr. 1 AktG bei schwerwiegenden technischen Störungen. Ferner ist der Ansatz von Noack/Zetzsche grundlegend mit zu viel Rechtsunsicherheit behaftet. Wie viele Aktionäre welche Art von Verbindung mit der Hauptversammlung haben müssen, ist unklar.[1453] Das Maß der Störungen wird der Versammlungsleiter ebenso kaum einschätzen können. Dies gilt vor allem bei großen Gesellschaften, bei denen die Zahlen der zugeschalteten Aktionäre deutlich schwankt und bei denen ein beträchtlicher Teil erst zur Generaldebatte teilnimmt.[1454]

[1448] BGH v. 30. 6. 2015 – II ZR 142/14, BGHZ 206, 143, 158, AG 2015, 822, 826.

[1449] Vgl. *Drescher*, in: BeckOGKAktG, § 241 Rn. 49.

[1450] FraktionsE, Virtuelle Hauptversammlung, BT-Drucks. 20/1738, S. 23 a. E.

[1451] Vgl. etwa *Englisch*, in: Hölters/Weber, AktG, § 241 Rn. 2; *Koch*, AktG, § 241 Rn. 1.

[1452] Statt aller m. w. N. *Drescher*, in: BeckOGKAktG, § 241 Rn. 177 zur sehr restriktiven Auslegung von § 241 Nr. 1 AktG i. V. m. § 121 Abs. 3 Satz 1 AktG, wobei die Mindestangaben in § 121 Abs. 3 Satz 1 AktG bei der Präsenzversammlung den Angaben zur elektronischen Zuschalten nach § 121 Abs. 4b AktG entspricht und die hier von Noack/Zetzsche als nichtigkeitsbewährte Mindestangaben fruchtbar machen wollen.

[1453] Vgl. zur Fragestellung *Kruchen*, DZWIR 2020, 431, 464.

[1454] Zum oben genannten BGH-Urteil: *Kocher*, BB 2015, 2636, 2642; *Lieder*, NZG 2016, 81, 85.

Was die Position des BGH anbelangt, ist, sich auch gegen diese mit der soeben erfolgten Argumentation auszusprechen. Dies entspricht der bis dahin weithin einhellig vertretenen Literaturauffassung.[1455] Die Rückkehr zu einem materiellen Hauptversammlungsbegriff widerspricht den Grundprinzipien des Beschlussmängelrechts de lege lata und ist nicht zu folgen.[1456]

In der Praxis dürfte das BGH-Urteil für die von Noack/Zetzsche skizzierten Fälle jedoch keine Folgen haben. Das BGH-Urteil vom 30. 6. 2015 spricht sich für den materiellen Hauptversammlungsbegriff nicht im Kontext eines Ladungsmangels nach § 241 AktG aus, sondern im Kontext der Kompetenz zur Absage der Hauptversammlung. Hinsichtlich möglicher Nichtigkeitsgründe verweist das Urteil ausdrücklich auf § 241 und erklärt diesen für abschließend.[1457] Wie soeben dargelegt ist § 241 Nr. 1 AktG aber nicht einschlägig. Verletzungen des Teilnahmerechts der Aktionäre ohne Anknüpfungspunkte an die Nichtigkeitsgründe von § 241 AktG wurden bislang ausschließlich als Anfechtungsgrund, nie aber als Nichtigkeitsgrund gesehen.[1458]

Zuletzt durchschlagend ist aber, dass das Gesetz zur Einführung virtueller Hauptversammlungen für die hier diskutierten Fallkonstellationen mit § 243 Abs. 3 AktG eine vorrangige Regelung trifft. Mit § 243 Abs. 3 AktG besteht ein ausdifferenziertes Regelungskonzept für den Umgang mit technischen Störungen in der virtuellen Hauptversammlung. Dieses gilt gegenüber dem Urteil als abschließende Spezialregel vorrangig.[1459] Da § 243 Abs. 3 AktG in seiner neuen Fassung weder den Inhalt des Urteils, welches sich mit der Kompetenz zur Absage einer Hauptversammlung beschäftigte, betrifft noch vor diesem in Kraft trat, widerspricht die hier vertretene Wertung dem Urteil auch nicht. Folglich ergibt sich aus dem BGH-Urteil vom 30. 6. 2015 für die von Noack/Zetzsche diskutierten Fallkonstellationen keine Nichtigkeitsfolge und es ist insofern auf die nachfolgenden Ausführungen zum Anfechtungsrecht zu verweisen.

[1455] So schon der BGH m. w. N. selbst feststellend BGH v. 30. 6. 2015 – II ZR 142/14, BGHZ 206, 143, 154, AG 2015, 822, 824.

[1456] So auch *Lieder*, NZG 2016, 81, 85; a. A. *Lind*, LMK 2015, 374723.

[1457] „Ob die gefassten Beschlüsse nichtig sind, richtet sich allein nach § 241 AktG."

[1458] Statt aller m. w. N. *Kubis*, in: MünchKommAktG, § 118 Rn. 73. Bislang zog der BGH das Teilnahmerecht nur im Rahmen einer Analogiebildung zu § 241 Nr. 1 AktG heran. Hierbei prüfte er, ob die gerügten Ladungsmängel einer Nichtladung und Verhinderung des Teilnahmerechts gleicht kamen. Das Teilnahmerecht diente dabei folglich nur als Hilfe zur Konkretisierung der Interessenlage bei § 241 Nr. 1 AktG. Vergleichbar war diese Interessenlage nur, weil im vorliegenden Fall Ladungsmängel gerügt wurden. BGH v. 13. 2. 2006 – II ZR 200/04, AG 2006, 415, 416. Vgl. ferner BGH v. 24. 3. 2016 – IX ZB 32/15, AG 2016, 582.

[1459] Ferner ist das Regelungsregime auch in der Form eines förmlichen Gesetzes der BGH-Entscheidung normsystematisch höherrangig.

II. Anfechtungsrecht

In der Praxis ist das Anfechtungsrecht das Herzstück des Beschlussmängelrechts. Mit der Einführung der virtuellen Hauptversammlung oblag es dem Gesetzgeber insbesondere im Anfechtungsrecht einen Ausgleich zwischen den individuellen Aktionärsinteressen und denen der Gesellschaft zu schaffen. Einerseits muss den Gesellschaften eine hinreichend rechtssichere Abhaltung virtueller Hauptversammlung ermöglicht werden. Andererseits muss den Aktionären ein angemessener Schutz ihrer Rechte durch das Beschlussmängelrecht gewährt werden. Die virtuelle Hauptversammlung muss dabei so rechtssicher veranstaltet werden können, dass Gesellschaften auch von dieser Option Gebrauch machen. Zugleich müssen die Aktionäre so weit geschützt werden, dass die Regelungen auch außerhalb der pandemischen Ausnahmesituation mit Blick auf die Eigentumsrechte nach Art. 14 Abs. 1 GG und dem Recht auf effektiven Rechtsschutz nach Art. 19 Abs. 4 GG Bestand halten können.[1460] Diese grundlegende Abwägung ist um zwei sekundäre Gewichte zu bereichern. Einerseits ist in der gesetzgeberischen Abwägung das in der Gesellschaft verkörperte Verbandsinteresse der einzelnen Aktionäre, die dem jeweils angegriffenen Beschluss zu einer Mehrheit verholfen haben, einzustellen. Andererseits kommt dem klagenden Aktionär auch eine Art „Polizeifunktion" zu. Zwar ist die Beschlussanfechtung formal nur ein Mittel des subjektiven Rechtsschutzes. Mit diesem werden die Gesellschaft aber auch zur Einhaltung der objektiven Rechtsordnung gezwungen und die Rechte nicht-prozessierender Aktionäre durchgesetzt.

Das Gesetz sieht kein gesondertes Anfechtungsrecht für die virtuelle Hauptversammlung vor. Die bestehenden Vorschriften sind demnach, soweit möglich, gleichsam auf Beschlüsse der virtuellen Hauptversammlung anzuwenden.[1461] Anpassungen wurden vornehmlich dort vorgenommen, wo das Anfechtungsrecht nach dem Status quo ante aufgrund eines Bezugs zur Präsenzversammlung nicht anwendbar ist. Darüber hinaus führt die virtuelle Hauptversammlung den Ansatz der hybriden Hauptversammlung fort und sieht die Beschränkung des Anfechtungsrechts für die Verletzung der Vorgaben von § 118a Abs. 1 Satz 2 Nr. 1–8 AktG bzw. der daraus folgenden Rechte aufgrund technischer Störungen vor. Damit kehrt das Gesetz zur Einführung virtueller Hauptversammlungen zur grundlegenden Risikoverteilung des Status quo ante in der hybriden Hauptversammlung zurück und verabschiedet sich von dem Anfechtungsrecht des GesRuaCOVBekG. § 1 Abs. 7 GesRuaCOVBekG beschränkte das Anfechtungsrechts der Aktionäre als Notfallgesetzgebung einseitig. Die Gesellschaften sollten virtuelle Hauptversammlungen rechtssicher abhalten können, auch wenn sie damals in allerkürzester Zeit gesetzlich und praktisch konzeptioniert und organisiert werden mussten. Von dieser lang-

[1460] Vgl. ferner FraktionsE, Virtuelle Hauptversammlung, BT-Drucks. 20/1738, S. 37; *Klein*, NZG 2022, 483, 490; *Lieder*, ZIP 2021, 162, 170f.; *Sturm/Imsameh*, NZG 2022, 1327, 1332.
[1461] Vgl. *Lochner/Keller*, ZIP 2022, 1997, 2005.

fristig unhaltbaren Übergangsgesetzgebung kehrt das Aktiengesetz nun zu einer unbefristeten und ausgewogenen Regelung zurück.[1462]

Im Folgenden wird nur das Anfechtungsrechts der virtuellen Versammlung behandelt. Die Ausführungen beginnen mit einer Untersuchung der Anfechtungsgründe (1.) und den dazugehörigen Negativvoraussetzungen (2.). Auf Grundlage dessen folgt eine Stellungnahme zur gesetzlichen Risikoverteilung (3.). Abschließend wird das Verfahren der Anfechtung behandelt (4.).

1. Anfechtungsgründe, § 243 Abs. 1 und 2 AktG

Die Anfechtungsgründe der virtuellen Hauptversammlung finden sich weiterhin zentral in § 243 AktG, dessen erster und zweiter Absatz unberührt blieben. Die Verletzung aller bis hier beschriebenen gesetzlichen und gegebenenfalls durch die Satzung bestimmten Vorgaben durch die Gesellschaft kann mithin einen Anfechtungsgrund begründen. Obwohl sich mit diesen neuen Regelungen neue Anfechtungsgründe auftun, ergibt sich hier für das Anfechtungsrecht nichts anderes als bei der Präsenzversammlung.[1463]

2. Negativvoraussetzungen, § 243 Abs. 3 AktG

Wesentliche Änderung erfuhr dagegen die Regelung der Negativvoraussetzungen in § 243 Abs. 3 AktG, der neu gefasst wurde. Die Änderungen beziehen sich inhaltlich ausschließlich auf die beschlussrechtliche Behandlung von technischen Störungen.

Dabei wurden mit den neuen Nummern 2 und 3 zwei neue Tatbestandsausschüsse für technische Störungen bei der virtuellen Hauptversammlung eingeführt. In der neu eingefügten Nummer 2 werden die durch technische Störungen verursachten Verletzungen von Aktionärsrechten[1464] und in Nummer 3 wird die Verletzung der übrigen Voraussetzungen der virtuellen Hauptversammlung nach § 118a Abs. 1 Satz 2 AktG[1465] grundsätzlich ausgeschlossen. Die Aufzählung der in Nummer 1 betroffenen Rechte bleibt unberührt, Nummer 2 und 3 a. F. werden inhaltlich un-

[1462] Vgl. FraktionsE, Virtuelle Hauptversammlung, BT-Drucks. 20/1738, S. 37.

[1463] *Lochner/Keller*, ZIP 2022, 1997, 2005.

[1464] Namentlich sind dies das Stimmrecht nach § 118a Abs. 1 Satz 2 Nr. 2 AktG, das Antragsrecht nach § 118a Abs. 1 Satz 2 Nr. 3 AktG, das Auskunftsrecht nach § 118a Abs. 1 Satz 2 Nr. 4 i. V. m. § 131 AktG, das Stellungnahmerecht nach § 118a Abs. 1 Satz 2 Nr. 6 i. V. m. § 130a Abs. 1–4 AktG, das Rederecht nach § 118a Abs. 1 Satz 2 Nr. 7 i. V. m. § 130a Abs. 5, 6 AktG und das Widerspruchsrecht nach § 118a Abs. 1 Satz 2 Nr. 8 AktG.

[1465] Namentlich sind dies die Übertragung der Versammlung in Bild und Ton nach § 118a Abs. 1 Satz 2 Nr. 1 AktG und die Zugänglichmachung des Vorstandsberichts sowie der übrigen Unterlagen im Vorfeld der Versammlung nach § 118a Abs. 1 Satz 2 Nr. 5 und Abs. 6 AktG.

verändert in die neuen Nummern 4 und 5 überführt.[1466] Das Verschuldenselement, welches in der vormaligen Fassung allein in Nummer 1 verortet war, wurde in einen neuen Satz 2 überführt und bezieht sich nun auch auf Nummern 1–3. Satz 2 statuiert dabei weiterhin eine Gegenausnahme, die besagt, dass eine Anfechtung aufgrund technischer Störungen nach § 243 Abs. 3 Satz 1 Nr. 1–3 AktG nur dann zulässig ist, wenn der Gesellschaft grobe Fahrlässigkeit oder Vorsatz vorzuwerfen ist und die Satzung keinen strengeren Verschuldensmaßstab bestimmt.

In der Anwendung dieser Normen ergibt sich nichts Neues. Weder der Begriff der technischen Störungen noch das Verschuldenserfordernis oder die allgemeine Dogmatik rund um die Anwendung der Norm, inklusive der Beweislastverteilung, wurden bei der Übernahme des Regelungskonzepts von § 243 Abs. 3 Nr. 1 AktG a. F. inhaltlich geändert. Folglich ist auf die dazu bestehenden Erkenntnisse und Ausführungen zu § 243 Abs. 3 Nr. 1 AktG a. F. im vollen Umfang zurückzugreifen. Danach kommen weiterhin nur technische Störungen im Verantwortungsbereich der Gesellschaft als Anfechtungsgrund in Frage.[1467]

Als technische Störungen i. S. d. § 243 Abs. 3 Satz 1 Nr. 1–4 AktG gilt jede Funktionsbeeinträchtigung der elektronischen Systeme der Hauptversammlung im Verantwortungsbereich der Gesellschaft.[1468] Menschliches Fehlverhalten ist davon auch umfasst.[1469] Menschliches Fehlverhalten muss Teil des Störungsbegriffs sein, denn dieses ist Anknüpfungspunkt für den Verschuldensmaßstab von § 243 Abs. 3

[1466] Die Aufnahme von §§ 118 Abs. 1 Satz 3–5, Abs. 2, 118a Abs. 1 Satz 4 AktG in den Ausschlusstatbestand nach Nummer 4 (Nummer 2 a. F.) ist rein deklaratorisch, da die unterbliebene Mitteilung über den Zugang der elektronisch abgegebenen Stimme nicht Kausalität oder Relevanz für ein Beschlussergebnis aufweisen kann. So auch *Drescher*, in: BeckOGKAktG, § 243 Rn. 242; zu Nummer 5, FraktionsE, Virtuelle Hauptversammlung, BT-Drucks. 20/1738, S. 37.

[1467] *Beck*, RNotZ 2014, 160, 164; *Lieder*, NZG 2020, 81, 90; ausführlich *Noack/Zetzsche*, in: KölnKommAktG, § 243 Rn. 579 m. w. N. Zurückhaltend dagegen nur die Störungen ausschließend, die nicht in der Sphäre der Aktionäre liegen: *Drescher*, in: BeckOGKAktG, § 243 Rn. 238; *Lochner/Keller*, ZIP 2022, 1997, 2005.

[1468] So auch *Lieder*, NZG 2020, 81, 90; *Mülbert*, in: GroßkommAktG, § 118 Rn. 119; *Noack/Zetzsche*, in: KölnKommAktG, § 243 Rn. 579; *Schäfer*, NZG 2020, 481, 486.

[1469] A. A. *Drescher*, in: BeckOGKAktG, § 243 Rn. 238; *Heidel*, in: Heidel, AktG, § 243 Rn. 50; *Lochner/Keller*, ZIP 2022, 1997, 2002 f., 2005. Auch nach der hier vertretenen Meinung kann eine Funktionsbeeinträchtigung aber nicht jedes Verhalten umfassen, welches zu einer ungewünschten technischen Folge führt. Begrifflich ist Verhalten, dass bewusst eine technische Folge herbeiführt und dabei nicht in Reaktion auf eine (vermeintliche) bereits vorliegende Funktionsbeeinträchtigung erfolgt, keine Funktions*beeinträchtigung*. Die Abweisung des Redebeitrags eines Aktionärs durch den Versammlungsleiter allein aus Animosität etwa ist keine technische Störung, auch wenn dem Aktionär dadurch nie eine Videokommunikation ermöglicht wurde, obwohl er ein Recht darauf hat. Hier kann nichts anderes gelten als in der Präsenzversammlung. Die unberechtigte Nichtzulassung eines Redebeitrags nach einem Funktionstest ist dagegen als technische Störung zu verstehen, wenn diese Zurückweisung auf einer technischen Einschätzung basiert. Hier besteht kein Unterschied zu einer technisch fehlerhaften Entscheidung in der Konzeption der technischen Systeme.

Satz 2 AktG. Ferner ergeben sich bei der anderen Ansicht Wertungswidersprüche, wenn das fahrlässige Verursachen einer technischen Störung anfechtungsbewehrt, das fahrlässige Unterlassen eine bereits vorliegende technische Störung zu beseitigen, aber nicht anfechtungsbewehrt sein soll. Die Unterscheidung zwischen Tun und Unterlassen bzw. zwischen einer menschlichen Verursachung und einem „reinen Technikversagen" ist bei technischen Hauptversammlungssystemen, die von Menschen vor und in der Versammlung fortlaufend neu konzeptioniert, bedient und betreut werden, arbiträr. Wo der Schwerpunkt der Vorwerfbarkeit bei solchen Situationen liegt, ist eine Wertungsentscheidung ohne besondere Anknüpfungspunkte. Sie führte damit ein zu großes Maß an Rechtsunsicherheit in das Anfechtungsrecht ein. Dass menschliches Fehlverhalten keine technische Störung sei, ist dementsprechend nicht nur wertungsmäßig inkonsistent, sondern läuft auch dem Gesetzeszweck, die Anfechtungsrisiken zu reduzieren, entgegen.

Ein gesonderter Blick ist zuletzt auf die Bewertung des Verschuldens der Gesellschaft nach § 243 Abs. 3 Satz 2 Halbsatz 1 AktG zu werfen, da die Begründung des Fraktionsentwurfs für einige Irritation gesorgt haben. Diese führte nämlich aus, dass grobe Fahrlässigkeit der Gesellschaft etwa dann nicht vorliegen könne, wenn ein professioneller Dienstleister mit der technischen Durchführung beauftragt wird.[1470] Obwohl diese Aussage als solche von einigen in der Literatur unverändert angenommen wurde,[1471] ist sie in ihrer Absolutheit missverständlich.[1472] Das Verschulden der Gesellschaft ist nach § 31 BGB analog das seiner Vertretungsorgane, d.h. des Vorstands. Fehlverhalten seitens des Versammlungsleiters oder Hilfspersonen der Gesellschaft, seien dies interne Angestellte oder externe Hauptversammlungsdienstleister, müssen der Gesellschaft demnach grundsätzlich nicht zugerechnet werden. § 278 BGB gilt im Zusammenhang der Hauptversammlungsorganisation durch den Vorstand unter Verwendung von Hilfspersonen nicht.[1473] Gleichwohl muss der Vorstand die Hilfspersonen sorgsam auswählen und ihre Aktivitäten zumindest einer Plausibilitätsprüfung unterziehen.[1474] Verstößt er vorsätzlich oder grob fahrlässig gegen diese Pflichten, ist der Gesellschaft auch bei Beauftragung eines professionellen Hauptversammlungsdienstleisters ein Ver-

---

[1470] FraktionsE, Virtuelle Hauptversammlung, BT-Drucks. 20/1738, S. 37 f.

[1471] *Bungert/Rieckers/Becker*, DB 2022, 2074, 2080; *Drinhausen/Keinath*, BB 2022, 451, 460; *Dürr/Kuthe/Sickinger*, ZIP 2022, 363, 366; *Franzmann/Rothweiler*, AG 2022, 809, 818. Weitergehend die Auffassung des Gesetzgebers ausdrücklich als zutreffend bezeichnend *Klein*, NZG 2022, 483, 490.

[1472] *Guntermann*, ZIP 2022, 781, 789; *Lochner/Keller*, ZIP 2022, 1997, 2006; *Sturm/Imsameh*, NZG 2022, 1327, 1332.

[1473] A.A. *Schwab*, in: K. Schmidt/Lutter, AktG, § 243 Rn. 20b; *SdK*, Stellungnahme RefE, S. 23 ff., abrufbar unter: https://www.bmj.de/SharedDocs/Gesetzgebungsverfahren/DE/2022_Einfuehrung_virtueller_Hauptversammlungen_Aktiengesellschaften.html?nn=17772; im Ergebnis ebenso *Lochner/Keller*, ZIP 2022, 1997, 2006.

[1474] *Drescher*, in: BeckOGKAktG, § 243 Rn. 239; *Guntermann*, ZIP 2022, 781, 789; *Krenn*, Informationsrechte, S. 231; *Sturm/Imsameh*, NZG 2022, 1327, 1332.

schulden zur Last zu legen. Wörtlich ist die Aussage der Gesetzesbegründung mithin nicht zutreffend. Vielmehr drückt sie einerseits erneut aus, dass der Gesetzgeber nicht von einer Zurechnung des Verschuldens von Hilfspersonen ausgeht und weitergehende Ansichten der Literatur unzutreffend sind.[1475] Andererseits spiegelt sie aber auch einen rechtstatsächlichen Erfahrungswert wider.[1476] In der Praxis ist – soweit hier ersichtlich – nämlich kein Fall bekannt, in dem die Beauftragung eines professionellen Hauptversammlungsdienstleisters eine mindestens grob fahrlässige Verursachung der technischen Störung durch den Vorstand darstellte.[1477]

3. Stellungnahme zur gesetzlichen Risikoverteilung

Die gesetzliche Risikoverteilung der hybriden Hauptversammlung nach § 243 Abs. 3 Nr. 1 AktG a. F. auf die virtuelle Hauptversammlung zu erstrecken, war regulatorisch passend und bedarf keiner Anpassung.[1478] Dass damit Herausforderungen und Nachteile einhergehen, ist nicht zu bestreiten. Dennoch kann die vorgebrachte Kritik an dieser Regelung nicht überzeugen.

a) Risikobereich der Gesellschaft

§ 243 Abs. 1 AktG verlangt eine Verletzung des Gesetzes oder der Satzung als Anfechtungsgrund und damit eine Verantwortlichkeit der Gesellschaft. Bei der virtuellen Hauptversammlung gilt insoweit nichts anderes. Dementsprechend kann kein Beschluss aufgrund einer technischen Störung angefochten werden, für die die Gesellschaft keine Verantwortung trägt.[1479]

Der noch vor Erlass des Gesetzes zur Einführung virtueller Hauptversammlung von Walter[1480] ausgearbeitete und von Wunderlich[1481] aufgegriffene Regelungsent-

---

[1475] *Drescher*, in: BeckOGKAktG, § 243 Rn. 239; *Kubis*, in: MünchKommAktG, § 118a Rn. 99 m. w. N.

[1476] Ebenso *Kruchen/Werner*, DZWIR 2023, 175, 186.

[1477] Vgl. *Kruchen/Werner*, DZWIR 2023, 175, 186.

[1478] So bereits de lege ferenda vorschlagend *Cyglakow*, Die virtuelle Hauptversammlung, S. 277 f.; *Lieder*, ZIP 2021, 161, 170 f.; *Walter*, Virtuelle Haupt- und Gesellschafterversammlung, S. 203; *Wunderlich*, Digitalisierung der Hauptversammlung, S. 305 f. Zustimmend zum Referentenentwurf *DAV*, Stellungnahme RefE, S. 31, abrufbar unter: https://www.bmj.de/SharedDocs/Downloads/DE/Gesetzgebung/Stellungnahmen/2022/0317_Stellungnahme_DAV_virtuelle_Hauptversammlung.pdf?__blob=publicationFile&v=3; *Guntermann*, ZIP 2022, 781, 789; *Herb/Merkelbach*, BOARD 2020, 113, 115; *Seibt/Danwerth*, NZG 2020, 1241, 1250.

[1479] So auch *Beck*, RNotZ 2014, 160, 164; *Lieder*, NZG 2020, 81, 90; ausführlich *Noack/Zetzsche*, in: KölnKommAktG, § 243 Rn. 579 m. w. N. Zurückhaltend dagegen nur die Störungen ausschließend, die nicht in der Sphäre der Aktionäre sind: *Drescher*, in: BeckOGKAktG, § 243 Rn. 238; *Lochner/Keller*, ZIP 2022, 1997, 2005.

[1480] *Walter*, Die virtuelle Haupt- und Gesellschafterversammlung, S. 180 ff.

[1481] *Wunderlich*, Digitalisierung der Hauptversammlung, S. 306 f., 329.

wurf stellt sich gegen die Fortführung dieses grundlegenden Prinzips in der virtuellen Hauptversammlung.[1482] Danach soll der Verstoß gegen die hier auch vertretene Unterbrechungs- und Beseitigungspflicht bei technischen Störungen, bei denen „nicht ausgeschlossen werden kann, dass die technische Störung dem Verantwortungs- und Einflussbereich der Gesellschaft unterfällt" ein Anfechtungsgrund begründen und § 243 Abs. 3 AktG dafür nicht gelten.[1483] Danach ist nicht notwendig, dass die technische Störung im Verantwortungsbereich der Gesellschaft liegt, sondern nur, dass es in der Versammlung nicht ausgeschlossen scheint, dass die Gesellschaft dafür verantwortlich ist. Begründet wurde dies maßgeblich damit, dass der jeweilige Aktionär sich nicht individuell für die Exponierung dieses Risikos entschieden hat und dass die kollektive Willensbildung der Aktionäre in der Hauptversammlung sichergestellt werden müsse.[1484]

Gegen das erste Argument ist einzuwenden, dass der Aktionär sowohl in der virtuellen Versammlung als auch in der Präsenzversammlung dem Mehrheitsdiktat über das Versammlungsformat unterworfen ist. Die Mehrheitsentscheidung äußert sich in der (ausbleibenden) Satzungsbestimmung über die Abhaltung einer virtuellen Versammlung oder einer Entscheidung des Vorstands, der ebenfalls durch die Satzung ermächtigt werden muss.[1485]

Gegen das zweite Argument spricht, dass diese Risikoverteilung wie bei der Präsenzversammlung belassen wird und die Bestandskräftigkeit von Beschlüssen nicht an Faktoren hängen sollte, die außerhalb der Einflusssphäre der Gesellschaft liegen. Die Hauptversammlung ist als Verfahren dazu konzipiert, die interne Willensbildung der Gesellschaft durch rechtssichere Beschlüsse zu formen. Diesen Prozess von außenstehenden Faktoren abhängig zu machen, ist systemfremd und im Beschlussmängelrecht bislang nicht grundlos unbekannt. Ein Vergleich der technischen Störungen außerhalb des Verantwortungsbereichs der Gesellschaft mit ihrem Äquivalent bei Präsenzversammlungen kann dies illustrieren. So muss eine technische Störung aufseiten der Aktionäre oder ein Netzausfall ebenso behandelt werden wie etwa das kaputte Auto eines Aktionärs oder eine Streckensperrung der Bahn, die rechtspolitisch klar beschlussmängelrechtlich irrelevant sind und bleiben sollen.[1486] Nur wenn das Risiko einer technischen Störung außerhalb des Verantwortungsbereichs der Gesellschaft bei einer virtuellen Hauptversammlung signifikant höher wäre als andere Teilnahmehindernisse bei der Präsenzversammlung, könnte

---

[1482] In diese Richtung bereits unter dem GesRuaCOVBekG *Grigoleit/Gansmeier*, in: Grigoleit, AktG, § 243 Rn. 23h; *Hippeli*, DZWIR 2020, 263, 266. Grigoleit/Gansmeier übernehmend *Wunderlich*, Digitalisierung der Hauptversammlung, S. 219.

[1483] *Walter*, Die virtuelle Haupt- und Gesellschafterversammlung, S. 203; *Wunderlich*, Digitalisierung der Hauptversammlung, S. 306 f., 329.

[1484] *Walter*, Die virtuelle Haupt- und Gesellschafterversammlung, S. 201; *Wunderlich*, Digitalisierung der Hauptversammlung, S. 306.

[1485] S. nochmals ausführlich Kapitel 4 B. I.

[1486] Eben solche Beispiele mit PKWs anstrengend *Beck*, RNotZ 2014, 160, 164; *Noack*, NZG 2008, 441, 444.

man hier zu einem anderen Ergebnis kommen. Flächendeckende Netzausfälle, die eine Mehrzahl an Aktionären betreffen, oder ähnliche technische Störungen gibt es aber heutzutage kaum mehr. Soweit hier ersichtlich, sind unter der Lex lata noch keine Fälle bekannt geworden, in denen technische Störungen, die nicht dem Verantwortungsbereich der Gesellschaft zu verorten waren, zu beschlussrelevanten Änderungen der Mehrheitsverhältnisse in der Versammlung geführt haben. Die von Walter und Wunderlich behandelten Situationen sind dementsprechend bislang eher theoretischer Natur.

Zuletzt aber würde eine Ausdehnung des Anfechtungsrechts auf technische Störungen außerhalb des Verantwortungsbereichs der Gesellschaft die Beschlussfestigkeit der Beschlüsse der virtuellen Hauptversammlung einseitig verringern und die Attraktivität der virtuellen Versammlung mindern.[1487] Dies schränkt wiederum die Eigentumsrechte der anderen Aktionäre ein, die ein Interesse an der Beschlussfestigkeit der getroffenen Beschlüsse oder an der Abhaltung einer virtuellen Hauptversammlung haben, diese aufgrund der beschlussmängelrechtlichen Regeln aber nicht innerhalb der Gesellschaft durchsetzen können.

Folglich lassen sich keine überzeugenden Gründe für eine systemfremde Ausweitung der beschlussmängelrechtlichen Risikosphäre der Gesellschaften über ihre Verantwortungssphäre hinaus finden.[1488] Von dem allgemein bewährten Erfordernis einer Verletzung des Gesetzes oder der Satzung durch die Gesellschaft sollte mithin nicht abgewichen werden.

b) Verschulden der Gesellschaft

Richtig war es ferner, dass der Gesetzgeber weiterhin am Verschuldenselement für technische Störungen festgehalten hat.[1489] Zwar wird damit an einem zusätzlichen Anknüpfungsmoment festgehalten,[1490] dadurch kann aber eine differenzierende Lösung erreicht werden, welche die beiden Ziele des Anfechtungsrechts in einen angemessenen Ausgleich bringt.

[1487] Der Vollständigkeit halber sei erwähnt, dass der Vorschlag der beiden vorsieht, dass der Versammlungsleiter nur dann aktiv werden muss, wenn ein potenziell kausaler Stimmrechtsanteil bei der Beschlussfassung nicht ausgeübt werden kann. Auch dies erzeugt aber wieder Rechtsunsicherheit und dass der Verschuldensausschluss von § 243 Abs. 3 Satz 2 AktG keine Anwendung finden soll, lässt wieder Anfechtungen aufgrund technischer Störungen zu, die auf einfacher Fahrlässigkeit beruhen.

[1488] Vgl. zum GesRuaCOVBekG etwa *Kruchen*, DZWIR 2020, 431, 434.

[1489] Wie hier und im Folgenden zu § 243 Abs. 3 Nr. 1 AktG a. F. *Lieder*, NZG 2020, 81, 91; *Noack/Zetzsche*, in: KölnKommAktG, § 243 Rn. 589; a. A. *SdK*, Stellungnahme RefE, S. 23 ff., abrufbar unter: https://www.bmj.de/SharedDocs/Gesetzgebungsverfahren/DE/2022_Einfuehrung_virtueller_Hauptversammlungen_Aktiengesellschaften.html?nn=17772.

[1490] Zur Unverfänglichkeit der Einführung des Verschuldenselements *Noack/Zetzsche*, in: KölnKommAktG, § 243 Rn. 589.

Einerseits beschränkte ein nur durch die gesellschaftliche Treuepflicht eingeschränkter Anfechtungsausschuss[1491] die Aktionärsrechte zu einseitig zugunsten der Beschlussfestigkeit der Hauptversammlungsbeschlüsse. Ein solcher Anfechtungsausschluss, wie ihn noch § 1 Abs. 7 GesRuaCOVBekG vorsah, wäre nicht mit Art. 14 und Art. 19 Abs. 4 GG vereinbar. Andererseits würden die individuellen Aktionärsrechte überbetont, wenn jede technische Störung aus der Risikosphäre der Gesellschaft eine Anfechtung begründete.[1492] Dies würde eine handhabbare und rechtssichere Abhaltung der Hauptversammlung im Gesamtinteresse aller Beteiligter erheblich erschweren und die Attraktivität der virtuellen Versammlung deutlich mindern.[1493] Vor allem verkennt eine solche Anknüpfung allein an die Risikosphären, dass technische Störungen auch bei bester Vorbereitung nicht vollständig vermieden werden können. Die technische Abwicklung der virtuellen Versammlung unter Verwendung des Internets ist dafür zu komplex und dezentral organisiert.[1494] Die Anknüpfung an das Verschuldensmoment der Gesellschaft dient als sachgerechter Kompromiss zwischen diesen beiden Interessenspolen.

Die Einschränkung der individuellen Anfechtungsinteressen ist nicht zu vernachlässigen, in einer Gesamtbetrachtung aber richtig. Zunächst sind die virtuelle Hauptversammlung und die damit einhergehende Einschränkung der Anfechtungsmöglichkeiten über die Satzungsgrundlage durch die Aktionäre legitimiert.[1495] Ferner gehen technische Störungen perspektivisch eher zurück. Die technische Entwicklung läuft andauernd fort und das virtuelle Format etabliert sich weiter. Dadurch professionalisiert sich die Umsetzung und es bilden sich immer weitere Erfahrungswerte und Standards.[1496] Damit verbunden richtet sich das Verschulden als dynamischer Maßstab nach dem aktuellen Stand der Technik und den bewährten Verfahrensabläufen.[1497] Eine grundlose Abweichung von diesen ist grob fahrlässig.[1498] Das Anfechtungsrecht hält folglich mit den technischen Entwicklungen und den daraus wachsenden Best Practices Schritt. Gesellschaften dürfen sich nicht auf einmal erarbeiteten technischen Lösungen ausruhen.

[1491] So jedoch mit Verweis auf die Treuepflicht und Missbrauchsverbote als Einschränkung vorschlagend *Schäfer*, in: MünchKommAktG, § 243 Rn. 110.

[1492] So jedoch befürwortend *A. Arnold*, Der Konzern 2009, 88, 92; *Baums*, Bericht der Regierungskommission Corporate Governance, Rn. 117; *Drinhausen/Keinath*, BB 2008, 1238, 1240; *Kubis*, in: MünchKommAktG, § 118a Rn. 94; *Paschos/Goslar*, AG 2008, 605, 610 f.; *Schirmer*, AG 2023, 19, 23.

[1493] FraktionsE, Virtuelle Hauptversammlung, BT-Drucks. 20/1738, S. 37.

[1494] *Englisch*, in: Hölters/Weber, AktG, § 243 Rn. 76.

[1495] So auch, aber nur in Bezug auf eine unmittelbare Satzungsbestimmung und nicht in Bezug auf eine Ermächtigung des Vorstands nach § 118a Abs. 1 Satz 1 AktG *Kubis*, in: MünchKommAktG, § 118a Rn. 94.

[1496] *Kruchen/Werner*, DZWIR 2023, 175, 186.

[1497] *Noack/Zetzsche*, in: KölnKommAktG, § 243 Rn. 588.

[1498] *Noack/Zetzsche*, in: KölnKommAktG, § 243 Rn. 588.

Des Weiteren werden die allermeisten technischen Störungen während einer Versammlung erkennbar sein.[1499] Wenn dies der Fall ist, muss die Versammlung unterbrochen, die Störung behoben und gegebenenfalls Teile der Versammlung störungsfrei wiederholt werden. Wenn der Gesellschaft die Störung bekannt ist und sie die Versammlung trotzdem fortführt, ist dies mindestens grob fahrlässig und kann angefochten werden.[1500] Wenn ein Aktionär die Anfechtbarkeit aufgrund einer technischen Störung im Verantwortungsbereich der Gesellschaft sicherstellen will, sollte er die Gesellschaft mithin auf diese Störung hinweisen. Dadurch kann der „Anfechtungsausschluss" verhindert und die Gesellschaft grob fahrlässig gestellt werden, wenn sie ohne Behebung der Störung mit der Versammlung fortfährt. Die Gesellschaft muss sich hierfür ansprechbar zeigen und den Aktionären eine Möglichkeit bieten, auch außerhalb des Aktionärsportals, die von ihnen wahrgenommenen technischen Störungen zu melden. Dies gebieten die grundrechtlich geschützten Rechte der Aktionäre. Es kann aber auch im Interesse der Gesellschaft sein, technische Störungen aufzudecken und Rechtsunsicherheiten durch später erfolgte Anfechtungen zu verhindern. In diesem Zusammenhang ist es ferner richtig und wichtig, dass die elektronische Stimmabgabe bei einer virtuellen Versammlung ebenfalls durch die Gesellschaft nach § 118a Abs. 1 Satz 4 AktG bestätigt werden muss. Damit kann der Zugang der Stimmen bei der Gesellschaft sichergestellt werden und zumindest für das zentrale Stimmrecht ein hohes Maß an Sicherheit hinsichtlich technischer Störungen geschaffen werden. Abschließend ist damit festzustellen, dass § 243 Abs. 3 Satz 1 Nr. 1–3 AktG faktisch nur dann Bedeutung entfaltet, wenn die technische Störung unerkannt bleibt. Technische Störungen sind aber in der Regel erkennbar und treten in Zukunft wahrscheinlich seltener auf.

Ferner ist die Strenge des Verschuldens ab grober Fahrlässigkeit sachgerecht. Eine Anknüpfung an einfache Fahrlässigkeit wäre einerseits zu weitgehend, da sich leicht fahrlässige Fehler bei der Breite der notwendigen Technik kaum vermeiden lassen. Andererseits ist nach obiger Erörterung grobe Fahrlässigkeit schon in den Fällen gegeben, in denen der Gesellschaft die technische Störung in ihrer Verantwortung bekannt ist und sie trotzdem mit der Versammlung fortfährt. Durch die Bestätigung der Stimmabgabe ist die Erkennbarkeit technischer Störungen für das Stimmrecht besonders gesichert. Mithin greift die Einschränkung des Anfechtungsrechts in der Praxis nicht zu weit und ist mit Blick auf die Vorteile des virtuellen Formats hinzunehmen.

[1499] S. nochmals Kapitel 4 C. I. 8. b).

[1500] Je nach Verständnis des Begriffs der technischen Störung, umfasst diese alle Funktionsbeeinträchtigungen oder nur solche, die kein menschliches Handeln darstellen. Zur ersten, herrschenden Auffassung etwa *Lieder*, NZG 2020, 81, 90; *Noack/Zetzsche*, in: KölnKommAktG, § 243 Rn. 579 m. w. N. Zur zweiten Ansicht, *Drescher*, in: BeckOGKAktG, § 243 Rn. 238; *Lochner/Keller*, ZIP 2022, 1997, 2005. Folgt man der ersten Auffassung, liegt in obiger Situation zwar eine technische Störung vor, aber das Verschuldenselement von § 243 Abs. 3 Satz 2 AktG ist nicht gegeben, sodass die Anfechtung nicht nach § 243 Abs. 3 ausgeschlossen ist. Folgt man dagegen der zweiten Auffassung, gelangt man zum gleichen Ergebnis, doch liegt schon keine technische Störung vor.

c) Beweislastverteilung

Abseits der materiellen Risikoverteilung über die gesetzlichen Regelungen der Anfechtung aufgrund technischer Störung wurde die Beweislastverteilung im Anfechtungsverfahren bei technischen Störungen kritisiert.[1501] Dass diese Aktionäre teilweise schwer belastet, ist einzugestehen, letztlich hat der Gesetzgeber damit aber die einzig richtige Gestaltungsoption ergriffen.[1502] Danach liegt weiterhin die volle Beweislast für das Vorliegen einer Rechtsverletzung und die von der Gesellschaft verschuldete technische Störung beim Aktionär.[1503] Dies entspricht dem tradierten zivilprozessualen Grundsatz, dass die jeweiligen Prozessparteien die Tatsachen zu beweisen haben, die ihnen günstig sind (Rosenbergsche Formel).[1504]

Im Besonderen ist verwunderlich, warum die Beweislastverteilung überhaupt mit Blick auf die Zuordnung der technischen Störung in den Verantwortungsbereich der Gesellschaft diskutiert wird. Strukturell ist es dem Aktionär ebenso leicht möglich zu beweisen, dass die Störung nicht seinem Risikobereich entstammt, wie es der Gesellschaft möglich ist zu beweisen, dass die Störung nicht ihrem Verantwortungsbereich entstammt. Entsprechend ist nach den allgemeinen Grundsätzen die Beweispflicht dem Aktionär aufzubürden.

Darüber hinaus bestehen weitere Gründe dagegen der Gesellschaft die Pflicht zum Gegenbeweis de lege ferenda gesetzlich aufzuerlegen. Zum einen widerspräche dies dem gesetzgeberischen Willen, die virtuelle Versammlung als echte Alternative neben der Präsenzversammlung zu etablieren. Müsste die Gesellschaft jede Anfechtungsklage entkräften, stünden die gefassten Beschlüsse unter einer zu großen Rechtsunsicherheit und die Gesellschaft wären zu sehr mit dieser Pflicht belastet. Konsequenz dessen wäre, dass weniger Gesellschaften von der virtuellen Hauptversammlung Gebrauch machen[1505] und die Ausübung von Aktionärsrechten

---

1501 *CRIC/SfC/kritische Aktionäre*, Stellungnahme RefE, S. 6, abrufbar unter: https://www.bmj.de/SharedDocs/Downloads/DE/Gesetzgebung/Stellungnahmen/2022/0311_Stellungnahme_CRiC_virtuelle_Hauptversammlung.pdf?__blob=publicationFile&v=3; *Finanzwende*, Stellungnahme FraktionsE, S. 10, abrufbar unter: https://www.bundestag.de/resource/blob/899780/dec9695269a1bc748d27f2791a850b97/Stellungnahme-Hirte_Finanzwende.pdf; *Koch*, AktG, § 243 Rn. 44g; *Lochner/Keller*, ZIP 2022, 1997, 2006; *Noack/Zetzsche*, in: KölnKommAktG, § 243 Rn. 587.

1502 *Poelzig*, Protokoll Rechtsausschuss, S. 23, abrufbar unter: https://www.bundestag.de/resource/blob/908366/d0a1303ceb1e8dd64160319bf8fcbdc4/Wortprotokoll-data.pdf; s. am Anfang des Abschnitts.

1503 Es handelt sich bei dem Verschuldenselement, trotz der missverständlichen Formulierung um eine Negativvoraussetzung, *Koch*, AktG, § 243 Rn. 44a; *Seibt/Danwerth*, AG 2022, 177, 189. A.A. *Kubis*, in: MünchKommAktG, § 118a Rn. 100; *Lochner/Keller*, ZIP 2022, 1997, 2005 f., die ohne Begründung die Darlegungs- und Beweislast des Ausnahmetatbestands der Gesellschaft übertragen.

1504 Vgl. *Rosenberg*, Die Beweislast, S. 98 f.

1505 Vgl. FraktionsE, Virtuelle Hauptversammlung, BT-Drucks. 20/1738, S. 37; zu § 243 Abs. 3 Nr. 1 AktG a. F. *Lieder*, NZG 2020, 81, 90 f.

weniger freizügig gestalten würden[1506]. Zum anderen ist eine solche pauschale gesetzliche Beweislastumkehrung gar nicht notwendig, da das Zivilprozessrecht bereits mit dem Rechtsinstitut der sekundären Darlegungslast einen hinreichenden Kompromiss ermöglicht.[1507] Eine sekundäre Darlegungslast trifft den Prozessgegner der primär darlegungsbelasteten Partei, wenn diese keine nähere Kenntnis der maßgeblichen Umstände sowie keine Möglichkeit zur weiteren Sachaufklärung hat, während der Bestreitende alle wesentlichen Tatsachen kennt und es ihm unschwer möglich und zumutbar ist, nähere Angaben zu machen.[1508] Dies kommt insbesondere hinsichtlich des Beweises des Verschuldens der Gesellschaft nach § 243 Abs. 3 Satz 2 AktG in Betracht. Eine pauschale Belastung der Gesellschaften mit der sekundären Darlegungslast ist dabei allerdings nicht angezeigt, da im Einzelfall die Vorlage hinreichender Anhaltspunkte für die zu beweisende Tatsachen durch den primär Darlegungspflichtigen (hier: Aktionär) erfordert.[1509] Die Anhaltspunkte müssen fassbar sein, da der Gesetzgeber die Beweis- und Darlegungslast für das Verschuldenselement eindeutig den Aktionären zugeordnet hat.[1510] Allein der Beweis des Vorliegens einer technischen Störung reicht dafür nicht. Damit kann eine im Einzelfall angemessene Beweislastverteilung vorgenommen werden, die das virtuelle Format nicht unter eine zu hohe Belastung stellt und begründete Anfechtungsverlangen doch nicht verwehrt.

In der Praxis ist den Gesellschaften zu empfehlen, die technische Ausgestaltung und Überwachung der Hauptversammlung zu dokumentieren und elektronische Protokolle zu sichern.[1511] Damit können spätere Beweisschwierigkeiten oder gar ganze Verfahren vermieden werden.

[1506] So auch *Poelzig*, Protokoll Rechtsausschuss, S. 23, abrufbar unter: https://www.bundestag.de/resource/blob/908366/d0a1303ceb1e8dd64160319bf8fcbdc4/Wortprotokoll-data.pdf.

[1507] Vgl. *Drescher*, in: BeckOGKAktG, § 243 Rn. 239; *Kubis*, in: MünchKommAktG, § 118a Rn. 100 m. w. N.; *Schirmer*, AG 2023, 19, 23 f.; *Schwab*, in: K. Schmidt/Lutter, AktG, § 243 Rn. 20d; a. A. *Kruchen/Werner*, DZWIR 2023, 175, 185 f.

[1508] BGH v. 19. 2. 2019 – VI ZR 505/17, BGHZ 221, 139 m. w. N.; BGH v. 20. 1. 1961 – I ZR 79/59, NJW 1961, 826, 828.

[1509] Drescher geht dagegen pauschal davon aus, dass der Gesellschaft die sekundäre Darlegungslast hinsichtlich der Ursache der technischen Störung obliegt, wenn eine Störung in ihrer Sphäre nachgewiesen wurde, *Drescher*, in: BeckOGKAktG, § 243 Rn. 239; wohl auch etwas extensiver *Schirmer*, AG 2023, 19, 23 f.; wohl auch für eine Beweislastumkehr *Sturm/Imsameh*, NZG 2022, 1327, 1332. Allgemein zu diesem Erfordernis BGH v. 8. 3. 2021 – VI ZR 505/19, ZIP 2021, 799, 801 Rn. 27 m. w. N.

[1510] RegE, ARUG, BT-Drucks. 16/116422, S. 40; FraktionsE, Virtuelle Hauptversammlung, BT-Drucks. 20/1738, S. 37 a. E.

[1511] Vgl. *Finanzwende*, Stellungnahme FraktionsE, S. 10, abrufbar unter: https://www.bundestag.de/resource/blob/899780/dec9695269a1bc748d27f2791a850b97/Stellungnahme-Hirte_Finanzwende-data.pdf.

d) Zwischenergebnis

Insgesamt überzeugt damit die Fortschreibung der in § 243 Abs. 3 Nr. 1 AktG a. F. für die hybride Hauptversammlung getroffenen Risikoverteilung für die virtuelle Hauptversammlung.

4. Verfahren der Anfechtung

Für das Verfahren der Anfechtbarkeit wird im Folgenden nur mit Blick auf die Anfechtungsbefugnis (a)) und das Freigabeverfahren (b)) behandelt.

a) Anfechtungsbefugnis, § 245 AktG

Die Regelung der Anfechtungsbefugnis in § 245 AktG musste leicht angepasst werden.

aa) Elektronische Zuschaltung, § 245 Satz 1 Nr. 1, Satz 2 AktG

Für eine Anfechtungsbefugnis nach § 245 Satz 1 Nr. 1 AktG[1512] muss ein Aktionär „in der Hauptversammlung erschienen" sein. Bei einer virtuellen Hauptversammlung kann die Anfechtungsbefugnis daran aber nicht mehr geknüpft werden.[1513] Deshalb gilt nach dem neu eingefügten Satz 2 jeder Aktionär, welcher sich zur Versammlung elektronisch zugeschaltet hat, als erschienen im Sinne von Satz 1 Nummer 1.[1514]

Das Erfordernis des „Erscheinens" wurde damit auch hier nicht vollständig abgeschafft, sondern nur durch die teilnahmeäquivalente elektronische Zuschaltung ersetzt.[1515] Der Aktionär soll nur dann anfechten können, wenn er sämtliche Informationen, die im Vorfeld der Hauptversammlung und in ihr selbst gegeben und ausgetauscht wurden, überblickt.[1516] Wenn er nicht an den Entscheidungs- und Abstimmungsprozessen der Hauptversammlung teilnimmt, gibt es auch keinen Grund, ihm

---

[1512] Vor dem Gesetz zur Einführung virtueller Hauptversammlungen: § 245 Nr. 1 AktG.

[1513] Nicht zu unterschlagen ist allerdings, dass auch schon nach dem Status quo ante Aktionäre, die nach § 118 Abs. 1 Satz 2 AktG elektronisch an der Versammlung teilnehmenden Aktionäre, als nach § 245 Satz 1 Nr. 1 AktG *in der Hauptversammlung erschienen* galten, RegE ARUG, BT-Drucks. 16/11642, S. 27.

[1514] Zum Begriff der elektronischen Zuschaltung s. Kapitel 4 C. I. 2. a) dd). In einer Folgeänderung wurde auch § 251 Abs. 2 Satz 1 AktG an die nunmehr bestehenden unterschiedlichen Sätze von § 245 angepasst.

[1515] Vgl. *Hoffmann*, DB 2022, 1498, 1500.

[1516] FraktionsE, Virtuelle Hauptversammlung, BT-Drucks. 20/1738, S. 38.

ein Anfechtungsrecht zu gewähren.[1517] Dies gilt ebenfalls für Rechtsverletzungen des Aktionärs, welche im Vorfeld der Versammlung stattgefunden haben. Hiermit zeigt sich erneut, dass der Gesetzgeber die Informations- und Mitwirkungsrechte der Aktionäre im Vorfeld der Versammlung ausbauen wollte, ohne damit aber die Zuschaltung in der Versammlung zu ersetzen.

bb) Widerspruch im Wege elektronischer Kommunikation, § 118a Abs. 1 Satz 2 Nr. 8 AktG, § 245 Satz 1 Nr. 1 i. V. m. Satz 2 AktG

§ 245 Satz 1 Nr. 1 AktG erfordert unabhängig von dem Versammlungsformat einen Widerspruch für die Anfechtungsberechtigung der Aktionäre. Da die Aktionäre ihren Widerspruch nicht wie in der Präsenzversammlung persönlich am Versammlungsort abgeben können, wurde § 245 Satz 2 AktG eingefügt. Nach diesem gelten alle elektronisch zugeschalteten Aktionäre als erschienen i. S. v. Satz 1 Nummer 1. Ferner räumt § 118a Abs. 1 Satz 2 Nr. 8 AktG den elektronisch zur Versammlung zugeschalteten Aktionären ein Recht zum Widerspruch im Wege elektronischer Kommunikation ein.

Der Widerspruch ist wie bei einer Präsenzversammlung während der Versammlung einzulegen.[1518] Für die Einlegung eines Widerspruchs zu einem Beschluss ist es nicht erforderlich, dass der Aktionär sein Stimmrecht zu diesem ausgeübt hat.[1519] Der Gesetzgeber verzichtete damit richtigerweise auf das zusätzliche Kriterium der tatsächlichen Ausübung des Stimmrechts, das noch von § 1 Abs. 2 Nr. 4 GesRuaCOVBekG verlangt wurde.[1520] Das erforderliche Interesse an dem betroffenen Beschluss hat der Aktionär schon durch seine elektronische Zuschaltung bekundet.[1521] Ferner sollte die Anfechtbarkeit von Beschlüssen in der virtuellen Hauptversammlung nicht gegenüber denen im Präsenzformat erschwert werden.

Obwohl die Erklärung des Widerspruchs im Wege elektronischer Kommunikation deutlich niederschwelliger ist und dementsprechend mehr Widersprüche erklärt

---

[1517] FraktionsE, Virtuelle Hauptversammlung, BT-Drucks. 20/1738, S. 38.

[1518] FraktionsE, Virtuelle Hauptversammlung, BT-Drucks. 20/1738, S. 25; *Koch*, AktG, § 245 Rn. 21b f. m. w. N. und Ausführungen zu nicht ordnungsgemäß erklärten Wiedersprüchen und ihrer Protokollierung.

[1519] Der Verzicht auf die Stimmrechtsausübung als Voraussetzung für die Anfechtungsbefugnis ermöglicht es auch stimmrechtslosen Vorzugsaktionären Widerspruch und Anfechtungsklage einzulegen. *Bungert/Rieckers/Becker*, DB 2022, 2074, 2080; *Koch*, AktG, § 245 Rn. 21a; *Tröger*, in: KölnKommAktG, § 118a Rn. 54.

[1520] So auch *Vatter*, in: BeckOGKAktG, § 245 Rn. 32.1.

[1521] Dass er an der Abstimmung nicht teilgenommen hat, muss kein Desinteresse an dem Ergebnis darstellen. Im Gegenteil kann ein bestimmtes Abstimmungsergebnis, dass nur aufgrund von Gesetzes- oder Satzungsverletzungen erzielt wurde, dem Interesse des Aktionärs durchaus entgegenlaufen.

werden, hat sich die Anzahl an Beschlussmängelklagen nicht wesentlich erhöht.[1522] Es ist zu vermuten, dass die „zusätzlich erklärten" Widersprüche als Protest gegen die Verwaltung zu verstehen sind.[1523]

Der anfechtende Aktionär muss seinen Widerspruch nach § 245 Satz 1 Nr. 1 AktG *zur Niederschrift* erklären.[1524] Da das Gesetz nur die Ermöglichung des Widerspruchs im Wege elektronischer Kommunikation vorsieht, steht den Gesellschaften die technische Umsetzung frei.[1525] Der Widerspruch muss nicht begründet werden[1526] und kann daher auch durch einen „Widerspruchs-Button" im Aktionärsportal ermöglicht werden.[1527] Aufgrund der positiven Praxiserfahrungen ist ein Widerspruchs-Button oder eine besondere E-Mail-Adresse empfehlenswert.[1528]

Die Erklärung des Widerspruchs muss dergestalt ermöglicht werden, dass der Notar sie als eigene Wahrnehmung nach § 37 Abs. 1 Nr. 2 BeurkG protokollieren kann.[1529] Praktisch bedeutet das, dass der Notar Zugriff auf die über das Aktionärsportal erklärten Widersprüche oder auf die E-Mail-Adresse haben muss, auf der sie eingehen.[1530] Ist der Widerspruch fernmündlich zu erklären, muss der Notar die Aussage des Aktionärs mitverfolgen können.[1531] Es genügt folglich nicht, wenn die

---

[1522] *Noack/Zetzsche*, AG 2020, 721, 724; *Rieckers*, DB 2021, 98, 102; *Wilsing*, Gesellschaftsrecht in der Diskussion 2022, S. 29 Rn. 52f.

[1523] *Wilsing*, Gesellschaftsrecht in der Diskussion 2022, S. 29 Rn. 53.

[1524] Dies ergibt sich zunächst aus der Gesetzesbegründung, welche eine Übersendung des Widerspruchs „direkt an den Notar" vorsieht. FraktionsE, Virtuelle Hauptversammlung, BT-Drucks. 20/1738, S. 26. Ausführlich *Hoffmann*, DB 2022, 1598, 1500f.; *Mayer/Jenne/Miller*, BB 2022, 2946, 2963; *Paschos*, in: BeckOGKAktG, § 118a Rn. 60. Dies gilt auch für den Widerspruch nach § 132 Abs. 2 Satz 2 AktG, *Hoffmann*, DB 2022, 1598, 1501. Die Erklärung zur Niederschrift ist keine Voraussetzungen für einen wirksamen Widerspruch. Der Widerspruch kann auch nur dem Erklärungsgegner, der Gesellschaft, zugehen. Die Erklärung zur Niederschrift soll hier aber trotzdem unter der Anfechtungsbefugnis und dem Widerspruchserfordernis behandelt werden, da dieses ganz wesentlich die Gestaltung des Widerspruchrechts berührt.

[1525] *Walch/Häuslmeier*, DNotZ 2023, 106, 119; zu den Gestaltungsoptionen, welche die Vorgabe *elektronischer Kommunikation* eröffnet, s. bereits Kapitel 4 B. IV. 6. a).

[1526] *Reger/Gaßner*, RDi 2022, 396, 403.

[1527] So vorschlagend FraktionsE, Virtuelle Hauptversammlung, BT-Drucks. 20/1738, S. 25; *Reger/Gaßner*, RDi 2022, 396, 403.

[1528] So auch *Schilha*, Der Aufsichtsrat 2023, 2, 4; *Tröger*, in: KölnKommAktG, § 118a Rn. 55; *Walch/Häuslmeier*, DNotZ 2023, 106, 120. Die rechtstatsächlichen Untersuchungen von Danwerth ergaben, dass die allermeisten Gesellschaften der DAX-Indexfamilie Widersprüche über das Aktionärsportal, ein Teil aber auch nur per E-Mail, zuließen. Andere Übermittlungswege spielten keine bedeutende Rolle in der Praxis. *Danwerth*, AG 2021, 613, 625; *Danwerth*, AG 2020, 776, 78.

[1529] *Kubis*, in: MünchKommAktG, § 118a Rn. 26. Vgl. ausführlich *Hoffmann*, DB 2022, 1498, 1502; *Wicke*, FS Heidinger, S. 619, 625 f. m. w. N. und Details. Zur Notwendigkeit der notariellen Wahrnehmung, Kapitel 4 C. I. 3. b) bb) (1).

[1530] *Hoffmann*, DB 2022, 1498, 1502; *Mayer/Jenne/Miller*, BB 2022, 2946, 2964; *Vatter*, in: BeckOGKAktG, § 245 Rn. 32.

[1531] *Hoffmann*, DB 2022, 1498, 1502, der zu Recht darauf hinweist, dass die fernmündliche Erklärung eher theoretischer Natur ist; vgl. *Mayer/Jenne/Miller*, BB 2022, 2946, 2964.

Gesellschaft alle Widersprüche sammelt und im Nachgang der Versammlung an den Notar weiterleitet.[1532]

Damit die Aktionäre von ihrem Widerspruchsrecht Gebrauch machen können, sind sie darüber zu informieren, wie sie dieses technisch ausüben können.[1533] Möglich ist eine solche Information schon im Vorgang der Hauptversammlung, beispielsweise in der Einberufung zu dieser.[1534] Dies hat den Vorteil, dass die technischen Erläuterungen nicht in der Hauptversammlung selbst ergehen müssen und diese zeitlich in die Länge ziehen. Wenn die Aktionäre dagegen erst in der Hauptversammlung darüber informiert werden, muss dies direkt zu Beginn der Hauptversammlung erfolgen. Dies folgt daraus, dass der Widerspruch vor der jeweiligen Beschlussfassung zu Gesetzes- oder Satzungsverletzungen vor dieser erklärt werden kann.[1535]

Wie bei der Präsenzversammlung kann der Widerspruch unter Umständen entbehrlich sein. Das Widerspruchserfordernis beruht auf dem Prinzip *venire contra factum proprium*.[1536] Wenn der Aktionär unberechtigt aus dem Aktionärsportal oder der Übertragung der Versammlung ausgeschlossen wurde und er deshalb technisch keinen Widerspruch einlegen konnte, kann von ihm kein Widerspruch verlangt werden. Technische Störungen, die von der Gesellschaft verursacht wurden, oder die abrupte Schließung der Hauptversammlung, die eine Erklärung des Widerspruchs verhindern, haben die gleiche Wirkung.[1537] Ferner lässt die fehlende oder ungenügende Information über die Widerspruchsmöglichkeiten das Widerspruchserfordernis entfallen, wenn dadurch die Widerspruchserklärung faktisch unmöglich oder unzumutbar ist.[1538]

[1532] *Hoffmann*, DB 2022, 1498, 1502; *Mayer/Jenne/Miller*, BB 2022, 2946, 2964.

[1533] Mit weiterer Begründung *Hoffmann*, DB 2022, 1498, 1503 f.; *Mayer/Jenne/Miller*, BB 2022, 2946, 2964; *Vatter*, in: BeckOGKAktG, § 245 Rn. 32. Die fehlende Information über oder Möglichkeit der Ausübung des Widerspruchs ist mangels Beschlussrelevanz kein eigenständiger Anfechtungsgrund.

[1534] *Hoffmann*, DB 2022, 1498, 1503; empfehlend *Koch*, AktG, § 245 Rn. 21c; *Mayer/Jenne/Miller*, BB 2022, 2946, 2964; mit Formulierungsvorschlag *Stelmaszczyk/Forschner*, Der Konzern 2020, 221, 233.

[1535] *Koch*, AktG, § 245 Rn. 21c; *Mayer/Jenne/Miller*, BB 2022, 2946, 2964; vgl. *Hoffmann*, DB 2022, 1498, 1503.

[1536] BGH v. 21. 6. 2020 – II ZR 24/09, AG 2010, 632, 636; *Noack*, AG 1989, 78, 79 f.; *Priester*, EWiR 2005, 329, 330; *Schäfer*, in: MünchKommAktG, § 245 Rn. 37; *E. Vetter*, DB 2006, 2278, 2279.

[1537] Ausführlich *Hoffmann*, DB 2022, 1498, 1503 f.; *Koch*, AktG, § 245 Rn. 21e. Zu weit gehend dagegen *Noack/Zetzsche*, in: KölnKommAktG, Anh. § 129 Rn. 198, die schon eine Abschaltung der Bild- und Tonübertragung für die Suspendierung des Widerspruchserfordernisses für ausreichend erachten. Wenn nur die Bild- und Tonübertragung betroffen ist, ist ein Widerspruch möglich und so ist der Fall gerade nicht wie § 254 Nr. 2 AktG a. F. gelagert.

[1538] *Hoffmann*, DB 2022, 1498, 1503 f.; *Mayer/Jenne/Miller*, BB 2022, 2946, 2964; *Vatter*, in: BeckOGKAktG, § 245 Rn. 32.

b) Freigabeverfahren, § 246a Abs. 1 Satz 1 AktG

Da sich die Anfechtbarkeit wegen Inhaltsmängeln im Wesentlichen nicht geändert hat, war keine grundlegende Anpassung des Anwendungsbereichs des Freigabeverfahrens notwendig. Die Beschlüsse der virtuellen Hauptversammlung sind inhaltlich die gleichen. Etwas anderes ergibt sich nur bezüglich des satzungsändernden Beschlusses über das Format der Hauptversammlung nach § 118a Abs. 1 Satz 1 AktG. Für diesen neuartigen Beschluss eröffnet § 246a Abs. 1 Satz 1 AktG nunmehr das Freigabeverfahrens.

Die Öffnung des Freigabeverfahrens für solche Satzungsänderungen ist zu begrüßen.[1539] Sie ermöglicht den Gesellschaften eine rechtssichere Abhaltung von virtuellen Hauptversammlungen[1540] und stellt damit die Attraktivität des virtuellen Formats sicher.[1541] Die Anwendbarkeit des Freigabeverfahrens ermöglicht es in der Praxis Rechtssicherheit über Satzungsregelungen nach § 118a Abs. 1 Satz 1 AktG zu gewinnen, bevor diese wirksam und Hauptversammlungen auf deren Grundlage abgehalten werden.[1542] Wird die Satzungsänderungen nach einem Freigabeverfahren eingetragen, lassen Beschlussmängel ihre Wirksamkeit nach § 246a Abs. 4 Satz 2 Halbsatz 1 AktG unberührt. Als Ausgleich für die Bestandskraft steht dem erfolgreich klagenden Aktionär nach § 246a Abs. 4 Satz 1 AktG ein verschuldensunabhängiger Schadensersatzanspruch gegen die Gesellschaft zu.

Das Freigabeverfahren steht nur Satzungsänderungen nach § 118a Abs. 1 Satz 1 AktG offen. Nicht umfasst sind alle anderen Satzungsregelungen zur Gestaltung der virtuellen Hauptversammlung. Das Freigabeverfahren wird damit weiterhin restriktiv und nur für bestimmte Fälle, in denen besondere Rechtssicherheit not-

---

[1539] Vgl. nach Aufnahme in den Gesetzesentwurf auch etwa *Koch*, Stellungnahme FraktionsE, S. 4; *Roßkopf*, Stellungnahme FraktionsE, S. 4, beide abrufbar unter: https://www.bundestag.de/dokumente/textarchiv/2022/kw27-de-virtuelle-hauptversammlung-902468.

[1540] Ziel des Gesetzgebers war es mehrjährige Rechtsunsicherheiten bezüglich sämtlicher Beschlüsse in der virtuellen Hauptversammlung zu vermeiden. FraktionsE, Virtuelle Hauptversammlung, BT-Drucks. 20/1738, S. 38. Dabei ergibt sich die Rechtsunsicherheit bei einer Anfechtung einer Satzungsklausel nach § 118a Abs. 1 Satz 1 AktG nicht nur für die Abhaltung der virtuellen Versammlung. Denn ordnet diese eine virtuelle Versammlung an und wird sie angefochten, ist auch die Abhaltung einer Präsenzversammlung satzungswidrig, wenn die Klausel wirksam ist.

[1541] Die Änderung von § 246a AktG wurde erst aufgrund entsprechender Kritik am Referentenentwurf, der eine solche Regelung noch nicht vorsah, in das Gesetz aufgenommen. *BDI*, Stellungnahme RefE, S. 6; *BUJ*, Stellungnahme RefE, S. 4; *DAI*, Stellungnahme RefE, S. 6 f. mit dem gelungenen Argument, dass es eines Rechtsstreits bezüglich zweier gleichwertiger Formate kaum bedarf, dann aber noch weiter eine Unanfechtbarkeit der Satzungsregelung fordert; *DAV*, Stellungnahme RefE, S. 5 f.; weitergehend eine vollständige Unanfechtbarkeit fordernd *DIRK*, Stellungnahme RefE, S. 3; mit verschiedenen Vorschlägen *VCI*, Stellungnahme RefE, S. 4 f., alle abrufbar unter: https://www.bmj.de/SharedDocs/Gesetzgebungsverfahren/DE/2022_Einfuehrung_virtueller_Hauptversammlungen_Aktiengesellschaften.html. Von Seiten der Literatur *Seibt/Danwerth*, AG 2022, 177, 189.

[1542] Vgl. *Butzke*, AG 2022, 795, 797.

wendig ist, ermöglicht. Trotzdem stellt die Aufnahme der Satzungsänderungen nach § 118a Abs. 1 Satz 1 AktG eine Neuerung dar, da das Freigabeverfahren sonst nur auf Beschlüsse über Strukturmaßnahmen Anwendung findet.[1543]

III. Zwischenergebnis

Das Beschlussmängelrecht der virtuellen Hauptversammlung ist ausgewogen und stellt die virtuelle Hauptversammlung als veritable Alternative neben die Präsenzversammlung. Mit der Einführung der virtuellen Hauptversammlung wurde das Beschlussmängelrecht nur minimalinvasiv angepasst. Das Anfechtungsrecht aufgrund technischer Störungen nach § 243 Abs. 3 Satz 1 Nr. 1–3, Satz 2 AktG wurde im Wesentlichen von dem bei hybriden Hauptversammlungen übernommen. Dass die Anfechtbarkeit eines Beschlusses zumindest grobe Fahrlässigkeit der Gesellschaft erfordert, schränkt die Aktionärsrechte nicht übermäßig ein. Dies ist der Fall, weil sich das Verschulden der Gesellschaft nach den Pflichten der Gesellschaft in der Versammlung richtet und diese in der Praxis dynamisch sind und wenige Störungen im Verantwortungsbereich der Gesellschaft unbeachtet lassen.

[1543] Dies ebenso hervorhebend *Vatter*, in: BeckOGKAktG, § 246a Rn. 4.

Kapitel 5

Betrachtungen de lege ferenda

A. Zusammenfassung der bisherigen Vorschläge de lege ferenda

Im Folgenden werden die bisher einzeln ausgearbeiteten gesetzlichen Änderungsvorschläge zusammengefasst. Die Darstellung orientiert sich am Stil des Bundesgesetzblatts. Zur besseren Erkennbarkeit sind an einigen Stellen die vorgeschlagenen Änderungen kursiv vorgehoben.

1. § 118a wird wie folgt geändert:

   a) Absatz 1 Satz 2 Nummer 3 wird wie folgt neu gefasst:

      „3. den Aktionären wird das Recht eingeräumt, Anträge und Wahlvorschläge im Wege der elektronischen Kommunikation zu stellen,"

   b) Absatz 1 Satz 2 Nummer 5 wird wie folgt neu gefasst:

      „den Aktionären wird, sofern von der Möglichkeit des § 131 Absatz 1a Satz 1 oder des § 126 Abs. 4 Satz 1 Gebrauch gemacht wird, der Bericht des Vorstands oder dessen wesentlicher Inhalt bis spätestens sieben Tage vor der Versammlung zugänglich gemacht,"

   c) In Absatz 1 Satz 2 Nr. 7 werden die Worte „§ 130a Absatz 5 und 6" durch die Worte „§ 130b Absatz 1 und 2" ersetzt.

   d) Absatz 2 wird wie folgt neu gefasst:

      „Die Mitglieder des Vorstands und des Aufsichtsrats, in den Fällen des § 176 Absatz 2 Satz 1 und 2 der Abschlussprüfer sowie ein von der Gesellschaft nach § 134 Absatz 3 Satz 5 benannter Stimmrechtsvertreter können am Ort der Hauptversammlung oder im Wege der Bild- und Tonübertragung an der Hauptversammlung teilnehmen. Der Versammlungsleiter hat am Ort der Hauptversammlung teilzunehmen."

   e) Die Absätze 3 bis 5 werden gestrichen.

   f) Absatz 6 wird zu Absatz 3.

2. § 121 Absatz 2 Satz 3 wird folgender Satz angefügt:

   „Sieht die Satzung eine Ermächtigung des Vorstands nach § 118a Absatz 1 Satz 1 vor, gilt diese auch für nach Satz 3 berechtigte Personen."

3. In § 123 Absatz 2 Satz 1, Absatz 3, Absatz 4 Satz 5 und Absatz 5 werden nach den Worten „an der Versammlung“ jeweils ein Komma und die folgenden Wörter eingefügt: „die elektronische Zuschaltung zu der virtuellen Hauptversammlung“.

4. § 126 wird wie folgt geändert:

   a) Absatz 4 wird wie folgt neu gefasst:

   „(4) Die Satzung kann vorsehen oder den Vorstand dazu ermächtigen, vorzusehen, dass Anträge und Wahlvorschläge von Aktionären bis 14 Tage vor der Versammlung der Gesellschaft mit Begründung an die in der Einberufung hierfür mitgeteilte Adresse übersandt werden müssen. Solche Anträge und Wahlvorschläge sind einschließlich des Namens des Aktionärs, der Begründung und einer etwaigen Stellungnahme der Verwaltung den in § 125 Absatz 1 bis 3 genannten Berechtigten unter den dortigen Voraussetzungen zugänglich zu machen. Für die Zugänglichmachung gelten Absatz 1 Satz 2 bis 4 und Absatz 2 und 3. Anträge, die nach den Sätzen 1 bis 3 zugänglich zu machen sind, gelten als im Zeitpunkt der Zugänglichmachung gestellt. Die Gesellschaft hat zu ermöglichen, dass das Stimmrecht zu diesen Anträgen ausgeübt werden kann, sobald die Aktionäre die gesetzlichen oder satzungsmäßigen Voraussetzungen für die Ausübung des Stimmrechts nachweisen können. Sofern der Aktionär, der den Antrag gestellt hat, nicht ordnungsgemäß legitimiert und, sofern eine Anmeldung erforderlich ist, nicht ordnungsgemäß zu der Hauptversammlung angemeldet ist, muss der Antrag in der Versammlung nicht behandelt werden. Die Gesellschaft hat den Bericht des Vorstands oder dessen wesentlicher Inhalt bis spätestens sieben Tage vor der Versammlung allen Aktionären zugänglich zu machen. Im Falle einer virtuellen Hauptversammlung ist keine Ermächtigung des Vorstands durch die Satzung nach Satz 1 notwendig.“

   b) Nach Absatz 4 werden folgende Absätze 5 und 6 eingefügt:

   „(5) Jedem elektronisch zu der Versammlung zugeschalteten Aktionär ist in der Versammlung im Wege der elektronischen Kommunikation das Recht einzuräumen, Anträge und Wahlvorschläge zu stellen, wenn dies ausdrücklich in der Einberufung gestattet ist oder diese auf Sachverhalten beruhen, die sich erst nach Ablauf der Frist nach Absatz 4 Satz 1 ergeben haben.

   (6) Im Falle der virtuellen Hauptversammlung kann der Versammlungsleiter festlegen, dass das Antragsrecht in der Hauptversammlung ausschließlich im Wege der Videokommunikation ausgeübt werden darf.“

5. § 130a wird wie folgt geändert:

   a) Die Überschrift von § 130a wird zu „Stellungnahmerecht“ geändert.

   b) In Absatz 1 wird der erste Satz wie folgt neu gefasst:

   „*Den Aktionären kann in der Einberufung das Recht gegeben werden*, vor der Versammlung Stellungnahmen zu den Gegenständen der Tagesordnung unter Verwendung der in der Einberufung hierfür mitgeteilten Adresse einzureichen.“

c) Die Absätze 5 und 6 werden gestrichen.

6. Nach § 130a wird folgender § 130b eingefügt:

„§ 130b

Rederecht bei virtuellen Hauptversammlungen

(1) Den elektronisch zu der *virtuellen* Hauptversammlung zugeschalteten Aktionären ist in der Versammlung ein Rederecht im Wege der Videokommunikation zu gewähren. Für die Redebeiträge ist die von der Gesellschaft angebotene Form der Videokommunikation zu verwenden. Anträge und Wahlvorschläge nach § 118a Absatz 1 Satz 2 Nummer 3, das Auskunftsverlangen nach § 131 Absatz 1, Nachfragen nach § 131 Absatz 1d sowie weitere Fragen nach § 131 Absatz 1e dürfen Bestandteil des Redebeitrags sein. § 131 Absatz 2 Satz 2 gilt entsprechend.

(2) Die Gesellschaft kann sich in der Einberufung vorbehalten, die Funktionsfähigkeit der Videokommunikation zwischen Aktionär und Gesellschaft in der Versammlung und vor dem Redebeitrag, Antrag oder Wahlvorschlag oder der Frage zu überprüfen und diesen zurückzuweisen, sofern die Funktionsfähigkeit nicht sichergestellt ist.“

7. § 131 wird wie folgt geändert:

a) Absatz 1a Satz 1 wird wie folgt geändert:

„Im Fall der virtuellen Hauptversammlung *kann in der Einberufung angegeben werden*, dass Fragen der Aktionäre bis spätestens drei Tage vor der Versammlung im Wege der elektronischen Kommunikation einzureichen sind.“

b) Absatz 1c Satz 1 Halbsatz 1 wird wie folgt neu gefasst:

„Die Gesellschaft hat ordnungsgemäß eingereichte Fragen *zu beantworten und die Fragen sowie Antworten bis spätestens einen Tag vor der Versammlung allen Aktionären zugänglich zu machen*;“

c) Absatz 1c Satz 1 wird folgender Satz 2 eingefügt:

„Das Zugänglichmachen kann auf ordnungsgemäß zu der Versammlung angemeldete Aktionäre beschränkt werden.“

d) In Absatz 1c wird der bisherige Satz 2 zu Satz 3.

e) In dem neuen Satz 3 wird die Angabe „Nummer 1, 3 und 6“ durch die Angabe „Nummer 1 und 3“ ersetzt.

f) Nach dem neuen Satz 3 werden die folgenden Sätze 4 und 5 angehängt:

„§ 126 Absatz 2 Satz 1 Nummer 6 gilt entsprechend, wenn das Recht auf Einreichung von Fragen auf ordnungsgemäß zur Versammlung angemeldete Aktionäre beschränkt ist. Wenn eine Frage nach Satz 3 nicht zugänglich gemacht werden muss, darf der Vorstand die Auskunft verweigern."

g) In Absatz 1c werden die bisherigen Sätze 3 und 4 zu Satz 6 und 7.

h) In Absatz 1d Satz 2 und Absatz 1e Satz 2 wird nach der Angabe „Satz 2" die Angabe „und Satz 3" eingefügt.

i) Absatz 2 Satz 2 wird folgender Satz angefügt:

„Die Satzung oder die Geschäftsordnung gemäß § 129 kann den Versammlungsleiter im Fall einer virtuellen Hauptversammlung ermächtigen, auch den Umfang der Fragen angemessen zu beschränken."

j) In Absatz 3 Satz 1 Nummer 7 wird die Angabe „sieben" durch die Angabe „einen" ersetzt.

k) Nach Absatz 4 Satz 2 wird folgender Satz eingefügt:

„Die Absätze 1a bis 1f gelten entsprechend."

l) In Absatz 4 werden die bisherigen Sätze 3 und 4 zu den neuen Sätzen 4 und 5.

8. § 241 wird wie folgt geändert:

a) Nummer 1 wird wie folgt neu gefasst:

„1. in einer Hauptversammlung gefasst worden ist, die unter Verstoß gegen § 121 Abs. 2, Abs. 3 Satz 1, Abs. 4 oder Abs. 4b Satz 1 einberufen war,"

b) Absatz 2 wird folgender Satz angefügt:

„Im Falle einer virtuellen Hauptversammlung führt die unterbliebene Angabe des Orts der Versammlung nicht zu einer Nichtigkeit nach Nr. 1."

9. In § 243 Absatz 3 Satz 1 Nr. 2 werden die Worte „§ 130a Abs. 5 und 6" durch „§ 130b Absatz 1 und 2" ersetzt.

B. Weitere Betrachtungen de lege ferenda

Das Gesetz zur Einführung virtueller Hauptversammlungen versucht nicht nur die virtuelle Hauptversammlung zu verstetigen, sondern reformiert diese auch, indem sie ihr Vorfeld ausbaut. Im Folgenden werden beide Ansätze auf weiteren Anpassungsbedarf untersucht. Außen vorgelassen werden dabei alle anderen Reformansätze für die Hauptversammlung allgemein, da hier nur die virtuelle Hauptversammlung und das Gesetz zur Einführung der virtuellen Hauptversammlung untersucht werden. Ebenso wird nicht nochmals im Einzelnen auf die oben gelisteten Vorschläge de lege ferenda eingegangen.

I. Entzerrung der Hauptversammlung

Der Fraktionsentwurf gibt das Ziel der „Entzerrung“ der virtuellen Hauptversammlung ausdrücklich auf.[1] Dennoch wird mit dem Stellungnahmerecht und dem Antragsrecht im Vorfeld der Versammlung sowie der möglichen Vorverlagerung des Auskunftsrechts, die eine Vorabzugänglichmachung des Vorstandsberichts verlangt, das Vorfeld der Versammlung beträchtlich ausgebaut.

Dieser Ansatz der „Entzerrung“ der Hauptversammlung war im Referentenentwurf noch deutlich ausgeprägter. Er stellt eine Bestrebung dar, die Hauptversammlung zu entlasten, indem das Vorfeld der Versammlung zur Information der Aktionäre und der Ausübung ihrer Rechte fruchtbar gemacht wird. Teilweise wird die Entlastung der Hauptversammlung durch die zusätzliche Bereitstellung von Informationen und Gelegenheit zur Ausübung von Aktionärsrechten im Vorfeld der Versammlung versucht, sodass in der Hauptversammlung weniger Bedarf für diese besteht. Ansätze hierfür sind etwa das Antrags-, das Stellungnahmerecht und die Zurverfügungstellung des Vorstandsberichts. Teilweise wird die Rechtsausübung im Vorfeld der Versammlung aber auch alternativ zu der in der Versammlung angeboten. Das Niveau des Aktionärsrechts bleibt dabei in einer Gesamtbetrachtung gleich, in der Versammlung wird das Aktionärsrecht aber eingeschränkt. Ansätze hierfür sind etwa das Auskunftsrecht und der hiesige Vorschlag zur Änderung des Antragsrechts.

In Zukunft sollte dieser für die virtuelle Hauptversammlung verfolgte Ansatz auf die Präsenzversammlung ausgedehnt werden. Die einzelnen Gesetzesvorschläge sind in den vorherigen Ausführungen gesondert begründet und im vorherigen Abschnitt gesammelt zu finden. Gegen die Ausdehnung auf die Präsenzversammlung spricht kein einziger gewichtiger Beweggrund, wenn diese Vorverlagerungen – wie schon zuvor gefordert – dispositiv sind und der Ausgestaltung der Gesellschaft obliegen. Die Lex lata ist Ausdruck einer legislatorischen Selbstbeschränkung, die wohl politisch gewollt war, rechtspolitisch aber verfehlt ist. Daran sollten keine ernsthaften Zweifel bestehen.

Die Forderung einer weiterreichenden Entzerrung (beider Formate) ist dagegen zu Recht deutlich kontroverser. Obwohl eine weitergehende Entlastung der Hauptversammlung erstrebenswert ist und die hier vorgeschlagenen Reformen der Lex lata teils nur wie eine Symptombekämpfung der grundlegenden konzeptuellen Probleme der Hauptversammlung wirken, können diese nicht nur durch eine weiterreichende Entzerrung bekämpft werden. Vielmehr ergäben sich dabei schwerwiegende Einschränkungen der Aktionärsrechte. Die weitgehende Einschränkung der Aktionärsrechte in der Versammlung zugunsten ihrer Ausübung im Vorfeld der Versammlung entwertet sowohl die Rechte, die nur im Vorfeld der Versammlung

[1] FraktionsE, Virtuelle Hauptversammlung, BT-Drucks. 20/1738, S. 17.

auszuüben sind, als auch die, die noch in der Versammlung ausgeübt werden können. Wenn etwa das Antragsrecht nur im Vorfeld der Versammlung ausgeübt werden kann, haben die Aktionäre in der Hauptversammlung keine Möglichkeit mehr, mit neuen Anträgen auf neue Informationen oder den Meinungsaustausch in der Versammlung zu reagieren. Weder der antragstellende Aktionär noch die übrigen Aktionäre, die von ihren Informationsrechte Gebrauch gemacht haben, können dann aus neuen Informationen in der Versammlung Konsequenzen ziehen.[2]

Aus diesem Dilemma erwachsen drei mögliche Gestaltungsoptionen: Erstens könnten alle Aktionärsrechte, bis auf das Stimmrecht, in das Vorfeld der Versammlung verschoben werden und die Hauptversammlung könnte nur noch als Beschlussorgan fungieren. Zweitens könnte alles wie in der Präsenzversammlung belassen werden, sodass in der Hauptversammlung ein qualitativer und effektiver Austausch stattfinden kann und die Rechte allein in dieser vollumfänglich und gebündelt gewahrt werden. Drittens könnten in einem Kompromiss die Aktionärsrechte und Informationsangebote so weit vorverlagert werden, wie dies möglich ist, ohne die Aktionärsrechte in der Versammlung zu entwerten.

Der erste Ansatz, bei dem die Hauptversammlung als Beschlussorgan allein das Vorfeld abschließt, würde die Hauptversammlung als Ort des Diskurses abschaffen und ist weder rechtspolitisch durchsetzbar noch erstrebenswert. Das diskursive Moment in der Hauptversammlung ist wichtig, um die Aktionäre zur Teilnahme an der Versammlung zu bewegen. Dort können Aktionäre am lebendigen Austausch untereinander und Entscheidungsfindungsprozess partizipieren. Ein gestrecktes Verfahren allein im Vorfeld der Versammlung könnte diese Zwecke rein technisch zwar ebenso erfüllen. Die menschliche Psyche und die Vorteile einer engagierten Live-Diskussion sind aber nicht zu vernachlässigen.[3] Die Bereitstellung aller Informationen und Ausübung aller Aktionärsrechte allein im Vorfeld der Versammlung ist mithin rechtspolitisch nicht erstrebenswert.

Das Gesetz zur Einführung virtueller Hauptversammlungen fährt einen im Grundsatz richtigen Kompromiss zwischen dem zweiten und dem dritten Weg. Alles zu belassen, wie es schon nach dem Status quo ante lief oder in der Präsenzversammlung noch läuft, hat den Nachteil, dass die Hauptversammlung überfrachtet ist, wichtige Aktionäre und Entscheidungsträger nicht an der Hauptversammlung teilnehmen und die Präsenzquoten niedrig sind. Diesem ersten Ansatz folgen grundsätzlich alle Regelungen, die sich darauf beschränken, die Präsenzversammlung unverändert in das virtuelle Format zu transponieren. Dem dritten Ansatz folgt vornehmlich das Auskunftsrecht. Dieser Ansatz sollte auf das Antragsrecht ausgedehnt werden. Nachteil dessen ist aber, dass die Rechtsausübung differenziert gestaltet werden muss und damit Abgrenzungsschwierigkeiten in der Praxis ent-

---

[2] Vgl. hierzu und im Folgenden bereits zum Antragsrecht unter Kapitel 4 C. II. 3. c) bb).

[3] Hierzu etwa *Heckschen/Hilser*, ZIP 2022, 670.

stehen. Für das Rede- bzw. Stellungnahmerecht wurde eine Vorverlagerung hier dementsprechend gar nicht erst diskutiert. Dem Gesetz unterläuft allerdings ferner der rechtspolitische Fehler, teilweise Aktionärsrechte im Vorfeld der Versammlung auszubauen, ohne eine entsprechende Einschränkung in der Versammlung vorzusehen. Dies betrifft namentlich das Stellungnahmerecht. Dieses sollte auch im Vorfeld der Versammlung ermöglicht werden können, nicht aber gesetzlich verpflichtend sein. De lege lata werden die Gesellschaften und Hauptversammlungen damit ohne einen echten Ausgleich belasten. Bislang ließ sich nicht beobachten, dass in den Versammlungen weniger Stellungnahmen, Anträge oder Wahlvorschläge gestellt wurden, weil das Vorfeld der Versammlung ausgebaut wurde. Ferner sind die virtuellen Hauptversammlungen in der Praxis nicht bedeutend kürzer als die Präsenzversammlungen.[4]

Die Grundsatzentscheidung der partiellen Entzerrung der Hauptversammlung ist mithin zu befürworten, muss aber auch dergestalt umgesetzt werden, dass den Gesellschaften eine echte Entzerrung, d. h. Vorverlagerung von Rechten ermöglicht wird, und sie nicht bloß Aktionärsrechte additiv im Vorfeld ausbauen müssen. An dieser Stelle sollte sich der Gesetzgeber ehrlich machen, eine offene Abwägung der Vor- und Nachteile der jeweiligen Gestaltungsoptionen anstreben und bestehende Ansätze konsequent umsetzen.

II. Hybride Hauptversammlung als Alternative

Die namensgebende Bestrebung des Gesetzes zur Einführung virtueller Hauptversammlungen die Hauptversammlungen, ist umfassend geglückt. Von einigen Stimmen wurde aber auch die Forderung nach einer hybriden Hauptversammlung als veritables und weniger intrusives Alternativmodell zur virtuellen Hauptversammlung gefordert.[5]

Gegen eine Hauptversammlung, in der die Aktionäre die Wahl zwischen einer elektronischen Teilnahme und einer Teilnahme am Versammlungsort haben, wurde schon zuvor Stellung genommen.[6] Hier sei aber nur dagegengehalten, dass die hybride Hauptversammlung (abseits der elektronischen Briefwahl) schon lange nach § 118 Abs. 1 Satz 2, Abs. 2 AktG möglich ist und sich keiner Beliebtheit in der Praxis erfreut. Sie kombiniert nämlich nicht nur alle Vorteile, sondern auch alle

---

[4] *DSW*, HV-Report 2024, S. 14 ff., abrufbar unter: https://www.dsw-info.de/fileadmin/Redaktion/Dokumente/PDF/Publikationen/Erfahrungen_mit_der_virtuellen_Hauptversammlung_2024.pdf.

[5] Etwa *Finanzwende*, Stellungnahme FraktionsE, S. 5, abrufbar unter: https://www.bundestag.de/resource/blob/899780/dec9695269a1bc748d27f2791a850b97/Stellungnahme-Hirte_Finanzwende-data.pdf; *Heckschen/Wicke*, NZG 2022, 433; *Merkner/Schulenburg*, AG 2024, 394.

[6] Kapitel 3 B. II. 1.

Nachteile beider Formate. Insbesondere hinsichtlich vieler doppelter Kosten und Anfechtungsrisiken bleibt das hybride Hauptversammlungsmodell damit seiner Natur nach unattraktiv für Gesellschaften.

Eine andere Spielart der hybriden Hauptversammlung waren Vorschläge dahingehend allein großen Aktionären und Stimmrechtvertretern ein Teilnahmerecht am Versammlungsort (oder weitere Sonderrechte[7]) zu gewähren.[8] Dafür könnte man anführen, dass so mit verhältnismäßig geringem Aufwand eine lebendige Präsenzdiskussion ermöglicht werden könnte, in der sich der Vorstand eben jener Prüfung in Präsenz stellen müsste, die in einer virtuellen Versammlung fehle. Eine Differenzierung nach Stimmgewicht ist aber nicht mit dem heutigen Verständnis des Gleichbehandlungsgebots von § 53a AktG und den Eigentumsrechten kleiner Aktionäre vereinbar. Dafür wäre eine grundlegende Reform notwendig. Auch eine solche Reform würde das von ihr gesetzte Ziel der Vitalisierung der Hauptversammlung aber nicht erreichen. Dies liegt an den bereits erläuterten heutigen Defiziten der Hauptversammlung. Ein maßgebender Grund für die fehlende Dynamik in heutigen Hauptversammlungen ist nämlich, dass Großaktionäre und Stimmrechtsberater ihre Meinungsbildung bereits im Vorfeld abgeschlossen haben und gar nicht mehr auf Informationen oder Wortbeiträge in der Hauptversammlung angewiesen sind oder auf diese reagieren.[9] Anstatt auf viele „irrelevante“ Beiträge von Kleinaktionären auf die eben jener Akteure zu setzen, die sich abseits der Stimmabgabe weitestgehend aus dem Geschehen in der Hauptversammlung ausgeklinkt haben, ist damit ein Irrweg.[10] Abseits der verfassungsrechtlichen Fragen und der Vereinbarkeit mit dem grundlegenden Gleichbehandlungsgebot sind an Quoren gekoppelte Präsenzrechte in einer ansonsten virtuellen Versammlung somit abzulehnen.[11]

---

[7] Namentlich das Rederecht wird hier diskutiert. Ausführlich *Gehling*, AG 2022, 800, 804 ff.; *Poelzig*, in: BeckOGKAktG, § 130a Rn. 7.1.

[8] *Franzmann/Brouwer*, AG 2020, 921, 928; *Merkner/Schulenburg*, AG 2024, 394, 396; ausführlich *Teichmann/Wicke*, ZGR 2021, 190 f.

[9] S. hierzu schon Kapitel 2 B. III. 2.

[10] Selbst etwa Franzmann/Brouwer äußern Zweifel über die Sinnhaftigkeit eines solchen hybriden Formats, wollen die Entscheidung darüber aber der Satzungsmehrheit überlassen. *Franzmann/Brouwer*, AG 2020, 921, 928. Sofern die Vertreter eben jener Gruppen, denen unter einem solchen Modell Sonderrechte zukommen würden, dieses unterstützen, ist dies nicht überraschen, vgl. *DVFA*, Monatsfrage September 2023, abrufbar unter: https://dvfa.de/2023/dvfa-monatsfrage-dvfa-investment-professionals-begruessen-hybride-hauptversammlungen-bei-gleichzeitiger-straffung-von-form-und-inhalt/.

[11] Vgl. *Koch/Redeke*, Reformbedarf im Aktienrecht 2024, S. 212, 226 ff. Andere Gestaltungsoptionen, die an Quoren in der Hauptversammlung anknüpfen, sind damit nicht ausgeschlossen. Ihnen mangelt es aber an einem inhärenten Bezug zur virtuellen Hauptversammlung, sodass sie hier nicht weiter behandelt werden sollen.

III. Differenzierung nach Gesellschaftstypen

Ferner wurde eine besondere Regelung der virtuellen Hauptversammlung für Börsen- oder Publikumsgesellschaften gefordert[12] und vielfach kritisiert, dass das Gesetz zur Einführung dieser zuvörderst mit Blick auf Publikums- und DAX-Gesellschaften konzipiert wurde.[13] Zwar ist einzugestehen, dass geschlossene Gesellschaften mit einem kleinen Aktionärskreis ganz andere Bedürfnisse haben als die großen börsennotierten Gesellschaften, doch muss auf Grundlage dreier Argumente für den heutigen universalen Anwendungsbereich gehalten werden.

Erstens wird damit einer Rechtszersplitterung entgegengewirkt. Die Rechtsform der Aktiengesellschaft ist als Publikumsgesellschaft konzipiert. Aktiengesellschaften, die nicht diesem Bild entsprechen, müssen selbst für sich entscheiden, ob sie weiterhin als solche organisiert bleiben und deren Regelungen unterworfen sein wollen. Zweitens haben auch kleine Gesellschaften ein Bedürfnis für virtuelle Versammlungen und die damit verbundene Loslösung vom Versammlungsort. Gerade bei sehr kleinen Aktionärskreisen kann bei einem oder mehr Aktionären simpel eine Anreise vermieden werden, wenn mit gleichem Aufwand eine virtuelle Hauptversammlung im kleinen Rahmen abgehalten werden kann. Ein Interesse am virtuellen Format besteht mithin auch bei kleinen Gesellschaften. Drittens ist nicht zu unterschlagen, dass Abhaltung einer virtuellen Versammlung de lege lata über die Satzungsgrundlage immer durch die Aktionäre legitimiert ist. Ferner sollten den Gesellschaften nach den hier gefassten Vorschlägen de lege ferenda noch mehr Gestaltungsoptionen der virtuellen Hauptversammlung eingeräumt werden. Damit ist die Wahl des Versammlungsformats Ergebnis der Privatautonomie der Aktionäre und nicht einer pauschalen Entscheidung des Gesetzgebers. Die Lex lata, die die virtuelle Hauptversammlung für alle Aktiengesellschaften zulässt, bedarf folglich keiner Änderung.

IV. Neue technische Ausgestaltungen

Neuartige Buzzwörter zu potenziellen Zukunftstechnologien wie *Metaverse*[14] und *Blockchain*[15] fallen derweilen auch im Zusammenhang mit der virtuellen Hauptversammlung. Unabhängig von dem tatsächlichen Mehrwert und der Prak-

---

[12] Etwa *Butzke*, AG 2022, 795; *Guntermann*, ZIP 2024, 1749, 1753; *Mutter/Werner*, AG 2022, R210.

[13] *Harnos*, Beschlussfassung im virtuellen Raum, S. 59, 63; *Poelzig*, Stellungnahme FraktionsE, S. 8 f., abrufbar unter: https://www.bundestag.de/resource/blob/899960/36d57711a1cc101e548 6546d81a60239/Stellungnahme-Poelzig-data.pdf.

[14] *Guntermann*, Beschlussfassung im virtuellen Raum, S. 125, 150 f.

[15] *Beurskens*, FS Seibert, S. 71, 89 f.; *Guntermann*, Beschlussfassung im virtuellen Raum, S. 125, 149 f.; *Kalichava*, Digitalisierung im Aktienrecht, S. 54; *Koch*, AktG, § 118a Rn. 22; *Kruchen*, DZWIR 2020, 431, 449; *Kuntz*, ZHR 2019, 190, 206 ff.; *Spindler*, in: K. Schmidt/Lutter, AktG, § 118 Rn. 58; *Spindler*, ZGR 2018, 17, 50 f.

tikabilität der Implementierung solcher Technologien in der virtuellen Hauptversammlung steht das technologieneutrale Aktiengesetz solchen Vorstößen offen gegenüber. Die Etablierung der virtuellen Hauptversammlung in neuen Kontexten wie dem Metaverse oder anderen technologischen Foren stehen keine ausdrücklichen Regeln entgegen. Ebenso verhält es sich grundsätzlich mit Überlegungen die Hauptversammlung mittels einer Blockchain zu organisieren oder zu dokumentieren. Entscheidend ist, dass die von § 118a Abs. 1 Satz 2 AktG sowie die anderen im Gesetz niedergelegten Partizipations- und Formerfordernisse gewahrt werden und eine Niederschrift nach § 130 AktG angefertigt wird. In welcher Form etwa die Bild- und Tonübertragung abgewickelt wird und wie die Stimmabgabe dokumentiert und ausgewertet wird, ist schließlich irrelevant. Zuletzt sind wie in allen Ausgestaltungsfragen Abwägungsgesichtspunkte wie Sicherheit, Zuverlässigkeit und Benutzungshürden für die Aktionäre zu berücksichtigen.

Die hierfür erforderliche Innovation muss demnach nicht rechtlich gestaltet oder angestoßen werden, sondern von der praktischen oder technologischen Seite erfolgen. Der Mehrwert des jetzigen Regelungsrahmens zeigt sich in eben dieser technologischen Offenheit. Kurz- bis mittelfristig zeichnen sich aber weder die Blockchain-Technologie noch das Metaverse als besonders interessant oder praktikabel für eine relevante Menge an Gesellschaften ab.[16]

V. Berücksichtigung im DCGK

Anzudenken – schließlich aber abzulehnen – ist zuletzt eine Behandlung der virtuellen Hauptversammlung im Deutschen Corporate Governance Kodex (DCGK). Die Neufassung des DCGK im Jahr 2022 konnte das Gesetz zur Einführung virtueller Hauptversammlungen noch nicht berücksichtigen.[17]

Zunächst wäre ein neuer Grundsatz möglich, der die virtuelle und die Präsenzhauptversammlung umfasst. Der DCGK enthält aber keinen Grundsatz zu den Modalitäten der Hauptversammlung. Davon muss für die Modalität des Versammlungsformats nicht abgewichen werden.

Des Weiteren wäre eine Empfehlung denkbar.[18] Als erster Gegenstand einer solchen Empfehlung kommt die grundsätzliche Entscheidung für oder gegen eine virtuelle Hauptversammlung in Frage. Diese Entscheidung sollte jedoch aus zwei Gründen nicht in eine Empfehlung gefasst werden. Erstens wäre eine solche Emp-

---

[16] So auch zum Metaverse *Guntermann*, Beschlussfassung im virtuellen Raum, S. 125, 150f.

[17] *Kremer*, in: Kremer/Bachmann/Favoccia/v. Werder, DCGK, Grundsatz 8 Rn. 1. Die virtuelle Hauptversammlung wurde bislang nur in einem Praxis-Impuls erwähnt, *Regierungskommission DCGK*, Praxis-Impulse zum Ablauf der Hauptversammlung, S. 3, abrufbar unter: https://dcgk.de/files/dcgk/usercontent/de/download/2403%20Praxis-Impulse%20HV.pdf.

[18] Potenziell etwa als A.9.

fehlung nicht von der Zielsetzung des DCGK umfasst. Aus Absatz 1 Satz 2 der Präambel etwa geht hervor, dass der DCGK den Vorstand und Aufsichtsrat mit Empfehlungen anleiten soll.[19] Die Entscheidung über das Versammlungsformat ist dagegen eine, die von den Aktionären gefasst wird. Zwar können die Aktionäre die Entscheidung an den Vorstand delegieren, doch auch dies ist eine bewusste Entscheidung der Aktionäre und sollte vom DCGK anerkannt werden und nicht durch eine Empfehlung vorgeprägt werden. Zweitens sind die börsennotierten Unternehmen zu unterschiedlich, um eine einheitliche Empfehlung für oder gegen eines der Versammlungsformate zu geben. Für Gesellschaften gibt es noch legitime Gründe, eine Präsenzversammlung abhalten zu wollen. Diese sind insbesondere die jeweilige Aktionärsdemografie, besonders kontroverse Hauptversammlungen, an denen viele Aktionäre persönlich teilnehmen wollen oder Marketinggründe.

Ferner könnten der DCGK eine Empfehlung zur Gestaltung der virtuellen Hauptversammlung, die durch den Vorstand und den Versammlungsleiter erfolgt, aufnehmen. Mit Blick auf die bestehenden A.7 und A.8 DCGK sollten jedoch zur virtuellen Hauptversammlung keine weiteren Empfehlungen erfolgen. Die beiden Anregungen beziehen sich nicht spezifisch auf eine Versammlungsform, sodass der DCGK in der Konsequenz bislang keine besonderen Regelungen zur Organisation der Präsenzversammlung aufweist.[20] Entsprechend wäre es begründungsbedürftig, wenn der DCGK allein für die virtuelle Hauptversammlung Empfehlungen vorsehen sollte. Sicherlich hat das Gesetz zur Einführung virtueller Hauptversammlungen viele rechtliche Fragen (z. B. Zugänglichmachung von Antworten auf im Vorfeld gestellte Fragen) und Ermessensspielräume (z. B. Angemessenheit der Beschränkung von Fragen und technische Standards) eröffnet. Diese können aber nicht alle von dem DCGK ausgefüllt werden. Hinsichtlich der rechtlichen Fragen ist es nicht die Aufgabe des DCGK, diese zu beantworten oder gar Gesetzesänderungen vorzuschlagen.[21] Und hinsichtlich der Ermessensspielräume muss sich weitergehend oftmals noch eine Best Practice bilden, bis eine Empfehlung ausgesprochen werden kann. Abseits dessen ergibt sich angesichts der geringen Regelungstiefe des DCGK in Bezug auf die virtuelle Hauptversammlung kein Bedarf spezifischen Rechtsunsicherheiten oder Ermessensspielräumen durch eine Empfehlung zu begegnen. Des Weiteren wird mit dem Verzicht auf weitere Regelungen allgemein die Flexibilität der Gesellschaften und die Individualität ihrer Bedürfnisse anerkannt.

Entwickelt sich in der Hauptversammlungspraxis allerdings eine Best Practice und besteht hinsichtlich dieser oder einer anderen Frage ein Bedürfnis zur Selbst-

[19] „Der [DCGK] [...] enthält Grundsätze, Empfehlungen und Anregungen für den Vorstand und den Aufsichtsrat [...]“.

[20] Ferner betreffen sie sehr grundlegende Entscheidungen und keine über ihre Länge hinaus reichenden Entscheidungen hinsichtlich der Gestaltung der Hauptversammlung.

[21] *Bachmann*, in: Kremer/Bachmann/Favoccia/v. Werder, DCGK, Teil 2. Einleitung Rn. 58, 60.

regulierung unter den börsennotierten Gesellschaften, könnte eine neue entsprechende Empfehlung ausgearbeitet werden. Das zuvor gefasste Ergebnis steht mithin unter dem Vorbehalt zukünftiger Entwicklungen.

VI. Zwischenergebnis

Die virtuelle Hauptversammlung bedarf keiner weiteren strukturellen Änderungen. Der bestehenden gesetzlichen Regelung gelingt es grundsätzlich gut, die Hauptversammlung in einen virtuellen Raum zu transponieren und lässt den Gesellschaften genügend Gestaltungsspielraum auf ihre Bedürfnisse im Einzelfall oder neue Technologien zu reagieren. Die weiterhin bestehenden Defizite der virtuellen Hauptversammlung sind – abseits der bereits vorgebrachten Änderungsvorschläge – weniger im Gesetz zur Einführung virtueller Hauptversammlungen angelegt, sondern vielmehr in dem Konzept der Hauptversammlung de lege lata.

Kapitel 6

Gesamtbetrachtung

Das Gesetz zur Einführung virtueller Hauptversammlungen trägt zwar nur die virtuelle Hauptversammlung im Titel, es verfolgt im Aktienrecht aber zwei Ansätze. Zum einen verstetigt es – wie es der Titel anzeigt – die virtuelle Hauptversammlung. Zum anderen hat sich der Gesetzgeber in diesem Gesetz aber auch mit den Defiziten des Konzepts Hauptversammlung auseinandergesetzt und versucht diesen im virtuellen Format mit neuen Lösungen zu begegnen.

Die beständige Einführung der virtuellen Hauptversammlung ist geglückt. Der Gesetzgeber entschied sich dabei für eine Verstetigung der virtuellen Hauptversammlung, wie sie unter dem GesRuaCOVBekG möglich war und damit gegen eine Cyberhauptversammlung. Entsprechend wurde die Hauptversammlung nicht vollständig virtualisiert. Es bleibt bei einer Präsenzversammlung der Funktionsträger, die einen Versammlungsort behält. Das ist grundsätzlich vertretbar. Gerade mit Blick auf den Abschlussprüfer sowie die Mitglieder des Aufsichtsrats und des Vorstands wäre aber eine Lockerung der Präsenzpflichten auch der Funktionsträger möglich gewesen. Dass die virtuelle Hauptversammlung bis heute einen Versammlungsort hat, ist mit Blick auf die Anwesenheit des Versammlungsleiters und des Notars weiterhin angezeigt. Dem Notar kommt dabei aber keine grundlegend neue Aufgabe oder Funktion als Garant einer ordnungsgemäßen Abhaltung der Versammlung am Versammlungsort zu. Gesteigerte Erwartungen an die Bedeutung des Notars gehen damit fehl. Es ist zu begrüßen, dass die Verstetigung der virtuellen Hauptversammlung wie im GesRuaCOVBekG weitestgehend technologieoffen geregelt wurde und die besonderen Anfechtungsregelungen der hybriden Versammlung für technische Störungen auf die virtuelle Hauptversammlung ausgeweitet wurden. Damit werden an zwei Stellen entwicklungsoffene Regelungen implementiert, die einerseits den Gesellschaften die notwendige Rechtssicherheit geben, diese andererseits aber auch zu einer beständigen Fortentwicklung anhalten. Die virtuelle Hauptversammlung ist der Präsenzversammlung – insbesondere hinsichtlich des Niveaus der Aktionärsrechte – gleichwertig. Dem sollte Rechnung getragen werden und die Befristung der Satzungsgrundlage nach § 118a Abs. 3–5 AktG ersatzlos gestrichen werden.

Hinsichtlich der Reformansätze der Hauptversammlung ist leider kein ebenso positives Gesamtergebnis zu fassen. Der Referentenentwurf strebte noch eine echte Reform der Hauptversammlung an. Danach sollten Gegenanträge sowie Fragen (vorbehaltlich Nachfragen in der Versammlung) nur im Vorfeld der Versammlung und Redebeiträge in der Versammlung nur nach einer Anmeldung im Vorfeld der

Versammlung möglich sein. Damit wurde grundlegend auf die tatsächlichen Verhältnisse in der Versammlungspraxis reagiert und das besondere Potenzial der virtuellen Hauptversammlung für eine Vorverlagerung der Aktionärspartizipation ausgeschöpft. Das Idealbild einer Hauptversammlung als Vollversammlung, in der die kollektive Willensbildung unter den Aktionären stattfindet, ist schon lange Geschichte. Insbesondere bei börsennotierten Gesellschaften informieren sich große Aktionäre im Vorfeld der Versammlung mittels Investorengesprächen, von den Gesellschaften ausgerichteten Roadshows und den öffentlichen kapitalmarktrechtlichen Informationen. Auf Grundlage dieser treffen sie ihre Entscheidungen schon vor der Versammlung. In den Hauptversammlungen verhalten sie sich folglich passiv und interagieren dort wenig mit anderen Aktionären oder der Verwaltung. Sie sind nicht vorabangekündigten Beschlüssen grundsätzlich nicht offen. Kleinaktionäre unterliegen dagegen größtenteils einer rationalen Apathie und nehmen an der Versammlung nicht (aktiv) teil. Im Übrigen können die Kleinaktionäre nicht im gleichen Maße auf Informationen im Vorfeld der Versammlung zurückgreifen. Die vom Referentenentwurf angestrebte Vorverlagerung wesentlicher Aspekte der Aktionärspartizipation versuchte die großen Aktionäre durch Partizipationsmöglichkeiten im Vorfeld der Versammlung weiter in den internen Willensbildungsprozess unter den Aktionären einzubinden und die Kleinaktionäre bereits im Vorfeld der Versammlung umfassend zu informieren. Ziel dessen war es auch, die Versammlung selbst zu entlasten.

Davon ist de lege lata wenig übrig geblieben. Das Antragsrecht im Vorfeld der Versammlung führt zu keiner Entlastung in der Versammlung und die Vorverlagerung des Auskunftsrechts ist dispositiv und unattraktiv. Das Stellungnahmerecht entspricht zwar einem Rederecht im Vorfeld der Versammlung. Es führt aber zu keiner Beschränkung des Rederechts in der Versammlung und verdoppelt es faktisch ohne Möglichkeit, es abzubedingen. Es ist nicht zu bestreiten, dass der Referentenentwurf nicht unverändert als Gesetz hätte erlassen werden können, doch mit der Lex lata sind nur vereinzelte Reformansätze übrig geblieben, die ein ganzheitliches Regelungskonzept vermissen lassen.[1] De lege lata werden die Aktionärsrechte durch die Gewährung des Stellungnahmerechts im Vorfeld der Versammlung neben der vollen Gewährung des Rederechts in der Versammlung im Vergleich zur Präsenzversammlung anlasslos ausgebaut. Ferner ist zu erwarten, dass von der rein optionalen Vorverlagerung des Auskunftsrechts nicht oft Gebrauch gemacht wird und dann die Versammlung selbst auch nur wenig entlastet wird. Des Weiteren ist nicht nachvollziehbar, warum diese Neuerungen nicht auch im Kontext der Präsenzversammlung implementiert wurden. Die Lex lata zeugt damit von legislatorischer Unentschlossenheit.

Hier ist legislatorisch neu anzusetzen. Um die virtuelle Hauptversammlung wirklich zu einer attraktiven Gestaltungsoption zu machen und die Gesellschaften nicht übermäßig zu belasten, sollte das Stellungnahme- und das Antragsrecht

[1] So etwa auch *Rieckers*, DB 2024, 439, 440.

dispositiv gestaltet werden. Ferner sollte das Antragsrecht im Vorfeld der Versammlung auf alle Arten von Anträgen ausgeweitet werden, dafür aber in der Versammlung wie das Auskunftsrecht beschränkt werden können. Zuletzt sollten das dergestalt konzipierte Stellungnahme- und das Antragsrecht auch auf Präsenzversammlungen ausgeweitet werden. Mit einem solchen Maßnahmenkatalog wären die teilweise sinnvollen Reformansätze in eine in sich schlüssige Form überführt. Dass die Maßnahmen ohne die Einschränkung von Aktionärsrechten möglich sind, sollte heute unbestritten sein.

Schlussendlich muss aber klar sein, dass auch ein solcher Maßnahmenkatalog keine vollständige Antwort auf die oben genannten Defizite der Versammlung sein kann. Die institutionellen Akteure sind aufgrund ihrer alternativen Informationskanäle nicht auf die Interaktion mit den anderen Aktionären und der Gesellschaft in diesem Kontext angewiesen. Des Weiteren droht durch die erweiterten Partizipationsmöglichkeiten der Aktionäre im Vorfeld der Versammlung eine unübersichtliche Fülle an verfügbaren Informationen, die insbesondere von Kleinaktionären nicht vollständig verarbeitet werden.[2] Zuletzt verhindern das Gleichbehandlungsgebot der Aktionäre nach § 53a AktG und das Beschlussmängelrecht de lege lata die Abkehr vom Formalismus und fehlenden Dynamik in Bezug auf den kommunikativen Aspekt der Aktionärsrechte und Hauptversammlung. Die hiesigen Reformvorschläge sollten daher am besten in eine weitergehende Reform eingebettet werden, die auch die Präsenzversammlung umfasst.

Andere Ansatzpunkte für Reformen wie Quoren für bestimmte Partizipationsrechte, Investorengespräche oder kapitalmarktrechtliche Informationspflichten der Gesellschaft wären ebenso denkbar. Insbesondere die tatsächliche Entlastung der Versammlung durch die Vorverlagerung von Aktionärsrechten könnte aber durch eine Reform des Beschlussmängelrechts gestärkt werden.[3] Flexible Rechtsfolgen im Beschlussmängelrecht könnten etwa Versammlungsleitern und Vorständen Mut verleihen, von ihren Zurückweisungsrechten für Anträge und Fragen in der Versammlung Gebrauch zu machen, ohne die Nichtigkeit der dort gefassten Beschlüsse fürchten zu müssen. Andere Reformvorschläge stehen dem hiesigen Maßnahmenpaket mithin nicht entgegen, sondern entstammen vielmehr dem gleichen Ausgangspunkt und könnten ihm zu weiterer Wirkung verhelfen. Der hier vorgeschlagene Maßnahmenkatalog und erst recht die virtuelle Hauptversammlung als solche sind gegen die bestehenden Defizite der Hauptversammlung mithin keine Panazee. Der grundlegende Konflikt wurzelt tief in der Struktur der Hauptversammlung. Er begründet sich in dem Interessenkonflikt zwischen den institutionell aufgestellten

---

[2] Den Kleinaktionären droht ein „Information Overload". *Guntermann*, ZIP 2022, 781, 787; *Noack/Zetzsche*, in: KölnKommAktG, § 130a Rn. 13; *Teichmann/Wicke*, DB 2022, 720, 724.

[3] Hierzu gibt es inzwischen verschiedene Vorschläge. *Guntermann*, ZIP 2024, 1749, 1759 f. schlägt etwa ein neues Verständnis der Wesentlichkeit in § 243 Abs. 4 Satz 1 AktG. *Koch/Redeke*, Reformbedarf im Aktienrecht 2024, S. 212, 217 f. schlagen eine Beschränkung der Anfechtbarkeit von Fragen in der Versammlung vor, wenn der Vorstand von § 131 Abs. 1a Satz 1 AktG Gebrauch gemacht hat.

Aktionären und den Gesellschaften auf der einen Seite sowie den Kleinaktionären und Aktionärsvereinigungen auf der anderen Seite. Die einen wollen eine möglichst effiziente Veranstaltung, die anderen eine kommunikative Veranstaltung, in der alle zu Wort kommen. Hier stehen sich zwei Idealbilder gegenüber. Vor diesem Hintergrund müssen die Erwartungen an das Gesetz zur virtuellen Hauptversammlung und Reformen, die auf seinen Regelungen basieren, bewertet werden.

Damit ist anzunehmen, dass die virtuelle Hauptversammlung noch nicht ihre finale Form erreicht hat. Fest steht aber, dass die virtuelle Hauptversammlung als Gestaltungsoption nicht mehr weichen wird. Die Praxis scheint bereits erstaunlich eingespielt und hat etliche Standards entwickelt. Diese Entwicklung wird fortdauern. Insbesondere im Zusammenhang mit technischen Standards, dem Umgang mit technischen Störungen, dem Datenschutz und dem Auskunftsrecht sowie den Konsequenzen seiner Vorverlagerung wird hierdurch weitere Rechtssicherheit einziehen. Auch wenn solche Erfahrungen wahrscheinlich keine großen Sprünge der Präsenzquoten oder der Vorverlagerung des Auskunftsrechts verursachen, ist denkbar, dass mit der Zeit mehr kleine Gesellschaften von der virtuellen Hauptversammlung Gebrauch machen werden. Dieses Marktsegment ist heute noch empirisch unterbeleuchtet. Bislang kam es trotz der vielfältigen und verschiedentlichen Befürchtungen vor Rechtsunsicherheiten unter der Lex lata nicht zu erkennbar gehäuften Verfahren.

Schlussendlich ist das Gesetz zur Einführung virtueller Hauptversammlungen mit seinem namensgebenden Anliegen erfolgreich. Die noch im Referentenentwurf angestrebte Reform der Hauptversammlung ist aber ausgeblieben und sollte in modifizierter Form neu angegangen werden. Diese Arbeit liefert hierfür einen Vorschlag.

Kapitel 7

Zusammenfassung des wesentlichen Ertrags in Thesen

1. Die beständige Einführung der virtuellen Hauptversammlung ist das Ergebnis eines langen Digitalisierungsprozesses der Hauptversammlung. Dennoch war die COVID-19-Pandemie vonnöten, um dem Gesetzgeber den nötigen Anschub zu geben. Die virtuelle Hauptversammlung de lege lata ist eine Verstetigung der unter dem GesRuaCOVBekG angesammelten positiven Erfahrungen. Das Gesetz zur Einführung virtueller Hauptversammlungen beinhaltet aber auch einige Reformansätze, die vornehmlich auf den Ausbau des Vorfelds der Versammlung ausgerichtet sind.

2. Die virtuelle Hauptversammlung ist der Präsenzversammlung gleichwertig. Insbesondere die Aktionärsrechte gewährt sie gleichwertig. Dass die Abhaltung einer virtuellen Hauptversammlung eine Satzungsgrundlage erfordert, widerspricht nicht ihrer Gleichwertigkeit. Die Befristung dieser Satzungsgrundlage nach § 118a Abs. 3–5 AktG ist allerdings ersatzlos zu streichen.

3. Wenn die Satzung den Vorstand zur Entscheidung darüber ermächtigt, ob die Hauptversammlung virtuell abgehalten wird, kommt diese Befugnis auch anderen Einberufungsermächtigten zu. Gleiches gilt für die Entscheidung, das Auskunftsrecht nach § 131 Abs. 1a Satz 1 AktG in das Vorfeld der Versammlung vorzuverlagern. Dies sollte de lege ferenda klargestellt werden.

4. Dem Notar kommen in der virtuellen Hauptversammlung keine grundlegend neuen Aufgaben zu. Behauptungen über seinen Bedeutungszugewinn sind weitgehend fehl am Platz.

5. Dass die virtuelle Hauptversammlung eine Präsenzversammlung der Funktionsträger und keine Cyberversammlung ohne Versammlungsort ist, ist ein gangbarer Regelungsweg. Die Abschaffung des Versammlungsorts würde ein neues Beurkundungsverfahren erfordern und auf starke Widerstände stoßen. Mindestens mittelfristig ist die Anwesenheit des Notars und des Versammlungsleiters am Versammlungsort deshalb erforderlich. Die Anwesenheitspflicht der Aufsichtsrats- und Vorstandsmitglieder sowie des Abschlussprüfers sollte dagegen abgeschafft werden. Durch die Abwesenheit der Aktionäre erleidet der Versammlungsort einen drastischen Bedeutungsverlust. Der Versammlungsort muss in der Einberufung weiterhin angegeben werden. Die Nichtigkeitsfolge einer nicht ordnungsgemäßen Angabe des Versammlungsorts nach § 241 Nr. 1 AktG sollte daher dringend als unverhältnismäßig abgeschafft werden.

6. Das Stellungnahmerecht nach § 130a Abs. 1–3 AktG besteht rein additiv neben dem Rederecht in der Versammlung. In Anbetracht der Aktionärsinteressen sollte es nicht ersatzlos abgeschafft werden, sondern dispositiv geregelt werden. Ebenso sollte § 130a Abs. 1–3 AktG auch der Präsenzversammlung eröffnet werden.

7. In der Einberufung sollte bestimmt werden können, dass das Antragsrecht im vollen Umfang im Vorfeld der Versammlung gewährt wird, dafür Anträge in der Versammlung aber, vergleichbar zum Auskunftsrecht, nur auf Grundlage neuer Informationen gestellt werden können. Im Falle der virtuellen Hauptversammlung ist keine Satzungsgrundlage für die Vorverlagerung notwendig. Bei einer Präsenzversammlung ist diese aber mit der gleichen Begründung wie die für die virtuelle Hauptversammlung selbst nach § 118a Abs. 1 Satz 1 AktG notwendig.

8. Es ist absehbar, dass von der Vorverlagerung des Auskunftsrechts nach § 131 Abs. 1a Satz 1 AktG nicht viele Gesellschaften Gebrauch machen werden. Aufgrund der Anfechtungsrisiken einer in der Versammlung fälschlich zurückgewiesenen Frage werden viele Vorstände nur zurückhaltend vom Zurückweisungsrecht Gebrauch machen. Dies führt dazu, dass die Versammlung nicht entlastet wird und die Gesellschaft in der Summe nur weiter belastet wird.

9. Die Ausweitung der beschlussmängelrechtlichen Regelungen für technische Störungen bei hybriden Hauptversammlungen auf virtuelle Hauptversammlungen schafft einen gerechten Interessenausgleich zwischen den anfechtenden Aktionären einerseits und der Gesellschaft sowie den anderen Aktionären, die ein Interesse an der Beschlussfestigkeit haben, andererseits. Die Verteilung der Darlegungs- und Beweislast braucht keine weitere Anpassung.

10. Das Gesetz zur Einführung virtueller Hauptversammlungen ist erfolgreich in seinem namensgebenden Vorhaben, die virtuelle Hauptversammlung einzuführen. Eine darüber hinausgehende Reform der Hauptversammlung, wie sie noch der Referentenentwurf vorsah, bleibt aber aus. Vielmehr wird das Vorfeld allein der virtuellen Hauptversammlung ausgebaut, ohne dadurch die Hauptversammlung richtig zu entlasten. Hier ist gesetzgeberisch nachzusteuern und die im Ansatz vorliegenden Reformansätze konsequent umzusetzen.

Quellenverzeichnis

Aareal Bank AG: Aareal Bank verschiebt virtuelle ordentliche Hauptversammlung auf den 31. August 2022, 4. 8. 2022, abrufbar unter: https://www.aareal-bank.com/medienportal/newsroom/pressemitteilungen/pressemitteilungen/aareal-bank-verschiebt-virtuelle-ordentliche-hauptversammlung-auf-den-31-august-2022 (zitiert: Pressemitteilung v. 31. 8. 2022)

Achleitner, Paul: Neue Formen der Beteiligung, Handelsblatt v. 15. 1. 2021, S. 64

Adams, Michael: Die Usurpation von Aktionärsbefugnissen mittels Ringverflechtung in der „Deutschland AG": Vorschläge für Reformen im Wettbewerbs-, Steuer- und Unternehmensrecht, AG 1994, 148–158

Ahlswerde, Johannes: Zur Anwesenheitspflicht der Mitglieder des Aufsichtsrats in der virtuellen Hauptversammlung, AG 2023, 14–19

aktionärsforum service GmbH: Pressemitteilung: Untersuchung zur Hauptversammlungssaison 2023: 100 größte deutsche börsennotierte Unternehmen setzen auch künftig mehrheitlich auf virtuelle Hauptversammlungen, 31. 7. 2023, abrufbar unter: https://www.symposium-kapitalmarktrecht.de/assets/downloads/Aktionaersforum_Untersuchung_HV-Saison_2023.pdf (zitiert: Pressemitteilung v. 31. 7. 2023)

Anger, Heike/*Fröndhoff*, Bert Friedrich: Die Ausnahme wird zum Normalfall, Handelsblatt v. 9. 2. 2022, S. 10

Arbeitshandbuch für die Hauptversammlung: hrsg. von Jochem Reichert, 6. Auflage, München 2024 (zitiert: ArbeitsHdb Hauptversammlung)

Arbeitskreis Beschlussmängelrecht: Vorschlag zur Neufassung der Vorschriften des Aktiengesetzes über Beschlussmängel, AG 2008, 617–626

Arndt, Herbert (Begr.)/*Lerch*, Klaus (Hrsg.)/*Sandkühler*, Gerd (Hrsg.): BNotO – Bundesnotarordnung: Kommentar, 8. Auflage, Köln 2016 (zitiert: Arndt/Lerch/Sandkühler)

Arnold, Arnd: Aktionärsrechte und Hauptversammlung nach dem ARUG, Der Konzern 2009, 88–97

Arnold, Michael: Kann das Fragerecht durch den Versammlungsleiter beschränkt werden?, AG 2003, R329

Arnold, Michael/*Carl*, Peter Steffen/*Götze*, Cornelius: Aktuelle Fragen bei der Durchführung der Hauptversammlung, AG 2011, 349–362

Atta, Jasmin: Ausgewählte Fragestellungen virtueller und hybrider Hauptversammlungen nach dem COVID-19-Gesetz, WM 2020, 1047–1053

Auernhammer, Herbert (Begr.)/*Eßer*, Martin (Hrsg.)/*Kramer*, Philip (Hrsg.)/*Lewinski*, Kai von (Hrsg.): DSGVO, BDSG: Datenschutz-Grundverordnung, Bundesdatenschutzgesetz und Nebengesetze: Kommentar, 8. Auflage, Hürth 2024 (zitiert: Auernhammer)

Bachmann, Gregor: Die Hauptversammlung der KGaA, in: Gerald Spindler/Hans-Ulrich Wilsing/Volker Butzke (Hrsg.): Unternehmen, Kapitalmarkt, Finanzierung: Festschrift für Reinhard Marsch-Barner zum 75. Geburtstag, München 2018, S. 13–27 (zitiert: FS Marsch-Barner)

Bachmann, Gregor: Abschaffung der Hauptversammlung?, in: Holger Altmeppen/Hanns Fitz/Heinrich Honsell (Hrsg.): Festschrift für Günther H. Roth zum 70. Geburtstag, München 2011, S. 37–51 (zitiert: FS Roth)

Bannier, Christina E./*Redenius-Hövermann*, Julia: Gesetzgeber muss Aktionärsrechte in der virtuellen HV sichern, Börsen-Zeitung v. 25. 9. 2020, S. 11

Barkow, Peter: HV-Präsenz im DAX 30 mit erstem Rückgang seit 2013, 21. 6. 2021, abrufbar unter: https://www.barkowconsulting.com/hv-praesenz-im-dax-30/ (zitiert: HV-Präsenz im DAX30)

Barkow, Peter: COVID-19 treibt HV-Präsenz auf Rekordniveau, 24. 9. 2020 abrufbar unter: http://www.barkowconsulting.com/neuer-rekord-bei-hv-praesenz-2020-im-dax-30/

Barkow, Peter: HV-Präsenz 2016 auf Rekordniveau, 30. 6. 2016, abrufbar unter: http://www.barkowconsulting.com/dax-30-hv-saison-mit-rekordpraesenz/

Baums, Theodor: Der Eintragungsstopp bei Namensaktien, in: Peter Kindler/Jens Koch/Peter Ulmer/Martin Winter (Hrsg.): Festschrift für Uwe Hüffer zum 70. Geburtstag, München 2010, S. 15–34 (zitiert: FS Hüffer)

Baums, Theodor: Zur Anfechtung von Hauptversammlungsbeschlüssen – rechtspolitische Vorschläge, in: Gesellschaftsrechtliche Vereinigung (Hrsg.): Gesellschaftsrecht in der Diskussion 2007, Band 13, Köln 2008, S. 109–130 (zitiert: Gesellschaftsrecht in der Diskussion 2007)

Baums, Theodor: Zur Deregulierung des Depotstimmrechts, ZHR 2007, 599–612

Baums, Theodor (Hrsg.): Bericht der Regierungskommission Corporate Governance: Unternehmensführung, Unternehmenskontrolle, Modernisierung des Aktienrechts, Köln 2001 (zitiert: Bericht der Regierungskommission Corporate Governance)

Bayer, Walter/*Hoffmann*, Thomas: Beschlussmängelklagen-Monitor 2019/2020, AG 2021, R147–R151

Bayer, Walter/*Hoffmann*, Thomas: Aktionärsverpflegung, Verpflegungsaktionäre und Aktienrecht, AG 2016, R151–R153

Bayer, Walter/*Hoffmann*, Thomas: „Berufskläger" in der aktuellen rechtspolitischen Diskussion – Zugleich kritische Anmerkungen zu Baums/Drinhausen/Keinath, Anfechtungsklagen und Freigabeverfahren. Eine empirische Studie, ZIP 2011, 2329, ZIP 2013, 1193–1204

Bayer, Walter/*Kabella*, Tilmann: Die praktische Relevanz des Auskunftsverweigerungsrechts, AG 2007, R79–R84

Bayer, Walter/*Lieder*, Jan/*Hoffmann*, Thomas: Bundesweite Rechtstatsachen zum Unternehmens- und Gesellschaftsrecht (Stand 1. 1. 2023), GmbHR 2023, 709–722

Bayer, Walter/*Scholz*, Philipp/*Weiß*, Christian: Anmeldung und Berechtigungsnachweis bei Einberufung einer Hauptversammlung durch die Aktionärsminderheit gem. § 122 Abs. 3 AktG, AG 2013, 742–751

BDI/Bitkom/BUJ/DAI/DIRK/VCI/GDV: Regierungsentwurf zur Einführung virtueller Hauptversammlungen: An der Praxis vorbei – Überarbeitung dringend erforderlich!, 10.5.2022, abrufbar unter: https://www.dirk.org//wp-content/uploads/2022/05/220510-Verbaende position-virtuelle-HV.pdf (zitiert: Stellungnahme FraktionsE)

Beck, Lukas: Die virtuelle Gesellschafterversammlung in der GmbH, GmbHR 2021, 901–908

Beck, Lukas: Aktuelles zur elektronischen Hauptversammlung, RNotZ 2014, 160–168

Beck, Lukas: Versammlungsleitung ohne Aufsichtsratsvorsitzenden, Kommentar zu OLG Karlsruhe, Urt. v. 9.10.2013 – 7 U 33/13, AG 2014, 127, AG 2014, 275–279

Beck, Michael Alexander: Die Onlinehauptversammlung nach dem ARUG, Frankfurt am Main 2012

BeckOK BGB: hrsg. von Wolfgang Hau/Roman Poseck, 73. Edition, München, Stand: 1.2.2025 (zitiert: BeckOKBGB)

BeckOK BNotO mit DONot, NotAktVV und RLEmBNotK: hrsg. von Claudius Eschwey, 11. Edition, München, Stand: 1.2.2025 (zitiert: BeckOKBNotO)

BeckOK Datenschutzrecht: hrsg. von Heinrich Stefan Brink/Antje von Ungern-Sternberg/Amadeus Wolff, 51. Edition, München, Stand: 1.2.2025 (zitiert: BeckOKDatenschutzrecht)

BeckOK GG: hrsg. von Volker Epping/Christian Hillgruber, 60. Edition, München Stand: 28.12.2024 (zitiert: BeckOKGG)

beck-online.GROßKOMMENTAR: AktG, hrsg. von Martin Henssler (GesamtHrsg.)/Eberhard Stilz/Rüdiger Veil, München, Stand: 1.2.2025 (zitiert: BeckOGKAktG)

beck-online.GROßKOMMENTAR: BeurkG, hrsg. von Beate Gsell (GesamtHrsg.)/Wolfgang Krüger (GesamtHrsg.)/Stephan Lorenz (GesamtHrsg.)/Christoph Reymann (GesamtHrsg.)/Gabriele Müller-Engels, München, Stand: 1.2.2025 (zitiert: BeckOGKBeurkG)

Beck'sches Formularbuch Bürgerliches, Handels- und Wirtschaftsrecht: hrsg. von Alexander Gebele/Kai-Steffen Scholz, 14. Auflage, München 2022 (zitiert: BeckFormB BHW)

Beck'sches Handbuch der AG: Gesellschaftsrecht – Steuerrecht – Börsengang, hrsg. von Florian Drinhausen/Hans-Martin Eckstein, 3. Auflage, München 2018 (zitiert: BeckHdbAG)

Beneke, Moritz/*Heidel*, Thomas/*Lochner*, Daniel: Für den Erhalt der etablierten deutschen Aktienkultur Erwiderung auf die Vorschläge eines VGR-Arbeitskreises für eine große Aktienrechtsreform, AG 2024, 528–537

Besse, Dirk: Online-Hauptversammlung und Versammlungsleitung – welche rechtlichen Fragen gilt es zu klären?, AG 2012, R358–R359

Beurskens, Michael: Blockchain und Gesellschaftsrecht, in: Alfred Bergmann/Michael Hoffmann-Becking/Ulrich Noack (Hrsg.): Recht und Gesetz: Festschrift für Ulrich Seibert zum 65. Geburtstag, Köln 2019, S. 71–91 (zitiert: FS Seibert)

Beuthien, Volker: Zur Theorie der Stellvertretung im Gesellschaftsrecht, in: Manfred Lieb/Ulrich Noack/Hans Peter Westermann (Hrsg.): Festschrift für Wolfgang Zöllner: Zum 70. Geburtstag, Band I, Köln, Berlin, Bonn, München 1998, S. 87–109 (zitiert: FS Zöllner I)

Beyer, Sebastian/*Plagemann*, Nikolaus: Studie Hauptversammlung 2024: Ergebnisse einer Befragung im DAX 40, MDAX, SDAX und Prime Standard, 9.2024, abrufbar unter: https://www.taylorwessing.com/-/media/taylor-wessing/files/germany/2024/11/hv-studie-2024.pdf (zitiert: Studie Hauptversammlung 2024)

Bezzenberger, Gerold: Die Niederschrift über eine beurkundungsfreie Hauptversammlung, in: Bundesnotarkammer (Hrsg.): Festschrift für Helmut Schippel zum 65. Geburtstag, München 1996, S. 361–386 (zitiert: FS Schippel)

Binder, Ulrike: BB-Rechtsprechungsreport zur Hauptversammlung 2022, BB 2023, 195–201

Blank, Winfried/*Zetzsche*, Dirk: Software für die virtuelle Hauptversammlung, K&R 2000, 486–492

Böhringer, Andrea/*Döding*, Karl: Aktion und Reaktion – Anti-ESG-Aktivismus am Horizont, AG 2022, R304–R307

Bortenlänger, Christine/*Favoccia*, Daniela: Eine Hauptversammlung ist keine Zoom-Konferenz, 1.6.2022, abrufbar unter: https://www.capital.de/wirtschaft-politik/eine-hauptversammlung-ist-keine-zoom-konferenz-31911116.html

Bosse, Christian: Grünes Licht für das ARUG: das Aktienrecht geht online, NZG 2009, 807–813

Brandenburg, Hans-Friedrich: Die teleologische Reduktion: Grundlagen und Erscheinungsformen der auslegungsunterschreitenden Gesetzeseinschränkung im Privatrecht, Göttingen 1983 (zitiert: Teleologische Reduktion)

Brandt, Werner: Zur Novellierung der Hauptversammlung: Eine Perspektive zur virtuellen Hauptversammlung aus Sicht des Aufsichtsrats, in: Julia Redenius-Hövermann/Hendrick Schmidt/Michael Wolff (Hrsg.): Vom Wert guter Governance: Festschrift für Professor Christian Strenger zum 80. Geburtstag, Düsseldorf 2023, S. 109–118 (zitiert: FS Strenger)

Brellochs, Michael: Institutionelle Investoren (ETF-Fonds, Versicherungen, Pensionskassen) im Gesellschafts- und Kapitalmarktrecht, ZHR 2021, 319–367

Bücker, Thomas/*Kulenkamp*, Sabrina/*Schwarz*, Simon/*Seibt*, Christoph H./*Bonin*, Gregor von: Praxisleitfaden zur virtuellen Hauptversammlung (COVID-19-Pandemie-AuswBekG), DB 2020, 775–783

Bühler, Timo: Berichtspflichten bei Strukturmaßnahmen von Aktiengesellschaften: Unter Berücksichtigung der Möglichkeiten des Rechtsschutzes für die Aktionäre, Baden-Baden 2017 (zitiert: Berichtspflichten bei Strukturmaßnahmen von Aktiengesellschaften)

Bundesamt für Sicherheit in der Informationstechnik: DoS- und DDoS-Attacken: Denial-of-Service (DoS) und Distributed Denial-of-Service (DDoS), abrufbar unter: https://www.bsi.bund.de/dok/6599510 (zitiert: DoS- und DDoS-Attacken)

Bundesnotarkammer: Gesetzesvorschlag der Bundesnotarkammer, ZNotP 2001, 269–272

Bungert, Hartwin: Die UMAG-Hauptversammlung aus Sicht des Praktikers, in: Gesellschaftsrechtliche Vereinigung (Hrsg.): Gesellschaftsrecht in der Diskussion 2004, Band 10, Köln 2005, S. 59–101 (zitiert: Gesellschaftsrecht in der Diskussion 2004)

Bungert, Hartwin/*Rieckers*, Oliver: Die virtuelle Hauptversammlung in Permanenz – RefE zur Änderung des AktG vorgelegt, DB 2022, 581–590

Bungert, Hartwin/*Rieckers*, Oliver/*Becker*, Eric: Virtuelle Hauptversammlung 3.0 – Praktischer Umgang mit der Neuregelung, DB 2022, 2074–2081

Bungert, Hartwin/*Strothotte*, Christian: Auskunftserzwingungsverfahren bei virtueller Hauptversammlung?, DB 2021, 2206–2207

Bungert, Hartwin/*Strothotte*, Christian: Praxisfragen der virtuellen Hauptversammlung – Zugleich Besprechung des Urteils des LG Frankfurt/M. vom 23.02.2021 – 3-05 O 64/20, Deutsche Bank –, DB 2021, 830–835

Bunz, Thomas: Vorbereitungs- und Reaktionsmöglichkeiten börsennotierter Unternehmen auf Shareholder Activism, NZG 2014, 1049–1053

Bürgers, Tobias/*Lieder*, Jan (Hrsg.): Aktiengesetz, 6. Auflage, Heidelberg 2024 (zitiert: Bürgers/Lieder)

Busse, Volker: Zur Gesetzgebungsarbeit der Bundesregierung – Politik, Kooperation und Planung heute –, VerwArch 1996, 445–472

Butzke, Volker: Die Zukunft der virtuellen Hauptversammlung post Covid Regierungsentwurf und Gesetz zur Einführung virtueller Hauptversammlungen von Aktiengesellschaften u. a., AG 2022, 795–799

Butzke, Volker: Die virtuelle Hauptversammlung – Notfalllösung mit Zukunftsperspektive?, in: Gesellschaftsrechtliche Vereinigung (Hrsg.): Gesellschaftsrecht in der Diskussion 2020, Band 26, Köln 2021, S. 35–55 (zitiert: Gesellschaftsrecht in der Diskussion 2020)

Butzke, Volker: Die Hauptversammlung der Aktiengesellschaft, 5. Auflage, Stuttgart 2011 (zitiert: Hauptversammlung)

Cahn, Andreas: Die Mitteilungspflicht des Legitimationsaktionärs (zugl. Kommentar zu OLG Köln v. 6.6.2012 – 18 U 240/11, AG 2012, 599), AG 2013, 459–463

Casper, Matthias: 12. Kapitel: Informationsrechte der Aktionäre, in: Walter Bayer/Matthias Habersack (Hrsg.): Aktienrecht im Wandel, Band II: Grundsatzfragen des Aktienrechts, Tübingen 2007, S. 546–578 (zitiert: Aktienrecht im Wandel II)

Claussen, Carsten P.: Hauptversammlung und Internet, AG 2001, 161–171

Covid-19, Rechtsfragen zur Coronakrise: hrsg. von Hubert Schmidt, 3. Auflage, München 2021 (zitiert: Rechtsfragen zur Coronakrise)

Cyglakow, Kristina: Die virtuelle Hauptversammlung: Rechtstatsächliche Analyse und Entwicklung eines Rechtsrahmens de lege ferenda, Jena 2021 (zitiert: Die virtuelle Hauptversammlung)

Danwerth, Christopher: Die virtuelle Hauptversammlungssaison 2024 der DAX-Familie aus empirischer Sicht: Modalitäten, Gestaltungsvarianten, Trends und Best Practice der präsenzlosen Aktionärstreffen der Börsenunternehmen der DAX-, MDAX- und SDAX-Indizes, AG 2024, 892–898

Danwerth, Christopher: Die erste Saison der neuen virtuellen Hauptversammlung der Unternehmen der DAX-Familie in Abgrenzung zur dritten und letzten Saison der virtuellen COVID-Hauptversammlung: Eine empirische Untersuchung und Auswertung der Modalitäten und Gestaltungsvarianten der präsenzlosen Versammlungen der Börsenunternehmen der DAX40-, MDAX-, SDAX- und TecDAX-Indizes anhand aller 79 Einberufungen der Hauptversammlungssaison 2023 sowie der 148 Einberufungen der Hauptversammlungssaison 2022, ZIP 2023, 2329–2343

Danwerth, Christopher: Die Rechtsprechung zur virtuellen Hauptversammlung, ZIP 2022, 723–729

Danwerth, Christopher: Papiertiger Online-Aktionärsversammlung, FAZ v. 27.7.2022, S. 16

Danwerth, Christopher: Best Practice wird Gesetz: kurzfristige Änderungen bei der virtuellen Hauptversammlung, DB 2021, 159–163

Danwerth, Christopher: Die zweite Saison der virtuellen Hauptversammlung der Unternehmen der DAX-Indexfamilie: Eine empirische Untersuchung und Auswertung der Modalitäten und Gestaltungsvarianten aller 134 zwischen Februar 2021 und dem 31.7.2021 veröffentlichten Einberufungen präsenzloser Versammlungen der Börsenunternehmen der DAX30-, MDAX-, SDAX- und TecDAX-Indizes, AG 2021, 613–627

Danwerth, Christopher: Das Teilnehmerverzeichnis der virtuellen Hauptversammlung, NZG 2020, 586–588

Danwerth, Christopher: Die erste Saison der virtuellen Hauptversammlung börsennotierter Unternehmen: Eine empirische Untersuchung und Auswertung der Modalitäten und Gestaltungsvarianten aller 326 seit April 2020 bis zum 28.9.2020 veröffentlichten Einberufungen präsenzloser Versammlungen, AG 2020, 776–789

Danzeglocke, Michael: Ausgewählte Rechtsentwicklungen und -probleme im Bereich des notariellen Hauptversammlungsprotokolls, RNotZ 2022, 229–255

Deilmann, Barbara/*Messerschmidt*, Nicoletta: Vorlage von Verträgen an die Hauptversammlung, NZG 2004, 977–988

Denga, Michael: Digitale Beurkundungen im Gesellschaftsrecht, RDi 2024, 123–132

Deutsche Bank AG: Hauptversammlung 2021: Tagesordnung, 3.2021, abrufbar unter: https://hauptversammlung.db.com/files/documents/2021/HV_2021_Tagesordnung.pdf

Deutscher Juristentag e. V.: 72. Deutscher Juristentag, Leipzig 2018: Beschlüsse, 2018, S. 27, abrufbar unter: https://djt.de/wp-content/uploads/2020/03/181130_djt_internet_72_beschluesse.pdf

Deutsches Aktieninstitut e. V.: Handlungsfähigkeit der Unternehmen sicherstellen, Für eine frühzeitige Verlängerung der COVID 19-Gesetzgebung zur Hauptversammlung, 25.9.2020, abrufbar unter: https://www.dai.de/fileadmin/user_upload/200925_Stellungnahme_Aktieninstitut_-_Handlungsfaehigkeit_der_Unternehmen_sicherstellen.pdf (zitiert: Handlungsfähigkeit der Unternehmen sicherstellen, Stellungnahme v. 25.9.2020)

Deutsches Aktieninstitut e. V.: Schreiben an Frau Bundesministerin Lambrecht, 1.9.2020, abrufbar unter: https://www.dai.de/fileadmin/user_upload/200914_Schreiben_an_Frau_BM_Lambrecht.pdf (zitiert: Schreiben an Lambrecht v. 1.9.2020)

Döding, Karl: Aktivistische Aktionäre bei öffentlichen Übernahmen, ZGR 2021, 956–986

Döding, Karl: ESG-Aktivismus auf dem Vormarsch, AG 2021, R249–250

Dörrbecker, Alexander: Die virtuelle Hauptversammlung in der Gesetzgebung, in: Julia Redenius-Hövermann/Hendrick Schmidt/Michael Wolff (Hrsg.): Vom Wert guter Governance: Festschrift für Professor Christian Strenger zum 80. Geburtstag, Düsseldorf 2023, S. 161–171 (zitiert: FS Strenger)

Downar, Benedikt/*Bartkowiak*, Marcin Pawel: Empirische Evidenz zur Praxis der virtuellen Hauptversammlung in Deutschland, DB 2021, 349–356

Dreher, Meinrad: Nicht delegierbare Geschäftsleiterpflichten, in: Harald Baum/Stefan Grundmann/Brigitte Haar/Jan von Hein/Thomas von Hippel/Hanno Merkt/Peter O. Mülbert/Katharina Pistor/Markus Roth/Heike Schweitzer/Marina Wellenhofer (Hrsg.): Festschrift für Klaus J. Hopt zum 70. Geburtstag am 24. August 2010, Berlin 2010, S. 517–540 (zitiert: FS Hopt)

Drinhausen, Florian/*Keinath*, Astrid: Referentenentwurf eines Gesetzes zur Einführung virtueller Hauptversammlungen von Aktiengesellschaften, BB 2022, 451–600

Drinhausen, Florian/*Keinath*, Astrid: Regierungsentwurf eines Gesetzes zur Umsetzung der Aktionärsrechterichtlinie (ARUG) – Überblick über die Änderungen gegenüber dem Referentenentwurf, BB 2009, 64–71

Drinhausen, Florian/*Keinath*, Astrid: Referentenentwurf eines Gesetzes zur Umsetzung der Aktionärsrichtlinie (ARUG) – Ein Beitrag zur Modernisierung der Hauptversammlung, BB 2008, 1238–1245

DSW: Erfahrungen mit der virtuellen Hauptversammlung – eine Analyse der Hauptversammlungssaison 2024, 7. 11. 2024, abrufbar unter: https://www.dsw-info.de/fileadmin/Redaktion/Dokumente/PDF/Publikationen/Erfahrungen_mit_der_virtuellen_Hauptversammlung_2024.pdf (zitiert: HV-Report 2024)

DSW: HV-Report 2023: Erfahrungen mit der virtuellen Hauptversammlung – Eine Analyse der deutschen und europäischen Hauptversammlungssaison 2023, 18. 10. 2023, abrufbar unter: https://www.dsw-info.de/fileadmin/Redaktion/Dokumente/PDF/Publikationen/HV_Report_2023_-_Erfahrungen_mit_der_virtuellen_Hauptversammlung.pdf (zitiert: HV-Report 2023)

Dubovitskaya, Elena: Das Krisengesetz als Ideengrube für die künftige virtuelle Hauptversammlung, NZG 2020, 647–653

Dürr, Boris/*Kuthe*, Thorsten/*Sickinger*, Mirko: Der Referentenentwurf eines Gesetzes zur Einführung virtueller Hauptversammlungen von Aktiengesellschaften, ZIP 2022, 363–367

DVFA: DVFA-Monatsfrage: DVFA Investment Professionals begrüßen hybride Hauptversammlungen bei gleichzeitiger Straffung von Form und Inhalt, 12. 9. 2023, abrufbar unter: https://dvfa.de/2023/dvfa-monatsfrage-dvfa-investment-professionals-begruessen-hybride-hauptversammlungen-bei-gleichzeitiger-straffung-von-form-und-inhalt/ (zitiert: Monatsfrage September 2023)

Eichten, Rouven/*Weinmann*, Philipp Sebastian: Beeinträchtigungen von Aktionärsinteressen durch COVID-19 – Hauptversammlung und Dividende im Lichte der Pandemie, DStR 2020, 2314–2319

Ek, Ralf: Praxisleitfaden für die Hauptversammlung: Mit Formularurteilen, 3. Auflage, München 2018 (zitiert: Praxisleitfaden Hauptversammlung)

Engert, Andreas: Hedgefonds als aktivistische Aktionäre – Die Einflussnahme auf Publikumsgesellschaften als Anlagestrategie von Hedgefonds und ihre Eingrenzung durch Insiderrecht, Anteilstransparenz und übernahmerechtliches Pflichtangebot, ZIP 2006, 2105–2113

Ernst & Young: Wem gehört der DAX?: Analyse der Aktionärsstruktur der im Deutschen Aktienindex vertretenen Unternehmen, 25.6.2023, abrufbar unter: https://www.ey.com/de_de/news/2023/07/ey-wem-gehoert-der-dax-2023 (zitiert: Wem gehört der DAX?)

Ettinger, Carmen/*Feicht*, Markus: Vom Wohnzimmer auf die Bühne: Der Weg von der virtuell gestellten Aktionärsfrage zur rechtssicheren Antwort, GoingPublic Special Corporate Finance Recht 2023, 50, 51

Faßbender, Karl-Josef: Die Hauptversammlung der Aktiengesellschaft aus notarieller Sicht, RNotZ 2009, 425–457

Fleischer, Holger: Anforderungen an Anfechtungskläger im Aktienrecht: Widerspruchserfordernis – Verbot widersprüchlichen Verhaltens – Rügeobliegenheit, in: Mathias Habersack/Karl Huber/Gerald Spindler (Hrsg.): Festschrift für Eberhard Stilz zum 65. Geburtstag, München 2014, S. 143–158 (zitiert: FS Stilz)

Fleischer, Holger: Bagatellfehler im aktienrechtlichen Beschlussmängelrecht, ZIP 2014, 149–159

Fleischer, Holger: Reformperspektiven des aktienrechtlichen Beschlussmängelrechts im Lichte der Rechtsvergleichung, AG 2012, 765–783

Fleischer, Holger/*Maas*, Jannik L.: Satzungsgestaltung in den DAX-Unternehmen, AG 2020, 761–776

Fleischhauer, Jens: Der Notar in der virtuellen Hauptversammlung, in: Dirk Zetzsche (Hrsg.): Die virtuelle Hauptversammlung: Aktionärsbeteiligung via Internet aus juristischer und betriebswirtschaftlicher Sicht mit Erfahrungsberichten, Berlin 2002, S. 165–178 (zitiert: Zetzsche, Die virtuelle Hauptversammlung)

Fleischhauer, Jens: Hauptversammlung und Neue Medien: Gesetzesvorschlag der Bundesnotarkammer zur Öffnung der Hauptversammlung der Aktiengesellschaft für den Einsatz Neuer Medien, ZIP 2001, 1133–1138

Flick, Martin: Die Niederschrift einer Hauptversammlung einer nicht börsennotierten AG, NJW 2010, 20–21

Florstedt, Tim: Fristen und Termine im Recht der Hauptversammlung, ZIP 2010, 761–767

Forschner, Julius: Praxisupdate Gesellschaftsrecht, MittBayNot 2020, 546–553

Franzmann, Georg/*Brouwer*, Tobias: Wege zu einer verbesserten Aktionärsbeteiligung – Überlegungen und Vorschläge zur Reform der Hauptversammlung, AG 2020, 921–929

Franzmann, Georg/*Rothweiler*, Stefan: Das Auskunfts- und Rederecht nach dem Gesetz zur dauerhaften Einführung virtueller Hauptversammlungen von Aktiengesellschaften: Der große Wurf oder an den Bedürfnissen der Praxis vorbei?, AG 2022, 809–820

Frenz, Norbert/*Miermeister*, Uwe (Hrsg.): BNotO: Bundesnotarordnung mit BeurkG, Richtlinienempfehlungen BNotK, DONot: Kommentar, 6. Auflage, München 2024 (zitiert: Frenz/Miermeister)

Freshfields Bruckhaus Deringer LLP: Praxisleitfaden zur virtuellen Hauptversammlung (COVID-19-Pandemie-AuswBekG), 2.4.2020, abrufbar unter: https://www.linkmarketservices.de/files/pdf/Praxisleitfaden_zur_virtuellen_Hauptversammlung_Deutschland.pdf (zitiert: Praxisleitfaden virtuelle Hauptversammlung)

Fröhling, Viviane/*Issmer*, David: Das Gesetz zur Abmilderung der Folgen der COVID-19-Pandemie im Zivil-, Insolvenz- und Strafverfahrensrecht – Wesentlicher Inhalt und vorläufige Analyse, WM 2020, 669–677

Fröndhoff, Bert/*Koenen*, Jens/*Nohn*, Corinna/*Schnell*, Christian: Die Sendung mit dem CEO, Handelsblatt v. 18.5.2020, S. 14–15

Gantenberg, Philipp: Die Reform der Hauptversammlung durch den Regierungsentwurf eines Gesetzes zur Unternehmensintegrität und Modernisierung des Anfechtungsrechts – UMAG, DB 2005, 207–212

Gätsch, Andreas/*Mimberg*, Jörg: Der Legitimationsnachweis nach § 123 Abs. 3 AktG in der Fassung des UMAG bei börsennotierten Gesellschaften, AG 2006, 746–752

Gehling, Christian: Recht der Hauptversammlung – Reformbedarf erledigt?, AG 2022, 800–808

Gehrlein, Markus: Der Anspruch auf Einsichtnahme in ein Hauptversammlungsprotokoll – eine gesetzesferne, aber interessengerechte Rechtsschöpfung, WM 1994, 2054–2058

Geßler, Ernst: Bedeutung und Auslegung des § 23 Abs. 5 AktG, in: Ottoarndt Gloßner/Walter Reimers (Hrsg.): Festschrift für Martin Luther zum 70. Geburtstag am 13. Juli 1976, München 1976, S. 69–84 (zitiert: FS Luther)

Geßler, Ernst/*Hefermehl*, Wolfgang/*Eckardt* Ulrich/*Kropff*, Bruno: Aktiengesetz – Kommentar, Band II: §§ 76–147, 2. Auflage, München 1974 (zitiert: Geßler/Hefermehl/Eckardt/Kropff)

Glass, Lewis: 2025 Benchmark Policy Guidelines: Germany, abrufbar unter: https://resources.glasslewis.com/hubfs/2025%20Guidelines/2025%20Germany%20Benchmark%20Policy%20Guidelines.pdf (zitiert: 2025 Benchmark Policy Guidelines: Germany)

Gleiß, Alexander/*Weber*, Edzard: Arbeitsbericht WI-2016-03: Online-Hauptversammlungen in der Praxis – Möglichkeiten und Grenzen (zitiert: Arbeitsbericht WI-2016-03)

Goedecke, Claus/*Heuser*, Friederike: NaStraG: Erster Schritt zur Öffnung des Aktienrechts für moderne Kommunikationstechniken, BB 2001, 369–374

Goslar, Sebastian: Der Regierungsentwurf des Gesetzes zur Einführung virtueller Hauptversammlungen, DB 2022, 1183–1184

Götze, Cornelius: Die Änderungen im Recht der virtuellen Hauptversammlung nach dem Gesetz zur weiteren Verkürzung des Restschuldbefreiungsverfahrens, NZG 2021, 213–216

Götze, Cornelius: Der Entwurf eines Emittentenleitfadens 2013 – Änderungen der Verwaltungspraxis zur kapitalmarktrechtlichen Beteiligungstransparenz, BKR 2013, 265–270

Götze, Cornelius/*Roßkopf*, Gabriele: Die Hauptversammlung nach dem Gesetz zur Abmilderung der Folgen der COVID-19-Pandemie im Zivil-, Insolvenz- und Strafverfahrensrecht, DB 2020, 768–774

Graßl, Bernd/*Nikoleyczik*, Tobias: Shareholder Activism und Investor Activism: Typische Handlungsweisen aktivistischer Aktionäre und Investoren, angemessene Vorbereitung und mögliche Reaktion der Zielgesellschaft, AG 2017, 49–60

Grigoleit, Christoph (Hrsg.): Aktiengesetz: Kommentar, 2. Auflage, München 2020 (zitiert: Grigoleit)

Gröntgen, Florian: Operativer shareholder activism: Eine rechtliche Analyse des Zusammenspiels von aktivistischen Aktionären und Verwaltungsorganen unter Einbeziehung von Aktionärsrechterichtlinie und ARUG II (RegE), Köln 2020 (zitiert: Operativer shareholder activism)

Großkommentar Aktiengesetz

AktG – Aktiengesetz, Großkommentar: Zweiter Band, Teilband 1: §§ 23–40, hrsg. von Heribert Hirte/Peter O. Müller/Markus Roth, 5. Auflage, Berlin, Boston 2016 (zitiert: GroßkommAktG)

AktG – Aktiengesetz, Großkommentar: Fünfter Band, Mitbestimmungsgesetz: §§ 118–130, hrsg. von Heribert Hirte/Peter O. Mülbert/Markus Roth, 5. Auflage, Berlin, Boston 2017 (zitiert: GroßkommAktG)

AktG – Aktiengesetz, Großkommentar: Siebter Band, Teilband 2, §§ 131–146, hrsg. von Heribert Hirte/Peter O. Mülbert/Markus Roth, 5. Auflage, Berlin, Boston 2020 (zitiert: GroßkommAktG)

AktG – Aktiengesetz, Großkommentar: Achter Band: §§ 150–178, hrsg. von Heribert Hirte/Peter O. Mülbert/Markus Roth, 5. Auflage, Berlin, Boston 2018 (zitiert: GroßkommAktG)

Aktiengesetz, Großkommentar: Siebenter Band/Teil 2, §§ 241–277, hrsg. von Klaus J. v. Hopt/Herbert Wiedermann, 4. Auflage, Berlin, Boston 2013 (zitiert: GroßkommAktG)

Groß, Wolfgang: Vorbereitung und Durchführung von Hauptversammlungsbeschlüssen zu Erwerb oder Veräußerung von Unternehmensbeteiligungen, AG 1996, 111–119

Groß, Wolfgang/*Scholz*, Kai-Steffen: Mehr Schatten als Licht – der Regierungsentwurf zur Einführung virtueller Hauptversammlungen, BB 2022, I

Grumann, Marc-Olaf/*Gillmann*, Michael: Aktienrechtliche Hauptversammlungsniederschriften und Auswirkungen von formalen Mängeln, NZG 2004, 839–845

Grüner, Michael: Zeitliche Einschränkung des Rede- und Fragerechts auf Hauptversammlungen – zugleich Besprechung der BVerfG-Entscheidung „Wenger/Daimler-Benz", NZG 2000 192 –, NZG 2000, 770–779

Grziwotz, Herbert/*Sauer*, Konstantin/*Heinemann*, Jörn (Hrsg.): BeurkG – Beurkundungsgesetz: Kommentar, 4. Auflage, Hürth 2024 (zitiert: Grziwotz/Sauer/Heinemann, BeurkG)

Guntermann, Lisa Marleen: Aktionärsinformation – quo vadis?, ZIP 2024, 1749–1760

Guntermann, Lisa Marleen: Beschlussfassung im virtuellen Raum als rechtsformübergreifende Aufgabe für den Gesetzgeber, in: Christian Bochmann/Christoph Kumpan/Anne Röthel/Karsten Schmidt (Hrsg.): Beschlussfassung im virtuellen Raum: Status Quo und Perspektiven de lege ferenda, Baden-Baden 2023, S. 125–152 (zitiert: Beschlussfassung im virtuellen Raum)

Guntermann, Lisa Marleen: Der Referentenentwurf zur virtuellen Hauptversammlung 2.0, ZIP 2022, 781–789

Guntermann, Lisa Marleen: Das Recht der Aktionäre zur Teilnahme an der Hauptversammlung – Eine Betrachtung aus Anlass der COVID-19-Pandemie –, ZGR 2021, 436–475

Güttler, Alexander/*Brüggemann*, André: Die virtuelle Hauptversammlung als Bestandteil des Aktienmarketings, in: Dirk Zetzsche (Hrsg.): Die virtuelle Hauptversammlung: Aktionärsbeteiligung via Internet aus juristischer und betriebswirtschaftlicher Sicht mit Erfahrungsberichten, Berlin 2002, S. 231–252 (zitiert: Zetzsche, Die virtuelle Hauptversammlung)

Habersack, Mathias: Ein hoffentlich bald erfülltes Versprechen: Reform des Beschlussmängelrechts!, NZG 2023, 957

Habersack, Mathias: „Superdividenden", in: Georg Bitter/Marcus Lutter/Hans-Joachim Priester/Wolfgang Schön/Peter Ulmer (Hrsg.): Festschrift für Karsten Schmidt zum 70. Geburtstag, Köln 2009, S. 523–544 (zitiert: FS K. Schmidt)

Habersack, Mathias: Aktienrecht und Internet, ZHR 2001, 172–203

Habersack, Mathias/*Stilz*, Eberhard: Zur Reform des Beschlussmängelrechts – Bestandsaufnahme nach ARUG und Perspektiven –, ZGR 2010, 710–732

Handbuch IT- und Datenschutzrecht: hrsg. von Astrid Auer-Reinsdorff/Isabell Conrad, 3. Auflage, München 2019 (zitiert: Hdb IT- und Datenschutzrecht)

Handelsrechtsausschuss des deutschen Anwaltsvereins: Stellungnahme zum Regierungsentwurf eines Gesetzes zur Einführung virtueller Hauptversammlungen von Aktiengesellschaften und Änderung weiterer Vorschriften, NZG 2022, 797–801

Handelsrechtsausschuss des deutschen Anwaltsvereins: Handelsrechtsausschuss des Deutschen Anwaltvereins: Stellungnahme zum Referentenentwurf eines Gesetzes zur Umsetzung der Aktionärsrechte-Richtlinie (ARUG), NZG 2008, 534–544

Happ, Wilhelm/*Groß*, Wolfgang/*Möhrle*, Frauke/*Vetter*, Eberhard (Hrsg.): Aktienrecht: Handbuch – Mustertexte – Kommentar: Band I: Muster 1.01 bis 11.05, 5. Auflage, Köln 2018 (zitiert: Happ I)

Harnos, Rafael: Beschlussfassung in der virtuellen Hauptversammlung, in: Christian Bochmann/Christoph Kumpan/Anne Röthel/Karsten Schmidt (Hrsg.): Beschlussfassung im virtuellen Raum: Status Quo und Perspektiven de lege ferenda, Baden-Baden 2023, S. 59–81 (zitiert: Beschlussfassung im virtuellen Raum)

Harnos, Rafael: Protokollierung der Hauptversammlungsbeschlüsse in der kleinen Aktiengesellschaft, AG 2015, 732–742

Harnos, Rafael/*Piroth*, Annika Christina: Gesetzgeberische Maßnahmen zur Steigerung der Hauptversammlungspräsenzen in Namensaktiengesellschaften, ZIP 2015, 456–462

Hartmann, Klaus-Dieter: Die elektronische Hauptversammlung – Bemerkungen zu dem Gesetzentwurf der BNotK, ZNotP 2001, 250–252

Hasselbach, Kai/*Schumacher*, Stephan: Hauptversammlung im Internet, ZGR 2000, 258–286

Hauschild, Armin/*Zetzsche*, Dirk: Notar und Virtuelle Hauptversammlung, AG 2020, 557–566

Heckelmann, Martin: Hauptversammlung und Internet, Berlin 2006

Heckschen, Heribert: Aspekte der (Nicht-)Vergleichbarkeit des Diskurses in Präsenz und im virtuellen Raum, in: Christian Bochmann/Christoph Kumpan/Anne Röthel/Karsten Schmidt (Hrsg.): Beschlussfassung im virtuellen Raum: Status Quo und Perspektiven de lege ferenda, Baden-Baden 2023, S. 30–47 (zitiert: Beschlussfassung im virtuellen Raum)

Heckschen, Heribert: Die virtuelle Hauptversammlung, NotBZ 2022, 281–286

Heckschen, Heribert/*Hilser*, Raphael: Die virtuelle Gesellschafterversammlung – Anforderungen an eine Funktionsäquivalenz zur Präsenzversammlung unter Berücksichtigung von kommunikationswissenschaftlichen Erkenntnissen, ZIP 2022, 670–682

Heckschen, Heribert/*Hilser*, Raphael: Die virtuelle Gesellschafterversammlung – Bestandsaufnahme und aktuelle Entwicklungslinien, ZIP 2022, 461–472

Heckschen, Heribert/*Knaier*, Ralf: Weitere Digitalisierung des Gesellschaftsrechts (DiREG), NZG 2022, 885–893

Heckschen, Heribert/*Wicke*, Hartmut: Digitalisierung auf gesicherter Datengrundlage, NZG 2022, 433

Heidel, Thomas (Hrsg.): Aktienrecht und Kapitalmarktrecht, 6. Auflage, Baden-Baden 2024 (zitiert: Heidel)

Heidinger, Andreas/*Blath*, Simon: Die Legitimation zur Teilnahme an der Hauptversammlung nach Inkrafttreten des UMAG, WM 2006, 2275–2278

Heinze, Stefan: Das notarielle Hauptversammlungsprotokoll – Empfehlung für Straffung und Kürzung, in: Heribert Heckschen/Peter Limmer/Simon Blath/Julius Forschner (Hrsg.): Gesellschaftsrecht zwischen Wissenschaft und Notarpraxis: Festschrift für Andreas Heidinger zum 65. Geburtstag, München 2023, S. 181–194 (zitiert: FS Heidinger)

Heller, Arne: Wirksamkeit von Hauptversammlungsbeschlüssen – Richtige Feststellung und Verkündung durch den falschen Versammlungsleiter, AG 2008, 493–495

Heller, Arne/*Sadeghi*, Salmeh/*Dretzki*, Teresa/*Ruhe*, Catharina L.: Die Online-Hauptversammlung: Überlegungen zur unmittelbaren Ausübung der Aktionärsrechte via Internet, CR 2002, 592–598

Hellermann, Klaus: Aktienrechtliche Satzungsstrenge und Delegation von Gestaltungsspielräumen an den Vorstand, NZG 2008, 561–565

Hellgardt, Alexander/*Hoger*, Andreas: Transatlantische Konvergenz der Aktionärsrechte – Systemvergleich und neue Entwicklungen –, ZGR 2011, 38–82

Hennerkes, Brun-Hagen/*Kögel*, Rainer: Eine Geschäftsordnung für die Hauptversammlung, DB 1999, 81–85

Henssler, Martin/*Strohn*, Lutz (Hrsg.): Gesellschaftsrecht – BGB, PartGG, HGB, GmbHG, AktG, DCGK, GenG, UmwG, InsO, AnfG, IntGesR, 6. Auflage, München 2024 (zitiert: Henssler/Strohn)

Henze, Hartwig: Die Treupflicht im Aktienrecht: Gedanken zur Rechtsprechung des Bundesgerichtshofes von ‚Kali und Salz' über ‚Linotype' und ‚Kochs Adler' bis zu ‚Girmes', BB 1996, 489–499

Herb, Anja/*Merkelbach*, Matthias: Die virtuelle Hauptversammlung 2020 – Vorbereitung, Durchführung und rechtliche Gestaltungsoptionen, DStR 2020, 811–816

Herb, Anja/*Merkelbach*, Matthias: (Virtuelle) Hauptversammlung quo vadis: 10 Thesen zur Hauptversammlung der Zukunft, BOARD 2020, 113–115

Herrler, Sebastian: Die virtuelle Hauptversammlung nach dem COVID-19-Gesetz, DNotZ 2020, 468–505

Herrler, Sebastian: Praxisfragen rund um die virtuelle Hauptversammlung iSv Art. 2 § 1 II COVID-19-Gesetz, GWR 2020, 191–194

Herrler, Sebastian/*Reymann*, Christoph: Die Neuerungen im Aktienrecht durch das ARUG – Unter besonderer Berücksichtigung der Neuregelungen zur Hauptversammlung und zur Kapitalaufbringung bei der AG (Teil 1), DNotZ 2009, 815–826

Herzog, Alexander/*Gebhard*, Bero: Unternehmensrecht im Koalitionsvertrag der 20. Legislaturperiode, GWR 2021, 445–448

Heuser, Moritz: Aktivistische Aktionäre im Kontext des Aktien- und Kapitalmarktrechts, Der Konzern 2012, 308–319

Hippeli, Michael: Die Hauptversammlung im Corona-Zeitalter – Temporäre Sonderregeln nach COVFAG/COVMG, DZWIR 2020, 263–269

Hirte, Heribert: Virtuelle Hauptversammlung – lebendiges Recht?, in: Julia Redenius-Hövermann/Hendrick Schmidt/Michael Wolff (Hrsg.): Vom Wert guter Governance: Festschrift für Professor Christian Strenger zum 80. Geburtstag, Düsseldorf 2023, S. 195–208 (zitiert: FS Strenger)

Hirte, Heribert/*Heidel*, Thomas: Das neue Aktienrecht nach ARUG II und CORONA-Gesetzgebung: Handkommentar, 1. Auflage, Baden-Baden 2020 (zitiert: Hirte/Heidel)

Hoffmann-Becking, Michael: Der Aufsichtsrat der AG und sein Vorsitzender in der Hauptversammlung, Einige bekannte und weniger bekannte Aspekte, NZG 2017, 281–291

Holten, Matthias von/*Bauerfeind*, Tobias: Die Online-Hauptversammlung in Deutschland und Europa: Ausgewählte Themen zwischen Briefwahl, virtueller Abstimmungsmöglichkeit und echter Innovation, AG 2018, 729–738

Holten, Matthias von/*Bauerfeind*, Tobias: Die Möglichkeiten der Online-Hauptversammlung nach § 118 AktG, AG 2015, 489–493

Hölters, Wolfgang/*Weber*, Markus (Hrsg.): Aktiengesetz: Kommentar, 4. Auflage, München 2022 (zitiert: Hölters/Weber)

Holthaus, Jan/*Zabel*, Matthias: Neue Formen der General- und Vertreterversammlung einer Genossenschaft, NZG 2022, 1378–1383

Hoppe, Axel: Die Transposition der virtuellen Hauptversammlung in die Satzung der AG, NZG 2023, 587, 593

Hoppe, Axel: Richtig zählen: Das Teilnehmerverzeichnis der virtuellen Hauptversammlung nach neuem Recht, goingpublic.de, 6.12.2022, abrufbar unter: https://www.goingpublic.de/hv-magazin/teilnehmerverzeichnis-der-virtuellen-hauptversammlung/ (zitiert: Das Teilnehmerverzeichnis der virtuellen Hauptversammlung)

Höreth, Matthias: Virtuelle Hauptversammlung 2021 – Praxisfragen zu Gegenanträgen, GWR 2020, 411–413

Höreth, Matthias/*Linnerz*, Markus: Satzungsgestaltung zur virtuellen Hauptversammlung, AG 2022, R225–R226

Horn, Christian: Änderungen bei der Vorbereitung und Durchführung der Hauptversammlung nach dem Referentenentwurf zum ARUG, ZIP 2008, 1558–1567

Horn, Christian: Die Virtualisierung von Unternehmen als Rechtsproblem, München 2005

Huber, Peter M./*Voßkuhle*, Andreas (Hrsg.): Grundgesetz: Kommentar, Band 2: Artikel 20–82, 8. Auflage, München 2024 (zitiert: Huber/Voßkuhle)

Hüffer, Uwe: Beschlußmängel im Aktienrecht und im Recht der GmbH – eine Bestandsaufnahme unter Berücksichtigung der Beschlüsse von Leitungs- und Überwachungsorganen, ZGR 2001, 833–874

Hüffer, Uwe: Minderheitsbeteiligungen als Gegenstand aktienrechtlicher Auskunftsbegehren, ZIP 1996, 401–411

Hüffer, Uwe: Die Gesellschafterversammlung – Organ der GmbH oder bloßes Beschlußverfahren?, in: Marcus Lutter/Peter Ulmer/Wolfgang Zöllner (Hrsg.): Festschrift 100 Jahre GmbH-Gesetz, Köln 1992, S. 521–538 (zitiert: FS 100 Jahre GmbHG)

Huprich, Maximilian: Die Umsetzung der Aktionärsrechterichtlinie (2007/36/EG) in Deutschland und Europa, Baden-Baden 2020 (zitiert: Umsetzung der ARRL in Deutschland und Europa)

Hüther, Mario: Aktionärsbeteiligung via Internet: Zum Regierungsentwurf eines Gesetzes zur Namensaktie und zur Erleichterung der Stimmrechtsausübung (NaStraG), MMR 2000, 521–526

ICLEG (The Informal Company Law Expert Group): Report on digitalisation in company law, 2016, abrufbar unter: https://commission.europa.eu/system/files/2020-03/icleg-report-on-digitalisation-24-march-2016_en_1.pdf

Ihring, Hans-Christoph: Zur Vervielfältigung des Rechts des Aktionärs zur Teilnahme an der Hauptversammlung, in: Alfred Bergmann/Michael Hoffmann-Becking/Ulrich Noack (Hrsg.): Recht und Gesetz: Festschrift für Ulrich Seibert zum 65. Geburtstag, Köln 2019, S. 409–424 (zitiert: FS Seibert)

Ihrig, Hans-Christoph/*Wagner*, Jens: Die Reform geht weiter: Das Transparenz- und Publizitätsgesetz kommt, BB 2002, 789–797

Initiative D21 e. V.: D21-Digital-Index 2021/2022: Jährliches Lagebild zur Digitalen Gesellschaf, 2022, abrufbar unter: https://initiatived21.de/app/uploads/2022/02/d21-digital-index-2021_2022.pdf (zitiert: Digitalindex 2021/2022)

ISS: Europe, Middle East and Africa (EMEA): Proxy Voting Guidelines – Benchmark Policy Changes for 2025: Continental Europe, Israel, and U. K. and Ireland, 17. 12. 2024, abrufbar unter: https://www.issgovernance.com/file/policy/active/updates/EMEA-Policy-Updates.pdf (zitiert: Benchmark Policy Recommendations for 2025: EMEA)

Jaspers, Philipp: Sustainable Shareholder Activism: Neue Herausforderung für die aktienrechtliche Beratung, AG 2022, 145–157

Johannsen-Roth, Tim/*Kießling*, Arne/*Raapke*, Julius: Rechtsentwicklungen 2023: Rechtsentwicklungen im Aktienrecht 2023, DB 2023, Beilage 3, 15–21

Junge, Michael: Der Verkauf von Teilnahme- und Stimmrechten über das Internet und die zahlenmäßige Begrenzung der Übertragbarkeit von Teilnahme- und Stimmrechten, in: Georg Crezelius/Heribert Hirte/Klaus Vieweg (Hrsg.): Festschrift für Volker Röhricht zum 65 Geburtstag: Gesellschaftsrecht, Rechnungslegung, Sportrecht, Köln 2005, S. 277–290 (zitiert: FS Röhricht)

Jungmann, Carsten/*Windau*, Benedikt: Virtuelle Gläubigerversammlungen und digitaler Informationsfluss im Insolvenzrecht, NZI 2021, 849–858

Junker, Claudia/*Pfeffer*, Christoph: Wie kann eine virtuelle Hauptversammlung gelingen?, in: Julia Redenius-Hövermann/Hendrick Schmidt/Michael Wolff (Hrsg.): Vom Wert guter Governance: Festschrift für Professor Christian Strenger zum 80. Geburtstag, Düsseldorf 2023, S. 241–257 (zitiert: FS Strenger)

Kalichava, Pikria: Digitalisierung im Aktienrecht: Die Folgen für Vorstand und Hauptversammlung der AG: ein Rechtsvergleich zwischen Deutschland und Georgien, Regensburg 2024, abrufbar unter: https://epub.uni-regensburg.de/55271 (zitiert: Digitalisierung im Aktienrecht)

Keinath, Astrid: Bericht über die Diskussion des Referats von Butzke, in: Gesellschaftsrechtliche Vereinigung (Hrsg.): Gesellschaftsrecht in der Diskussion 2020: Band 26, Köln 2021, S. 55–60

Kerlen, Kristin: Die virtuelle Vollversammlung, BB 2023, 2438–2443

Kersting, Christian: Das Auskunftsrecht des Aktionärs bei elektronischer Teilnahme an der Hauptversammlung (§§ 118, 131 AktG), NZG 2010, 130–135

Ketzel, Volker: Hauptversammlung 4.0: Die digitale Zukunft der HV beginnt jetzt, Going Public Special „Kapitalmarkt Österreich 2017“, 31–32

Kim, Seon Gwang: Hauptversammlung im virtuellen Raum, Seoul 2003

Klein, Martin: Der Referentenentwurf des Gesetzes für virtuelle Hauptversammlungen, NZG 2022, 483–490

Klein, Martin: Rolle rückwärts in die Bedeutungslosigkeit?: Der Regierungsentwurf zu virtuellen Hauptversammlungen, NZG 2022, 729

Kleinmanns, Hermann: Shareholder Activism – bedeutender Einfluss institutioneller Investoren auch in Deutschland?, IRZ 2016, 341–345

Kneissl, Matthias: Die Neuausrichtung des deutschen Aktienrechts Ein Vorschlag für eine immanente Reform, ZIP 2024, 2854–2860

Koch, Jens: Aktiengesetz, 19. Auflage, München 2025 (zitiert: AktG)

Koch, Jens: Aktiengesetz, 16. Auflage, München 2022 (zitiert: AktG, 16. Aufl.)

Koch, Jens: Empfiehlt sich eine Reform des Beschlussmängelrechts im Gesellschaftsrecht?, NJW-Beilage 2018, 50–54

Koch, Jens/*Redeke*, Julian: Reform der Hauptversammlung und des Beschlussmängelrechts, in: Gesellschaftsrechtliche Vereinigung (Hrsg.): Reformbedarf im Aktienrecht: Vorschläge für eine große Aktienrechtsreform, Köln 2024, S. 212–263 (zitiert: Reformbedarf im Aktienrecht 2024)

Kocher, Dirk: Strategien im Umgang mit aktivistischen Aktionären und Investoren in Deutschland, DB 2016, 2887–2892

Kocher, Dirk: BGH: Absage einer Hauptversammlung – Anfechtungsbefugnis des Vorstands, BB 2015, 2636–2642

Kocher, Dirk/*Feigen*, Jan Philipp: Hilfspersonen des Versammlungsleiters, NZG 2015, 620–623

Kölner Kommentar zum Aktiengesetz: Band 1, §§ 1–147 AktG, hrsg. von Wolfang Zöllner, 1. Auflage, Köln 1985 (zitiert: KölnKommAktG, 1. Aufl.)

Kölner Kommentar zum Aktiengesetz: Band 2, Teilband 2: §§ 95–117 AktG, hrsg. von Ulrich Noack/Wolfgang Zöllner, 3. Auflage, Köln 2013 (zitiert: KölnKommAktG)

Kölner Kommentar zum Aktiengesetz: Band 3, Teilband 2: §§ 142–178 AktG, hrsg. von Ulrich Noack/Wolfgang Zöllner, 3. Auflage, Köln 2015 (zitiert: KölnKommAktG)

Kölner Kommentar zum Aktiengesetz: Band 5: §§ 241–290 AktG, hrsg. von Ulrich Noack/Wolfgang Zöllner, 3. Auflage, Köln 2017 (zitiert: KölnKommAktG)

Kölner Kommentar zum Aktiengesetz: Band 9, Teilband 1: §§ 118–120a AktG, hrsg. von Ulrich Noack/Dirk Zetzsche, 4. Auflage, Köln 2023 (zitiert: KölnKommAktG)

Kölner Kommentar zum Aktiengesetz: Band 9, Teilband 2: §§ 121–127a AktG, hrsg. von Ulrich Noack/Dirk Zetzsche, 4. Auflage, Köln 2023 (zitiert: KölnKommAktG)

Kölner Kommentar zum Aktiengesetz: Band 9, Teilband 3: §§ 129–132 AktG, hrsg. von Ulrich Noack/Dirk Zetzsche, 4. Auflage, Köln 2023 (zitiert: KölnKommAktG)

Kovarova-Simecek, Monika/*Klinz*, Alena/*Loidl*, Lisa: Virtuelle Hauptversammlung als Phänomen der COVID-19-Pandemie – eine vergleichende Analyse der rechtlichen, organisatorischen und technischen Umsetzung in Österreich und Deutschland, in: Stefan Behringer (Hrsg.): CARF Luzern 2021: Controlling.Accounting&Audit. Risk&Compliance. Finanzen. Konferenzband, Luzern 2021, S. 305–322 (zitiert: CARF Luzern 2021)

Kremer, Thomas: Zur Praxis der Hauptversammlungsleitung, in: Gerd Krieger/Marcus Lutter/Karsten Schmidt (Hrsg.): Festschrift für Michael Hoffmann-Becking zum 70. Geburtstag, München 2013, S. 697–709 (zitiert: FS Hoffmann-Becking)

Kremer, Thomas/*Bachmann*, Gregor/*Favoccia*, Daniela/*Werder*, Axel von (Hrsg.): Deutscher Corporate Governance Kodex: Kodex Kommentar, 9. Auflage, München 2023 (zitiert: Kremer/Bachmann/Favoccia/v. Werder)

Krenn, Elena: Informationsrechte der Aktionäre im Rahmen der virtuellen Hauptversammlung, Baden-Baden 2024 (zitiert: Informationsrechte)

Krieger, Gerd: Muss der Hauptversammlungsnotar die Stimmauszählung überwachen?, ZIP 2002, 1597–1601

Kropff, Bruno: Aktiengesetz: Textausgabe des Aktiengesetzes vom 6. 9. 1965 (Bundesgesetzbl. I S. 1089) und des Einführungsgesetzes zum Aktiengesetz vom 6. 9. 1965 (Bundesgesetzbl. I S. 1185) mit Begründung des Regierungsentwurfs, Bericht des Rechtsausschusses des Deutschen Bundestags, Verweisungen und Sachverzeichnis, Düsseldorf 1965 (zitiert: Begründung zum RegE AktG 1965 bei Kropff)

Kruchen, Carsten: Virtuelle Hauptversammlungen, § 1 des Gesetzes über Maßnahmen im Gesellschafts-, Genossenschafts-, Vereins-, Stiftungs- und Wohnungseigentumsrecht zur Bekämpfung der Auswirkungen der COVID-19-Pandemie (COVMG), DZWIR 2020, 431–465

Kruchen, Carsten/*Werner*, Jessica: Ist die virtuelle Hauptversammlung wegen § 118a Abs. 1 Satz 2 Nr. 1 AktG eine öffentliche Versammlung?, AG 2023, R124–R126

Kruchen, Carsten/*Werner*, Jessica: Virtuelle Hauptversammlung nach § 118a AktG – Zeitenwende für den Versammlungsleiter?, DZWIR 2023, 175–190

Kubis, Dietmar: Die „formunwirksame" schriftliche Auskunftserteilung nach § 131 AktG, in: Karl-Heinz Forster/Barbara Grunewald/Marcus Lutter/Johannes Semler (Hrsg.): Festschrift für Bruno Kropff: Aktien und Bilanzrecht, Düsseldorf 1997, S. 171–189 (zitiert: FS Kropff)

Kuntz, Thilo: Digitale Kommunikation mit Aktionären und Investoren – Chancen und Herausforderungen durch Blockchain, Soziale Medien und „Big Data" –, ZHR 2019, 190–244

Kuthe, Thorsten/*Beck*, Sascha: Vom Minderheitenschutz zum „Shareholder Activism" – Die Aktionärsverlangen nach § 122 AktG, AG 2019, 898–907

Lamers, Manfred: Die Beurkundung der Hauptversammlung einer Aktiengesellschaft, DNotZ 1962, 287–303

Lange, Frank-Holger: Das notarielle Protokoll über die virtuelle Hauptversammlung der AG, notar 2024, 22–27

Langenbucher, Katja: Kommunikation als Governance-Instrument in der börsennotierten Aktiengesellschaft, ZHR 2021, 414–460

Langenbucher, Katja/*Hau*, Daniel/*Wentz*, Jasper: „Aktivistische Leerverkäufer" – eine Überlegung zur Markteffizienz und deren Grenzen im Kapitalmarktrecht, ZBB 2019, 307–316

Larenz, Karl: Methodenlehre der Rechtswissenschaft, 6. Auflage, Berlin 1991

Lazard's Capital Markets Advisory Group: Annual Review of Shareholder Activism 2023, 1. 8. 2024, abrufbar unter: https://www.lazard.com/research-insights/annual-review-of-shareholder-activism-2023/

Lehmann, Jürgen: Die groben und feinen Maschen des § 126 AktG, in: Harm Peter Westermann/Wolfgang Rosener (Hrsg.): Festschrift für Karlheinz Quack zum 65. Geburtstag am 3. Januar 1991, Berlin 1991, S. 287–300 (zitiert: FS Quack)

Lenz, Susanne: Zulässigkeit einer Satzungsermächtigung zur Fernsehübertragung einer Hauptversammlung, EWiR 2005, 97–98

Leyens, Patrick C.: System der Aktionärsinformation – Auskunft, Sonderprüfung, Sondervertretung, Investorendialog und horizontale Kommunikation –, ZGR 2019, 544–587

Liebscher, Marc: Großkampftag 17. Mai – das muss nicht sein, goingpublic.de, 23. 2. 2023, abrufbar unter: https://www.goingpublic.de/standpunkt-neu/hauptversammlung-17-mai/ (zitiert: Großkampftag 17. Mai)

Lieder, Jan: Virtuelle Hauptversammlungen im Jahre 2021 und danach, ZIP 2021, 161–171

Lieder, Jan: Die Bedeutung des Vertrauensschutzes für die Digitalisierung des Gesellschaftsrechts, NZG 2020, 81–92

Lieder, Jan: Unternehmensrechtliche Implikationen der Corona-Gesetzgebung – Präsenzlose Versammlungen und stabilisierende Kapitalmaßnahmen, ZIP 2020, 837–851

Lieder, Jan: Virtuelle Versammlungen, in: Barbara Grunewald/Jens Koch/Jörgen Tielmann (Hrsg.): Festschrift für Eberhard Vetter zum 70. Geburtstag, Köln 2019, S. 419–445 (zitiert: FS Vetter)

Lieder, Jan: Reform des gesellschaftsrechtlichen Beschlussmängelrechts: Eine Nachlese zum 72. Deutschen Juristentag 2018 in Leipzig, NZG 2018, 1321–1333

Lieder, Jan: Die Absage der Hauptversammlung und ihre Folgen, NZG 2016, 81–90

Lieder, Jan: Der Aufsichtsrat im Wandel der Zeit: Leitlinien der geschichtlichen Entwicklung sowie der Fortentwicklung des deutschen Aufsichtsratssystems, Jena 2006 (zitiert: Aufsichtsrat)

Lind, Thorsten Patric: Voraussetzungen einer wirksamen Absage der auf ein Aktionärsverlangen einberufenen Hauptversammlung durch den Vorstand, LMK 2015, 374723

Linden, Klaus von der: Regierungsentwurf zur virtuellen HV – Cui bono?, GmbHR-Blog, 28. 4. 2022, abrufbar unter: https://blog.otto-schmidt.de/gesellschaftsrecht/2022/04/28/regierungsentwurf-zur-virtuellen-hv-cui-bono/ (zitiert: RegE virtuelle Hauptversammlung)

Linden, Klaus von der: Haftung für Fehler bei der Leitung der Hauptversammlung, NZG 2013, 208–212

Link, Simon Patrick: Shareholder und Investor Activism – Rechtsfragen der aktuellen Praxis, ZGR 2021, 904–955

Link, Simon Patrick/*Hess*, Christian: Beschlussfeststellung in der (virtuellen) Hauptversammlung – Ausgewählte Fragen zu § 130 Abs. 2 Satz 3 AktG –, DB 2022, 851–854

Linnerz, Markus: Ort, Terminierung und Dauer einer Hauptversammlung, NZG 2006, 208–211

Lochner, Daniel: Referentenentwurf zur virtuellen Hauptversammlung: Vergleichbare Rechte wie in der Präsenzversammlung?, AG 2022, 320–322

Lochner, Daniel/*Keller*, Philippe: Das Gesetz zur Einführung virtueller Hauptversammlungen, ZIP 2022, 1997–2006

Lutter, Marcus: Die entschlussschwache Hauptversammlung, in: Harm Peter Westermann/Wolfgang Rosener (Hrsg.): Festschrift für Karlheinz Quack zum 65. Geburtstag am 3. Januar 1991, Berlin 1991, S. 301–319 (zitiert: FS Quack)

Lutter, Marcus (Begr.)/*Bayer*, Walter (Hrsg.)/*Vetter*, Jochen (Hrsg.): Umwandlungsgesetz, Kommentar mit systematischer Darstellung des Umwandlungssteuerrechts und der Umwandlungsmaßnahmen im Insolvenzplan sowie Kommentierung des SpruchG, 7. Auflage, Köln 2023 (zitiert: Lutter)

Mader, Florian: Die internationale Besetzung des Aufsichtsrats einer deutschen Aktiengesellschaft, ZGR 2014, 430–451

Maier, Angela: Virtuelle Hauptversammlung von Siemens Energy: Im Wohnzimmer von Luisa Neubauer, WiWo v. 7.2.2023, abrufbar unter: https://www.wiwo.de/unternehmen/energie/virtuelle-hauptversammlung-von-siemens-energy-im-wohnzimmer-von-luisa-neubauer/28968672.html

Marsch-Barner, Reinhard/*Schäfer*, Frank A. (Hrsg.): Handbuch börsennotierte AG – Aktien und Kapitalmarktrecht, 6. Auflage, Köln 2025 (zitiert: Marsch-Barner/Schäfer)

Marsch-Barner, Reinhard/*Schäfer*, Frank A. (Hrsg.): Handbuch börsennotierte AG – Aktien und Kapitalmarktrecht, 5. Auflage, Köln 2022 (zitiert: Marsch-Barner/Schäfer, 5. Aufl.)

Marsch-Barner, Reinhard: Zu den Rechtsfolgen von Fehlern bei der Leitung der Hauptversammlung, in: Rheinische Notarkammer (Hrsg.): Festschrift für Günter Brambring zum 70. Geburtstag, München 2011, S. 267–282 (zitiert: FS Brambring)

Martens, Klaus-Peter: Leitfaden für die Leitung der Hauptversammlung einer Aktiengesellschaft, 3. Auflage, Köln 2003 (zitiert: Leitung der Hauptversammlung)

Martin, Andreas/*Labas*, Robert/*Freutel*, Matthias: DIRK-IR-Guide, Band XV, Virtuelle HV: Notlösung oder Zukunftsmodell? – Studie zu den HVen der DAX und MDAX-Unternehmen, 9.2020, abrufbar unter: https://www.dirk.org/wp-content/uploads/2020/11/DIRK-IR-Guide-Virtuelle-HV_Notloesung-oder-Zukunftsmodell_web.pdf (zitiert: DIRK-IR-Guide, Band XV)

Max, Dietrich H.: Die Leitung der Hauptversammlung, AG 1991, 77–94

Mayer, Andreas: Virtuelle Hauptversammlungen: Ein sicherer Ersatz für Präsenzveranstaltungen?, in: Bundesamt für Sicherheit in der Informationstechnik (Hrsg.): Deutschland, Digital, Sicher: 30 Jahre BSI: Tagungsband zum 17. Deutschen IT-Sicherheitskongress, Ingelheim 2021, S. 233–248 (zitiert: 17. Deutscher IT-Sicherheitskongress)

Mayer, Barbara/*Jenne*, Moritz/*Miller*, Matthias: Die virtuelle Hauptversammlung – 80 Praxisfragen zu Grundlagen, Vorbereitung und Durchführung der neuen virtuellen Hauptversammlung, DB 2022, 2946–2964

Mayer, Barbara/*Jenne*, Moritz/*Miller*, Matthias: „Rolle rückwärts" – der Regierungsentwurf des Gesetzes zur Einführung virtueller Hauptversammlungen, BB 2022, 1155–1163

Mayer, Barbara/*Jenne*, Moritz/*Miller*, Matthias: Die virtuelle Hauptversammlung 2021 – 20 Praxisfragen zur Durchführung der Hauptversammlung nach den Änderungen des COVMG, BB 2021, 899–905

Mayer, Barbara/*Jenne*, Moritz/*Miller*, Matthias: Die virtuelle Hauptversammlung – 40 Praxisfragen zu Grundlagen, Planung, Einberufung und Durchführung der Hauptversammlung nach dem COVID-19-GesR-G, BB 2020, 1282–1294

Mehrbrey, Kim Lars/*Schreibauer*, Marcus: Haftungsverhältnisse bei Cyber-Angriffen Ansprüche und Haftungsrisiken von Unternehmen und Organen, MMR 2016, 75–82

Merkner, Andreas/*Schulenburg*, Friedrich: Vorschlag für die Entwicklung eines praxistauglichen Hauptversammlungsformats in hybrider Form, AG 2024, 394–398

Merkner, Andreas/*Schulenburg*, Friedrich/*Elixmann*, Philipp: Beobachtungen zur Handhabung der neuen Regelungen zur virtuellen Hauptversammlung durch die DAX-40-Unternehmen, AG 2023, 643–652

Merz, Franz: Tatbestände der Notarhaftung nach der Rechtsprechung des Bundesgerichtshofs, in: Bayerischer Notarverein e. V. (Hrsg.): 125 Jahre Bayerisches Notariat, München 1987, S. 187–196 (zitiert: FS 125 Jahre Bayerisches Notariat)

Messer, Herbert: Der Vertreter des verhinderten Leiters der Hauptversammlung in der mitbestimmten AG, in: Reinhard Goerdeler/Peter Hommelhoff/Marcus Lutter/Walter Odersky/Herbert Wiedemann (Hrsg.): Festschrift für Alfred Kellermann zum 70. Geburtstag am 29. November 1990, Berlin 1991, S. 299–307 (zitiert: FS Kellermann)

Michalski, Lutz (Begr.)/*Heidinger*, Andreas (Hrsg.)/*Leible*, Stefan (Hrsg.)/*Schmidt*, Jessica (Hrsg.): Kommentar zum Gesetz betreffend die Gesellschaften mit beschränkter Haftung (GmbH-Gesetz), Band 2: §§ 35–88 GmbHG, EGGmbHG, 4. Auflage, München 2023 (zitiert: Michalski/Heidinger/Leible/Schmidt)

Mimberg, Jörg: Schranken der Vorbereitung und Durchführung der Hauptversammlung im Internet die Rechtslage nach dem Inkrafttreten von NaStraG, Formvorschriften-AnpassungsG und TransPuG, ZGR 2003, 21–58

Mohr, Daniel: Werbevideo in Dauerschleife: Die Deutsche Börse veranstaltet ihre Hauptversammlung rein digital und erntet Kritik, FAZ v. 17. 5. 2023, S. 27

Mülbert, Peter O.: Reform des aktienrechtlichen Beschlussmängelrechts – jetzt endlich?, ZHR 2024, 325–335

Müller, Klaus J.: Elektronische Datenträger als Anlagen notarieller Urkunden?, NJW 2015, 3271–3275

Müller, Welf: Die Entscheidungsspielräume der Verwaltung einer Aktiengesellschaft im Verhältnis zu ihren Aktionären, in: Marcus Bierich/Peter Hommelhoff/Bruno Kopff (Hrsg.): Festschrift für Johannes Semler zum 70. Geburtstag am 28. April 1993: Unternehmen und Unternehmensführung im Recht, Berlin 1993, S. 195–215 (zitiert: FS Semler)

Münch, Ingo von (Begr.)/*Kunig*, Philip (Begr.)/*Kämmerer*, Jörn Axel (Hrsg.)/*Kotzur*, Markus (Hrsg.): Grundgesetz, Kommentar, Band 2: Art. 70 bis 146, 7. Auflage, München 2021 (zitiert: v. Münch/Kunig)

Münchener Anwaltshandbuch Aktienrecht: hrsg. von Schüppen Matthias/Schaub Bernhard, 4. Auflage, München 2024 (zitiert: MAHAktR)

Münchener Handbuch des Gesellschaftsrechts: Band 4, Aktiengesellschaft, hrsg. von Michael Hoffmann-Becking, 6. Auflage, München 2024 (zitiert: MünchHdbGesR IV)

Münchener Handbuch des Gesellschaftsrechts: Band 4, Aktiengesellschaft, hrsg. von Michael Hoffmann-Becking, 5. Auflage, München 2020 (zitiert: MünchHdbGesR IV, 5. Aufl.)

Münchener Kommentar zum Aktiengesetz: Band 2, §§ 76–117: hrsg. von Wulf Goette/Mathias Habersack/Susanne Kalss, 6. Auflage, München 2023 (zitiert: MünchKommAktG)

Münchener Kommentar zum Aktiengesetz: Band 3, §§ 118–178: hrsg. von Wulf Goette/Mathias Habersack/Susanne Kalss, 6. Auflage, München 2024 (zitiert: MünchKommAktG)

Münchener Kommentar zum Aktiengesetz: Band 3, §§ 118–178: hrsg. von Wulf Goette/Mathias Habersack/Susanne Kalss, 5. Auflage, München 2022 (zitiert: MünchKommAktG, 5. Aufl.)

Münchener Kommentar zum Aktiengesetz: Band 4, §§ 241–277: hrsg. von Wulf Goette/Mathias Habersack/Susanne Kalss, 5. Auflage, München 2021 (zitiert: MünchKommAktG)

Münchener Kommentar zum Gesetz betreffend die Gesellschaften mit beschränkter Haftung: Band 2: §§ 35–52, hrsg. von Holger Fleischer/Wulf Goette, 4. Auflage, München 2023 (zitiert: MünchKommGmbHG)

Mutter, Stefan: Gekommen um zu bleiben – der Referentenentwurf des Bundesministeriums der Justiz zur Einführung virtueller Hauptversammlungen von Aktiengesellschaften, AG 2022, R57–R58

Mutter, Stefan: Auskunftsansprüche des Aktionärs in der HV: die Spruchpraxis der Gerichte von A – Z, Köln 2002 (zitiert: Auskunftsansprüche in der Spruchpraxis)

Mutter, Stefan/*Kruchen*, Carsten: Paukenschlag des Gesetzgebers: Virtuelle HV 4.0 ab dem 28. 2. 2021, AG 2021, 108–113

Mutter, Stefan/*Werner*, Jessica: Der Funktionsfähigkeitstest nach § 130a AktG – (k)eine Spielwiese nur für Tekkies?, AG 2022, R352

Mutter, Stefan/*Werner*, Jessica: Präsenzhauptversammlung in virtuellem Kleid anstelle virtueller Hauptversammlung, AG 2022, R210

Niemz, Katharina: Der Versammlungsleiter im Aktienrecht: Mit Ausblick auf das GmbH-Recht, Berlin 2020 (zitiert: Der Versammlungsleiter im Aktienrecht)

Noack, Ulrich: Fragen über Fragen … in der virtuellen Hauptversammlung, in: Burkhard Gehle/Heribert Heckschen/Daniel Lochner (Hrsg.): Festschrift für Thomas Heidel, Baden-Baden 2021, S. 307–327 (zitiert: FS Heidel)

Noack, Ulrich: Hauptversammlung und Stimmrecht nach 50 Jahren Aktiengesetz, in: Holger Fleischer/Jens Koch/Bruno Kopff/Marcus Lutter (Hrsg.): 50 Jahre Aktiengesetz, Berlin, Boston 2016, S. 163–197 (zitiert: 50 Jahre Aktiengesetz)

Noack, Ulrich: Briefwahl und Online-Teilnahme an der Hauptversammlung: der neue § 118 AktG, WM 2009, 2289–2294

Noack, Ulrich: ARUG: das nächste Stück der Aktienrechtsreform in Permanenz, NZG 2008, 441–447

Noack, Ulrich: Die privatschriftliche Niederschrift über die Hauptversammlung einer nicht börsennotierten Aktiengesellschaft – Inhalt und Fehlsanktionen, in: Michael Hoffmann-Becking/Rüdiger Ludwig (Hrsg.): Liber Amicorum Wilhelm Happ, zum 70. Geburtstag am 30. April 2006, Köln, Berlin, München 2006, S. 201–212 (zitiert: FS Happ)

Noack, Ulrich: Die Reform der Hauptversammlung – insbesondere durch das UMAG, in: Gesellschaftsrechtliche Vereinigung (Hrsg.): Gesellschaftsrecht in der Diskussion 2004, Band 10, Köln 2005, S. 37–57 (zitiert: Gesellschaftsrecht in der Diskussion 2004)

Noack, Ulrich: Zulässigkeit des Widerspruchs gegen Hauptversammlungsentscheidung erst nach Beschlussfassung, EWiR 2005, 329–330

Noack, Ulrich: Neue Entwicklungen im Aktienrecht und moderne Informationstechnologie 2003–2005, NZG 2004, 297–303

Noack, Ulrich: Neuerungen im Recht der Hauptversammlung durch das Transparenz- und Publizitätsgesetz und den Deutschen Corporate Governance Kodex, DB 2002, 620–626

Noack, Ulrich: Zukunft der Hauptversammlung – Hauptversammlung der Zukunft, in: Dirk Zetzsche (Hrsg.): Die virtuelle Hauptversammlung: Aktionärsbeteiligung via Internet aus juristischer und betriebswirtschaftlicher Sicht mit Erfahrungsberichten, Berlin 2002, S. 13–18 (zitiert: Zetzsche, Die virtuelle Hauptversammlung)

Noack, Ulrich: Die internetgestützte Hauptversammlung, in: Ulrich Noack/Gerald Spindler (Hrsg.): Unternehmensrecht und Internet: Neue Medien im Aktien-, Börsen-, Steuer- und Arbeitsrecht, München 2001, S. 13–35 (zitiert: Unternehmensrecht und Internet)

Noack, Ulrich: Hauptversammlung und Neue Medien, BB 1998, 2533–2535

Noack, Ulrich: Moderne Kommunikationsformen vor den Toren des Unternehmensrechts, ZGR 1998, 592–616

Noack, Ulrich: Der Widerspruch des Aktionärs in der Hauptversammlung, AG 1989, 78–87

Noack, Ulrich/*Servatius*, Wolfgang/*Haas*, Ulrich/*Beurskens*, Michael/*Fastrich*, Lorenz/*Kerstin*, Christian/*Kraft*, Julia: Gesetz betreffend die Gesellschaften mit beschränkter Haftung, 24. Auflage, München 2025 (zitiert: Noack/Servatius/Haas, GmbHG)

Noack, Ulrich/*Zetzsche*, Dirk: Die virtuelle Hauptversammlung nach dem COVID-19-Pandemie-Gesetz 2020, AG 2020, 265–278

Noack, Ulrich/*Zetzsche*, Dirk: (Virtuelle) Hauptversammlung mit und nach Corona – Überlegungen zur modernen Aktionärsteilhabe, AG 2020, 721–729

Noack, Ulrich/*Zetzsche*, Dirk: Die Hauptversammlungslegitimation durch „Hinterlegung“ bei girosammelverwahrten Inhaberaktien, WM 2004, 1–9

Nussbaum, Konrad von: Neue Wege zur Online-Hauptversammlung durch das ARUG, GWR 2009, 215–219

Obermüller, Walter: Einsichtnahme in das Teilnehmerverzeichnis durch Pressevertreter in der Hauptversammlung einer AG, NJW 1969, 265

Osman, Yasmin: „Herr Sewing, Sie haben den Kraftakt geschafft“, Handelsblatt v. 19. 5. 2023, S. 29

Osman, Yasmin/*Scheppe*, Michael: Siemens und Tui: Investoren rebellieren gegen virtuelle Aktionärstreffen, Handelsblatt v. 18. 2. 2025, S. 21.

Otte-Gräbener, Sabine/*Wettich*, Carsten: Die virtuelle Hauptversammlung als dauerhafte Alternative oder zurück zur Präsenz?, WPg 2022, 1364–1368

o.V.: Eon-Aktionäre kritisieren rein virtuelles Format scharf: Mehrheit stimmt trotzdem zu – Neuer Aufsichtsratschef, Börsen-Zeitung v. 19. 5. 2023, S. 11

o.V.: Wolfgang Porsche bei VW-Hauptversammlung mit Torte beworfen, Zeit Online v. 10.5.2023, abrufbar unter: https://www.zeit.de/gesellschaft/zeitgeschehen/2023-05/vw-hauptversammlung-aktivisten-china

o.V.: Interview mit Dr. Marco Buschmann, Bundesminister der Justiz, Kurvenlage. Halbjahresbericht des Deutschen Aktieninstituts, 2022 I, S. 12–17

o.V.: Online-Hauptversammlung kostet weniger als die Hälfte, FAZ.NET v. 29.4.2020, abrufbar unter: https://www.faz.net/aktuell/wirtschaft/unternehmen-online-hauptversammlung-kostet-weniger-als-die-haelfte-16747185.html

o.V.: Namensaktionäre verzweifelt gesucht: Deutsche Unternehmen kämpfen mit drastischen Einbrüchen der Hauptversammlungspräsenz – Hoffen auf den Bundesgerichtshof, Börsen-Zeitung v. 8.5.2013, S. 5

Paal, Boris P./*Pauly*, Daniel A. (Hrsg.): Datenschutz-Grundverordnung, Bundesdatenschutzgesetz, 3. Auflage, München 2021 (zitiert: Paal/Pauly)

Paschos, Nikolaos: Die virtuelle Hauptversammlung – Mehr Fortschritt wagen, NZG 2022, 1225

Paschos, Nikolaos/*Goslar*, Sebastian: Der Referentenentwurf des Gesetzes zur Umsetzung der Aktionärsrechterichtlinie (ARUG) aus Sicht der Praxis, AG 2008, 605–617

Pielke, Walther: Die virtuelle Hauptversammlung: Voraussetzungen von und Probleme bei der Durchführung einer ergänzenden oder vollkommen virtuellen Aktionärshauptversammlung über das Internet, Baden-Baden 2009 (zitiert: Virtuelle Hauptversammlung)

Piroth, Annika Christina: Die Klarstellung zur Mitteilungspflicht des Legitimationsaktionärs im Rahmen des geplanten Kleinanlegerschutzgesetzes, AG 2015, 10–16

Plagemann, Nikolaus/*Rahlmeyer*, Niklas: Vier Corporate Governance Trends für 2015, NZG 2015, 895–899

Plath, Kai-Uwe (Hrsg.): DSGVO, BDSG und TTDSG: Kommentar zu DSGVO, BDSG und TTDSG, 4. Auflage, Köln 2023 (zitiert: Plath)

Poelzig, Dörte: Stärkung der Rechte von Minderheitsaktionären, in: Gesellschaftsrechtliche Vereinigung (Hrsg.): Reformbedarf im Aktienrecht: Vorschläge für eine große Aktienrechtsreform, Köln 2024, S. 308–327 (zitiert: Reformbedarf im Aktienrecht 2024)

Polte, Marcel/*Haider-Giangreco*, Bettina: Die Vollversammlung der Aktiengesellschaft, AG 2014, 729–736

Pospiech, Lutz/*Schiller*, Claus Christopher: Die virtuelle Hauptversammlung im AktG, NJW-Spezial 2022, 527–528

Priester, Hans-Joachim: Nichtigkeit von Hauptversammlungsbeschlüssen ohne Überwachung der Stimmauszählung durch den beurkundenden Notar, EWiR 2002, 645–646

Priester, Hans-Joachim: Aufgaben und Funktionen des Notars in der Hauptversammlung, DNotZ 2001, 661–671

Prütting, Hans: Die sekundäre Darlegungslast und die nicht existierende sekundäre Beweislast, in: Christian Hertel/Stephan Lorenz/Christina Stresemann (Hrsg.): Simplex Sigillum Veri: Festschrift für Wolfgang Krüger zum 70. Geburtstag, München 2017, S. 433–437 (zitiert: FS Krüger)

PwC: Umfrage zur virtuellen Hauptversammlung, 5.2020, abrufbar unter: https://www.pwc.de/de/aufsichtsraete/erste-erkenntnisse-zur-virtuellen-hauptversammlung.pdf (zitiert: Umfrage virtuelle Hauptversammlung)

Quass, Guido: Gestaltungen für die Teilhabe der Aktionäre an der virtuellen Hauptversammlung, Vitalisierung der Online-HV durch Aktionärsreden und Nachfragen in der Versammlung, NZG 2021, 261–270

Rahlmeyer, Niklas/*Groh*, Sarah: LG Frankfurt a. M.: Annexkompetenz des die Hauptversammlung einberufenden Aufsichtsrats, NZG 2014, 1232–1233

Rechenberg, Wolf-Georg Freiherr von: Die Hauptversammlung als oberstes Organ der Aktiengesellschaft, Baden-Baden 1986 (zitiert: Die Hauptversammlung als oberstes Organ)

Redeke, Julian: Kollektive Pflichtverstöße bei virtuellen Hauptversammlungen in der HV-Saison 2023? Replik zum Beitrag von Schirmer, AG 2023, 19, AG 2023, 118–121

Redeke, Julian: Virtuelle Hauptversammlungen börsennotierter Aktiengesellschaften – „Virtual Insanity"?, AG 2022, 98–110

Redenius-Hövermann, Julia/*Bannier*, Christina: (Online) Hauptversammlungssaison 2020: Nachlese und Ausblick, ZIP 2020, 1885–1896

Reger, Gerald/*Gaßner*, Tim: Die neue virtuelle Hauptversammlung – ein Überblick, RDi 2022, 396–403

Regierungskommission Deutscher Corporate Governance Kodex: Praxis-Impulse zum Ablauf der Hauptversammlung, 3.2024, abrufbar unter: https://dcgk.de/files/dcgk/usercontent/de/download/2403%20Praxis-Impulse%20HV.pdf

Reimer, Franz: Juristische Methodenlehre, 2. Auflage, Baden-Baden 2020

Reul, Adolf: Die notarielle Beurkundung einer Hauptversammlung, Zugleich Besprechung der Entscheidung LG Wuppertal v. 26. 2. 2002 – 14 O 82/011, AG 2002, 543–551

Reul, Adolf/*Zetzsche*, Dirk: Zwei Notare – eine Hauptversammlung, AG 2007, 561–572

Rieckers, Oliver: Nachlese zur Hauptversammlungssaison 2024 und Ausblick auf 2025 (Teil I), DB 2025, 374–379

Rieckers, Oliver: Nachlese zur Hauptversammlungssaison 2024 und Ausblick auf 2025 (Teil II), DB 2025, 444–449

Rieckers, Oliver: Nachlese zur Hauptversammlungssaison 2023 und Ausblick auf 2024 (Teil 1), DB 2024, 439–445

Rieckers, Oliver: Nachlese zur Hauptversammlungssaison 2022 und Ausblick auf 2023 (Teil 2), DB 2023, 373–378

Rieckers, Oliver: Nachlese zur Hauptversammlungssaison 2021 und Ausblick auf 2022, DB 2022, 172–184

Rieckers, Oliver: Nachlese zur Hauptversammlungssaison 2020 und Ausblick auf 2021, DB 2021, 98–110

Riegger, Bodo: Hauptversammlung und Internet, ZHR 2001, 204–218

Rosenberg, Leo: Die Beweislast: Auf der Grundlage des Bürgerlichen Gesetzbuches und der Zivilprozessordnung, 5. Auflage, München 1965 (zitiert: Die Beweislast)

Roth, Günther H.: Die (Ohn-)Macht der Hauptversammlung: Oder: Unlautere Werbung für Aktienrecht, ZIP 2003, 369–378

Roth, Günther H.: Das Treuhandmodell des Investmentrechts: Eine Alternative zur Aktiengesellschaft?, Frankfurt am Main 1972 (zitiert: Das Treuhandmodell des Investmentrechts)

Rotsch, Friederike/*Jakob*, Gabriel: Die virtuelle Hauptversammlung – ein Zwischenstand, ZHR 2024, 611–619

Ruppert, Benjamin/*Schöning*, Stephan: Aktionärsrechte auf virtuellen Hauptversammlungen: Ein empirischer Vergleich von DAX-Hauptversammlungen im herkömmlichen und virtuellen Format vor und während der COVID-19-Pandemie, ZCG 2022, 149–160

Sachs, Michael (Begr.)/*Coelln*, Christian von (Hrsg.)/*Mann*, Thomas (Hrsg.): Grundgesetz, Kommentar, 10. Auflage, München 2024 (zitiert: Sachs)

Sasse, Marc: § 126 AktG – Rechtsunsicherheiten bei der Behandlung von Gegenanträgen, NZG 2004, 153–157

Sauerwald, Matthias: Der Versammlungsleiter im Aktienrecht, Baden-Baden 2018 (zitiert: Der Versammlungsleiter im Aktienrecht)

Schaaf, Andreas (Hrsg.): Praxis der Hauptversammlung: Erfolgreiche Vorbereitung und Durchführung, 4. Auflage, Köln 2018 (zitiert: Schaaf)

Schaaf, Andreas/*Slowinski*, Katrin: Stimmabgabe des Aktionärs durch Briefwahl, ZIP 2011, 2444–2449

Schäfer, Achim/*Wucherer*, Wilhelm: Aktivistische Aktionäre in AG und SE: Neue Akteure, alte Instrumente Chancen für eine Renaissance der Hauptversammlung?, AG 2023, 483–493

Schäfer, Carsten: Die virtuelle Hauptversammlung nach dem Corona-Gesetz: Aktionärsrechte und Anfechtungsmöglichkeiten, NZG 2020, 481–488

Schäfer, Tom: Die Formalisierung des Gegenantragsrechts am Beispiel der virtuellen Hauptversammlung der börsennotierten Aktiengesellschaft, Berlin, Bern, Brüssel, New York, Oxford, Warschau, Wien 2023 (zitiert: Die Formalisierung des Gegenantragsrechts)

Schäfers, Stefan: Informationsrechte von Aktionären, Baden-Baden 2007

Schatz, Matthias: Der Missbrauch der Anfechtungsbefugnis durch den Aktionär und die Reform des aktienrechtlichen Beschlussmängelrechts, Köln 2012 (zitiert: Reform des aktienrechtlichen Beschlussmängelrechts)

Schilha, Ralph: Die virtuelle Hauptversammlung, Neue Herausforderungen und (wieder) mehr Verantwortung für den Versammlungsleiter, Der Aufsichtsrat 2023, 2–4

Schilha, Ralph/*Gaßner*, Timm: Die neue virtuelle Hauptversammlung, Gestaltungsoptionen für die Praxis, ZIP 2022, 2357–2368

Schindler, Hendrik/*Schaffner*, Petra: Virtuelle Beschlussfassung in Kapitalgesellschaften und Vereinen, München 2021 (zitiert: Virtuelle Beschlussfassung in Kapitalgesellschaften und Vereinen)

Schirmer, Jan-Erik: Die responsive Funktion der Hauptversammlung, ZHR 2024, 60–97

Schirmer, Jan-Erik: Virtuelle Hauptversammlung: Dreifacher Ausbesserungsbedarf, AG 2023, 19–24

Schmidbauer, Dirk/*Kürten,* Carola: Die Willensbildung in der Aktiengesellschaft außerhalb der Hauptversammlung: Keine gesonderte Beteiligung der HV im Rahmen des Merger of Equals notwendig – zugleich Bespr. OLG München Urt. v. 14. 10. 2020 – 7 U 448/19, NZG 2021, 1160, NZG 2021, 1150–1159

Schmidt, Karsten (Begr.)/*Bayer,* Walter (Hrsg.)/*Vetter,* Jochen (Hrsg.): Aktiengesetz, Band 1: §§ 1–132 AktG, 5. Auflage, Köln 2024 (zitiert: K. Schmidt/Lutter)

Schmidt, Karsten (Begr.)/*Bayer,* Walter (Hrsg.)/*Vetter,* Jochen (Hrsg.): Aktiengesetz, Band 1: §§ 133–410 AktG, SpruchG, 5. Auflage, Köln 2024 (zitiert: K. Schmidt/Lutter)

Schmidt, Klaus: „Aktuell fahren die Emittenten immer noch auf Sicht“: Interview mit Klaus Schmidt, Geschäftsführer, ADEUS-Aktienregister-Service GmbH, [Interviewerin: Simone Boehringer], GoingPublic Special Corporate Finance Recht 2023, 52–53

Schmidt, Klaus: „Die papierlose HV ist möglich“: Interview mit Klaus Schmidt, Geschäftsführer, ADEUS Aktienregister-Service-GmbH, Allianz Gruppe, HV Magazin 2016, Heft 3, 22–25

Schmitz, Ulrike: Der Einfluss neuer Technologien auf die Aktionärsmitverwaltung, Köln 2003

Schneider, Uwe H.: Alternative Geldgeber oder Eigenkapitalräuber? – Die sieben Halbwahrheiten über die „neuen Investoren“ –, AG 2006, 577–580

Schneider, Uwe H./*Burgard,* Ulrich: Maßnahmen zur Verbesserung der Präsenz auf der Hauptversammlung einer Aktiengesellschaft – Überlegungen auf dem Weg in den Pensionskassenkorporatismus –, in: Heinrich Beisse/Marcus Lutter/Heribald Närger (Hrsg.): Festschrift für Karl Beusch zum 68. Geburtstag am 31. Oktober 1993, Berlin, New York 1993, S. 783–803 (zitiert: FS Beusch)

Schockenhoff, Martin/*Culmann,* Johannes: Rechtsschutz gegen Leerverkäufer? – Überlegungen zur Schadenersatzhaftung von Leerverkäufern gegenüber Zielunternehmen und ihren Aktionären bei gezielter Herbeiführung eines Kurssturzes, AG 2016, 517–529

Schockenhoff, Martin/*Culmann,* Johannes: Shareholder Activism in Deutschland, ZIP 2015, 297–307

Scholz, Franz (Begr.): Kommentar zum GmbH-Gesetz: Band II: §§ 35–52, 13. Auflage, Köln 2024 (zitiert: Scholz)

Schreyögg, Georg/*Unglaube,* Oliver: Zur Rolle von Finanzinvestoren in deutschen Publikumsaktiengesellschaften – Thesen und empirische Befunde, AG 2013, 97–110

Schüller, Thorsten: Ergebnisse der HV Magazin-Untersuchung im Prime Standard 2023: Präsenz-HV ist zurück, virtuelle HV gekommen, um zu blieben!, HV Magazin 2023, Heft 4, 8–12

Schulte, Helmut: Die Niederschrift über die Verhandlung der Hauptversammlung einer Aktiengesellschaft, AG 1985, 33–40

Schulteis, Thomas: Das „Gesetz zur Einführung virtueller Hauptversammlungen von Aktiengesellschaften und Änderung genossenschafts- sowie insolvenz- und restrukturierungsrechtlicher Vorschriften“ mit seinen Auswirkungen auf das Genossenschaftsrecht, GWR 2022, 327–334

Schürnbrand, Jan: Rechtsstellung und Verantwortlichkeit des Leiters der Hauptversammlung, NZG 2014, 1211–1213

Schütz, Carsten: UMAG Reloaded: Der Regierungsentwurf eines Gesetzes zur Unternehmensintegrität und Modernisierung des Anfechtungsrechts (UMAG) vom 17. 11. 2004, NZG 2005, 5–11

Schwab, Christopher/*Wolfarth*, Ingo: Die virtuelle Hauptversammlung – ein Zukunftsmodell?: Rechtsrahmen ermöglicht hybride Veranstaltungen, aber mit spürbaren rechtlichen Risiken – Es wird spannend, wann und ob es zu einer Reform kommt, Börsen-Zeitung v. 6. 6. 2020, S. B4

Schwarz, Günter Christian: Neue Medien im Gesellschaftsrecht: Von der Präsenz- zur virtuellen Mitgliederversammlung, MMR 2003, 23–29

Schwenn, Dirk/*Blacher*, Leon: Virtuelle Mitgliederversammlungen und Gremiensitzungen von Vereinen und Stiftungen – ein Praxisleitfaden, npoR 2020, 154–160

SdK: SdK-Präsenzstatistik DAX 2015, 30. 9. 2015, abrufbar unter: https://sdk.org/assets/Statistiken/HV-Praesenzen/praesenz-dax15.pdf

SdK: SdK-Präsenzstatistik DAX 2011, 22. 8. 2011, abrufbar unter: https://sdk.org/assets/Statistiken/HV-Praesenzen/praesenz-dax11.pdf

Seibert, Ulrich: Berufsopponenten – Anfechtungsklage – Freigabeverfahren – Haftungsklage: Das UMAG, eine Rechtsfolgenanalyse, NZG 2007, 841–846

Seibert, Ulrich: Das „TransPuG“: Gesetz zur weiteren Reform des Aktien- und Bilanzrechts, zu Transparenz und Publizität (Transparenz- und Publizitätsgesetz) – Diskussion im Gesetzgebungsverfahren und endgültige Fassung, NZG 2002, 608–613

Seibert, Ulrich/*Florstedt*, Tim: Der Regierungsentwurf des ARUG – Inhalt und wesentliche Änderungen gegenüber dem Referentenentwurf, ZIP 2008, 2145–2153

Seibt, Christoph H./*Danwerth*, Christopher: Anfang vom Ende der virtuellen HV, Börsen-Zeitung v. 30. 4. 2022, S. 13

Seibt, Christoph H./*Danwerth*, Christopher: Die virtuelle HV bleibt – aber neu!, Börsen-Zeitung v. 11. 2. 2022, S. 11

Seibt, Christoph H./*Danwerth*, Christopher: Einführung virtueller Hauptversammlungen: RegE mit Nachbesserungsbedarf, DB 2022, 1434–1442

Seibt, Christoph H./*Danwerth*, Christopher: Referentenentwurf des Gesetzes zur Einführung virtueller Hauptversammlungen: Eine kritische Analyse, AG 2022, 177–191

Seibt, Christoph H./*Danwerth*, Christopher: Aktionärskommunikation und (Online-)Hauptversammlung: Das Vorfeld ist das Hauptfeld!, AG 2021, 369–379

Seibt, Christoph H./*Danwerth*, Christopher: Die Zukunft der virtuellen Hauptversammlung während und nach der COVID-19-Pandemie: Erkenntnisse der Hauptversammlungssaison 2020, Trends und Ausblick, NZG 2020, 1241–1250

Siepelt, Stefan: Das Rederecht des Aktionärs und dessen Beschränkung, AG 1995, 254–261

Sigel, Peter/*Schäfer*, Achim: Die Hauptversammlung der Aktiengesellschaft aus notarieller Sicht, BB 2003, 2137–2144

Simons, Cornelius: Die Online-Abstimmung in der Hauptversammlung, NZG 2017, 567–572

Simons, Cornelius/*Hauser*, Johanna: „Corona-Hauptversammlung", die Zweite: Zweifelsfragen bei der Durchführung virtueller Hauptversammlungen nach der Verlängerungs-VO, NZG 2020, 1406–1411

Simons, Cornelius/*Hauser*, Johanna: Die virtuelle Hauptversammlung, Aktuelle Praxisfragen unter dem Regime der „Corona"-Gesetzgebung, NZG 2020, 488–500

SJS-HV-Consult: HV Präsenzen 2020: DAX30, MDAX und SDAX im Vergleich, Präsenz HV 2019 vs. Virtuelle HV 2020, 2020, abrufbar unter: https://www.vipsight.eu/images/HV_2020_15_12_VIP.pdf (zitiert: HV-Präsenzen 2020)

Sozialdemokratische Partei Deutschlands/Bündnis 90/Die Grünen/Freie Demokratische Partei: Mehr Fortschritt wagen: Bündnis für Freiheit, Gerechtigkeit und Nachhaltigkeit, 2021, abrufbar unter: https://www.spd.de/fileadmin/Dokumente/Koalitionsvertrag/Koalitionsvertrag_2021-2025.pdf (zitiert: Koalitionsvertrag)

Speich, Ingo: Gift für die Aktionärskultur, Handelsblatt v. 29.3.2023, S. 18

Spindler, Gerald: Gesellschaftsrecht und Digitalisierung, ZGR 2018, 17–55

Spindler, Gerald: Die Reform der Hauptversammlung und der Anfechtungsklage durch das UMAG, NZG 2005, 825–831

Spindler, Gerald/*Hüther*, Mario: Das Internet als Medium der Aktionärsbeteiligung in den USA, RIW 2000, 329–337

Spindler, Gerald/*Schuster*, Fabian (Hrsg.): Recht der elektronischen Medien: Kommentar, 4. Auflage, München 2019 (zitiert: Spindler/Schuster)

Spitzer, Celine/*Kovarova-Simecek*, Monika: Virtuelle Hauptversammlung – Relikt aus der COVID-19-Pandemie oder künftiges Normativ? Ein Vergleich zwischen Österreich und Deutschland –, KoR 2023, 279–284

Staudinger, Julius von (Begr.): J. von Staudingers Kommentar zum Bürgerlichen Gesetzbuch mit Einführungsgesetz und Nebengesetzen, Buch 1: Allgemeiner Teil, §§ 125–129; BeurkG, (Formvorschriften AT; Beurkundung), Berlin 2023 (zitiert: Staudinger)

Steiner, Klaus: Die Hauptversammlung der Aktiengesellschaft, Mainz 1995 (zitiert: Die Hauptversammlung der AG)

Stelmaszczyk, Peter: Die virtuelle Hauptversammlung nach dem COVID-19-Gesetz vor dem Start in die Hauptversammlungssaison 2022, DNotZ 2021, 930–964

Stelmaszczyk, Peter/*Forschner*, Julius: Hauptversammlungen und Gesellschafterbeschlüsse in Zeiten der COVID-19-Pandemie – Zu den Erleichterungen durch das COVID-19-Gesetz und das WStFG –, Der Konzern 2020, 221–239

Stöber, Michael: Das Auskunftsrecht der Aktionäre und seine Beschränkungen im Lichte des Europarechts, DStR 2014, 1680–1684

Sturm, Wolfgang/*Imsameh*, Jassem: Zum Gesetz zur Einführung virtueller Hauptversammlungen, NZG 2022, 1327–1332

Stützle, Rudolf/*Walgenbach*, Joachim: Leitung der Hauptversammlung und Mitspracherecht der Aktionäre in Fragen der Versammlungsleitung, ZHR 1991, 516–544

Teichmann, Christoph: Virtuelle Hauptversammlungen in Zeiten der Coronakrise, Audit Committee Quarterly extra 2022, 18–21

Teichmann, Christoph: Digitalisierung und Gesellschaftsrecht, ZfPW 2019, 247–272

Teichmann, Christoph/*Krapp*, Hannah: Die virtuelle Hauptversammlungssaison 2020: Umsetzungspraxis in DAX und MDAX, DB 2020, 2619–281

Teichmann, Christoph/*Wicke*, Hartmut: Die neue virtuelle Hauptversammlung: das Ende der Debatte?, DB 2022, 720–726

Teichmann, Christoph/*Wicke*, Hartmut: Die Hauptversammlung während der Pandemie und in der Zukunft, notar 2021, 221–227

Teichmann, Christoph/*Wicke*, Hartmut: Zukunftsmodell „Hybride Hauptversammlung“, ZGR 2021, 173–200

Teyssen, Johannes/*Würzberg*, Guntram: Lassen wir die Aktionäre selbst entscheiden, Kurvenlage. Halbjahresbericht des deutschen Aktieninstituts, 2020 I, 12–15

Than, Jürgen: Auf dem Weg zur virtuellen Hauptversammlung – Eine Bestandsaufnahme, in: Marcus Lutter/Manfred Scholz/Walter Sigle (Hrsg.): Festschrift für Martin Peltzer zum 70. Geburtstag, Köln 2001, S. 577–597 (zitiert: FS Peltzer)

Theusinger, Ingo/*Schilha*, Ralph: Die Leitung der Hauptversammlung – eine Aufgabe frei von Haftungsrisiken? – Zugleich Besprechung des Urteils des LG Ravensburg vom 8. 5. 2014 – 7 O 51/13 KfH 1, BB 2015, 131–141

Tröger, Tobias: Virtuelle Hauptversammlung 2020 und Aktionärsinteressen, BB 2020, 1091–1098

Troidl, Wolfgang/*Richter*, Thomas: Gestaltung des versammlungsgebundenen Auskunftsrechts nach § 131 Abs. 1 AktG in der virtuellen Hauptversammlung: Untersuchung und Abgrenzung der Kompetenzen von Vorstand und Versammlungsleiter bei Konzentration des Auskunftsrechts auf Redebeiträge im Rahmen der Videokommunikation (§ 131 Abs. 1 AktG), AG 2023, 150–158

Trouet, Klaus: Die Hauptversammlung – Organ der Aktiengesellschaft oder Forum der Aktionäre?, NJW 1986, 1302–1307

TUI AG: Statement zur Hauptversammlung, 14. 2. 2023, abrufbar unter: https://www.tuigroup.com/de-de/medien/presseinformationen/ag-meldungen/2023/2023-02-14-statement-zur-hauptversammlung

Unmuth, Nikolai: Anwesenheitspflicht der Organmitglieder in der Hauptversammlung, NZG 2020, 448–450

Vetter, Eberhard: Widerspruch zu Protokoll der Hauptversammlung erst zur Mitternachtsstund?: Anmerkung zu OLG Jena vom 22. 3. 2006 – 6 U 968/05, DB 2006 S. 2281, DB 2006, 2278–2281

Vetter, Eberhard/*Tielmann*, Jörgen: Unternehmensrechtliche Gesetzesänderungen in Zeiten von Corona, NJW 2020, 1175–1180

VGR (Gesellschaftsrechtliche Vereinigung): Vorschläge der VGR zur Reform der Hauptversammlung börsennotierter Gesellschaften vom 26.4.2021, AG 2021, 380–391

Voßkuhle, Andreas/*Kaufhold*, Ann-Katrin: Grundwissen – Öffentliches Recht: Das parlamentarische Gesetzgebungsverfahren, JuS 2022, 312–314

Vossius, Oliver: Hauptversammlung im Zeichen des Virus: Ein erster Erfahrungsbericht, notar 2020, 328–332

Wachter, Thomas (Hrsg.): AktG: Kommentar zum Aktiengesetz, 4. Auflage, Köln 2022 (zitiert: Wachter)

Wadewitz, Sabine: Konzerne rüsten sich für die neue HV-Saison, Börsen-Zeitung v. 2.2.2022, S. 11

Walch, Alexander/*Häuslmeier*, Stephanie: Die „neue" virtuelle Hauptversammlung – Ein Überblick zum Gesetz zur Einführung virtueller Hauptversammlungen von Aktiengesellschaften und Änderung genossenschafts- sowie insolvenz- und restrukturierungsrechtlicher Vorschriften –, DNotZ 2023, 106–128

Walter, Christopher Finn: Die virtuelle Haupt- und Gesellschafterversammlung: Rechtsfragen de lege lata und Überlegungen de lege ferenda, Berlin, Bern, Brüssel, New York, Oxford, Warszawa, Wien 2021 (zitiert: Die virtuelle Haupt- und Gesellschafterversammlung)

Weißhaupt, Frank: Informationsmängel in der Hauptversammlung: die Neuregelungen durch das UMAG, ZIP 2005, 1766–1773

Wettich, Carsten: Aktuelle Entwicklungen und Trends in der Hauptversammlungssaison 2014 und Ausblick auf 2015, AG 2014, 534–542

Wettich, Carsten: Aktuelle Entwicklungen in der Hauptversammlungssaison 2011 und Ausblick auf 2012, NZG 2011, 721–727

Wicke, Hartmut: Der Notar in der virtuellen Hauptversammlung, in: Heribert Heckschen/Peter Limmer/Simon Blath/Julius Forschner (Hrsg.): Gesellschaftsrecht zwischen Wissenschaft und Notarpraxis: Festschrift für Andreas Heidinger zum 65. Geburtstag, München 2023, S. 619–642 (zitiert: FS Heidinger)

Wicke, Hartmut: Die Leitung der neuen virtuellen Hauptversammlung, Der Aufsichtsrat 2023, 18–19

Wicke, Hartmut: Zulässigkeit virtueller Versammlungen: BGH-Beschl. v. 5.10.2021 – II ZB 7/21 und die große verbandsrechtliche Frage der Stunde, DStR 2022, 498–505

Wicke, Hartmut: Die virtuelle Hauptversammlung während der Corona-Pandemie – aktienrechtlicher Ausnahmezustand, DStR 2020, 885–889

Wicke, Hartmut: Amtsbeendigung des Hauptversammlungsleiters, NZG 2018, 161–164

Wicke, Hartmut: Flexibilisierung der HV-Teilnahme und Stimmrechtsausübung – neue Möglichkeiten zur Gestaltung der AG-Satzung nach dem ARUG –, in: Manfred Bengel/Peter Limmer/Wolfgang Reimann/Deutsche Notarrechtliche Vereinigung (Hrsg.): Festschrift für Rainer Kanzleiter: zum 70. Geburtstag am 17. Juni 2010, Köln 2010, S. 415–429 (zitiert: FS Kanzleiter)

Wicke, Hartmut: Einführung in das Recht der Hauptversammlung, das Recht der Sacheinlagen und das Freigabeverfahren nach dem ARUG: mit Materialien zum Gesetz zur Umsetzung der Aktionärsrechterichtlinie (ARUG), München 2009 (zitiert: ARUG)

Wicke, Hartmut: Die Leitung der Hauptversammlung einer Aktiengesellschaft – Praxisrelevante Fragen und neuere Entwicklungen, NZG 2007, 771–774

Wilhelmi, Carl-Heinz: Der Notar in der Hauptversammlung der Aktiengesellschaft, BB 1987, 1331–1338

Wilsing, Hans-Ulrich: Virtuelle oder Präsenz-Hauptversammlung: wesentliche Vor- und Nachteile, in: Gesellschaftsrechtliche Vereinigung (Hrsg.): Gesellschaftsrecht in der Diskussion 2022, Band 29, Köln 2023 (zitiert: Gesellschaftsrecht in der Diskussion 2022)

Wilsing, Hans-Ulrich: Corporate Governance in Deutschland und Europa – Die Rolle der institutionellen Investoren, der Proxy Advisors und die der Aktionäre, ZGR 2012, 291–308

Winkler, Karl: Beurkundungsgesetz, 21. Auflage, München 2023 (zitiert: BeurkG)

Wirth, Christian: Versicherung von Cyber-Risiken – eine Bestandsaufnahme unter besonderer Berücksichtigung von M&A-Transaktionen, BB 2018, 200–208

Wohlleben, Hermann Peter: Informationsrechte des Gesellschafters, Köln 1988

Wunderlich, Samuel: Die Digitalisierung der Hauptversammlung, Baden-Baden 2022 (zitiert: Digitalisierung der Hauptversammlung)

Würzberg, Guntram: Virtuelle Hauptversammlung – Ziele einer nachhaltigen Reform, Audit Committee Quarterly 2021, IV, 36–38

Würzburger Notarhandbuch: hrsg. von Peter Limmer/Norbert Frenz/Christian Hertel/Jörg Mayer, 3. Auflage, Köln 2012 (zitiert: Würzburg. Notarhdb)

Zätzsch, Jörg/*Gröning*, Moritz: Neue Medien im deutschen Aktienrecht: Zum RefE des NaStraG, NZG 2000, 393–401

Zetzsche, Dirk: Know Your Shareholder, der intermediärsgestützte Aktionärsbegriff und das Hauptversammlungsverfahren – zur Umsetzung des Kapitels Ia der reformierten AktionärsrechteRL –, ZGR 2019, 1–38

Zetzsche, Dirk: Datenschutz und Hauptversammlung: Zur Einwirkung der Datenschutzgrundverordnung auf das Aktienrecht, AG 2009, 233–243

Zetzsche, Dirk: Die Aktionärslegitimation durch Berechtigungsnachweis – von der Verkörperungs- zur Registertheorie (Teil 2), Der Konzern 2007, 251–260

Zetzsche, Dirk: Die neue Aktionärsrechte-Richtlinie: Auf dem Weg zur Virtuellen Hauptversammlung, NZG 2007, 686–692

Zetzsche, Dirk (Hrsg.): Die virtuelle Hauptversammlung: Aktionärsbeteiligung via Internet aus juristischer und betriebswirtschaftlicher Sicht mit Erfahrungsberichten, Berlin 2002 (zitiert: Zetzsche, Die virtuelle Hauptversammlung)

Zetzsche, Dirk: NaStraG – ein erster Schritt in Richtung Virtuelle Hauptversammlung für Namens- und Inhaberaktien, ZIP 2001, 682–691

Zöllner, Wolfgang: Das Teilnahmerecht an Beschlussfassungen der Gesellschafter bei der mitbestimmten AG, in: Marcus Lutter/Walter Stimpel/Herbert Wiedemann (Hrsg.): Festschrift für Robert Fischer, Berlin 1979 (zitiert: FS R. Fischer)

Zwissler, Thomas: Gesellschafterversammlung und Internet, GmbHR 2000, 28–30

Sachwortverzeichnis

Nils Kraus

Die Neuausrichtung des prudentiellen Regulierungsrahmens für Wertpapierfirmen

Mit der Investment Firms Directive (IFD), der Investment Firms Regulation (IFR) und dem Wertpapierinstitutsgesetzes (WpIG) sollte erstmals ein eigenständiger, maßgeschneiderter Regulierungsrahmen für Wertpapierfirmen geschaffen werden. Darin liegt eine Abkehr vom bisherigen Ansatz für die prudentielle Regulierung von Wertpapierfirmen, der auf eine weitgehende Gleichbehandlung dieser Unternehmen mit Kreditinstituten abzielte. Die Arbeit analysiert, welche Erwägungen den neuen Bestimmungen – gerade auch in Abgrenzung zum Bankaufsichtsrecht – zugrunde liegen. Sie zeigt, dass der neue Regulierungsrahmen die mit der Tätigkeit von Wertpapierfirmen verbundenen Risiken und die Besonderheiten ihrer Geschäftsmodelle zwar im Wesentlichen zutreffend erfasst aber nicht überall adäquate, insbesondere verhältnismäßige Anforderungen vorsieht. Besonderes Augenmerk liegt dabei auf der neuen Klassifizierung der Institute und den Eigenmittelanforderungen auf Basis der K-Faktoren.

Abhandlungen zum Deutschen und Europäischen
Gesellschafts- und Kapitalmarktrecht, Band 303
Tab., 286 Seiten, 2026
ISBN 978-3-428-19774-3, € 89,90
Titel auch als E-Book erhältlich.